Architecture Pratique ...: Avec Une Explication Et Une Conf##rence De Trente-Six Articles De La Coutume De Paris, Sur Le Titre Des Servitudes & Rapports Qui Concernent Les B##timens & De L'ordonnance De 1673

Pierre Bullet

ee

ARCHITECTURE

PRATIQUE.

ARCHITECTURE
PRATIQUE,

QUI COMPREND LA CONSTRUCTION
générale & particuliere des Bâtimens ; le Détail, les
Toifé & Devis de chaque partie ; favoir, Maçonnerie,
Charpenterie, Couverture, Menuiferie, Serrurerie,
Vitrerie, Plomberie, Peinture d'Impreffion, Dorure,
Sculpture, Marbrerie, Miroiterie, Poëlerie, &c. &c.

AVEC UNE EXPLICATION ET UNE
Conférence de trente-fix Articles de la Coutume de
Paris fur le Titre des Servitudes & Rapports qui con-
cernent les Bâtimens, & de l'Ordonnance de 1673.

Par M. BULLET, *Architecte du Roi, & de l'Académie Royale*
d'Architecture.

Edition nouvelle, revue & corrigée avec foin : confidérablement
augmentée, fur-tout des détails effentiels à l'ufage actuel du
Toifé des Bâtimens, aux Us & Coutumes de Paris, & aux Réglemens des Mémoires; & à laquelle on a joint un Tarif & Comptes-faits de toute forte d'ouvrages en Bâtimens, & un autre
Tarif pour connoître le poids du pied de Fer, fuivant fes différentes groffeurs.

Par M***. *Architecte, ancien Infpecteur-Toifeur de Bâtiment.*

Ouvrage très-utile aux Architectes & Entrepreneurs, à tous
Propriétaires de Maifons, & à ceux qui veulent bâtir.

A PARIS,
Chez les LIBRAIRES affociés.

M. DCC. LXVIII.
Avec Approbation & Privilege du Roi.

Eng 607.68

AVERTISSEMENT

SUR CETTE NOUVELLE ÉDITION.

LES Editions sans nombre qui ont été faites de l'*Architecture Pratique de M. Bullet*, prouvent assez l'utilité de cet Ouvrage. Il suffira de dire qu'il renferme, sur le Toisé, les meilleurs principes, présentés de la maniere la plus simple. Il réunit encore un avantage : c'est qu'en enseignant la méthode de toiser les Bâtimens, il montre celle de les construire. Il traite aussi des Matériaux que l'on emploie dans la construction, & donne les moyens de faire des ouvrages solides & agréables.

Il nous a paru que le Public avoit été satisfait des Corrections & des Additions qu'on avoit mises dans la précédente Edition. Dans la vue de le servir encore plus utilement, nous n'avons rien épargné pour celleci : ensorte que nous osons dire qu'elle est bien supérieure à toutes celles qui ont paru jusqu'à ce jour.

On a revu cet Ouvrage avec un soin particulier ; & dans les endroits qui sembloient demander un peu plus de clarté, on a fait quelques légers changemens qui n'alterent en aucune façon le sens de l'Auteur, comme il est aisé de le voir, en comparant l'Edition précédente avec celle que nous donnons aujourd'hui.

Quant aux Notes & aux Additions qui sont répandues dans le corps de l'Ouvrage, on y a fait les corrections & les changemens qui ont paru convenables, & on a profité des avis que l'on a bien voulu donner.

On trouvera dans la Géométrie-Pratique plusieurs propositions nouvelles, & quelques autres rectifiées.

On appercevra aussi dans la partie des *Murs de Refe-*

part quelques changemens affez confidérables, furtout dans le Toifé de ces Murs ; mais en y faifant attention, on ne pourra difconvenir qu'ils ne fuffi ni néceffaires. Pour rendre plus faciles les Démonftrations que l'on a fubftituées, on a deffiné une nouvel e Planche qui repréfente une partie de Baftion avec les développemens de fes différens angles.

On a fait encore plufieurs Additions dans l'article de la Charpenterie. On y verra entr'autres la Méthode de connoître la force des Bois, avec la maniere de faire des Bois méplats, & une Table œconomique pour le débit des Bois de Charpente dans les forêts.

On parle auffi dans cette nouvelle Edition du Carreau de terre cuite, & des Poëles de terre-cuite fayencée, qui font très-communs aujourd'hui.

A l'explication des trente-fix Articles de la Coutume qui regardent les Bâtimens, on a ajouté une Conférence ou comparaifon des autres Coutumes avec celle de Paris.

A la fuite des Devis on a inféré un Tarif & Comptes-faits de toute forte d'Ouvrages en Bâtimens, pour la commodité de ceux qui ont à régler des Mémoires.

Ce Volume eft terminé par un autre Tarif, pour connoître le poids du pied de Fer fuivant fes différentes groffeurs ; ce qui peut abréger la peine de ceux qui ont à toifer quelques ouvrages de Ferrure, comme *Grilles*, &c.

Il eft encore à propos d'avertir ici que dans le courant du Livre on trouvera les prix de quelques Ouvrages ; mais il ne faut pas les regarder comme des Prix fixes & invariables, parcequ'ils changent ordinairement d'une année à l'autre.

Dans cette Edition on a cru devoir mettre les Notes au bas des pages, pour ne pas interrompre le Texte de l'Auteur.

AVANT-PROPOS.

JE m'étonne que l'on ait été jufqu'à préfent fans donner au Public un Traité bien
ample du *Toifé des Bâtimens* ; car non-
feulement il eft utile à ceux qui font bâtir, d'avoir une connoiffance de l'ufage du
Toifé, pour n'être pas trompés fur la dépenfe qu'ils ont à faire ; mais il eft abfolument néceffaire aux Entrepreneurs de fça-
voir exactement toifer leurs ouvrages. Il y
a eu quelques Auteurs qui en ont écrit :
Ducerceau, dans fon Livre des 50 Bâtimens,
imprimé en 1611, a donné le Toifé de chacun des Bâtimens qu'il propofe, pour en
faire connoître la dépenfe. Mais outre qu'il
ne parle point de plufieurs Ouvrages qui
n'étoient pas en ufage de fon tems, comme
des Planchers creux, des Cloifons creufes
& autres, il n'entre pas même dans le détail des Moulures, & fe contente de dire
qu'une Corniche doit être comptée pour
une demi-toife, ce qui ne peut pas fervir
de regle, parcequ'il y a des Corniches où il

fe trouve une fois plus d'ouvrage qu'en d'autres; ainfi l'on ne fauroit s'affurer fur ce qu'il a écrit du Toifé. Il dit à la fin, qué le Roi, par un nouvel Edit, avoit ordonné que les Faces des Bâtimens feroient toifées leur longueur fur leur hauteur feulement, comme fi elles étoient toutes unies, fans avoir égard aux ornemens d'Architecture; & que quand on en voudroit beaucoup faire, qu'il en feroit fait un marché à part, fuivant des deffeins arrêtés. Je crois que c'eft ce qui a donné lieu à l'ufage du Toifé, que l'on appelle *Toifé bout-avant*, c'eft-à-dire, toifer les Faces des Maifons & autres Ouvrages, la longueur fur la hauteur feulement. Il y a plufieurs autres particularités dans cette manière de toifer, qu'il feroit inutile de rapporter, puifqu'elle n'eft plus en ufage.

Depuis cet Auteur, *Louis SAVOT*, Médecin, a fait un Livre intitulé : *l'Architecture Françoife*, dans lequel il y a un Chapitre du Toifé de la Maçonnerie & de la Charpenterie; mais ce qu'il en dit eft fi confus, qu'il eft difficile d'en tirer aucune inftruction, parcequ'il n'a point fuivi d'ordre, ni traité aucun Ouvrage à fond; ce qui fait affez connoître qu'il n'en parloit pas comme fçavant, auffi-bien que de plufieurs autres chofes fur l'Architecture, qu'il a traitées dans fon Livre, auquel il a donné un titre qui ne fait pas honneur aux Architectes

François ; car si un Architecte ne savoit
que ce qui y est contenu, il seroit très-igno-
rant. Mais c'est la maniere de plusieurs Personnes de Lettres , lesquelles ayant étudié
quelque temps l'Architecture , s'imaginent
en entendre mieux les principes que ceux
qui en font profession. Ce qui peut leur
donner cette présomption, c'est qu'ils trouvent si peu de ceux qui se disent Architectes, qui le soient effectivement, qu'ils croient
aisément être plus habiles & plus éclairés
qu'eux. Il est vrai qu'ils peuvent acquérir
une notion générale de l'Architecture par
la lecture des bons Auteurs, & après avoir
vu quelques Ouvrages estimés des Savans ;
mais ils ne savent pas pour cela, comme
ils le croient, la théorie de cet Art : cette
partie ne s'acquiert qu'avec beaucoup d'é-
tude & d'expérience ; en sorte qu'elle est
inséparablement attachée à la pratique , &
qu'il faut joindre l'une à l'autre pour être
habile. La théorie de l'Architecture est un
amas de plusieurs principes qui établissent,
par exemple , les regles de l'Analogie , ou
la science des Proportions , pour composer
cette harmonie qui touche si agréablement
la vue , & qui instruisent des regles de la
bienséance , pour ne rien faire qui ne soit
d'un caractere convenable au sujet que l'on
s'est proposé : ce caractere doit être exprimé par le choix de certains membres, dont

l'ordonnance & l'arrangement doivent faire connoître que le tout & ſes parties ont enſemble un rapport mutuel à l'eſpece de Bâtiment dont il s'agit. Voilà une légere idée de la théorie de l'Architecture, & ce qu'à peine poſſedent bien ceux qui ont étudié dès leur jeuneſſe, & qui avec toutes les parties néceſſaires, comme le Deſſin, les Mathématiques, principalement la Géométrie, la lecture des Auteurs, l'étude des Ouvrages antiques & modernes, joint à cela un heureux génie & un bon jugement, ont eu des occaſions avantageuſes pour réunir, par une longue expérience & une grande application, la pratique à la théorie; à peine, dis-je, ceux qui ont toutes ces qualités, difficiles à trouver dans une même perſonne, peuvent-ils parvenir à ce qu'on appelle le *bon goût* qu'il faut avoir pour décider juſtement ſur la compoſition de pluſieurs Deſſins que l'on peut faire ſur un même ſujet, afin de choiſir le plus convenable. Cela paroît cependant ſi facile à bien des gens, qu'ils s'imaginent que ſans aucune ſcience, il ſuffit d'avoir un peu de bon ſens, pour s'y connoître & pour en décider.

Pour revenir au Toiſé des Bâtimens, nous n'avons rien eu juſqu'ici de plus ample ſur cette matiere, que ce que M. *de Ferriere*, Avocat au Parlement, a depuis peu

ßonné au Public dans fon grand Coutu-
mier ; mais le Toifé des plus difficiles ouvrages n'y eft pas expliqué. Je ne prétends
pas trouver à redire à ce qu'à fait cet Auteur ; mais il eft certain néanmoins que
quand la chofe fera pouffée plus loin, le
Public en recevra plus d'utilité : c'eft pourquoi j'ai donné à ce Traité toute l'étendue
dont il a befoin pour le rendre intelligible &
utile.

Je commence par une Géométrie - Pratique, afin que ceux qui voudront favoir à
fond le Toifé des Bâtimens, ne foient pas
obligés d'avoir recours à d'autres Livres.
Je parle de la conftruction de toutes les fortes d'ouvrages qui compofent un Bâtiment,
avant que d'en donner le Toifé, non-feulement pour le mieux expliquer, mais auffi
pour inftruire ceux qui font bâtir, & pour
empêcher qu'ils ne foient trompés. Je me
fuis un peu étendu fur le Toifé des Moulures, afin qu'il n'y eût aucune difficulté
dans les différens cas qui fe rencontrent
par leur affemblage. J'enfeigne enfuite la
maniere de conftruire & de toifer les Murs
de Rempart & les Murs de Terraffe, & je
donne une regle fondée fur les Méchani-
ques, par le moyen de laquelle on peut affez juftement favoir leur épaiffeur, par rapport à la hauteur des Terres qu'ils doivent
foutenir.

Et comme la Charpenterie fait une des principales parties des Bâtimens, j'ai traité cette matiere un peu amplement. Je parle de l'origine des Combles, des fautes que l'on y commet : je donne quelques regles pour savoir les grosseurs des Bois par rapport à leurs portées, & j'explique la maniere de les toiser suivant l'usage, & autrement (1).

Je parle ensuite de la Couverture, de la Plomberie, de la Menuiserie, de la Ferrure, de la Vitrerie, de la Peinture d'impression & du Pavé de grais; & je donne la maniere de toiser ou de compter ces sortes d'Ouvrages (2). Je ne dis rien des prix, parce qu'ils sont différens, selon les endroits où l'on fait travailler, & même suivant que les Ouvriers sont plus ou moins habiles, &

---

(1) Pour rendre cette nouvelle Edition de l'*Architecture de M. Bullet* encore plus utile, j'ajouterai dans le corps de l'Ouvrage, un autre Traité du Toisé des Bois de Charpente suivant l'Usage actuel, & tel qu'il se pratique aujourd'hui dans les Bâtimens de Paris ; on y trouvera aussi la maniere de les toiser, suivant l'usage de Rouen, & ensuite la maniere de toiser *bout-avant*, tel que ce Toisé se pratique dans les Bâtimens du Roi, & ailleurs.

(2) M. Bullet n'a point parlé des Ouvrages faits en *Grais*, *de la Dorure*, *de la Marbrerie*, *de la Sculpture*, *de la Miroiterie*, *de la Grosse Fonte*, *des Cabinets à l'Angloise*, *de la Vuidange des Fosses d'aisance*, *du Carrelage & de la Poëlerie de Terre-cuite.* J'en traiterai par les Additions que je ferai à chaque partie du Bâtiment comprise dans cet Ouvrage.

par conféquent plus chers les uns que les autres; ainfi j'ai cru que ce feroit une chofe inutile. Je me fuis feulement contenté de donner quelque connoiffance de la bonne ou
mauvaife qualité des matériaux.

Pour ne rien omettre dans ce Traité de
tout ce qui concerne les Bâtimens, je rapporte l'expofition du Texte de la Coutume
fur les Servitudes & les Rapports des Jurés.
J'en donne une explication établie par l'u-
fage, afin qu'on puiffe y avoir recours dans
le befoin (1). Je parle auffi de la maniere dont
on donne les alignemens pour les Murs entre
les voifins.

Je donne enfin un modele de Devis, par
lequel je tâche de faire entendre comment

---

(1) Les explications que M. Bullet a données fur les articles de la Coutume concernant les Bâtimens, ne font point
affez étendues. J'y ajoute quelques obfervations que j'ai faites dans mes exercices, & quelques autres articles de la Coutume concernant l'acquifition des Maifons, où j'explique
dans quel cas elles font fujettes à Retrait ou non, & autres
chofes qu'un Architecte ou Maître Maçon doit favoir, parce
que le plus fouvent ce font eux qu'on confulte les premiers
fur ces matieres.
Je traite auffi dés Réparations locatives, & j'y diftingue
celles qui font à la charge du Propriétaire, & celles qui font
à la charge du Locataire; ce qu'un Propriétaire doit obferver
en louant fa maifon, & ce dont un Locataire eft garant &
refponfable.
Enfin, je parle de la garantie des Ouvrages de Bâtiment; du tems que chaque Entrepreneur en eft tenu; & je
cite les Articles de l'Ordonnance au fujet du tems de leur
paiement.

on doit éviter les équivoques & les contestations, en spécifiant toutes les circonstances qu'on doit y observer. Voilà en général ce que contient le Livre que je donne au Public.

Fin de l'Avant-Propos.

TABLE

DES ARTICLES

Contenus dans ce Volume.

MESURE

b 2

b 3

Fin de la Table des Articles.

EXPLICATION

DES TERMES USITÉS EN GÉOMÉTRIE.

AXIOME. C'est une vérité claire & constante qu'on connoît sans étude, dont tout le monde convient; comme, par exemple : *Le tout est plus grand que la partie : Plusieurs Quantités égales chacune à une même Quantité, sont égales entr'elles*, &c.

PROPOSITION. C'est une Question qu'on ne connoît point, parcequ'on ne l'a point étudiée, mais qui devient Proposition aussi-tôt qu'on y fait attention, qu'on a par ce moyen droit de demander qu'on la reçoive comme incontestable. Les *Définitions*, les *Axiomes*, les *Problèmes*, les *Théorèmes*, les *Corollaires* sont des Propositions.

DEFINITION. C'est une Proposition qui détermine l'idee d'un mot, ou qui donne une notion distincte de la chose qu'on veut que ce mot signifie. Par exemple, on définit ainsi un Segment de Cercle : *C'est une Figure plane terminée par un arc de cercle & par une ligne droite.*

PROBLEME. C'est une Proposition qu'il faut démontrer, mais dans laquelle il s'agit de faire quelque chose, & de prouver qu'on a fait ce qu'on s'étoit proposé de faire. Par exemple, *inscrire un Cercle dans un Quarré*, est un Problême, parcequ'il faut manœuvrer & ensuite démontrer: Ce qu'on exprime par ces quatre lettres, *C. Q. F. F.* qui veulent dire : *Ce qu'il falloit faire.*

THEOREME. Ce sont des Propositions qui ne font qu'exposer une vérité, & qu'il faut démontrer. Par exemple, *les Côtés opposés d'un Rectangle font égaux entr'eux*, est un Théorême dont il faut démontrer la vérité : ce qu'on exprime par ces lettres, *C. Q. F. D.* qui veulent dire : *Ce qu'il falloit démontrer.*

COROLLAIRE. C'eſt une Propoſition qui n'eſt qu'une ſuite & une conſéquence d'une autre précédenté.

LEMME. C'eſt une Propoſition qui n'eſt au lieu où elle eſt, que pour ſervir de preuve à d'autres qui ſuivent.

SCHOLIES. Ce ſont des remarques particulieres que l'on fait pour ne pas s'écarter d'un principe qu'on a établi.

HYPOTHESE & CONSEQUENCE. On nomme *Hypothéſe*, les conditions auxquelles on dit qu'une choſe doit être; & *Conſéquence*, ce qui réſulte de l'Hypothèſe, qu'il faut démontrer. Par exemple, lorſque l'on dit : *Si un Triangle eſt Iſocele, il aura deux angles & deux côtés égaux.* Cette partie, *Si un Triangle eſt Iſocele,* eſt l'HYPOTHÈSE ; & celle-ci, *Il y aura deux angles & deux côtés égaux,* c'eſt la CONSÉQUENCE qu'il faut démontrer.

GEOMETRIE

GÉOMÉTRIE
PRATIQUE,
POUR LES MESURES
DES
SUPERFICIES PLANES
ET
DES CORPS SOLIDES.

LE MOT de mesure, dont je me servirai dans la suite pour expliquer les Figures que j'emploierai, doit s'entendre, en général, de toutes les sortes de mesures dont on se sert dans les différens pays : comme en France, de la *Toise* qui a six pieds, dont chaque pied est divisé en douze pouces, & chaque pouce en douze lignes; & en d'autres Pays, comme des *Cannes*, *Verges*, *Palmes*, & autres qui ont leurs divisions & leurs sou-divisions. J'avertis de plus que je ne ferai usage de Fractions que le moins qu'il me sera possible, afin que les Figures que je proposerai soient plus faciles à mesurer : ces Fractions d'ailleurs appartiennent à l'Arithmétique, qu'il faut savoir avant que d'apprendre cette partie de la Géométrie Pratique.

A

Il est absolument nécessaire, avant que d'entrer dans la Géométrie-Pratique, de donner la Définition de certains termes, sans lesquels on ne peut rien entendre dans cette Science. C'est pourquoi j'ai cru être obligé de les mettre ici, pour ceux qui n'en ont aucune connoissance, & qui voudront s'en servir pour leur utilité.

DÉFINITIONS.

DES LIGNES.

LE *POINT* est une partie d'étendue que l'on considere comme n'en ayant aucune, telle est l'extrémité d'une Ligne.

La *LIGNE*, qui est la premiere grandeur mesurable, est une longueur considérée sans largeur ; & est composée de *Points*.

Il y a deux sortes de Lignes, la Ligne *Droite* & la Ligne *Courbe*.

La Ligne *Droite* est celle dont tous les points sont dans la même direction.

La Ligne *Courbe* est celle dont les points ne sont pas dans la même direction.

Des Lignes *Courbes*, il y en a de Circulaires, d'Elliptiques, d'Hyperboliques, de Paraboliques, de Spirales, d'Hélices, & autres.

Un *ANGLE*, est formé par l'inclinaison de deux lignes qui se rencontrent en un point. Dans la *Fig.* 1. les Lignes A B & B C qui se rencontrent au point B, forment un angle.

Les Angles sont, ou *droits*, ou *obtus*, ou *aigus*. (a)

(a) Les Ouvriers appellent l'Angle droit, d'*Equerre*.

Quand une ligne droite tombe fur une autre ligne droite, en forte que les Angles qu'elle forme à droite & à gauche font égaux, ces Angles s'appellent Angles *droits*, & la ligne s'appelle *Perpendiculaire*: ainfi, dans la *Fig.* 2. la Ligne BD, tombant perpendiculairement fur la ligne AC, les Angles A D B & BDC font égaux, & par conféquent droits.

Fig. 1.

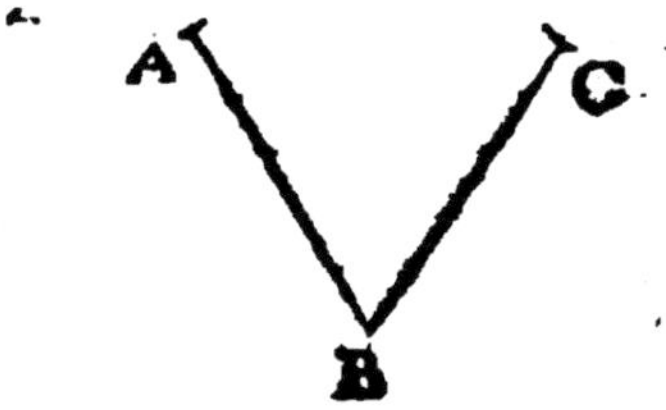

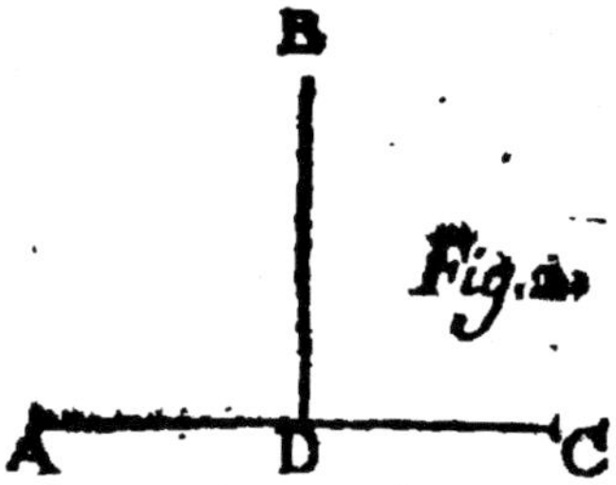

Fig. 2.

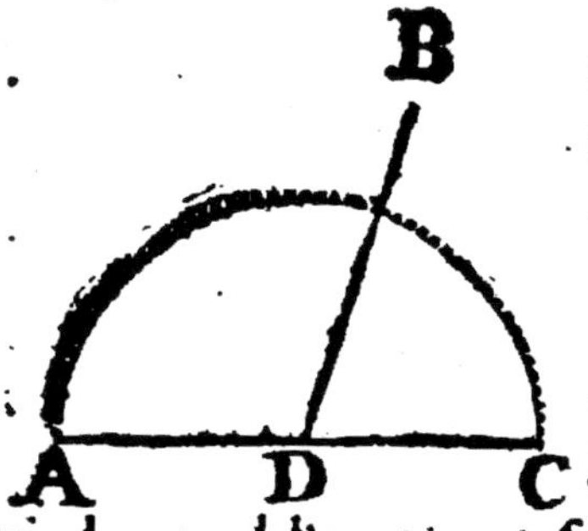

Mais quand une ligne ne tombe pas perpendiculairement fur une autre ligne, elle fait des angles inégaux, dont le plus grand s'appelle Angle *obtus*, & l'autre s'appelle Angle *aigu*: comme dans la figure, la Ligne BD tombant obliquement fur la ligne AC au point D, fait les angles BDA & BDC inégaux, le plus grand BDA, s'appelle Angle *obtus*, & le moindre BDC s'appelle Angle *aigu*.

Les Angles s'expriment par trois lettres, dont celle du milieu eft la rencontre des lignes ou le fommet de l'Angle, & montre l'Angle que l'on veut exprimer, comme l'Angle obtus BDA, & l'Angle aigu BDC.

Quand deux lignes quelconques, droites ou cour-

l'Angle obtus, du *Gras*; & l'Angle aigu, du *Maigre*. Ainfi lorfqu'ils difent qu'il y a du *Maigre* à une pierre, c'eft que l'Angle eft aigu; ainfi des autres.

A 2

bes, font poſées ſur un même plan, de maniére qu'é-
tant prolongées à l'infini, elles ſoient toujours également diſtantes l'une de l'autre, on les appelle Lignes
Paralleles, comme les Lignes AB, CD.

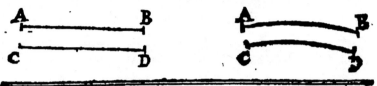

DES SUPERFICIES.

LA SUPERFICIE eſt un eſpace renfermé de
Lignes, ou une longueur & largeur ſans profondeur;
cette Superficie par rapport à ſes côtés, s'appelle Figure *Plane.*

Des Figures de trois côtés, nommées Triangles ou Trigones.

Le *Triangle* eſt la premiere des Figures planes. Il
peut être conſidéré de ſix façons différentes; de trois
par rapport à ſes côtés, & de trois par rapport à ſes
angles.

Le Triangle conſidéré par rapport à ſes côtés, eſt,
ou *Equilatéral*, ou *Iſocéle*, ou *Scaléne*.

Le triangle *Equilatéral* a ſes trois côtés égaux,
comme le triangle A.

Le triangle *Iſocéle* a deux côtés égaux, comme le
triangle B.

Le triangle *Scaléne* a les trois côtés inégaux,
comme le triangle C.

Le Triangle confidéré par rapport à fes angles eft, ou *Rectangle*, ou *Amblygone*, ou *Oxygone*.

Un triangle eft *Rectangle*, lorfqu'il a un angle droit, comme le triangle D.

Un triangle eft *Amblygone*, quand il a un angle obtus, comme le triangle E.

Un triangle eft *Oxygone*, quand il a tous fes angles aigus, comme le triangle F.

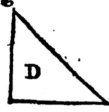

La *Bafe* d'un Triangle, confidérée par rapport à l'angle qui eft au fommet, eft le côté oppofé à ce même angle. Comme dans le Triangle ABC, fi l'on confidere l'angle B pour le fommet, AC fera la bafe du triangle.

Des Figures de quatre côtés, ou Quadrilatéres.

La feconde des Figures planes rectilignes, eft le *Quarré*, qui a les quatre côtés & les quatre angles égaux, comme la *Figure* I.

I

Parallélogramme, *Quarré-long*, ou *Rectangle*, Figure A. (ces trois noms font fynonymes,) c'eft une Figure qui

a les quatre angles droits , & les côtés oppofés paralleles & égaux. (*a*)

Rhombe ou *Loſange* eſt une Figure dont les quatre
côtés & les angles oppofés font égaux , deux de ces
angles font aigus , & les deux autres obtus , comme
B. *Fig.* 1.

Rhomboïde eſt un Rhombe barlong, qui a les côtés
& les angles oppofés égaux, comme C. *Fig.* 2.

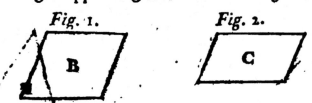

Fig. 1.   Fig. 2.

Trapeze, eſt une Figure qui a les quatre côtés inégaux, comme ACBD *Fig.* 80, mais dont deux font
paralleles. On l'appelle encore Trapeze *Régulier*. (*b*)

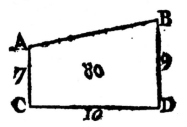

────────────────────────────

(*a*) Les Ouvriers l'appellent encore *Barlong*, ou *Quarré
Barlong*. Cette définition n'eſt pas des plus régulieres. Un
Parallélogramme eſt une Figure de quatre côtés , dont les
angles & les côtés oppofés font égaux, & il n'eſt *Rectangle*
que lorſque ſes angles font droits.

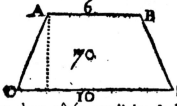

(*b*) On diſtingue encore les
Trapezes en *Rectangles* & en
Iſocéles. Le Trapeze *Rectangle*
a deux angles droits & deux côtés paralleles , comme ACBD,
Fig. 80. & le Trapeze *Iſocéle*
a deux côtés paralleles & les angles ſur les mêmes côtés
égaux, comme la *Figure* 70.

Trapeʒoïde ou *Trapeʒe irrégulier*, eſt une Figure qui a les quatre côtés & les quatre angles inégaux, & n'a aucun de ſes côtés paralleles, comme la figure ACDBFE.

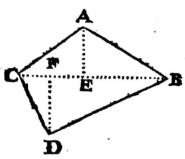

Des Polygones, ou Figures de plufieurs côtés.

Des autres Figures rectilignes, celles qui ont les angles & les côtés égaux, ſont appellées *Régulieres.*

Celles qui n'ont ni les côtés ni les angles égaux, s'appellent Figures *Irrégulieres.* Elles ſont compriſes l'une & l'autre ſous le nom général de *Polygones.*

Des Régulieres, celles qui ont cinq côtés & cinq angles égaux, s'appellent *Pentagones*, comme E, *Fig.* 5.

Celles qui ont ſix angles & ſix côtés égaux, s'appellent *Hexagones*, comme F, *Fig.* 6.

Celles qui ont ſept côtés & ſept angles égaux, s'appellent *Heptagones*, comme G, *Fig.* 7, & ainſi du reſte, comme de l'*Octogone*, *Ennéagone*, *Décagone*, *Endécagone*, *Dodécagone*, &c.

Fig. 5.   *Fg.* 6.   *Fig.* 7.

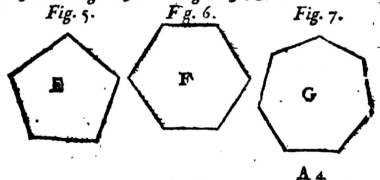

A 4

Des Figures Circulaires.

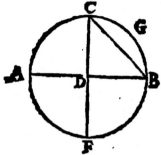

Le *Cercle* eſt une figure comprise dans une ſeule ligne, appellée *Circonférence*. Cette circonférence eſt une ligne courbe, dont tous les points ſont également diſtans d'un point commun que l'on appelle *Centre*. Toutes les Lignes droites menées de ce point à la circonférence ſont égales entr'elles, & ſe nomment rayons. Dans la *Fig.* ACBF, le Centre eſt D, les Lignes AD ou DB, ſont les *Rayons* ou les *demi-Diametres*, & les Lignes AB ou CF, qui paſſent par le centre, & qui ſe terminent à la circonférence, s'appellent *Diametres* du Cercle.

Toute portion de circonférence du Cercle s'appelle *Arc*. Si une Ligne eſt menée d'un point de la circonférence à un autre, ſans paſſer par le centre, elle s'appelle *Corde* de l'Arc qu'elle ſoutient, comme la ligne CB, qui ſoutient l'Arc CGB (*a*).

Un *Secteur* de Cercle eſt une Figure compriſe dans une partie de circonférence, & dans deux demi-diametres, comme la *Fig.* DCGB.

Un *Segment* de Cercle eſt une Figure compriſe dans une partie de la circonférence, & une ligne droite qui touche les extrémités de cette circonférence, comme la *Fig.* CGB.

(*a*) Les Ouvriers appellent la Circonférence ou autre partie ceintrée, *Contour* ou *Pourtour*; un demi-Diametre ou Fléche, *Montée du Ceintre*, ou *Montée de la Voûte*, & un Arc, *Ceintre*. Ainſi, pour exprimer que la hauteur d'une Voûte eſt la moitié d'un Cercle, & faite d'un ſeul point de centre, & que le rayon ou la montée de la Voûte eſt auſſi

L'*Ovale* ou l'*Ellipse* est une Figure oblongue comprise dans une seule ligne courbe, mais non circulaire.

Le *Centre* de l'Ovale est le point du milieu A.

Les *Axes* ou *Diametres* de l'Ovale, sont les lignes qui passent par le centre & se coupent à angles droits. Elles sont terminées de part & d'autre à la circonférence de l'Ovale; telles sont les lignes DE, BC, dont l'une est le grand Axe qui représente la longueur de l'Ovale, & l'autre le petit Axe qui en représente sa largeur. Si d'autres lignes passent par le centre de l'Ovale, & se terminent à la circonférence, elles sont aussi appellées *Diametres*; comme la ligne GH.

L'*Ovale* a ses parties semblables à celles du Cercle, comme Secteur & Segment, &c. Ainsi, la portion de la circonférence DHC, & les deux lignes AC & AD comprennent un Secteur d'Ovale; & la même portion DHC avec la ligne DC, comprend un Segment d'Ovale. Il y auroit encore d'autres choses à dire sur l'*Ovale*, mais cela appartient à sa description (*a*).

_____

haute que la moitié du diamétre pris à la naissance de la Voûte, ils disent qu'elle est en *plein Ceintre*. Si cette Montée est plus courte que la moitié du diametre, ils disent qu'elle est en *Ceintre surbaissé*; si au contraire elle est plus haute, ils disent qu'elle est en *Ceintre surmonté*, ou *surhaussé*.

(*a*) L'*Ovale* & l'*Ellipse* ne doivent pas se confondre; ces deux Figures sont totalement différentes. L'*Ellipse* peut être divisée en deux, par tous les Diametres qui passeront par son Centre ou point milieu; & l'*Ovale* ne peut être divisé en deux que par un seul Diametre. L'*Ellipse* a pour base une

La *Diagonale* est une ligne droite tirée d'un angle d'une Figure rectiligne, à l'angle opposé, comme dans le rectangle AB CD, la ligne BC est appellée *Diagonale*.

DES CORPS SOLIDES.

Les *Corps Solides* sont ceux qui ont longueur, largeur & profondeur, & dont les extrémités sont des surfaces.

Le *Cube* est un Solide rectangle, renfermé sous six surfaces quarrées & égales, comme la Figure A ; il est aussi appellé *Hexaëdre*.

La *Base* d'un *Corps Solide* ou d'un *Cube* est la superficie que l'on suppose être le fondement du Corps.

Le *Cube* rectangle oblong est un Corps renfermé sous six surfaces, dont quatre sont oblongues & égales, & deux quarrées, comme la *Figure* B. On le nomme ordinairement, *Parallélipipede*.

Le *Prisme* est un solide qui a pour ses deux bases

Figure réguliere, qui est le Cercle de son petit diametre & la base de l'*Ovale* est une Figure circulaire très-irréguliere. Ces deux choses sont à considérer, sur-tout pour la coupe des Pierres, & il ne faut pas confondre les Lignes *Ovales* avec les Lignes *Elliptiques*. L'*Ellipse* cependant est plus connue sous le nom général d'*Ovale*.

ou un Triangle ou un Trapeze, ou un Pentagone, &c.
& dont les cotés élevés perpendiculairement au-deſſus
de la baſe, ſont égaux & paralleles, comme C *Fig.* 8.

La *Pyramide* eſt un ſolide qui a pour baſe un
quarré, ou une autre figure rectiligne, & dont les
lignes élevées au-deſſus de la baſe tendent toutes à
un point, que l'on appelle *Sommet*, comme D
Fig. 9.

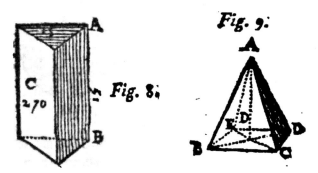

Fig. 8.

Fig. 9.

Le *Cylindre* eſt un ſolide qui a pour ſes deux baſes
deux cercles égaux & paralleles, comme E *Fig.* 10.
On appelle *Cylindre oblique* celui qui eſt incliné.

Le *Cône* eſt un ſolide qui a pour baſe un cercle,
& dont les lignes élevées au-deſſus tendent à un point
appellé Sommet, comme F. *Fig.* 11. On appelle *Cône
oblique* celui qui eſt incliné.

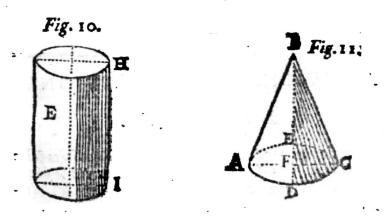

Fig. 10.

Fig. 11.

La *Sphére* est un solide renfermé sous une seule superficie circulaire, comme G. *Fig.* 12.

Le *Sphéroïde* est un solide renfermé sous une seule superficie ovale, comme H. *Fig.* 13.

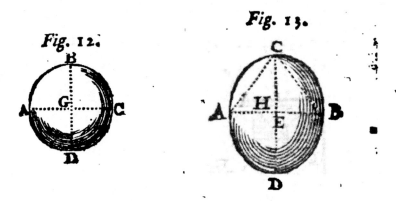

Fig. 12.

Fig. 13.

Les *Corps Réguliers* sont des Solides dont toutes les lignes ou côtés & toutes les superficies sont égales.

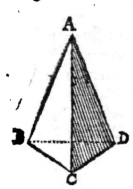

L'*Angle solide* ou *matériel* est l'inclinaison de plusieurs lignes qui sont dans divers Plans : comme dans la Pyramide triangulaire ABCD, l'angle BCD est appellé angle *Solide*, ou l'angle BAD, &c.

ADDITIONS AUX DEFINITIONS.

Des Lignes Courbes.

Entre les Lignes *Courbes*, les unes sont *Régulieres* & les autres *Irrégulieres*. Les *Régulieres* sont celles qui se décrivent d'un point de Centre, comme la *Circulaire* & l'*Elliptique*. Les *Irrégulieres* sont celles qu'il faut chercher & déerire par des Points, comme les *Paraboliques*, les *Hy-perboliques*, les *Spirales*, les *Helices*, & autres du même genre.

La Ligne *Elliptique* est une Courbe qui renferme un espace formé par la coupe oblique d'un Cylindre ou d'un Cône. On nomme cette Courbe, *Ellipse*, & l'espace qu'elle renferme, *Ovale*. On confond assez ordinairement l'un avec l'autre.

La Ligne *Parabolique* est une Courbe qui renferme un espace formé par la coupe d'une portion de Cône parallele à un de ses côtés. On nomme cette Courbe, *Parabole*.

La Ligne *Hyperbolique* est une Courbe qui renferme un espace formé par la coupe verticale, ou à plomb, d'une portion de Cône parallele à son axe. On nomme cette Courbe, *Hyperbole*.

La Ligne *Spirale* est une Courbe qui s'éloigne de son centre à mesure qu'elle tourne à l'entour, comme la Spirale d'une montre ou la Volute du Chapiteau Ionique, ou, si l'on veut, d'un Limaçon.

La Ligne *Helice* est une Courbe qui tourne autour d'un Cylindre comme la Vis de Presloir, ou la Vis sans fin d'un Tourne-broche.

Des Lignes Droites.

Dans les Sections Coniques on donne encore différens noms aux Lignes droites.

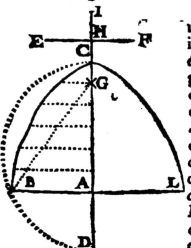

On nomme ligne *Directrice*, une ligne droite horisontale, indéfinie, parallele à la base éloignée du *Sommet* de la Figure à une certaine distance, comme E F. Dans la *Parabole* elle est à la même distance du *Sommet* que le *Foyer*; c'est-à-dire, que le *Sommet* divise en deux parties égales la distance du *Foyer* à la *Directrice*, laquelle distance est moitié du *Parametre*. Dans l'*Ellipse*, la distance du *Sommet* à la *Directrice* est plus grande que celle du *Sommet* au *Foyer*, & dans l'*Hyperbole*; c'est le contraire.

L'*Ordonnée* est une ligne dans l'intérieur de la *Figure*, parallele à la *Base* ou à la *Directrice*, & perpendiculaire à l'*Axe* de la Figure, comme B A. Le point B indique un des points de la *Courbe*, & le point A une des extrémités de l'*Abscisse*. L'*Ordonnée* est toujours moyenne proportionnelle entre l'*Abscisse* & le *Parametre*, toutes les lignes ici ponctuées sont des *Ordonnées*.

L'*Abscisse* est une ligne qui comprend la partie de l'*Axe* depuis l'*Ordonnée* jusqu'au *Sommet* de la Figure, comme A C.

On nomme *Parametre* le double de la distance du *Foyer* à la *Directrice*, laquelle distance est ici G H, dont le double G I est égal à D A; ensorte que l'*Abscisse* & le *Parametre* font ensemble le diametre du cercle D B C, dont l'*Ordonnée* B A est moyenne proportionnelle

Le *Sommet*, est l'extrémité de la Figure, comme C.

Le *Foyer* d'une Section Conique, est un point déterminé sur l'*Axe* ou l'*Abscisse* au-dessous du *Sommet*, qui en est plus ou moins éloigné suivant l'espèce, comme nous venons de le dire de la Ligne *Directrice*. Le point G est le *Foyer*. La *Soûtendante* B G est égale à A H.

Enfin, la *Base* est la ligne ou le plan sur lequel la Figure est appuyée, comme B L.

DE LA MESURE
DES SURFACES PLANES.

PROPOSITION I.
Mesurer la Superficie d'un Quarré.

COMME le *Quarré* a ses quatre côtés égaux, il faut multiplier un des côtés par lui-même, & le produit sera le requis.

EXEMPLE.

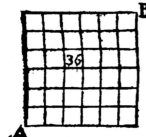

Soit le *Quarré* AB, dont chacun des côtés soit de 6 mesures; il faut multiplier 6 par 6, le produit donnera 36 pour la Superficie requise.

PROPOSITION II.
Mesurer la Superficie d'un Rectangle.

IL faut multiplier le petit côté par le grand, ou le grand par le petit, & le produit sera le requis.

Exemple. Au Rectangle AB, soit le côté AC de 12 mesures, & le côté BC de 6 mesures, il faut multiplier 12 par 6. & l'on aura 72 pour la Superficie requise.

OBSERVATION.

Il est à remarquer qu'un Quarré a plus de superficie qu'un Rectangle de même pourtour; & que plus le Rectangle approche du Quarré, plus sa superficie est grande.

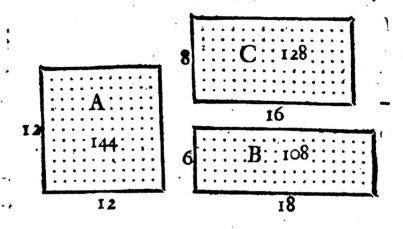

Exemple. Soient le Quarré A & les deux Rectangles B
& C ; les deux Rectangles ont chacun le même pourtour
que le Quarré, c'eſt-à-dire, 48 toiſes. Si d'après les deux
propoſitions ci-deſſus, on multiplie dans ces trois figures la baſe par la hauteur, on verra que la ſuperficie du
Quarré A eſt de 144 toiſes, celle du Rectangle B de 108,
& celle du Rectangle C de 128.

Cette obſervation fait voir que ſi l'on veut échanger
un terrein avec un autre, à moins qu'ils ne ſoient tous
les deux parfaitement quarrés, il ne faut pas ſe laiſſer
ſéduire par leur pourtour qui peut être le même, mais
faire attention à l'étendue de leur ſuperficie.

PROPOSITION III.

Meſurer la Superficie d'un Triangle Rectangle.

IL faut premierement ſçavoir, que tous les *Triangles Rectangles* ſont toujours la moitié d'un Quarré,
ou d'un Rectangle ; c'eſt pourquoi il faut meſurer
les côtés qui comprennent l'Angle droit, les multiplier l'un par l'autre, & la moitié du produit ſera le
requis.

Exemple.

Exemple. Soit à mesurer le *Triangle Rectangle ABC,* dont le côté AB soit de 12 mesures, & le côté BC de 6 mesures : comme ces côtés comprennent l'Angle droit ABC, il faut multiplier 12 par 6, & l'on aura 72, dont la moitié 36 sera la Superficie requise. On aura la même chose si l'on multiplie un de ces côtés par la moitié de l'autre.

PROPOSITION IV.

Mesurer la Superficie de toutes sortes de Triangles Rectilignes.

DE même que les *Triangles Rectangles* sont la moitié d'un *Quarré* ou d'un *Rectangle* ; tous les autres Triangles sont toujours la moitié des mêmes Figures dans lesquelles ces Triangles peuvent être inscrits, comme il sera aisé de le connoître en supposant le Triangle irrégulier ABC, inscrit dans le Rectangle EDAC : car si du Sommet B du Triangle ABC, on fait tomber sur AC la Perpendiculaire BF, le même Triangle sera divisé en deux autres Triangles égaux aux deux Triangles de complément AEB, CDB qui composent le Rectangle EDAC ; car le Triangle AFB sera égal au Triangle AEB, & le Triangle CFB sera égal au Triangle CDB : ainsi dans tous les Triangles rectilignes, de quelque espèce qu'ils puissent être, si l'on fait tomber une Perpendiculaire de l'un des Angles, sur le côté opposé au même Angle, & que l'on multiplie ce côté par cette Perpendiculaire, la moitié du produit sera la Superficie requise ; ou bien, si l'on veut multiplier une de ces deux lignes par la moitié de l'autre, on aura la même chose.

Exemple. Soit le côté AC de 9 mesures, & la Perpendiculaire BF de 6 mesures. Si l'on multiplie 6 par 9, on aura 54, dont la moitié est 27 pour la Superficie requise : ou bien si l'on multiplie 9 qui est le côté AC par 3, moitié de la Perpendiculaire BF, l'on aura la même Superficie.

Autre maniere de mesurer la Superficie des Triangles par la connoissance de leurs côtés.

IL faut ajouter les trois côtés ensemble, & de la moitié de leurs Sommes soustraire chaque côté séparément : puis si l'on multiplie continuement la moitié par les trois restes, la Racine quarrée du produit sera la Superficie du Triangle proposé.

Exemple. Supposons que les trois côtés du Triangle ABC soient 13, 14, 15; leur Somme sera 42, dont la moitié est 21. De cette moitié si l'on ôte séparément 13, 14, 15, il restera 8, 7, 6. Que l'on multiplie ensuite 21 par 8, l'on aura 168, qu'il faut multiplier par 7. On aura pour second produit 1176, qu'il faut encore multiplier par 6. Le troisième produit sera 7056, dont la Racine quarrée 84. est la superficie requise du Triangle (a).

_____

(a) Il peut arriver que la somme des trois côtés d'un Triangle n'ait pas sa moitié juste : alors, pour ne rien perdre, il faut doubler tous les côtés, & on aura une Su-

PROPOSITION V.

Mesurer la Superficie des Polygones Réguliers.

IL faut prendre le circuit du *Polygone Régulier* proposé, multiplier ce circuit par la moitié de la Perpendiculaire qui tombera du centre de la Figure sur un des côtés, & le produit sera la Superficie requise.

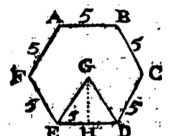

Exemple. Soit proposé à mesurer l'*Héxagone Régulier* ABCDEF; dont chaque côté soit de 5 mesures, les six côtés contiendront 30 mesures. Il faut du centre G, faire tomber sur ED, la Perpendiculaire GH, que je suppose être de 4 mesures. Multipliez 2, moitié de GH, par 30, somme des

perficie quadruple de celle que l'on cherche; dont il faudra par conséquent prendre le quart.

Si on est obligé de tiercer, la Superficie alors sera neuf fois plus grande, & on en prendra la neuviéme partie. Ainsi du reste.

Je ne puis assez recommander la nécessité de bien sçavoir cette proposition. Elle épargne beaucoup d'opérations, surtout en arpentage, lorsque par la grandeur du Triangle, ou autre empêchement on ne peut abaisser de Perpendiculaire.

La démonstration de cette proposition est un chef-d'œuvre de son Auteur; & une des plus belles applications de la racine quarrée.

six côtés, & vous aurez 60 pour la Superficie requise (a).

PROPOSITION VI.

Mesurer les Polygones Irréguliers.

Sous le nom de *Polygones Irréguliers*, sont comprises toutes Figures rectilignes ou multilateres irrégulieres. Pour en avoir la Superficie, il faut diviser les Figures en triangles qui aient tous un angle dans un de ceux de la Figure que l'on veut mesurer, ensuite mesurer séparément chacun de ces triangles par la Proposition IV; après cela ajouter tous les triangles contenus dans la Figure, & on aura la Superficie requise de la Figure proposée.

Exemple, Soit proposé à mesurer le *Polygone Irrégulier* ABCDEFG, il faut prendre un des angles à volonté, comme ici l'angle C, & mener des lignes aux autres angles, comme CA, CG, CF, CE : on aura cinq triangles qu'il faut mesurer séparément par la méthode ci-devant expliquée : toutes leurs Superfi-

(a) Comme l'*Héxagone* est très-commun dans les Bâtimens, nous en trouvons la Superficie plus aisément, en multipliant la ligne CB par la ligne AH. Cette mesure n'est particuliere qu'à l'*Héxagone*, & la méthode indiquée dans cette proposition est générale pour tous les Polygones quelconques *Réguliers*. La proposition suivante donne la méthode pour les *Irréguliers*.

ties raffemblées donneront celle de la Figure propofée. Comme fi le Triangle ABC contient 10 mefures, le Triangle AGC 8, le Triangle CGF 7, le Triangle FEC 6, & le Triangle ECD 9 : en ajoutant tous ces nombres, on aura 40 pour la Superficie totale du *Polygone* propofé (a).

PROPOSITION VII.

Mefurer les Rhombes.

ON aura la Superficie des *Rhombes* en multipliant une de leurs diagonales par la moitié de l'autre.

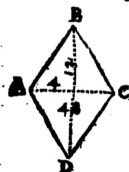

Exemple. Soit propofé à mefurer le *Rhombe* ABCD, dont la diagonale BD foit de 12 mefures, & la diagonale AC de 8 mefures: il faut multiplier 12 par 4 qui eft la moitié de 8, & l'on aura 48 pour la Superficie requife. Il en arrivera de même fi l'on multiplie la moitié de 12 qui eft 6 par 8; ce qui fait le même nombre 48.

PROPOSITION VIII.

Mefurer les Rhomboïdes.

LEs *Rhomboïdes* font des Figures dont les côtés font paralleles, mais qui n'ont pas les angles droits. Pour

---

(a) Les *Polygones* irréguliers font de peu d'ufage en Bâtiment, mais très-utiles pour la levée des Plans, qui prefque toujours ne préfentent que des Figures multilateres irrégulieres. En Arpentage, pour avoir ces Superficies, la Trigonométrie les donne plus fûrement que les opérations qui viennent d'être propofées.

en avoir la Superficie, il faut multiplier un des côtés par la Perpendiculaire qui tombe de l'un des angles sur le côté opposé.

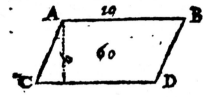

Exemple. Soit le *Rhomboïde* ABCD, dont le côté AB soit de 10 mesures, & la Perpendiculaire AE de 6 mesures : il faut multiplier 6 par 10, & l'on aura 60 pour la Superficie requise.

PROPOSITION IX.

Mesurer les Trapezes & les Trapezoïdes.

QUOIQUE l'on puisse mesurer toutes les Figures rectilignes, par la régle générale que j'ai donnée (Proposition IV) de les réduire en triangles, j'expliquerai cependant la mesure particuliere des *Trapezes*, & premierement de ceux qu'on appelle *Réguliers.*

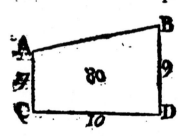

Exemple. Soit le *Trapeze Rectangle* ABCD, que le côté AC soit de 7 mesures, & le côté BD de 9. Il faut ajouter ensemble les deux côtés AC & BD , leur somme sera 16 , dont la moitié 8 sera multipliée par 10, qui est le côté CD perpendiculaire sur AC, & BD, & l'on aura 80 pour la Superficie requise.

Les *Trapezes Isocéles* qui ont deux côtés paralleles, & les angles sur les mêmes côtés égaux , sont mesurés en ajoutant ensemble les deux côtés paralleles, & multipliant la moitié de leur somme par la perpendiculaire qui tombera de l'un des angles égaux sur le côté opposé.

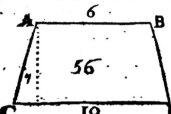

Exemple. Soit proposé à mesurer le *Trapeze Isocéle* ABCD, dont le côté AB est parallele à CD, & dont l'un est de 6 & l'autre de 10 mesures : la moitié de leur somme est 8, qu'il faut multiplier par la perpendiculaire AE de 7 mesures, ce qui donnera 56 pour la Superficie requise.

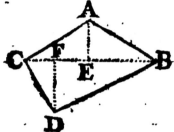

Les *Trapezoïdes* ou *Trapezes* irréguliers sont mesurés étant divisés en Triangles, comme le Trapeze ABDC, qui n'a aucun de ses côtés paralleles ni égaux. Divisez cette Figure en deux triangles par la diagonale CB; des angles opposés A & D faites tomber sur cette diagonale les perpendiculaires AE & DF, mesurez ensuite les deux Triangles CAB & CDB : la somme de ces deux Triangles donnera la Superficie requise.

PROPOSITION X.

Mesurer la Superficie d'un Cercle.

CETTE Proposition n'a point encore été résolue géométriquement, parce qu'elle suppose la Quadrature du Cercle que l'on n'a point encore trouvée, non plus que la proportion de la circonférence avec la ligne droite; mais on se sert de la régle d'*Archimede*, qui approche assez pour la pratique. Or il a trouvé que la proportion de la circonférence d'un Cercle à son diametre, étoit à peu-près comme de 22 à 7. Ainsi, pour avoir la Superficie d'un Cercle, il faut multiplier toute la circonférence par le quart du diametre, ou tout le diametre par le quart de la circonférence.

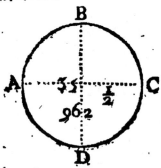

Exemple. Soit proposé à mesurer le *Cercle* ABCD, dont le diametre AC ou BD soit de 35 mesures : il faut faire une régle de proportion en cette maniere, 7 est à 22, comme 35 est à la circonférence que l'on cherche, on trouvera qu'elle est de 110.

Il faut ensuite multiplier 27 ½ quart de la même circonférence par 35 diametre du Cercle, & l'on aura 962 ½ pour la superficie requise. Il en arrivera de même si l'on multiplie le quart du diametre par toute la circonférence.

Autre maniere de mesurer le Cercle.

CETTE méthode est encore d'*Archimede*, & elle est plus abrégée que la précédente, quoiqu'elle soit fondée sur le même principe. Après avoir connu le diametre du *Cercle* proposé, faites un quarré de ce diametre : la Superficie de ce quarré sera à la Superficie du Cercle, comme 14 est à 11. Reprenons le même exemple que ci-devant pour en connoître la preuve. Le diametre du *Cercle* soit encore 35, le quarré de 35 est 1225, qu'il faut mettre au troisième terme de la regle de proportion, en disant : 14 est à 11, comme 1225 à un autre nombre, que l'on trouvera être 962 ½ pour la Superficie, comme dans l'exemple ci-devant proposé.

PROPOSITION XI.

Mesurer une portion de Cercle.

TOUTE portion de Cercle s'appelle *Secteur* ou *Segment* de Cercle.

Un Secteur est une portion de Cercle qui est comprise entre deux demi-diametres & une portion d'arc, comme A B G C.

Un Segment de Cercle est une portion comprise entre une ligne droite & une portion de Cercle, comme C D E, ou comme le demi-Cercle B E D.

Pour mesurer un *Secteur* de Cercle, comme A B G C, il faut sçavoir que *la Superficie d'un Secteur de Cercle est à toute la Superficie du même Cercle, comme la portion de la Circonférence du même Secteur est à toute la circonférence du Cercle.*

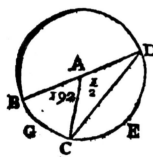

Par exemple. Soit proposé à mesurer le *Secteur* A B G C. Supposant la Superficie du Cercle précédent de 962 ½, & la portion de l'arc B G C la cinquiéme partie de toute la circonférence du Cercle, le *Secteur* sera la cinquiéme partie de la Superficie du même Cercle. Ainsi la Superficie de tout le Cercle B C D étant 962 ½, la Superficie du *Secteur* A B G C de ce même Cercle sera 192 ½.

Pour la Superficie d'un *Segment* de Cercle, il faut premierement trouver le *Secteur* comme dessus, & soustraire de ce *Secteur* le Triangle fait de deux côtés du *Segment* & de la corde du *Segment*. Par exemple : pour avoir la Superficie du *Segment* C D E, il faut mesurer tout le *Secteur* C A D E, & en souftraire le Triangle CAD, reftera le *Segment* CDE, dont on aura la Superficie (*a*).

· PROPOSITION XII. ·

Mefurer la Superficie d'une Ellipfe, vul- gairement appellée Ovale.

LA Superficie de l'*Ellipfe* eft à la Superficie d'un Cercle, dont le diametre eft égal au petit axe de la même Ellipfe, comme le grand axe eft au petit ; & par conféquent le grand axe eft au petit axe, comme la Superficie de l'Ellipfe eft à la Superficie d'un Cer- cle fait du petit axe. Ainfi pour avoir la Superficie

---

(*a*) M. Bullet s'explique ici en termes trop vagues. La connoiffance de l'Arc d'un *Secteur* ou *Segment* eft très-fou- vent impoffible par le trop grand nombre d'opérations qu'il faut faire, & qu'un Toifeur évite le plus qu'il peut.

Dans un *Secteur*, si on connoît l'Arc & un des Côtés, la multiplication de l'un par la moitié de l'autre, donne la Superficie. Si on ne connoît que les deux côtés, c'eft ne rien connoître ; mais si on peut connoître l'ouverture de l'Angle, on pourra connoître la Corde & l'Arc par les Tables des *Si- nus*, ou par les Tables de M. le Comte de *Pagan*.

Un ancien Géometre nous a tranfmis quatre méthodes qui renferment tous les différens Segmens. Quoiqu'elles ne foient point géométriquement réfolues, elles font affez approchan- tes du vrai.

La *premiere*, fi le Segment eft petit, c'eft de multiplier la moi- tié de la Corde augmentée des deux tiers de la Flèche par la Flèche même. Il donne pour exemple le petit Segment, *Fig.* 14. Soit la Corde 24 & la Flèche 3 ; la moitié de la Corde eft 12, & les deux tiers de la Flèche 2, qui joints enfemble font 14. Il faut multid'une *Ellipse*, il faut premierement trouver la Superficie d'un Cercle fait du petit axe, & augmenter cette Superficie, selon la proportion qu'il y a du petit axe au grand.

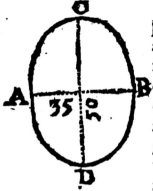

Exemple. Suppofons que le petit axe AB foit 35 & le grand axe CD 50, le Cercle qui aura 35 pour diametre, contiendra 962 ½ de Superficie; ainfi en ordonnant la regle de proportion suivante, on dira, 35 : 50 :: 962 ½ eft à un autre nombre; il viendra 1375 pour la Superficie requife.

Autre maniere de mefurer l'Ellipfe.

IL faut faire un Rectangle du grand & du petit axe, & la Superficie de ce Rectangle, fera à la Superficie de l'Ellipfe, comme 14 eft à 11. Suppofons encore la même Figure, le petit axe AB 35, & le grand axe CD 50, en multipliant 50 par 35 l'on aura 1750 pour le contenu du Rectangle fait des deux axes de l'Ellipfe; puis ordonnant la regle de

---

plier 14 par la Fleche 3, le produit fera 42 pour la Superficie requife.

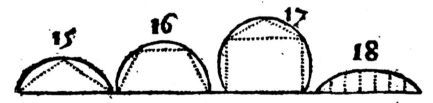

La *feconde*, fi l'Arc du Segment a quelque convexité notable, *Fig.* 15. il faut en trouver la Superficie, comme fi c'étoit un Triangle, & mefurer les petits Segmens, comme ci-deffus.

proportion fuivante, on dira, 14 : 11 : : 1750 eſt à
un autre nombre ; il viendra 1375 pour la Superficie
de l'*Ellipſe*, comme par la méthode ci-devant expliquée (a).

PROPOSITION XIII.

Meſurer les portions d'Ellipſe.

L ɪ s portions d'*Ellipſe* qui ont même raiſon aux
portions du Cercle décrit du petit axe, ſont entr'elles, comme le grand axe eſt au petit axe des mêmes
Ellipſes.

Ceci eſt un Corollaire de la premiere méthode
que j'ai donnée pour meſurer l'Ellipſe ; car puiſque
la Superficie d'une Ellipſe eſt à la Superficie d'un
Cercle décrit du petit axe de la même Ellipſe, com-

La *troiſiéme*, ſi le Segment eſt approchant du demi-Cercle, ou l'excéde, on y inſcrira un Trapeze ou un Rectangle,
dont on cherchera la Superficie, & on meſurera les trois petits Segmens, comme ci deſſus. *Fig.* 16 & 17.

La *Quatriéme* enfin eſt, lorſque la Superficie du Segment eſt de vaſte étendue, *Fig.* 18. d'élever ſur la Corde
pluſieurs Perpendiculaires & les multiplier par la méthode
des Trapezes ; de cette maniere, dit-il, la convexité de l'Arc
eſt inſenſible, & ne porte préjudice que fort peu pour la meſure. *Boulanger, pages* 113, 114 *de ſa Géométrie-Pratique,*
Edit. 1634.

(a) M. Bullet ne parle point ici de trouver la circonférence de l'ovale par les deux axes connus : j'avouerai qu'elle
n'eſt pas plus certaine que celle du cercle, mais il eſt toujours bon de connoître au moins la maniere d'y parvenir : il
y a trois façons.

La premiere & la moins uſitée, eſt de multiplier les deux
axes l'un par l'autre. La racine quarrée du produit ſera le diametre du cercle commun, comme ici le produit des deux

me le grand axe eſt au petit, toutes les portions d'Ellipſes qui répondront aux portions du Cercle, ſeront
entr'elles, comme la Superficie de l'Ellipſe eſt à la
Superficie du même Cercle; ce qui eſt connu par la
préſente Figure, où je ſuppoſe le Cercle ABCD décrit du petit axe de l'Ellipſe.

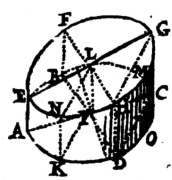

Exemple. Suppoſons que
la Superficie du Cercle AB
CD ſoit encore de 961½,
& que la Superficie de l'Ellipſe ſoit 1375, les deux
Secteurs IKD, NLH ſe-
ront entr'eux, comme 35
à 50, c'eſt-à-dire, com-
me les deux axes; que le
Secteur IKD ſoit la ſeptiéme partie du Cercle, il
contiendra 137½; ſi l'on mene les lignes à plomb,
elles répondront aux mêmes parties du Secteur
LNH de l'Ellipſe: ainſi pour en trouver la Superficie, on dira par une regle de proportion, 35:
50:: 137½ eſt à un autre nombre, qui ſera

___

axes eſt 1750, dont la racine quarrée eſt 41 ⁶²⁄₈₅, qu'on multipliera par 3 ¹⁄₇; le produit ſera 131 ¹⁷¹⁄₇₈₅ pour la circonférence,
& qu'on peut mettre alors à 132. C'eſt avec de tels principes
que M. Bullet voudroit qu'on opérât, ainſi qu'il s'en explique
à la fin de l'article *des Puits* par une méthode encore plus
réguliere & plus ſtricte que celle-ci.

La ſeconde & la plus en uſage, eſt d'ajouter enſemble
les deux axes, en prendre la moitié pour diametre commun qu'on multipliera par 3 ¹⁄₇; le produit ſera la circonférence demandée; ainſi dans l'exemple propoſé 50 & 35
font 85, dont moitié eſt 42½ pour diametre commun,
qu'on multipliera par 3 ¹⁄₇, on aura pour circonférence
133 ⁴⁄₇.

La troiſiéme eſt celle qui eſt expliquée plus bas en parlant
des *Puits.*

$196\frac{4}{7}$, pour la Superficie du Secteur L N H de l'Ellipse.

Les *Segmens* d'Ellipses seront mesurés par la même méthode : car, par exemple, si l'on veut avoir la Superficie du Segment d'Ellipse C H M, il faut connoître le Segment du Cercle D C O qui lui répond, & l'augmenter suivant la proportion du petit axe au grand axe, & ainsi de même dans toutes les autres portions d'Ellipses.

PROPOSITION XIV.

Mesurer un espace Parabolique.

SOIT la base 14, & l'axe 9, il faut multiplier la base 14 par les $\frac{2}{3}$ de l'axe, sçavoir 6, le produit 84 sera la Surface demandée.

ADDITION AUX SUPERFICIES PLANES.

Trouver en nombre le point de Centre d'un Segment de Cercle dont on connoît la Corde & la Flèche.

IL faut multiplier la moitié de la Corde par elle-même, & la diviser par la Fleche : le quotient ajouté à cette Fleche donnera le diametre, dont la moitié sera le point de centre.

Exemple, *Fig.* 1. Soit la Corde 24, & la Fleche 8 : la moitié de la Corde est 12, qui multiplié par lui-même donnera 144 ; il faut diviser 144 par la Fléche 8, le quotient sera 18, qui joint à cette même Fleche 8, donne 26 pour le diametre du Cercle, dont la moitié est 13 pour le point de centre demandé.

2.° Il y a encore des cas où on ne connoît simplement que la Corde sans la Fléche ; alors il faut prolonger avec un cordeau cette Corde à volonté, & de l'extrémité de

cette Ligne en diriger une autre sur la circonférence extérieure, la plus courte qui puisse être ; cette Ligne ainsi
dirigée, passera nécessairement par le point de Centre ;
il faut ensuite mesurer toutes ces Lignes , & multiplier
cette Corde & sa prolongation par sa prolongation même, on en divisera le produit par l'autre ligne qui va à
la circonférence ; le quotient donnera une Ligne, de laquelle si on ôte cette courte Ligne , le restant sera le
diametre du Cercle.

Exemple, *Fig.* 2. Soit la Corde 27 : prolongez-la à
volonté jusqu'à C, que je suppose 22, la Corde & la prolongation font ensemble 49 qu'on multipliera par la prolongation 22, le produit sera 1078. Du même point C,
dirigez la plus courte ligne vers la circonférence H que
je suppose 21 ; divisez 1078 par 21, le quotient sera 51
un tiers ; ôtez-en 21, il restera 30 un tiers, qui sera le
diametre du Cercle.

La Fleche se trouvera être 8 un quart ou environ par
la connoissance de la *Fig.* 1. & par le N.º 2. de l'Addition à la II. Proposition, ci-après dans les Additions à
la fin de cette Géométrie.

3.º Si absolument on ne peut connoître ni la Corde
ni la Fleche, il faut former avec un cordeau une Tangente qui s'éloigne à volonté hors du cercle. De ce point
d'éloignement, on dirigera vers la circonférence la Ligne la plus courte. On divisera le quarré de la Tangente par cette ligne, le quotient donnera une autre ligne,
de laquelle on ôtera le diviseur, & le restant sera le diametre.

Exemple, *Fig.* 3. Soit la Tangente 12, & l'autre Ligne dirigée vers le centre 8 ; le quarré de la Tangente 12
sera 144, qu'il faut diviser par 8, le quotient sera 18,
dont il faut ôter la Ligne 8 : le restant 10 sera le diametre du Cercle.

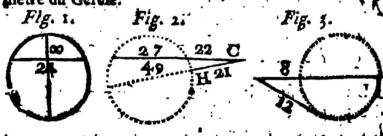

Fig. 1.   *Fig.* 2.   *Fig.* 3.

MESURE
DE LA SUPERFICIE
DES CORPS SOLIDES.

PROPOSITION I.

Mesurer la surface convexe d'un Cylindre.

LA superficie convexe d'un Cylindre, est égale à la superficie d'un Rectangle, dont un côté fera la hauteur d'un Cylindre, & l'autre côté la circonférence du cercle de la baze. Ainsi, en multipliant la hauteur du Cylindre proposé, par la circonférence du cercle de sa baze, on aura la superficie convexe du Cylindre.

Supposons que la hauteur du Cylindre ABCD soit de 15 mesures, & que les bazes opposées de ce Cylindre soient des cercles parallèles, dont la circonférence soit 26, il faut multiplier 15 par 26, & l'on aura 390 pour la superficie requise.

PROPOSITION II.

Mesurer la superficie d'un Cylindre, dont l'un des bouts est coupé par un plan oblique à l'axe.

IL faut mesurer la partie de la surface du Cylindre proposé, depuis sa baze qui est perpendiculaire à l'axe, jusqu'à la partie la plus basse de la
section

 section oblique, comme si le Cylindre n'avoit que cette longueur, & ensuite mesurer le restant de ce qui est oblique, comme si c'étoit un morceau séparé, & de ce restant en prendre la moitié, & l'ajouter à la partie mesurée d'abord, & l'on aura la superficie requise.

Exemple: Soit le Cylindre AB CD, dont la partie AB est coupée obliquement à l'axe : il faut mesurer la partie AECD comme un Cylindre dont les deux bases sont paralleles & perpendiculaires à l'axe. La hauteur de cette partie étant supposée de 8 mesures, & la circonférence de la base de 21, ce Cylindre AECD contiendra 168 mesures en superficie. Il faut ensuite mesurer la partie BE, que je suppose de 4 mesures, & la multiplier par 21 de circonférence, le produit sera 84, dont la moitié est 42, qu'il faut ajouter avec les 168. On aura 210 mesures pour la superficie entiere.

Cette Proposition peut servir à mesurer les Berceaux coupés obliquement.

PROPOSITION III.

Mesurer la surface convexe d'un Cône.

POUR mesurer la surface d'un Cône droit, il faut mesurer la circonférence circulaire de la base, & multiplier cette circonférence par la moitié du côté du même Cône, ou le côté par la moitié de la circonférence, & l'on aura la surface requise.

C

Exemple. Soit le Cône droit A BC : que la circonférence de sa baze circulaire AECD soit de 35 mesures, & son côté BA de 18 mesures; il faut multiplier 35 par 9, moitié de 18; on aura 315 pour la surface requise.

Si le Cône proposé à mesurer est oblique, c'est-à-dire, qu'il ait un côté plus long que l'autre, il faut ajouter ensemble le grand & le petit côté, & de leur somme en prendre le quart qui, multiplié par la circonférence de la baze, donnera la surface requise.

Exemple. Soit le Cône oblique ABCD : que sa baze AD, CE, qui est circulaire & oblique à l'axe, ait 25 mesures de circonférence, le côté AB 20, le côté BC 16; il faut ajouter 16 & 20, qui font 36, dont le quart est 9 qu'il faut multiplier par 25 circonférence de la baze, & l'on aura 225 pour la surface requise.

Cette régle peut servir à mesurer les trompes droites & obliques.

PROPOSITION IV.

Mesurer la surface convexe d'un Cône tronqué.

IL faut ajouter ensemble la circonférence de la baze du Cône & celle de la partie tronquée, prendre la moitié de leur somme, qu'il faut multiplier par le côté du même Cône; & l'on aura la surface requise.

Exemple. Soit proposé à mesurer le Cône tronqué ABCD: il faut ajouter ensemble les circonférences CHDG & ALBO, que je suppose être 56, dont la moitié est 28, qu'il faut multiplier par un des côtés AD ou BC, que je suppose être 16; & l'on aura 448 pour la surface requise.

Si le Cône tronqué est oblique, & que les bazes soient parallèles, il faut mettre ensemble le grand & le petit côté, & en prendre la moitié qu'on multipliera par la moitié de la somme des deux circonférences, & on aura la superficie requise.

Exemple. Soit le Cône oblique tronqué ABGD, que les circonférences des bazes soient ensemble 48, la moitié sera 24: le plus grand côté AD soit 18, & le petit côté AC soit 12, leur somme est 30: en multipliant 15, moitié de la somme des côtés, par 24, moitié de la somme des circonférences des bazes; l'on aura 360 pour la surface requise.

PROPOSITION V.

Mesurer la surface convexe d'une Sphere.

IL faut multiplier la circonférence du plus grand cercle de la Sphere par son diametre, & le produit sera le requis.

C 2

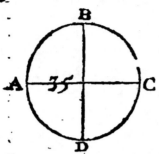

Exemple. Suppofons que le diametre AC de la Sphe-re foit 35, la circonféren-ce du plus grand cercle A BCD fera 110, il faut donc multiplier 35 par 110, & l'on aura 3850 pour la fur-face requife.

On aura encore la même furface, en multipliant le quarré du plus grand diametre de la Sphere par 3 $\frac{1}{7}$: ainfi, le diametre étant 35, le quarré de 35 eft 1225, qu'il faut multiplier par 3 $\frac{1}{7}$, & l'on aura 3850 pour la furface requife, comme ci-devant.

PROPOSITION VI.

Mefurer la fuperficie convexe d'une portion de Sphere.

IL faut multiplier le grand diametre de la Sphere par la plus grande hauteur de la portion propofée ; vous aurez un rectangle qu'il faut multiplier par 3 $\frac{5}{7}$ pour avoir le requis.

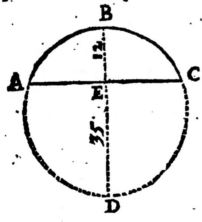

Exemple. Soit propo-fé à mefurer la fuperfi-cie convexe de la por-tion de Sphere ABG; que le grand diametre BD foit de 35 mefures, & BE la plus grande hauteur de la portion à mefurer foit de 12 : il faut multiplier 12 par 35, on aura 420 qu'il faut multiplier par 3 $\frac{1}{7}$, pour avoir 1320 qui eft la fuperficie requife.

DE LA SUPERFICIE DES CORPS SOLIDES. 57

On peut encore mesurer cette superficie par une regle de proportion, en disant : comme le diametre de la Sphere est à la superficie de la même Sphere, la hauteur de la portion est à la superficie de la même portion. Ainsi supposant que le diametre de la Sphere soit 35, & la superficie 3850, comme ci-devant, la hauteur de la portion B E étant 12, par la regle de proportion, on trouvera 1320 pour la superficie requise.

PROPOSITION VII.

Mesurer la superficie convexe d'une Zone de Sphere.

Soit la Zone ABGN dont on cherche à connoître la surface.

Il faut multiplier la circonférence dont BN est le diametre, par la hauteur GA, le produit sera la surface demandée.

Exemple. Soit le diametre BN 14, sa circonférence sera 44, qu'il faut multiplier par la hauteur GA supposée 4, le produit 176 sera la surface demandée.

PROPOSITION VIII.

Mesurer la superficie d'un Sphéroïde ou Solide Elliptique.

Il faut premierement sçavoir que la superficie d'un Solide Elliptique est à la superficie d'une Sphere inscrite dans le même Sphéroïde, comme le grand axe est au petit. Ainsi, ayant trouvé par les propositions

C 3

précédentes la fuperficie de la Sphere infcrite dans le
même Sphéroïde propofé, il faut augmenter cette
fuperficie felon la proportion du petit axe au grand.

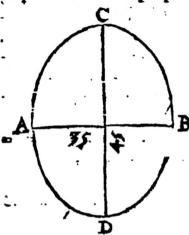

Exemple. Que AB, dia-
metre de la Sphere inf-
crite dans le Sphéroïde
ACBD, foit de 35 me-
fures, fa fuperficie fera
3850 : que le grand axe
du Sphéroïde foit de 45 ;
il faut faire cette proportion 35 : 45 : : 3850 : *x* :
par la regle de trois on
trouvera que *x* = 4950,
qui eft la furface convexe
du Sphéroïde.

Cette propofition peut fervir pour mefurer les
voûtes, dont les plans font ovales ; car quoique l'on
ne mefure ici que la furface convexe, la mefure eft
la même pour une fuperficie concave: on peut fuppofer que ces voûtes ne font que la moitié d'un Sphéroïde concave.

On peut encore mefurer par cette regle toute autre partie que la moitié d'un Sphéroïde ; car puifque
la fuperficie d'une Sphere, dont le diametre eft le
petit axe du Sphéroïde, eft à la fuperficie du même
Sphéroïde, comme le petit axe eft au grand; on
peut, en gardant la même raifon, trouver toutes les
parties du même Sphéroïde.

Obfervations pour la furface du Paraboloïde.

Cette méthode peut fervir auffi à trouver la furface d'un Paraboloïde. La différence du Sphéroïde
au Paraboloïde eft peu de chofe, quant à la pratique; on trouve bien le Solide du Paraboloïde &
non fa vraie furface convexe,

DE LA STÉRÉOMÉTRIE,
OU
DE LA MESURE
DES CORPS SOLIDES.

PROPOSITION I.

Mesurer la solidité d'un Cube.

Le *Cube* est un solide rectangle dont toutes les faces sont égales, & tous les angles solides droits. Pour mesurer le Cube, il faut avoir la superficie de l'une de ses faces, par les précédentes propositions, & multiplier cette superficie par un des côtés du Cube : le produit donnera la solidité.

Exemple. Soit à mesurer le Cube A, dont chaque côté a six mesures, la superficie de l'un de ses côtés sera 36, laquelle il faut multiplier par 6 un des côtés du Cube, & l'on aura 216 pour la solidité requise.

PROPOSITION II.

Mesurer un Solide Rectangle oblong.

Il faut multiplier la superficie de la baze du Solide oblong par sa hauteur, & on aura la solidité requise.

C 4

Exemple. Soit à mesurer le Solide B; que la superficie de sa baze
4 soit de 24 mesures, & sa hauteur
de cinq, multipliez 24 par 5, & vous aurez 120
pour la solidité requise.

PROPOSITION III.

Mesurer un Solide Rectangle oblong coupé obliquement à sa hauteur perpendiculaire.

Il y a dans ce Solide, un Solide Rectangle oblong,
& une partie d'un autre Solide aussi Rectangle. Donc
il faut les mesurer séparément pour avoir la solidité
du Rectangle coupé obliquement.

Ainsi, il faut multiplier la superficie de la face op-
posée à celle qui est oblique, par la moindre hauteur, pour avoir le Solide Rectangle entier; ensuite
prendre la moitié du produit de la même face par
l'excès de la grande hauteur sur la moindre, & ajouter ensemble ces deux sommes pour avoir la solidité
requise.

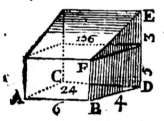

Exemple. Soit le Solide
AE, la face ABDC oppo-
sée à l'oblique, contient 24
mesures en superficie, la
moindre hauteur BF est de
5 mesures : & la plus grande DE de 8; multipliez 24
par 5, & vous aurez 120 pour la solidité du
Rectangle, compris dans le Solide AE. Prenez ensuite la moitié du produit de la même superficie
ABDC par 3, excès de la grande hauteur DE
sur la moindre BF, & vous aurez 36 qui, ajoutés

à 120 la premiere solidité trouvée, vous donneront
156 pour toute la solidité requise.

PROPOSITION IV.

Mesurer la solidité des Prismes & des Cylindres Droits.

Soit à mesurer un Prisme droit, dont les bazes
sont triangulaires : il faut mesurer la superficie de
l'une des bazes, la multiplier ensuite par la hauteur
du Prisme, & on aura la solidité requise.

Exemple. Soit le Prisme triangulaire A B, *Fig.* 1.
dont les côtés sont perpendiculaires aux bazes : supposons que la superficie de l'une de ses bazes soit 18
& la hauteur A B 15, il faut multiplier 15 par 18,
& on aura 270 pour la solidité requise.

Tous les autres Prismes dont les bazes auront d'autres figures paralleles & perpendiculaires aux côtés,
seront mesurés de même. Soit le Prisme C D, *Fig.* 2.
dont les bazes sont Pentagonales, il faut chercher la
superficie de l'une de ses bazes, & la multiplier par
la hauteur C D, pour avoir la solidité requise.

Il en est de même des Prismes dont les bazes sont
des Trapezes, comme le Prisme E F, *Fig.* 3.

Fig. 2.

Fig. 1.   *Fig.* 3.

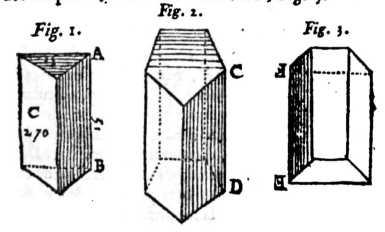

On mefure auffi de cette maniere la folidité des Colomnes & des Cylindres droits. On a, par exemple, à mefurer la folidité du Cylindre droit H I, dont les bazes font des Cercles paralleles, & perpendiculaires à l'axe, il faut chercher la fuperficie de l'une de fes bazes, la multiplier par la hauteur H I, & on aura la folidité requife.

Quand les bazes des Cylindres font des Ellipfes, on mefure la fuperficie de l'une de fes bazes, & on la multiplie par la hauteur, comme ci-devant, pour avoir la folidité.

PROPOSITION V.

Mefurer la folidité des Prifmes & des Cylindres obliques.

LES Prifmes obliques font ceux dont les bazes & les côtés font paralleles entr'eux ; mais dont les mêmes bazes font obliques par rapport aux côtés. Pour les mefurer, il faut de l'extrémité de l'une des bafes, faire tomber une perpendiculaire fur l'autre baze, & multiplier la hauteur de cette perpendiculaire par la fuperficie de la baze fur laquelle tombe la perpendiculaire.

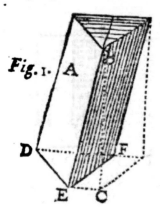

Fig. 1.

Exemple. Soit le Prifme A, *Fig.* 1. dont les bazes ne font point perpendiculaires aux côtés : il faut de l'extrémité B faire tomber BC perpendiculairement fur la baze DEF, multiplier la fuperficie de cette baze par BC, & l'on aura la folidité.

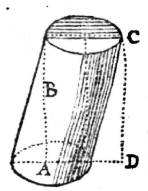

Il en fera de même des Cylindres obliques ; car , pour avoir la folidité du Cylindre B , *Fig. 2.* dont les bazes font obliques par rapport aux côtés, il faut de l'extremité C faire tomber perpendiculairement fur la baze A la ligne C D : cette ligne étant multipliée par la fuperficie de l'une des bazes , donnera la folidité du Cylindre oblique.

PROPOSITION VI.

Mefurer la folidité des Pyramides & des Cônes.

On aura la folidité des Pyramides & des Cônes droits, en multipliant leur baze par le tiers de la perpendiculaire qui tombe du fommet fur les mêmes bazes.

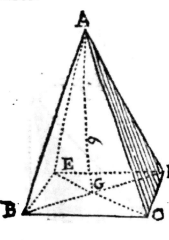

Exemple. Soit à mefurer la Pyramide ABCDE; dont la baze a 12 mefures en fuperficie. Il faut du fommet A faire tomber perpendiculairement fur la baze BCDE la ligne AG, que je fuppofe être de 9 mefures. Il faut multiplier le tiers de 9 par 12, ou le tiers de 12 par 9, & on aura 36 pour la folidité requife.

Il en eft de même de toutes les Pyramides dont les bazes font Triangulaires , Pentagonales , Hexagonales, &c.

Les Cônes feront mefurés de même ; car ayant multiplié la fuperficie de leurs bazes circulaires par le tiers de la ligne qui tombe perpendiculairement du fommet fur la baze, on aura la folidité requife. Par exemple, je fuppofe que la baze AECD foit de 25 mefures, & que la perpendiculaire BF foit de 12, fi l'on multiplie le tiers de 12 par 25, on aura 100 pour la folidité du Cône propofé.

Les Pyramides & les Cônes obliques feront auffi mefurés par cette méthode. Par exemple, fuppofons que le fommet de la Pyramide oblique, *Fig.* 1. ne tombe point perpendiculairement fur la baze BDCE, il faut prolonger DC, & du fommet A faire tomber la perpendiculaire AG : le tiers de cette hauteur multipliée par la baze BDCE, donnera la folidité requife.

Il en eft de même des Cônes *Fig.* 2. & de tous les Solides pyramidaux.

Fig. 1.

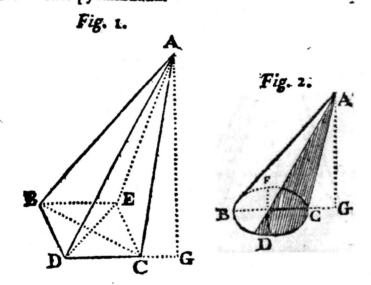

Fig. 2.

PROPOSITION VII.

Mefurer la folidité des Pyramides & des Cônes tronqués.

Les Pyramides & les Cônes droits tronqués font mefurés, en multipliant la furface de la baze inférieure par la furface de la baze fupérieure ; la racine quarrée du produit donnera la furface moyenne qu'il faut ajouter aux deux autres : on multipliera enfuite leur fomme par le tiers de l'axe, & le produit fera la folidité de la Pyramide ou du Cône tronqué.

Exemple. Soit la Pyramide oblongue, dont un des côtés de la baze inférieure foit 18, & le petit côté 6, la furface fera 108.

Que le grand côté de la baze fupérieure foit 12, & le petit côté 4, la furface fera 48.

Il faut multiplier 108 par 48, le produit fera 5184, dont la racine quarrée 72 fera la furface moyenne qu'il faut ajouter à 108 & 48, leur fomme fera 228 qu'on multipliera par 4 le tiers de la hauteur de l'axe fuppofé ici de 12, le produit donnera 912 pour la folidité de la Pyramide tronquée.

On trouvera de même la folidité du Cône droit tronqué, en multipliant la furface de la baze par la furface fupérieure ; la racine quarrée du produit fera le cercle moyen qu'on ajoutera aux deux autres, & on multipliera leur fomme par le tiers de l'axe.

Il eft encore une autre méthode plus compliquée que celle ci-deffus, mais plus fenfible, qui eft de prolonger & finir la Pyramide ou le Cône, en mefurer la folidité par la Propofition précédente, & en retran-.. cher la partie tronquée, ce qui fe fait ainſi.

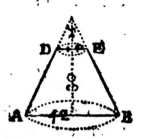

Suppoſons le Cône tronqué A B D E, que le dia-metre de la baze ſoit de 42 pieds, conféquemment ſon rayon ſera de 21 pieds, le diametre du cercle ſupérieure de 14 pieds, ſon rayon ſera 7 pieds, la hauteur de l'axe de 30 pieds.

Pour connoître l'axe total, il faut ôter 7 pieds de 21 pieds, il reſtera 14, qui eſt la différence du grand rayon ſur le petit, & faire enſuite cette pro-portion. 14 : 30 :: 21 : $x = 45$, c'eſt-à-dire, la diffé-rence du grand au petit rayon eſt à l'axe du Cône tronqué, comme le grand rayon de la baze eſt à l'axe total qu'on trouvera être de 45.

Connoiſſant donc l'axe total du Cône & ſa baze, on en trouvera, par la Propoſition précédente, la ſolidité qui ſera de 20790; on en ôtera, ſuivant la même Propoſition, la petite Pyramide qui aura 15 pieds d'axe, un cercle de 154 pieds en ſuperfi-cie, & 770 pieds de ſolidité; ainſi ôtant 770 de 20790, il reſtera pour la ſolidité du Cône tronqué 20020.

Tous les autres corps Pyramidaux droits tronqués, ſont meſurés par la même méthode.

PROPOSITION VIII.

Mesurer les Pyramides & les Cônes tron-
qués obliquement.

IL faut savoir que les Corps Pyramidaux peuvent
être tronqués par des plans obliques à l'axe, & que
la maniere de les mesurer ne differe pas de la regle
précédente.

Exemple. Soit à mesurer la Pyramide droite C A B, tronquée par un
plan D E oblique à l'axe, ou qui n'est
pas parallele à la base A B, il faut
par les regles ci-devant expliquées,
mesurer la Pyramide entiere C A B,
que je suppose de 55 mesures, &
ensuite mesurer la partie C D E par
méthode que j'ai donnée ci-devant pour la mesure
des Pyramides obliques ; laquelle partie je suppose
être de 18 mesures ; j'ôte après cela 18 de 55, il
reste 37 mesures pour la solidité de la Pyramide
tronquée D A E B.

Les Cônes & tous les autres Corps Pyramidaux
coupés obliquement, seront mesurés par la même
méthode.

PROPOSITION IX.

Mesurer la solidité d'une Sphere ou Globe.

LA solidité d'une Sphere est mesurée, en multipliant sa superficie convexe par le tiers du demi-
diametre, ou toute la superficie convexe par tout le

diametre ; il faut prendre la fixiéme partie du produit, & l'on aura par l'une ou l'autre de ces deux pratiques la solidité requife.

Exemple. Soit à mesurer la solidité de la Sphere ABCD, dont le diametre soit de 35 mesures, la circonférence fera 110, & fa superficie convexe fera par conféquent 3850, qu'il faut multiplier par 35, l'on aura 134750, dont il faut prendre la fixiéme partie 22458 $\frac{1}{3}$ pour la solidité requife.

PROPOSITION X.

Mesurer la solidité des portions d'une Sphere.

LES portions d'une Sphere font, ou un *Secteur* ou un *Segment folide* de Sphere ou une Zone; on connoîtra la mefure du Segment par celle du Secteur : il faut donc commencer par la mefure du Secteur. J'appelle *Secteur* de Sphere, un corps folide Pyramidal, comme HIDK, compofé d'un Segment de Sphere IDK, & d'un Cône droit HIK, qui a fon fommet H au centre de la Sphere, & dont la baze eft la même que celle du Segment IDK; ce folide fera à toute la folidité de la Sphere, comme la superficie de fa baze IDK eft à toute la superficie de la Sphere.

Exemple. La folidité totale de la Sphere étant 22458 $\frac{1}{3}$, & fa superficie de 3850; fi la superficie de la baze du Secteur eft le fixiéme de la superficie de la Sphere, c'est-à-dire, eft de 641 $\frac{2}{3}$,

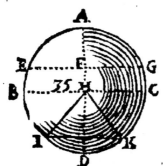

il faut prendre le fixiéme de fa folidité de la Sphere, & l'on aura 3743 ½ pour la folidité requife.

Si la portion propofée eft un *Segment* de Sphere, comme I D K, il faut mefurer d'abord le Secteur entier comme ci-devant, & enfuite la partie I H K, qui eft un Cône droit. Il faut fouftraire ce Cône de tout le Secteur, & on aura la folidité du Segment I D K.

Si c'eft une Zone comme BC, E G, & la portion d'axe FH, elle fe mefure ainfi :

Soit le diametre BC du grand cercle 35, fa furface fera 962 ½.

Le diametre EG du petit cercle foit 32, fa furface fera 804 4/7.

La portion d'axe FH foit 9.

1°. Il faut multiplier 962 ½ par 6 (deux tiers de 9) le produit fera . . . . 5775.

2°. On multipliera encore 804 par 3, (tiers de 9) le produit fera . , ... 2413 5/7.
_____
8188 5/7.

3°. On joindra les deux produits enfemble, & leur fomme 8188 5/7 fera la folidité de la Zone.

PROPOSITION XI.

Mefurer la folidité des Corps réguliers.

LES Corps réguliers font mefurés par des Pyramides, dont le fommet eft le centre ; l'une des faces eft la baze de la Pyramide.

Exemple. Soit à mefurer le Dodecaëdre A, que

D

la superficie de l'un de ses pentagones soit de 5 mesures, & la perpen-diculaire HA de 12 : il faut multiplier 12 par 5, & on aura 60, dont le tiers 20 est la solidité d'une des Pyrami-des. Si l'on multiplie 20 par 12, qui est le nombre des fa-ces du Dodecaëdre, on aura 240 pour la solidité requise.

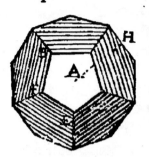

Cette regle servira pour mesurer tous les autres Corps réguliers, comme l'*Octaëdre* & autres, mê-me irréguliers, pourvu que l'on puisse imaginer un centre commun à tous les sommets des Pyramides, dont les faces seront les côtés ou pans du corps so-lide à mesurer.

PROPOSITION XII.

Mesurer la solidité d'un Sphéroïde.

UN Sphéroïde est un Solide fait à peu-près comme un œuf, il est formé par la circonvolution d'une de-mi-Ellipse autour d'un de ses axes.

La connoissance de la mesure des Sphéroïdes donne le moyen de mesurer le solide des voûtes de four, dont les plans sont elliptiques. Pour les mesurer, il faut savoir que tout Sphéroïde est qua-druple d'un cône, dont la baze a pour diametre le petit axe, & pour hauteur la moitié du grand axe du Sphéroïde.

Exemple. Soit à mesurer le Sphéroïde ABCD, dont le petit axe AB soit 12, & le grand axe CD 20, la moitié CE sera 10; il faut trouver

le folide du cône dont le diametre de la baze foit 12, &
l'axe CE foit 10 : on trouvera
par les regles précédentes que
le cône CAEB contiendra en
folide 377 ⅐, qu'il faut quadru-
pler, & on aura 1508 ⁴⁄₇ pour la
folidité requife du Sphéroïde.

PROPOSITION XIII.

Mefurer la folidité d'un Paraboloïde.

UN Paraboloïde eft un folide formé par la circonvolution d'une demi-Parabole fur fon axe.

Soit la baze 14 & l'axe 9,
la furface du cercle qui a pour
diametre 14 fera 154, qu'il
faudra multiplier par 4 ½ moitié de l'axe, le produit donnera 693 pour la folidité du Paraboloïde.

J'omets l'*Hyperboloïde* comme de peu d'ufage
dans la Géométrie-Pratique : d'ailleurs il faudroit
fuppofer des connoiffances bien au-deffus de celles
que nous venons de donner.

AUTRES ADDITIONS
AUX SUPERFICIES PLANES.
PREMIERE ADDITION.

Toute Superficie divisée par une longueur donne une largeur, ou divisée par une largeur donne une longueur.

Exemple. Que la superficie du Rectangle soit 72, & le petit côté CB connu soit de 6, la superficie 72, divisée par 6, donnera 12 au quotient, qui sera la longueur de la ligne AC.

Trouver en nombre le grand & le petit côté d'un Rectangle dont on connoît la somme des deux côtés, & la superficie.

Il faut multiplier la moitié de cette somme par elle-même : du produit en ôter la superficie connue ; ajouter la racine quarrée du restant à cette moitié : leur somme donnera le grand côté. Si au contraire on l'ôte, on aura le petit côté.

Même exemple. La somme des deux côtés est 18, la moitié est 9 dont le quarré est 81, il en faut ôter 72, il restera 9, dont la racine est 3, qu'on ajoutera à 9 moitié de la somme des deux côtés : leur somme sera 12 pour le grand côté : si au contraire on ôte 3 de 9, il restera 6 pour le petit côté.

DEUXIEME ADDITION.

Dans un Triangle Rectangle dont on connoît la Diagonale & la somme des deux côtés, connoître le grand & le petit côté & la superficie du Triangle :

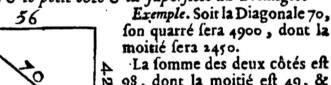

Exemple. Soit la Diagonale 70, son quarré sera 4900, dont la moitié sera 2450.

La somme des deux côtés est 98, dont la moitié est 49, & son quarré 2401 qu'il faut soustraire de 2450 ; il restera 49 dont la racine quarrée est 7.

Si donc on ajoute 7 à 49, on aura 56 pour grand côté ; & si on l'ôte, il restera 42 pour petit côté.

Les deux côtés connus on aura facilement la superficie.

TROISIÈME ADDITION.

Dans un Triangle dont la baze & la superficie sont connues, trouver la Perpendiculaire.

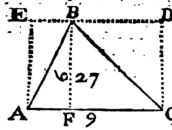

Il faut diviser le double de la superficie par la baze : le quotient donnera la longueur de la Perpendiculaire.

Exemple. La superficie étant 27 & la baze 9, il faut diviser 54 (double de 27) par 9, le quotient sera 6 pour la Perpendiculaire.

QUATRIÈME ADDITION.

Trouver en nombre sur la baze d'un Triangle quelconque, le point où doit tomber la Perpendiculaire abaissée du sommet.

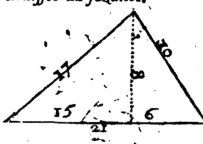

Pour faire cette opération, il faut connoître les trois côtés du Triangle, & savoir que *la baze est à la somme des deux côtés, comme leur différence est à la différence des deux segmens ;* c'est-à-dire, à une portion de la baze, qui doit être retranchée de cette même baze ; divisez le reste par la moitié, le point de division sera celui où tombera la Perpendiculaire.

Exemple. Soit le Triangle 10, 17, 21, nous aurons cette proportion :

La baze . . . . 21 ⎫
est à la somme des 2 côtés 10 & 17...27 ⎬ 21:27::7: x=9.
comme leur différence 17 moins 10..7 ⎭

est à cette portion demandée ; par la regle de trois, on trouvera que cette portion est 9.

D 3

Si donc de la baze 21 j'en ôte 9, il restera 12, dont la moitié sera 6 pour le petit côté, & en ajoutant 5 à 9 il viendra 15 pour le grand côté: or si du point de division 6 au sommet on tire une ligne droite, cette ligne sera perpendiculaire à la baze.

Cette méthode fera connoître encore quelle sera la grandeur de cette Perpendiculaire; car si du quarré de 10 qui est 100 on ôte le quarré 6 qui est 36, il restera 64 dont la racine quarrée sera 8 pour cette Perpendiculaire; de même si du quarré 17 qui est 289, on ôte le quarré de 15 qui est 225, il restera 64, dont la racine quarrée sera 8, pour la mesure Perpendiculaire abaissée du sommet sur la baze.

CONSTRUCTION
ET
TOISÉ
DES BÂTIMENS.

Comme l'on donnera ici la maniere de conftruire les différens ouvrages qui compofent les bâtimens, avant que d'en donner le *Toifé*, parce qu'il faut fuppofer un ouvrage avant que de le toifer, il femble qu'il eût été plus naturel de commencer par les fondemens des édifices, comme les gros murs, les murs de refend, &c. fuivant l'ordre de leur conftruction. Mais auffi, comme c'eft l'ufage de toifer les bâtimens dans un ordre contraire à celui de leur conftruction, on a cru que l'on pourroit fuivre ce même ordre fans faire de confufion, en expliquant dans chaque efpece d'ouvrage les différentes manières de le conftruire. Cet ordre fera expliqué à la fuite par un modele de devis d'un bâtiment.

Il faut favoir que pour le Toifé de la maçonnerie des bâtimens, on diftingue ordinairement deux fortes d'ouvrages. Les uns s'appellent *Gros Ouvrages*, les autres s'appellent *Légers Ouvrages*. Il eft néceffaire de favoir en quoi confifte cette différence.

On appelle *Gros Ouvrages* tous les murs de face, de refend, mitoyens, murs de puits & d'aisances, contremurs, murs sous les cloisons, murs d'eschiffres, les voûtes de caves & autres faites de pierre ou de moilon avec leurs reins, les grandes & petites marches, & les voûtes pour les descentes de caves, les vis potoyers, les massifs sous les marches des perrons, les bouchemens & percemens des portes & croisées à mur plein, les corniches & moulures de pierre de taille dans les murs de face, ou autres, quand on n'en a point fait de distinction ou de marché à part, les éviers, les lavoirs & les lucarnes, quand elles sont de pierre de taille ou de moilon avec plâtre. Les *Gros Ouvrages* peuvent être de différens prix, même dans chaque espèce, comme les murs, selon leurs qualités & leurs épaisseurs, les voûtes de même, & ainsi du reste; mais il faut que les prix soient spécifiés dans les marchés.

Les *Légers Ouvrages* sont les cheminées en plâtre, les planchers, les cloisons, les lambris, les escaliers de charpenterie, les exhaussemens dans les greniers sous le pied des chevrons, les lucarnes avec leurs jouées, quand elles sont faites de charpenterie revêtue en plâtre; les enduits, les crépis, les renformis faits contre les vieux murs; les scellemens des bois dans les murs ou cloisons, les moulures des corniches & autres ornemens d'Architecture, quand ils sont de plâtre; les fours, les potagers, les carrelages, (1) quand il n'y a point de prix particulier, les contrecœurs & âtres de cheminées, les aires, les mangeoires, les scellemens

---

(1) Aujourd'hui les Maîtres-Maçons de Paris, ne se chargent presque plus du carrelage en Carreau de terre cuite; ce sont les Potiers de terre qui font ces ouvrages: ainsi, ils ne sont plus compris dans les *Légers Ouvrages* de Maçonnerie.

de portes, de croifées, de lambris, de chevilles, & corbeaux de bois ou de fer, de grilles de fer, les terres maffives (2) qui font comptés pour le vuide des caves ou autres lieux, à moins que l'on n'ait fait diftinction de prix; car l'on ne fait ordinairement qu'un feul prix pour les *Légers Ouvrages*, hormis le cas de cheminées de brique ou de pierre de taille, qui font plus cheres que les autres *Légers Ouvrages*.

Il faut encore favoir que pour exprimer la valeur d'une toife d'ouvrage, l'ufage eft de dire *toife à mur*. Ce mot doit s'entendre en général. Ainfi, pour ôter l'équivoque, quand on dit *toife à mur*, cela doit fe rapporter à l'efpece d'ouvrage que l'on toife; comme *toife à mur* de *Gros Ouvrages*, a rapport à *toife à mur* des mêmes Ouvrages; & *toife à mur* de *Légers Ouvrages* a rapport à *toife à mur* des mêmes *Ouvrages*.

Dans l'ufage ordinaire de toifer les ouvrages de maçonnerie, quand il fe trouve au bout de la mefure moins d'un pied, on ne compte que les *quarts*, les *demis* & les *trois quarts* de pied : comme, par exemple, 12 pieds un pouce ne font comptés que pour 12 pieds; 12 pieds deux pouces pour 12 pieds $\frac{1}{4}$; 12 pieds 4 pouces pour 12 pieds $\frac{1}{4}$; 12 pieds 5 pouces pour 12 pieds $\frac{1}{2}$; 12 pieds 7 pouces pour 12 pieds $\frac{1}{2}$; 12 pieds 8 pouces pour 12 pieds $\frac{3}{4}$, 12 pieds dix pouces pour 12 pieds $\frac{3}{4}$, & 12 pieds 11 pouces pour 13 pieds, & ainfi des autres, en prenant toujours dans les fractions de

_____

(2) Il y a long-tems que les terres maffives ne font plus comprifes dans les *Légers Ouvrages*. On peut croire que du tems de M. Bullet elles fe toifoient au cube, comme on fait aujourd'hui. Nous le montrerons ci-après.

pied pour partie aliquote $\frac{1}{4}$ $\frac{1}{2}$ $\frac{3}{4}$ de l'entier, & les autres parties qui en approchent le plus.

La méthode ordinaire d'aſſembler la valeur d'un article, de pluſieurs, ou de tout un toiſé, eſt de ne compter de partie aliquote que la demi-toiſe; après les toiſes, tout ce qui ſe trouve au-deſſous de la demi-toiſe eſt compté en pied ſimplement; mais quand il y a en pieds plus d'une demi-toiſe, on compte après les toiſes la demi-toiſe, & le reſte en pieds. Comme, par exemple, ſi on trouve quatre toiſes 15 pieds, on compte ſimplement quatre toiſes 15 pieds : mais ſi on trouve 4 toiſes 25 pieds, on compte 4 toiſes $\frac{1}{2}$ 7 pieds, parce qu'il y a ſept pieds de plus que la demi-toiſe.

Comme l'on toiſe les bâtimens dans un ordre contraire à celui de leur conſtruction, on commence par les parties les plus élevées, telles que ſont les ſouches de cheminées, les pignons, les lucarnes; & l'on fait le toiſé de chaque étage, dans lequel on comprend tout ce qu'il y a de cheminées, de cloiſons, de murs de faces, de murs de refend, d'eſcaliers, &c. juſqu'au deſſous du plancher du même étage. On toiſe ainſi d'étage en étage, & l'on finit par le plus bas de l'édifice.

CONSTRUCTION DES CHEMINÉES.

ON peut conſtruire les Cheminées de trois façons différentes, ou en brique, ou en plâtre, ou en pierre de taille. La meilleure eſt celle de les faire de brique bien cuite poſée avec mortier de chaux & ſable paſſé au panier; le mortier ſe lie mieux avec la brique que le plâtre. On doit enduire le dedans de la cheminée le plus uniment & avec le moins d'épaiſſeur qu'il ſera poſſible; car plus l'enduit est uni, moins la suie s'y attache; & comme il n'y a pas de plâtre par tout, l'enduit peut aussi se faire en mortier de chaux & sable, mais dont le sable soit bien fin.

Dans les bâtimens considérables, on fait les cheminées de pierre de taille depuis le bas des combles jusqu'à leur fermeture; il faut que ces pierres ou briques soient bien jointes avec des crampons de fer, & maçonnées avec mortier fin; on leur donne la même épaisseur qu'à la brique, qui est de quatre pouces.

L'autre construction en usage à Paris & aux environs, & qui est la plus commune, est de plâtre pur pigeonné à la main, enduit des deux côtés de plâtre au panier. On donne trois pouces d'épaisseur au moins aux languettes; cette construction est assez bonne, quand on y prend beaucoup de soin, & que le plâtre est bon. Lorsque les tuyaux de Cheminées sont joints contre les murs, il faut y faire des tranchées, & y mettre des fantons de fer de pied en pied, avec des équerres de fer pour lier les tuyaux ensemble.

Dans les pays où il n'y a ni plâtre ni brique, & où la pierre est commune, on fait les tuyaux de Cheminées tout de pierre de taille, & l'on donne au moins quatre pouces d'épaisseur à ces tuyaux ou languettes. On pose le tout avec mortier de chaux & sable; les joints doivent être bien faits, & le tout sera retenu avec des crampons de fer.

Les moindres Cheminées doivent avoir neuf pouces de largeur du tuyau dans œuvre, & les plus grandes un pied; (3) car si elles étoient plus

____

(3) Les tuyaux de Cheminées doivent avoir, suivant les Ordonnances de la Police des bâtimens, 3 pieds de long sur 10 pouces de large dans œuvre; cependant celles des Gabl.

larges, elles fumeroient. La fermeture des Cheminées se fait en portion de cercle par dedans, &
l'on donne à cette fermeture 4 pouces d'ouverture
pour le paffage de la fumée; on fait la longueur
des tuyaux à proportion des lieux où ils doivent
servir. Les plus grandes Cheminées ne doivent
point paffer 6 pieds; les Cheminées des grandes
Chambres 4 pieds; celles des Cabinets 3 pieds, &
moins, felon le lieu où elles font.

TOISÉ DES CHEMINÉES.

ON appelle Souche de Cheminées, plufieurs
tuyaux joints enfemble. Pour toifer ces tuyaux

nets paffent à 2 pieds 8 pouces de long fur 9 pouces de large
dans œuvre, & malgré cela on a encore bien de la peine à
les empêcher de fumer.

J'ai vû des Maîtres-Maçons qui arrondiffoient les angles
des tuyaux de cheminées, & difoient que cette méthode devoit empêcher la fumée dans certaines expofitions, qu'au
furplus cet arrondiffement fortifioit les Souches; & on leur
accordoit un pied de plus pour les quatre arrondiffemens.

Dans les Cabinets on conftruit encore de petites Cheminées, dont le tuyau eft de boiffeaux ronds de terre cuite,
vernifîés en dedans, tels que ceux qui fervent aux chauffes
d'aifance. On attache fur la fermeture une chaîne de fer à
chainons courbes, de toute la longueur du tuyau, pour ra-
mener la fumée, & faire tomber la fuie en la remuant circulairement. On en voit une à Paris, Cloître Culture Sainte-
Catherine; cet ufage eft très-ancien, & j'en ai vû en Normandie de très-anciennes & conftruites en pierre.

Ces mêmes Ordonnances obligent encore les Maîtres-
Maçons à donner 3 pouces d'épaiffeur aux languettes de cheminées conftruites & pigeonnées en plâtre, ravalées des deux
côtés.

Il eft auffi défendu par les mêmes Ordonnances, d'appliquer & faire des languettes de plâtre, tant rampantes que
droites, plaquées fur des planches, parce qu'elles font fujettes à gerfer & fe fendre; ce qui eft dangereux pour le feu.

Il faut en prendre le pourtour extérieur, & de ce pourtour rabattre quatre épaisseurs de languette : si les languettes sont de plâtre, elles doivent avoir 3 pouces d'épaisseur, ainsi il faut rabattre un pied de pourtour : si elles sont de brique, elles auront 4 pouces d'épaisseur, & on rabattra 16 pouces du pourtour : puis il faut ajouter à ce pourtour toutes les languettes qui sont dans ces Souches de Cheminées. Ensuite la hauteur se prend du sommet des Cheminées jusqu'au-dessous du plus proche plancher ; & on ajoute à cette hauteur un demi-pied pour la fermeture des tuyaux ; la multiplication du pourtour par la hauteur donnera la quantité de toises que contient la Souche de Cheminées.

On ajoute ensuite les plintes, larmiers ou corniches que l'on fait ordinairement au haut des Cheminées, & que l'on toisera de la maniere qu'il sera expliqué ci-après dans l'article *des Moulures*.

On continuera de toiser ainsi les tuyaux de Cheminées jusqu'en bas, en toisant toujours dans chaque étage, du dessous du plancher supérieur, jusqu'au dessous de l'inférieur. Si les tuyaux & Souches de Cheminées sont dévoyés, c'est-à-dire, s'ils ne sont pas élevés à plomb, on en comprendra la hauteur selon la ligne de leur inclinaison, sur leur contour pris quarrément ou d'équerre sur les côtés (4).

Si en construisant un mur à neuf, on laisse la

(4) Je ferai deux observations sur ce sujet. La premiere est qu'il ne faut point toiser à plomb un tuyau rampant, quoiqu'en bonne Géométrie il soit entre deux paralleles & appuyé sur même base, parce que l'Entrepreneur perdroit l'excédent de l'à-plomb des languettes de costiere sur la longueur du rampant. Ce n'est pas qu'on ne le pût faire ; mais il faudroit deux articles, & par la méthode que nous donne M. Bullet, il n'en faut qu'un.

place dans son épaisseur pour le passage des tuyaux
de Cheminées, comme l'on fait quand on veut que
les tuyaux n'aient point de saillie outre l'épaisseur
du Mur, & qu'on les veut dévoyés les uns à côté des
autres; on toisera les languettes des tuyaux entre
le mur, la hauteur sur la largeur prise quarrément
sur les côtés : on ajoutera un des bouts du tuyau
pour les deux enduits faits à ses deux bouts, &
l'on comptera au surplus toutes les languettes qui
seront au-dedans des tuyaux ; mais on ne comptera
point le mur dans la largeur des tuyaux.

Si le Mur, dans lequel le tuyau de Cheminée
est pris, a plus d'épaisseur que la largeur du tuyau
& l'épaisseur de la languette, & qu'il faille faire
un petit mur où parpin au lieu d'une languette, le
petit Mur sera compté selon son épaisseur par rapport au Mur entier; comme si, par exemple, il n'y
a que la moitié de son épaisseur, il sera compté
pour demi-mur & quart, à cause de l'enduit, &
ainsi des autres épaisseurs à proportion (5).

Si dans l'épaisseur d'un Mur déja fait on veut

La seconde est sur ce mot : *Sur leur Contour pris quarré-*
ment, qui est contre la pratique d'aujourd'hui, de ne point
compter d'arrachement en mur neuf, & cela fondé sur
rien; car enfin par ce mot *Contour*, on entend contourner
cette cheminée depuis le mur d'un côté jusqu'au mur de
l'autre. On ne parloit point alors de rabattre les épaisseurs
de languettes, qu'on compensoit en mur neuf pour la valeur
des arrachemens, qui se comptoient alors pour un pied courant en vieux mur, & qu'on a réformés à leur juste valeur
de trois pouces.

Voyez une petite Dissertation à ce sujet à l'article des
scellemens. On y prouve que mal-à-propos on rabat aujour-
d'hui les épaisseurs des deux languettes aux tuyaux & man-
teaux de Cheminées adossées sur les murs neufs.

(5) Le mur de Dossier dont il est ici parlé, peut être
construit en carreaux de pierre, en brique, ou en moilon.

mettre des tuyaux de Cheminées, enforte qu'il faille couper tout le mur pour le passage des tuyaux, on comptera toute la languette, compris sa liaison, qui servira de dossier au tuyau ; & outre cette languette, on comptera un pied à chaque bout du tuyau, pour le rétablissement de la rupture faite au Mur, & l'on toisera au surplus les autres languettes comme ci-dessus (6).

En tous ces cas, on le toise tel qu'il est, eu égard à son épaisseur, & on le timbre tel, sans s'arrêter à ce qui est dit en cet article ; parce que la règle n'est pas générale.

Comme très-souvent les languettes de Dossier sont rampantes, on peut les toiser indifféremment, soit à plomb & de niveau, soit suivant leurs rampans & d'équerre.

(6.) Il est ici entendu que le Mur sera totalement percé à jour, & que la languette de Dossier sera en plâtre, que l'on comptera, *compris sa liaison*, c'est-à-dire, trois pouces d'arrachement de chacun côté, si la largeur est prise dans œuvre ; *& outre cette languette on comptera un pied à chaque bout du tuyau, pour le rétablissement de la rupture faite au Mur.*

Ce rétablissement du Mur doit être fait avec moilon, & élevé en pied droit avec parement, pour pouvoir être compté un pied de *Légers* de chaque côté ; car s'il n'y a qu'un rétablissement avec plaquis de moilon recouvert de plâtre, il ne se compte qu'à moitié de *Légers* ; c'est-à dire, que l'on ajoute un retour pour l'enduit des deux côtés.

Il est rare de voir percer à jour un Mur de foible épaisseur pour y loger un tuyau de Cheminée. Il est plus ordinaire de le dégrader à mi-mur pour y en loger un ou plusieurs. On rétablit cette rupture avec lancis de moilon crépis, & enduits pour former le tuyau ; alors ce rétablissement se toise sa hauteur sur son pourtour pris sur trois faces, & se compte deux toises de *Légers Ouvrages* pour une, y compris l'enlevement des gravois ; & les moilons ou pierres qui proviennent de cette opération, appartiennent d'usage à l'Entrepreneur.

On compte ensuite la languette de face pour sa valeur, & les raccordemens sur la face du Mur au surplus au quart de *Légers Ouvrages*.

Si l'on veut adoſſer des tuyaux ou manteaux de Cheminées contre un Mur déja fait, il faut faire dans le mur des tranchées de trois pouces d'enfoncement ſur la largeur des languettes des tuyaux; il faut outre cette tranchée faire des trous de pied en pied pour y mettre des fantons de fer pour lier ces languettes avec le Mur. Les tranchées & ſcellemens des fantons doivent être comptés pour un quart de pied courant, c'eſt-à-dire, vingt-quatre toiſes de longueur pour une toiſe ſuperficielle (7).

Si les Murs contre leſquels les tuyaux ſont adoſſés ne ſont faits qu'à pierre apparente, & qu'il faille les crépir & enduire, ils doivent être comptés à quatre toiſes pour une.

Si les mêmes Murs ſont un peu endommagés, & que l'on ſoit obligé, outre le ſimple crépis & enduit, d'y faire des renformis, alors les faces des Murs doivent être comptées à trois toiſes pour une (8).

---

(7) Ferrieres ne parle point de ces arrachemens. Il y a tout lieu de croire qu'on n'en comptoit point de ſon tems, & qu'ils ſont de l'invention de quelques Toiſeurs contemporains de M. Bullet, & qu'il n'y a fait aucune attention lorſqu'il a écrit ſon Livre.

Ces arrachemens en Murs neufs & vieux étoient compris dans le pourtour qui renfermoit l'épaiſſeur des languettes; cela eſt d'autant plus probable, que Ferrieres dit poſitivement, que *le pourtour ne commence que contre le Mur pris ſur les trois faces extérieures, ſans rabattre aucune épaiſſeur.* Voyez au reſte notre Addition ci-après ſur les ſcellemens.

(8) Les crépis & enduits ſe comptent à quatre toiſes pour une, & s'il y a renformis, à trois toiſes pour une.

L'uſage de compter les crépis & enduits à quatre toiſes pour une de *Légers,* eſt ancien, comme nous le voyons dans Charondas; & on ne le comptoit de ſon tems à trois toiſes pour une, que lorſqu'on faiſoit des ravalemens de Murs

MANTEAUX

MANTEAUX DE CHEMINÉES.

DANS les maisons considérables, on fait les jambages des Manteaux de Cheminées en pierre de taille dans toute l'épaisseur du mur, principalement aux étages du bas, & dans ceux d'enhaut ; quand il n'y a point de tuyaux derrière. On peut faire aussi les mêmes Jambages avec brique & mortier de chaux & de sable. Ceux des maisons ordinaires sont faits de moilon, ou platras, avec plâtre. Au surplus, on fait les hottes, ou les gorges & les corps quarrés des Manteaux de Cheminées avec plâtre pur, comme les tuyaux ci-devant expliqués. Pour les Cheminées de Cuisine, si l'on y fait des Jambages, ils doivent être de pierre de taille ; & les contre-cœurs de grais ou de brique; le tout contre-gardé de bonnes bandes de fer. (9)

de face ou autres, encore rabattoit-on les vuides, s'il y en avoit. Et aujourd'hui on compte ces ravalemens à moitié, & on ne déduit aucun vuide à cause des échafaudages. Nous en parlerons ci-après en traitant des Ravalemens.

(9) On faisoit anciennement les contre-cœurs de Cheminées en grais, en brique ou en tuileau. Les Plaques de fonte n'étoient pas encore bien communes ; aujourd'hui qu'elles le sont, on ne fait guères de ces contre-cœurs que dans les maisons les plus simples.

Les Plaques de fonte que l'on pose aux contre-cœurs sont d'un grand service. Ce n'est qu'une première dépense pour un Propriétaire : parceque les Locataires en sont responsables. Ces Plaques ne font aucun tort aux Murs mitoyens : de sorte que quand on en met, il n'est pas nécessaire de faire le contre-mur en tuileau de six pouces d'épaisseur, comme il est porté par l'article 189 de la Coutume. Le scellement & coulement de ces Plaques se compte chaque patte pour un pied de *Légers*, y compris les coulis au derrière, & solin au pourtour.

E

Les Manteaux de Cheminées doivent être proportionnés aux lieux pour lesquels ils sont faits. Aux grandes maisons, on en peut considérer de quatre sortes pour les principales pièces, comme les Salles, les anti-Chambres, les Chambres & les Cabinets, sans ceux des Offices. On donne ordinairement à ceux des Salles 6 pieds de large sur 4 pieds de haut, & 2 pieds de profondeur; à ceux des anti-Chambres 5 pieds de large, 3 pieds 9 pouces de haut, & 22 pouces de profondeur; à ceux des Chambres de parade 4 pieds 9 pouces de large, 3 pieds $\frac{1}{3}$ de haut, & 20 pouces de profondeur; à ceux des Chambres à coucher 4 pieds ou 4 pieds $\frac{1}{3}$ de large, sur 3 pieds ou 3 pieds $\frac{1}{4}$ de haut, & 18 pouces de profondeur; à ceux des Cabinets un peu plus grands 4 pieds $\frac{1}{2}$ de large, 3 pieds $\frac{1}{4}$ de haut, & 18 pouces de profondeur; à ceux des Cabinets moyens 4 pieds de large au plus; & à ceux des petits Cabinets 3 pieds 9 pouces ou 3 pieds $\frac{1}{3}$ de large sur 3 pieds ou 2 pieds 10 pouces de haut.

Ces mesures de Manteaux de Cheminées ne sont pas absolument pour toutes sortes de maisons; elles ne sont considérées que comme moyennes entre les grands Palais & les Maisons médiocres. Ainsi il est de la prudence de l'Architecte de donner à tous les Manteaux de Cheminées qu'il ordonne, une proportion relative aux bâtimens où ils doivent servir.

Il est encore de l'usage moderne, d'arrondir les Jambages des Cheminées. Si le Mur & la Cheminée sont construits à neuf, on n'y a aucun égard; mais s'ils sont faits après coup, & que le tout ait été précédemment enduit, il y a dégradation, & par conséquent ils sont comptés, sçavoir, les petites au pied courant pour six pouces de *Légers*, & les fortes chaque pied courant pour un pied de *Légers*. C'est au Toiseur & au Vérificateur à faire cette distinction.

Pour les Manteaux de Cheminées des Offices, il faut confidérer la maifon où l'on doit les faire, & leur donner les mefures proportionnées à leur ufage.

TOISÉ DES MANTEAUX DE CHEMINÉES.

Pour toifer les Manteaux de Cheminées, on prend leur hauteur depuis le deffous du plancher fupérieur jufqu'au deffus de l'inférieur, & on la multiplie par le pourtour du Manteau en fon corps feulement ; ce pourtour fe compte de trois pourtour pris enfemble, favoir, du haut du Manteau au - deffous des corniches, du milieu de la gorge ou hotte, & de là platte-bande du Chambranle, *le tout pris au nud defdits Manteaux ;* on prend le tiers de l'addition de ces trois pourtours, pour le multiplier par la hauteur, & le produit donne la quantité requife de toifes. S'il y a de fauffes hottes, on les toife à part, mais on doit rabattre un fixiéme pour l'enduit d'un côté (10.

---

(10) Il eft dit que les enduits en dedans des tuyaux ne valent qu'un *fixiéme* de toife de *Légers.* Nous faifons cette remarque pour y avoir recours dans nos développemens des *Légers Ouvrages.*

Nous obferverons encore qu'il n'eft point ici parlé de déduction de l'épaiffeur des languettes : il ne s'en agiffoit point alors. *Le tout pris au nud defdits Manteaux.* Ces termes ne font point équivoques, & nous aideront à appuyer notre fentiment.

Les trois pourtours, dont il eft ici parlé, fe prenoient alors, parcequ'on faifoit ordinairement une gorge avec une corniche en Attique au-deffus, comme on voit encore aux antiennes Cheminées ; mais aujourd'hui tout cela eft fupprimé : on prend feulement le pourtour de la platte-bande du

E 2

Outre le toifé du corps des Manteaux de Cheminées, on toife à part toutes les Moulures dont ils font ornés, comme corniches, architraves, cadres & autres. La manière de toifer les Moulures fera expliquée au long dans l'article *des Moulures*.

Aux Manteaux de Cheminées qui font pris dans l'épaiffeur du mur, on toife le haut jufqu'à la gorge, comme fi c'étoit des languettes ; fi c'eft un vieux mur, on ajoute les deux bouts qui font le parement du mur pour le bout des deux tuyaux que l'on multiplie par la hauteur (11). On toife enfuite le bas, en contournant le milieu de la gorge & le quarré des Jambages jufques dans l'enfoncement que l'on ajoute enfemble ; on en prend la moitié, que l'on multiplie par la hauteur depuis le deffus du plancher jufqu'où finit la gorge.

Si les Manteaux de Cheminées font faits à hotte, comme on les fait pour les Cuifines & Offices, on

Chambranle & celui du Manteau qu'on joint enfemble, on en multiplie la moitié par la hauteur, & le produit donne le nombre de toifes.

S'il y a de fauffes hottes, on les toife à part, mais on doit rabattre un fixiéme pour l'enduit d'un côté.

On ne parle plus aujourd'hui de ces fauffes hottes ni des enduits, parce qu'on toife la cheminée comme fi elle étoit droite ; & le rampant apparent feulement fe toife à part, fans autre explication.

(11) *Si c'eft un vieux Mur, on ajoute les deux bouts*, c'eft-à-dire, les deux retours pris du dans-œuvre du mur de doffier & de la languette, *qui font le parement du mur pour le bout des deux tuyaux* : c'eft-à-dire, que ces deux retours font comptés comme *Légers Ouvrages*, à caufe de la dégradation & rétabliffement de la rupture faite au mur, comme il eft dit ci-devant, *Note 7.*

Mais fi en conftruifant un mur neuf on y laiffoit un renfoncement pour la place du tuyau, ces deux retours ne fe compteroient qu'à moitié de *Légers*, pour le remplacement des demi-faces qui ne fe comptent point dans cette partie.

en prendra la hauteur avec une ligne droite, suivant la pente de la hotte. Cette hauteur sera multipliée par la moitié des deux pourtours pris quarrément, savoir, sous le plancher & sur la piéce de bois qui porte la hotte. Si cette piéce est recouverte de plâtre, on ajoutera sa hauteur à celle de la hotte, ou bien on toisera cette recouverture à part.

Si l'on est obligé de faire de fausses hottes ou tuyaux pour le dévoiement des Cheminées, ces hottes ou tuyaux sont comptées à part à mur, outre les Manteaux en ce qui est dégagé des autres tuyaux; mais il faut rabattre un sixiéme pour l'enduit de l'un des côtés des fausses hottes. *Voyez la Note* 10.

Si l'on adosse un Manteau de Cheminée contre un vieux mur, on y doit faire des tranchées pour tenir les jambages & le tuyau, avec des trous de pied en pied pour y mettre des fantons de fer : les tranchées & scellemens de fantons doivent être comptés pour un quart de pied courant.

Les enduits faits contre les vieux tuyaux ou Manteaux de Cheminées sont comptés à quatre toises pour une (12).

Pour ce qui regarde les contre-cœurs des Manteaux de Cheminées faits de brique ou tuileau après coup, ceux de brique sont comptés à mur, & ceux

---

(12) Le mot général d'*Enduits*, pris dans son vrai sens, a différentes applications que nous détaillerons chacune en son lieu. Dans celle-ci, où les enduits sont comptés pour un quart, il est sous-entendu qu'il y a hachement, rétablissement & rechargement de languette, sans quoi ces enduits ne vaudroient qu'un *sixiéme*.

Ces Enduits faits sur un pigeonnage qui n'auroit pas été recouvert, se comptent au tiers de *Légers*, parce qu'il y a remplissage de Pigeon, Crépis & Enduits, & sujétion d'épaisseur & d'arrête.

de tuileau font toifés à mi-mur, leur longueur fur leur hauteur (13).

Les âtres des Manteaux de Cheminées faits de grands carreaux, font comptés pour 6 pieds de toife, c'eft-à-dire, qu'il faut 6 âtres pour faire une toife à mur. Mais il faut que les Manteaux de Cheminées aient environ 4 pieds : car s'ils ont plus ou moins, on augmente ou on diminue à proportion (14).

Les Jambages des Manteaux de Cheminées fondés par bas jufques fur la terre ferme, doivent être comptés à mur, depuis la fondation jufques fur le Rez-de-chauffée, leur hauteur fur leur largeur (15).

***

(13) Les contre-cœurs de Cheminées faits après coup, étoient comptés, favoir, ceux en brique pour *Légers* (aujourd'hui on les compte pour brique de quatre pouces) & ceux en tuileau pour moitié de *Légers* : mais fi ces contre-cœurs font faits avec le mur neuf, & dans fon épaiffeur, on ne compte rien ni pour l'un ni pour l'autre, & le mur eft compté comme s'il n'y en avoit pas ; mais on évalue la plus-valeur de la brique.

En mur neuf, les contre-cœurs ne font dus, & ne fe comptent, comme nous venons de le dire, que lorfqu'ils excedent de fix pouces l'épaiffeur du mur, comme le porte l'article 189 de la Coutume. *Voyez au fujet des contre-cœurs ce que nous avons dit ci-devant, Note 9.*

(14) Les âtres ne s'évaluent plus préfentement en *Légers Ouvrages.* Ils fe toifent à toife fuperficielle, & font payés à *tant* la toife fuperficielle de Carreau d'âtre, & non en *Légers.*

Ce Carreau eft quarré & de fix pouces en tout fens. Il en faut quatre pour faire un pied ; il y en a auffi de 7 pouces ½ quarré. On fe fert encore de Carreaux de fix pouces à fix pans. Les premiers font plus communs à Paris, & les feconds plus en ufage à la Campagne.

Quand on paffe ce Carreau d'âtre au grais, il fe compte à toife & quart pour Carreau, & non en *Légers.*

(15.) Les fondations des Jambages de Cheminées jufque fur la terre ferme, fe toifent au cube, & font payés comme

TOISÉ DES FOURNEAUX
ET POTAGERS.

LES Fourneaux & Potagers que l'on fait dans les Cuisines ou Offices doivent pour le mieux être construits de brique avec mortier de chaux & sable : mais on les fait le plus souvent de moilon avec plâtre, & carrelés par-dessus, avec les réchauds dont on a besoin, selon la grandeur des Fourneaux. Ces Fourneaux sont faits par arcades posées sur de petits murs de huit à neuf pouces d'épaisseur : s'il y a des caves au-dessous, ils sont posés sur les voûtes des caves, sinon il faut les fonder jusques sur la bonne terre. On donne ordinairement 2 pieds ou 2 pieds & demi de largeur aux Fourneaux, selon l'endroit où ils sont, sur 2 pieds 9 pouces de hauteur. On ne donne guères que deux pieds de largeur aux arcades, & l'on en fait sur cette mesure autant qu'il est besoin dans la longueur des Fourneaux ; on met une bande de fer sur le chan, recourbée d'équerre & scellée dans les Murs pour tenir le carreau & les réchauds.

Pour toiser ces Fourneaux, on prend la hauteur des petits murs qui portent les arcades depuis leur fondation jusques sous le carreau, que l'on multiplie par leur longueur depuis le devant des Fourneaux jusqu'au mur contre lequel ils sont joints. Si c'est un vieux mur, dans lequel il ait fallu faire un arrachement, on compte trois pouces pour cet arrachement ; & après que les Murs sont comptés, on toise les

telles, ainsi que leur fouille, si l'objet est considérable ; sinon elles sont comptées comme *Légers*, toise pour toise, y compris la fouille & excavation des terres.

E 4

arcades à part, leur contour sur leur longueur. Si c'est un vieux mur : on ajoute trois pouces à la longueur ; ces murs & voûtes vont toises pour toises des *Légers Ouvrages.* On toise ensuite le carreau qui est par-dessus, la longueur sur la largeur. Ce carreau est compté à toise, & le scellement des réchauds à part ; à trois pieds pour chacun (16).

Il y en a qui, pour abréger, comptent autant de toises de *Légers Ouvrages* que les Fourneaux ont de fois trois pieds de longueur ; c'est-à-dire, que trois pieds de longueur de Fourneau, le tout compris, sont comptés pour une toise à mur : mais comme il peut y avoir plus ou moins d'ouvrage, selon que les Fourneaux sont plus où moins grands, je ne trouve pas cette méthode fort bonne (17).

(16) On ne diminue rien pour le vuide des Réchauds en toisant le carreau qui se tire en ligne pour carreau.

(17) Cette méthode est fausse & abusive : car la hauteur & la largeur de tous les Fourneaux ne sont pas les mêmes. Plusieurs, en ayant reconnu l'abus, se sont avisés de multiplier la longueur du Fourneau par le pourtour fait de la hauteur & de la largeur, y compris la fondation, & trois pouces d'arrachement, s'il y en a, & de compter chaque toise superficielle pour six toises de *Légers Ouvrages,* tout compris carreau & scellement des réchauds. Cette méthode est moins abusive, & ne peut servir que pour les petits Fourneaux en plâtre de trois ou quatre pieds de long ; mais le mieux est de suivre le détail dont il est parlé ci-dessus, dans lequel il n'y a personne de lésé.

TOISÉ DES FOURS.

IL n'est point ici parlé du Toisé des Fours de Cuisine & d'Office aux Us & Coutumes de Paris. Nous y suppléons par un article séparé.

Les Fours pour cuire le Pain, la Pâtisserie, &c. sont construits avec tuileau & terre franche, sur un plan circulaire, & quelquefois ovale, mais rarement. La bouche du Four doit être étroite, & la chapelle ou voûte, la plus surbaissée qu'il sera possible. Quelque grand que soit le diametre du Four, il ne doit guères passer 15 pouces de haut. Les Fours doivent être isolés des murs mitoyens, ainsi qu'il est dit dans l'art. 190 de la Coutume de Paris.

Lorsqu'on voudra connoître la superficie intérieure d'un Four, on aura recours à la Géométrie-Pratique. Propos. 12. de la *Mesure des Corps solides*. Il sera encore mieux de consulter l'article des Voûtes ci-après. On y traite des Voûtes sphériques surbaissées, & on y démontre qu'en multipliant la circonférence intérieure par la hauteur de la Voûte, le produit donne la superficie que l'on cherche. Le prix que l'on y met est réglé sur celui des matériaux.

On compte ensuite les aires intérieures & extérieures, suivant leur mesure & leur valeur.

Mais à Paris, l'usage est de toiser d'abord les Murs pour ce qu'ils sont & pour leur valeur : on prend ensuite le diametre intérieur du Four, qu'on estime chaque pied courant pour une toise de *Légers Ouvrages*, y compris l'aire du Four, soit qu'il soit carrelé ou non, avec l'épaisseur & les reins de la Voûte, & l'endroit au-dessus ; de sorte qu'un Four qui aura 4 pieds de diametre, est tiré en ligne pour 4 toises de *Légers Ouvrages*, tout compris.

Dans les Campagnes, aux environs de Paris, où le Plâtre est fort cher, & dont la cherté regle & fixe le prix des *Légers Ouvrages*, il ne faut pas évaluer le produit des Fours comme *Légers*, mais comme *Fours*, auxquels on met un prix relatif à celui des matériaux du lieu : car dans les Campagnes, la terre franche, le tuileau & la main-d'œuvre ne sont pas si chers qu'à Paris.

De même, dans les lieux où le plâtre n'est pas si cher qu'à Paris, on n'évaluera point les Fours en *Légers*, mais en *Fours*, & on y mettra le prix qui convient à cette sorte d'Ouvrage.

Cette maniére de toiser les Fours épargne beaucoup de tems, parceque presque partout ils sont construits dans la même proportion. Si elle n'a aucun rapport à la Géométrie, elle en a un réel avec le prix ordinaire des *Légers Ouvrages*, qui depuis fort long-tems à Paris s'est conservé depuis 7 livres jusqu'à 8 livres ou environ, & qui renferme intrinsequement la valeur d'un Four, sa matiere

& fa main-d'œuvre. Ceci foit entendu feulement pour les Fours à cuire le Pain & la Pâtifferie, &c.

Les autres Fours pour cuire la Chaux, la Tuile, la Brique, les Pots de terre, &c. étant d'une figure & d'une conftruction bien différente, fe toifent par dévelopement, leur contour fur leur hauteur, en fuivant les régles de la Géométrie-Pratique, & en comptant chaque nature d'Ouvrage fuivant fon efpèce & fa valeur.

TOISÉ GÉOMÈTRIQUE DES FOURS A CUIRE LE PAIN ET LA PATISSERIE.

Je n'ai parlé ci-deffus que de la maniere de toifer les Fours à cuire le pain & la pâtifferie aux Us & Coutumes de Paris, que l'on ne fuit point partout, les matériaux étant de différentes efpèces & de différens prix. C'eft pourquoi je joins ici un toifé certain & général pour les Fours à cuire le pain, qui font d'un ufage univerfel.

On fait des Fours de deux façons. Les uns en *cul de chapeau*, & les autres en *cul de four*.

On appelle Fours en *cul de chapeau*, ceux dont le haut eft prefque parallele à la baze, comme les figures X & K, & dont les extrémités font arrondies en quart-de-cercle. Il y a cependant toujours un petit bombement dans le milieu, mais très-foible, duquel on ne fait aucun cas pour les mefurer.

On diftingue deux fortes de Fours en *cul de chapeau*. Les uns font feulement arrondis dans l'angle en quart-de-cercle, de la moitié de leur hauteur, comme la figure X, & l'autre, qui eft plus commune, eft arrondie en quart-de-cercle dans toute fa hauteur, comme la figure K.

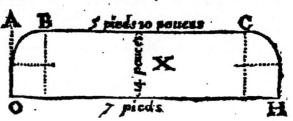

I. Pour avoir la superficie du Four X sur un plan circulaire, il faut multiplier la circonférence du plan par la hauteur AO, ensuite du diametre & du plan, ôter cette hauteur AO, le reste BC sera le diametre d'un cercle dont on trouvera la superficie par la Proposition 10; on la joindra au produit ci-dessus, & leur somme sera la superficie concave que l'on cherche.

Exemple. Le diametre du plan du Four est ici désigné par OH. Soit sa circonférence 22 qui multipliée par la hauteur AO 14 pouces, donne au produit 25 pieds 8 pouces: ensuite ôtant AO (14 pouces) du diametre OH (7 pieds) le reste sera BC 5 pieds 10 pouces, qui sera diametre d'un cercle dont la surface sera (par la Proposition 10.) 26 pieds 8 pouces 10 lignes, qui joints aux 25 pieds 8 pouces ci-dessus, donneront 52 pieds 4 pouces 10 lignes pour la superficie concave de ce Four.

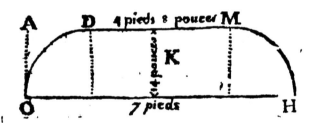

L'autre espece de Voûte en *cul de chapeau*, est ceintrée en quart-de-cercle sur toute sa hauteur, comme la figure K. Le principe est le même, à l'exception que du diametre du plan, il en faut ôter deux fois la hauteur AO, pour avoir le diametre du cercle DM.

Exemple. Soit le même diametre 7, sa circonférence 22, multipliée par 14 pouces, donne au produit 25 pieds 8 pouces, & de 7 pieds ôtant 28 pouces (double de 14 pouces) il restera 4

pieds 8 pouces pour le diametre DM , & la fuperficie du cercle fera 17 pieds 1 pouce 4 lignes , qui
joints aux 25 pieds 8 pouces ci-deffus , feront enfemble 42 pieds 9 pouces 4 lignes pour la fuperficie concave requife.

II. Si ces Fours font fur un plan ovale , il faut les
réduire au cercle par la note de la page 28 , opérer
enfuite comme fi ce plan étoit circulaire , par la méthode que nous venons de donner.

III. Dans le cas cependant que dans le milieu d'un
Four en *cul de chapeau* , il y ait quelque bombement
qui ne foit point fuivant les précifions requifes , c'eft-
à-dire , que fi le milieu ne bombe en contre-haut que
de quelques pouces , on peut n'en faire aucun cas , &
regarder le milieu comme un cercle plan : mais pour
ne rien faire perdre à l'ouvrier , on peut prendre le
milieu pour mefure de la hauteur , comme fi dans le
fecond exemple du four K , le milieu , au lieu d'avoir
14 pouces , en avoit 15 ou 16 , on prendroit cette
hauteur 15 ou 16 pouces pour la hauteur AO.

IV. Les Voûtes en *cul de four* font elliptiques &
défignées dans l'article des Voûtes. Il feroit befoin ,
pour en avoir le toifé géométrique , de plufieurs autres propofitions préliminaires , autres que celles qui
font données dans ce Livre , & dont l'étude ne com-
penferoit pas le bénéfice.

DES PLANCHERS.

Première efpece de Planchers.

ON fait des Planchers de différentes manieres : les
plus fimples que l'on fait ordinairement pour les ga-
letats , font ceux dont les Solives font ruinées & tam-

ponées (18), maçonnées de plâtre & plâtras entre les
folives, & de leur épaiffeur. On les enduit par-deffus
& par-deffous à bois apparent ou à fleur de folives.
Ces Planchers font comptés à demi-toife à mur, c'eft-
à-dire, deux toifes pour une.

---

(18) Cette premiere efpèce de Plancher eft encore ufitée
en bien des endroits ; mais on a totalement perdu l'ufage de
ruiner les folives & de les tamponer. Au lieu de cela on
met du clou de charrette ou du rapointis fur le côté de ces
folives : ce qui fait le même effet que les tampons, & n'altere nullement la folive.

On appelloit *ruiner* (ou *rainer*) une folive, lorfque fur fes
deux côtés on faifoit un évidement brute en forme de gou-
tiere avec la coignée. Dans la longueur de ces rainures, on
faifoit de diftance en diftance, d'un pied ou de deux, un
trou de tartiere, dans lequel on mettoit une demi-cheville
qu'on nommoit *Tampon*. Elle fervoit avec la rainure à retenir & contenir l'hourdis de plâtre qu'on faifoit entre les folives. Les anciennes Cloifons étoient de même ; on ne connoif-
foit point encore l'ufage du Rapointis.

M. de Ferrieres qui a écrit bien avant M. Bullet, défap-
prouvoit cette maniere de ruiner & tamponer les folives &
poteaux. Voici ce que nous lifons dans fon fecond Tome du
Commentaire fur la Coutume de Paris.

*L'on fait des Planchers de diverfes fortes ; mais parlons
en premier lieu des ruinés & tamponés, quoique j'en défap-
prouve l'ufage, d'autant que le bois fe diminuant de groffeur,
le plâtre de l'entremur baiffe contre-bas ; mais puifque l'on
eft affublé de cette méthode, je dirai comme il les faut toifer
& réduire à mur felon l'ufage, &c.*

Le détail que fait M. *Bullet* de cette premiere efpece de
Plancher paroît avoir été copié d'après *Ferrieres*, dans lequel
il eft dit de plus, que fi l'Hourdis eft enduit au-deffus, il fe
compte au tiers.

Ce mot *ou deffous* eft de trop ; car ils conviennent tous
deux que le hourdis fera compté au quart; & que s'il eft enduit
des deux côtés d'après les bois, il fera compté pour demie.

M. Bullet ne parle point de la diftinction qu'il convient
faire de l'enduit du deffus à celui de deffous. Ferrieres paroît
avoir voulu le faire, en difant, que *Si ce Hourdis eft enduit*

Si un Plancher de cette maniere n'eſt que hourdé ou maçonné entre les ſolives, ſans être enduit ni deſſus ni deſſous, il ne doit être compté qu'à quart de mur, c'eſt-à-dire, quatre toiſes pour une.

Deuxiéme eſpece de Plancher.

Il y a encore une autre eſpece de Planchers fort ſimple, que l'on appelle *Planchers enfoncés* ou *à entrevoux*, dont les Solives ſont vues de trois côtés par-deſſous. On ceintre ces Planchers par-deſſous avec des étreſillons entre les Solives, & l'on met des lattes par-deſſus qui affleurent à un pouce près le deſſus des Solives. On fait enſuite une aire continue de plâtre & plâtras par-deſſus de deux à trois pouces d'épaiſſeur; on enduit cette aire par-deſſus de plâtre paſſé au pannier, & l'on ôte enſuite les étreſillons & les lattes par-deſſous pour tirer les entrevoux que l'on fait ordinairement de plâtre fin. Ces Planchers

---

deſſus ou deſſous, il ſera compté au tiers, & s'il eſt enduit des deux côtés, il ſera compté à demie.

Du $\frac{1}{4}$ au $\frac{1}{3}$ la différence eſt . . . . $\frac{1}{12}$

Du $\frac{1}{3}$ à $\frac{1}{2}$ la différence eſt . . . . $\frac{1}{6}$

De-là je conclus que Ferrieres a voulu entendre que l'enduit de deſſus ſeroit compté pour un douziéme, & que celui du deſſous ſeroit compté pour un ſixiéme; ce qui paroît plus vraiſemblable. Mais ſans m'embarraſſer s'ils ont erré tous deux dans cet endroit, ou non, je vais en faire un détail différent pour ſervir dans tous les cas.

Hourdis . . . . $\frac{1}{3}$ ou 12 pieds.

Enduit deſſus . . . . o. 0 . . . .

Enduit deſſous . . . . $\frac{1}{6}$ ou 6 pieds.

Total . . . . . . $\frac{1}{2}$ ou 18 pieds.

Je ne ferai aucun cas des Enduits de deſſus, par les raiſons que je dirai dans la Note ſuivante, parce que le Hourdis, pour valoir un tiers, doit être rempli à fleur des bois.

doivent être comptés à deux toises pour une; on n'en fait plus guères qu'à la Campagne; les Solins, c'est-à-dire, les espaces entre les Solives qui font postés sur des poutres ou pans de bois, font comptés chacun pour un quart de pied.

Si ce même Plancher n'est que hourdé fans être enduit ni dessus ni dessous, il ne doit être compté que pour quart de mur; s'il est enduit par-dessus ou par-dessous, on le compte pour quart & demi (19).

---

(19) Cette seconde espèce de Plancher n'est plus en usage à Paris, ni même à la Campagne. Les aires ou fausses aires se faisoient alors avec plâtras de 2 ou 3 pouces d'épaisseur, maçonnés avec plâtre passé au pannier, & dont l'enduit se faisoit avec le dos de la truelle. Dans les détails que je donnerai à ce sujet, en suivant l'ancien usage que j'ai trouvé dans *Ferrieres, Savot, Bullet & Blondel*, je ne ferai, à l'exemple de ces Auteurs, aucun cas des enduits faits sur les aires, tels que les a développés M. Bullet; voici la raison qui me détermine à prendre ce parti.

Il est dit ici que cette seconde espece de Plancher enduite dessus & dessous sera comptée pour moitié; & que si au lieu d'enduit par-dessus ladite aire, on y met du carreau, le Plancher sera compté toise pour toise.

Il est encore dit que l'enduit de dessus ou dessous sera compté pour un huitiéme, & que le hourdis sera compté au quart.

L'Auteur ajoute dans la suite, que le carreau posé sur une fausse aire déja faite, est compté à mi-mur. Développons toutes ces parties.

Aire & Hourdis. . . . . $\frac{1}{2}$ ou 9 p. o pouces.
Enduit dessus . . . . $\frac{1}{4}$ ou 4 p. 6 pouces.
Enduit dessous. . . . . $\frac{1}{4}$ ou 4 p. 6 pouces.
_____
$\frac{1}{1}$ ou 18 p. o pouces.

Otons l'enduit de dessus de 4 pieds 6 pouces, il restera 13 pieds & demi, qui, ajoutés à 18 pieds valeur du carreau, feront 31 pieds & demi pour la valeur de ce Plancher.

Mais il est dit (& le reste est de même) que si au lieu de l'enduit sur le même Plancher, on y met du carreau, ce Plancher sera compté toise pour toise qui valent 36 pieds. Or

Si au lieu de faire un enduit fur le même Plancher, on y veut mettre du petit ou du grand carreau,
ce Plancher fait ainfi, doit être compté à mur, c'eft-
à-dire, toifes fuperficielles pour toifes (20). Si au

---

nous n'avons pour ces 36 pieds que 31 pieds & demi : donc
nous avons raifon de chercher différemment ces détails, &
de n'avoir aucun égard aux enduits de deffus.

Les enduits de deffous, qu'on appelle *entrevoux*, ne fe
font pas fans peine. Il faut échafauder. Le plâtre qu'on y
emploie doit être paffé au fas. Il faut des foins pour les faire
proprement, & près d'un fixiéme de plâtre perdu. Ces enduits d'entrevoux ne font donc pas à comparer à ceux de
deffus l'aire, qui fe font avec le dos de la truelle, & avec
le même plâtre de l'Hourdis.

Faifons fuivre notre ufage journalier, unanimement reconnu & fuivi, fur le fait des Planchers les plus ufités aujourd'hui.

Aire ou fauffe Aire	$\frac{1}{4}$ de toife.	ou 9 pieds.
Lattis jointif	$\frac{1}{4}$	ou 9 pieds.
Cloué fur les Solives	$\frac{1}{6}$	ou 6 pieds.
Entrevoux par-deffous	$\frac{1}{6}$	ou 6 pieds.
Total	$\frac{5}{6}$ de toife.	ou 30 pieds.

Ceci pofé, nous détaillerons cette feconde efpece de Plancher comme il fuit.

Aire au-deffus enduite ou non, comptée au quart, & la
partie d'Hourdis entre les Solives faifant corps avec l'Aire,
pour $\frac{1}{12}$, & enfemble $\frac{1}{3}$ ou 12 pieds.
Entrevoux par-deffous $\frac{1}{6}$ ou 6 pieds.

Total	$\frac{1}{2}$	ou 18 pieds.

---

(20) Le carreau ne fe compte plus en *Légers Ouvrages* :
il fe toife fuperficiellement, & fe compte pour carreau,
faifant diftinction du grand & du petit, du vieux & du neuf.
Le prix de la toife de ces carreaux eft aujourd'hui différent de celui des *Légers Ouvrages*. Les Maîtres Maçons ont
abandonné cette partie, à caufe de la cherté des carreaux.
Mais foit qu'ils s'en chargent ou non, le toifé du carrelage
fe diftingue de celui des *Légers Ouvrages*.

liou

lieu du carreau l'on y met des lambourdes, ce Plancher sera auffi compté à mur.

Troifiéme efpece de Plancher.

Si aux mêmes Planchers enfoncés au lieu de ceintrer par-deffous avec des étréfillons & des lattes, on cloue par-deffus les folives des lattes jointives, & que l'on y faffe une Aire de plâtre & plâtras enduite par-deffus & par-deffous entre les folives, ces Planchers doivent être comptés à trois quarts de toife (21).

Si au lieu d'un Enduit par-deffus, on pofe du carreau fur une fauffe Aire, ces Planchers doivent être comptés à mur & un quart.

Quatriéme efpece de Plancher.

Les Planchers dont les Solives font ruinées & tamponnées, lattés par-deffous de trois en trois pouces;

---

(21) Cette troifiéme efpece de Plancher eft fort en ufage, fur-tout dans les maifons communes, & demande un détail & fon explication.

Aire enduit.................	¼ ou 9 pieds.
Lattis jointif................	¼ ou 9 pieds.
Cloué fur les Solives.......	⅙ ou 6 pieds.
Entrevoux par-deffous......	⅙ ou 6 pieds.
Total....⅚ ou 30 pieds.	

M. Bullet dit enfuite, fi au lieu d'Enduit par deffus on pofe du carreau fur l'Aire, ce Plancher fera compté pour toife & quart.

Pendant fort long-tems le carreau grand & petit fe comptoit à moitié de Légers Ouvrages : & par le compte ci-deffus, en ajoutant 18 pieds on trouveroit 48 pieds, valeur de toife un tiers, au lieu de toife un quart, porté dans cet article.

C'eft donc un douziéme de plus que nous ajoutons à M. Bullet, pour le rejoindre dans les Planchers creux, qu'il a le mieux diftingués, & d'après lefquels nous partons.

F

maçonnés de plâtre & plâtras entre les Solives, enduits par-deffus à bois apparent , & plafonnés par-
deffous, doivent être comptés à trois quarts de mur.

Les Planchers dont les Solives font ruinées & tamponnées, lattés de trois en trois pouces par-deffous,
maçonnés de plâtre & plâtras entre les Solives,
avec une Aire par-deffus de deux ou trois pouces,
enduits de plâtre & plafonnés par-deffous , doivent
être comptés toife pour toife à mur. Si au lieu d'un
enduit, on met du carreau fur une fauffe Aire faite fur
les Solives , ces Planchers doivent être comptés à
mur & tiers.

Les Planchers dont les Solives font ruinées & tamponnées, lattés tant plein que vuide par-deffous , &
hourdés de plâtre & plâtras entre les Solives, & carrelés de carreau fur une fauffe Aire , plafonnés par-
deffous, doivent être comptés à mur & tiers. On ne
fait plus guères de ces fortes de Planchers , parce
qu'ils font trop pefans fur les murs (22).

(22) Cette quatriéme efpece de Planchers eft ici diftinguée
en deux fortes; la premiere eft la plus ufitée pour les Palliers
des Efcaliers, l'autre n'eft pas fi commune. J'ai dit ci-devant
qu'on ne ruinoit ni ne tamponnoit plus les Solives ; mais qu'on
y mettoit du rapointis ou clou de charrette. C'eft dans cette
pofition que nous envifageons ces Planchers.

La premiere forte de ces Planchers eft de ceux qui font
lattés par-deffous de 3 pouces en 3 pouces, maçonnés ou hourdés en plâtre & plâtras entre les Solives: enduits par-deffus à
bois apparent & plafonnés par-deffous; cette efpece de Plancher doit être comptée à trois quarts de *Légers* ou 27 pieds.

Hourdé plein. . . . . $\frac{1}{3}$ ou 12 pieds.

Enduit à fleur des bois. . . . . o ou o pieds.

Latté par-deffous. . . . . $\frac{1}{12}$ ou 3 pieds.

Recouvert en plâtre. . . . . $\frac{1}{4}$ ou 9 pieds.

Pour échafauds, perte de clous

& plâtre. . . . . $\frac{1}{12}$ ou 3 pieds.

Total. . . . $\frac{1}{4}$ ou 27 pieds.

Si au lieu de carreler le deſſus des Plancheis, on
poſe des lambourdes ſur les Solives, & que ces lambourdes ſoient maçonnées à augets pour recevoir le
parquet, ces Planchers doivent être comptés à mur &
quart.

Cinquiéme eſpece de Plancher.

Les Planchers creux lattés par-deſſus & par-
deſſous à lattes jointives, carrelés ſur une fauſſe
Aire faite ſur le lattis d'environ deux pouces d'é-
paiſſeur, & plafonnés par-deſſous à l'ordinaire,
doivent être comptés à deux murs & un ſixiéme;
c'eſt-à-dire, que chaque toiſe ſuperficielle en vaut
deux & un ſixiéme; mais ſi les lattes ne ſont point
clouées par-deſſus les ſolives, & que ce ne ſoit
qu'un ſimple couchis, ces Planchers ne ſont comptés que pour deux toiſes; la maçonnerie faite ſur les
poutres & pans de bois pour le ſcellement des Solives

Dans la ſeconde ſorte de Planchers, on y ſuppoſe une Aire
de 2 ou 3 pouces, que nous comptons pour un quart ou 9
pieds, qui ajoutés aux 27 pieds ci-deſſus, donneront les 36
pieds ou la toiſe requiſe en cet article. *Mais*, continue M.
Bullet, *ſi au lieu d'un enduit on met du carreau ſur une fauſſe
Aire faite ſur les Solives, ces Planchers doivent être comptés
à mur & tiers.*

Le Carreau ſe comptant autrefois pour moitié, il paroît
qu'on devoit exiger que les Aires, pour être comptées au
quart, fuſſent enduites par-deſſus, ſinon on en auroit rabattu
un douziéme. Mais cet objet eſt de trop petite conſéquence
pour m'arrêter. Je ne me ſuis pas propoſé d'interpréter des
uſages qui ne ſubſiſtent plus: il me ſuffit de faire connoître
ceux qui ſont aujourd'hui en vigueur.

Il paroît encore par-là, que les enduits ſimples & ſans crépis s'évaluoient alors au douziéme, comme nous les comptons encore aujourd'hui dans nos détails, lorſqu'ils ſont accompagnés d'un crépis.

doit être comprise dans le toifé de ces Planchers (23).

(23) Cette cinquiéme efpece de Planchers eft celle qui eft le plus en ufage aujourd'hui.

Ces Planchers font très-bien détaillés, & d'une maniere fort claire. Le Plafond feul fe compte pour toife, & l'Aire au-deffus fur un lattis jointif, eft comptée pour demi-toife; & fi ce lattis eft cloué fur les Solives, on ajoute un fixiéme de toife pour la valeur du clou, de fon déchet & de fon emploi.

Mais comme il fe rencontre tous les jours des cas où ces Ouvrages ne font point achevés, il convient d'en développer chaque partie; nous en retrancherons feulement le carreau qui fe comptoit autrefois pour demi-toife. Nous commencerons par les Aires, dont le détail eft fimple fuivant M. Bullet, & fuivant l'ufage actuel.

Lattis jointif . . . . $\frac{1}{4}$ ou 9 pieds.
Clou, déchet & façon . . . . $\frac{1}{6}$ ou 6 pieds.
Aire au-deffous de 2 ou 3 pouces $\frac{1}{4}$ ou 9 pieds.

Total du Plancher $\frac{2}{3}$ ou 24 pieds.

Plafond & Cloifons creufes fuivant M. Bullet.

Lattis jointif cloué fur les Solives . . . $\frac{1}{2}$ toife ou 18 pieds.
Gobetage, Crépi & Enduit . . . . $\frac{1}{2}$ toife ou 18 pieds.

Total du Plafond . . . . 1 toife ou 36 pieds.

Total général du Plancher plafonné . . . 1 toife $\frac{2}{3}$ 6 pieds.

Détail d'un Plafond fuivant nous.

Le premier objet qui fe préfente pour faire un plafond, eft l'échafaudage, & le déchafaudage, que nous évaluons pour chaque toife à un fixiéme de Légers Ouvrages, & qui doit être le premier payé dans le cas que le Plafond ne fût point achevé, ci . . . . $\frac{1}{6}$ ou 6 pieds.

Lattis . . . . $\frac{1}{4}$ ou 9 pieds. } $\frac{5}{12}$ ou 15 pieds.
Clou, déchet & emploi. $\frac{1}{6}$ ou 6 pieds. }
Gobetage . . . . $\frac{1}{12}$ ou 3 pieds.
Crepi . . . . $\frac{1}{6}$ ou 6 pieds. } $\frac{5}{12}$ ou 15 pieds.
Enduits de fujétion . . . . $\frac{1}{6}$ ou 6 pieds. }

Il s'enfuit de-là, que fi un Plafond n'eft point fini, il faut commencer à le toifer comme s'il l'étoit, & le tirer en ligne pour un fixiéme de Légers. Enfuite on toifera ce qui fera fait,

On doit rabattre tous les paſſages des tuyaux des cheminées, qui paſſent dans les Planchers, & le carrelage ſous les jambages des Cheminées. Et ſi les âtres des Cheminées ſont faits de grand carreau différent de celui du Plancher, on doit augmenter la plus-valeur du grand carreau au petit. Mais ſi c'eſt un

---

& on le comptera ſuivant nos développemens. Il n'en ſera pas de même dans les Cloiſons creuſes: il faudra ſuivre le ſyſtême de M. Bullet, & ſon développement.

Si à un pareil Plafond il y a une Corniche en plâtre, le toiſé s'en fera comme s'il n'y en avoit pas; les longueurs & largeurs ſe prendront de mur à mur.

Si la ſuperficie d'une Aire étoit plus grande que celle du Plafond, on toiſeroit l'un & l'autre chacun en particulier, & on les compteroit ſuivant leurs réductions.

Si au milieu d'un Plafond il y a une poutre recouverte des trois côtés, lattée de 3 pouces en 3 pouces, quelque ſoient les retours, grands ou petits ſans diſtinction, il ne ſera rien diminué, parce qu'il faut 3 pouces de recouvrement pour faire une toiſe de *Légers*. Si elle n'eſt pas recouverte, elle ſera diminuée totalement dans ce que l'on comptera Plafond, & non en ce que l'on comptera Aire.

Plancher d'une nouvelle eſpece, compté pour deux toiſes ¼, ſuivant le détail ci-après.

1.º On a commencé par échafauder & latter avec lattes de cœur de chêne à diſtance d'un pouce & demi l'une de l'autre, compté pour ce . . . . ¼ ou 9 pieds.

2.º On a cloué & attaché entre chaque latte de longs & légers rapointis, qui ſe croiſoient en tête; puis on a ceintré avec des planches pour faire des Augets, compté pour ¼ ou 6 pieds.

3.º On a fait des Augets avec plâtre pur entre les Solives pour remplir l'entre-deux des lattis par-deſſous, & avec ſoin, compté pour ce . . . . ½ ou 18 pieds.

4.º On a bandé deux arcs en moilon de S. Leu entre les Solives en forme d'étréſillon: la largeur du Plancher diviſée en trois parties, compté pour ce . . . . ¼ ou 6 pieds.

5.º On a fait l'Aire à l'ordinaire ſur un bardeau de chêne débité exprès, jointif, & cloué du rapointis ſur les Solives, pour empêcher les plâtres de bouffer. Enſuite on a

F 3

Plancher parqueté ou enduit de plâtre, cet être fait de grand carreau, doit être compté à 6 pieds de toises, comme il a été dit.

Les enfoncemens des croisées carrelés sur les murs, sont comptés à demi-mur, leur longueur sur leur largeur.

On ne compte point dans les Planchers l'endroit des portes, quoiqu'il soit carrelé, car le carreau tient lieu de seuil.

Si, au lieu de carreau, on cloue des lambourdes sur les Solives, & qu'entre ces lambourdes on fasse un lattis sur les Solives à lattes jointives, pour faire les sugets des lambourdes; ces Planchers supposés plafonnés à lattes jointives par-dessous, doivent être comptés à mur & trois quarts.

Les lambourdes scellées dans l'enfoncement des Croisées, tiennent lieu de Carreau, & sont comptées à deux toises pour une.

Le passage des lambourdes au droit des portes, tient aussi lieu de Carreau, & n'est point compté.

Le Carreau posé sur un vieux Plancher ou une vieille Aire, est compté à demi-mur.

Quand on hache & recharge de plâtre un vieux Plancher ou une Aire, il est compté pour tiers de mur (24).

---

déchafaudé pour laisser essuyer les plâtres pendant un hiver & un été, compté pour ce . . . . ⅓ ou 24 pieds.

6.° On a échafaudé de nouveau & fait des Plafonds tels qu'ils existent, compté pour ce . . . . ¼ ou 18 pieds.

Total. . . . . 2 toises ¼ ou 81 pieds

Ce Plafond fait sous mes yeux & avec toute l'attention & le soin possible, a été réglé conjointement avec un de nos plus savans Toiseurs à 2 toises ¼, tout vuide rabattu.

(24) *Quand on hache & recharge de plâtre un vieux Plancher ou une Aire, il est compté pour tiers de mur, c'est-à-dire, que les parties cassées & fracassées qu'on refait à neuf*

L'enduit fimple fur un vieux Plancher eft compté pour quart de mur (25).

Sixiéme efpece de Plancher.

Il y a encore une maniere de faire des Planchers enfoncés. On fait deux feuillures dans l'arrête du deffus de chaque Solive, & l'on y pofe enfuite des ais bien dreffés, que l'on cloue fur ces Solives pour couvrir chaque entrevoux. On fait enfuite une fauffe Aire fur les ais & les Solives, avec plâtre & plâtras de deux pouces d'épaiffeur ou environ, felon qu'il faut mettre de charge pour convenir à la plus haute Solive. Si l'Aire eft enduite de gros plâtre par-deffus,

___

fur l'ancien lattis font toifées à toife fuperficielle, & réduites au tiers de *Légers Ouvrages*, à caufe de l'enlevement des gravois. Je dis *ces parties refaites*, & non l'Aire en entier.

Le mot *hacher*, fignifie qu'il faut ôter toute la partie qui eft mauvaife, & hacher au vif les parties voifines, afin que le plâtre nouveau faffe corps avec elles ; & le mot *recharger*, veut dire que les parties étant ufées, il faut les charger & les rendre de niveau à l'ancienne Aire, qui eft bonne.

(25) *L'enduit fimple fur un vieux Plancher eft compté pour quart de mur.* Cela veut dire que s'il n'eft pas néceffaire de rien dégrader de l'ancienne Aire, on la pique & on y fait un nouvel enduit avec plâtre au pannier, d'épaiffeur convenable, comme d'un pouce ou de deux pour renforcer l'ancien. Cet Enduit ou nouvelle Aire enduite fe compte pour quart de *Légers Ouvrages.*

Il y a encore une autre efpece de rétabliffement de Plancher dont M. Bullet parle plus bas ; & qui fe réduit au fixiéme de *Légers* ; c'eft celui qu'il a fallu hacher & rétablir par endroits. Cette nature de rétabliffement de Plancher étant d'une efpèce à ne pas pouvoir être détaillée par partie, fe toife quarrément entre murs, & fe réduit au fixiéme. Nous en parlerons dans la fuite.

F 4

ces Planchers doivent être comptés pour un tiers de toise, c'est-à-dire, trois toises pour une.

A ces sortes de Planchers on remplit ordinairement de lambourdes de bois avec moulure, les espaces des Solives posées sur des poutres ou pans de bois : c'est pourquoi l'on n'y compte point de maçonnerie pour les Solins, quoique l'on scelle les Solives au derriere des lambourdes.

Si au lieu d'un enduit, on met du carreau sur la fausse Aire faite sur les Ais, le Plancher doit être compté pour demi-mur & tiers ou pour $\frac{1}{5}$, c'est-à-dire, 6 toises pour 5 toises à mur (26).

Le Carreau posé sur une fausse Aire déja faite, est compté à demi-mur.

Autres Détails.

Les lambourdes posées sur une fausse Aire déja faite, étant scellées & faites à augets, sont comptées à demi-mur.

Si l'on est obligé de faire une tranchée dans un vieux mur pour poser les Solives d'un Plancher, cette tranchée & le scellement des solives doivent être comptés à pied courant.

Si la même chose arrive après coup dans un mur neuf, on doit compter la tranchée & le scellement comme ci-devant.

---

(26) Cette sixiéme espece de Planchers n'est plus d'usage, cependant ils étoient de bon service. Le détail qu'en fait M. Bullet s'entend assez bien de lui-même. Nous observerons seulement, qu'il n'a point voulu comprendre dans les différens développemens des Planchers, les Enduits au-dessus des Aires qu'il appelle ici *Enduits de gros Plâtre*, & ses différentes combinaisons s'accordent très-bien avec celles que nous avons faites précédemment.

Si dans les Planchers il y a des poutres ou autres bois qu'il faille recouvrir, & que ces bois soient lattés tant plein que vuide, les bois recouverts doivent être comptés trois toises pour une à mur.

Le Carreau mis sur un vieux Plancher qu'il a fallu hacher & rétablir par endroits, est compté pour deux tiers de mur ; si c'est du vieux Carreau, il est compté pour tiers de mur à cause du décrotage (27).

On peut comprendre dans l'article des Planchers, les Aires que l'on fait au rez-de-chaussée, ou sur des voûtes, ou sur terre.

---

(27) Cet article nous indique une troisième espece de rétablissement de Plancher, qui se fait lorsqu'en décarrelant une chambre, on trouve çà & là plusieurs petites parties de l'Aire qu'il faut refaire & rétablir sur l'ancien lattis : s'il y en a une certaine quantité, afin de ne point grossir un mémoire d'une multitude de petits articles qui produisent peu de choses, on toise l'Aire entiérement, & on la réduit au sixiéme de Légers Ouvrages. Si de deux tiers on ôte moitié pour le Carreau, il restera un sixiéme qui sera la valeur du rétablissement de l'Aire en ce qui regarde cette troisiéme espece.

Avant que de finir ce qui regarde les Planchers, j'indiquerai la manière d'en faire un en plâtre, aussi dur qu'on puisse le desirer.

L'Aire doit être faite de plâtre à l'ordinaire & bien dressée de niveau ; on fait fondre ensuite 5 à 6 livres de colle-forte, & on y jette deux pierres de chaux vive ordinaire, avec une demi-livre ou environ de gomme arabique. Lorsque le tout est bien fondu & dissous, jettez-le dans un tonneau d'eau ordinaire. Remuez bien le tout, & de cette eau gâchez le plâtre qui sera passé au sas : faites cet enduit d'un bon pouce d'épaisseur. Il faut que l'Aire ait été auparavant rustiquée & mouillée avec l'eau du tonneau.

Si l'on veut figurer sur les parquets ou autres compartimens sur le même Plancher, on peut le faire légerement. Ensuite on fait tremper pendant quelques jours de la suie seche, dans de l'urine : on en applique une couche qu'on laisse sécher : après quoi on le frotte & on le cire à l'ordinaire.

DES AIRES.

LEs Aires que l'on fait sur des voûtes, sont ou pour être enduites simplement de plâtre, ou pour être pavées ou carrelées, ou pour poser des lambourdes (28).

Si les voûtes sont faites à neuf, & que l'on ne veuille faire qu'une simple Aire de plâtre par-dessus, leurs reins doivent être assez élevés & arrasés de niveau, pour n'avoir plus que le gros plâtre à mettre & à enduire par-dessus : dans ce cas l'Aire ne doit être comptée qu'à demi-mur.

Si l'on met du carreau sur cette Aire, en supposant qu'elle soit arrasée comme il a été dit ci-devant, & qu'il n'y ait plus à faire que la forme sur laquelle doit poser le carreau, l'Aire ne doit être comptée qu'à deux toises pour une. Mais s'il y a une fausse Aire sous le carreau, le tout doit être compté à mur.

Suppofant toujours les voûtes arrasées, si l'on pose des lambourdes par-dessus maçonnées à augets, les lambourdes doivent être comptées à deux toises pour une.

Si au lieu de faire les Aires sur des voûtes, on

(28) M. Bullet a diftingué les Aires qui se font sur les Planchers, de celles qui se font au rez-de-chaussée, sur terre ou sur des voûtes. Ce qu'il appelle purement *Aire*, est celle de la seconde espece : celles qui se font sur des Planchers pour recevoir du Carreau ou du Parquet, se nomment *fausses Aires*. Dans l'usage actuel cependant on retranche le mot de *fausses*, parce qu'il est de droit & naturellement sous-entendu ; & quand on parle d'une *Aire* sur un Plancher, il est très-inutile de lui appliquer le mot de *Fausse*. Ce mot appartient plutôt à sa diftinction qu'à sa définition.

eft obligé de les faire fur la terre, il faudra faire un corps de maçonnerie de cinq à fix pouces d'épaiffeur, avec des pierrailles bien battues, garnies & maçonnées avec mortier ou gros plâtre, & enduites par-deffus fimplement : ces Aires doivent être comptées à demi-mur.

Si au lieu de faire un enduit de plâtre, on met fur l'Aire du carreau, l'Aire ainfi faite doit être comptée pour toife à mur.

Si, au lieu de mettre du carreau fur l'Aire, on y met des lambourdes engagées dans le corps de l'Aire, & enduites à augets, le tout eft compté pour trois quarts de toife à mur.

Si au lieu de mettre du carreau ou des lambourdes fur les Aires, on y met du pavé ou du marbre, l'Aire doit être faite avec de moyennes pierres bien battues dans la terre, & enfuite maçonnées de mortier, (car le plâtre pourrit dans la terre,) & il faut mettre feulement un peu de gros plâtre par-deffus pour lier les pierres.

Cette Aire ainfi faite, doit être comptée pour un tiers de toife à mur, fans comprendre le pavé ; car c'eft un autre marché.

DES CLOISONS ET PANS DE BOIS.

Premiere efpece.

IL y a diverfes efpeces de Cloifons; les plus fimples font celles dont les poteaux font ruinés & tamponnés, maçonnées entre les poteaux de plâtre & plâtras, & enduites à bois apparent : ces Cloifons font comptées à demi-mur. On rabat toutes les baies des portes & des croifées entre les bois, & l'on compte la hauteur des poteaux auxquels on ajoute l'épaiffeur d'une fabliere.

Si ces Cloisons ne sont que hourdées simplement sans être enduites d'un côté ni de l'autre, elles ne se comptent que pour un quart de toise; si elles sont enduites d'un côté, elles se comptent pour un quart & demi, ou $\frac{1}{8}$ (29).

_____

(29) Cette première espece de Cloison, que nous appellons *Cloison simple*, est comptée pour moitié de *Légers Ouvrages*.

M. Bullet la développe, ainsi qu'il a fait pour les Planchers de même espece. Je crois cependant qu'il doit y avoir de la différence.

J'ai observé, en parlant des Planchers, (note 18) que les Enduits de dessus ne devoient pas être compris dans le détail, & que ceux de dessous étoient bien différens: mais en Cloisons ils sont égaux & de même valeur. Ainsi, en suivant M. Bullet dans son principe établi, qu'un recouvrement de bois sur un lattis de 4 pouces en 4 pouces, sera compté à $\frac{1}{3}$ quel qu'il soit, je ne crains point de m'égarer. Il établit ce principe en différens endroits, & entr'autres dans les Cloisons pleines recouvertes des deux côtés, qu'il compte pour toise de *Légers*, dont le détail est en son lieu.

Il dit ici que l'Hourdis est compté à $\frac{1}{3}$. Cet Hourdis est le même que celui des Cloisons recouvertes qui est compté à $\frac{1}{3}$. On compte ensuite l'Enduit de chaque côté à fleur des bois pour $\frac{1}{6}$, de même qu'aux Planchers. M. Bullet a suivi les usages portés dans *Ferrieres*, qui les avoit recueillis de gens qui n'avoient pas assez réfléchi sur cet article. Notre détail partant d'un même principe, servira pour les différentes natures d'Ouvrages en plâtre qui pourroient survenir dans la suite.

Hourdis	$\frac{1}{3}$	ou 12 pieds.
Enduit d'un côté d'après les bois.	$\frac{1}{12}$	ou 3 pieds.
Enduit de l'autre, *idem*	$\frac{1}{12}$	ou 3 pieds.
Total . . .	$\frac{1}{2}$	ou 18 pieds.

Nous n'avons que deux sortes de Cloisons pleines en charpente. C'est de la plus composée qu'il faut partir, comme on va voir dans la note suivante.

En toisant ces Cloisons, on doit en prendre la hauteur entre les deux sablieres, & la largeur entre les murs.

Seconde espece.

Les Cloisons lattées de trois en trois pouces des deux côtés, maçonnées de plâtre & plâtras entre les poteaux, & enduites aussi des deux côtés, que l'on appelle *Cloisons pleines*, sont comptées toise pour toise à mur : on n'a point d'égard si les poteaux ont plus ou moins de trois ou quatre pouces d'épaisseur.

Il en est de même des Pans de bois faits de cette maniere pour les faces des maisons, & on compte les moulures à part (30).

Si les Baies de portes & de croisées qui se trouvent dans ces cloisons sont feuillées, & que les bois des Baies soient recouverts de plâtre en leur épaisseur, on ne rabat que la moitié des Baies ; mais si les portes & croisées ne sont ni feuillées ni recouvertes de plâtre, on rabat les Baies entierement : on ne rabat rien des sablieres des cloisons, pourvu qu'elles soient recouvertes. Les saillies faites contre les portes & croisées, outre le nud des Pans de bois ou cloisons sont comptées à part.

Si les cloisons ne sont que maçonnées entre les po-

Le vuide des baies se rabat en dans-œuvre desdites baies, comprenant une largeur de poteau d'huisserie, comme je l'ai vu faire à plusieurs.

(30) La Cloison pleine, (qui est la seconde espece de Cloisons) recouverte des deux côtés, est comptée chaque toise superficielle pour toise de *Légers Ouvrages*.

Hourdis	$\frac{1}{3}$ ou	12 pieds.
Lattée & clouée d'un côté . . .	$\frac{1}{12}$ ou	3 pieds.
Idem de l'autre côté	$\frac{1}{12}$ ou	3 pieds.
Crépis & enduit d'un côté . . .	$\frac{1}{4}$ ou	9 pieds.
Idem de l'autre côté	$\frac{1}{4}$ ou	9 pieds.
Total	1 toise 0 ou	36 pieds.

teaux ; & lattées comme ci-deſſus des deux côtés ;
ſans enduit de côté ni d'autre , elles ſont comptées à
deux toiſes pour une ; & ſi l'enduit n'eſt fait que d'un
côté, elles ſont comptées à ¼ de toiſe (31).

Les Cloiſons ou Pans de bois qui ſont maçonnées
entre les poteaux , lattées d'un côté de trois pouces en
trois pouces ; enduites d'un côté ſur le lattis, & enduites de l'autre côté à bois apparent ; ſont comptées à
deux tiers de toiſe à mur, ſans rabattre aucune ſa-
bliere. Si les Bayes qui ſont dans ces Cloiſons , ne ſont
ni feuillées ni recouvertes de plâtre, elles ſont entièrement rabattues (32).

---

(31) Écoutons M. Bullet. 1.º *Si les Cloiſons ſont maçonnées
entre les poteaux & lattées des deux côtés , ſans enduit de
côté ni d'autre , elles ſont comptées à deux toiſes pour une.*

*Si l'enduit n'eſt fait que d'un côté , elles ſont comptées à
trois quarts de toiſe.*

L'enduit & ſon accompagnement vaut donc *un quart*, &
les deux côtés une *demi-toiſe*. Si l'on joint cette *demi-toiſe*
avec le lattis, ce ſera un recouvrement de chaque côté qui
vaudra *un tiers* ; & pour les deux côtés *deux tiers* ou 24 pieds.
Il ne nous reſte que l'Hourdis pour completter les 36 pieds ,
lequel Hourdis vaut *un tiers* ou 12 pieds : or les Hourdis ſont
égaux dans les cloiſons & les planchers indiſtinctement. C'eſt
donc avec raiſon que ces Hourdis doivent être comptés au
tiers dans les cloiſons & planchers, & non au *quart*, comme
l'a dit Ferrieres, & d'après lui M. Bullet.

Dans les Cloiſons ou Pans de bois , ſi les portes ou croiſées
ſont recouvertes ; & qu'il y ait feuillures & appuis de plâtre , ou Airé par bas, on rabat la moitié du vuide de la Baie,
parce qu'il n'y a point de ſcellement : mais on compte ſeulement le ſolement des croiſées de menuiſerie ; s'il y en a ,
& non les feuillures , comme l'ont voulu pluſieurs. *Voyez*
à ce ſujet nôtre Addition ſur les Baies après le toiſé des Murs
de face.

(32) La Cloiſon hourdée pleine, lattée & recouverte

Troifiéme efpece.

Les Cloifons appellées *creufes*, lattées à lattes jointives des deux côtés, crépies & enduites avec du plâtre deffus le lattis, font comptées toife pour toife de
chaque côté, c'eft-à-dire, qu'une toife en fuperficie en
vaut deux pour toute Cloifon, parce que les deux
côtés font lattés à lattes jointives. On compte auffi
toutes les fablieres recouvertes en leurs faces & pourtour, comme les Cloifons, pourvu qu'elles foient
lattées à lattes jointives; finon le recouvrement n'eft
compté qu'à un tiers de toife à mur (33).

Si les Baies qui font dans les Cloifons ne font ni
feuillées ni recouvertes dans les tableaux, elles font
entierement rabattues; fi elles font feuillées & recouvertes dans les tableaux, on les compte à toife fimple
feulement.

---

d'un côté, & à bois apparent de l'autre, eft comptée pour
deux *tiers* de toife de *Légers*, au lieu de trois *quarts* qu'elle
doit l'être, comme s'enfuit.

Hourdis . . . . $\frac{1}{3}$ ou 12 pieds.
Recouverte d'un côté . . . . . . $\frac{1}{3}$ ou 12 pieds.
Enduit d'après les bois . . . . . . $\frac{1}{12}$ ou 3 pieds.

Total . . . . $\frac{1}{7}$ ou 27 pieds.

Il me paroît que cette expreffion de *deux tiers de toife à
mur* eft une faute d'impreffion ou de Copifte; car je trouve
dans *Ferrieres*, que telle cloifon eft comptée à *trois quarts*.

(33) La troifiéme efpece de Cloifon, appellée *Cloifon creufe* ou *Cloifon fourde*, eft lattée à lattes jointives des deux côtés, & recouvertes par-deffus. Il eft d'ufage de compter ces
Cloifons creufes chaque toife fuperficielle pour deux toifes de
Légers.

Tel eft l'ufage que Ferrieres a trouvé de fon tems, qui s'eft
obfervé du tems de M. Bullet, & qui fubfifte encore aujour-
d'hui.

Quatriéme espèce.

Les Cloisons faites de membrures ou d'ais de bateau pour décharger les planchers, lattés tant plein que vuide, crépies & enduites de plâtre des deux côtés ; doivent être comptées à un tiers de toise à mur de chaque côté, c'est-à-dire, deux tiers pour toute la Cloison ; & s'il y a quelque distance entre les ais, on doit compter le tout pour trois quarts à mur. On rabat aussi les baies, si les tableaux ne sont ni feuillés ni recouverts (34).

M. Bullet nous a donné le développement de ces Cloisons creuses, comme il suit.

Lattis jointif cloué sur les Solives.... $\frac{1}{2}$ ou 18 pieds.
Gobetage ; Crépis & Enduits......;. $\frac{1}{2}$ ou 18 pieds.

Total... 1 toise 0 ou 36 pieds.

Il ne faut pas confondre ce développement avec celui que nous avons fait des Plafonds. Quoique l'un & l'autre soit compté pour toise, leur développement s'en fait différemment.

(34) Cette quatriéme espece de Cloisons s'appelle *Cloison de planches* ou *Cloison légere*: Si les planches sont jointes les unes contre les autres, ce qui est rare, & recouvertes des deux côtés ; elles sont comptées chaque côté pour *un tiers* de *Légers Ouvrages*, & les deux côtés pour *deux tiers* ou 24 pieds.

Mais il est plus commun de faire ces Cloisons à claire-voie sur des coulisses haut & bas, & des traverses ou entretoises. Alors ces Cloisons se comptent aux *trois quarts* sans rien rabattre pour les traverses ou entretoises apparentes : plusieurs cependant les comptent aujourd'hui aux *cinq sixiémes*, & les autres *à l'entier*.

Les Baies de porte dans les Cloisons se font avec Huisserie apparente, dont on rabat le vuide. La hauteur s'en prend du dessus du linteau jusqu'en bas, & la largeur comprend les deux poteaux d'Huisserie & la Baie ; on n'a point d'égard au reste des poteaux en contre-haut, & on ne les diminue point, à cause de leur peu de valeur.

Autres

Autres Détails.

Comme il peut arriver que ces fortes de Cloisons ne soient faites qu'en partie, ou parceque l'on change d'ouvriers, ou par quelqu'autre cause, il est nécessaire de savoir de quelle maniere elles doivent être comptées.

Pour les Cloisons creuses lattées à lattes jointives des deux côtés, & recouvertes de plâtre; si elles ne sont lattées que d'un côté simplement sans être recouvertes, on ne les compte qu'à mi-mur; si elles sont lattées des deux côtés sans être recouvertes, on les compte à mur; si elles sont enduites d'un côté, on les compte à mur & demi, & enfin si elles sont enduites des deux côtés, à deux murs, comme il a été dit.

On doit estimer à proportion les Cloisons faites de membrures ou d'ais de bateau.

Toutes les saillies qui sont sur ces Cloisons ou Pans de bois doivent être toisées à part outre les cloisons, comme il sera dit au Chapitre *des Moulures.*

DES LAMBRIS.

Comme les Lambris que l'on fait dans les galetas ou ailleurs, sont proprement des demi-cloisons, ces Lambris, étant lattés à lattes jointives contre les chevrons ou autres bois, sont comptés toise pour toise à mur, comme les cloisons. Tous les autres bois recouverts au-dedans des combles ou ailleurs, s'ils sont lattés à lattes jointives, sont toisés comme des Lambris, leur pourtour sur leur largeur, & sont comptés toise pour toise à mur (35); mais si les bois

---

(35) Voici ce que dit Ferrieres au sujet des Lambris, *Les*

G

font lattés tant plein que vuide, ils ne font comptés que pour un tiers de toife. Quand il y a des Lucarnes dans les galetas, on rabat la place des Lucarnes ou autres vuides; mais l'on compte les jouées & plafonds des Lucarnes à part. Les jouées font ordinairement lattées de quatre en quatre pouces maçonnées & recouvertes de plâtre, comme les Cloifons pleines; c'eft pourquoi elles font comptées à mur.

Si les jouées ne font maçonnées entre les poteaux qu'à bois apparent, elles ne font comptées qu'à deux toifes pour une.

DES LUCARNES.

LES Lucarnes font ou de pierre-de-taille, ou de moilon & plâtre, ou de charpenterie recouverte de plâtre; dans ces trois cas on les toife de la même manière: il n'y a que le prix qui en fait la différence. Pour les toifer, on prend leur largeur en dehors d'un jambage au-dehors de l'autre jambage; c'eft-à-dire, la largeur de la baie des deux jambages: à cette largeur on ajoute l'épaiffeur de l'un des jambages; & enfuite l'on prend leur hauteur de deffus l'entablement, ou de l'endroit où elles font pofées jufqu'au fommet de leur fronton, foit angulaire ou circulaire. On multiplie cette largeur par cette hauteur, pour avoir la valeur des toifes des Lucarnes. Ces toifes font comptées différens prix. Si les Lucarnes font de pierre-de-taille, elles font comptées comme les murs

Lambris de lattes jointives, en quelque lieu qu'ils foient, étant recouverts de plâtre en enduits, fe comptent à mur, c'eft-à-dire, que chaque toife fuperficielle de lambris eft comptée pour toife de Légers Ouvrages.

de pierre-de-taille; fi elles font de moilon & plâtre,
elles font comptées comme les murs de même efpece:
ainfi du refte, à moins que l'on n'ait un prix à part.
On compte les Joués à part, comme il a été dit ci-
devant (36).

Après que l'on a toifé le corps des Lucarnes, l'on
y ajoute leurs faillies qui font les corniches ou plinthes de leurs frontons ou autres ornemens d'Architecture, comme il fera expliqué dans l'article *des
Moulures*.

Les exhauffemens ou piedroits que l'on fait dans
les galetas, depuis le deffus du dernier plancher jufques fous la rampe des chevrons, à la rencontre des
Lambris, font faits de moilon ou plâtras & plâtre,
enduits d'un côté; ces exhauffemens font comptés à
demi-mur de *Légers Ouvrages*, leur longueur fur
leur hauteur (37).

(36) Le toifé des Lucarnes fe fait en prenant la hauteur
depuis le fommet ou la pointe du fronton jufque fur l'entablement; & fa largeur fe prend d'angle en angle de la Lucarne,
à laquelle on ajoute une épaiffeur de mur de l'un des jambages.

*La hauteur fe prend depuis la pointe de pignon fans aucune
réduction*, cette réduction eft fous-entendue pour la valeur
de la demi-face fupérieure que l'on ne compte point, & qui
feroit dûe fi on faifoit réduction de la partie triangulaire.

*La largeur fe prend d'angle en angle, à laquelle on ajoute
l'épaiffeur d'un des jambages*; cette épaiffeur ajoutée, eft la
même chofe que les deux demi-faces, ce qu'on appelle un
retour.

C'eft auffi l'ufage de toifer les frontons grands ou petits,
comme nous le dirons ci-après. *Note 82*.

(37) Ces exhauffemens fous le pied des chevrons fe font avec
plâtre & plâtras, & s'élevent en triangle rectangle du deffus
de l'entablement jufqu'à la rencontre des chevrons, & à plomb
du gros mur. Cet exhauffement doit être rempli par derriere,
& fa forme triangulaire l'a fait réduire à moitié de *Légers Ouvrages*, de quelque épaiffeur qu'il foit.

DES ESCALIERS ET PERRONS.

IL faut premierement parler des Escaliers de charpente & plâtre; il s'en fait de deux manieres, dont la plus ancienne n'est guères en usage; cette maniere est de ceintrer avec des lattes postiches sous les rampes ou coquilles, & de maçonner de plâtre ou plâtras ces lattes: on enduit simplement de plâtre pardessus à fleur des marches; on ôte ensuite les lattes de dessous les rampes ou coquilles, & l'on met un enduit de plâtre fin à leur place, suivant le contour des marches ou palliers; les Escaliers faits de cette maniere, sont comptés à trois quarts de toise. Si au lieu d'enduire le dessus des marches on y met du carreau, ils sont comptés à mur, en les toisant de la maniere qu'il sera expliqué ci-après.

L'autre maniere, qui est la meilleure pour les Escaliers de charpenterie, est de latter le dessous des rampes ou coquilles à lattes jointives; de maçonner ensuite ces lattes avec plâtre & plâtras entre les marches; d'enduire de plâtre fin le dessous de ces rampes ou coquilles; & de carreler le dessus à fleur des marches. Ces Escaliers sont comptés toise pour toise; & l'on toise le carreau à part, une demi-toise pour ce qui est compris entre les marches seulement.

Pour toiser les rampes & coquilles des Escaliers, faits de ces deux manieres, il faut faire un trait dans le milieu des marches, suivant les rampes & tournans, en commençant par le haut jusqu'à l'étage au-dessous; puis il faut avoir un cordeau avec lequel on contourne le dessus & le devant des marches, depuis le haut jusqu'au bas de l'étage au-dessous, dans l'endroit où l'on aura marqué leur milieu; ce cordeau

donnera une longueur, qui doit être multipliée par
une autre longueur commune, composée de celle
de toutes les marches qui sont dans la hauteur ; le
produit donnera des toises superficielles, qui doivent être comptées selon la maniere que l'Escalier
est fait.

Quand c'est un Escalier tournant dans le quarré,
on prend d'ordinaire la marche de la demi-angle pour
en faire une longueur commune pour toutes les autres marches ; si c'est un Escalier en rond où les marches sont toutes égales, il suffit d'en mesurer une ; &
si c'est un Escalier ovale dans un quarré , il faut mesurer toutes les marches pour en faire une longueur
commune, ainsi qu'il a été dit. Le carreau sur les marches des Escaliers, n'est compté qu'en sa superficie
seulement à demi-mur , comme les paliers.

Si les paliers des Escaliers sont lattés par-dessus &
par-dessous à lattes jointives, carrelés par-dessus &
plafonnés par - dessous , chaque toise est comptée
pour deux toises à mur, comme les planchers de cette
espece (38).

On mesure , comme il a été dit ci-devant , les

---

(38) On ne fait plus de ces paliers creux. Les plus ordinaires sont hourdés plein, & recouverts par-dessous,& se comptent pour ¼ de Légers ; ou 27 pieds, comme nous l'avons expliqué & détaillé. Voyez Note 12.

Il faut encore , pour les compter aux ⅓, que le hourdis soit
rempli & garni jusqu'à fleur des solives : ce que M. Bullet
appelle Enduit à fleur de bois ; sinon il ne sera compté que
pour ⅓ de Légers ou 24 pieds.

C'est une négligence du Maçon , de ne point affleurer l
dessus des bois avec quelques poignées de plâtre, sur-tout lors
le palier doit être carrelé. Comme les Maçons sont dans cet
usage, il convient de ne compter ces paliers que pour ⅓ ; &
lorsqu'on sera assuré que l'affleurement y est, on le comptera
pour ¼.

G 3

Escaliers dont les marches sont de pierre-de-taille ; & s'il y a des moulures au-devant, elles sont comptées à part ; à moins qu'on ne les ait exceptées dans le marché.

Le scellement des marches de pierre, ou de bois fait après coup, est compté à chaque marche pour demi-pied de mur dans les cloisons, & pour un pied dans les murs.

Les marches des Perrons sont encore contournées ou singlées de même que ci-devant ; ce contour est multiplié par leur longueur qui est prise à la marche du milieu de ces Perrons, pour avoir des toises superficielles ; s'il y a des moulures, on les toise à part.

Les massifs de maçonnerie que l'on fait sous les Perrons, sont faits de moilon, avec mortier de chaux & sable, jusques sur la terre ferme ; les massifs sont toisés au cube, quand on l'a stipulé dans le marché, & que l'on a fait un prix à part ; mais si l'on n'en a point parlé, on les réduit à mur de deux pieds d'épaisseur, quoiqu'on en dût rabattre quelque chose, parce qu'il n'y a point d'enduit ; mais c'est l'usage (39).

---

(39) Deux choses se présentent ici. 1.° Il y est dit que les massifs de Maçonnerie faits sous les Perrons, sont comptés au cube, quand on l'a stipulé par un marché. 2.° Que si l'on n'en a point parlé, on les réduit à mur de deux pieds d'épaisseur, quoiqu'on en dût rabattre quelque chose, parce qu'il n'y a point d'enduit.

J'observerai que l'usage présent est de compter au cube, généralement tous les massifs de Maçonnerie, aussi-bien que la fouille & excavation des terres. C'est la méthode la plus conforme à la raison & à la justice, & qui est moins susceptible d'abus.

En effet, les massifs de Maçonnerie sont des travaux sans

Quand les Escaliers sont en vis à noyau tout de pierre-de-taille, & que les marches sont dégauchies ou taillées par-dessous, on les toise comme ci-devant; mais on ajoute à la longueur des marches la moitié du pourtour du noyau, & outre cela le dégauchissement des marches par-dessous est toisé le pourtour sur la longueur; mais on fait ordinairement des prix à part pour ces sortes d'ouvrages.

Si au lieu d'un noyau, c'est une vis à jour, c'est-à-dire un noyau creux, on compte la moitié de la hauteur du contour du vuide, & le reste se toise comme ci-devant.

Si les appuis des Escaliers sont de pierre avec des balustres, des entre-las, ou des pilastres avec un appui & un socle, ce qui ne se pratique plus guères qu'aux grands Escaliers où on les fait de marbre, on

sujétion. Il ne s'agit que d'entasser pierre sur pierre, & de les lier avec du mortier; le service en est même infiniment plus aisé que celui des murs en élévation. Je ne vois donc rien qui puisse faire rejetter la méthode de compter tous les massifs généralement quelconques au cube, & d'y poser pour chaque toise un prix relatif au prix courant des matériaux. C'est celle que suivent aujourd'hui nos plus habiles Toiseurs.

J'entends par *massifs de Maçonnerie*, toute masse en mur, en terre ou hors de terre, faite sans parement ni sujétion de parement, telle que les massifs sous les Perrons, les murs en fondation, les massifs sous les Dez, les exhaussemens d'aire sur les voûtes, lorsqu'elles ont un pied ou plus: car au-dessous de cette mesure, ils se réduisent en *Légers Ouvrages*, si on veut, ainsi que plusieurs autres de même nature.

Quant à la fouille & excavation des terres, on peut m'objecter que plus elle est profonde, plus elle est coûteuse. Je l'accorde: mais le prix doit subvenir à cette opération, & non le ridicule d'un toisé idéal sans regle & sans forme. On doit donc toujours les compter au cube, comme les Massifs de Maçonnerie.

toife les appuis leur longueur feulement fans diftinction de focles, de baluftres ni de pilaftres ; mais on fait un prix pour chacune des toifes courantes des baluftrades (40).

S'il n'y a point de prix de fait pour les appuis, & qu'il faille les réduire à toife en détails, parce qu'ils pourroient être compris dans un prix de toife commune, alors on toife les appuis en cette maniere. On prend la hauteur de l'appui qui eft ordinairement 2 pieds 8 pouces ; à cette hauteur on ajoute la moitié de la largeur du deffus de l'appui ; on multiplie cette mefure par la longueur des rampes & paliers pris par le milieu, & le produit vaut toife à mur ; on ajoute enfuite toutes les moulures des focles, appuis, pilaftres & baluftres. Les baluftres font contournés au droit de chaque moulure, comme il fera expliqué ci-après. Les toifes qui en proviennent font comptés toifes pour toifes.

Si, au lieu de baluftres, on fait des entre-las où il y ait de la fculpture, on compte ce qui peut être toifé en moulures, & on eftime ce qui eft de fculpture.

Nous parlerons enfuite des voûtes des Efcaliers dans l'article des *Voûtes*.

LES CHAUSSES D'AISANCES.

COMME les Chauffes d'aifances fe font affez fouvent dans les angles des efcaliers, il eft à propos de les expliquer ici.

(40) Ces Efcaliers fe toifent à toife courante fur le rampant de l'appui, ou platte-bande, & non à plomb de niveau. C'eft de cet ancien ufage qu'eft venu celui de toifer de même les rampes de fer.

Ces Chauffes d'Aifances fe font de deux manieres : les unes avec de la poterie appellée *boiffeau de terre cuite* ; les autres avec des tuyaux de plomb, que l'on enferme dans de la pierre de taille (41).

Pour les Chauffes qui font faites de poteries, les boiffeaux doivent être bien verniffés en dedans, fans

_____

(41) Il y a aujourd'hui une troifiéme maniere de faire des Chauffes d'Aifances. On y emploie des tuyaux de groffe fonte qui portent 3 pieds 3 pouces de long y compris leur emboîtement, mais pofés en place les deux ne font qu'une toife. Leur diametre intérieur eft de 7 à 8 pouces. Cháque tuyau pefe l'un dans l'autre environ 150 livres. Il faut à chacun de ces tuyaux une ceinture de fer bien fcéllée : après quoi on les recouvre de plâtre ; ce recouvrement eft compté au *quart* de *Légers Ouvrages*, c'eft-à-dire, toife courante de hauteur pour 9 pieds de *Légers*, & on compte les fcellemens à part.

Le premier tuyau fe pofe fur la voûte de la foffe, fur laquelle on met une pierre dure évuidée circulairement de la grandeur du diametre extérieur du tuyau. On pofe fur & dans cette pierre un cercle de fer qui encaftre le tuyau de fonte.

Il faut obferver d'élever ces tuyaux bien à plomb, & avoir une attention particuliere au fcellement des ceintures.

Ces tuyaux font de longue durée, & ne font pas fujets aux inconvéniens de la poterie. Quoique le prix foit beaucoup plus fort, on le gagne par le bon fervice qu'on en tire.

Ces tuyaux évitent encore l'ifolement porté par l'art. 191 de la Coutume : car on peut les appliquer en toute fureté contre un mur mitoyen, fans craindre les inconvéniens de ceux de poterie, fur-tout dans les angles des efcaliers, où ils tiennent moins de place que ceux de poterie.

Le fieur Paul Wanglenne, à l'enfeigne du Grand Louis, fur le Quai de la Ferraille, vient de nous donner des pots à deux de cette matiere. Les foins qu'il s'eft donnés pour les garnitures de contre-cœurs de Cheminées, les deffeins choifis qu'il a fait exécuter, & ces tuyaux qu'il a imaginés, nous garantiffent du fuccès de fon entreprife.

aucune fente ou caſſure, parcequ'il n'y a rien de ſi ſubtil que la vapeur qui vient des matieres des urines; elle paſſe par la moindre petite ouverture, & infecte la maiſon; les boiſſeaux doivent donc être bien joints les uns ſur les autres, & enſuite maſtiqués dans les joints avec bon maſtic; & s'ils ne peuvent être iſolés, c'eſt-à-dire, dégagés à l'entour, il les faut maçonner avec mortier de chaux & ſable, parceque le mortier n'eſt pas ſi aiſé à pénétrer que le plâtre. On peut enduire de plâtre par-deſſus cette maçonnerie de mortier en ce qui ſera vu; les Chauſſes ainſi faites, ſont comptées une toiſe de long pour toiſe à mur.

Si les Chauſſes ſont contre un mur voiſin, il faut les iſoler, c'eſt-à-dire, laiſſer une diſtance au moins de trois pouces entre le mur & les chauſſes, afin que le mur ne ſoit pas endommagé, comme il eſt porté par la Coutume; mais il faut que cet iſolement ſoit enduit du côté du mur.

Quand on fait un paſſage dans la pierre de taille pour paſſer une Chauſſe de plomb, ce paſſage eſt compté ſur une toiſe de hauteur pour demi-toiſe à mur, ſans y comprendre le plomb.

Si au lieu de plomb on met dans le trou de pierre de taille des boiſſeaux de terre cuite, le tout eſt compté toiſe pour toiſe à mur.

Les ſiéges d'Aiſances avec les ſcellemens de la lunette ſont comptés pour demi-toiſe.

Les tuyaux des ventouſes des Aiſances ſont comptés à deux toiſes de longueur pour toiſe à mur.

Les cabinets d'Aiſances ſont comptés comme les cloiſons & les planchers, ſuivant ce qui a été dit.

DES SCELLEMENS.

Avant que de parler des Scellemens, & de suivre le détail qu'en donne M. Bullet, on nous permettra de commencer par une petite dissertation à ce sujet.

De tout tems nos Prédécesseurs ont été dans l'usage de compter les Scellemens, qui sont en grand nombre dans un Bâtiment. Ils n'en ont excepté que ceux faits en mur neuf, & dans les croisées, portes & autres baies qui sont comptées comme pleines.

Renouvellons donc l'ancien principe, afin qu'il soit stable & permanent.

Tout Scellement quelconque qui n'a pu être prévu, & où il y a destruction & rétablissement nécessaire, doit être compté, à l'exception de ceux faits dans les baies des portes, croisées ou autres, lorsqu'elles sont, suivant les usages, comptées pleines.

Ce principe est de tems immémorial: il est clair & ne devroit être sujet à aucun abus; je vais le démontrer.

Tous conviennent que tout Scellement de solive ou autres en vieux mur ou en mur neuf après coup (ce sont les termes de M. Bullet) est compté à pied courant de *Légers*, & ce même Auteur en dit la raison; *c'est*, dit-il, *à cause de la tranchée qu'il faut faire dans le mur.* Tout le Chapitre des Scellemens est de même, p. 100 de l'Edit. de 1691, faite de son vivant.

Voilà donc une destruction nécessaire dans le vieux mur ou dans le mur neuf, faites après coup, qui n'a point été prévue: c'est pourquoi on compte le Scellement.

Ce principe posé, il convient de faire remarquer un abus qui depuis quelques années s'est introduit dans les Bâtimens, au désavantage de l'Entrepreneur.

Cet abus consiste dans le refus qu'on fait de compter les arrachemens des cheminées en plâtre dans les murs neufs, le Scellement des marches d'Escalier de charpenterie en mur neuf, qu'il faut nécessairement sceller après coup, & autres que j'expliquerai en leur place: & cela fondé sur cette regle, *en mur neuf point de Scellement.*

On prend trop à la lettre cette regle: elle ne s'étend sur les Scellemens faits en murs neufs, qu'autant que les bois, fers ou autres, ont été ou ont dû être posés & scellés lors de l'élévation des murs, ou qu'en élevant ces murs, l'Entrepreneur a dû laisser des trous pour les Scellemens, tels que ceux des solives, poutres, tirans, ancres & autres de même espèce, où il n'y a point eu de destruction ni de percement.

Mais, dira-t-on, si le Maçon veut aller en avant, & ne point attendre le Charpentier, le Serrurier, &c. & qu'ensuite il soit obligé de faire des percemens pour les Scellemens, suivant votre raisonnement ces Scellemens doivent lui être comptés? Oui, ces Scellemens lui sont dûs; mais c'est au Charpentier, Serrurier ou à celui qui a occasionné ces après-coups, à les lui payer, & non au Bourgeois qui n'est point garant de la mésintelligence de ses Ouvriers, ni obligé de payer des travaux qu'un Ouvrier fait pour la solidité de ceux d'un autre.

Il s'ensuit donc que tout Scellement fait après coup en mur neuf qui n'a point été prévu, ou dont on n'a pu prévoir la place, doit être compté & payé par celui qui les a fait faire.

De ce nombre sont les tranchées & raccordemens dans les lambris ou plafonds pour cloisons faites après coup, le Scellement des marches d'escaliers en charpenterie, & non en pierre, le changement des Scellemens après coup, les arrachemens en mur neuf pour les languettes de cheminées de plâtre, &c.

Les cheminées construites en plâtre sur mur neuf, ne peuvent être élevées que quand le mur est fini: on ne peut les faire sans auparavant avoir fait sur ce mur les enduits pour tracer les dévoyemens & la jonction des différens tuyaux; il faut ensuite faire les tranchées convenables & les percemens de trous de pied en pied pour le Scellement des fantons: alors il y a destruction nécessaire. Scellement & raccordement: donc les arrachemens des languettes de cheminée doivent être comptés.

Cette expression, *un mur déja fait*, dont se sert M. Bullet, ne doit point s'entendre du tems plus ou moins éloigné qu'il a été fait: il suffit qu'il soit fait.

Nous n'avons rien de positif, absolument parlant, sur la maniere de toiser aux Us & Coutumes de Paris. Pour donc y trouver quelque fondement, il faut recourir à ce que nous avons de plus ancien; c'est Charondas & Ferrieres son Commentateur.

Après avoir dit qu'il faut déduire sur une souche isolée les quatre épaisseurs de languettes, ce que nous ne contredisons pas, Ferrieres continue ainsi :

« La hauteur des manteaux de cheminées se prend du
» dessous du plancher haut jusqu'au-dessus de l'aire du
» plancher bas, soit qu'il y ait lambourdes ou non. A l'é-
» gard du pourtour, il se prend sur ses trois faces exté-
» rieures ou la face & ses deux côtés, sans rabattre au-
» cune épaisseur; si au-dessous de la platte-bande il y
» avoit retraite & diminution considérable, on ceint le
» pourtour du haut & du bas, puis l'on en prend la moi-
» tié. Si le manteau est joignant un vieux mur, l'on ne
» compte point de tranchées; mais si c'est un tuyau, l'on
» compte un quart de pied de mur de chaque côté pour
» les tranchées ».

Nos Usagistes modernes déduisent les épaisseurs de languettes dans tous les manteaux de cheminées, & ne comptent les arrachemens que dans les vieux murs : & moi, je dis qu'ils sont dûs dans les murs neufs comme dans les vieux, & qu'ils doivent se toiler de même. J'ai pour garant l'antiquité, dont l'usage est raisonnable. Il est dit, *que le pourtour se prend sur les trois faces extérieures, ou sa face & ses deux côtés, sans rabattre aucune épaisseur de languettes*, parceque cette épaisseur comptée remplissoit l'arrachement fait dans le mur neuf comme dans le vieux; le Bourgeois paie ce qu'il a, & l'Entrepreneur ne perd rien de la matiere : il n'a que ce qu'il lui faut, & c'est lui faire tort que de ne pas lui donner ce qui lui appartient légitimement.

Je dis que *cette épaisseur remplissoit l'arrachement fait dans le mur neuf comme dans le vieux*, & c'est le sentiment de Ferrieres, puisqu'il dit qu'il ne faut point compter de tranchées en vieux mur. On ne peut pas dire que c'est qu'on n'en faisoit pas alors : il est sous-entendu qu'il veut dire de ne point compter les tranchées qui sont faites, parceque l'épaisseur des languettes qui est comprise dans le pourtour, & qui doit naturellement être rabattue, compense les tranchées.

Il s'ensuit encore de-là, que de son tems les arrachemens pour languettes ne se comptoient que pour un quart de pied, comme aujourd'hui, & non pour un pied, comme l'a dit M. Bullet : ce que nous avons réformé dans cette Edition.

Ce que dit ensuite Ferrieres, *mais si c'est un tuyau* (c'est-à-dire, que si le manteau est joignant un vieux tuyau) *l'on compte un quart de pied de mur de chaque côté pour les tranchées*, doit s'entendre qu'après avoir pris le pourtour du manteau neuf, on ajoutera à ce pourtour encore trois pouces de chaque côté pour les tranchées, ce qui sera par ce moyen 6 pouces de chaque côté, y compris les naissances & raccordemens, s'il y en a ; & s'il n'y en a point, on ne comptera que le pourtour seul.

Ce pourtour doit se prendre d'après le nud du mur de dossier, ou de la languette qui devient dossier. C'est ainsi qu'il s'en explique : *si un ou deux côtés d'un manteau* (de cheminée) *aboutissent contre un tuyau, le pourtour de ce manteau ne commence que contre ce tuyau.*

De tout ce que j'ai dit, je conclus que les tuyaux & manteaux de cheminées en plâtre adossés contre un mur vieux ou neuf indistinctement, doivent être pourtournés d'après le nud du mur sans rabattre aucune épaisseur de languette, & que c'est un abus préjudiciable à l'Entrepreneur de rabattre les épaisseurs des languettes dans un mur neuf.

Les cheminées en brique ou en pierre sur un mur neuf, après-coup, ou sur un vieux mur, se pourtourneront de même. Si elles sont élevées avec le mur, on rabattra alors l'épaisseur de la languette : c'est-là le seul cas de les rabattre.

Les Scellemens des poitrailles & poutres dans les vieux murs ou murs neufs, après-coup, maçonnés de moilon avec mortier de chaux & sable, ou avec plâtre, sont comptés à demi-toise, c'est-à-dire, un quart de toise pour chaque bout.

Les Scellemens des solives sont comptés à pied courant, quand ils sont dans de vieux murs, ou murs neufs, quand on les met après-coup, à cause de la tranchée qu'il faut faire dans ces murs.

Les barreaux en saillie scellés dans les jambages des croisées de pierre-de-taille sont comptés pour un pied chacun, étant scellés par les deux bouts, & dans la maçonnerie pour demi-pied seulement (42).

_____

(42) Les Scellemens en pierre dure doivent être plus fort⁹

Les Scellemens des corbeaux de fer, qui doivent porter les fablieres fur lefquelles font pofés les planchers; font comptés à un pied de toife.

Les Scellemens des gonds des portes dans les vieux murs, font comptés pour pied, & les gâches pour demi-pied; on ne compte point les Scellemens dans les murs neufs, parceque l'on a compté les baies.

Toutes les pattes dont on arrête les lambris d'appui & autres, font comptées pour demi-pied.

Le Scellement des croifées dans les murs faits à neuf n'eft point compté; mais quand c'eft dans de vieux murs, il eft compté à fix pieds pour chaque croifée.

Le Scellement des chambranles de portes fait dans les murs neufs, n'eft point compté; & fi c'eft dans des anciens murs, on compte chaque patte pour demi-pied.

Les Scellemens des pannes, faîtes, liens & autres gros bois dans les vieux murs, font comptés pour un pied chaque bout, & les Scellemens des menus bois, comme chevrons, font comptés à demi-pied.

Les Scellemens des fablieres des cloifons, font comptés pour pied chaque bout, le tout dans les vieux murs ou dans les murs neufs après-coup.

Les Scellemens des groffes chevilles de bois dans les murs, font comptés chacune pour pied, & des petites chevilles pour demi-pied.

---

que ceux en pierre tendre & de maçonnerie, parcequ'il faut un Tailleur de pierre pour faire le trou. Ainfi cet article peut être rectifié de la maniere fuivante.

Les barreaux en faillie fcellés dans les jambages des croifées de pierre tendre, font comptés pour un pied de *Légers* chaque Scellement, ainfi que dans les murs en moilon; en pierre dure pour 1 pied ½, & dans les murs en plâtras pour demi-pied chacun.

Les Scellemens des trapes font comptés à 12 piéds de toife (43).

---

(43) Ces Scellemens ne font pas les feuls qui aient lieu dans un Bâtiment ; il y en a encore beaucoup d'autres : cependant quiconque entendra bien ceux dont il eft ici parlé, & la maniere de les évaluer, pourra fe mettre facilement au fait des autres, fur-tout après les obfervations qui fuivent.

1.°. Les trous & Scellemens des poutres en pierre-de-taille après-coup ou en vieux mur, fe comptent pour 12 pieds de *Légers* pour chaque bout, même pour demi-toife s'il y a difficulté de percement ; & on compte outre ce les carreaux de pierre de taille fi on en met deffus, deffous, ou fur les côtés, chacun pour leur valeur.

Les mêmes Scellemens de poutre en mur de moilon fe comptent, y compris les raccordemens, pour 9 pieds de *Légers*, comme il eft dit.

Si ces percemens fe font pour le paffage d'un chevalement, après avoir compté fon Scellement pour 9 pieds de *Légers*, on ajoute 9 autres pieds de *Légers* pour fon defcellement & rétabliffement.

2.° Les trous, tranchées & Scellemens des folives, foliveaux, chevêtres, tant de fer que de bois, de fablieres, de marches d'efcalier de pierre ou de bois, ceux des paliers, des plattes-formes, pannes, liens, faîtages & autres femblables faits en pierre, fe comptent chacun pour 1 pied ⅓ de *Légers*.

En pierre tendre ou moilon, pour chacun un pied de *Légers*.

En murs en plâtras ou cloifons pour 6 pouces de *Légers*.

3.° Les tranchées faites en vieux murs ou en murs neufs après-coup, pour y pofer & fceller des tirans, ancres, harpons, chaînes ou autres gros fers, font mefurées au pied courant, & comptées chaque pied pour un pied ⅓ de *Légers*, fi c'eft en pierre dure ; pour 1 pied fi c'eft en moilon ou en S. Leu, & pour 6 pouces fi c'eft en mur en plâtras, & qu'ils foient recouverts de plâtre, finon il en fera rabattu moitié.

4.° Les incruftemens des barres de fer dans les plattes-bandes de pierre-de-taille des anciennes baïes de portes ou de croifées, fe comptent au pied courant, & on y ajoute les trous de la portée des barres de 6 pouces chacun ; de

forte

forte qu'une baie qui aura 4 pieds dans-œuvre fera comptée pour 5 pieds courant, chaque pied courant en pierre dure pour 1 pied ½ de *Légers*, en S. Leu & en moilon pour un pied, & en plâtras pour 9 pouces, le tout recouvert en plâtre ; s'il n'y a point de recouvrement on en rabattra la moitié.

S'il n'y a point d'incruſtement ni d'encaſtrement, il ne faudra compter que les Scellemens de chaque bout, chacun pour un pied ½ en pierre dure, un pied en S. Leu ou moilon, & pour 6 pouces en plâtras.

5°. Les barres de fer plat incruſtées & encaſtrées dans les feuils de portes cocheres, dans les bornes, dans les marches d'escalier & de perrons, mardelles de puits, pierres d'évier, auges ou autres qui affleurent le parement de la pierre, font toiſées au pied courant, & chaque pied eſt compté pour un pied de taille de pierre dure.

6.° Les trous faits dans la pierre dure d'un ou deux pouces en quarré & de 2 ou 3 pouces de profondeur, pour le Scellement en plomb des barreaux de fer, de puits, chaſſis de treillage, grands & petits goujons, font comptés chacun pour un pied de taille de pierre dure.

Croiſées.

7.° Lorſqu'en mur neuf le vuide d'une croiſée eſt totalement rabattu, ainſi qu'en vieux mur, chaque patte ſe compte pour un pied de *Bégers*, & en pierre dure pour un pied ½. Le ſolement au pourtour de la croiſée ſe toiſe au pied courant, chaque pied pour 3 pouces, c'eſt-à-dire, que 4 pieds courans font comptés pour un pied de *Légers*. Il y en a cependant où chaque pied courant n'eſt compté que pour ½, c'eſt-à-dire, qu'il faut 6 pieds courans pour un pied de *Légers* : l'uſage donne cette connoiſſance.

Le Deſcellement d'une vieille croiſée, & rebouchement des trous, ſe compte chaque patte pour un pied.

8.° Lorſque dans un vieux mur, ou après-coup dans un mur neuf on fait des feuillures neuves ; ſi c'eſt en pierre de taille, qu'il y ait embraſemens, & qu'on ait retondu la pierre, chaque pied courant ſe compte pour 1 pied de taille ; s'il n'y a point d'embraſemens, pour 6 pouces, en-diſtinguant la pierre dure de la pierre tendre.

Si ces feuillures font en plâtre, chaque pied courant vaut 6 pouces de *Légers*, & on compte le recouvrement à part, non compris la feuillure.

9.° Si dans un vieux mur en moilon, on remet par ſous-

H

œuvre des linteaux aux croisées sans toucher aux tableaux, soit qu'on les exhausse, soit qu'on les rabaisse, on compte ce qui a été fait, hauteur sur largeur, comme grosse maçonnerie, & de l'épaisseur qu'elle contient, sans demi-face au-dessous : on ajoute seulement la feuillure, s'il y en a, & on ne compte point le Scellement des linteaux.

10.° Si dans un mur vieux ou neuf sans distinction, on fait en dehors des feuillures pour recevoir des contrevents ou jalousies, ces feuillures se toisent au pied courant, comme nous venons de le dire, chaque pied courant pour 6 pouces de *Légers*. Si le mur est en pierre de taille, on les comptera pour taille, en distinguant la qualité de la pierre.

Les Scellemens des gonds & crochets se comptent chacun pour 9 pouces de *Légers*, si le mur est de pierre dure ; mais s'il est de pierre tendre, de moilon ou de plâtras, on ne les compte chacun que pour 6 pouces.

11.° Si dans un mur vieux ou neuf sans distinction, on met des barreaux de fer sans traverses ou avec traverses, avec sommiers ou sans sommiers, chaque trou & Scellement est compté pour 1 pied de *Légers Ouvrages*, & en pierre dure pour 1 pied ½ ; s'il n'y a point de Scellement, on en rabattra la moitié.

Quelquefois le haut de ces barreaux est à patte, & attaché sur les bois ; alors il n'y a que raccordement sur le recouvrement : chaque raccordement est compté pour 3 pouces de *Légers*.

Baies de Portes.

12.° Aux Baies de portes dont le vuide n'est point rabattu, on ne comptera aucun Scellement ni feuillure, ni même d'embrasement au pourtour.

Mais en vieux mur ou mur neuf, quand le vuide est rabattu, tout Scellement est compté ; savoir, chaque gond en pierre dure pour 1 pied ½ de *Légers*, & en autre mur, même en plâtras, pour 1 pied ; chaque gâche, crampon & mantonnet aussi pour un pied de *Légers*. Plusieurs les comptent à 6 pouces ; cela dépend de la grandeur du Scellement.

Si l'on scelle dans les murs des tampons de bois pour recevoir des embrasemens de menuiserie ou des pattes à lambris pour les Chambranles, chaque Scellement est compté pour 6 pouces de *Légers*, & en pierre dure pour 9 pouces. Si ce sont des traverses de bois encastrées dans les murs, chaque pied courant sera compté de même pour 1 pied de *Légers*, & en pierre dure pour 1 pied ½.

13.º. Si on forme un dosseret de plâtras & plâtre contre un mur où il n'y en avoit point, il se toise en superficie, & est compté comme *Légers*. Son pourtour se prend sur trois faces; on en prend la moitié, à laquelle on ajoute seulement trois pouces pour l'arrachement, & on la multiplie par la hauteur; ensuite on compte la feuillure, comme nous avons dit.

Si ce dosseret est en adoucissement par un côté, il ne sera compté que pour moitié de celui ci-dessus; après quoi l'on comptera la feuillure.

14.º Aux portes cocheres & bâtardes, les trous & Scelle-mens des gros gonds sont comptés chacun pour 4 pieds ½ de *Légers Ouvrages*, & en pierre dure pour 6 pieds.

Le Scellement & massif sous un crapautin de pierre ou de grais, qui est ordinairement d'un pied cube, & percement du trou pour loger la crapaudine de cuivre ou de fer, se comptent chacun pour 3 pieds de *Légers*, & le crapautin se compte à part pour sa valeur.

La pose & Scellement d'un seuil de pierre se compte chaque pied courant pour 2 pieds de *Légers*, s'il est de 8 ou 10 pieds; s'il n'a que 4 ou 5 pieds de long, chaque pied courant se compte pour 18 pouces; ensuite on toise le massif à part au cube, & la pierre se compte pour sa valeur.

Si l'on encastre dans les seuils des bandes de fer plat retenues avec des goujons, chaque entaille de toise au pied courant de taille, & le percement de chaque goujon pour un pied de taille.

15.º Les bornes se scellent avec plâtre ou mortier, & maçonnerie au pourtour, & sont comptées chacune pour massif, Scellement, fouille & enlévement de terre, à 9 pieds de *Légers*, & les petites à 6 pieds.

Intérieur des Chambres.

16.º Le Scellement des tampons, pour assurer les lambris & autres menuiseries; & de ceux même que l'on met dans les manteaux de cheminées pour assurer les glaces & leurs parquets, se comptent chacun pour 6 pouces de *Légers*, & en pierre dure pour 9 pouces. Quelquefois on scelle dans les murs des traverses de bois par encastrement pour le même effet. Chaque pied courant de ces traverses est compté pour un pied de *Légers*, & en pierre dure pour 1 pied ½. Il faut que ces traverses soient, outre le Scellement, retenues avec pattes, sinon on en rabattra la moitié.

17.º Le Scellement des lambourdes en augets pour recevoir

H 2

le parquet, est toisé superficiellement, tout vuide rabattu, & chaque toise est comptée pour moitié de *Légers Ouvrages*. Dans un mur neuf, on ne compte point le renfoncement des croisées ni les embrasemens de portes lorsqu'elles sont toisées pleines.

Le solement au pourtour du parquet le long des murs se toise au pied courant, & se réduit au quart de *Légers*, c'est-à-dire, qu'il faut 4 pieds courant pour valoir un pied superficiel.

18.º Les contre-cœurs de cheminées saillans du nud du mur, suivant l'art. 189 de la Coutume, se toisent leur longueur sur leur hauteur. Ceux de brique se toisent pour brique; ceux du tuileau se comptent pour moitié de *Légers Ouvrages*. Si ces contre-cœurs sont faits après-coup dans l'épaisseur du mur, ils se comptent de même; s'ils sont faits lors de la construction du mur, il ne sera rien compté que la plus-valeur de la brique.

Si au lieu de ces contre-cœurs, qui ne sont plus d'usage que dans les maisons médiocres, il y a plaque de fonte retenue avec trois crochets ou pattes scellées en mur, coulis de plâtre au derriere & solin au pourtour; chaque plaque est comptée, savoir, les petites pour 3 pieds, & les moyennes pour 4 pieds; & pour assurer ce compte, chaque patte est comptée pour 1 pied de *Légers*, compris le coulis au derriere & solement s'il y en a.

Les arrondissemens de maçonnerie ne se comptent point dans une cheminée faite à neuf; mais dans une vieille cheminée ils se toisent chaque pied courant de hauteur sur 6 pouces de *Légers*.

Si le contre-cœur est totalement entouré de plaques de fonte scellées, arrêtées & coulées par derriere avec solin en adoucissement par-dessus, il est toisé superficiellement, y comprenant le solin dans la hauteur, & chaque toise est réduite à moitié de *Légers Ouvrages*.

Si dans une vieille cheminée on fait des rétablissemens en plâtre, en renformis, crépis & enduits, ils seront toisés superficiellement, & comptés au tiers de *Légers Ouvrages*; déduction faite de la plaque.

Les Scellemens des croissans simples, doubles & à queue dans les cheminées neuves & vieilles, se comptent, en pierre de taille, brique ou moilon, chacun pour un pied de *Légers*, & en plâtras pour 6 pouces.

19.º Dans les grandes cheminées de cuisine, les plaques doivent porter sur des corbeaux de fer scellés dans le mur, & on met sur le devant des barres de fer scellées par le haut dans le mur, & par le bas dans l'âtre. Chacun de ces Scellemens est compté pour un pied de *Légers*.

. Lorſqu'on fait de petits murs en fondation ſous les jambages des cheminées de cuiſine, de quelque matiere que ſoient
ces jambages, la fondation ſe toiſe au cube.

20.º Aux vieux manteaux de cheminées, tuyaux & ſouches,
lorſqu'on les relie avec fantons de fer pour retenir les parties
fractionnées, chaque fanton eſt évalué pour 1 pied de *Légers*;
& s'il y a des rebouchemens de crevaſſes, chaque pied courant eſt compté pour 3 pouces.

Si un manteau de cheminée eſt trop maltraité par les anciens
hachemens, percemens, trous de clous ou autres, & qu'on y
faſſe un nouvel enduit, cet enduit eſt toiſé ſuperficiellement, &
compté au $\frac{1}{4}$ de *Légers*, à cauſe de la préparation, rebouchement de trous, hachement au vif, & rechargement de la languette.

21.º Les anciens plafonds crevaſſés, & dont on rebouche les
crevaſſes avec ſoin, ſont toiſés chaque crevaſſe au pied courant,
s'il eſt poſſible, & chaque pied courant eſt compté pour 4 pouces à cauſe des échaffauds; ſinon on toiſe tout le plafond ſuperficiellement, & il eſt réduit au tiers de *Légers*, ſi on voit, à peu
de choſes près, qu'il y ait un tiers de la ſuperficie attaquée; au
quart, s'il n'y en a qu'un quart; à la moitié, s'il y en a la moitié.

22.º Dans les Cuiſines & Offices ou ailleurs, les Scellemens
de groſſes chevilles de bois, des ſupports de fer à deux branches en mur, ſe comptent chaque Scellement pour un pied
courant de *Légers*, & en pierre dure pour 1 pied$\frac{1}{2}$. Les petites
ſe comptent pour moitié de *Légers*.

Les ſupports de fer à pattes attachés ſur des cloiſons, ſe
comptent chaque raccordement de patte pour trois pouces de
Légers, & s'ils ſont ſcellés dans les hourdis, chaque Scellement
ſe compte pour 6 pouces.

23.º La feuillure, Scellement & raccordement d'un chaſſis
de trape ſe compte chaque pied courant pour 1 pied de *Légers*,
ſi elle eſt ſur mur en moilon. Si cette feuillure eſt faite dans la
pierre dure, chaque pied courant eſt compté pour 1 pied de
taille de pierre dure, dont 6 font la toiſe & chaque percement
pour pattes pour 1 pied courant de taille. On comptera enſuite les Scellemens pour 6 pouces de *Légers*, & le ſolement
pied courant pour 3 pouces.

24.º Dans les Ecuries, les racinaux des mangeoires, les piliers
à pomme ou à tête au derriere des chevaux, ſont maçonnés
avec moilon & plâtre, & ſont comptés chacun pour 6 pieds de
Légers, y compris les fouilles & enlévemens de terre.

H 3

Les entretoises, fers & bois des rateliers, liens, supports, chevilles pour les harnois, anneaux & autres sont comptés chaque Scellement pour 1 pied de *Légers*, & en pierre dure pour ½ pied ⅟.

Les solins au long des mangeoires sont mesurés au pied courant, & chaque pied courant compté pour six pouces.

25.º Dans les grandes Cours & au pourtour des Hôtels, les poteaux & potelets de barrieres scellés avec massif autour en moilon & plâtre, se comptent, les poteaux chacun pour 6 pieds de *Légers*, compris fouille & enlevement de terre, & les potelets pour 3 pieds.

26.º Les forts solins sur les auvents & sur les terrasses de plomb retenus avec clous, se toisent au pied courant. Chaque pied est compté pour 1 pied de *Légers*, & les moyens pour 6 pouces, en l'un & l'autre non compris la fourniture du clou.

27.º L'incrustement des crampons de fer à double talon dans les tablettes de pierre dure, est compté chacun pour 1 pied de taille de pierre dure, dont six font la toise.

28.º Dans les jardins, les Scellemens des fers pour les portiques se comptent chacun pour un pied de *Légers*.

Les crochets de treillage se comptent chacun pour 6 pouces de *Légers*.

29.º Les piedestaux se toisent comme les dés de pierre, en prenant la moitié de tout leur pourtour, & la multipliant par la hauteur. Ensuite on toise leurs moulures & ornemens d'Architecture, comme nous le dirons en son lieu : & leur fondation se toisera au cube, ainsi que l'excavation.

30.º Les gargouilles se toisent au pied courant, & s'estiment sur cette mesure.

31.º Le auges de pierre & les pierres d'évier s'estiment à prix d'argent. Il faut désigner leur longueur, largeur, hauteur & leur recreusement.

32.º Les dalles taillées en caniveau se toisent à toise superficielle. Ensuite on toise à toise ou au pied courant le caniveau, qu'on évalue chaque pied courant pour un pied de taille de pierre dure.

DES RENFORMIS ET RAVALEMENS.

LES murs qui ne sont que hourdés, c'est-à-dire, sans être enduits d'un côté ni d'un autre, sont comptés à deux tiers de mur.

S'ils font enduits feulement d'un côté, ils font comptés à *deux tiers & un fixiéme* (44).

---

(44) Les murs dont il eſt ici parlé, font cenſés être faits à
parement brut, fans ravalement des deux côtés : *cela doit s'en-*
tendre, dit Ferrieres ſur cet article, *des murs communs & de*
commune maçonnerie, & non pas des murs où il y a des croiſées
& portes de pierres de taille, ni auſſi de ceux de grande épaiſſeur.

Ce font de ces murs en plâtras de 6, 8 à 10 pouces d'épaiſſeur qui ſe comptent comme *Légers Ouvrages*; par exemple,
des jambages de cheminée ou autres de même eſpece. Si ces
murs ne font que hourdés, ils ſe comptent aux $\frac{2}{3}$ de *Légers*, &
les enduits de chaque côté font comptés pour $\frac{1}{6}$, parcequ'il
n'y a point de crépis particulier, & cet enduit eſt furchargé
pour former enſemble le crépis & l'enduit.

C'eſt ainſi qu'il ſe pratiquoit avant M. Bullet. *Le crépis*
ſimple, continue Ferrieres, *que l'on fait contre les murs,*
ſe compte pour un quart de mur. Dans l'article précédent,
Ferrieres avoit dit, *l'enduit fait contre les murs vieux ou*
neufs, ſe compte pour un fixiéme de mur. Il ne faut pas entendre le mot *enduit* comme ſimple, mais comme accompagné d'un crépis par-deſſous; il s'en explique ainſi; *mais,*
ſoit que le mur ſoit vieux ou neuf, on ne le peut point enduire
ſans le crépir, de ſorte qu'il y a crépis & enduit faits l'un aprés
l'autre & de différent plâtre: l'uſage eſt de compter les enduits
ainſi faits, à raiſon de quatre toiſes pour une de gros mur.

Ceci eſt une interprétation nette, mais tacite de l'article
219 de la Coutume, qui nous apprend qu'avant 1510, on avoit
commencé à faire les réductions dans les *Légers Ouvrages*;
qu'il y avoit eu fans doute pluſieurs procès au ſujet de ces réductions, & entr'autres des crépis enduits, & qu'il fut décidé qu'ils
ſeroient comptés chaque côté à 6 toiſes pour une de *Légers*;
parceque dans ce tems-là on ne faiſoit pas de crépis ſéparés des
enduits: l'un & l'autre ſe faiſoient enſemble avec le même
plâtre, & de la même façon que l'ont entendu Charondas, Ferrieres, & notamment M. Bullet dans ce qu'il dit ci-deſſus.

Ce mot *gros murs* qui eſt dans le texte de la Coutume, doit
s'entendre, comme a fait M. Bullet dans ſon interprétation de
cet article, de ce que nous appellons aujourd'hui toiſe pleine
de *Légers Ouvrages*, qui eſt un terme rendu commun depuis
lui. Du tems & avant la rédaction de la Coutume, on appelloit indifféremment tous les murs *gros murs*, & on les diſtin-

Les Renformis faits contre les vieux murs ; où il y
a plusieurs trous & moilons de manque, sont comptés
à trois toises pour une (45).

---

guoit par la différence de leur matiere, *gros murs* en pierre,
gros murs en moilon & *gros murs* en plâtre. Les gros murs en
plâtre étoient ceux qui ne souffroient aucune réduction, & les
petits murs étoient ceux qui leur étoient inférieurs, comme les
aires, les planchers, les crépis & enduits, &c. qu'on ne rédui-
soit point encore comme nous faisons aujourd'hui, mais auxquels on faisoit un prix à part relatif aux gros ouvrages en plâtre.

De ce que nous avons dit, il suit que ce que nous appellons
crépis & enduits, doit être distingué de deux façons ; ceux faits
du même plâtre & ceux faits de différent plâtre. Ceux faits du
même plâtre sont comptés, aux termes de la Coutume & des
Usages, à 6 toises superficielles pour une toise de *Légers*. Ceux
faits de différent plâtre ; savoir, plâtre en crépis & plâtre au
sas, & faits par conséquent en trois tems, savoir, le gobetage,
le crépis & l'enduit, sont comptés à 4 toises superficielles pour
une toise de *Légers*.

(45) 1.º On appelle *Renformer* un mur, lorsqu'étant bouclé
ou rentré, on le hache & on le renforme pour l'aligner, qu'on
y rebouche des trous, des crevasses & lezardes, qu'on remplit
d'éclats de pierre ou plâtras maçonnés avec plâtre ou mortier.
Ces travaux s'appellent *Renformis*. On les estime depuis long-
tems à 12 toises pour une de *Légers Ouvrages*.

On comprend encore sous le nom de *Renformis*, les dégra-
dations des joints faits en vieux murs, & leur remplissage en
gros plâtre.

Les Toiseurs peu instruits s'imaginent mal-à-propos, que le
gobetage doit être compté pour *Renformis* ; & ce que nous
venons de définir d'après tous nos Auteurs & d'après notre
connoissance particuliere pour *Renformis*, ils le comptent
comme s'il y avoit *lancis de moilon*.

2.º Lorsque le bas d'un mur est en partie dégradé, qu'il y a
des moilons pourris, des crevasses ou lezardes, des trous ou
tranchées à reboucher, on dégrade les joints ou les moilons
pourris ; on les regarnit avec moilon, tuileau, brique, éclats de
pierre ou autre matiere dure, ce qu'on appelle *lancer & garnir* ; & on recharge le tout avec plâtre ou mortier, pour mettre ce mur d'alignement, ce qu'on appelle *Renformer avec
lancis de moilon* ; après quoi on fait les enduits. Chaque toise

Les murs d'appui ou parapets, sont toisés leur

superficielle d'un Ouvrage de cette nature est comptée pour
moitié de *Légers*, y compris les enlévemens des gravois. Le
détail suivant en indiquera les développemens.

Renformis simples.... $\frac{1}{11}$ $\}\frac{1}{4}$
Lancis de moilon..... $\frac{1}{6}$ $\}$
$\}$ $\frac{1}{2}$ ou 18 pieds.
Gobetage & Crépis... $\frac{1}{6}$ $\}\frac{1}{4}$
Enduits.........o.... $\frac{1}{11}$ $\}$

3.º Quoique les enduits soient ici comptés au $\frac{1}{11}$ il ne s'ensuit
pas qu'il faille les compter par-tout de même. Par exemple, si
sur un mur ou ailleurs, il y avoit gobetage & enduit, ce qui
se fait en forçant le gobetage, les enduits seroient comptés
comme le crépis au $\frac{1}{6}$.

4.º Si sur un vieux mur les anciens crépis & enduits sont totalement détruits jusqu'au parement apparent du moilon, les
nouveaux crépis enduits seront comptés au $\frac{1}{3}$ de *Légers*, c'est-
à-dire, 3 toises pour une, soit qu'il y ait *Renformis* simple ou
non, le tems du hachement & l'enlevement des gravois en
tenant lieu: mais s'il y avoit *Renformis* avec lancis de moilon,
il se compteroit à moitié de *Légers*, comme il est dit ci-dessus.

5.º Si contre un vieux mur ou mur neuf dont les moilons apparens forment le parement, & où il n'y a aucune dégradation
de joints, on fait des crépis & enduits, ils sont comptés au
quart de *Légers Ouvrages*.

Toutes ces sortes d'Ouvrages se font sur les murs intérieurs où
il n'y a qu'un échaffaud, comme sur les murs de refend, ceux
au derriere des cheminées & en-dehors sur les murs de clôture;
mais lorsqu'ils se font sur des murs ou pans de bois en élévation,
comme murs de pignon, murs & pans de bois de face, avec plusieurs échaffauds, on les distingue sous le nom de *Ravalemens*.

6.º Ces mêmes Ouvrages faits en mortier de chaux & sable,
se toisent & se comptent de même, le prix du plâtre & du mortier étant à Paris à peu près le même. Il y a cependant des Toiseurs qui comptent ces sortes de crépis en mortier à toise superficielle, & y mettent un prix convenable. Ils agissent de même pour les crépis mouchetés qu'on fait pour l'ornement des
façades des maisons. Cela dépend de la connoissance & de l'intelligence; car aux environs de Paris il y a des endroits où le
plâtre est très-cher, & le mortier beaucoup moins; & dans
d'autres le plâtre y est à meilleur marché qu'à Paris, & le mor-

longueur feulement, c'eft-à-dire, toife courante où bout-avant; mais on fait ordinairement un prix particulier pour ces fortes de murs.

Les Ravalemens faits contre les vieux murs de face par dehors, fi l'on eft obligé d'y faire des échaffauds, font comptés à trois toifes pour une, & fans échaffauds ils font comptés à quatre toifes pour une; l'on rabat toutes les baies des croifées dont les tableaux ne font point enduits; mais quand ils font enduits, on les compte comme pleines.

Si dans ces Ravalemens on refait à neuf les plinthes, entablemens & autres moulures, elles font comptées à part, outre les Ravalemens; mais on rabat la place des entablemens, plinthes, &c. (46)

_____

tier extrêmemt cher. Ainfi hors de Paris ont peut, fans déroger aux ufages, les compter à toife fuperficielle, en y mettant un prix proportionné à la valeur des matieres.

(46) Le détail des Ravalemens dont il eft ici parlé, eft trop abrégé & copié d'après les Anciens; mais depuis on a beaucoup augmenté. Nous allons en diftinguer les différentes fortes, & en donner le toifé, tel que nous le pratiquons aujourd'hui.

Il y a des Ravalemens fimples & ordinaires, & des Ravalemens entiers & mixtes.

Les Ravalemens fimples & ordinaires font ceux qui fe font fur les murs de refend, de face, de clôture, &c. à mefure qu'on les éleve; ce font des crépis & enduits ordinaires, qu'on fe contente d'indiquer par ce mot _ravalé d'un_ ou _de deux côtés_, pour les diftinguer des murs de moilon apparent. Ces Ravalemens font compris dans le prix des murs.

Sous ce nom on entend encore les crépis & enduits faits fur vieux murs, foit dans l'intérieur des maifons, foit en dehors, lorfqu'il n'y a qu'un échaffaud ou deux. Dans ce cas, ces Ravalemens fe comptent au $\frac{1}{2}$ de _Légers Ouvrages_, foit qu'il y ait _Renformis_ ou non; mais il faut que les échaffauds aient été faits exprès, & qu'il y ait eu dégradation des anciens crépis & enlévement de gravois, finon ils feront comptés au quart, comme crépis & enduits.

Il est dit dans la Coutume, que les crépis & enduits faits contre les vieux murs, sont comptés à six toises pour une ; mais comme il y a apparence que l'on a entendu que c'étoit de six toises l'une des mêmes murs,

---

Les Ravalemens entiers & mixtes sont ceux que l'on fait avec plusieurs étages d'échaffauds, lorsque la superficie extérieure d'un mur ou d'un pan de bois est endommagée, & que le corps du mur ou pan de bois est bon. Ces Ravalemens se comptent différemment, suivant l'ouvrage qu'on y a fait.

1.º Si les anciennes saillies d'Architecture & les anciens tableaux de croisées sont conservés, ces Ravalemens se comptent toise pour toise de *Légers Ouvrages*, tout vuide quelconque rabattu, & se payent de même, y compris l'échaffaudage & enlévement des gravois.

2.º Si le tout est détruit & qu'on refasse en entier les entablemens, plinthes & tableaux des croisées seulement, soit qu'on les aggrandisse ou qu'on les rétrécisse, le toisé s'en fait hauteur sur longueur, tant plein que vuide, sans rien rabattre pour les saillies, au contraire de ce que dit M. Bullet, & chaque toise superficielle est estimée moitié de *Légers Ouvrages*, & non au tiers.

On compte ensuite les entablemens, plinthes & autres ornemens d'Architecture, comme en mur neuf, tel qu'il sera expliqué dans le Chapitre *des Moulures*.

Si dans ces Ravalemens il se trouve de la pierre dure ou tendre qu'il faille retondre, on n'en fait aucune distinction.

Il se fait encore fort souvent des Ravalemens en pierre de taille, lorsque des murs de face sont noircis par le tems, tels qu'on en voit à Paris aux faces exposées au nord. On fait retondre au vif ces façades, repasser les moulures d'Architecture au repoussoir, dégrader un peu les joints & les remplir de badigeon. Ces Ravalemens se toisent à toise superficielle, que l'on estime un prix proportionné au travail.

Si c'est un pan de bois, le lattis & recouvrement se compte de même qu'aux murs, & on larde des clous dans les bois ; mais le Bourgeois paie à part les clous & non l'emploi.

On ravale encore de grands murs mitoyens, de clôture, de pignon, &c. ils se comptent aussi à moitié de *Légers*

c'eſt-à-dire, de *Gros Ouvrages*, par l'uſage on a mis ces crépis & enduits à quatre toiſes pour une de *Légers Ouvrages* (47).

Quand on joint un mur neuf contre un autre mur déja fait, il faut faire des tranchées & arrachemens dans l'ancien mur pour lier les deux murs; ces tranchées & arrachemens ſont comptés à demi-pied pour chaque jonction ſur la hauteur.

DES MURS.

Les Murs ſe conſtruiſent de trois manieres, tant à l'égard de la pierre que du mortier ou du plâtre.

La meilleure maniere eſt ſans difficulté celle en pierre de taille, avec mortier de chaux & ſable.

La moyenne eſt celle en partie de pierre de taille,

Ouvrages, y compris échaffaudage, dégradation des anciens crépis & enlévement des gravois. Mais ſi l'ancien parement étoit de moilon, & qu'il n'y eût point d'anciens crépis, ils ne ſe comptent qu'au $\frac{1}{4}$ de *Légers Ouvrages*, y compris les échaffauds.

(47) C'eſt l'art. 219 que nous avons ci-devant expliqué. Note 44. *Ceux qui ont entendu que c'étoit de ſix toiſes l'une de Gros Ouvrages*, étoient gens peu verſés en Bâtiment & dans l'ancien uſage. On doit entendre que les crépis & enduits dont parle la Coutume, ſe faiſoient avec le même plâtre; & ne ſe comptoient qu'au ſixiéme. Depuis ce tems on les a faits avec deux différens plâtres, & en trois tems; ſavoir, le gobetage, le crépis & l'enduit: le crépis eſt un plâtre paſſé d'abord au pannier; enſuite au ſas; ce qui reſte dans le ſas s'appelle du crépis, ce qui en ſort eſt un plâtre fin avec lequel on fait les enduits & les gobetages. Le tems a introduit l'uſage de compter les crépis & enduits faits de cette façon à quatre toiſes pour une de *Légers*.

& en partie de moilon avec mortier de chaux &
fable.

. La moindre eft celle en moilon fimplement avec
mortier & plâtre. Il y en a encore une avec moilon
& terre graffe pour les Murs de clôture.

Des Murs faits tout de pierre de taille font pour les
faces des grands bâtimens ; & l'on doit mettre celle
qui eft dure par bas aux premieres affifes, au moins
jufqu'à la hauteur de fix pieds.

On en met aux appuis, aux chaînes fous les poutres,
aux jambes boutiffes, & le refte eft de pierre de S.Leu
pour la meilleure. Ceux qui ne peuvent pas en avoir,
emploient de la pierre de Lambourde, qui fe trouve
aux environs de Paris : mais cette pierre n'approche
ni en beauté ni en bonté celle de S. Leu.

Ces Murs doivent être conftruits avec bon mortier
& point du tout de plâtre, par la raifon qui fera dite
ci-après ; pour faire ce mortier, il faut mettre un tiers
de bonne chaux, & deux tiers de fable de riviere ou
de fable équivalent, comme il s'en trouve au Fauxbourg S. Germain, & en d'autres endroits où il eft
prefque auffi bon que celui de riviere : quand la chaux
eft éteinte, il faut mettre dans ce mortier le moins
d'eau qu'on pourra. On fait les joints de la pierre dure
avec mortier de chaux & grais, & ceux de la pierre
tendre avec mortier de badijon, qui eft fait de la même pierre caffée & d'un peu de plâtre.

Les Murs de face des maifons que l'on veut faire
folides, doivent avoir au moins deux pieds d'épaiffeur
par bas, fur la retraite des premieres affifes : on leur
donne quelquefois moins d'épaiffeur pour épargner la
dépenfe ; mais ils n'en font pas fi bon ; il faut qu'un
Mur ait une épaiffeur proportionnée à fa portée ; il eft
néceffaire de donner un peu de talus, ou fruit par
dehors en élevant les Murs ; ce fruit doit être au moins
de 3 lignes par toife. Il faut outre cela faire une retrai-

te par dehors fur chaque plinthe, d'un pouce pour chaque étage; enforte qu'un Mur qui aura deux pieds par bas fur la retraite, s'il a trois étages qui faffent enfemble, par exemple, 7 toifes, il fe trouvera à peu près 20 pouces fous l'entablement; car il faut que les Murs de faces foient élevés à plomb par-dedans-œuvre: il y en a même qui leur donnent un peu de fur-plomb, & qui laiffent des retraites à proportion en-dedans fur les planchers.

Les Murs de moyenne conftruction dont on fe fert pour les faces des maifons bourgeoifes, & pour les Murs de refend & mitoyens des bâtimens confidérables, font faits partie de pierre de taille & partie de moilon; les meilleurs font conftruits avec mortier de chaux & fable; ceux qui font conftruits avec plâtre ne font pas auffi bons, parceque le plâtre reçoit l'impreffion de l'air, & qu'il s'enfle ou diminue à proportion que l'air eft humide ou fec: ce qui corrompt les Murs.

Aux Murs de face de cette maniere, on fait deux affifes de pierre de taille dure par bas, & on met de la même pierre aux encoignures & piédroits jufqu'à la hauteur de fix pieds; on en met auffi aux jambes fous poutre en toute leur hauteur, ou au moins l'on met des corbeaux de pierre dure aux étages fupérieurs: on en fait auffi les appuis des croifées, & les feuils des portes, & le refte des encoignures, piédroits, & les plattes-bandes des croifées, font de pierre de taille tendre, comme auffi les plinthes & entablemens: le refte eft du moilon piqué, par affifes; il faut au moins qu'il foit affemillée, c'eft-à-dire, équarri, & que le bouzin en foit ôté; on crépit ces Murs par dehors entre les chaînes, piédroits & encoignures, avec mortier de chaux & fable de riviere, & on les enduit par-dedans avec plâtre. On donne à ces Murs deux pieds d'épaiffeur au-deffus de la retraite, & ils font élevés avec fruit & retraite comme ci-devant.

Aux Murs de refend de cette conftruction, on met une affife de pierre dure au rez-de-chauffée, & l'on fait de pierre de taille les piédroits & plattes-bandes des portes & autres ouvertures; le refte eft de moilon maçonné de mortier comme ci-devant. Ces Murs font enduits de plâtre des deux côtés, & l'on donne au moins vingt pouces d'épaiffeur aux Murs de refend dans les grands bâtimens, & dix-huit pouces dans les moindres. Je faisbien qu'il s'en fait beaucoup auxquels on ne donne qu'un pied d'épaiffeur: mais ils font unanimement défapprouvés à caufe de leur peu de folidité, à moins qu'ils ne foient faits de parpins de pierre de taille; car c'eft une très-mauvaife méthode qué de conftruire ces Murs d'épaiffeur avec du plâtre, & c'eft ce qui caufe prefque toujours la ruine des maifons. On éleve ordinairement les Murs de refend à plomb fur chaque étage; mais on peut laiffer un demi-pouce de retraite de chaque côté fur chacun des planchers: cela diminuera un pouce d'épaiffeur à chaque étage; & l'ouvrage en fera meilleur. On ne peut point encore approuver, pour quelque prétexte que ce foit, les linteaux de bois que l'on met au - deffus des portes & des croifées, au lieu de plattes - bandes de pierre; car l'expérience fait affez connoître que la perte des maifons vient de cette erreur, parceque le bois pourrit, & ce qui eft deffus doit tomber. Si l'on examinoit bien la différence qu'il y a du goût de l'un à l'autre, on ne balanceroit pas à prendre le parti le plus fûr (48).

(48) Dans les Murs conftruits en moilon, on peut mettre des linteaux de bois fans danger; mais il faut obferver de pofer

Les fondemens des Murs de face ; de refend ;
&c. doivent être affis & pofés fur la terre ferme ; il
faut prendre garde qu'elle n'ait point été remuée ;
l'aire fur laquelle les Murs feront affis , doit être
bien dreffée de niveau , & l'on met à fec les premieres affifes ; ces affifes feront des libages ou des
plus gros moilons pour faire de bon ouvrage. On
doit mettre une affife de pierre de taille dure au
rez-de-chauffée des caves , & des chaînes de pierre
de taille fous la naiffance des arcs que l'on fait pour
les voûtes des caves ; les jambages & les plates-bandes des portes , & les foupiraux doivent auffi être
de pierre de taille , & le refte de moilon piqué ,
le tout maçonné avec mortier de chaux & fable ,
& point du tout de plâtre , par la raifon qui a été
dite. Tous les Murs de fondemens doivent avoir
plus d'épaiffeur que ceux du rez-de-chauffée, pour
avoir des empatemens convenables ; principalement les Murs de face , auxquels il faut au moins
quatre pouces d'empatement par dehors , & deux

---

de chan & en décharge le premier rang de moilon , & qu'il
porte à fec fur le bois fans plâtre ni mortier , & lui donner un
peu de bombemént.

Ceux qui conftruifent en pierre de taille des Murs de face ,
font répréhenfibles de mettre des linteaux ; ces linteaux, comme le dit fort bien M. Bullet, pourriffent & jettent les Propriétaires dans une réparation qu'ils auroient pu éviter.

Si un bâtiment eft ifolé , & qu'on appréhende que la pouffée
de toutes les plattes-bandes de croifées d'un Mur de face ne
faffe trop d'effet, il faut faire les clavaux en croffettes intérieures d'un pouce feulement. Quel que foit le vuide d'une
croifée , il en dédommagera bien l'Entrepreneur. Ou bien fi
le Mur eft de foible épaiffeur, il faut faire traverfer une platte-bande de fer à moufles romaines entaillée dans les affifes,
& la retenir par les deux bouts avec deux ancres auffi de fer.

pouces

pouces par-dedans, enforte qu'un Mur de face doit
avoir au moins fix pouces de plus dans le fondement
qu'au rez-de-chauffée, fans compter le talus qui eft
en terre. Pour les Murs de refend, il faut feulement
qu'ils aient deux pouces de retraite de chaque côté,
& ainfi quatre pouces de plus dans la fondation qu'au
rez-de-chauffée.

Toifé des Murs de façe.

Tous les Murs de Face, de quelque maniere qu'ils
foient faits, font toifés leur longueur fur leur hauteur,
fans rabattre aucunes baies quand elles font garnies
d'appuis & de feuils, à moins que ce ne foit dans des
cas dont il fera parlé ci-après. Quand les Murs ont des
retours, on compte la moitié
de leur épaiffeur à chaque retour, & on rabat l'épaiffeur
entiere des Murs, en toifant
les retours. Comme fi la longueur du Mur eft A B, on
ajoute à la longueur A B la moitié de l'épaiffeur B C;
& quand on toife le retour B E, on rabat l'épaiffeur
entiere B D (49).

---

(49) ADDITIONS

pour fervir de Préliminaires au Toifé des Murs de Face.

PREMIERE ADDITION.

Des Baies.

Avant que d'entrer en matiere fur le Toifé des Murs de
Face, je crois devoir traiter à fond du vuide des Baies de
croifées ou de portes, & je parlerai enfuite de demi-faces.

J'examinerai, 1°. Dans quel cas elles doivent paffer pleines
dans les Murs.

I

2.º Dans quel cas elles doivent être déduites entierement ou en partie.

On appelle *Baies* ou *Bées*, l'ouverture ou vuide d'une porte ou d'une croisée, dans un Mur quelconque, cloison ou pan de bois.

Ces *Baies* sont fermées différemment par le haut. Les plus solides, sur-tout dans les Murs construits en pierre de taille, sont fermées avec des cloisoirs de même pierre.

Les unes sont en plattes-bandes droites ou bombées, d'autres sont en plein ceintre, & enfin d'autres sont en ceintre surbaissé, qu'on nomme vulgairement *anse de panier*.

Les plus communes sont fermées avec des linteaux de bois qu'on recouvre de plâtre. Ces dernieres sont surtout employées dans les Murs construits en moilon.

Dans les pays où la pierre de taille est commune & à bon compte, on ferme les Baies de portes & de croisées d'une seule pierre ; & les assises au-dessus sont en coupe & en décharge ou crossette, mais cachée, les joints paroissant à plomb d'un côté, & en coupe de l'autre.

Les Baies ceintrées en plein ceintre ou en anse de panier, sont comptées pleines, en ce qui est du ceintre, à commencer de sa naissance en descendant. Aux Baies fermées avec plattes-bandes droites ou bombées, s'il y a déduction, on rabat toute l'épaisseur du Mur en contre-bas de la hauteur de la Baie, à partir d'après la naissance du bombement ; c'est-à-dire, qu'une Baie de croisée dans un Mur de 24 pouces qui aura 9 pieds de haut, ne sera comptée que sur 7 pieds lors de son dévelopement, parceque les deux pieds en sus seront pour la plus-valeur de la platte-bande ; ou plutôt au lieu de la demi-face légitimement dûe, on compte la face entiere, pour dédommager l'Entrepreneur de la perte de pierre, sujétion, pose & appareil des clavaux, qui fort souvent sont en voussure en-dedans, pour peu que les planchers soient élevés, & pour le dédommager encore des ceintres en charpenterie qu'il est tenu de faire.

On distingue dans le Toisé aux Us & Coutumes trois sortes de Baies, les petites, les moyennes ordinaires & les grandes qui comprennent aussi les moyennes extraordinaires.

Les petites Baies sont les soupiraux des caves, les petites ouvertures qui éclairent ou qui donnent de l'air aux souterreins, les petites portes & croisées pour les petits cabinets, les lucarnes de maçonnerie, les portes des caves ou autres, dans les

Murs d'une grande épaisseur, &c. En un mot, *toutes ouvertures dont la superficie du vuide est égale ou inférieure à la moitié de la superficie développée de tout le pourtour intérieur du Mur, suivant son épaisseur.*

Les Baies moyennes ordinaires sont celles des croisées dans un Mur de face, les portes des appartemens, &c. en un mot, toutes Baies dont la *superficie du vuide extérieur est plus grande que la superficie du pourtour intérieur total, fait par la moitié de l'épaisseur du Mur.*

Enfin, les grandes Baies sont les ouvertures de portes cocheres, de remises, angars, boutiques & ouvroirs. Les Baies moyennes extraordinaires sont les portes bâtardes, les Baies de portes des Appartemens d'honneur, les croisées des Pavillons saillans qui sont différentes & plus grandes que les autres.

Toutes ces Baies sont faites dans les Murs de face & de refend en pierre de taille ou en moilon. Nous parlerons sur la fin de cette Addition des Baies en pans de bois & cloisons.

PRINCIPES GÉNÉRAUX
du Toisé des Baies aux Us & Coutumes de Paris.

REGLE GÉNÉRALE.

En toute Baie qui est comptée pleine en Mur de quelque matiere qu'il soit construit, on ne comptera point de feuillure, ni aucun scellement dans l'intérieur des embrasemens pour pattes, crampons, gonds, gâches, solin, solement de croisées, pas même de scellement des traverses de fer qu'on mettoit anciennement, ni percement de trous pour loger les traverses de sûreté, soit qu'elles soient de bois ou de fer, le défaut de la matiere compensant tous ces travaux.

PREMIER PRINCIPE.

Toute Baie dont la superficie du vuide extérieur est égale ou est inférieure à la moitié de la superficie développée de tout le pourtour intérieur du Mur suivant son épaisseur, est toisée pleine, aux conditions portées par la Regle générale ci-dessus. De ce nombre sont les petites Baies.

SECOND PRINCIPE.

Mais si cette superficie est supérieure à celle du développement des tableaux, comme de $\frac{1}{6}$, $\frac{1}{5}$, $\frac{1}{4}$, $\frac{1}{3}$, ce qui restera sera ce qu'il faudra déduire pour le vuide de la Baie ; alors les fcellemens & feuillures feront comptés. De ce nombre font les grandes Baies de portes cocheres, portes bâtardes, &c.

Les épaiffeurs des Murs contribuent beaucoup à cette diftinction.

Ces principes étabTis ne font pas fans exception, parceque toutes les Baies ne font pas égales, ni les Murs de même conftruction & de même épaiffeur. Lorfqu'il s'agit de Murs conftruits en moilon, il y a peu de difficulté. Mais avant que d'affurer ce qu'il convient de déduire d'une Baie , il faut faire les obfervations fuivantes fur la pierre de taille , & les appliquer à nos deux principes.

Premiere Obfervation.

Si la Baie en pierre de taille eft fermée par haut avec claveaux en plein ceintre ou en anfe de panier, & appuis par bas , au lieu de prendre le pourtour fur quatre côtés, on ne le prendra que fur trois , parceque ce vuide eft toujours, fuivant nos ufages, compté plein, & on doit le fous-entendre tel.

Exemple. Suppofons une Baie de 9 pieds de haut & de 4 pieds de large en Mur de 18 pouces , la fuperficie fera 36 pieds.

Le pourtour fur trois côtés fera de 22 pieds, qui, multipliés par 9 pouces, moitié de l'épaiffeur du Mur, donnera au produit 16 pieds $\frac{1}{2}$, qui feront moindres que 36 pieds, fuperficie extérieure du vuide. Alors cette Baie eft dans le cas du fecond principe: il fera rabattu de fon vuide 19 pieds $\frac{1}{2}$, & les feuillures & fcellemens feront comptés.

Cette même Baie étant en Mur de 42 pouces d'épaiffeur , la fuperficie du pourtour fera de 38 pieds $\frac{1}{2}$, qui eft fupérieure à 36 fuperficie extérieure du vuide. Alors cette Baie eft dans le cas du premier principe, & fera comptée pleine , aux conditions portées par la Regle générale.

Seconde Obfervation.

Si la Baie en pierre de taille eft fermée par le haut en platte-bande droite ou bombée, avec vouffure en-dedans ou non, & appui par bas; après avoir pris les trois côtés, & les avoir multipliés par la moitié de l'épaiffeur du Mur, on y ajoutera la fermeture du haut, qui fera multipliée fa longueur en dans-œuvre des tableaux par l'épaiffeur entiere du mur , de laquelle épaiffeur eft tenu compte de l'autre moitié , pour dédommager l'Entrepreneur des claveaux, fommiers, clefs ,

voussures, &c. qui demande un soin & une perte de matériaux plus qu'ordinaire. Même exemple en Mur de 18 pouces.

La superficie du pourtour de cette Baie prise sur trois faces
par la moitié de l'épaisseur du Mur, sera de 16 pieds $\frac{1}{2}$. La
platte-bande de 4 pieds sur 18 pouces sera de 6 pieds, faisant
les deux sommes ensemble 22 pieds $\frac{1}{2}$: alors cette Baie est
dans le cas du second principe. Il en sera rabattu de son vuide
13 pieds $\frac{1}{2}$, les feuillures & scellemens seront comptés.

Cette même Baie étant en Mur de 36 pouces d'épaisseur : la
superficie du pourtour sera de 45 pieds, qui est supérieure à
36, superficie extérieure du vuide ; alors cette Baie est dans le
cas du premier principe. Elle sera comptée pleine aux conditions de la Regle générale.

Troisiéme Observation.

Si la Baie en pierre de taille est fermée par haut avec des
linteaux de bois recouverts ou non, avec appui par bas, en faisant les développemens ci-dessus, on comprendra dans la hauteur de la superficie extérieure l'épaisseur des linteaux, & le
développement des tableaux se prendra sur trois côtés du dessous des linteaux en dans-œuvre. Si les linteaux sont recouverts
en plâtre, on les pourtournera en dans-œuvre des tableaux,
& ils seront comptés à moitié de Légers Ouvrages, & non au
tiers, non compris la feuillure, s'il y en a, qui sera comptée
en sus. Même exemple en Mur de 18 pouces.

Supposons que les linteaux ont 1 pied de haut, la superficie du vuide sera de 40 pieds. Le développement des ta-
bleaux sur trois faces sera de 16 pieds $\frac{1}{2}$: alors cette Baie est
dans le cas du second principe. Il sera rabattu de son vuide
23 pieds $\frac{1}{2}$.

Cette même Baie étant en Mur de plus forte épaisseur,
ne peut jamais tomber dans le cas des Baies pleines, parcequ'il y manque une des conditions essentielles, qui est la clôture du dessus, comme nous allons voir dans l'Observation
suivante.

Quatriéme Observation.

Une Baie quelconque ne peut être comptée pleine, qu'il
n'y ait seuil ou appui & linteaux recouverts, lorsque le Mur
est en moilon, & claveaux lorsqu'il est en pierre de taille.
S'il n'y a ni l'un ni l'autre, il faut, avant que de faire le développement des piédroits ou tableaux, commencer par déduire ce qu'il convient pour l'un ou pour l'autre, ou l'un &

I 3

l'autre : enfuite on fera le développement des tableaux ou piédroits. Si ce développement eft moindre que le reftant de la
fuperficie du vuide extérieur de la Baie, la différence de l'un
à l'autre fera déduite & ajoutée à la premiere déduction ; s'il
eft fupérieur, il paffera pour ce reftant.

Premier Exemple, où l'appui manque en Mur de 18 pouces.

Dans l'exemple propofé, où nous fuppofons manque d'appui, il faut commencer par déduire le quart de la fuperficie
du vuide extérieur qui fera 9 pieds, lefquels ajoutés à 13 pieds
$\frac{1}{2}$ de l'exemple de la feconde Obfervation, font 22 pieds $\frac{1}{2}$ qu'il
faut déduire pour le vuide de la Baie.

Second Exemple, où il n'y a ni appui ni claveaux, mais des linteaux, en Mur de 18 pouces.

La fuperficie de la Baie étant de 40 pieds, le défaut d'appui
& de claveaux eft de 20 pieds qu'il faut commencer à déduire.

Le développement des deux piédroits eft de 13 pieds $\frac{1}{2}$ qu'il
faut ôter des autres 20 pieds ; refte 6 pieds $\frac{1}{2}$, qui, joints aux
premiers 20 pieds, font enfemble 26 pieds $\frac{1}{2}$ qu'il faut déduire
pour le vuide de la Baie.

En Mur de 36 pouces

Mais cette Baie étant en Mur de 36 pouces, le développement des tableaux fera de 27 pieds, qui ferviront pour le reftant du vuide, fans égard à fon excédent.

Diftinction des Baies.

Les Baies fe diftinguent de trois différentes façons, par rapport aux Murs dans lefquels elles font faites.

Baies en Murs conftruits en pierre de taille, foit dure, foit tendre.

1.° Bandées en pierre par le haut, avec appui ou feuil.

2.° *Idem* fans appui ou feuil.

3.° Fermées par haut avec linteaux de bois avec appui ou
feuil.

4.° *Idem* fans appui ou feuil.

Baies en Murs construits en moilon.

1.º Bandées par haut avec moilon en décharge, avec appui ou feuil.

2.º Fermées avec linteaux de bois ayant appui ou feuil.

3.º *Idem* fans appui ou feuil.

Enfin Baies en cloifon de charpente, & pans de bois recouverts ou non.

Il fe trouve encore dans les Murs conftruits en moilon, des Baies dont les piédroits & fermetures font de pierre de taille. On développe ces Baies comme nous avons dit ci-deffus, & elles fe comptent comme Murs en moilon: enfuite on toife quarrément cette Baie en pierre, en ce qu'elle contient extérieurement, & on y fait le même développement & la même déduction: ce qui refte eft compté en plus-valeur de pierre de taille fur moilon, en diftinguant fi c'eft pierre dure ou pierre tendre.

Mais comme dans toutes les Baies, il arrive très-fouvent que n'y ayant point de feuil ou appui, il faut déduire une partie du vuide de la Baie, & apprécier un feuil ou appui qui eft plus cher que la partie qui a été déduite; nous établirons ici deux feuls cas qui arrivent.

Le premier: *Si la fuperficie du vuide de la Baie eft égale ou furpaffe en nombre fon pourtour, on déduira le quart de la fuperficie pour la valeur du feuil ou appui.*

Le fecond: *Si la fuperficie du vuide eft inférieure en nombre à fon pourtour, on prendra le quart du pourtour pour la valeur du feuil ou appui.*

Premier Exemple qui fert de fondement aux deux autres.

Soit une Baie de croifée fans appui, de 4 pieds fur toute fe la fuperficie du vuide 16 eft égale à fon pourtour 16: alors la largeur de cette Baie 4 eft la quatriéme partie de l'un ou de l'autre: il eft donc indifférent de les diftinguer; il fuffit de rabattre 4 pieds fuperficiels pour le défaut du feuil.

Second Exemple.

Soit une Baie de porte fans feuil de neuf pieds de hauteur, 4 pieds de large, la fuperficie du vuide fera 36 pieds, & fon pourtour 26. En ce cas, il faudra déduire le quart de la fuperficie, parceque le pourtour 26 eft à la fuperficie 36, en même raifon que le quart du pourtour $5\frac{1}{2}$ eft au $\frac{1}{4}$ de la fuperficie 9.

Troisiéme Exemple.

Soit une Baie de croisée de 4 pieds de haut sur 3 pieds de large, la superficie du vuide sera 12 & son pourtour 14. Alors il faudra déduire le quart du pourtour, parceque la superficie 12 est au pourtour 14, en même raison que le quart de la superficie 3 est au quart du pourtour 3½.

Ce qu'on peut réduire plus simplement. *Si la superficie d'une Baie est supérieure en nombre au pourtour, on prendra le quart de cette superficie pour le défaut du seuil ou appui.*

Mais si le pourtour est supérieur en nombre à la superficie, on prendra le quart du pourtour.

Ou encore plus simplement : *Prendre le quart du nombre le plus fort.*

Evaluation d'un seuil ou appui.

Avant que de compter en plus-valeur sur moilon ou pierre tendre (car en pierre dure il ne peut y en avoir) un seuil ou appui, il faut examiner si sa valeur est supérieure à celle de ce qui a été déduit pour le défaut du seuil ; alors l'excédent de cette valeur sera compté ; mais si elle est égale ou inférieure, il ne sera rien compté.

Exemple. Soit le second exemple ci-dessus, où nous avons trouvé qu'il falloit déduire 9 pieds pour le défaut du seuil.

1.º Supposons que le Mur soit construit en moilon & estimé 24 liv. la toise, ces 9 pieds vaudront 6 liv. Supposons encore que la valeur intrinsèque de l'appui soit de 10 liv. dans ce cas il revient à l'Entrepreneur 4 liv. pour la plus-valeur de son appui.

2.º Supposons que le Mur soit construit en S. Leu, & estimé 60 liv. la toise, ces 9 pieds vaudront 15 liv. qui excéderont la valeur de l'appui, & par conséquent il n'est point dû de plus-valeur.

Ces plus-valeurs de seuils ou appuis ont été inconnus dans les anciens usages ; quelque recherche que j'aie faite, je n'en ai trouvé aucun vestige ; mais depuis quelque tems on les a imaginés, à cause de la cherté de la pierre. Cependant nos Toiseurs rigides ont bien de la peine à s'y rendre. Ils objectent que tel que soit un seuil, sa valeur est toujours moindre que la matiere qui auroit entré pour remplir partie de la Baie, même en moilon ; que le développement de leurs piédroits n'est qu'un privilége emprunté de la pierre dure, & non une réalité ; que c'est pour cette raison que nos Anciens n'ont point compté ni admis de plus-valeur de seuil ou appui, & que pour

compter une Baie pleine, une chose entr'autres y étoit néceſſaire, ſavoir, un ſeuil ou appui, ſans diſtinction de qualité de
matiere.

D'autres leur répliquent que les ſeuils ou appuis étoient de
la même matiere dont la Baie étoit conſtruite, & qu'un ſeuil
de pierre dure étant de différente matiere que le moilon, &
plus cher, il appartient de droit une plus-valeur.

Ceux qui ſuivent le ſyſtême que j'ai propoſé, diſent que dans
des murs de certaine épaiſſeur, le développement des tableaux
rempliſſant preſque le vuide de la Baie, le peu qui reſte n'eſt
pas capable de remplir la valeur du ſeuil ou appui, & que
c'eſt cette plus-valeur qu'on demande.

Autres Baies.

Il ſe trouve encore des Baies dont le haut eſt en platte-bande, & qui n'ont qu'un piédroit ſans ſeuil. Il faut de la ſuperficie du vuide ôter la moitié de celle du piédroit & toute celle
de la platte-bande; le reſtant ſera ce qu'il faudra déduire pour
le vuide de cette Baie.

Exemple. Dans un mur de refend de 24 pouces, ſoit une
Baie de 10 pieds de haut ſur 5 pieds de large : ſa ſuperficie eſt
50 : le piédroit de 10 pieds de haut ſur 2 pieds de large, produit 20 pieds, dont la moitié eſt 10 pieds : la platte-bande 4
pieds ſur 2 pieds produit 8 pieds, qui joints à 10 pieds ſont
18 pieds, leſquels étant ôtés de 50 pieds, il reſte 32 pieds à
déduire pour le vuide de cette Baie ; après quoi l'on comptera les feuillures & ſcellemens, s'il y en a.

Aux Baies de cette nature, ſi, au lieu de platte-bande avec
claveaux, il y a un linteau, & que l'autre piédroit ſoit un poteau, l'un & l'autre recouverts en plâtre ou non, & qu'il y ait
ſeuil par bas, on pourtournera le ſeuil & le piédroit juſques
ſous les linteaux, dont on prendra moitié, laquelle ſera ôtée
de la ſuperficie naturelle du vuide, & le reſte ſera ce qu'il faudra déduire : après quoi ſi les linteaux ſont recouverts, ils ſeront toiſés & pourtournés dans ce qu'ils ſont & comptés à ½ de
Légers Ouvrages. S'il y a feuillures & ſcellemens, ils ſeront
comptés pour leur valeur.

Si dans un Mur de face il y a des croiſées plus larges les unes
que les autres, elles doivent être développées comme ci-devant.

Aux Baies de portes ou croiſées où il n'y a point de feuillures, d'embraſement ni de ſcellement, le vuide s'en déduira
après le développement des tableaux, de quelque conſtruction que ſoit le Mur.

Aux Baies des croisées où il n'y a point de chaffis de menuiserie, & où l'on a mis & scellé des barreaux de fer dans les tableaux, la Baie est comptée pleine, & on ne compte point de scellement pour les barreaux, en quelque quantité qu'ils soient : mais s'il y a croisée de menuiserie & barreaux, le scellement de la croisée ne se compte pas, mais on évalue celui des barreaux, chacun pour ce qu'ils sont.

Si l'on fait en vieux Mur, ou bien en Mur neuf après coup, une ouverture de porte ou croisée, elle sera toisée pleine & quarrément comme en Mur neuf, sauf les développemens dans les cas ci-dessus. La hauteur s'en prendra 6 pouces au-dessus des linteaux, jusques & compris 3 pouces au-dessous du seuil ou appui, & la largeur s'en prendra 6 pouces d'après les embrasemens de chaque côté & en dedans. Si elle est bandée avec claveaux, sa hauteur s'en prendra 6 pouces d'après le plus haut claveau, si la partie n'est pas visible : mais si elle l'est, on compensera cette hauteur. Ces articles sont employés dans les Mémoires sous le nom de *Mur en percement*, auxquels Murs on met des prix relatifs à l'ouvrage & à sa qualité.

Quand dans un vieux Mur on aggrandit une Baie de porte ou croisée, & qu'elle est attaquée de quatre côtés, on la toise de même ; mais on déduit le vuide de l'ancienne Baie. Si cette Baye n'est pas attaquée de tous les côtés, on toise seulement ce qui est fait & on le compte pour sa valeur.

Baies de portes & croisées en cloisons & pans de bois.

M. Bullet nous apprend, qu'aux Baies de portes & croisées qui se trouvent dans les cloisons qui sont feuillées & recouvertes de plâtre, il en faut déduire moitié de la superficie du vuide, sans aucun développement ; bien entendu qu'il y aura appui de plâtre aux croisées & que l'aire servira pour seuil.

Aux croisées en pans de bois où il y a appui de pierre & dont l'appui de bois n'a point été recouvert, il convient de déduire une partie du vuide de la Baye, comme nous l'allons dire, & compter l'appui pour sa valeur.

Pour connoître cette partie qu'il convient de déduire, il faut rabattre une partie de la superficie de la moitié du vuide restant, en même raison que la largeur de la Baie est à son pourtour.

Soit donné pour exemple une croisée de 7 pieds de haut sur 4 pieds de large. Sa superficie sera 28 & son pourtour 22. Il faut faire cette proportion.

Comme le pourtour de la Baie........ 22
Est à la moitié de la superficie........ 14
La largeur de la Baie.............. 4
Est à la partie de la superficie qui sera de $2 \frac{5}{11}$ ou $2 \frac{1}{2}$.

Ces 2 pieds $\frac{1}{2}$ ajoutés à la moitié de la superficie 14 portée dans M. Bullet, donneront 16 pieds $\frac{1}{2}$ qu'il convient de déduire pour le vuide.

Il en sera de même pour le linteau s'il n'est pas recouvert, & de même pour les huisseries. Ensuite on comptera l'appui pour sa valeur, les solemens & raccordemens, s'il y en a ; car il n'y a point de scellemens en poteaux de bois.

Ce principe servira encore pour les Baies de portes en pans de bois & cloisons qui n'ont point de seuils, & à toutes autres Baies en cloisons, dont les linteaux ou tableaux, en tout ou en partie n'ont point été recouverts.

Aux Baies en cloisons où il n'y a point de feuillures, mais dont les tableaux sont recouverts, le vuide total en sera réduit ; mais le recouvrement des tableaux sera compté à moitié de *Légers* & non au tiers, à cause des arêtes & cueillis des deux côtés.

Des Feuillures.

Les Feuillures se font aux Baies de portes & croisées pour recevoir la menuiserie : elles se distinguent en simples & en doubles.

Les Feuillures simples, *Fig.* 1. sont celles faites dans l'angle d'un tableau ou piédroit de Baie, & se comptent chaque pied courant pour 6 pouces de *Légers Ouvrages*, tant en plâtre qu'en moilon.

Si ces Feuillures sont faites en pierre de taille ; elles se comptent de même chaque pied courant pour 6 pouces, & sont estimées comme taille, en distinguant la pierre dure & la pierre tendre.

Les Feuillures doubles avec embrasement, *Fig.* 2. se comptent chaque pied courant pour un pied de *Légers*, si le Mur est en moilon ; & pour taille si le Mur est en pierre, en distinguant la pierre dure & la pierre tendre.

Fig. 1.   *Fig. 2.*

SECONDE ADDITION.

Des Demi-faces.

QUAND *les Murs ont des retours, on compte la moitié de leur épaisseur à chaque retour, &c.*

Nous n'admettons plus aujourd'hui les demi-faces aux retours des Murs, de quelque construction qu'ils soient, parce qu'il n'y a point d'isolement total, & qu'il manque un parement à la jonction du Mur en retour.

Les demi-faces font admises dans le Toisé aux Us & Coutumes de Paris, par un usage dont l'origine vient de ce qu'anciennement la valeur de la pierre dure, sa pose & son déchet équivaloient sa taille, & encore aujourd'hui c'est à peu près de même.

C'est la pierre dure qui a donné aux autres matériaux le privilege des demi-faces. *Il faut nécessairement trois ou quatre paremens vûs sur un isolement total, pour les admettre & pour jouir de ce privilege.*

L'usage établi de tems immémorial fondé sur cette définition, a été *de pourtourner tous ces paremens & d'en prendre la moitié.* Ce font les termes de nos Auteurs. Nous ferons les observations convenables à ce sujet, à mesure que les objets se présenteront, sans sortir de nos principes.

On voit ici, par ce que dit M. Bullet, & par l'exemple qu'il en donne, qu'on comptoit les demi-faces aux angles des Murs. Cela est si certain, qu'il en parle encore aux contre-murs dans les caves & aux Murs de clôture. C'est vraiment un abus qui a été réformé & même détruit depuis ce tems-là par les raisons suivantes.

1.° Si du pourtour on prend la moitié, il restera l'épaisseur naturelle du Mur.

2.° L'isolement n'est point total, puisqu'il est appuyé sur un autre Mur.

3.° Enfin, il n'y a que deux paremens vus. Donc les demi-faces ne font point dues dans cette partie, les conditions du principe qui les admet n'étant pas remplies.

Premier Sentiment. Les Partisans de M. Bullet ne pouvant se refuser à ces raisons, se font renfermés dans les Murs de pierre de taille, & ont dit qu'il étoit dû à l'Entrepreneur une plus-valeur pour l'évidement des angles, qu'ils ont estimés être la valeur de la demi-face : ainsi dans leurs Mémoires ils comprennent cette demi-face sous le nom *de plus - valeur d'évidement des angles.*

Si ce sentiment a lieu, il faut bien prendre garde si ces pierres d'encoignures sont évidées ou non : ce qu'on connoîtra aisément à la tête des Murs par l'épaisseur des Murs mêmes. Si elles sont évidées, & que cet évidement puisse être estimé la valeur de la moitié de l'épaisseur du Mur, alors il sera compté sous le nom *d'évidement d'angle*, & non de demi-face. Si les pierres sont en beface, il ne sera rien compté.

Second Sentiment. D'autres fondés sur le principe établi en premier lieu, rejettent pleinement ce sentiment ; & ils aiment mieux estimer à prix d'argent cet évidement qu'il est aisé de connoître, de voir & d'apprécier, que d'admettre un système qui les expose à de nouveaux abus.

Troisième Sentiment. D'autres enfin plus rigides, n'admettent aucun milieu. Ils disent que dans l'estimation que l'on fait de la valeur des Murs, on compte en général un sixiéme ou un huitiéme plus ou moins, pour déchet & perte de pierre ; & que ce sixiéme, plus ou moins, avec le privilege des demi-faces, est compris dans l'évidement des angles, soit qu'il y en ait ou non.

Revenons à notre principe. Nous disons qu'il faut dans un isolement total voir au moins trois paremens pour compter, & admettre les demi-faces d'un Mur quelconque ; savoir, celui de la tête & ceux des deux côtés : il est indifférent que ces trois paremens soient d'égale épaisseur. Dans la figure proposée, qui représente un retour d'angle, il n'y a que deux paremens, & par conséquent point de demi-face.

Les fondemens des Murs sont comptés jusqu'au fond des caves, c'est-à-dire, jusques sur la terre où ils sont fondés, qui doit être un pied plus bas que l'aire de ces caves, & l'on ne rabat rien pour l'endroit de la naissance des voûtes, quoique ces mêmes voûtes soient comptées en toute leur circonférence (50).

---

(50) *Quoique ces mêmes voûtes soient comptées en toute leur circonférence.* La circonférence est intérieure & non extérieure ; c'est avec raison qu'on ne rabat rien pour l'épaisseur de cette voûte. *Voyez à ce sujet ce que nous disons ci-après, & dans nos Notes sur les Voûtes en berceau.*

Les moulures des entablemens, plinthes, refends &
autres, sont toisées à part, s'il n'est dit exprès dans les
marchés qu'elles ne seront point toisées, & que l'on
toisera seulement les Murs leur longueur sur leur hauteur ; (dans lequel cas toutes les moulures y seront
comprises & confondues) & qu'en cela l'on déroge à
la Coutume (51).

Si l'on fait dans les Murs de face de grandes arcades,
comme pour des remises & autres choses, & qu'il n'y
ait point de seuil par bas, ni de marches, on rabat la
moitié de la baie depuis le dessus de l'imposte jusqu'en
bas, sur la largeur qui reste après avoir pris le développement des deux piédroits ou tableaux, avec les feuillures dans l'épaisseur du Mur (52). Comme si l'arcade A,

---

(51) Il est d'usage à Paris, & d'usage immémorial, de
compter les saillies d'architecture, & autres ornemens saillans
du nud des Murs, quels qu'ils soient. Cet usage est plus raisonnable, que celui du Toisé bout-avant, qui comprend les Murs
avec leurs saillies & ornemens.

Il est constant que ces Murs sont plus ou moins riches, suivant le goût de l'Architecte. Il faut de toute nécessité faire des
prix relatifs à ce plus ou moins d'ornemens, & s'il n'y en a pas
de faits, il faut, pour apprécier ces Murs à leur juste valeur,
détailler le tout partie par partie. C'est ce que nous faisons
dans nos usages, qui sont vraiment un détail circonstancié &
séparé de toutes les parties d'un bâtiment, qu'on distingue
les unes des autres, pour les rassembler ensuite, & voir d'un
seul coup d'œil dans nos Récapitulations le nombre de toises
de chaque sorte de matériaux employés dans un bâtiment.

(52) Nous avons exposé ci-devant, dans notre Addition sur
les Baies, la manière de toiser les grandes Baies par une méthode sûre. Il est dit ici, que s'il n'y a point de seuil, il faut
déduire la moitié de la baie, après avoir pris le développement des deux piédroits avec les feuillures.

1° Nous n'admettons point le système de comprendre les
feuillures dans le développement des piédroits ; car il est abu-
sif. Le développement des tableaux n'est proprement que leur
demi-face, ou la moitié de l'épaisseur naturelle du Mur. Le

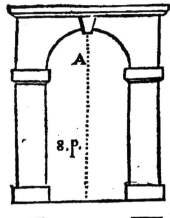

a huit pieds, de largeur, on ôte de ces huit pieds le contour des tableaux & feuillures des deux piédroits B, B, que je suppose chacun de deux pieds de contour. On aura pour les deux quatre pieds, qu'il faut ôter de huit pieds, il restera quatre pieds, qu'il faut multiplier par la hauteur depuis le dessus de l'imposte jusqu'en bas ; si ladite hauteur est 9 pieds, on aura 36 pour la diminution de l'arcade.

privilége de ces demi-faces ne s'étend point sur une simple taille de pierre faite pour la commodité, & non pour la nécessité.

2.º Le principe établi par M. Bullet, pour ce qu'il convient de déduire du vuide d'une baie qui n'a point de seuil, ne s'accorde point avec son exemple. Voici ses termes :

..... *L'on rabat la moitié de la baie depuis le dessus de l'imposte jusqu'en bas, sur la largeur qui reste après avoir pris le développement des deux piédroits, &c.*

Et peu après.... *Aux portes & croisées....l'on rabat la moitié de la hauteur du vuide, &c. sur la largeur qui reste après avoir pris le développement des tableaux, &c.*

Dans son exemple, la hauteur de la baie est 9 pieds depuis le dessus de l'imposte jusqu'en bas, & la largeur qui reste après le développement des tableaux est 4 pieds *qu'il faut*, dit-il, *multiplier par la hauteur 9, l'on aura 36 pieds pour la diminution de l'arcade.*

La hauteur de la baie étant 9, sa moitié 4 pieds $\frac{1}{2}$, n'auroit produit que 18 pieds au lieu de 36. Je crois que dans l'un & l'autre article, il faut lire la *partie* ou la *hauteur* de la baie, & non la *moitié.*

3.º M. Bullet compte encore ici 4 pieds pour le développement des deux piédroits ; ce qui a encore occasionné une discussion. On n'a pas pris garde que ces deux piédroits sont supposés isolés, & que M. Bullet a compris dans son développement les demi-faces extérieures ; car il ne s'agissoit ici que de trouver la superficie du vuide à déduire.

Aux ouvertures de boutiques où il y a un poitrail non recouvert, & seulement par bas une sablière ou coulisse de bois posée sur le Mur, on rabat toute la hauteur de la baie sur la largeur qui restera après avoir pris le développement des épaisseurs des deux tableaux de cette baie : si le poitrail est recouvert, on ne rabat que la moitié de la hauteur de la baie.

S'il y a un Mur d'appui par bas sur lequel il y ait une coulisse, on rabat la hauteur du vuide jusques sur la coulisse, & on compte le Mur d'appui à part : si, dans l'ouverture de la même boutique, il y a une porte avec un seuil, on ne rabat point de hauteur en cet endroit, pourvu que le poitrail soit recouvert, mais s'il n'est pas recouvert, on rabat seulement la moitié de la hauteur, & le reste se toise comme ci-devant (53).

Donc pour toiser juste ladite baie, retranchons le développement des feuillures, que nous supposons chacune de 4 pouces : l'épaisseur du Mur restera de 20 pouces. Retranchons encore les demi-faces extérieures, & disons que le vuide naturel est de 72 pieds.

Les deux piédroits de chacun 9 pieds de haut sur 20 pouces de développement, valent 30 pieds, dont la moitié est 15 pieds.

Si on ôte de la superficie du vuide naturel 72, la moitié de la superficie intérieure des piédroits 15, il restera à déduire 57 pieds pour la partie du vuide.

Ensuite on compte les feuillures ensemble 18 pieds sur un pied, qui sont comptés en taille de pierre : on compte aussi les scellemens & les saillies, s'il y en a.

(53) Aux ouvertures de boutiques, il est dit ici, que *si le poitrail n'est pas recouvert, & qu'il n'y ait point de seuil par bas*, on rabat toute la hauteur de la baie sur la largeur qui restera après avoir pris le développement des tableaux. Ceci est bon. Ensuite que *si le poitrail est recouvert, on ne rabat que la moitié de la hauteur de la baie.* Ce qui mérite une autre explication.

1.º Que le poitrail soit recouvert, qu'il y ait seuil ou non, tout le vuide sera rabattu, déduction faite du développement des tableaux & du seuil, s'il est de plusieurs mor-

ceaux

Aux baies des portes & croisées où il y a des linteaux non recouverts, & où il n'y a point de seuils,
on rabat tout le vuide après avoir pris le développe-
ceaux; s'il est d'une seule pièce, il sera estimé à part.

Exemple. Soit une baie de boutique de 12 pieds de large
sur 10 pieds de haut dans un mur de 24 pouces; que le poitrail
soit recouvert ou non, la hauteur 10 pieds sur la largeur 12,
produira 120 pieds, dont on ôtera 20 pieds pour le développement des piédroits; il restera pour la déduction du vuide 100
pieds; ensuite on comptera les scellemens & les feuillures.

2.° Si à une pareille ouverture il y a un appui, la hauteur du
vuide se prendra du dessus de l'appui, jusque sur le poitrail que
je suppose toujours recouvert. Ensuite l'appui se toisera; savoir,
la longueur en dans-œuvre des tableaux, s'il y a un seuil sur sa
hauteur; à cette hauteur on ajoutera la demi-face supérieure,
dans la longueur seulement de l'appui, c'est-à-dire, que si
l'appui a 9 pieds de long, on comptera 12 pieds, qui est le
dans-œuvre des tableaux, sur 4 pieds de haut, y compris la demi-face supérieure, à déduire 3 pieds de long sur 1 pied; car
le seuil en cette partie donne bien le privilége du plein, mais
il n'a pas celui de la demi-face. En toisant de cette façon, il
n'est dû aucun scellement, pas même par haut.

S'il n'y a point de seuil, ou que celui qui sera posé appar-

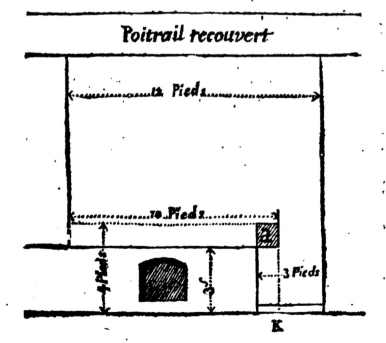

ment des deux tableaux & du contour des feuillures dans l'épaisseur du Mur (54).

Aux portes & croisées ceintrées de pierre de taille ou de libage, où il n'y a point de seuil ou d'appui, on rabat la moitié de la hauteur du vuide, depuis le bas jusqu'où commence le ceintre, sur la largeur qui reste après avoir pris le développement des tableaux & feuillures : si ces portes ou croisées sont en plate bande

---

tienne au Bourgeois, l'appui ne sera compté que dans sa longueur, à laquelle on ajoutera la demi-face du tableau, & on rabattra le petit quarré *a*, formé par la demi-face supérieure & celle du tableau.

Exemple. Soit l'appui de 9 pieds de long, 3 pieds de haut & 2 pieds d'épaisseur ; au lieu de 9 pieds de long, on comptera 10 pieds, & au lieu de 3 pieds on en en comptera 4. Par cette maniere de compter, il se forme une partie quarrée *a* d'un pied de long, sur 1 pied de haut qui est de trop, le Bourgeois n'étant pas tenu de payer ce qu'il n'a pas, sur-tout en maçonnerie.

3.º Voici pour les poitrails recouverts appuyés sur un Mur de pierre de taille. Si le poitrail n'est point recouvert, son vuide sera totalement déduit, de quelque construction que soit le Mur au-dessus.

4.º Si, sur un poitrail recouvert, le Mur est construit en moilon, il ne sera rien déduit pour le poitrail : il sera compris dans le Mur en moilon sans demi-face, & on ne comptera rien pour son recouvrement.

Mais si le Mur en exhaussement est de pierre de taille, le poitrail sera déduit, mais son recouvrement sera compté, sa longueur sur son pourtour vu sur trois faces, pour moitié de *Légers Ouvrages*, & non au tiers, comme plusieurs font, & ce à cause des cueillis & arrêtes.

(54) Cette méthode ne diffère de la nôtre qu'en ce qui concerne le contour des feuillures dans le développement des tableaux. *Voyez ci-devant notre Addition sur les Baies.*

Au surplus, ce n'est pas dans ce cas que l'on contourne les feuillures ; c'est dans celui du toisé des Tailleurs de pierre Tâcherons, comme nous le dirons dans l'endroit qui les regarde. Le Toisé de l'Entrepreneur qui doit être payé par le Propriétaire, est très-différent de celui du Tâcheron qui doit être payé par l'Entrepreneur.

de pierre, & qu'il n'y ait point de feuil ou d'appui, on rabat la moitié du vuide depuis le deſſous des plates-bandes juſqu'en bas, ſur la largeur qui reſte, apres avoir pris le développement des piédroits (55).

Aux baies des portes & autres ouvertures, où il y a un piédroit d'un côté & un poteau à bois apparent de l'autre, avec des linteaux à bois apparent, & où il n'y a point de feuil, d'appui ou de marche par bas, on rabat toute la hauteur de la baie ſur la largeur qui reſte, après avoir pris le développement du tableau & contour de la feuillure qui fait l'épaiſſeur du Mur (56).

Si l'on fait des avant-corps, outre l'épaiſſeur des Murs, comme quand on veut faire un frontiſpice qui marque le milieu d'une face de maiſon, ou des corps avancés pour former des pavillons, comme il s'en fait qui n'ont qu'un pied ou un pied & demi de ſaillie, plus ou moins, outre le nud du Mur de face ou autre, ſuivant le deſſein que l'on en a fait ; ces avant-corps doivent être comptés, outre les Murs auxquels ils ſont joints, leur longueur, en y ajoutant l'un des retours ſur leur hauteur ; mais ils doivent être réduits ſur leur épaiſſeur ou ſaillie hors le nud des Murs, par rapport à l'épaiſſeur deſdits Murs ; ſi, par exemple, un avant-corps a la moitié de l'épaiſſeur du Mur auquel il eſt joint, cet avant-corps ne doit être compté que pour la moitié dudit Mur ; s'il en a les trois quarts,

(55) 1.º Nous liſons ici, on rabat la moitié de la hauteur du vuide. Je crois qu'il y a faute de copiſte, & qu'il faut lire, on rabat la hauteur du vuide, & non la moitié.

2.º Après avoir pris le développement des tableaux & feuillures. Le développement des feuillures eſt une ſuite du ſyſtême de M. Bullet. Voyez ci-devant notre Addition ſur les Baies, où le tout eſt amplement établi ſur des principes ſolides & durables.

(56) Voyez notre Addition ſur les Baies.

K 2

il fera compté pour les trois quarts, & plus ou moins
à proportion (57).

---

(57) Les avant-corps qu'on fait d'ordinaire fur les Murs de
face, font pour la nécessité ou pour l'ornement. Ceux pour la
nécessité, font les dofferets dans les caves qui foutiennent des
voûtes d'arrêtes, &c. Ceux pour l'ornement, font *les avant-
corps fur les Murs de face*, &c. Je vais traiter de ces deux
avant-corps, & indiquer la maniere de les toifer, fans fortir
de l'ufage.

Premier Principe.

Dans les avant-corps, il faut confidérer deux chofes : la premiere, fi la longueur du corps faillant eft moindre que l'épaiffeur naturelle du Mur auquel il eft joint ; alors on pourtourne
cette faillie d'après le Mur naturel, & la moitié de ce contour
fera la longueur fur laquelle fera combiné ledit corps faillant, & fon épaiffeur fera la largeur du corps faillant ou
dofferet.

Second Principe.

Si la longueur du corps faillant eft plus grande que l'épaiffeur naturelle du Mur, alors l'épaiffeur du Mur d'avant-corps
fera celle de fa faillie, & on ajoutera à fa largeur une épaiffeur de cette faillie, ou bien on diftinguera par deux articles
les deux épaiffeurs du Mur, & on ajoutera à la largeur de l'a-
vant-corps un retour de cet avant-corps, en ce qui convient fa
faillie feulement. Deux exemples feront comprendre ceci plus
aifément.

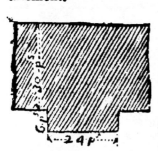

Il faut qu'un corps faillant ait au
moins 3 pouces de faillie pour le comprendre dans ces principes ; car s'il a
moins, on le comprend dans les fail-
lies-maffes d'Architecture, ainfi que
nous le dirons en fon lieu.

Premier Exemple. Pour la premiere Obfervation, je fuppofe un Mur de
cave qui reçoit une voûte d'arrête,
& par conféquent un dofferet de pierre ; le Mur de cave aura
30 pouces, le dofferet 24 pouces, & fa faillie 6 pouces.

Si, outre ces avant-corps, il y a un ordre d'Architecture, de pilaſtres ou colonnes, ces pilaſtres ou

Après avoir compté le Mur de cave, & l'avoir diſtingué
dans toutes ſes parties, on pourtournera le doſſeret qui donnera 36, dont la moitié 18 ſera la longueur de la face du doſſeret, laquelle longueur multipliée par la hauteur, produira une
certaine quantité de toiſes, ou partie de toiſe de Mur de 24
pouces d'épaiſſeur.

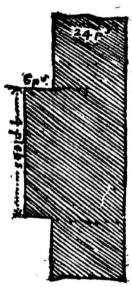

Second Exemple. Pour la ſeconde
Obſervation, je ſuppoſe un Mur de
face de vingt-quatre pouces d'épaiſſeur, ſur lequel il y a un avant-corps
de 4 pieds de face, & de 6 pouces de
ſaillie. Alors la longueur de la face du
corps ſaillant eſt plus grande que l'é-
paiſſeur naturelle du Mur de face : il
faut compter à part le Mur de face,
pour ce qu'il eſt, & ce qu'il contient
de ſuperficie dans l'épaiſſeur de vingt-
quatre pouces, ſans y comprendre la
partie au derriere de l'avant-corps ;
après quoi on meſure le Mur d'a-
vant-corps en ce qu'il contient dans l'é-
paiſſeur de trente pouces, ajoutant ſur
la longueur un retour de ſix pouces.

On m'a fait obſerver dans le premier exemple, que cette
maniere de toiſer les doſſerets à trois paremens vus, pourroit
ſouffrir difficulté, parceque le parement de la face devoit naturellement être celui du Mur d'arriere-corps. A cela je réponds
que ſi le Mur eſt totalement en pierre de taille, on peut toiſer le doſſeret de la façon indiquée dans le ſecond exemple ;
ce qui paroît même plus naturel. Mais ces Murs étant preſque
toujours conſtruits en moilon & les doſſerets en pierre dure,
il convient de diſtinguer les deux matieres, qui ſont l'une &
l'autre bien différentes de prix. Ces doſſerets ſont conſtam-
ment évidés dans leurs angles, & les aſſiſes ſont d'une ſeule
pierre. Il y a donc perte de matiere, ſujétion de travail & de
poſe ; il faut un dédommagement pour cet extraordinaire.
Notre maniere de compter & de toiſer ces doſſerets remplit
ce dédommagement. Du moins il y a tout lieu de croire que

colonnes doivent être comptées à part, comme il sera expliqué dans le Toisé des ordres d'Architecture.

Les piliers isolés que l'on fait pour porter les voûtes d'arrêtes ou quelqu'autre chose, se toisent d'ordinaire, en contournant deux faces desdits piliers, & en multipliant ce contour par la hauteur, jusques même dans la fondation (58).

---

c'est dans cette vue que nos prédécesseurs ont formé cet usage, que personne jusqu'à ce jour n'a censuré, & dans lequel je ne vois aucun abus, ni lieu d'en faire.

(58) Ces mots, *jusques même dans la fondation*, ne me paroissent point intelligibles. On croiroit que M. Bullet auroit voulu faire entendre qu'il falloit comprendre la fondation dans la hauteur du pilier, ce qui seroit contre le bon ordre ; car en fondation il n'y a point de parement, & c'est ce parement qui donne le privilege du contour ou des demi-faces : il n'y a pas lieu de douter que M. Bullet a voulu dire *jusques sur la fondation*, parceque les premieres assises sont toujours enterrées dans le rez-terre des caves.

Ce sont les piliers isolés qui ont donné le droit des demi-faces aux autres matériaux : les demi-faces leur sont dues de droit, parceque la taille & la pose étoient autrefois, & sont encore aujourd'hui, à peu de chose près, plus cheres que la matiere. Cet usage du Toisé se rapporte aux prix généraux renfermés dans la même épaisseur de moindre sujétion, & on ne fait aucune distinction des ouvrages extraordinaires & plus coûteux que les autres, non par rapport à la matiere, mais par rapport à la main-d'œuvre.

Un exemple prouvera ce que nous avançons. Le pied cube de pierre dure commune, compris son déchet, & prêt à être mis en place, revient aujourd'hui à l'Entrepreneur environ à 15 l. quelque peu de chose plus ou moins selon la qualité.

Il y a dans un pied-cube de pierre taillée sur les 4 faces, quatre pieds de taille, qui, sans comprendre les lits de dessus & de dessous, valent bien 24 sols, qui, avec la pose, valent environ 30 sols ; il est aisé de voir par-là, généralement parlant, qu'aujourd'hui la valeur de la taille & main-d'œuvre excede de moitié la valeur de la pierre.

Mais la pierre dure est différente en qualité, & change con-

Pour les dofferets que l'on fait oppofés auxdits piliers ou ailleurs, on prend la moitié de leur contour, que l'on multiplie par leur hauteur, y comprenant leur fondation (59).

Les Murs d'échiffres qui fervent à porter les rampes des efcaliers & defcentes de caves ou vis potoyers, font comptés toife pour toife leur longueur fur leur hauteur, quoique ces Murs n'aient pas ordinairement

---

tinuellement de prix ; au lieu que le prix de la taille eft prefque toujours le même, parcequ'il eft combiné fur la journée d'un Ouvrier ordinaire ; c'eft pour cela que nos Prédéceffeurs ont établi que fans aucun égard à toutes les raifons qu'on pourroit alléguer pour ou contre, on toiferoit en même raifon que 1 eft à 2, d'où ils ont formé les demi-faces. Il y a même toute apparence qu'anciennement la pierre dure & fa taille, étoient en même raifon compofée de leurs prix, que ceux d'aujourd'hui.

Le Toifé bout-avant ne s'écarte en rien de ce principe, en ce qu'il compte à part les paremens qui, en pierre dure, font plus chers que la matiere, & moins chers en pierre tendre, ainfi qu'en moilon. Cette maniere de toifer reconnoît donc le travail du parement, & ne differe du Toifé aux Us & Coutumes, qu'en ce que ce dernier compte cette face entiere pour moitié de la valeur du Mur, & que l'autre la compte entiérement pour parement.

(59) C'eft d'ici que nous avons tiré notre premiere diftinction des avant-corps & fon principe : qu'on life cet article ci-devant note 57, on verra que nous l'avons fuivi régulierement.

Ce dofferet étant la moitié d'un pilier, il convient de le toifer de la même façon dans ce qu'il contient. Nous avons trouvé, p. 150, en toifant un pilier, qu'il falloit contourner deux de fes faces, ce qui eft la même chofe que de prendre la moitié du contour total. En toifant le demi-pilier ou dofferet, il faut de même toifer les trois faces & en prendre la moitié, & fa largeur ou épaiffeur fera la face la plus grande, égale à celle de fon pilier oppofé. Ce mot, *y comprenant leur fondation*, n'eft point clair, comme je viens de le dire : il faut lire, *y comprenant ce qui eft fur la fondation.*

K4

tant d'épaiſſeur que les autres ; & s'il y a des ſaillies contre leſdits Murs, elles doivent être comptées ſéparément.

Les Murs de parpin de 9 à 10 pouces d'épaiſſeur que l'on fait ordinairement de pierre de taille au-deſſus du rez-de-chauſſée pour porter les cloiſons, ſont comptés toiſe pour toiſe, comme les autres Murs, tant en leur fondation qu'au-deſſus ; mais l'on fait des prix à part pour ces ſortes de Murs (60).

Les Murs de refend ſont toiſés leur longueur entre les Murs de face ſur leur hauteur : l'on toiſe le vuide des portes, quand il y a des piédroits ou doſſerets, plates-bandes recouvertes, ou de pierre de taille, & des ſeuils par bas ; mais quand il n'y a point de ſeuil, l'on rabat la moitié de la hauteur du vuide. *Voyez ci-devant*, p. 143.

Tout le reſte deſdits Murs eſt toiſé juſques ſur la terre, ſans rien rabattre de la naiſſance des voûtes, qui ſont auſſi comptées à part, quoiqu'elles ſoient priſes en partie dans leſdits Murs.

Les autres ouvertures qui ſont dans leſdits Murs, comme corridors ſans doſſerets, & où il y a ſeulement un piédroit d'un côté & une plate-bande ou des linteaux recouverts par le haut ſans ſeuils par bas, parce que l'aire paſſe tout droit, l'on rabat toute la baie après avoir compté la moitié de l'épaiſſeur

---

(60) Les Murs de parpin ſous les cloiſons, ſe toiſent, ſi l'on veut, à toiſe courante, en expliquant leur hauteur & leur épaiſſeur, qu'on appelloit autrefois *Parpaing* ; mais il vaut mieux les toiſer à toiſe ſuperficielle, & les timbrer du nom de parpin de *tant* d'épaiſſeur.

Tant en leur fondation, qu'au-deſſus. Ce n'eſt pas là l'uſage. On fait diſtinction du Mur & de ſa fondation par des articles ſéparés, leurs prix étant bien différens.

dudit Mur, tant au piédroit que par-deſſous les linteaux.

Les ouvertures qui ſont faites en arcade dans leſdits Murs, ſoit dans les caves ou aux étages au-deſſus,
s'il y a des ſeuils, doivent être comptées pleines ; &
s'il n'y a point de ſeuil, l'on doit rabattre la moitié
du vuide depuis le deſſus de l'impoſte.

Aux Murs qui ſervent de piliers buttans, l'on
toiſe leur longueur, à laquelle on ajoute la moitié
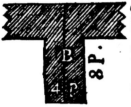
de leur épaiſſeur par le bout, auſſi-
bien dans le fondement qu'au rez-
de-chauſſée ; comme ſi le pilier
buttant B a huit pieds de long ou
de ſaillie hors le Mur, il faut ajouter à ces 8 pieds la moitié de ſon
épaiſſeur, que je ſuppoſe 2 pieds ; & l'on aura 10
pieds, qu'il faut multiplier par ſa hauteur.

Si l'on fait paſſer des tuyaux de cheminée dans
l'épaiſſeur des Murs de refend, l'on rabat le vuide
des tuyaux, mais l'on compte les languettes de plâtre, de brique & autres qui ſervent de doſſier auxdites cheminées, comme il a été dit dans l'article des
Cheminées.

Les pignons qui ſont élevés ſur les Murs de refend ou mitoyens, juſ-
ques ſous les combles,
quand ils ſont en trian-
gle, ſont comptés leur
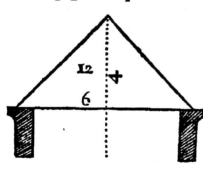
longueur entre les Murs
de face, ſur la moitié de
leur hauteur, depuis le
deſſus de l'entablement
juſqu'à leur pointe : ſi
par exemple, la longueur entre les Murs de face eſt
de 6 toiſes, & la hauteur, depuis le deſſus de l'entablement juſqu'à la pointe de 4 toiſes, il faut multi-

plier 6 par 2 (moitié de 4) & l'on aura 12 toiſes pour ledit pignon.

Mais ſi c'eſt un pignon d'un comble briſé , ap-pellé *à la Manſarde ,* comme cette figure le repré-

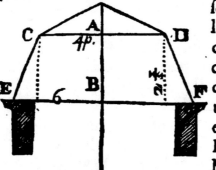

ſente : Premierement , la partie ſupérieure , comme A , ſera toiſée comme le pignon ci-devant ; & pour la par-tie B , il faut ajouter enſemble la longueur EF , d'entre les deux Murs de faces , & la longueur CD , il en faut prendre la moitié qu'on multipliera par la hauteur perpendiculaire entre CD & EF. Si, par exemple, EF eſt de 6 toiſes, & CD de 4 , leur ſomme ſera 10 , dont la moitié eſt 5 , qu'il faut multiplier par 2 ½ hauteur perpendiculaire, & l'on aura 12 toiſes ½ pour la partie B. On toiſe à part les aîles qui ſont faites pour tenir les ſouches de cheminées : ſi le deſſus de ces aîles eſt à découvert , on toiſe une demi-face à mur (61).

Les Murs mitoyens entre voiſins , ſont toiſés de-puis le devant du Mur de face ſur la rue ou cour,

---

(61) *On toiſe à part les aîles qui ſont faites pour tenir les ſouches de cheminée.* Ces aîles, dont parle M. Bullet, ſont une élévation ſur un Mur de pignon ou de refend, que nous appellons aujourd'hui *doſſeret* ou *doſſier,* qui monte juſqu'à 2 pieds ½ ou 3 pieds au-deſſous de la fermeture d'une ſouche de cheminée, & dont la longueur excede ladite ſouche d'un pied ou environ de chaque côté. C'eſt cet excédent qui , dans ſon vrai ſens, s'appelle *aîle de mur.*

Ces Murs de doſſier ſont preſque toujours iſolés ſur les cô-tés, & par conſéquent ont le privilége des demi-faces, leſ-quelles demi-faces ou retours ſont ajoutées à la longueur.

juſqu'où ils ſe terminent, ſur leur hauteur, ſuivant la Coutume, & chaque Propriétaire en doit payer la moitié de ce qu'il occupe, qu'on appelle *moitié de ſon héberge* (62).

Enſuite il eſt dit : *ſi le deſſus de ces aîles eſt découvet, on toiſe une demi-face à Mur.* Ces doſſerets finiſſent ordinairement en glacis ou chamfrain : leur hauteur ſe prend à la plus grande hauteur A, & on ne compte point de demi-face, parcequ'on ſous-entend qu'elle eſt compriſe dans la réduction qu'il conviendroit de faire de la hauteur du Mur qui n'eſt pas remplie.

(62) On appelle *héberge*, en termes de bâtiment, ce qu'un Propriétaire occupe de la portion d'un mur mitoyen, tant en largeur qu'en hauteur.

Chaque Propriétaire n'eſt tenu de payer ſa part de ce Mur qu'en ce qu'il occupe, pour laiſſer à l'autre voiſin le droit d'élever ledit Mur mitoyen auſſi haut que bon lui ſemble, ſuivant l'article 195 de la Coutume, en payant à ſon voiſin les charges qui ſont la valeur d'une toiſe de Mur, ſur ſix toiſes de ce qui ſe trouvera d'exhauſſement au-deſſus de l'héberge de ſon voiſin.

Cet alinea eſt très-fort de notre compétence; car en toiſant il ne faut compter que la part que doit payer le Bourgeois chez lequel on toiſe.

Si, après l'élévation d'un Mur mitoyen, le Bourgeois voiſin fait conſtruire ſes ſouches de cheminées auſſi hautes que celles de ſon voiſin qui a bâti en dernier, & les adoſſe ſur le Mur neuf, il doit payer à ce voiſin la moitié du Mur qu'occupe ſa ſouche de cheminée, & de plus un pied de chaque côté qu'on appelle *les aîles* ; de ſorte que, ſi ſa ſouche a 6 pieds de large, il ſera compté 8 pieds de largeur de Mur. Ainſi en toiſant il faut bien obſerver ces choſes. Cependant il eſt aſſez d'uſage que dans ces cas, celui qui a bâti en dernier

Les Contre-Murs faits dans les caves qui servent pour les voûtes ou pour les fosses d'aisance ou pour les puits, sont comptés toise pour toise, quoiqu'ils n'aient qu'un pied d'épaisseur, suivant la Coutume, pour lesdites caves & fosses ; & même s'ils ont des retours qui fassent tête par leurs bouts, ils sont comptés à demi-mur, c'est-à-dire, que l'on ajoute la moitié d'une épaisseur pour chaque bout que l'on compte sur la hauteur : l'on fait ordinairement des prix à part pour ces sortes de Murs (63).

---

paie à son Maçon cet exhaussement en entier, & le Bourgeois, en payant les charges à son voisin, diminue sur la somme totale des charges, celle qui lui revient de cette moitié qui comprend sa souche & ses aîles.

Un voisin n'est point encore tenu de payer un Mur le même prix que son voisin l'a payé : il faut de nécessité une estimation faite à l'amiable par gens de l'art ; ainsi en toisant ou en vérifiant, il faut avoir égard à toutes ces choses. *Voyez à ce sujet le Commentaire de M. Desgodets sur les articles de la Coutume* 195, 197, 198, *pag.* 168, 194 & 205.

(63) Les contre-murs sont comptés à toise superficielle. S'ils ont des retours qui fassent tête par leurs bouts, on ajoute sur la largeur un retour, ou la moitié d'une épaisseur pour chaque bout. On veut dire par-là, que si un contre-mur appuyé ou adossé, ou lié à un autre Mur, a deux retours visibles avec parement, on ajoute à sa longueur prise d'angle en angle les deux demi-faces, ou un retour.

Ces contre-Murs sont dans le cas de ce que nous avons dit en parlant des avant-corps ; & dans les principes que nous en avons donnés, nous avons suivi ce qui est dit ici, & que nous avons trouvé de même dans *Ferrieres*.

Quoiqu'il soit dit ici que les contre-Murs pour voûtes ou fosses d'aisance n'ont que 12 pouces d'épaisseur suivant la Coutume, il ne s'enfuit pas qu'ils n'aient que cette épaisseur : la Coutume entend qu'on ne leur donnera pas moins de 12 pouces, mais elle ne défend pas de leur en donner plus. Il est des cas où cet excédent est nécessaire, & alors on les timbrera de l'épaisseur qu'ils auront, pour les payer à proportion de cette épaisseur.

Les contre-murs faits fous les mangeoires des écuries, & contre les cheminées ou les Murs mitoyens pour les terres jettiffes, font comptés à mur, comme ci-devant (64).

Les dés faits de pierre de taille ou de maçonnerie recouverte d'un enduit, font toifés de toute la hauteur par la moitié de leur pourtour; & s'il y a des affifes par bas qui aient plus de faillie que le corps de ces dés, l'on toife leur pourtour au droit de ces affifes, fur leur hauteur à part, & l'on compte le refte féparément.

Les ouvertures des portes, croifées ou autres baies faites après-coup, ou dans de vieux Murs, font comptées leur largeur fur leur hauteur, jufqu'où ces Murs ont été rompus pour ces ouvertures (65).

Quand on met des jambes fous poutre de pierre de taille dans un ancien Mur de retend ou mitoyen, ou dans un Mur neuf après-coup, elles font comptées à Mur de 3 pieds de largeur, à moins qu'il n'en fallût démolir davantage, à caufe que le Mur feroit corrompu: cette largeur eft toifée fur la hauteur defdites

---

(64) Les contre-murs fous les mangeoires des écuries, doivent être conftruits en moilon, & comptés de même & de leur épaiffeur, ainfi que ceux que l'on fait contre les Murs mitoyens pour terre jettiffes. Ceux faits contre les cheminées, fe conftruifent avec tuileau ou briqué: ceux faits en tuileau, fe comptent à moitié de *Légers*, & ceux en brique pour brique. *Voyez ci-après l'art.* 188 *de la Coutume.*

(65) Ces ouvertures fe toifent quarrément, fauf à déduire, fuivant que les baies font faites. Nous nous en fommes affez expliqué dans notre Addition fur les baies, page 135, à laquelle il faut avoir recours. Nous ajouterons feulement ici, que lorfqu'on rebouche en plein Mur une baie de porte ou croifée, on ne compte point de fcellement, c'eft-à-dire, d'arrachement.

jambes fous poutre , depuis l'endroit où elles font fondées jufqu'à un pied au-deffous de ces poutres (66).

---

(66) Ce que dit ici M. Bullet eft tiré de *Ferrieres*, ainfi que la plus grande partie de fes ufages ; mais ils ne fe font point affez expliqués l'un & l'autre.

Tout fe toife tel qu'il a été démoli & rétabli , & même au-deffus de la poutre s'il y a eu démolition. On ne déduit point la place de la poutre dans le Toifé : les attentions qu'il faut avoir pour garnir & remplir cette poutre , le demandent en moilon feulement.

Jufqu'à un pied au-deffous de ces poutres. Je crois que c'eft une faute d'impreffion ou de copifte , car il y auroit plus de raifon à lire *au-deffus des poutres.* Voici comme en parle Ferrieres. « Les jambes fous poutre mifes en vieux Mur , fe compptent à Mur de 3 pieds de large depuis leur deffous jufqu'à un pied plus haut que le deffus de la poutre la plus haute où elle fert.

» Le fcellement d'une poutre ou d'un poitrail en vieux Mur fe compte à Mur jufqu'à l'affleurement du deffous de la poutre où elle fert ; la piece qui fera mife au-deffous , fera comptée en fa hauteur fur 3 pieds de large ; fi c'eft une jambe de pierre , elle fera comptée fur 3 pieds de large en toute fa hauteur & un pied plus haut que la poutre la plus haute ; fi la jambe porte dofferet , elle fera comptée pour un pied de Mur fur la hauteur ; s'il y a encorbellement, elle fera comptée à part comme les dofferets des échiffres ».

M. Bullet auroit éclairci tout cela , fans ce mot *deffous* que je trouve dans l'édition de 1691 , faite fous fes yeux. Quoi qu'il en foit, tout fe toife tel qu'il a été démoli & reconftruit, hauteur fur largeur, en diftinguant la pierre dure & le moilon. La mefure de la pierre dure fe prend ; favoir, la hauteur du deffous de la premiere affife par bas jufques fous la poutre ; & la largeur fe réduit en prenant la largeur ou longueur de toutes les affifes l'une après l'autre, & divifant leur fomme par le nombre des affifes : le quotient donnera la largeur réduite de cette jambe fous poutre en pierre dure.

Exemple. Soit une jambe fous poutre compofée de huit affifes,

La Premiere de . . . . 3 pieds. 6 pouces.
La Seconde . . . , ... 2 . . . . . . 9 . . . .
La Troisiéme . . . . 3 . . . . . . 2 . . . . . .
La Quatriéme . . . . 2 . . . . . . 6 . . . . . .
La Cinquiéme . . . . 3 . . . . . . 0 . . . .
La Sixiéme . . . . 2 . . . . . . 4 . . . . . .
La Septiéme . . . . 2 . . . . . . 9 . . . . . .
La Huitiéme. . . . . 2 . . . . . . 0 . . . . . .

Somme 22 ,

qu'il faut diviser par 8, nombre des assises; le quotient donnera 2 pieds $\frac{1}{4}$ pour la réduction.

Il est assez ordinaire de compter ces jambes sous poutre en plus-valeur sur moilon, ou bien, après avoir toisé la hauteur & la largeur de la reprise qu'il a fallu faire pour élever cette jambe sous poutre, l'on s'explique ainsi: *dont en pierre dure de* tant *d'épaisseur*, tant *de haut sur* tant *de large*, qu'on tire en ligne; & à l'article suivant on dit, *le reste en moilon de* tant *d'épaisseur*, qu'on tire aussi en ligne.

Si cette jambe sous poutre porte dosseret, après avoir toisé comme dessus, on toisera ce dosseret, comme nous l'avons dit à la page 149, c'est-à-dire, qu'on prendra le pourtour au nud du Mur au derriere; la moitié de ce pourtour sera la largeur, qu'on multipliera par sa hauteur naturelle, qui est celle de la jambe sans poutre, & son épaisseur sur la plus grande face. *Voyez à ce sujet notre Addition sur les demi-faces*, *page* 140.

Si la derniere assise, qui est celle sur laquelle pose la poutre, porte encorbellement, la hauteur du dosseret finira sous cet encorbellement qui sera toisé à part, en le pourtournant sur ses trois faces, la moitié de ce pourtour sera la largeur, qui sera multipliée par la hauteur de l'assise. S'il y a à cet encorbellement, comme il arrive d'ordinaire, un talon & filet, ou autre moulure, on les comptera pour saillie simple; chaque moulure, quelque grande qu'elle soit, pour 6 pouces sur sa longueur, comme nous le dirons en son lieu.

MURS DE CLÔTURE.

Les Murs de Clôture les plus simples pour les Parcs & Jardins , &c. sont faits avec moilon ou cailloux , maçonnés avec mortier de terre grasse : ceux que l'on veut faire de meilleure construction , sont faits avec chaînes de 12 en 12 pieds, lesquelles sont maçonnées avec moilon & mortier de chaux & sable: le chaperon doit être aussi de même mortier , & le reste avec terre grasse, le tout gobeté & jointoyé de même mortier que celui de leur construction : lesdites chaînes doivent avoir 2 pieds ½ à 3 pieds de largeur, sur l'épaisseur du Mur, qui est ordinairement de 15 à 18 pouces, outre l'empattement des fondations qui doit être de 3 pouces de chaque côté; ces Murs sont élevés de 9 pieds sous chaperon au-dessus du rez-de-chaussée, pour avoir 10 pieds au-dessous dudit chaperon, conformément à la Coutume, *art.* 209 (67).

(67) M. Bullet suppose ici que les deux terreins séparés par le Mur de Clôture sont de niveau & de même hauteur; mais il arrive assez souvent que le terrein d'un voisin est plus bas que celui de l'autre voisin : dans ce cas, la hauteur de 10 pieds portée par l'article 209 de la Coutume, doit être du côté du voisin le plus haut. Le voisin du côté le plus bas ne doit payer sa part & portion du Mur que jusqu'à la hauteur de 10 pieds prise du dessus de son terrein , le restant de l'élévation du Mur doit être fait & payé seul par le voisin le plus haut, &c de plus il doit payer à son voisin le plus bas, les charges dudit Mur, savoir de 6 toises l'une, ainsi qu'il est porté par l'article 197 de la Coutume.

A ce sujet nous observerons encore qu'à un Mur de Clôture séparant deux terreins inégaux en hauteur, le Propriétaire du terrein le plus haut est tenu de faire à ses dépens

On

On toife ces Murs leur longueur fur leur hauteur, depuis la fondation jufque fous le chaperon, & l'on ajoute à la hauteur 2 pieds pour le chaperon : on toife une demi-épaiffeur au retour des encoignures (68).

---

un contre-mur au moins de pareille conftruction que le Mur, & de 12 pouces d'épaiffeur, comme il eft porté par l'article 192. Ce Propriétaire doit prendre cette épaiffeur fur lui ; & comme les contre-Murs fe conftruifent fouvent avec le Mur même, il ne faut pas confondre la part de ce contre-Mur dans la partie qui doit être payée par l'autre voifin ; il faut toifer ce Mur comme s'il n'y avoit point de contre-Mur, & tirer en ligne la part & portion que doit payer le Bourgeois chez lequel on toife. Il faut lire le Commentaire de M. Bullet fur cet article, & celui de M. Defgodets dans le Livre intitulé, *les Loix des Bâtimens.*

Quelquefois un contre-Mur feroit un tort confidérable à un Jardin où il y auroit de beaux arbres en efpalier. Pour l'éviter on peut faire des chaînes de pierre de taille de 9 pieds en 9 pieds plus ou moins, jufqu'à la hauteur du terrein le plus haut, & mettre dans les terres entre les arbres quelques éperons en maçonnerie de 12 pouces de faillie fur 18 à 20 de face, pour réfifter à la pouffée des terres, de façon que les arbres ne foient point endommagés. Alors ces dépenfes font faites par celui qui occupe le terrein le plus élevé. Il eft encore bon qu'il ait par écrit le confentement de fon voifin.

Les fondations des Murs de clôture devroient être faites fur un bon fonds ; mais il eft rare que cela foit obfervé ; on fe contente de les faire de deux ou trois pieds de profondeur, & même de moins. En toifant il faut les faire fouiller de diftance en diftance, pour en avoir les hauteurs & les réduire à une hauteur moyenne.

Nous ne parlons point de ces Murs de clôture conftruits en falpêtre & plâtras, qu'on appelle à Paris *Clôture de Jardinier.* Ce font le plus fouvent les Jardiniers eux-mêmes qui les conftruifent, & la Police de la maçonnerie n'y a aucun égard, parcequ'ils ne portent préjudice, s'il y en a, qu'à eux-mêmes. D'ailleurs, il eft libre à deux voifins de fe clore comme bon leur femble, lorfque l'intérêt public n'en fouffre pas.

(68) *Et l'on ajoute à la hauteur 2 pieds pour le chaperon.*
Il faut que ce chaperon foit de forme triangulaire, qu'il y

L

S'il y a des baies de portes & autres ouvertures dans les Murs qui soient couvertes de linteaux de bois , &

---

ait un larmier saillant de chaque côté d'un pouce ou d'un pouce & demi ; que ce larmier soit de pierre plate délitée , pour que le chaperon puisse être compté 2 pieds , & que ces 2 pieds soient compris dans la valeur du corps du Mur. Mais si le larmier est de plâtre , il ne sera compté qu'un pied de chaperon dans le corps du Mur, & le larmier sera compté au pied courant pour un demi-pied de chaque côté en *Légers*, & un pied pour les deux côtés.

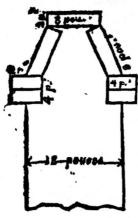

On ne faisoit pas anciennement les chaperons tels qu'on les fait aujourd'hui. Les larmiers étoient doubles, & c'est pour cette raison qu'on ajoutoit deux pieds à la hauteur du Mur, sans égard à l'adoucissement qui étoir dessus : mais si cet adoucissement étoit en forme de bahut, on le pourtournoit, & on en ajoutoit la moitié outre les larmiers. J'ai toisé de ces anciens larmiers & bahuts en différens endroits, construits en brique & d'autres en forme de triangle tronqué, suivant la méthode que j'avois trouvée dans Ferrieres. *Le chaperon*, dit-il, *d'un Mur de clôture, s'il y a larmiers doubles de côté & d'autre, est compté pour deux pieds, sans considérer l'adoucissement qui est plus haut ; mais si l'adoucissement étoit en forme de bahut, l'on en prendroit la moitié de la hauteur.*

Les larmiers en plâtre n'étoient point connus de son tems ; car certainement il en auroit parlé.

M. Bullet les compte ici au pied courant sans autre explication : & sans la rechercher, nous dirons qu'il y a faute, de quelque part qu'elle vienne ; car le pied courant ne vaut que demi-pied de *Légers*, n'ayant que deux paremens en son ébauche & en sa forme, comme nous le dirons en son lieu.

L'on toise une demi-épaisseur au retour des encoignures. Ceci n'est point d'usage : les demi-faces ne sont dûes que lorsqu'il y a un isolement & trois paremens vus : ici il n'y a aucune de ces conditions. *Voyez notre Addition sur les demi-faces*, *pag.* 140.

qu'il n'y ait point de feuil par bas, on rabat la moitié de ces baies; mais s'il y a des linteaux recouverts & des feuils aux baies, on les toife comme pleines (69).

---

(69) *S'il y a des Baies....qui foient couvertes de linteaux de bois* (non recouverts en plâtre) *& qu'il n'y ait point de feuil par bas, on rabat la moitié de ces baies* (après le développement des tableaux.)

Le défaut de feuil & de recouvrement de linteau emporte déja de plein droit la moitié de la fuperficie de la baie: enfuite fi le développement des piédroits remplit l'autre moitié, ce que dit M. Bullet eft bon.

Suppofons ici une baie de 6 pieds $\frac{1}{2}$ de haut fur 4 pieds de large dans un Mur de 18 pouces d'épaiffeur, les linteaux de 6 pouces de haut: la fuperficie de cette baie, épaiffeur des linteaux comprife, fera de 28 pieds, dont la moitié fera 14 pour le défaut de feuil & de recouvrement de linteau; le développement des piédroits fera de 9 pieds 9 pouces, dont la différence à l'autre moitié 14 fera de 4 pieds $\frac{1}{2}$: par conféquent au lieu de 14 pieds, moitié du vuide de la baie à déduire, il fe trouvera 18 pieds $\frac{1}{2}$: enfuite de quoi on comptera les feuillûres & fcellemens, s'il y en a.

Mais fi le Mur étoit de 24 pouces d'épaiffeur, alors le développement des piédroits feroit égal au défaut de feuil & de linteau. On rabat la moitié du vuide de la baie, & on compte les feuillures & fcellemens, s'il y en a.

Il en fera de même fi le Mur a plus de 24 pouces d'épaiffeur; car quelle que foit fon épaiffeur au furplus de la moitié du vuide de la baie, elle ne peut être comptée plus de moitié, parceque le feuil & les linteaux font privilégiés à tous ufages.

Si les linteaux font recouverts, il y aura toujours un quart du vuide de la baie rabattu, pour le défaut du feuil qui fe trouvera être ici de 6 pieds 6 pouces, & le reftant, quelque épais que foit le Mur, ne peut faire que les trois quarts. *Voyez à ce fujet nos principes fur les baies*, pag. 129.

Si les linteaux font recouverts, & qu'il y ait feuil par bas, la fuperficie du vuide 26 étant fupérieure au développement des tableaux de 15 pieds 9 pouces, il reftera encore 10 pieds $\frac{1}{2}$ à déduire, dont on peut, fi l'on veut, ne faire aucune mention, les laiffant pour les feuillûres & fcellemens, fi

Si, au lieu de linteaux, l'on fait des ceintres de pierre ou de libages pour les portes qui seront dans ces
Murs, & qu'il y ait un seuil par bas, on les compte
comme pleines ; mais s'il n'y a point de seuil, on rabat
la moitié de la hauteur depuis le dessus de l'imposte,
en bas, sur la largeur qui reste après le développement
des tableaux & feuillures ; mais on fait ordinairement
des prix particuliers pour les portes de pierre qui se
font dans ces Murs (70).

le Mur est en moilon ; mais s'il est en pierre de taille, on doit
déduire ces 10 pieds $\frac{1}{2}$, & compter les feuillures & scellemens
pour leur valeur.

(70) M. Bullet dit ici, comme partout ailleurs, que, si à
une baie fermée avec des claveaux de pierre, il n'y a point de
seuil, il faut rabattre la moitié de la hauteur depuis le dessus
de l'imposte en bas, sur la largeur qui reste après avoir pris le
développement des tableaux. Il suivroit de ce principe, qu'une
baie sans seuil seroit dans le cas d'être toisée pleine, si, après
le développement des tableaux ; il ne restoit rien.

Ce n'est point le développement des piédroits qui fait compter la baie pleine, c'est leur accompagnement, savoir, le seuil
& les linteaux. Quelque développement qu'aient les piédroits
& la fermeture du haut, il faut nécessairement un seuil, sans
quoi on doit rabattre du vuide de la baie, une partie proportionnelle à son pourtour ou à sa superficie, comme nous l'a-
vons dit ci-devant.

Nous avons établi dans notre Addition sur les Baies, que
si la superficie du pourtour des tableaux, faite par la moitié de
l'épaisseur du Mur, est égale ou excede la superficie du vuide
de la baie, cette baie sera comptée pleine, bien entendu qu'elle
a piédroits avec feuillures, seuil ou appui, linteaux ou platte-
bandes, avec la distinction des matieres. Le seuil est une de
ces conditions requises. Si cette condition manque, il faut
ôter de cette baie une partie qui la remplisse.

Dans les Murs de cave, où il y a des baies dont la superficie du pourtour faite par la moitié de l'épaisseur du Mur, est
quelquefois double de la superficie du vuide, ces baies n'ont
pas encore le droit de plein : il y faut un seuil, sans quoi, si
le principe de M. Bullet avoit lieu, les Maçons n'en met-

On crépit les Murs de Clôture des Jardins, contre lefquels on met des efpaliers ; dans ce cas on fait un larmier de plâtre au chaperon, & le chaperon eſt formé en bahut : chaque côté du larmier eſt compté pour un pied courant, & l'on contourne la moitié du chaperon, que l'on compte outre le larmier : ſi l'on compte les crépis à part, il en faut ſix toiſes pour une (71).

Les gros crochets que l'on ſcelle dans ces Murs, pour tenir les arbres, ſont comptés à trois quarts de pied.

Les petits crochets ſont comptés à demi-pied.

---

troient point, parceque cette baie étant comptée pleine par le développement des tableaux, le ſeuil qu'ils mettroient ſeroit à pure perte pour eux ; ce qui ſeroit un abus du privilege des demi-faces.

Un ſeuil eſt effectif, réel & néceſſaire, & le développement des tableaux n'a rien d'effectif ni de réel. Il faut à certaines portes un ſeuil pour ſûreté de la clôture ; le développement des tableaux n'a été imaginé que pour dédommager l'Entrepreneur de ſes faux frais, ce qui n'influe en rien pour la ſûreté de cette clôture.

(71) Les crépis contre les Murs de Clôture ſans enduits, ſont ici comptés à ſix toiſes pour une de *Légers*, comme le porte l'article 189 de la Coutume, parcequ'ils ſont faits dans le même tems & avec le même plâtre ; nous l'avons expliqué ci-devant, *pag.* 118 & 119.

Mais ſi à ce Mur il y avoit eu d'abord des crépis qui fuſſent détruits & enlevés, & qu'on y en refît de nouveaux, ils ſeroient comptés au $\frac{1}{4}$ pour chaque côté, y compris l'enlevement des gravois.

Il eſt encore dit que *les larmiers de plâtre ſont comptés chaque côté pour un pied courant.*

C'eſt une faute de copiſte, il ne doit y avoir que demi-pied courant de *Légers* : c'eſt l'uſage de tout tems & d'aujourd'hui. *Voyez la Note* 69.

On contourne la moitié du chaperon (en bahut) *que l'on compte outre le larmier* ; c'eſt-à-dire, que l'on contourne le bahut dont on prend la moitié, que l'on ajoute à la hauteur du Mur. *Voyez ci-devant, pag.* 162 & 163.

L 3

DES PUITS.

LES Puits font conftruits de pierre-de-taille, ou de libages ou de moilon piqué par affifes, dans leur face intérieure, & le refte eft de moilon effemillé; le tout doit être maçonné avec mortier de chaux & fable. On donne l'épaiffeur aux murs de Puits, fuivant le diametre & la profondeur qu'ils ont : ces murs doivent être pofés fur un rouet de charpenterie que l'ón fait defcendre jufqu'au fond de l'eau.

Quand on toife les Puits circulaires, l'ufage eft de prendre trois fois le diametre pour la circonférence, & d'ajouter enfemble les circonféreces intérieure & extérieure, dont on prend la moitié, que l'on multiplie par toute la hauteur, depuis le deffus du rouet, jufques & compris la mardelle. A cette hauteur on ajoute la moitié de la face de la mardelle, & l'on a par ce moyen la quantité de toifes d'un Puits circulaire.

Il y a de l'erreur dans cet ufage. Voici comme je le prouve. Je fuppofe que le diametre intérieur du Puits foit 4 pieds ½, la proportion du diametre à la circonférence eft comme 7 à 22, il faut, par une

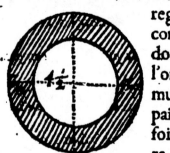

regle de proportion, trouver combien 4 pieds ½ de diametre donneront de circonférence, l'on trouvera 14 pieds ½. Si le mur du Puits a trois pieds d'épaiffeur, il faut ajouter deux fois 3 à 4 pieds ½, & l'on aura 10 pieds ½, pour le diametre de la circonférence extérieure: en faifant encore une regle de proportion, l'on trouvera 33 pour

la circonférence extérieure, qu'il faut ajouter avec
14 ½ circonférence intérieure, l'on aura 47 ½, dont
la moitié 23 ½, est la circonférence moyenne arithmétique, qu'il faut multiplier par la hauteur du Puits,
pour avoir les toises requises.

Par l'usage, on prend trois fois le diametre pour
avoir la circonférence; ainsi trois fois 4 ½ donnent
13 ½; trois fois 10 ½, qui est le diametre extérieur,
donnent 31 ½, qui ajoutés ensemble font 45, dont
la moitié est 22 ½, ainsi l'erreur est aisée à connoître (72).

L'usage de mesurer les Puits en ovale, est d'ajouter le grand & le petit axe ensemble, & de leur somme en prendre la moitié qu'on multiplie par 3, pour
avoir la circonférence de l'ovale; par exemple, si

---

(72) C'est ici que M. Bullet commence à rejetter l'usage
de son tems au sujet du Toisé des puits. Son développement
est vrai; aussi le suit-on aujourd'hui & depuis long-tems;
mais sa méthode est trop longue. Il faut ajouter l'épaisseur
du mur circulaire au diametre intérieur. Cette longueur sera
le diametre moyen arithmétique entre le grand & le petit,
& l'opération sera la même.

Ajoutez 3 pieds à 4 pieds ½, la somme sera 7 pieds ½, qu'on
multipliera par 3 ½, le produit sera 23 pieds ½. Cette opération donne le même produit que sa méthode, mais d'une façon plus abrégée.

M. Bullet dit précédemment, d'ajouter à la hauteur du
Puits la demi-face de la mardelle; mais cette mardelle étant
de pierre, doit être comptée en plus-valeur du mur du
Puits; car cette demi-face n'influe que sur le mur du Puits,
qui est supposé bâti en moilon, & moindre que la valeur de
la mardelle.

Je serois plutôt d'avis de prendre la hauteur du dessous du
rouet, jusqu'au-dessous de la pierre qui forme la mardelle,
& compter à part la valeur de cette mardelle. Cette méthode est plus naturelle & moins embarrassante que celle que
propose M. Bullet.

L 4

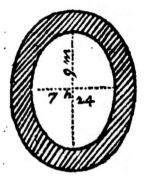

le grand axe eft 9, & le petit 7; l'on ajoute 7 & 9 qui font 16, dont la moitié eft 8, qu'il faut multiplier par trois, & l'on a 24 pour la circonférence de l'ovale, l'on ajoute enfemble, comme il a été dit ci-devant, les circonférences intérieure & extérieure, dont on prend la moitié que l'on multiplie par la hauteur prife, ainfi que je l'ai expliqué.

Cet ufage n'approche pas affez du précis; & quoiqu'il ne foit pas poffible de donner une regle certaine de la mefure de la circonférence de l'ovale, ici néanmoins j'en propofe une, que l'on a trouvée affez approchante de la vérité. Cette regle eft, qu'après avoir connu la moitié du grand & du petit axe de l'ovale propofé, il faut multiplier chaque demi-axe par lui-même, & ajouter enfemble la fomme de leur produit. Il faut enfuite en extraire la racine quarrée, qui fera la foutendante de l'angle droit, compris entre les deux demi-axes; la moyenne proportionnelle géométrique, entre cette foutendante, & la fomme des deux demi-axes, donnera la circonférence du quart de l'ovale.

Par exemple, fuppofons que la moitié du grand axe foit 12, la moitié du petit foit 9 : 12 multiplié par lui-même, donnera 144, & 9 multiplié auffi par lui-même donnera 81 : ajoutant 81 à 144; l'on aura 225, dont la racine quarrée eft 15, pour la foutendante de l'angle droit compris entre les deux demi-axes. Il faut enfuite trouver la moyenne proportionnelle géométrique, entre 15 & 21, (21 eft l'addition des deux demi-axes,) en multipliant 15 par 21, il viendra 315, dont la ra-

cine quarrée fera cette moyenne proportionnelle qui
fe trouvera être à peu près 17 $\frac{26}{35}$ pour le quart de l'o-
vale : ce qui fera environ 70 $\frac{34}{35}$ pour toute la circonférence de l'ovale propofé (73).

---

(73). La Méthode que nous donne M. Bullet, eſt très-peu
fuivie. Ce n'eſt pas qu'elle ne foit bonne ; mais elle eſt trop
longue. L'uſage le plus ordinaire, eſt d'ajouter le petit diametre au grand, d'en prendre la moîtié, & d'y joindre l'épaiſ-
feur du mur ; leur fomme fera le diametre total moyen arithmétique, qu'il faudra multiplier par 3 $\frac{1}{7}$, le produit fera le
pourtour du Puits. Reprenons le premier exemple, en fuppo-
fant le mur de 3 pieds d'épaiffeur.

Soit le grand axe............9
Le petit....................7

Somme   16

Moitié.....................8
Epaiffeur du mur..........3

Somme   11
à multiplier par 3 $\frac{1}{7}$

33

1 $\frac{4}{7}$

Produit du pourtour 34 $\frac{4}{7}$

Par la méthode d'uſage, il ne viendroit que 33 : ce qui fort
des principes de Géométrie.

Si l'on fuivoit fon fecond exemple, il viendroit quelque
chofe de plus ; mais comme il n'eſt pas plus certain que le nôtre, nous fuivrons le plus aiſé dans toutes nos opérations, &
même dans les Voûtes demi-ovales, parceque l'ovale eſt une
fection oblique fur un cylindre qui a pour bafe le cercle fait
par fon petit diametre : il vaut beaucoup mieux le fuivre, que
de fe plonger dans des calculs fans fin.

Les Puits ovales fe font ordinairement dans les murs mitoyens entre voifins, furtout dans les Villes. Ces Puits doivent fe payer par moitié jufques & compris la mardelle,

DES VOUTES.

IL faut principalement parler des Voûtes de caves, qui font ordinairement en berceau, ou plein ceintre, ou furbaiſſées. On conſtruit ces Voûtes de trois manieres. La meilleure eſt celle qui eſt entierement de pierre de taille : la moyenne eſt de pierre de taille aux arcs, aux lunettes des abajours ou ſoupiraux, & le reſte de moilon piqué par aſſiſes, taillé en vouſſoirs que l'on appelle *pendants*. Le tout doit être maçonné de mortier de chaux & ſable pour le mieux, & les reins de ces Voûtes ſont remplis juſqu'à leur couronnement de maçonnerie de moilon, avec mortier de chaux & ſable. Cette conſtruction eſt bonne, car le mortier réſiſte plus dans les lieux humides que le plâtre. La troiſiéme conſtruction eſt de mettre des arcs de pierre de taille ou libages par travées, & le reſte du moilon brute ou ſeulement eſſemillé, le tout maçonné avec plâtre, crépi par-deſſous, & les reins remplis de maçonnerie de moilon & mortier. Cette conſtruction eſt fort en uſage ; mais je l'eſtime de beaucoup inférieure à la moyenne, qui ne coute pas beaucoup plus. Les Voûtes doivent avoir au

---

Mais ſi un des voiſins veut orner ou faire un appui à la partie du Puits qui eſt ſur ſon terrein, cette moitié ne ſe compte telle que juſqu'au rez-de-chauſſée du pavé, & chacun paie l'appui pour ce qui eſt de ſon côté.

Il ſe trouve encore des cas où le terrein d'un voiſin étant plus haut que l'autre, alors la hauteur mitoyenne ne ſe prendra que du côté le plus bas, & le ſurexhauſſement du voiſin le plus haut ſera *payé* ſeul par le Propriétaire du terrein.

moins 18 pouces à leur couronnement, & être
faites de maniere qu'elles s'élargiffent à leur naiffance.

Toutes les Voûtes en général font comptées à
mur, & l'étendue de leur fuperficie intérieure, à
prendre de leur naiffance, fans avoir égard fi leur
épaiffeur eft prife dans les murs, à l'endroit des naif-
fances.

Pour toifer les Voûtes des caves & autres faites en Berceau, l'ufage eft de prendre la largeur
ou diametre du dedans-œuvre de la Voûte, auquel diametre on ajoute la hauteur perpendiculaire depuis la naiffance de la Voûte, jufques fous la
clef, ce qu'on prend pour la circonférence; cette
circonférence eft multipliée par la longueur de la
même Voûte: & l'on a par ce moyen les toifes requifes. Par exemple, fi au Berceau ABC, le dia-

metre AC eft de 6 toifes, &
qu'il foit en plein ceintre, fa
hauteur BD fera de 3 toifes;
ce qui fait enfemble 9 toifes
pour la circonférence ABC,
que l'on multiplie par la
longueur de la Voûte, que
je fuppofe 12 toifes; on au-
ra 108 toifes pour la fuperficie de la Voûte. A cette quantité, il faut ajouter le tiers pour les reins,
qui eft 36, en forte que toute la Voûte, y compris
les reins, contiendra 144 toifes. Voilà l'ufage ordinaire.

Quand les Voûtes font furbaiffées, ce que l'on
appelle *anfe de panier*, ou *demi-ovale*, l'ufage eft
encore de les toifer comme celles qui font en plein
ceintre, c'eft-à-dire, d'ajouter enfemble le diametre & la hauteur, pour avoir la circonférence a
par exemple, fi le diametre AC eft de 6 toi-

ses, & la hauteur BD de 2, l'on ajoute 6 & 2 qui font 8 toifes pour la circonférence, qu'il faut multiplier par la longueur de la Voûte, & l'on ajoute les reins comme ci-devant.

A l'égard des Voûtes en plein ceintre, il y a erreur dans cet ufage, comme il eft aifé de le connoître par la véritable regle : car le Berceau ABC étant en plein ceintre, eft un demi-cercle qui a fix toifes pour diametre, & 9 toifes $\frac{1}{7}$ pour fa circonférence, qui eft une demi-toife à peu-près de plus que l'ufage ; & fur 12 toifes de long, cela va à 5 toifes $\frac{1}{7}$ d'erreur dans la feule fuperficie, fans compter les reins.

Pour les Voûtes en Berceau furbaiffées, il n'y a pas tant d'erreur ; néanmoins il y en a ; & fi l'on veut opérer plus précifément, il faut fe fervir de la regle que j'ai donnée pour la mefure des puits ovales : car un Berceau furbaiffé eft ordinairement un demi-ovale.

Quand l'efpace qui eft voûté n'eft pas d'équerre ou à angles droits, c'eft-à-dire, que la place voûtée eft biaife ; mais que les murs oppofés font paralleles entr'eux, comme le plan de la Voûte AC BD ; il ne faut pas prendre le diametre ou la largeur de la Voûte, fuivant les lignes AC ou BD, mais fur une ligne menée d'équerre fur les murs AC ou BD, comme la ligne AE, & prendre la hauteur de la Voûte pour

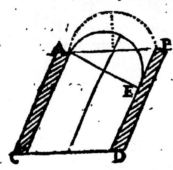

être mefurée comme ci-devant,

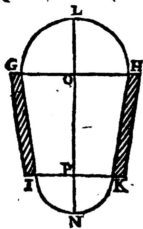

Si une Voûte en Berceau eft plus large à un bout qu'à l'autre, & que les deux bouts foient paralleles, ce qu'on peut appeller *Voûte en cano-niere*, comme la Voûte conte-nue entre les murs GIHK ; il faut ajouter enfemble les cir-conférences des arcs des deux bouts de la Voûte, comme GLH & INK, & de leur fomme en prendre la moitié, qu'il faut multiplier par la li-gne du milieu OP, pour avoir la fuperficie de ladite Voûte.

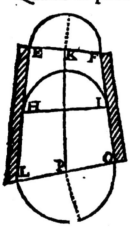

Quand la place eft irréguliere, que les murs ne font ni égaux en longueur, ni paralleles ; voici comme l'on y doit procéder. Suppofons le plan irréguliet EFLO, il faut divifer en deux parties égales, chacun des quatre côtés aux points K, P, H, I, & prendre fur le diametre HI, la circonférence du ceintre de la Voû-te en cet endroit, puis multiplier cette ciconférence par la longueur KP, an milieu de la Voûte, & l'on aura la fuperficie requife (74).

---

(74) La méthode que l'on propofe ici pour mefurer les Voûtes fur un plan irrégulier, n'eft que de pratique & n'eft établie fur aucun principe. On peut néanmoins s'en fervir, fi l'objet eft de petite conféquence. Il fe trouve encore dans les plans des irrégularités bien plus extraordinaires que celle ici propofée ; alors il faut avoir recours aux Propofitions VI, VIII & IX, de la *Géométrie-Pratique*, qui fe trouve au commen-cement de cet Ouvrage, & former de cette irrégularité plu-fieurs plans réguliers, & mefurer chacun à l'ordinaire fuivant ce qu'il fe trouvera.

ADDITION

Sur les Voûtes en Berceau.

Le Toisé des Voûtes est une des parties les plus essentielles à un Toiseur: c'est une étude des plus sérieuses. Si on pouvoit prendre le pourtour d'une Voûte avec la main ou un cordeau, on seroit sûr de son opération; mais presque toujours l'impossibilité de le pouvoir faire, nous met dans la nécessité de recourir aux regles de la Géométrie qui sont invariables, ou du moins à des Regles pratiques qui, dérivant de celles-là, en approchent à peu de chose près.

J'entends par *Regles Pratiques*, les moyennes proportionnelles arithmétiques pour les moyennes proportionnelles géométriques, dont la différence est si peu de chose (quand les termes sont peu différens) qu'elle ne fait pas un objet dans le prix ni dans l'usage. Par exemple, la moyenne proportionnelle géométrique entre 6 & 8, est 6 $\frac{11}{13}$, & la moyenne arithmétique est 7. Une si petite différence ne doit pas faire un objet dans la pratique. Je dis *quand les termes extrêmes sont peu différens*, ou peu éloignés l'un de l'autre; car s'il s'agissoit, par exemple, de 6 & 16, il faudroit absolument prendre la moyenne géométrique qui seroit 9 $\frac{14}{15}$ qu'on peut mettre à 10, dont la différence à la moyenne arithmétique qui est 11, se trouveroit être *un*.

Dans le Toisé des Voûtes & autres parties circulaires, nos Prédécesseurs avoient soustrait le *septiéme* du diametre, que les Géometres ont de tout tems admis pour avoir les circonférences. Sans approfondir quelles ont été leurs raisons, je dirai seulement que les plus expérimentés Toiseurs se sont apperçus depuis long-tems que l'absence de ce *septiéme* étoit notoirement préjudiciable; &, sans s'écarter des anciens usages, il les allient savamment avec les principes certains de la Géométrie où toutes leurs opérations doivent tendre.

Dans le cours des Toisés que j'ai faits, j'ai observé entre autres d'une façon particuliere, quatre différentes Voûtes en Berceau plein-ceintre de 18 pouces d'épaisseur.

La premiere avoit 7 pieds de diametre. Je l'ai d'abord toifé fuivant l'ancien ufage, c'eft-à-dire, fans *feptiéme*, mais avec un *tiers* pour les reins : j'ai enfuite toifé cette Voûte au cube, & j'ai trouvé que le toifé d'ufage étoit trop fort d'un *quart*, c'eft-à-dire, que l'Entrepreneur fur *quatre* toifes en avoit *une* de trop.

La feconde étoit une Voûte de 14 pieds de diametre, & j'ai trouvé que le Toifé d'ufage égaloit fon cube.

La troifiéme étoit une Voûte de 21 pieds de diametre; & j'ai trouvé que le Toifé d'ufage étoit trop foible d'un *cinquiéme*, c'eft-à-dire, que fur *cinq* toifes, l'Entrepreneur en perdoit *une*.

Enfin la quatriéme étoit une Voûte de 28 pieds de diametre; & j'ai trouvé que l'Entrepreneur perdoit un *tiers*, c'eft-à-dire, que fur *trois* toifes il en perdoit *une*.

D'après ces obfervations, on peut penfer que l'ancien ufage de toifer les Voûtes en plein-ceintre, eft non-feulement irrégulier, mais notoirement préjudiciable, foit au Bourgeois, foit à l'Entrepreneur; & comme il eft difficile de fortir des anciens ufages que l'habitude a rendus familiers, les prix doivent fubvenir à leur défaut. C'eft pourquoi nous avons fait la Table fuivante, où le prix de ces Voûtes met au pair le Toifé d'ufage avec le Toifé géométrique. Ce prix eft combiné fur une Voûte de 14 pieds de diametre égale à fon cube, qu'on fuppofe eftimée 18 liv. la toife : ainfi l'on peut continuer le Toifé d'ufage en fe fervant des prix de la Table, fauf à les augmenter ou diminuer fuivant le cours du prix des matériaux. La feule fujétion du Toifeur, fera de timbrer cet article fuivant le diametre de la *Voûte*, en difant, *Voûte de tant de diametre* : il peut même reprendre le *feptiéme* du demi-diametre fans erreur fenfible.

TABLE du prix des Voûtes supposé à 18 liv. la toise avec leurs Reins, suivant la grandeur de leur diametre; lequel prix met en égalité le Toisé aux Us & Coutumes avec le Toisé Géométrique.

Diametre.	PRIX			Diametre.	PRIX		
2 p.	10	5	9	19 p. ½	21	10	9
2 p. ½	10	12	0	20 p.	21	17	0
3 p.	10	18	6	20 p. ½	22	3	6
3 p. ½	11	5	0	21 p.	22	10	0
4 p.	11	11	6	21 p. ½	22	16	6
4 p. ½	11	18	0	22 p.	23	3	0
5 p.	12	4	3	22 p. ½	23	9	3
5 p. ½	12	10	9	23 p.	23	15	9
6 p.	12	17	0	23 p. ½	24	2	0
6 p. ½	13	3	6	24 p.	24	8	6
7 p.	13	10	0	24 p. ½	24	15	0
7 p. ½	13	16	6	25 p.	25	1	6
8 p.	14	3	0	25 p. ½	25	7	9
8 p. ½	14	9	3	26 p.	25	14	3
9 p.	14	15	9	26 p. ½	26	0	9
9 p. ½	15	3	0	27 p.	26	7	3
10 p.	15	8	6	27 p. ½	26	13	6
10 p. ½	15	15	0	28 p.	27	0	0
11 p.	16	1	6	28 p. ½	27	6	6
11 p. ½	16	7	9	29 p.	27	12	9
12 p.	16	14	3	29 p. ½	27	19	3
12 p. ½	17	0	9	30 p.	28	5	9
13 p.	17	7	0	30 p. ½	28	12	0
13 p. ½	17	13	6	31 p.	28	18	6
14 p.	18	0	0	31 p. ½	29	5	0
14 p. ½	18	6	6	32 p.	29	11	6
15 p.	18	12	9	32 p. ½	29	17	9
15 p. ½	18	19	3	33 p.	30	4	3
16 p.	19	5	9	33 p. ½	30	10	9
16 p. ½	19	12	0	34 p.	30	17	0
17 p.	19	18	6	34 p. ½	31	3	6
17 p. ½	20	5	0	35 p.	31	10	0
18 p.	20	11	6	35 p. ½	31	16	6
18 p. ½	20	17	9	36 p.	32	2	9
19 p.	21	4	3	36 p. ½	32	9	3

Toisé

Toiſé des Voûtes en Berceau plein - ceintre aux Us & Coutumes.

Il faut doubler le diametre, & le multiplier par la longueur de la Voûte ſans faire attention à leur quantité, le produit ſera la ſuperficie de la Voûte avec ſes reins.

Exemple. Soit une Voûte de 20 pieds de diametre & de 30 pieds de long. Le double du diametre eſt 40, qu'il faut multiplier par la longueur 30, le produit ſera 1200 pieds ou 33 toiſes 12 pieds pour la ſuperficie de la Voûte avec les reins.

Mais comme ce Toiſé eſt conforme aux Us & Coutumes, le prix ſera ſuivant la Table, de 21 liv. 17 ſ. pour chacune toiſe, comme nous allons le démontrer. Il n'y a autre ſujétion dans cette maniere de toiſer, que de timbrer le produit 3 *toiſes* 12 *pieds*, en diſant *Voûte de 20 pieds de diametre.*

J'obſerverai cependant qu'on peut ajouter au diametre doublé le *ſeptiéme* du demi-diametre (qui eſt ici de 10 pieds) 1 $\frac{4}{7}$ ou $\frac{3}{7}$, ce qui ſera 11 $\frac{3}{7}$, quand ce ne ſeroit que pour ſe conſerver l'habitude d'ajouter ce *ſeptiéme* aux parties circulaires; car il y a bien d'autres cas où il eſt abſolument néceſſaire. Je n'en ſache point en bâtiment ni ailleurs où il ſoit inutile.

Voûtes en Berceau ſurbaiſſées & ſurmontées ſans diſtinction.

Il faut joindre la hauteur au diametre avec le tiers de leur ſomme, & multiplier cette ſomme totale par la longueur, ſans s'embarraſſer du plus ou moins de reins; le produit ſera celui de la Voûte.

Exemple. Soit la Voûte ſurbaiſſée de 36 pieds de diametre & de 12 pieds de hauteur; leur ſomme eſt 48, dont le tiers eſt 16 qui, joint à 48 font 64, qu'on multipliera par la longueur de la Voûte, ſuppoſée 30 pieds; le produit 1920 pieds ou 53 toiſes 12 pieds ſera la ſuperficie de la Voûte. Pour en ſavoir le prix, il faut doubler la hauteur, la joindre au diametre, & la moitié de leur ſomme ſera la réduction. Ainſi la hauteur étant 12, le double ſera 24, qui joint au diametre 36, feront 60, dont la moitié eſt 30, qu'il faudra chercher dans la Table. On trouvera que le prix eſt de 28 liv. 5 ſols 9 deniers.

M

Cette méthode est commune aux deux especes de Voûte; car si elle est surmontée, elle aura 24 pieds de diametre & 18 pieds de montée. Ainsi 24 & 18 font 42, dont le tiers est 14, & la somme totale est 56, qu'il faut multiplier par la longueur 30 pieds, le produit 1680 pieds ou 46 toises ½ 12 pieds, sera la superficie de la Voûte, & son prix sera le même.

Cette Voûte-ci produit moins que l'autre, parcequ'il y a moins de reins. La méthode de toiser ainsi & de la même maniere les Voûtes surbaissées & surmontées, ne leur est propre qu'en ce qu'il y a jonction de reins; car lorsqu'il n'y en a point, il faut se servir de celle indiquée à la Note au bas de la page 28; ou, ce qui est la même chose & plus court, joignez la hauteur au demi-diametre, multipliez-en la somme par 3 $\frac{1}{7}$, le produit sera le pourtour de la Voûte sans distinction, puisqu'elles sont l'une & l'autre moitié d'un même tout.

J'observerai encore, qu'on peut ajouter le *septiéme* du demi-diametre quand on aura pris la somme totale du multiplicande : ainsi dans la Voûte surbaissée, à 64 on ajoutera le *septiéme* de 12 pieds qui sera 1 $\frac{1}{7}$ ou 1 $\frac{1}{4}$; ainsi au lieu de 64, on comptera le 65 $\frac{1}{4}$. De même à la Voûte surbaissée, au lieu de 56, ou comptera 58 $\frac{4}{7}$ ou 58 $\frac{1}{2}$.

TOISÉ GÉOMÉTRIQUE DÉMONTRÉ
des Voûtes en Berceau plein-ceintre, surbaissées & surmontées, avec la jonction de leurs reins, & comparé avec celui des Us & Coutumes pour l'usage de la Table.

TOUTE *superficie divisée par une longueur, donne une largeur, ou divisée par une largeur donne une longueur.* (Addit. à la Prop. II. p. 52.) Je ne crois pas que cette proposition ait besoin de démonstration; elle est si évidente, qu'elle peut être prise pour un *axiome.* J'en tire cette conséquence.

Si du Rectangle AD j'ôte la superficie du demi-cercle M, le restant divisé par la ligne BH ou par la ligne BD, donnera au quotient des lignes qui seront entr'elles réciproquement comme leurs diviseurs. Il est donc indiffé-

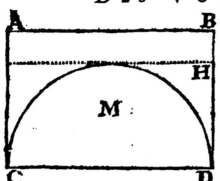

Brent de prendre tel diviseur qu'on voudra, les superficies restant égales.

Cela posé, je prends
pour premier exemple,
la Voûte de 14 pieds de
diametre toisée géomé-
triquement autant qu'el-
le peut l'être, & la com-
parant avec le Toisé aux
Us & Coutumes sans *sep-*
tiéme, l'un & l'autre Toisés sont égaux : ce que je démontre ainsi.

Soit le diametre CD de 14 pieds, le demi-diametre ou
montée de 7 pieds, l'épaisseur de la Voûte BH d'un pied
& demi, & son rectangle AD de 8 pieds ½ sur 14 pieds.

Le rectangle 14 pieds sur 8 pieds & demi, donne au produit 119 pieds, dont j'ôte la superficie du demi-cercle
M de 77 pieds ; restent 42 pieds, qui, divisés par 1 pied &
demi, épaisseur de la Voûte, donnent au quotient 28 qui
sera la surface de tout le rectangle moins celle du demi-
cercle, ou bien les reins d'une Voûte avec son épaisseur
entre deux murs. En toisant aux Us & Coutumes, l'on
ajoute le diametre au demi-diametre, ce qui fait 21, &
ensuite le tiers de cette somme qui est 7. Le total est 28,
égal au Toisé ci-dessus. Cela fait, je raisonne ainsi.

En supposant le prix actuel des Voûtes en Berceau toisées aux Us & Coutumes, 18 l. la toise superficielle, chaque pied superficiel de Voûte vaudra 10 s. & ces 28 pieds
(supposés sur 1 pied de longueur) vaudront 14 l. d'où je
tire cette proportion en disant : Si 28 pieds coûtent 14 l.
combien coûteront 36 pieds (valeur de la toise superficielle :) l'opération étant faite, il viendra pour quatriéme terme 18 liv. qui sera le prix d'une toise de Voûte de
14 pieds de diametre toisée suivant l'usage sans *septiéme.*

Je prends pour second exemple, une Voûte de 28 pieds
de diametre & de même d'un pied & *demi* d'épaisseur, son
Rectangle 28 pieds sur 15 pieds & *demi.* La superficie de ce
Rectangle est de 434 pieds, dont j'ôte 308 pieds superficie
du demi-cercle, le reste 126 divisé par 1 pied & *demi* donne au quotient 84 pieds qui, à 10 s. le pied, valent 42 l.

Ensuite je toise cette Voûte aux Us & Coutumes, en
disant 28 pieds de diametre & 14 pieds de demi-diametre

font enfemble 42 pieds, dont le tiers pour les reins eſt 14 & leur ſomme totale 56 (ou, ce qui eſt la même choſe, je double le diamettre,) & fais enſuite cette proportion. Si 56 pieds toiſés aux Us & Coutumes valent 42 liv. ſuivant le Toiſé géométrique, combien vaudront 36 pieds? La regle étant faite, il viendra pour quatriéme terme 27 liv. pour la valeur d'une toiſe ſuperficielle de Voûte de 28 pieds de diametre toiſée ſuivant l'uſage ſans *ſeptiéme*.

D'où je conclus, qu'en ſuivant le Toiſé d'uſage, & y appliquant les prix poſés par la Table, il n'y aura perſonne de léſé, le prix ſubvenant à l'irrégularité de l'uſage de toiſer. Si, comme je le recommande expreſſément, on reprend le *ſeptiéme* du demi-diametre, ce prix de 18 liv. ſera plus fort de quelque ſols par toiſe : ce qui ne doit point arrêter, comme je l'ai dit ci-devant.

Application aux Voûtes ſurbaiſſées & ſurmontées.

Exemple de la Voûte ſurbaiſſée. Soit la Voûte ſurbaiſſée de la page 172, ſon diametre 36 pieds, ſa hauteur 12 pieds, ſon épaiſſeur 1 pied & demi, & ſon rectangle 36 pieds ſur 13 pieds & demi.

La ſuperficie du rectangle ſera 486 pieds, dont ôtant 339 pieds $\frac{1}{7}$ pour la ſuperficie du demi-ovale, le reſte 146 $\frac{4}{7}$ diviſé par un pied & demi, épaiſſeur de la Voûte, donnera au quotient 97 pieds $\frac{5}{7}$, qui, à raiſon de 10 ſ. le pied ſuperficiel, vaudront 48 liv. 17 ſ. 1 den. $\frac{4}{7}$.

Enſuite, toiſant cette Voûte ſuivant l'uſage, ſon pourtour, y compris le tiers pour les reins, ſera de 64 pieds ; & faiſant cette proportion : Si 64 pieds valent 48 l. 17 ſ. 1 d. $\frac{4}{7}$ combien vaudront 36 pieds ; la regle étant faite, on aura pour quatriéme terme 27 liv. 9 ſ. 7 d. $\frac{4}{7}$. Cherchant enſuite dans la Table ce prix, ou le plus approchant, il ſe trouvera être de 29 pieds de diametre : & pour ne rien déranger de la méthode que nous avons indiquée, on peut prendre 30 pieds de réduction, en timbrant cette Voûte ainſi : *Voûte de 36 pieds réduite à 30.*

Exemple de la Voûte ſurmontée. Soit le diametre 24 pieds, la hauteur 18 pieds, l'épaiſſeur de la Voûte 1 pied $\frac{1}{7}$, & ſon rectangle 24 pieds ſur 19 pieds $\frac{1}{7}$.

La ſuperficie du rectangle ſera 468 pieds, dont on ôtera 339 pieds $\frac{1}{7}$ pour la ſuperficie du demi-ovale, le reſte 128 $\frac{6}{7}$ diviſé par 1 pied $\frac{1}{7}$, épaiſſeur de la Voûte, donner au quotient 85 pieds $\frac{6}{7}$, qui, à raiſon de 10 ſols le pied superficiel, vaudront 42 liv. 17 sols 1 den. ¼.

Ensuite, toisant cette Voûte suivant l'usage, son pourtour, y compris le tiers pour les reins, sera de 56 pieds, & faisant cette proportion : Si 56 pieds valent 42 l. 17 s. 1 d. ¼, combien vaudront 36 pieds ; la regle étant faite, il viendra pour quatriéme terme 27 liv. 11 s. & cherchant ensuite dans la Table, on trouvera la réduction à 29 pieds qu'on peut mettre à 30 pour ne rien déranger de la méthode que nous avons indiquée, l'objet étant de trop peu de conséquence. On peut voir par-là que les reins d'une Voûte surbaissée sont à ceux d'une Voûte surmontée de même ovale comme 73 est à 64, c'est-à-dire, à peu près comme 9 est à 8, & aux Us & Coutumes comme 8 est à 7. Dans le fond les écoinsons sont les mêmes en surface, mais les diametres étant différens en longueur, les surfaces de l'épaisseur sont en même raison des diametres.

Cette méthode, comme on peut le voir, est générale & universelle pour toutes Voûtes, Ponts, Ponceaux en plein ceintre, surmontés ou surbaissés, quel que soit le contenu des reins, en supposant que le tout est de même matiere.

Mais, me dira-t-on, cette méthode n'est pas exacte en tout ; car plus le diametre d'une Voûte est grand, plus il y a de reins, & ces reins ne sont pas à beaucoup près si chers que les Voûtes. Non, mais une Voûte sans reins vaut mieux que 18 l. la toise, & plus elle est grande, plus elle est chere. D'ailleurs, je n'ai point entrepris de faire des loix sur les estimations, j'ai seulement donné une idée de la maniere de rapprocher aux vérités géométriques, l'irrégularité du Toisé aux Us & Coutumes dans cette partie.

Il nous reste à donner la maniere de dégager les reins en moilon d'une Voûte totalement construite en pierre. C'est ce que nous allons faire. Quoique ce détail soit peu d'usage à Paris pour les Voûtes, il sera utile pour les parties & épaisseurs de murs ceintrés sur plan, dont le Toisé est très-difficile, & dont souvent il est presqu'impossible de connoître les véritables mesures, à cause des autres parties adjacentes qui, par leur forme mixte, & leurs parties le plus souvent cachées, obligent de les toiser par conjectures ou par évaluation, ce qui est toujours fort désagréable. On verra encore par les principes établis, que connoissant l'épaisseur du mur & le rayon de la partie ceintrée, on peut connoître le reste, pour peu qu'on veuille les étudier.

M 3

DANS UNE VOUTE EN BERCEAU

plein-ceintre construite en pierre de taille, & les reins remplis en moilon, dégager ces reins à cause de la différence de leurs prix.

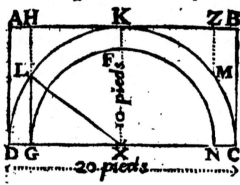

Soit le Rectangle A BCD, la base 20, la hauteur 10, la superficie sera 200. Soit inscrit dans ce Rectangle deux *demi*-cercles que le grand DKC ait 20 pieds de diametre, sa superficie sera 157 $\frac{1}{2}$; ôtée du Rectangle 200, il restera pour les deux écoinsons 42 $\frac{5}{7}$, dont la moitié pour chacun sera 21 $\frac{4}{7}$.

Ensuite du ceintre X soit décrit le petit demi-cercle GFN de 16 pieds de diametre, sa surface sera 100 $\frac{4}{7}$; ôtée de 157 $\frac{1}{7}$, il restera 56 $\frac{6}{7}$ pour le plein de la demi-couronne. Du point G on élevera la perpendiculaire GL qui sera moyenne proportionnelle entre DG & GC.

DG étant 2 & GC 18, leur produit est 36, dont la racine quarrée est 6, pour la moyenne proportionnelle GL.

GX sera 8 & LX 10, la superficie de ce triangle sera 24.

Le tout en cet état considéré comme une Voûte de pierre entre les deux murs AHDG, ZBNC aussi de pierre, de chacun 10 pieds de haut & de 2 pieds d'épaisseur, sans tirer à conséquence pour l'épaisseur & la hauteur, leurs surfaces seront de chacune 20 pieds. Il reste à connoître la surface des figures mixtes ou portions DLG & LHK.

Il faut commencer par la premiere DLG, & savoir que *par la Proposition* XL *pag.* 24 & 25, la surface du secteur DLX est à la surface du demi-cercle DLMC, comme l'arc DL est à la circonférence de ce demi-cercle. Or dans ce secteur le triangle LGX étant connu, on connoîtra l'arc LD de cette façon, en prenant LX pour finus total, & LG pour finus de l'arc.

Comme le finus total LX, 10.
est à 100000.

Ainſi le ſinus LG , 6.

ſera à 60000 , qui donne ſuivant les Tables 36 dégrés 33 minutes. On fera enſuite cette autre proportion : la circonférence du demi-cercle 180 dégrés , eſt à l'arc 36 dégrés 53 minutes, comme la ſuperficie 157 ½ eſt à la ſuperficie du ſegment, qu'on trouvera être de 32 ½ ou environ , dont on ôtera la ſuperficie du triangle LGX 24, le reſte ſera à très-peu de choſe près 8 ½ pour la ſurface de la portion mixte DLG.

Si de la ſurface du mur 20 , on ôte 8 ½ il reſtera 11 ½ pour la portion DAHL,mais l'écoinſon total DAKL étant de 21 ½ ſi on en ôte 11 ½, il reſtera 9 11/11 pour le petit écoinſon LHK , & pour les deux 19 9/11 ou ½ qui ſera la ſuperficie des reins en moilon ſur la Voûte en pierre, qu'on multipliera par la longueur de la Voûte ; le produit donnera un cube dont on fera l'uſage qui conviendra.

Cet exemple , outre beaucoup de belles connoiſſances qu'on en peut tirer, donne encore à connoître la ſurface du profil d'une Voûte ſans reins entre deux murs dans leſquels on ſuppoſe engagés les deux ſegmens mixti-lignes DLG & CMN : car ſi de la demi-couronne 56 ½ on en ôte ces deux ſegmens 16 ½ il reſtera à peu-près 40 ½ , qui diviſé par ſon épaiſſeur 2 pieds , donnera environ 20 pieds pour une ligne moyenne entre la courbe LKM & le ceintre GFN , & de plus la ligne LG , étant moyenne proportionnelle entre les deux diametres , ſera le rayon d'un cercle dont la moitié de la ſurface ſera égale à la ſurface du profil de cette Voûte.

Les ceintres ſurbaiſſés,ſoit en élévation,ſoit en plan, ne peuvent ſe développer que par parties , comme nous venons de le faire pour le plein-ceintre. Les parties ſurbaiſſées en bâtiment, partent toujours de pluſieurs points de centre dont on cherchera les rayons & les épaiſſeurs ; ce qu'on connoit aiſément par le moyen des plans pour les développer & diſtinguer, ſuivant le principe ci-deſſus.

Obſervations particulieres ſur les Voûtes.

I. Si une Voûte en Berceau eſt conſtruite en moilon,& qu'il y ait des arcs ou chaînes de pierre dure, après avoir compté la Voûte comme s'il n'y avoit point d'arc, on toiſera le pourtour de ces arcs , en ajoutant le diametre

à la hauteur avec son *septiéme*, & leur somme sera multipliée par la longueur réduite du plus grand claveau au plus
petit; lesquels arcs seront comptés en *plus-valeur d'arc
sur Voûte*.

II. Les Arrêtes des lunettes qui se trouvent dans les Voûtes en Berceau ainsi qu'aux autres Voûtes, se toisent au
pied courant de *Légers*, si la Voûte est en moilon; si elle
est en pierre, on les toise de même, & on les compte comme *saillie simple* ou *taille* de pierre dure ou tendre.

III. Lorsqu'aux grandes Voûtes en Berceau il se fait de
grandes lunettes, on toise ces lunettes à part comme Voûtes d'Arrête sans reins : le vuide passe plein dans le Toisé
de la grande Voûte, & on ne compte point d'Arrête.

IV. Si la Voûte est construite en moilon piqué, on fait
un article à part pour la plus-valeur du moilon piqué. La
méthode de faire dans les caves des paremens dont les
joints sont tirés à la pierre noire, ne vaut rien, & on ne
doit point les compter en plus-valeur : ce sont des crépis
que l'humidité fait tomber en peu de tems, & qui ne sont
d'aucune utilité; le moilon piqué vaut mieux.

V. Les pierres qui se trouvent dans les murs & qui rachetent Berceau sur la Voûte, se toisent comme nous le
dirons ci-après, pag. 190.

VI. L'usage est de ne point compter de reins dans les
Voûtes au-dessous de 6 pieds de diametre; mais il est plus
sûr de suivre notre méthode, & de se conformer à notre
Table qui ne les admet que pour plus-valeur lorsqu'il y en
a, & ne les comprend point lorsqu'il n'y en a pas.

DES VOUTES D'ARRÊTE.

LES Voûtes d'Arrête sont toisées comme les Berceaux, entre les murs, piliers ou dosserets, quoiqu'elles aient une autre figure. Pour les parties qui sont
entre les piliers & dosserets, elles sont toisées à part,
& c'est ce qu'on appelle murs d'*échiffre*, comme il
sera expliqué ci-après.

Soit à mesurer la Voûte d'Arrête ABCD, composée de deux travées de chacune quatre lunettes &

de deux arcs entre les piliers & dosserets ; il faut premierement, mesurer les deux travées EK, FK, comme

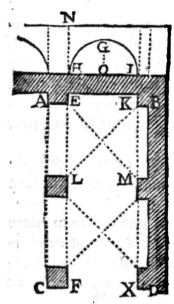

si c'étoit un Berceau, c'est-à-dire, multiplier la longueur EF, ou KX, par la circonférence HGI : il faut ensuite, pour les murs d'échiffre, mesurer la longueur AC, ou BD, comprenant tout le dosseret AE, & tout le pilier CF, & la multiplier par la hauteur, depuis l'imposte ou naissance de la Voûte, jusqu'à son couronnement, comme depuis H jusqu'à N. Cette portion sera pour le mur d'échiffre entre les piliers AE & CF, & est comptée à mur comme la Voûte. On en doit faire autant du côté des dosserets pour les murs d'échiffre, depuis B jusqu'à D. Ce mur d'échiffre ne doit être compté que selon la saillie des dosserets, par rapport à la largeur des piliers : comme si les dosserets ont de saillie la moitié de la largeur des piliers, le mur d'échiffre ne sera compté que pour la moitié de celui de ci-devant sur les piliers entiers ; si les dosserets ont plus ou moins que la moitié, le mur d'échiffre sera compté à proportion.

L'usage donne ces murs d'échiffre pour les ceintres qu'il faut faire, pour les arcs entre les piliers & dosserets, à cause de la plus grande difficulté qu'il y a de faire ces sortes de Voûtes, que les Voûtes en Berceau.

On ajoute aux Voûtes d'Arrête, un pied de toise pour chaque diagonale des Arrêtes, c'est-à-dire, que dans les deux travées EK, FX, il faut ajouter quatre

fois le contour de la diagonale E M ou K L : cette
diagonale se contourne avec un cordeau , ou bien
l'on peut se servir des regles que j'ai données, pour
prendre les circonférences des arcs droits ou surbaissés, ou par l'usage ordinaire en prenant la longueur d'une diagonale, comme E M , à la naissance
de la Voûte, & ajoutant O G , hauteur de la Voûte,
où les diagonales sont coupées : cette longueur & cette
hauteur ajoutées ensemble, donneront le pourtour
d'une diagonale.

Les reins des Voûtes d'Arrête sont comptés de
quatre toises l'une, au lieu qu'aux Berceaux, ils sont
comptés de trois toises l'une.

Il y a une erreur considérable dans cette maniere
de toiser les Voûtes d'Arrête : ce qui se peut connoître par le développement de la Voûte ci-devant expliquée, comme si elle étoit en Berceau, car elle est
comptée de même.

Supposons donc une Voûte d'Arrête contenue
entre les piliers A B C D. Pour la mesurer , il faut
prendre le contour du ceintre A E B , que l'on multiplie par la longueur A C ou B D , de même que si

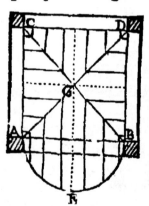

c'étoit un Berceau. Or , je dis
qu'en cela il y a de l'erreur ; &
pour la connoître , il faut développer le ceintre A E B entre
deux lignes paralleles de la distance A C, comme I K & L M,
où routes les divisions du ceintre A E B sont étendues & en 7
parties égales. Par ce moyen on
voit le développement ou l'extension de la Voûte entre les li-
gnes paralleles I K , L M , comme si elle étoit en
Berceau droit , & les lignes A C, B D, sont prises
pour les murs sur lesquels la Voûte est posée. Cette

La Voûte d'Arrête sera divisée en quatre portions égales par les diagonales AD, BC. Afin de connoître l'extension ou le développement de chacune de ces parties, prenons le quart AGB : il faut rapporter tous les aplombs qui tombent du centre AEB, sur les diagonales AG, BG, & les porter sur les lignes parallèles entre IK & LM, chacune à sa correspondante ; & l'on aura une figure triangulaire mixte, contenue entre les lignes droites IK, LM, & les courbes IZP & PCK. Ces courbes peuvent être de deux demi-hyperboles, dont l'axe transversera sur les lignes KM ou LI prolongées. On peut encore faire la même figure entre les lignes LM, LP & PM ; alors ces deux portions représenteront les deux lunettes AGB & CGD, qui sont comptées chacune pour le quart de la Voûte, puisqu'elles sont égales aux deux autres lunettes AGC & BGD qui sont plus petites que la moitié d'un Berceau de pareille grandeur que le plan ABCD, de deux fois la figure contenue entre la ligne droite PK, & la courbe PCK ; car le triangle IPK est le quart de toute la Voûte en Berceau développée. On peut connoître par ce moyen, que cette erreur va presque au cinquième de plus pour l'Entrepreneur.

Si l'on fait des lunettes dans les Voûtes en Berceau ; leurs Arrêtes sont comptées pour pied courant de toise, outre lesdits Berceaux, comme aux Voûtes d'Arrête, & la lunette passe comme si la Voûte étoit pleine (75).

_____

(75) La Voûte d'Arrête & la Voûte de Cloître sur un même plan, sont ensemble égales à deux fois la superficie d'une

DES ARCS EN VOUTE DE CLOITRE.

LES Voûtes en Arc de Cloître ou Voûtes d'Angle
font posées sur quatre murs, soit de figure quarrée,
soit de figure de quarré-long : elles font ou en plein

Voûte en Berceau, sur la même hauteur & sur le même plan,
parceque la Voûte de Cloître est composée de deux portions
de Voûte en Berceau, qui se croisent dans les angles, & la
Voûte d'Arrête est composée de 4 lunettes, dont deux sont le
supplément de ce qui manque aux deux bouts d'une des portions de la Voûte de Cloître de même ceintre sur le même
plan, pour en faire une Voûte en Berceau.

Ces Voûtes étant d'un travail & d'un soin plus qu'ordinaire, nous les traiterons suivant nos usages & suivant la Géométrie-pratique, sans nous embarrasser de ce qui est engagé dans
l'épaisseur des murs, que nous laissons pour dédommager
l'Entrepreneur de la sujétion de ces sortes de Voûtes.

Commençons par établir la superficie réelle d'une Voûte
en Berceau de 14 pieds de diametre & de 14 pieds de longueur. Sa superficie réelle & géométrique est de 308 pieds,
dont le double est 616, que doivent produire une Voûte d'Arrête & une Voûte de Cloître, chacune de 14 pieds de longueur & de 14 pieds de diametre.

Pour avoir la superficie intérieure d'une Voûte d'Arrête, il
faut ôter la longueur du diametre de celle de la circonféren-
cence ; prendre le quart du restant, l'ajouter au même diametre, & en multiplier la somme par la longueur d'un côté.

Exemple. (*Fig. de la pag.* 186.) Soit le côté AB ou AC de
14 pieds de diametre ; sa circonférence sera 22 : Otez de cette
circonférence 22 le diametre 14, il restera 8, dont le quart
est 2 ; ajoutez ce quart au diametre 14, leur somme sera 16,
qui multipliée par 14, longueur d'un côté, donnera au produit 224 pieds pour la superficie intérieure de la Voûte.

Le Toisé, y compris ½, comme il est ici détaillé, donne
308 pieds, & est par conséquent trop fort de 84 pieds, sans y
comprendre les reins, comme il est démontré dans la figure

ceintre ou furbaiffées. L'ufage eft de les toifer comme
fi c'étoit un Berceau, c'eft-à-dire, que l'on prend le

suivante ; de forte que le Toifé d'ufage des Voûtes d'Arrête eft
au Toifé géométrique, comme 11 eft à 8 , & par conféquent
à celui des Voûtes de Cloître, comme 11 eft à 14.

Ce principe eft général, & peut fervir pour toutes les Voûtes d'Arrête fur un plan quarré ou rectangle, le ceintre fur-
monté ou furbaiffé.

Suivant ce principe, il faut favoir que la Voûte d'Arrête eft
encore à la Voûte de Cloître en même raifon que 4 eft à 7,
& que toutes deux jointes enfemble font 11 , & font égales à
la fuperficie d'une Voûte en Berceau plein ceintre de la longueur de toutes les deux.

Une fimple *regle de trois* fera trouver la fuperficie de ces
Voûtes. Il faut toifer la Voûte d'Arrête telle qu'elle fe préfente en dans-œuvre de fon diametre, comme fi c'étoit une Voûte
en Berceau ; y ajouter le $\frac{1}{7}$ géométrique, en doubler la fuper-
cie, & dire :

11 eft à 4 comme le double de la fuperficie eft à la fuperficie de la Voûte d'Arrête dont il s'agit.

Exemple. Soit la Voûte d'Arrête fur un plan rectangle de
18 pieds de longueur & de 14 pieds de diametre, la circonférence 22 multipliée par la longueur 18 , produira 396, dont
le double eft 792.

Il faut enfuite multiplier 792 par 4: le produit fera 3168,
qu'il faut divifer par 11: le quotient donnera 288 pour la fuperficie de la Voûte d'Arrête.

$$11 : 4 :: 792 : 288.$$

Si on trouve ceci encore trop embarraffant, il faut faire
une autre analogie, en même raifon que la fuperficie du Toifé
d'ufage eft au Toifé géométrique & régulier, que nous avons
trouvé être comme il fuit.

$$11 : 8 :: 396 : 288.$$

Il en fera de même pour les Voûtes furmontées & furbaiffées , en fuivant la même méthode.

Si ces Voûtes font fur des plans obliquangles ou trapezes,
il faut les réduire en rectangles réguliers , comme il eft ci-
devant expliqué en traitant des Voûtes en Berceau : le refte
eft affez nettement expliqué.

diametre ou la largeur de la Voûte à sa naiſſancè, à
laquelle largeur on ajoûte la hauteur depuis la naiſſance juſques ſous la clef de la Voûte, & l'on multiplie

Les reins de ces Voûtes d'Arrête ſe compteront au tiers de
la ſuperficie & non au quart, parcéque nous partons des Voûtes en Berceau ; & ſi l'on veut que l'opération ſoit plus juſte,
on les comptera proportionnellement à leur diametre, ſuivant nos développemens des Voûtes en Berceau.

Les Arrêtes ſe comptent leur pourtour ſur 1 pied de *Légers*,
lorſque les Voûtes ſont en moilon piqué apparent, ou crépi
& enduit en plâtre. Mais quand les Voûtes ſont en pierre de
taille, ce pourtour ſe compte ſur un pied de ſaillie de cette
pierre ; la raiſon en eſt, dit M. Deſgodets, que les Arrêtes de
ces Voûtes n'ont aucune épaiſſeur, & même que la Voûte en
cet endroit eſt toiſée par les deux faces de ſon épaiſſeur au
pourtour des Arrêtes.

Aux Voûtes d'Arrête, ainſi qu'aux Voûtes de Cloître, s'il
y a des arcs de pierre de taille, on toiſe le pourtour ſur le
diametre intérieur, ſans s'embarraſſer de l'épaiſſeur des queues
de pierre qui ſont dans l'épaiſſeur des murs ou contre-murs ;
& quoique les chaînes de pierre ſoient toiſées du deſſus de
leur fondation, juſques & compris l'extrados de la Voûte, le
pourtour de ces arcs de pierre ſe multiplie par la longueur
réduite des plus longues aux plus courtes, ainſi que les chaînes de pierre.

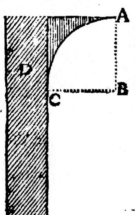

S'il ſe trouve dans les muts quelques
pierres de taille qui rachetent Berceau,
on les toiſe leur longueur ſur leur pourtour, & leur épaiſſeur ſe prend de l'a-
plomb de ſa ſaillie du nud du mur.

Exemple. Soit la pierre rachetant
Berceau ABC. Après avoir compté le
mur D pour ce qu'il eſt, & la Voûte
que nous ſuppoſons en moilon, on toiſe en plus-valeur ſur moilon la pierre
ABC, & après avoir pris la ſuperficie,
l'épaiſſeur s'en prendra de l'aplomb
AB, & aura par conféquent pour épaiſſeur CB.

ces deux nombres joints enfemble par la longueur de la Voûte, pour en avoir la fuperficie intérieure. Les reins de ces Voûtes font comptés au tiers, comme les Berceaux, & l'on compte un pied courant pour chaque angle rentrant des diagonales, comme aux Voûtes d'Arrête.

Il y a une erreur confidérable dans cet ufage, à la perte de l'ouvrier : cette erreur eft la même que ce qui manque aux Voûtes d'Arrête ; & pour la connoître, fuppofons la Voûte en Arc de Cloître quarrée entre les quatre murs ABCD. Que le demi-cercle

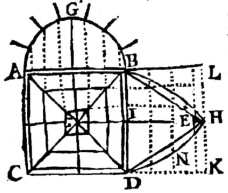

AGB, fon ceintre, foit divifé en 7 parties égales, dont les aplombs prolongés développent le quart repréfenté fur le plan par le triangle BED : il faut enfuite étendre le quart de cercle BG, fur la ligne IH, par des lignes paralleles à BD, terminées par des paralleles IH, de la rencontre des aplombs fur la diagonale BE. On aura une ligne HB, & une autre HD, qui renfermeront le quart de la Voûte entiere reprélentée par la figure BHD : fi c'étoit un Berceau, la moitié de la Voûte feroit comprife entre les lignes BL, DK, qui eft la moitié du Berceau dévelopé. Ainfi l'on connoît que la figure BHD eft plus grande que les deux triangles BLH & DHK, de la quantité de deux fois la figure comprife entre la ligne droite HD, & la courbe HND, ce qui va prefqu'à ⅓ du total (76).

_____

(76) Nous avons dit ci-devant, dans nos Notes fur les Voûtes d'Arrête, que la Voûte de Cloître & celle d'Arrête

DES ARCS DOUBLEAUX.

Les Arcs Doubleaux qui font faits dans les Voûtes en Berceau, Voutes d'Arrête, ou autres, font ordinairement pofés fur des dofferets ou pilaftres de

étoient complément l'une de l'autre, & devoient faire enfemble deux fois la fuperficie d'une Voûte en Berceau de même hauteur & fur le même plan. Nous avons enfuite trouvé que la Voûte en Berceau de 14 pieds de longueur & de diametre, contenoit de fuperficie 308 pieds, dont le double étoit 616 pieds ; que la Voûte d'arrête fur le même plan contenoit 224 pieds : il doit donc refter pour la fuperficie de la Voûte de Cloître 392 ; c'eft ce que nous allons voir.

A quelque forte de Voûte de Cloître que ce foit, fur des plans quarrés, il faut ajouter à la circonférence du pourtour de la Voûte les $\frac{1}{4}$ de la différence qui eft entre cette circonférence & fon diametre, & les multiplier par la longueur de la Voûte.

Exemple. Soit la figure de la Voûte en Arc de Cloître ci-deffus de 14 pieds de diametre, & de 14 pieds de longueur, & en plein-ceintre ; la circonférence eft 22 ; fon diametre 14 ; leur différence 8, dont les $\frac{1}{4}$ 6, ajoutés à la circonférence, font 28 pieds, qui, multipliés par la longueur 14, produifent 392 pieds pour la fuperficie de la Voûte.

Mais nous avons dit auffi que le Toifé d'ufage étoit faux & préjudiciable à l'Entrepreneur ; & nous avons trouvé que les Voûtes d'Arrête étoient en raifon des Voûtes de Cloître comme de 4 à 7, conféquemment que celles de Cloître étoient à la fuperficie des deux Voûtes comme de 7 à 11. Ainfi le double de la fuperficie de la Voûte de Cloitre toifée comme Voûte en Berceau, eft à la fuperficie de cette Voûte de Cloître comme 7 eft à 11.

Exemple. Soit la Voûte de Cloître fur un plan rectangle de 18 pieds de longueur, & de 14 pieds de diametre ; fa circonférence eft 22, qu'il faut multiplier par la longueur 18 ; le produit fera 396 & le double 792. Or ce double eft à la

fonds

fonds, divisés en distances égales ; & comme ces dosserets
ou pilastres sont comptés à
part, outre les murs qui sont
au derriere, on compte de même les Arcs Doubleaux posés
sur ces dosserets ou pilastres,
outre les Voûtes qui sont au
derriere. L'usage de les toiser,
est de prendre la face de l'Arc
Doubleau, & un des retours
que l'on multiplie par le contour intérieur du même
Arc Doubleau.

___

superficie de la Voûte de Cloître, comme 11 est à 7, en
ordonnant la *regle de trois* suivante. 11 : 7 :: 792 : 504,
égal à la superficie de la Voûte de Cloître. Ces 504 joints à
288 que nous avons trouvé pour la superficie de la Voûte
d'Arrête, font ensemble 792, égaux à la superficie de la Voûte en Berceau, double du plan de la Voûte d'Arrête ou de
Cloître proposée.

Ou si on veut se souvenir que la superficie d'une Voûte de
Cloître est à la superficie d'usage, comme 14 est à 11, on la
trouvera en ordonnant l'analogie suivante, 11 : 14 :: 396 :
504 ; ce qui est la même chose.

Il en sera de même pour les Voûtes de Cloître surmontées
& surbaissées, en suivant la même méthode.

Si ces Voûtes sont sur des plans obliquangles ou trapezes,
il faut les réduire en rectangles réguliers, comme M. Bullet
l'a ci-devant expliqué, en traitant des Voûtes en Berceau.

Mais ces Voûtes de Cloître se font fort souvent sur des plans
polygones réguliers en plein-ceintre, surmontées ou surbaissées, soit en maçonnerie, soit en treillage, soit en grosse peinture, &c. La méthode la plus simple & la plus aisée, est de
se servir des principes d'Archimede touchant les Conoïdes &
les Sphéroïdes. Il faut prendre le pourtour du plan, au droit
de la naissance, & multiplier ce pourtour par la montée de
la Voûte.

N

S'il y a des moulures dans les Arcs Doubleaux, elles font comptées à part comme dans les autres endroits; toutefois si ces moulures excedent deux pieds courans, on ne compte point le corps des Arcs Doubleaux (77).

Exemple. Soit une Voûte d'Arrête sur un plan de 14 pieds sur tout sens, & élevée en plein ceintre, son pourtour sera 56, qu'il faut multiplier par sa moitié 7 : le produit sera 392 pour la superficie intérieure de cette Voûte, égale à celle que nous avons trouvée au commencement de cette Note.

La Méthode que nous proposons est générale pour tous les plans polygones réguliers, tetragones, pentagones, hexagones, heptagones, octogones, &c.

Aux Voûtes de Cloître toisées comme nous venons de le dire, on peut, sans grande erreur, suivre l'ancien usage, ajouter à ces superficies le tiers pour les reins, puisque nous partons du principe des Voûtes en Berceau, ainsi qu'aux Voûtes d'Arrête. Si cependant on veut les donner juste, il faudra prendre le développement de ces reins, que nous avons donné sur les Voûtes en Berceau, & les donner aux Voûtes d'Arrête & de Cloître suivant la longueur des diametres, en les proportionnant sur les Voûtes en Berceau.

Les angles rentrans se comptent leur pourtour sur 1 pied de *Légers*, si la Voûte est en moilon apparent ou crépi & enduit; mais si c'est de la pierre de taille, ces angles se comptent comme saillie d'Architecture en pierre.

Quant au restant, voyez les Voûtes d'Arrête, & ce que nous avons dit sur les arcs & chaînes de pierre, & les pierres qui rachetent Berceau.

(77) Les Arcs Doubleaux, dont il est ici parlé, ne sont presque plus d'usage. Quoi qu'il en soit, la maniere de les toiser n'est pas exposée d'une façon assez claire, & ne se rapporte point à ce que nous avons dit touchant les Dosserets & avant-corps, qui est de pourtourner ce Dosseret sur ses trois faces, & d'en prendre la moitié, comme M. Bullet s'en est expliqué ci-devant dans le Toisé des murs de face, en parlant des Dosserets dans les caves.

Pour les Dosserets, dit-il, *que l'on fait . . . . . on prend la moitié de leur contour que l'on multiplie par leur hauteur.*

Aux Voûtes d'Ogive ou Voûtes Gothiques qui
font garnies par - deffous d'Arcs
Doubleaux en diagonale, de for-
merets & de tiercerets, pour pofer
les pendans qui rempliffent les intervalles, on ne compte point des
Arrêtes, comme aux Voûtes en
Arc de Cloître, ou aux Voûtes
d'Arrête; mais on compte les Arcs
Doubleaux de diagonale, les for-
merets & les tiercerets, pour un
pied courant, & outre cela les moulures dont ils font ornés.

Les Voûtes Gothiques font ordinairement faites en triangle équilatéral, dit vulgairement *Tiers-
point*; de deux portions de cercle
pour avoir moins de pouffée: quand
c'eft pour des Voûtes d'Eglifes,
l'on ne remplit point les reins;
c'eft pourquoi on ne les compte
point, mais le refte fe toife comme aux Voûtes, Lunettes, Arcs
Doubleaux, &c.

Le Dofferet d'Arc Doubleau ou le Dofferet pour porter
des Voûtes, font l'un & l'autre faillans hors le nud du mur;
& doivent être toifés de la même maniere. Il paroît que de
fon tems, c'étoit l'ufage de les toifer de la maniere qu'il
l'énonce; *mais*, dit-il ici, *s'il y a des moulures qui excedent
2 pieds courans, on ne compte point le corps des Arcs Doubleaux.*

Peut-être qu'on comptoit alors ces Dofferets & Arcs Doubleaux, non comme murs, mais comme faillie d'Archite-
âture.

DES VOUTES EN CUL DE FOUR.

LES Voûtes que les Ouvriers appellent *Cul de Four*, font faites de différentes manieres, tant à l'égard de leur plan, que de leur montée ou ceintre; celles dont le plan est rond & le ceintre un demi-cercle, font appellées *Voûtes fphériques*, parce-qu'elles forment la moitié d'une fphere. J'ai donné la regle pour mefurer ces fortes de Voûtes dans la Géométrie - Pratique, en donnant la mefure de la furface convexe d'une fphere; mais voici une regle générale & qui fera plus facile, non-feulement pour les Voûtes fphériques, mais pour celles qui feront furbaiffées, ou en anfe de panier : cette regle est, qu'il faut multiplier la circonférence ou circui du plan de la Voûte par la perpendiculaire prife du deffous de la premiere retombée, jufques fous le milieu de la clef. Si, par exemple, c'est une Voûte fphérique, dont le diametre foit 7, la circonférence fera 22, qu'il faut multiplier par $3\frac{1}{2}$ moitié de 7, & l'on aura 77 pour la fuperficie intérieure de la Voûte.

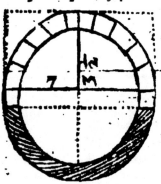

chacune de ces toifes va pour toife à mur; & fi les reins font remplis jufqu'au couronnement de la Voûte, ils font comptés de 3 toifes l'une; c'est-à-dire, qu'il faut ajouter le tiers de 77 qui est $25\frac{2}{3}$; & l'on aura $102\frac{2}{3}$ pour toute la Voûte.

S'il y a des lunettes dans les Voûtes en Cul de Four, on compte les arrêtes comme aux Voûtes en

Berceau, pour un pied courant de toife, dont 36 font une toife.

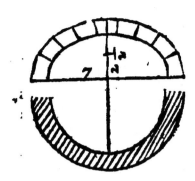

Les Voûtes en Cul de Four, dont le plan eſt rond & la montée ſurbaiſſée ou demi-ovale, ſont encore meſurées de la même maniere que ci-devant ; c'eſt-à-dire, en multipliant la circonférence du plan par la hauteur perpendiculaire du milieu de la clef juſques ſur la naiſſance de la Voûte : par exemple, ſi le diametre eſt 7, la circonférence ſera 22, qu'il faut multiplier par la montée de la Voûte que je ſuppoſe 2 $\frac{1}{2}$, & l'on aura 55 pour la ſuperficie de la Voûte.

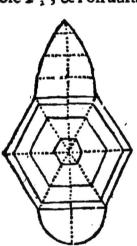

Les Voûtes en Cul de Four à pans, dont les plans ſont, par exemple, hexagones, ſont toiſées leur pourtour à leur naiſſance ſur chacun des pans développés, comme il a été dit des Voûtes en arc de Cloître, dont celles-ci ſont une eſpece. De même les angles & les reins.

Si dans chacun des pans de ces Voûtes, il y a des lunettes, l'on compte l'arrête de ces lunettes pour un pied courant de toiſe, & le reſte eſt toiſé comme ci-devant ; mais les reins ne doivent être comptés que de trois toiſes l'une.

Si, ſur des plans quarrés, quarrés-longs, ou à pans de différentes manieres, l'on fait des Voûtes en pendentif, ces Voûtes ſont dans l'eſpece des Voûtes ſphériques tronquées, dont les ſections ſont les murs ſur leſquels elles ſont poſées : elles ne ſont entieres que dans les angles ou diagonales, c'eſt-à-dire, que

N 3

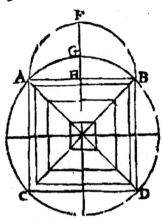

le plan de la Voûte eſt inſcrit dans un cercle ſur lequel eſt fait une Voûte ſphérique, laquelle eſt coupée par les faces des murs. Si c'eſt un plan quarré comme ABCD, on fait paſſer un cercle par les angles ABCD; les faces du mur AB, AC, CD & BD, ſont autant de ſegmens dans le cercle, contre leſquels eſt un ceintre AFB, appellé *Formeret*: ces ſegmens peuvent être conſidérés comme les ſegmens d'une ſphere. Ainſi, pour toiſer ces Voûtes, il faut premierement les compter comme ſi elles étoient des Voûtes ſphériques entieres, & enſuite ſouſtraire les ſegmens de ſphere formés par les murs. Par exemple, ſuppoſons la Voûte ſphérique entiere; que le diametre ſoit 7, la circonférence ſera 22; il faut multiplier cette circonférence par le demi-diametre, qui eſt $3\frac{1}{2}$ pour la hauteur de la Voûte, & l'on aura 77 pour la ſuperficie entiere de la Voûte. Il faut enſuite ſouſtraire de cette ſuperficie les quatre ſegmens coupés par les quatre murs AB, AC, CD & BD, ce qui ſe peut faire par une regle de proportion; on met au premier terme le diametre entier de la Voûte qui eſt 7, au ſecond la ſuperficie de la Voûte qui eſt 77, & au troiſiéme la ſagette ou la hauteur HG, que je ſuppoſe être 2,

$$7 : 77 :: 2 : x.$$

& l'on aura pour quatriéme terme 22, dont il faut prendre la moitié pour la ſouſtraction de chaque ſegment de mur. Cette moitié eſt 11, qui, multiplié par les quatre ſegmens des quatre murs, donne 44; il faut ſouſtraire 44 de 77 ſuperficie totale, & l'on a

33 pour la superficie de la Voûte en pendentif proposée.

Les reins de ces Voûtes sont comptés au quart ;
ainsi le tout reviendra à 41 $\frac{1}{4}$.

Les mêmes especes de ces Voûtes faites sur des
plans hexagones ou autres polygones, sont toisées de
même que sur un quarré ; toute la différence qu'il y
a, est qu'au lieu de diminuer quatre côtés aux sections,
comme au quarré, l'on en diminue six, à cause des
six pans, & ainsi des autres,
selon les figures : le reste est
toisé de même que ci-devant.

Les Voûtes en Cul de
Four sur un plan ovale, étant
mesurées par les regles de
Géométrie, sont les plus difficiles à toiser : elles peuvent être entendues par la
mesure de la surface d'un
sphéroïde expliquée dans la
Géométrie-Pratique. Cependant comme il s'en fait
beaucoup de cette sorte, non-seulement de pierre de
taille, mais pour des dômes, des chambres ceintrées
en ovale, qu'on appelle *Calottes*, il faut expliquer
la maniere de les toiser avec le plus de facilité qu'il se
pourra.

Suppofons que le grand axe ou diametre de la
Voûte ovale soit 10, & le petit diametre 7, si la
montée ou hauteur du ceintre de
la Voûte est égale à la moitié du
petit diametre, elle sera 3 $\frac{1}{2}$: il faut
premierement avoir la superficie
d'une Voûte sphérique, qui aura 7
pour diametre ; cette superficie sera
77 ; il faut ensuite, par une regle de proportion,
augmenter cette superficie selon la proportion du

N 4

petit diametre au grand : cette regle se fait en mettant au premier terme 7, au second 77, & au troisiéme 10 ; en cette maniere, 7 : 77 : 10 :: x, & pour le quatriéme terme l'on trouvera 110, qui sera la superficie requise.

Nous supposons que cette Voûte est ovale pour son plan ; si elle étoit circulaire, & que sa montée fût un ovale surmonté comme la figure R, où le plan ACB est un cercle, & la montée AEB est un ovale surmonté, la superficie seroit encore la même, en supposant que le diametre du plan fût 7 & la montée 5 ; car il faut trouver comme ci-devant, la superficie d'une Voûte sphérique dont le diametre est 7 ; on trouve 77, qu'il faut augmenter suivant la proportion de 7 à 10, & l'on a 110 pour la superficie.

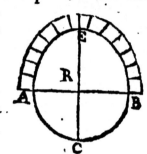

Quoique cette Voûte soit différente de la premiere expliquée ci-dessus, c'est toujours la moitié d'un sphéroïde ; la premiere est coupée par la moitié du petit axe, par un plan qui passe par le grand axe ; la seconde est coupée par la moitié du grand axe, par un plan qui passe par le petit axe ; ainsi ces deux Voûtes ayant leurs axes égaux, leurs superficies sont égales. Les reins de ces Voûtes sont comptés à trois toises l'une, comme aux Berceaux.

Il y a une autre méthode plus abrégée & plus facile pour mesurer les Voûtes en Cul de Four sur un plan ovale ; & quoiqu'elle ne soit pas dans la rigueur de la Géométrie, elle approche néanmoins de la précision du toisé autant qu'il est nécessaire. Cette méthode est de prendre la circonférence de la Voûte à sa naissance, & de multiplier cette circonférence par sa montée, pour en avoir la superficie : ce qui peut être prouvé par les exemples précédens. La premiere Voûte qui a 10 pour son grand diametre, & 7 pour son petit, aura $31\frac{1}{7}$ de circonférence en faisant cette regle de proportion :

Le diametre............ 7 }
est à la circonférence......22 } $7 : 22 :: 10 : x = 31\frac{1}{7}$.
comme le diametre de la Voû- }
te....................10 }

est à la circonférence de la Voûte ; par l'opération, on aura $31\frac{1}{7}$ pour cette circonférence.

Si l'on multiplie cette circonférence par $3\frac{1}{2}$, qui est la montée de la Voûte, on aura 110 pour la superficie de la Voûte.

Pour le second exemple, le cercle qui a 7 pour diametre, aura 22 pour sa circonférence ; cette circonférence étant multipliée par 5 qui est la montée de la Voûte, l'on aura aussi 110 pour la superficie de la Voûte ; ce qui fait connoître la preuve de ces deux regles.

Cette regle peut s'appliquer à toutes sortes de Voûtes ovales plus ou moins surbaissées. Car si nous supposons une Voûte sur un plan ovale, qui ait les mêmes axes, & par conséquent la même circonférence que ci-devant, & que la montée ou hauteur au lieu de $3\frac{1}{2}$, ne soit que 2, il faut multiplier $31\frac{1}{7}$, par 2 & l'on a $62\frac{6}{7}$, pour la superficie requise. Il en est de même pour toutes les autres Voûtes de cette espece.

On peut se servir de cette même regle pour les Voûtes en Cul de Four ovales ou rondes, tronquées ou déprimées ; c'est-à-dire, quand il y a une partie coupée par le haut, comme il arrive dans les Églises, lorsqu'on fait des doubles Voûtes, ou ailleurs dans les Appartemens, quand on fait des doubles ceintres ou calottes, comme la figure O. Ces

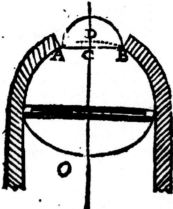

Voûtes se mesurent de cette maniere : il faut premierement avoir la mesure de la Voûte, comme si elle étoit entiere, par les regles précédentes, & ensuite mesurer la circonférence de la base de la partie tronquée, comme la base AB; on multiplie cette circonférence par le reste de la hauteur CD : le nombre qui en provient doit être diminué de la superficie totale intérieure de la Voûte.

Par exemple, supposant toujours les mêmes axes & la même superficie que ci-devant, que la circonférence de la base tronquée soit 16, & la hauteur CD $1\frac{1}{2}$; il faut multiplier 16 par $1\frac{1}{2}$, on aura 24 pour la superficie tronquée, qu'il faut soustraire de 110; & il restera 86 pour la superficie du restant de la Voûte.

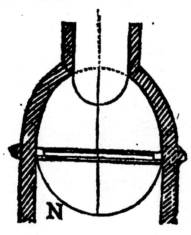

Il en arriveroit de même, quand la Voûte seroit circulaire par son plan, & quand sa hauteur excéderoit le demi-diametre, comme la figure N, ainsi l'on peut mesurer par cette regle non-seulement toutes les Voûtes circulaires ou ovales de toutes les especes, mais aussi tous les dômes par dehors, soit de pierre, soit de couverture de plomb ou d'ardoise.

DES VOUTES EN TROMPE.

Lis Trompes circulaires ou ovales que l'on fait dans les angles des dômes des Eglises, ou ailleurs, peuvent auſſi être meſurées par le même principe.

Ces Trompes ſont des triangles ſphériques, à peu près comme la figure A, & le plan du dôme comme la figure B. Elles ſont faites pour former la Voûte des quatre angles *o, o, o, o*.

Pour meſurer ces Voûtes, il faut avoir la circonférence du plan repréſenté par le cercle *f, f, f, f*;

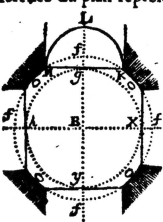

elle eſt ſuppoſée de 76 : on la multiplie enſuite par 15, hauteur totale de la Voûte ſuppoſée, & l'on a 1140 pour la ſuperficie totale de la Voûte. Pour avoir la ſuperficie des quatre Trompes propoſées, on ſouſtrait de la ſuperficie totale de la Voûte, les quatre parties tronquées *g, h, x, y*, & la ſuperficie des quatre arcs qui font les quatre entrées ; par exemple, de l'arc MLK ; Je ſuppoſe que ces quatre parties tronquées *g, h, x, y*, valent 300 : reſte à connoître la ſuperficie des quatre arcs: pour cela je multiplie la moitié de leur circonférence par la hauteur *g, f*: que la circonférence de ces arcs ſoit 108, la moitié ſera 54 ; que la hauteur *g, f*, ſoit 5, 54 multiplié par 5, donne 270, qui eſt la ſuperficie de ces quatre arcs. J'ajoute 270 à 300, & j'ai 570, que

je souſtrais de 1140, ſuperficie totale de la Voûte ;
reſte 570 pour la ſuperficie des quatre Trompes propoſées, ce qui fait pour chacune 142 $\frac{1}{2}$.

Les Voûtes en Trompe peuvent être meſurées par
la connoiſſance de la meſure de la ſurface des cônes,
qui eſt donnée dans la Géométrie-Pratique. Je crois
néanmoins qu'il eſt néceſſaire d'en expliquer ici quelques exemples pour en connoître l'application. Suppoſons premierement, qu'il faille meſurer une Trompe droite par devant, ce ſera la moitié d'un cône
droit dont la Voûte aura le même angle. Si le diametre de la Trompe AB eſt 7, la circonférence ſera
22 ; il faut multiplier cette circonférence par le tiers
d'une ligne qui tombe de l'angle C perpendiculairement ſur AB ; je ſuppoſe que cette ligne eſt 9, le
tiers eſt 3, qu'il faut multiplier par 22, & l'on a 66,
dont la moitié 33, eſt la ſurface intérieure de la Trompe. On ajoute à cette ſurface la moitié de la tête
des pierres qui font l'épaiſſeur du ceintre pour une
demi-face ; ce qui ſe fait en
ajoutant enſemble le ceintre
intérieur ADB, & l'extérieur
ou extrados g h f, dont on
prend la moitié : que le ceintre intérieur ſoit 22, & que
l'extérieur ſoit 24, ces deux
nombres font 46, dont la moi-
tié eſt 23, qu'il faut multiplier par la demi-épaiſſeur
des pierres de la tête de la Voûte. Il faut encore ajouter un pied courant pour l'arrête intérieure ADB.

Les reins de ces Voûtes ſont comptés au quart.

Les *Trompes ſous le coin* peuvent auſſi être meſurées par la même méthode ; mais comme il y a des
difficultés particulieres, il eſt bon de les expliquer.
Il faut premierement ſuppoſer une Trompe ſous un
angle droit ; c'eſt-à-dire, que l'angle ſaillant A B C,

qui repréfente le devant de la Trompe, foit droit,
& que l'angle rentrant AEC, foit encore droit ; il
faut de plus fuppofer que le ceintre angulaire AFC,

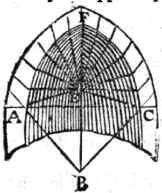

foit fait de deux quarts de
cercle, (car ils peuvent être
des demi-paraboles :) cela
étant ainfi, il faut avoir la
circonférence de l'un des
quarts du cercle, & multiplier cette circonférence par
le tiers de AE perpendiculaire fur AB; la moitié du
produit fera la furface intérieure de la Voûte, à la-
quelle on ajoute les demi-faces, les arrêtes, & les
reins, comme ci-devant.

Si la Trompe propofée eft faite de deux demi-paraboles en fa face, alors elle fera prife dans la moitié
d'un cône droit qui aura un demi-cercle pour bafe :
cela fuppofé, il faut mefurer la Trompe en deux par-

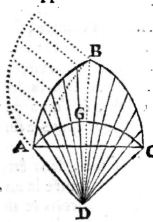

ties, & pour cela il faut en faire le développement comme
ABCD, puis imaginer fur
AC le demi-cercle AGC,
& mefurer la partie AGCD
comme un demi-cône droit,
& l'autre partie ABC, comme
un triangle dont la bafe fera
la circonférence AGC, & la
hauteur GB. Cette derniere
partie n'eft pas fort géométrique, mais elle approche affez
de la précifion pour un Toifé. A cette mefure, on
ajoute les demi-faces de la Trompe, avec les arrêtes &
les reins, comme ci-devant.

J'expliquerois encore la mefure d'autres efpeces de

Trompes plus irrégulieres, comme celles qui font biaifes en tour ronde & en tour creufe, & d'autres de diverfes manieres ; mais ces explications demande-roient un grand difcours, qui ne feroit entendu que de très-peu de perfonnes. Outre cela on fait rare-ment de ces fortes d'ouvrages ; & quand on en fait, on convient d'un prix particulier, comme pour les ouvrages extraordinaires. Il y a néanmoins de ces Trompes, qu'on appelle *Trompes en niches*, qu'il eft bon d'expliquer, parcequ'il s'en fait beau-coup dans les bâtimens, & qu'elles font aifées à en-tendre.

Les Trompes en niche, dont le plan & le ceintre font en demi-cercle, ont une partie élevée à plomb jufqu'à la naiffance du ceintre.

Cette partie eft un demi-cylin-dre debout, qui peut être me-furé comme les Voûtes en Ber-ceau à plein ceintre, c'eft-à-di-re, en multipliant la circonfé-rence ACB par la hauteur AD. Pour la mefure du ceintre, foit en Trompe ou autrement, on multiplie la moitié de la circon-férence DEF, par DL moitié du diametre DF, & l'on a par ces deux opérations toute la fur-face concave de la niche.

Si la même niche eft comptée feule, fans être comprife dans une face de mur, il faut, outre la fur-face concave, compter les faces des piédroits & du ceintre. Mais fi cette Niche eft comprife dans une furface de mur, & qu'il y ait une bande en avant-corps, on compte feulement une demi-face de pié-droits ; & s'il y a des moulures à l'Impofte & à l'Ar-chivolte, elles font comptées féparément.

Pour les Niches dont le plan & le ceintre font ovales, la partie à plomb depuis le bas jufqu'au deffous de l'Impofte, doit être mefurée comme les Berceaux furbaiffées des caves : le ceintre, foit en Niche ou autrement, doit être mefuré comme une demi-Voûte de Four ovale en fon plan & en fon élévation, comme il a été ci-devant expliqué.

VOUTES CEINTRÉES SUR NOYAU.

LES Voûtes en Berceau tournantes dans un plan circulaire ou ovale, font appellées *Voûtes fur noyau*, parce qu'elles font pofées fur un pilier, ou fur un mur rond ou ovale dans le milieu, que les Ouvriers appellent noyau. Ces Voûtes fe mefurent de cette maniere : il faut avoir la circonférence des murs & celle du noyau, les ajouter enfemble, & en prendre la moitié, qui, multipliée par la circonférence du ceintre, donne la mefure requife. Par exemple,

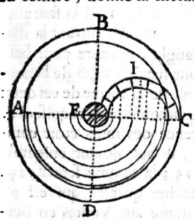

fi la circonférence du mur ABCD eft 90, & celle du noyau E 10, il faut additionner ces deux circonférences; leur fomme eft 100, dont la moitié 50 fera la circonférence moyenne arithmétique : multipliez enfuite cette moitié par la circonférence du Berceau EIC que je fuppofe 15, & vous aurez 750 pour la mefure de la Voûte. Il faut ajouter à cette quantité le tiers 250 pour les reins, comme aux Berceaux droits, & l'on aura 1000 pour toute la Voûte, compris les reins.

Il y a encore des Voûtes de cette espece, que l'on appelle *Vis S. Gilles*, qui sont rampantes ; ces Voûtes sont faites pour les escaliers ; elles peuvent être en rond ou en ovale : toute la différence qu'il y a dans la mesure de ces Voûtes d'avec la précédente, est qu'il faut en prendre la circonférence selon la ligne courbe rampante le long des murs & du noyau. Cela se peut faire de deux manieres :

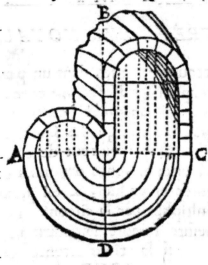

la premiere est de mesurer la longueur des murs & du noyau, de les ajouter ensemble, & d'en prendre la moitié. La seconde est de prendre le diametre entre les murs, sur le niveau de la premiere Voûte, comme entre AC : quand on a la circonférence selon le niveau, il la faut augmenter suivant la diagonale d'un triangle rectangle, qui aura pour base cette circonférence, & pour hauteur celle de la rampe de la Voûte ; prenez ensuite la racine de ces deux quarrés, & vous aurez la circonférence requise. Par exemple, si la circonférence des murs étoit comme ci-devant 90 & 15, il faut ajouter ensemble les quarrés de 90 & de 15 ; la somme sera 8325, dont il faut prendre la racine quarrée qui est 91 $\frac{44}{91}$; on ajoute les reins comme aux Voûtes en Berceau.

Par la connoissance de la mesure de ces Voûtes, on peut avoir celle de toutes les autres Voûtes d'escaliers, dont les unes sont appellées *Vis S. Gilles quarrées*, d'autres sont en demi-arc tournant quarré

sur

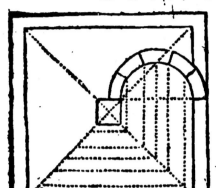

fur un plan circulaire ovale.

La vis S. Gilles quarrée eſt encore un Berceau, poſé d'un côté ſur quatre murs, & de l'autre ſur un noyau quarré, lequel étant de niveau, peut être appellé *Voûte quarrée ſur le noyau*. Il y a quatre angles ou diagonales, qui ſont moitié en arc de cloître, moitié en Voûtes d'arrêtes.

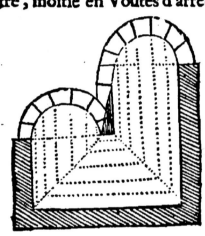

Pour les meſurer, il faut ajouter enſemble les quatre côtés au pourtour des murs, & les quatre côtés au pourtour du noyau; & de leur addition en prendre la moitié, que l'on multiplie par le contour intérieur du ceintre, & l'on a le nombre de toiſes.

Si ces Voûtes ſont rampantes, il faut en prendre le pourtour ſelon les rampes ou couſſinets, tant au droit des murs que du noyau, & faire le reſte comme ci-devant. On compte les arrêtes & les angles comme aux Voûtes d'arrêtes, & les reins de ces Voûtes vont pour le tiers.

La meſure de toutes les autres Voûtes d'eſcaliers peut être entendue par ce qui vient d'être expliqué; car ſi c'eſt un eſcalier quarré ou quarré-long, dont les rampes & paliers ſoient ſuſpendus pour laiſſer le milieu vuide, comme on le fait ordinairement, ces

O

Voûtes font compofées de demi-arcs, ou quarts de cercles ovales; elles font mefurées comme les Voûtes en arc de cloître; il faut prendre le pourtour felon leurs rampes le long des murs, & le pourtour à leur tête au droit du vuide fur la face qui porte les baluftres; additionner ces deux pourtours, en prendre la moitié qu'on multiplie par le contour intérieur de ces Voûtes, & ajouter à ce contour un pied courant pour l'arrête. Les angles font comptés pour pied de toife en leur contour, comme aux Voûtes d'arrêtes, & les reins vont pour le tiers.

Les efcaliers dont les plans font en rond ou en ovale, le milieu à jour, & les rampes & paliers des demi-arcs fufpendus, font encore toifés par la même méthode. Il faut prendre le contour le long des murs à la naiffance de la Voûte fuivant la rampe, & le contour de la tête ou face au droit du vuide quarrément; ajouter un pied à ce contour pour l'arrête; additionner ces deux contours & l'arrête; en prendre la moitié qu'on multiplie par le contour du ceintre; & l'on a les toifes requifes, auxquelles il faut ajouter *un tiers* pour les reins.

TERRES MASSIVES
POUR LE VUIDE DES CAVES.

Quand on a toifé les Voûtes des Caves avec leurs reins, on toife encore le vuide qui eft entre les murs & les Voûtes de ces Caves, pour les terres maffives qu'il a fallu couper & enlever. Si les lieux voûtés ont des piédroits ou quarrés, l'on compte premierement toute cette hauteur qui eft depuis l'aire de la Cave, jufqu'à la naiffance de la Voûte, fur toute la fuperficie qui eſt entre les muts, & les piliers ou doſſerets, s'il y en a, que l'on réduit à toiſes cubes. Pour le reſte de la hauteur, qui eſt depuis la naiſſance de la Voûte juſques ſous la clef, l'uſage eſt de diviſer cette hauteur en trois parties égales; on en prend deux pour la réduction du ceintre de la Voûte, & on les multiplie par toute la ſuperficie, comme ci-devant; le tout réduit à toiſe cube de 216 pieds, pour toiſe à mur (78).

(78) Aujourd'hui on toiſe quarrément tout le cube des terres, quel qu'il ſoit, y compris les murs & leur hauteur juſqu'où l'on a commencé à fouiller: les murs ſe comptent à un ou deux paremens comme ils ſont, & c'eſt la meilleure méthode, la plus aiſée, & la moins ſujette à erreur. Quand les murs de fondation, de quelque mur que ce ſoit, n'ont qu'un pied ou deux de profondeur, il eſt inutile d'en compter la fouille; on comprend leur hauteur dans celle du mur au-deſſus, la fouille & la ſur-épaiſſeur tiennent lieu du parement: mais au-deſſus de deux pieds, la fouille ſera comptée trois pouces plus large de chaque côté que l'épaiſſeur du mur de fondation, même ſix pouces ſuivant le cas, & le mur en fondation eſt toiſé pour ſa valeur.

Si, dans une fouille de terre, il ſe trouve des ſables bons à être employés, ils appartiennent de tems immémorial à l'Entrepreneur qui s'en ſert dans la conſtruction, & la fouille ne lui en eſt pas moins payée; mais il ne les peut vendre à autrui; car s'il les vend, la fouille ne lui en eſt pas dûe. S'il ſe trouve dans ſa fouille des terres glaiſes, terres à potier, terres à four, elles ne lui appartiennent qu'autant que ces terres ſeront employées dans la conſtruction & pour le Propriétaire. Si le Maçon n'entreprend pas les fouilles, que le Bourgeois les faſſe faire par un terraſſier, les ſables & autres terres n'appartiennent pas à ce terraſſier; il ne peut pas en diſpoſer à ſon profit ſans le conſentement du Bourgeois.

L'excavation des terres ſe compte de trois façons.

1.° En fouille ſimple jettée ſur la berge, ou tranſportée aux environs à la brouette.

2.° En déblai & remblai: c'eſt lorſqu'après la fouille des

O 2

Il y a une erreur confidérable dans cet ufage à l'égard de la hauteur du ceintre; & pour la connoître, fuppofons que le diametre de la Voûte foit 24 pieds; fi elle eſt en plein ceintre, fa hauteur fera 12 pieds: felon l'ufage il en faut prendre les deux tiers qui font 8 pieds, & les multiplier par 24; l'on aura 192 pieds: mais, par la véritable regle, il faut multiplier le diametre par toute la hauteur de la Voûte, & l'on aura un rectangle, qui fera à la fuperficie de la Voûte, comme 14 eſt à 11: ainſi, fi l'on multiplie 12 par 24, l'on aura 288, qu'il faut mettre au troifiéme terme d'une regle de proportion, pour avoir 226 $\frac{2}{7}$: ce qui donne 34 pieds $\frac{2}{7}$ de plus que par l'ufage.

La même regle fervira pour les Voûtes furbaiffées, ou en demi-ovale (79).

———————————————————

terres & la conſtruction, on rejette ces terres dans les lieux vuides.

3.º En fouille & enlevement des terres aux champs.

On fait un prix particulier pour chacune de ces fortes d'excavations à la toife cube de 216 pieds.

Du tems de M. Bullet, on comptoit encore la fouille des terres en *Légers Ouvrages*, ainſi que du tems de Charondas & de Ferrieres. J'ai trouvé qu'au commencement de ce fiécle, les *Légers Ouvrages* valoient 7 liv. 10 f. & les fouilles 8 liv. Mais aujourd'hui cet ufage eſt réformé. On compte les fouilles de terres pour *fouille de terres*, & les *Légers* pour *Légers*.

(79) Ceci nous apprend, 1.º à ne point nous gêner pour avoir la fuperficie d'un fegment de cercle ou d'un demi-ovale; 2.º que la fuperficie d'un fegment de cercle eſt à la fuperficie du rectangle fait par la corde & la fleche, comme 11 eſt à 14. Ce principe n'eſt pas fans exception, mais en pratique il peut paffer fans grande erreur. L'ufage de prendre les $\frac{2}{3}$ d'une fleche pour hauteur réduite d'un côté d'un rectangle, prend fon origine du tems qu'on faifoit les Voûtes en ogives ou en siers-point. Nos Prédéceffeurs toifoient de cette façon les pi

DES SAILLIES ET MOULURES.

ON appelle *Saillies* tous les corps qui fortent hors le nud des murs; comme quand on fait des ordres d'Architecture, où l'on emploie des colonnes & des pilaftres, avec toutes les parties qui les compofent; ou que l'on ne fait fimplement que des corniches, architraves, chambranles, archivoltes, cadres & autres ornemens d'Architecture, que l'on peut employer fans faire des ordres complets de colonnes ou pilaftres. Les membres qui compofent les faillies, s'appellent *Moulures*; ces moulures peuvent être confidérées féparément par leurs noms particuliers & par leurs figures; & pour en bien entendre le toifé, il faut en faire une efpece d'analyfe, enforte qu'on puiffe favoir ce que peut valoir chaque membre fimple en particulier, & enfuite le même membre couronné de filets, & enfin comment ils doivent être comptés dans la compofition entiere des corps qu'ils doivent former.

---

gnons de ces Voûtes, ou la fuperficie de leur vuide, & ils approchoient de bien près du vrai; car ils envifageoient cet efpace comme parabolique; & il ne s'en écarte pas de beaucoup. Tout le monde fait que le rectangle d'un efpace parabolique fait par fa bafe & par fon axe, eft à la fuperficie du vuide de cet efpace comme 3 eft à 2. Quoique cette façon d'opérer ne fût pas fuivant les regles, il leur fuffifoit de n'en être pas bien éloignés. C'eft de-là que nous eft venu cet ancien ufage, que M. Bullet réforme avec juftice.

Moulures simples.

La moulure A , que l'on appelle *Doucine* , est comptée pour un demi-pied.

La moulure B, que l'on appelle *Talon*, est comptée pour un demi-pied.

La moulure C , que l'on appelle *Ove* , *Quart-de-Rond* ou *Eschine*, est comptée pour un demi-pied.

La moulure D, que l'on appelle *Tore* ou *Demi-Rond*, est comptée pour un demi-pied.

La moulure E, appellée *Scotie*, *Trochille* ou *Rond-treux*, est comptée pour un demi-pied.

La moulure F, appellée *Astragale* ou *Tondin*, est comptée pour un demi-pied.

La moulure G , appellée *Filet*, qui sert à couronner & séparer les autres moulures, est comptée pour un demi-pied.

Le même filet H, avec une portion d'arc au dessous, appellé *Congé*, est compté pour un demi-pied. La moulure I, appellée *Gorge*, est comptée pour un demi-pied.

La moulure K, appellée *Couronne*, est comptée pour un demi-pied, sans la mouchette g.

La moulure L, appellée *Brayette*, est comptée pour un demi-pied.

Il faut 7½ pieds de longueur de ces moulures simples sans filet pour faire une toise à mur.

Voilà les principales moulures dont on se sert ; mais on les emploie rarement sans être couronnées ou séparées d'un filet ou mouchette. C'est pourquoi il faut les représenter plus composées pour en connoître la valeur.

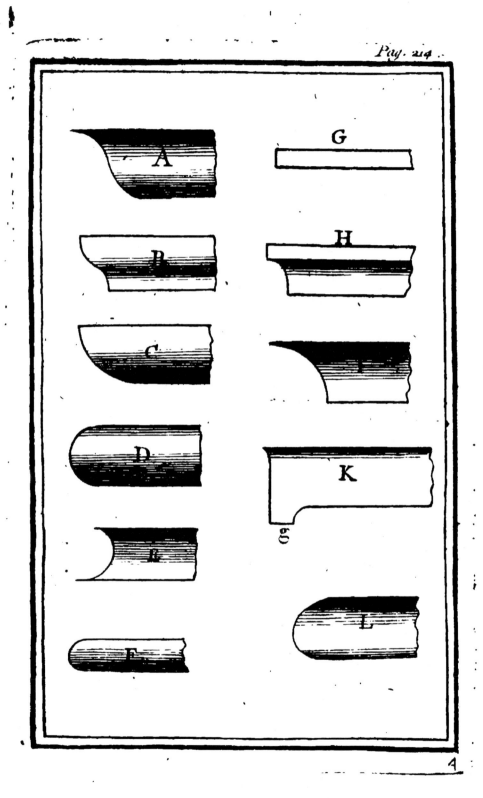

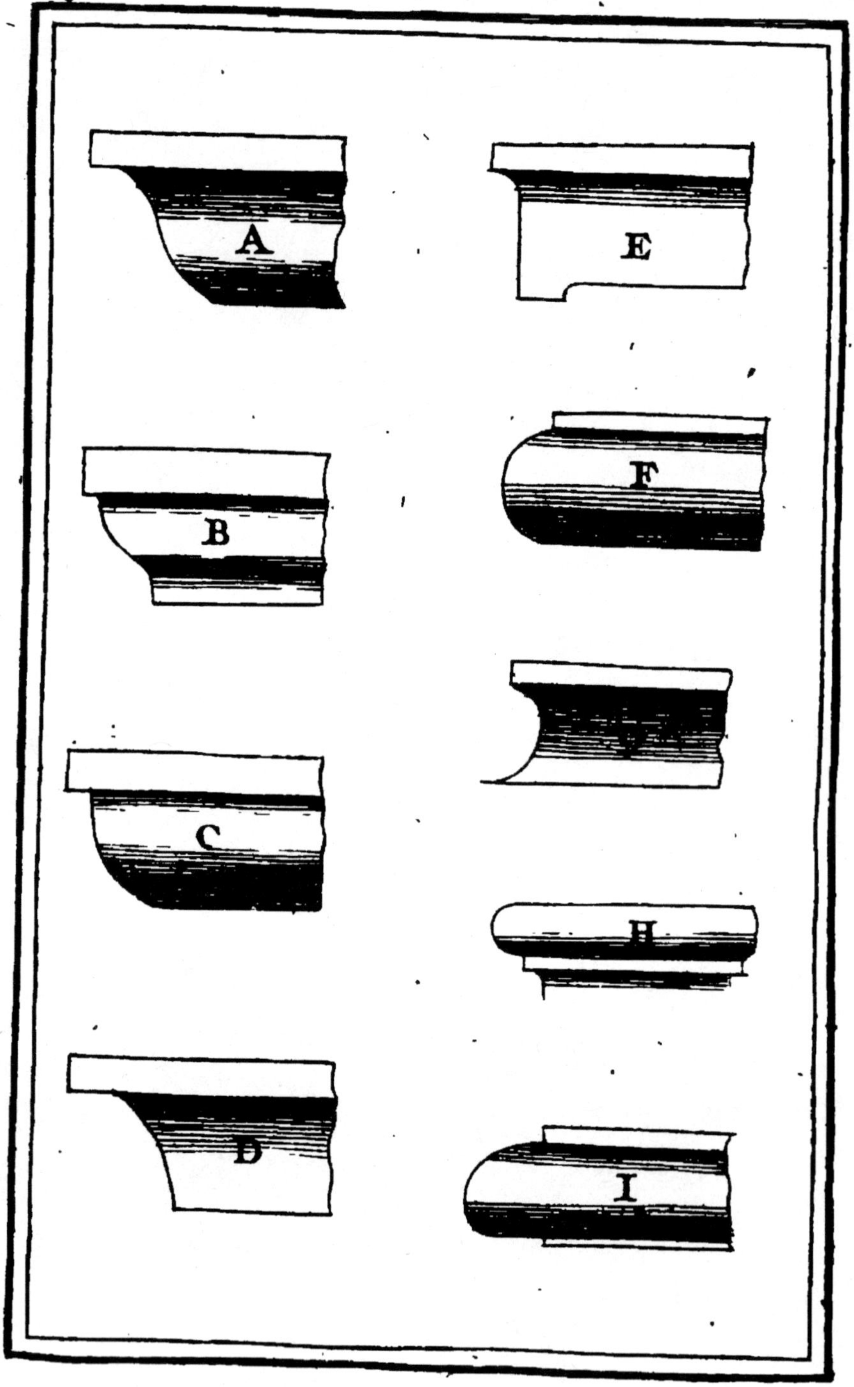
A
E
F
B
C
H
D
I

Moulures couronnées de filets.

La *Doucine* A, couronnée d'un filet, est comptée pour un pied.

Le *Talon* B, couronné d'un filet, est compté pour un pied.

L'*Ove* ou *le Quart-de-Rond* C, avec un filet, est compté pour un pied.

La *Gorge* D, couronnée d'un filet, est comptée pour un pied.

La *Couronne* E, avec un filet, est comptée pour un pied, quand le *Soffite* g est tout quarré; mais quand il y a une *Mouchette* pendante *e*, l'on compte un pied & demi.

Le *Tore* F, avec un filet, est compté pour un pied.

La *Scotie* G, avec un filet, se compte à un pied.

L'*Astragale* H, avec son filet & congé, est comptée pour un pied.

La *Brayette* I, avec un filet, est comptée pour un pied.

En général, tous les Membres ou Moulures couronnées d'un filet, sont comptées pour un pied, & il en faut 56 de longueur pour faire une toise à mur; mais afin de faire connoître comment tous ces Membres doivent être comptés, quand ils sont rassemblés pour la composition des Corniches, Bases, Chapiteaux, Cadres, &c. il est nécessaire d'en rapporter quelques exemples; & j'ai cru même qu'il seroit bon de donner pour exemple les Ordres d'Architecture, comme le Toscan, le Dorique, l'Ionique & le Corinthien: car, pour le composé, il est presque de même que le Corinthien. Je donnerai encore quelques autres exemples pour des façades de maisons & de cheminées, afin qu'on puisse connoître tout ce qui est nécessaire pour le Toisé des Moulures.

O 4

DE L'ORDRE TOSCAN.

A L'Entablement de l'Ordre Toscan, l'Ove ou Quart-de-rond *a*, qui sert de Cimaise, est compté pour un demi-pied; l'Astragale *b*, avec son filet au-dessous, pour un pied; la Couronne *c*, avec la mouchette pendante, pour un pied; le Talon *d*, avec son filet, un pied: la Corniche seule vaut trois pieds & demi.

La Frise *f*, est comprise dans la hauteur du mur.

L'Architrave *g* est comptée pour un pied. Tout cet Entablement Toscan vaut 4 pieds ½; c'est-à-dire, qu'une toise courante ne fera que ¼ de toise.

Au Chapiteau de l'Ordre Toscan, l'Abaque *h*, avec son filet, se compte un pied; l'Ove *i*, avec le filet au-dessous, un pied; la Frise n'est point comptée; l'Astragale *l*, avec son filet & congé, vaut un pied: le Chapiteau vaut 3 pieds.

A la Base de l'Ordre Toscan, le Congé, le Filet, avec le Tore *m*, vaut un pied; la Plinthe *n*, un demi-pied: la Base vaut un pied & demi.

Au Piédestal de l'Ordre Toscan, la Plinthe *o*, avec le Talon *p*, vaut un pied; le Socle *q*, avec le Filet & le Congé, un pied. Voilà ce qui regarde l'Ordre Toscan.

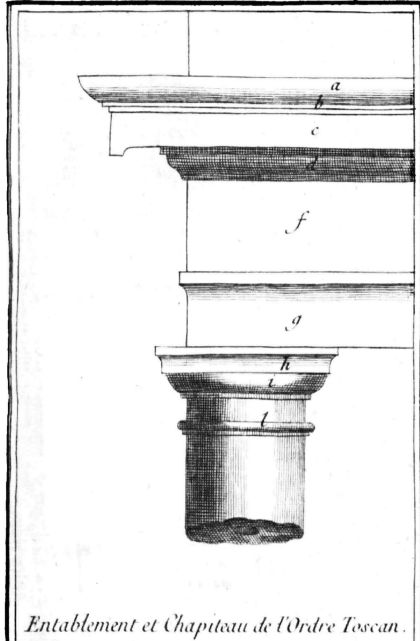

Entablement et Chapiteau de l'Ordre Toscan.

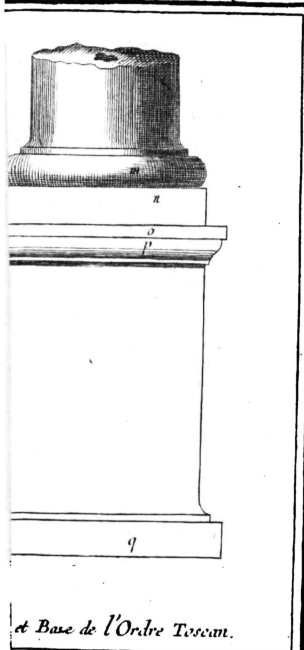

et Base de l'Ordre Toscan.

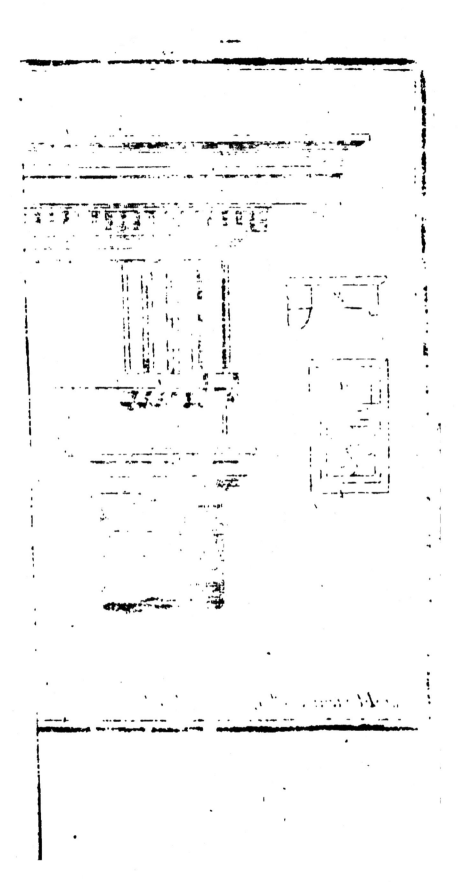

Entable

DE L'ORDRE DORIQUE.

A L'Entablement de l'Ordre Dorique, la Cimaise *a*, avec son filet, est comptée un pied; le Talon *b*, avec son filet, un pied; la Couronne *c*, avec la double mouchette *g*, 2 pieds; la petite gorge *d*, avec son filet, un pied.

Les Denticules *f*, sans être refendues, se comptent pour un demi-pied; & quand elles sont refendues, pour un pied & demi: le Talon *h*, avec son filet, vaut un pied. Toute la corniche vaut 6 pieds & demi, supposé que les denticules ne soient pas refendues; mais si elles sont refendues, elle vaut 7 pieds & demi.

Le Filet *i*, qui couronne les triglyphes, est compté un demi-pied; les Canaux angulaires des triglyphes, un demi-pied chacun; les deux demi-pieds des deux angles vont pour un.

Les Goutes *m* se comptent pour un demi-pied chacun; la face *n*, avec son filet, pour un pied.

Si au lieu des Denticules, on met des Modillons couronnés d'un talon, comme le Modillon *y* vu de profil, ou le Modillon *a* vu par-dessous; ce Modillon avec son couronnement, doit être compté pour un pied, outre le corps de la Corniche, en le contournant des deux côtés. Dans les entre-Modillons, qui est la partie que l'on appelle *Soffite*, l'on y fait des Rosaces *z*, qui sont enfermées d'un petit cadre *t*, qui doit être contourné & compté suivant les moulures qui les composent. On compte un demi-pied pour chaque membre couronné d'un filet, & la masse de la Rose doit être comptée pour un demi-pied;

la Rofe eft faite par un Sculpteur, & eft comptée à part.

Au Chapiteau de l'Ordre Dorique, le Talon *a* couronné d'un filet, eft compté un pied; l'Abaque *b*, un demi-pied; l'Ove *c*, un demi-pied; l'Aftragale *d*, avec le filet & congé, un pied; l'Aftragale *e* du Collarin, avec fon filet & congé, un pied; le Chapiteau vaut 4 pieds, y compris l'Aftragale du Collarin, qui fait partie de la Colonne.

A la bafe de l'Ordre Dorique, la Plinthe *f* eft comptée un demi-pied; le Tore *g*, un demi-pied; l'Aftragale *l*, avec fon filet & congé, un pied : la bafe vaut deux pieds, le filet & le congé en efcarpe, fait partie de la Colonne.

A la Corniche du piédeftal de l'Ordre Dorique, la Cimaife faite du Quart-de-rond *a*, avec fon filet, eft comptée un pied; la Couronne *b*, avec fon filet & la mouchette pendante, un pied & demi; le Talon *c*, avec fon filet, un pied : la Corniche vaut trois pieds & demi.

A la Bafe du Piédeftal de l'Ordre Dorique, la Gorge *d*, avec fon filet, eft comptée un pied; la Doucine renverfée *e*, avec fon filet, un pied; le Socle *g*, un demi-pied : la Bafe du Piédeftal vaut deux pieds & demi.

Piedestal et baze de l'Ordre Dorique

Entablement et Chapiteau de l'Ordre Ionique.

DE L'ORDRE IONIQUE.

A La Corniche de l'Ordre Ionique, la Doucine *a*, avec son filet, est comptée pour un pied; le Talon *b*, avec son filet, un pied; la Couronne *c*, avec la mouchette pendante & le Soffite, un pied; l'Ove *d*, avec son filet, un pied; l'Astragale *e*, avec son filet & congé, un pied; les Denticules *g* refendues, un pied & demi; la Gorge *h*, avec son filet, un pied; la Corniche vaut sept pieds & demi.

A l'Architrave, le Talon *i*, couronné d'un filet, vaut un pied; les deux Faces *ll*, un demi-pied chacune: la troisiéme n'est point comptée non plus que la Frise, parcequ'elles représentent le nud du mur ou de la Colonne.

Les Moulures du Chapiteau Ionique sont à peu près les mêmes que celles du Dorique; le Talon *a*, couronné d'un filet, vaut un pied; la Face *b*, qui fait le corps de la volute, couronnée de son listel, un pied; l'Ove *c*, un demi-pied; l'Astragale *d*, avec le filet & le congé, un pied: le Chapiteau vaut trois pieds & demi; les Volutes sont laissées en bossage pour le Sculpteur.

La Base Ionique est ordinairement celle que l'on appelle *Attique*; elle n'est comptée que depuis le dessus du Tore supérieur jusqu'en bas; car le filet audessus, que l'on appelle *escarpe*, appartient à la colonne ou au pilastre; ainsi à la Base seule, le Tore *f*, avec son filet au-dessous, vaut un pied; la Scotie *g*, avec son filet, un pied; le Tore *h*, un demi-pied; la Plinthe, un demi-pied: la Base vaut trois pieds.

A la Corniche du Piédestal Ionique, le Talon *a*,

avec son filet, vaut un pied ; la Couronne *b* , avec la mouchette pendante , un pied ; l'Ove *c* , avec son filet, un pied ; l'Astragale *d* , avec son filet & congé, un pied; la Corniche vaut quatre pieds.

A la Base du Piédestal Ionique , l'Astragale *e* , avec son filet & congé, vaut un pied ; la Doucine renversée *f* , avec son filet , un pied ; la Plinthe *g* , un demi-pied.

La Base vaut deux pieds & demi ; la Table dans le corps du Piédestal , étant contournée , est comptée un demi-pied.

Pestal et baze de l'Ordre Jonique.

Entablement et Chapiteau Corinthien.

DE L'ORDRE CORINTHIEN.

A La Corniche de l'Ordre Corinthien, la Doucine *a*, avec fon filet, eft comptée un pied; le Talon *b*,
avec fon filet, un pied; la Couronne *c*, avec le petit
Talon au-deffous, un pied; la Face *e*, avec l'Ove *f*
au-deffous, un pied; l'Aftragale *g*, avec fon filet, un
pied; le quarré des Denticules *h*, fans être refendues, un demi-pied; le Talon *i*, avec fon filet, un
pied: la Corniche vaut 6 pieds & demi, fans les Modillons & les Denticules refendues; les Modillons font
comptés à part en contournant leurs Moulures. Les
petits cadres fous le Soffite pour les Rofaces, font
comptés fur leur pourtour chaque membre couronné
un pied & demi: les Denticules refendues valent un
pied & demi, comme il a été ci-devant expliqué.

A l'Architrave, le Talon *a*, avec fon filet, vaut un
pied; l'Aftragale *b*, un demi-pied; la Face *c*, avec le
Talon au-deffous, un pied; la Face *d*, avec l'Aftragale
au-deffous, un pied; la troifiéme Face n'eft point
comptée, par la raifon qui a été dite ci-devant.

Au Chapiteau Corinthien, l'Abaque *e* eft comptée un pied & demi en la contournant, & la Cam-
pane *g*, un demi-pied; l'Aftragale *h*, un pied. Le Chapiteau va pour trois pieds de moulures, y compris l'A-
ftragale qui eft de la colonne. Il faut eftimer l'ébauche des feuilles à part; elle peut être comptée trois
pieds.

A la Bafe, le filet & efcarpe fe compte un demi-
pied, (il appartient à la colonne;) le Tore fupérieur
a, avec fon filet, un pied; la Scotie *b*, avec le filet au

deſſous, un pied; le petit Tore du milieu *c*, avec le filet au-deſſous, un pied; la ſeconde Scotie *d*, avec ſon filet, un pied; le Tore inférieur *e*, avec le filet au-deſſus, un pied; la Plinthe *f*, un demi-pied. La Baſe vaut ſix pieds.

A la Corniche du piédeſtal, le Talon *g*, avec ſon filet, ſe compte un pied; la Couronne *h*, avec la mouchette, un pied; la Doucine *i*, couronnée d'un filet, un pied; l'Aſtragale *l*, avec ſon filet & congé, un pied. Le tout vaut quatre pieds.

Il ſera parlé ci-après du corps des piédeſtaux & de leurs moulures.

A la Baſe du piédeſtal, l'Aſtragale *a*, avec ſon filet & congé, vaut un pied; la Doucine *b*, avec le filet au-deſſous, un pied; le Tore *c*, avec la Plinthe *d*, un pied. Le tout vaut trois pieds.

Le corps des Colonnes étant toiſé à part, on toiſe le pourtour ſur la hauteur, y compris la Baſe & le Chapiteau : par exemple, ſi la Colonne a 9 pieds de pourtour à ſon premier tiers, & 27 pieds de hauteur, y compris la Baſe & le Chapiteau, il faut multiplier 27 par 9, on aura 6 toiſes ¼ pour le corps de la Colonne. Il faut ajouter les moulures du Chapiteau & de la Baſe ſuivant le pourtour de la Colonne, comme il a été ci-devant expliqué (80).

_____

(80) Il eſt encore utile de connoître par regles, les hauteurs des Ordres & des parties qui les compoſent.

La difficulté de pouvoir prendre les meſures, occaſionne quelquefois des dangers, qu'on peut éviter en les étudiant, & les retenant de mémoire.

Chaque Ordre en général ſe diviſe en trois parties; ſavoir,

Piedestal et baze de l'ordre Corinthien

. Si les Colonnes font engagées dans le mur, l'on ne compte que ce qui eſt dégagé.

Piédeſtal, *Colonne*, *Entablement*. Chacune ſe ſoudiviſe en trois autres ; ſavoir,

Le *Piédeſtal*, en Socle, Dez & Corniche.

La *Colonne*, en Baſe, Fuſt & Chapiteau.

L'*Entablement*, en Architrave, Friſe & Corniche.

Dans tous les Ordres, le module eſt formé du demi-diamette du bas de la Colonne, & eſt égal à là hauteur de ſa baſe.

La Colonne Toſcane porte ſept fois ſa groſſeur, y compris la Baſe & le Chapiteau.

La Colonne Dorique 8 fois.

L'Ionique 9 fois.

Enfin le Corinthien & le Compoſite 10 fois.

En général, les Entablemens ont pour hauteur le quart de la Colonne, & les piédeſtaux le tiers.

Toſcan ſans Piédeſtal.

LA hauteur de la *Colonne* eſt de 14 modules ; ſavoir,

Baſe................ 1 mod. 0 part.	}	
Fuſt de la Colonne.. 12 0	} 14 mod.	
Chapiteau 1 0	}	

L'*Entablement*, quart de la Colonne, eſt de 3 modules ⅓ ; ſavoir,

Architrave.......... 1 mod. 0 part.	}	
Friſe 1 2	} 3 mod. ⅓.	
Corniche.......... 1 4	}	

Total de la hauteur ſans Piédeſtal... 17 mod. ⅓.

Le *Piédeſtal*, tiers de la Colonne, eſt de 4 modules ⅔ ; ſavoir,

Corniche.......... 0 mod. 6 part.	}	
Dez............... 3 8	} 4 mod. ⅔	
Socle............. 0 6	}	

Total général de l'Ordre Toſcan 22 mod. ⅙ ou 2 part.

Afin donc de connoître les différentes proportions d'un Ordre en général, il faut meſurer quelque choſe par le bas, com-

Si les Colonnes font cannelées, il faut compter à part leurs cannelûres. Lorfque ces cannelures font, comme aux Colonnes Doriques, de quelques anti-

---

me la Bafe, dont la hauteur eft toujours égale au demi-dia-metre de la Colonne. Ce qui eft plus fûr que de s'en rapporter à la hauteur du Piédeftal, parceque quelquefois on donne plus de hauteur à fon Dez, pour plus d'élégance, fuivant le goût de l'Architecte.

Soit donc la bafe ou le demi-diametre connu, que nous fuppofons être de 18 pouces; la Colonne pour lors aura 21 pieds: le piédeftal, fuivant ce que nous avons dit ci-deffus, aura 7 pieds de haut, & l'Entablement 5 pieds $\frac{1}{4}$; le refte à proportion.

Le module de cet Ordre & du fuivant, fe divife en 12 par-ties, fuivant Vignole.

Le Dorique fans piédeftal eft de 20 modules, & de 25 modules un tiers avec le piédeftal.

LA hauteur de la *Colonne* a huit fois fa groffeur, & eft par conféquent de 16 modules; favoir,

Bafe............... 1 mod. 0 part.	}	16 mod.
Fuft............... 14 0		
Chapiteau........... 1 0		

L'*Entablement*, quart de la Colonne, eft de 4 modules; favoir,

Architrave........... 1 mod. 0 part.	}	4 mod.
Frife............... 1 6		
Corniche......0.....1 6		

Le *Piédeftal*, tiers de la Colonne, eft de 5 modules $\frac{1}{3}$; favoir,

Corniche........... 0 mod. 6 part.	}	5 mod. $\frac{1}{3}$
Dez............... 4 0		
Socle...............0 10		

Total de l'Ordre Dorique,.. 25 mod. $\frac{1}{3}$

Pour connoître & réalifer ces mefures, il faut fe fervir de la méthode ci-deffus de l'Ordre Tofcan.

ques,

ques, des portions de cercle jointes les unes contre les autres, où il n'y a qu'une arrête vive entre deux;

L'Ionique sans Piédestal est de 22 modules & demi, & avec Piédestal de 28 modules ⅓.

LA hauteur de la *Colonne* a neuf fois sa grosseur, & est par conséquent de 18 modules; savoir,

Base................... 1 mod. 0 part.		
Fust.............16 6	} 18 mod.
Chapiteau........ 0 12	

L'*Entablement*, quart de la Colonne, est de 4 modules ½; savoir,

Architrave........ 1 mod. 4 part. ½		
Frise 1 9	} 4 mod. ½.
Corniche......... 1 13 ½	

Le *Piédestal*, tiers de la Colonne, est de 6 modules; savoir,

Corniche............ 0 mod. 9 part.		
Dez.............. 5 0	} 6 mod.
Socle............. 0 9	

Total... 28 mod. ⅓ ou 9 part.

Le module de cet Ordre & des suivans se divise en 18 parties. On opérera, comme il est dit au Toscan, en prenant garde de confondre la différente division du module.

Le Corinthien & Composé sans Piédestal est de 25 modules, & avec Piédestal de 31 modules ⅓ ou 12 parties.

LA hauteur de la *Colonne*, a dix fois sa grosseur, & est de 20 modules, y compris la Base & le Chapiteau; savoir,

Base.............. 1 mod. 0 part.		
Fust.............16 12	} 20 mod.
Chapiteau......... 2 6	

L'*Entablement*, quart de la Colonne, est de 5 modules; savoir,

Architrave.......... 1 mod. 9 part.		
Frise 1 9	} 5 mod.
Corniche........... 2 0	

P

ainſi que le repréſente la figure K, elles ne ſont comptées que pour un quart de pied chacune ſur leur hauteur, c'eſt-à-dire, qu'il faut 24 toiſes de long de ces
cannelures pour faire une toiſe à mur.

Si ces cannelures ſont des demi-cercles, & qu'il y
ait entre deux des côtes qui ont ordinairement le quart
des demi-cercles, comme la figure L, chaque canne-
lure avec la côte eſt comptée un demi-pied; c'eſt-à-
dire, que 12 toiſes de long valent une toiſe à mur.

Si ces cannelures ſont des demi-cercles avec un
filet outre les côtes, comme la figure Z, elles ſont
comptées pour un pied; les 6 toiſes de long valent une
toiſe à mur. Il y a encore d'autres ſortes de cannelures que l'on peut toiſer par le même principe.

Pour toiſer le corps des Piédeſtaux, l'on prend toute la hauteur, y compris la Baſe & la Corniche; on
multiplie cette hauteur par deux faces du même Piédeſtal priſes au nud, ſoit quarté ou oblong, & le produit donne des toiſes à mur.

Mais pour les moulures de la corniche & de la baſe, elles ſont contournées à l'entour des quatre faces
du nud du piédeſtal, s'il eſt iſolé, & ſont comptées
comme il a été dit ci-devant (81).

Le *Piédeſtal*, tiers de la Colonne, eſt de 6 modules ⅔;
ſavoir,

Corniche	o mod.	14 part.	
Dez	5	4	} 6 mod. ⅔.
Socle	o	12	

Total... 31 mod. ⅔ ou 12 part.

Le plus ſouvent le Piédeſtal a 7 modules.

(81) Il eſt ici traité du toiſé des moulures d'Architecture
faites ſur des maſſes ſaillantes du nud des murs, & de celles
faites dans les renfoncemens des mêmes murs.

Si l'on compte ces moulures avec la maſſe ſaillante de la
matiere, elles ſeront nommées *Saillies d'Architecture maſſes*,
ou ſimplement *Saillies maſſes*.

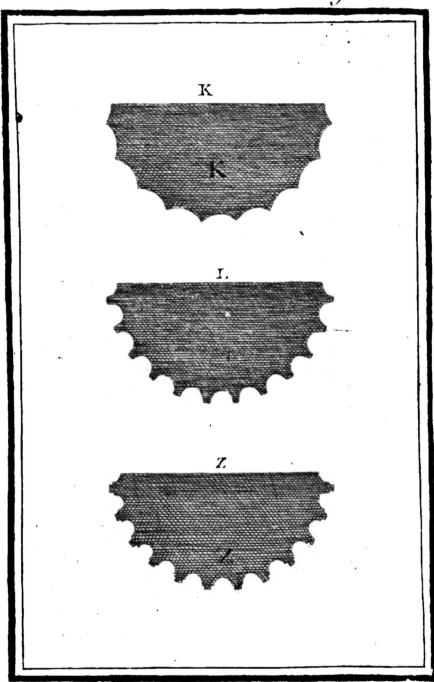

K

K

I.

Z

S'il y a des tables simples dans le dez ou le nud du piédestal, elles sont contournées & comptées à demi-pied.

Si, au lieu de table, l'on y fait des cadres, chaque membre couronné ne doit être compté que pour demi-pied, parcequ'ils sont pris dans l'épaisseur du corps du piédestal.

Si l'on compte séparément la masse & les moulures, alors elles seront nommées *Saillies simples ou Taille.*

Il n'y a que la pierre de taille qui soit susceptible de ces distinctions : les plâtres ne le sont pas, comme le veulent nos Auteurs & nos usages.

En général, toutes saillies ou moulures d'Architecture, soit en plâtre, soit en pierre de taille, sont pourtournées au nud du mur, soit intérieur, soit extérieur : tel est l'usage que l'antiquité a confirmé & érigé en loi, dont nous ne pouvons nous écarter sans erreur.

Les plâtres, en cette partie, ont un privilege particulier, qui est de comprendre la masse, quelle qu'elle soit, avec les ornemens, qui étant confondus ensemble, sont comptés en nature & comme *Légers Ouvrages,* parceque ces ouvrages sont toujours comptés superficiellement, sans aucune épaisseur, même sous-entendue.

Il n'en est pas de même des saillies d'Architecture sur la pierre de taille. Les prix se diversifient suivant son épaisseur. Le prix d'un mur d'une certaine épaisseur n'est ni relatif ni même proportionnel à celui d'une moindre épaisseur. Un mur, par exemple, de 12 pouces d'épaisseur à deux paremens, étant estimé 60 liv. la toise, ne fera pas proportion avec un de 48 pouces qui sera estimé 170 liv. parceque l'un & l'autre n'ont que deux paremens qui sont égaux en valeur ou à peu près.

La diversité de ces prix & de ces valeurs a fait imaginer à nos prédécesseurs la forme du toisé des moulures, qui ne s'écarte point du vrai. C'est de compter d'abord la masse de la pierre pour ce qu'elle est dans son cube, tel qu'il existe ; sa plus grande longueur sur sa plus grande hauteur & sa plus grande épaisseur, pour être comptée à mur de la qualité de cette pierre ; c'est-à-dire, que si cette saillie a un pied d'épaisseur, elle sera comptée en mur de 12 pouces, mais sans paremens, ou bien au cube.

P 2

Si le piédeſtal n'eſt pas iſolé, c'eſt-à-dire, qu'il ſoit engagé dans l'épaiſſeur du mur, on ne compte que ce qui eſt dégagé ſuivant ſon pourtour.

Les corps des Entablemens portés ſur des colomnes ou ſur des pilaſtres, qui ſaillent hors les faces des murs, doivent être comptés à part outre les moulures. Ces corps d'Entablemens ſont meſurés comme les avant-corps ſimples, c'eſt-à-dire, que l'on prend toute la longueur de la face avec l'un des retours, qu'on

Enſuite, & ſans avoir égard à ce toiſé, on toiſera les moulures en les pourtournant, non le long de cette maſſe, mais le long du nud du principal mur; & ces ſaillies ſeront comptées, chaque membre pour 6 pouces, & tirées en ligne pour *taille de pierre* ou *ſaillies ſimples*.

Mais ſur les façades des Hôtels, Portes principales, Veſtibules, &c. il ſe trouve des ſaillies qu'il n'eſt pas poſſible de toiſer à deux repriſes, ou dont les opérations deviendroient trop longues: alors on toiſe ces ſaillies comme ci-deſſus. Si leur ſuperficie égale celle de la maſſe, elles ſeront comptées comme ſaillies maſſes; mais ſi elle les excedent, elles ſeront comptées comme ſaillies ſimples ou taille.

Tous les avant-corps qui excedent le nud du mur au-deſſus de 3 pouces ſeront de ce nombre, parceque 3 pouces ſe peuvent compter au cube; mais au-deſſous l'objet devient trop petit. Par exemple, un bandeau ſimple de croiſée, ou une plinthe ſimple, qui aura 6 pouces de face, ſera comptée pour 6 pouces de ſaillie maſſe; mais ſi elle eſt accompagnée de pluſieurs autres membres, elle ſera comptée comme ſaillie ſimple.

Les ſaillies en plâtre faites dans les renfoncemens des murs, ſont comptées chaque membre pour 3 pouces ſeulement, parcequ'il n'y a point de matiere. Celles qui ſont faites dans les renfoncemens des murs en pierre de taille, ſont comptées pour 6 pouces de ſaillie ſimple ou taille.

Il eſt d'uſage de compter les moulures en plâtre à toiſe ſuperficielle; mais celles en pierre de taille doivent être comptées & réduites à la toiſe courante de 6 pieds ſur un pied; ce qu'on appelle *toiſe d'appareil*. Cette méthode vaut beaucoup mieux.

multiplie par la hauteur de l'Entablement ; & les toises qui en résultent, sont comptées sur la proportion
que la saillie de l'Entablement a avec le mur auquel il
est joint. Si, par exemple, le corps d'Entablement n'a
de saillie que la moitié de l'épaisseur du mur, l'on ne
comptera les toises superficielles qu'à demi mur, &
plus ou moins à proportion.

On compte outre cela les moulures de ces Entablemens, & l'on en prend le contour au nud de la frise,
quoique les saillies excedent ledit nud.

Quand il y a des frontons au-dessus d'un Ordre
d'Architecture ou d'un avant-corps simple, l'on compte comme mur le corps de ces frontons, soit triangulaires, soit ceintrés ; on compte ensuite les moulures à
part, suivant la pente ou le contour des frontons (82).

(82) Comme les frontons sont très-souvent difficiles à toiser, à cause de leur élévation, nous indiquerons une méthode
aisée pour le faire sans danger.

Il faut mesurer par bas la plus grande longueur du fronton ;
en multiplier la moitié par elle-même ; doubler le produit, &
extraire la racine quarrée de ce produit. Si de cette racine on ôte
la moitié de la longueur du fronton, le restant sera sa hauteur.

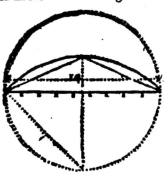

Exemple. Soit un fronton de 14
pieds de long, sa moitié sera 7, qui,
multipliée par elle-même, donnera au produit 49, dont le double sera 98, & la racine quarrée
9 $\frac{17}{19}$. Si on ôte de cette racine la
moitié de la longueur du fronton,
c'est-à-dire, 7, il restera 2 $\frac{17}{19}$ pour
sa hauteur. Ce même nombre mul-
tiplié par la longueur 14, donne
le produit du fronton.

On peut encore diviser cette longueur totale en 9 parties
égales : deux de ces parties donneront la hauteur du fronton.

Même exemple. Le neuvième de 14 est 1 $\frac{5}{14}$ & le double 2 $\frac{4}{7}$,
qui sera la hauteur du fronton. Cette méthode donne un nom-
bre peu différent de la premiere, & pour sa facilité doit être
préférée.

P 2

Les acroteres que l'on fait au-dessus des frontons, sont comptés comme les Piédestaux ci-devant expliqués.

Quand au lieu de colonnes l'on met des pilastres pour faire un avant-corps, on contourne ces pilastres, & l'on prend la moitié de leur contour, que l'on multiplie par toute leur hauteur, pour en avoir des toises à mur (83).

On toise les Chapiteaux, les Bases, les Cannelures, &c. des Pilastres comme les Colonnes, & l'on en prend le contour au nud des Colonnes.

Les Tables d'attente qui saillent hors le nud des murs, sont mesurées comme les Pilastres, c'est-à-dire, que l'on prend la moitié de leur contour, que l'on multiplie par leur hauteur, & le produit donne des toises à mur (84).

Il faut ajouter les moulures des corniches & cadres, dont ces Tables d'attente sont ornées: le contour des corniches est pris au nud des Tables; & si les moulures des cadres de ces Tables sont prises dans leur épais-

---

(83) Ceci est une répétition de la maniere de toiser les Dosserets, ou autres corps faillans du nud du mur, lorsqu'ils excedent ce nud de 3 pouces & plus; car au-dessous on peut en compter les Arrêtes comme saillies masses, si la face superficielle, y compris les retours de ces pilastres, est égale au produit de ces Arrêtes: si elle le surpasse, il faut nécessairement les compter, comme on compte & on toise les Dosserets. *Voyez ci-devant la Note* 59.

(84) Ces Tables d'attente sont ordinairement quarrées ou barlongues. La hauteur sera le côté le plus long, & la largeur le côté le moins long: il seroit beaucoup mieux de les comprendre dans l'épaisseur naturelle du mur, s'il étoit possible.

Si leur saillie est au-dessous de 3 pouces, on peut contourner l'Arrête saillante, que l'on compte sur 6 pouces en saillie masse, si le produit est égal à sa superficie ou bien supérieur; car s'il est inférieur, on lui donne quelque chose de plus jusqu'à leur parité.

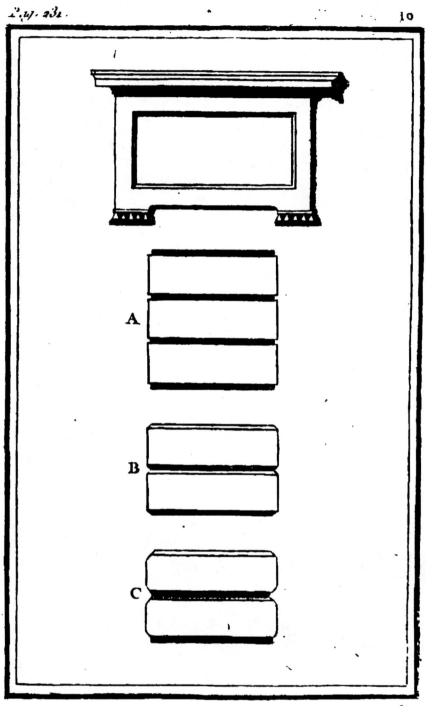

feur, chaque membre couronné ne doit être compté
que pour un demi-pied (85).

Le corps des boffages qu'on laiffe aux encoignures, aux chaînes des murs de faces, n'eft point compté
à part outre les murs; mais les joints refendus que l'on
fait dans ces boffages, font comptés pour un pied de
toife courante, foit que les joints foient quarrés à deux
angles comme A', ou triangulaires comme B, ou
enfin à deux angles arrondis en leurs Arrêtes, comme
C. On prend tout leur contour, c'eft-à-dire, la face
& leurs retours, & chaque pied de long vaut un pied
à mur, dont 36 font une toife.

Les Plinthes que l'on fait aux faces des bâtimens
pour marquer les étages, font fimples ou compofées;
les fimples n'ont qu'une feule bande fans moulures;
elles ne font comptées que pour un demi-pied courant; celles qui ont un membre fous les bandes, font
comptées pour un pied courant; s'il y a plus de moulures, les Plinthes fe comptent à proportion.

Les Plinthes des appuis des croifées ou autres endroits, doivent être comptées de même que ci-deffus (86).

Quand on fait un bandeau fimple au pourtour du

---

(85) Ceci eft encore une répétition de la Note 81, qui con-
firme l'ufage de ne compter les moulures prifes dans l'épaiffeur
d'un mur, que pour moitié de leur valeur, c'eft-à-dire, chaque membre couronné pour 6 pouces, parcequ'il n'y a point
de matiere; ce qu'on doit entendre, fuivant notre fyftême, en
Légers Ouvrages; car en pierre de taille, nous nous fommes
expliqués différemment dans cette même Note 81.

(86) Quand l'appui d'une croifée en pierre de taille eft feulement en faillie du nud du mur, fans autre moulure que fa
face faillante, & que cette croifée eft comptée pleine, cette
faillie eft due. En prenant fa longueur, & la multipliant fur
6 pouces, fon produit fera tiré en ligne, comme *faillie maffe*.

P 4

dehors d'une croiſée , ce bandeau doit être compté
pour un demi-pied de toiſe. Les croiſées qui ont un
double bandeau , ſont comptées pour un pied ſur leur
contour.

Si, au lieu d'un bandeau, l'on fait un archivolte au
pourtour du dehors, de ces croiſées, les moulures de
cette archivolte doivent être comptées chaque membre couronné pour un pied de toiſe à mur.

Dans les croiſées & les portes qui ſont plus com-
poſées , comme dans celles qui ont un avant-corps
couronné d'un fronton , on doit compter pour un
pied toutes les moulures ſaillantes couronnées d'un
filet, ainſi qu'il a été dit: celles qui ſont enfoncées
dans les avant-corps , ſe comptent pour un demi-
pied. S'il y a des conſoles , l'on compte les membres qui les couronnent , & l'on eſtime les conſoles à
part.

L'on doit faire peu de moulures au haut des cheminées quand elles ſont de plâtre ; car quand on y
en fait beaucoup, elles tombent en peu de tems ; les
plus ſimples ſont d'une plinthe & d'un larmier , avec

Mais ſi cet appui eſt eſtimé à prix d'argent, pour valeur ou
plus-valeur, cette ſaillie ſera eſtimée dans le prix, & ne ſera
point comptée en ſus.

Si un appui orné de moulures eſt eſtimé à prix d'argent,
ſoit pour valeur, ſoit pour plus-valeur , ces moulures ſeront en outre comptées pour ce qu'elles ſont , & leur longueur s'en prendra dans la plus grande longueur de l'appui ,
à laquelle on ajoutera la ſaillie hors le nud du mur , ſoit
que cet appui ait été taillé circulairement , ou en retour
d'équerre.

Exemple. Dans une baie de 4 pieds en dans-œuvre, ſoit un
appui ſaillant du nud du mur de 6 pouces ſur la face & ſur les
côtés: ſa plus grande longueur ſera de 5 pieds. On y ajoutera 6
pouces pour ſa ſaillie, il ſera par conſéquent de 5 pieds $\frac{1}{2}$, qu'il
faut multiplier par le nombre des membres, & le produit ſera
tiré en ligne pour ſaillie ſimple.

un amortiffement au-deffus, pour égouter l'eau ; la plinthe fimple, le larmier & l'amortiffement au-deffus, font comptés pour un pied ½ courant ; s'il y a une plinthe au-deffous, elle eft comptée à part, fuivant ce qui a été dit.

Aux grandes maifons, l'on fait ordinairement le haut des cheminées de pierre de taille de S. Leu, ou de pierre équivalente ; dans ce cas on peut orner un peu plus le haut des cheminées, felon la qualité de la maifon : on y fait une corniche de trois ou quatre pieds de moulures, avec un architrave au-deffous (87).

(87) Il n'eft point parlé ici de la maniere de diftinguer & de toifer ces têtes de cheminées. Chaque Architecte orne & fait conftruire ces fortes de couronnemens de tête de cheminées fuivant fon goût.

En 1749, j'ai été appellé pour en toifer quelques-unes des plus fingulieres dans leur conftruction, comme on peut s'en convaincre en jettant les yeux fur le deffein que j'en donne. Elles avoient été imaginées pour empêcher la fumée ; mais elles ne produifirent pas l'effet qu'on en attendoit : auffi ne les propofai-je point comme un modele à fuivre dans l'exécution ; mais le détail de mes opérations pourra être de quelque utilité à ceux qui auront à toifer les têtes de cheminées. *Voyez la figure, page fuivante.*

Ce couronnement eft compofé de trois affifes en S. Leu. La fupérieure a 12 pouces de haut & 19 pouces de large, & les deux autres ont enfemble 31 pouces ½ de haut fur 28 pouces de large. Les coupes ici figurées repréfentent le travail intérieur. Je fuppofe cette tête de cheminée ifolée conftruite en S. Leu, & le tuyau en brique ravalée des deux côtés, ayant 3 pieds de long fur 10 pouces de large dans-œuvre.

La tête de cheminée conftruite en S. Leu en trois affifes, contient, favoir, la premiere 5 pieds 5 pouces de long, y compris un retour (b) fur un pied 9 pouces ½ de haut, y compris la demi-face fupérieure (d), & de 19 pouces d'épaiffeur à déduire pour le vuide de la jonction de ces demi-faces (a), 19 pouces fur 9 pouces ½, le refte S. Leu de 19 pouces. vaut . . . . 0. 0. 8 ½

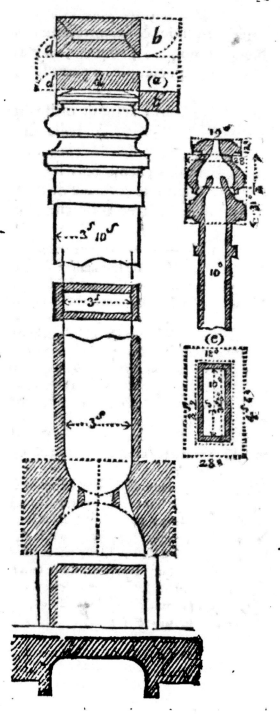

Les deux affifes au-deffous ont enfemble 2 pieds 7 pouces $\frac{1}{2}$ de haut fur 6 pieds 10 pouces de long , y compris un retour (e) & de 28 pouces d'épaiffeur , & vaut . . . .

S. Leu de 28 pouces.

0. $\frac{1}{2}$. 0. $\frac{1}{2}$.

La Plinthe au-deffous de la Frife , auffi en S. Leu , 9 pieds 8 pouces de pourtour fur 6 pouces de haut & 6 pouces d'épaiffeur, vaut . . . .

S. Leu de 6 pouces.

0. 0. 4. $\frac{1}{4}$.

Le parement intérieur & l'évuidement des trois premieres affifes fufdites , a 3 pieds 7 pouces $\frac{1}{2}$ de haut fur 6 pieds 8 pouces de pourtour, & vaut pour taille.

Taille de S. Leu à toife courante.

4. 1. 3. 0.

Le parement & évuidement circulaire de la fermeture intérieure a 9 pieds de pourtour fur 1 pied $\frac{1}{2}$ de développement & vaut . . . .

Taille de Saint Leu. *Idem.*

2. 1. 0. 0.

Le percement de quatre ventoufes en forme de piramide oblongue tronquée & renverfée, évaluée chacune à une toife $\frac{1}{2}$ de taille , vaut . . . .

Taille de Saint Leu. *Idem.*

6. 0. 0. 0.

Les moulures extérieures prifes du nud de la cheminée ayant 10 pieds 8 pouces de pourtour fur 5 pieds de profil , valent . . . .

Taille de S. Leu ou faillie fimple. *Idem.*

8. 5. 9. 0.

C'eft-là le meilleur développement pour pouvoir aifément, fans fortir des ufages, apprécier la valeur de ce couronnement de cheminée , & confondre cet ouvrage dans le prix général & commun , fans en faire de diftinction particuliere.

Les tuyaux & manteaux de ces cheminées étoient pris dans l'épaiffeur des murs de 24 pouces,les manteaux avoient 4 pieds 10 pouces fur 3 pieds de haut ou environ ; le tout dans-œuvre. Au-deffus de la tablette étoient deux pierres évuidées circulairement haut & bas, qui par leur faillie dans l'intérieur de la cheminée, ne laiffoient qu'un paffage de 18 pouces: dans les faillies on avoit fait avec un trépan à chaque côté deux trous ou ventoufes. Ces pierres ont été toifées quarrément dans l'épaiffeur du mur, fans rien rabattre pour le vuide de 18 pouces, les pierres étant chacune d'une feule piece faifant parement devant & derriere, & on a donné une plus-valeur en argent pour l'évuidement de ces pierres en 10 pouces de largeur fur leur hauteur, y compris le percement des trous.

Dans les endroits où la pierre n'est pas commune, le haut des cheminées se fait de brique avec mortier de chaux & sable. Cette construction est incomparablement meilleure que celle en plâtre.

On fait à présent peu de moulures de plâtre aux manteaux de cheminées des grandes maisons, parcequ'elles sont la plûpart revêtues de marbre jusqu'à la premiere corniche ; on en fait au moins le chambranle avec la tablette, & le reste est de menuiserie ; il n'y a ordinairement que la corniche d'enhaut qui soit de plâtre. Pour les maisons ordinaires, on les fait toutes de plâtre, excepté le chambranle qui est de menuiserie. Les Entrepreneurs prennent soin d'orner les manteaux de cheminées d'un grand nombre de moulures, qui sont très-souvent mal ordonnées & mal exécutées. Il ne doit y avoir au plus que quatre ou cinq toises de moulures dans les plus grands manteaux de cheminées (88).

Quand on fait des corniches sous les plafonds ou ceintres des appartemens, on mesure la longueur de chaque côté ; & de cette longueur on rabat une saillie de la corniche ; car on ne doit compter que du milieu de la saillie d'une corniche à l'autre. Si, par exemple, une chambre a 19 pieds en quarré, & que la corniche

---

(88) Du tems de M. Bullet, & avant lui, on n'étoit point dans l'usage de parer les cheminées avec de grandes glaces, comme on fait aujourd'hui. On ornoit les manteaux de petits ordres d'Architecture, de ronds & d'ovales, dans lesquels on mettoit des médaillons en demi-bosse, de corniches, d'attiques, &c. mais aujourd'hui on se contente d'une corniche par le haut, & les manteaux sont tout unis, pour pouvoir y mettre des parquets de glace.

- On ne fait presque plus aujourd'hui de chambranles de cheminées en menuiserie ; on les fait de pierre dure, plus ou moins ornés, suivant le prix qu'on veut y mettre. On les peint en marbre : ils sont d'un bon service & fort propres.

que l'on y a faite ait 1 pied de faillie, l'on ne comptera
que 18 pieds pour chaque face de mur, ce qui fait 12
toiſes de pourtour pour toute la corniche, au lieu que
les murs ont 12 toiſes 4 pieds de pourtour (89).

Dans les maiſons conſidérables, les chambranles de cheminées des principaux appartemens, & le revêtement des jambages, ſont de marbre plus ou moins riche, & ceux des moindres appartemens ſont de pierre de liais. Ce ſont les Marbriers
qui fourniſſent les uns & les autres.

(89) Nous avons dit ci-devant, que la ſaillie des moulures,
ou plutôt les moulures en ſaillie, ſe pourtournoient d'après le
nud du mur. Cette regle eſt générale & ſans exception, pour
peu qu'on veuille faire attention aux angles extérieurs & intérieurs. Les angles extérieurs ſe rejoignent d'équerre, & ſont
complément des angles intérieurs. Il n'y a preſque point de
travail à un angle extérieur, parceque le calibre ou l'outil qui
pouſſe les moulures, rencontre & forme au bout de la matiere
une Arrête ſaillante & naturelle, ce qu'il ne peut faire à un
angle intérieur : il faut qu'il ſoit arrêté à une certaine diſtance, pour interrompre la ſuite de ces moulures : la main, par
une autre induſtrie, acheve le travail, qui par ce moyen devient double de l'autre, & quelquefois quadruple. Sans donc
ſortir du principe général de prendre le pourtour des moulures au nud des murs, nous diſons, ſans nous embarraſſer ſi c'é-
toit l'uſage du tems de M. Bullet de rabattre quatre épaiſſeurs pour les angles, ou bien s'il a avancé cela ſur des mémoires infideles ; nous diſons donc qu'il ne faut rien rabattre pour
les angles, parce que le travail d'une corniche vient s'amortir
ſur le nud du mur : d'où nous concluons qu'il faut pourtourner cette corniche au long dudit mur, & que dans l'exemple
qu'il cite, ce pourtour doit être de 76 pieds ou 12 toiſes 4
pieds, au lieu de 72 pieds ou 12 toiſes.

Tel étoit l'uſage établi avant M. Bullet, comme nous le
liſons dans Ferrieres. « La moulure d'une corniche, dit-il,
» n'eſt conſidérée en ſa longueur & pourtour, que de l'éten-
» due du mur de ſon corps, comme, par exemple, un piédeſtal
» iſolé, quoique la ſaillie d'une corniche ou ſa partie ſupé-
» rieure ait beaucoup plus de pourtour que le corps du piéde-
» ſtal ; néanmoins le contour du piédeſtal regle celui de la
» corniche ; ainſi ſi les corniches ſont de dans-œuvre comme
» dedans & au pourtour des murs des ſalles, veſtibules & au-

S'il y a des avant-corps aux corniches, l'on en doit compter les retours; car le devant tient lieu de celle qui seroit à l'alignement qui fait arriere-corps (90).

DE LA MANIERE

Dont on doit toiser les Tailleurs de pierre qui travaillent à leur tâche.

QUAND les Maîtres Entrepreneurs font tailler les pierres de leurs bâtimens à la tâche des Tailleurs de

___

tres lieux, l'on ne fait aucun rabat de ce qu'il peut y avoir de diminution en sa saillie ».

Il se pourroit faire encore que lorsque M. Bullet a proposé cette déduction des quatre angles, il supposoit que ces corniches étant de pierre de taille, il convenoit de rabattre les quatre épaisseurs pour la masse de la pierre seulement. S'il l'entendoit dans ce sens, il ne convenoit pas de rabattre quatre épaisseurs, mais seulement deux.

Peut-être encore, qu'étant accoutumé aux grands travaux où le plus souvent on met dans les angles rentrans des cartels, médaillons, consoles ou autres sculptures qui étoient de son tems très en usage, le Maçon ne travaillant point ces angles & n'y fournissant aucune matiere, il avoit décidé avec raison qu'il en falloit rabattre les quatre angles; ce qui aujourd'hui doit être de même en pareil cas.

(90) Lorsqu'aux corniches il se trouve des avant-corps saillans sur toute la corniche ou en partie, on ajoute au pourtour de la corniche 6 pouces pour chaque arrête. Si l'avant-corps ne saille qu'en partie, on ne compte que le nombre de membres que cet avant-corps contient sur un pied pour les deux arrêtes saillantes; savoir, 6 pouces pour chacune. Par exemple, si une corniche a 4 pieds de profil, & que l'avant-corps se perde dans la gorge de cette corniche qui n'en contiendra que deux, après avoir compté la corniche, comme s'il n'y avoit point d'avant-corps, on comptera ensuite pour cet avant-corps 2 pieds de profil sur 1 pied, s'il y a deux arrêtes, & sur 6 pouces, s'il n'y en a qu'une.

pierre, fi ce font des moulures, chaque membre couronné de fon filet, eft compté pour un pied de toife,
dont fix font la toife, foit en pierre dure, foit en pierre
tendre ; c'eft-à-dire, que fix membres couronnés fur
une toife de long, qui ne font comptés que pour une
toife à l'Entrepteneur, font comptés pour fix toifes au
Tailleur de pierre qui travaille à fa tâche. Il n'en eft
pas de même des moulures de plâtre que les Maçons
font à leur tâche ; car il faut fix membres couronnés
pour en faire une toife, comme elles font comptées
par les Entrepreneurs.

Quand les Tailleurs de pierre font des ouvrages
ordinaires à leur tâche, où il n'y a point de moulures,
comme des premieres affifes, des piédroits, des encoignures, des parpins, &c. on toife tous les paremens
qui font vus ; quand c'eft de la pierre dure, elle eft
ordinairement comptée fur fa hauteur, c'eft-à-dire,
qu'une toife de pourtour de paremens d'une affife,
fur la hauteur de ladite affife, fait une toife pour l'ouvrier ; on en fait le prix à proportion.

L'ufage n'eft pas le même pour la pierre tendre ;
car l'on réduit chaque affife fur un pied de hauteur.
Si, par exemple, une pierre a 15 pouces de hauteur,
elle eft comptée pour un pied & un quart ; fi elle a 18
pouces, elle eft comptée pour un pied $\frac{1}{2}$; fi elle a 21
pouces, elle eft comptée pour un pied $\frac{3}{4}$, & ainfi du
refte, en n'augmentant néanmoins que de trois en
trois pouces, pourvu que les pierres n'aient pas plus
d'un pouce de moins que cette progreffion arithmétique ; car fi l'affife n'a que 14 pouces, elle n'eft comptée que pour un pied ; fi elle n'a que 17 pouces, elle
n'eft comptée que pour 15 pouces, & ainfi du refte à
proportion.

Les pierres qui ont plufieurs paremens font contournées fuivant ces paremens, foit de pierre
dure ou de pierre tendre, & une toife en longueur

doit faire une toise pour l'ouvrier, comme il a été dit (91).

___

(91) Les Tailleurs de pierre ou Piqueurs de grais, font toisés à toise superficielle, tout parement vu, & tout vuide rabattu: cette toise superficielle se réduit à ce qu'on appelle *Toise de taille*, qui est de 6 pieds de long sur 1 pied de haut, en pierre dure comme en pierre tendre, & sans égard à la hauteur de la pierre.

Le vuide des portes & croisées étant rabattu, on leur toise le pourtour des embrasemens, en pourtournant l'épaisseur du mur & la feuillure. Mais les platte-bandes droites ou bombées leur font comptées doubles, parcequ'il y a trois paremens vus. Si elles font ceintrées en plein ceintre, surmontées ou surbaissées, on en compte le pourtour une fois & demie toujours en dans-œuvre de la baie, & ce, à cause de l'appareil & de la sujétion de la taille.

Les paremens qui font de sciage, leur font également comptés.

S'il y a un avant-corps sur un mur, on le pourtourne sans aucun usage.

On ne leur compte aucun parement aux endroits où l'on compte des moulures ou profils d'Architecture.

Plus le parpain du mur est épais, plus la taille est chere, à cause des lits & des joints, car tous paremens font égaux.

Quand un Entrepreneur marchande à un Tâcheron la taille de la pierre, il doit le faire par écrit; & bien expliquer que son ouvrage sera ragreé sur le tas, sans aucune balevre, redans, ressauts ou autres défectuosités.

On marchande encore la pierre à tout parement vu, quel qu'il soit, tout vuide rabattu sans aucune plus-valeur: mais il faut encore avoir soin de déroger en ce, expressément aux Us & Coutumes, & que le prix soit supérieur au prix courant.

DE

DE LA CONSTRUCTION EN PIERRE
de grais, vulgairement nommée Graisserie.

DANS les environs de Paris, & autres lieux où la pierre de taille eſt rare, ou trop coûteuſe, & où le pays fournit des maſſes de grais, comme dans les environs de Fontainebleau & d'Arpajon, on débite le grais par carreaux de telle grandeur & groſſeur que l'ouvrage le demande; mais le plus ordinaire eſt de débiter des carreaux d'environ deux pieds de long ſur un pied de hauteur & d'épaiſſeur. Le grais n'ayant point de lit, ſe débite ſur tout ſens, & de telle longueur que l'on veut.

On appareille le grais comme la pierre: on fait & on bande des portes, des croiſées, des claveaux, des ſommiers, des arcs ſimples & doubleaux, des encoignures, des chaînes, des cours d'aſſiſes, des tablettes de murs d'appui, des dalles, des gargouilles, des marches d'eſcalier, des pierres d'évier, des bornes rondes & à pans, des ſeuils de grandes & petites portes, des auges, & toutes ſortes d'ouvrages ſolides & de durée.

La Conſtruction en grais eſt fort bonne, quand elle eſt faite avec mortier de chaux & ſable, & elle eſt encore meilleure en chaux & ciment, & réſiſte entierement à l'injure du tems.

Le pont de Pont-ſur-Yonne en eſt une preuve. Les arches ont 12 toiſes de diametre; le ceintre eſt ſurbaiſſé, & les claveaux ont plus de quatre pieds de long. On voit qu'ils ont été fichés avec mortier de chaux & ciment, & non de ſable.

La taille ou pic du grais eſt dangereuſe pour les ouvriers novices, à cauſe de la ſubtilité de la vapeur ſulphureuſe qui en ſort, & qu'un ouvrier conſommé évite en travaillant à contrevent, toujours en plein air & non enfermé. Cette vapeur eſt ſi ſubtile, qu'elle paſſe à travers les pores d'une bouteille de gros verre; expérience qui ſe peu faire à peu de frais.

Prenez une bouteille de gros verre; empliſſez-la d'eau, bouchez-la bien, & mettez-y un cachet, engagez un Tailleur de grais à la mettre pendant quelques jours près de ſon travail; vous trouverez dans le fond de la bouteille

Q

une pouffiere de grais auffi fine que la poudre la mieux tamifée.

Le travail ou la pofe du grais eft encore très-fujet. Lorfqu'on pofe, par exemple, des dalles, un caniveau, ou un feuil, il faut avoir foin de bien garnir par-deffous ; car ce foffile fe gauchit aifément. C'eft une expérience connue & qu'on peut faire à tout moment. Qu'on calle le foir fous trois de fes angles une dalle de grais bien dégauchie, le lendemain matin elle fera gauche, & il fera impoffible de la faire revenir fans la retailler.

On conftruiroit, fi l'on vouloit, des bâtimens en grais qui feroient tout le parpin des murs. Eft-ce économie ? Eft-ce la grande pefanteur de la matiere ou la difette des équipages dans la campagne qui l'empêche ? Car je ne vois point que la dépenfe excédât celle de Paris ; au contraire, je la trouve inférieure. Un mur de Graifferie foigneufement travaillé, eft fort propre. Il ne s'agit donc, pour le faire, que d'avoir du grais à portée, fe bien expliquer par un devis, dans lequel le toifé feroit détaillé fuivant ce que nous dirons ci-après, retrancher fagement quelque petite chofe fur le prix de la matiere, fur le prix du transport, & fur le prix du parement. Je dis *fagement*, car il faut que l'ouvrier trouve fa fubfiftance. Voyant de grands travaux, il fe retranchera à gagner peu fur chaque partie ; alors je dis qu'on pourra aifément conftruire un édifice folide & propre, à moins de frais qu'à Paris.

Les paremens de grais font groffierement piqués, & font rudes à la vue & au tact. Si on vouloit, on le poliroit & uniroit comme du bois raboté, en le poliffant avec du charbon de terre, de l'eau & une barre de fer de trois doigts de large emmanchée dans un bâton, & le liffant fitôt qu'il eft débité. Cette manœuvre rendoit l'ouvrage uni & très-Propre, & prolongeroit la vie de bien des ouvriers, que ce travail pénible & dangereux n'altere que trop.

A Paris, le grais eft profcrit dans les bâtimens. En voici les raifons. 1.º Le grais ne vaut rien en cailloutage & forme de moilon ; fa liaifon avec le mortier n'eft pas de durée, encore moins avec le plâtre.

2.º La pierre étant affez abondante à Paris, on laiffe le grais aux Paveurs pour les ufages des particuliers, & pour paver les rues & les chemins publics.

3.º Enfin, les carreaux de grais reviendroient trop chers

à Paris, tant pour la matiere que pour la main-d'œuvre. De plus, les moulures d'Architecture ne sont jamais si propres que dans la pierre de taille.

La construction en grais se fait pour l'ordinaire différemment qu'à Paris. Il est rare de voir des encoignures faire parpin : elles ne font au plus que la moitié de l'épaisseur du mur, & sont posées en besace, une tête entre deux carreaux; les embrasemens de portes & croisées sont posées en boutisse, un carreau sur deux têtes, & sont parpins; les claveaux de portes & croisées n'ont qu'un pied d'épaisseur. Les cours d'assises sont de deux façons; dans les gros murs, par exemple, de 14 pouces d'épaisseur, ils n'ont qu'un pied, & dans les murs de moindre épaisseur, comme de 12 & 15 pouces, s'ils font parpin, ils sont posés en liaison par carreaux & boutisses : les tablettes au-dessus des murs de terrasse & d'appui sont taillées circulairement, & saillent de deux pouces de l'épaisseur du mur, c'est-à-dire, d'un pouce de chaque côté.

Le pied cube de grais est plus ou moins cher, suivant l'éloignement de la roche, & tout parement vu est payé & toisé à Toise d'appareil; c'est-à-dire, 6 pieds de long sur 1 pied de haut.

Les Entrepreneurs de Graisserie marchandent différemment cet ouvrage : les uns entreprennent le débitage sur la roche, le transport au bâtiment, & l'appareil. Leurs marchés se font ordinairement à 8 & 9 liv. la toise d'appareil, tout parement vu.

Quelques Bâtisseurs économes ayant sur leurs terres des roches de grais, les font débiter par eux mêmes, en marchandant aux uns le débitage, aux autres le transport au bâtiment, & alors l'Entrepreneur n'est chargé que de l'appareil & des paremens, à raison de *tant* la toise d'appareil, tout parement vu. Le prix est d'environ 3 livres la toise, & les Bâtisseurs y trouvent un bénéfice réel.

TOISÉ DE LA GRAISSERIE.

Lorsque l'Entrepreneur de Graisserie fournit le tout, & qu'il n'y a point de marché, il faut envisager deux choses.

La premiere, est d'examiner si tous ses grais font l'épaisseur des murs par carreaux & boutisses; si ses baies sont bandées & font parpin; s'il y a des seuils & appuis; en un mot, si la construction est conforme à celle de

Q 2

Paris. Alors il doit être toifé aux Us & Coutumes.

Secondement, la maniere de bâtir de ces Entrepreneurs étant fort différente de celle de Paris, comme nous l'avons dit ci-devant, ils ont aufi leurs Us & Coutumes, dont l'explication eft très-laconique : ces trois mots, *tout parement vû*, en font l'affaire. Cet ufage leur faifoit un bénéfice infiniment fupérieur à celui des demi-faces de la pierre de taille de Paris ; en ce que fi une pierre avoit un parement aux deux têtes, ces deux têtes leur étoient comptées comme fi la matiere y étoit pleine ; & à Paris on ne leur en a pafé de tout tems qu'une feule, c'eft-à-dire, deux demifaces, ou, ce qui eft la même chofe, un retour.

On a donc depuis long-tems réformé cet abus, & plufieurs édifices que j'ai toifés & vérifiés fuivant des marchés faits par les gens du lieu, m'affurent la méthode du toifé actuel. Lorfqu'il n'y a point, je le répete, de marché par écrit, on commence d'abord par toifer chaque carreau de grais pofé & mis en place, longueur fur hauteur & épaiffeur, & on le réduit au pied cube. Enfuite on toife l'appareil, c'eft-à-dire, tout parement vu, avec fes plus-valeurs, comme il s'enfuit.

Toifé de la Graifferie pour appareil.

Tout parement vu & droit, quel qu'il foit, fera toifé & tiré en ligne à Toife d'appareil, c'eft-à-dire, 6 pieds de long fur 1 pied de haut.

Les parties ceintrées fur le plan feront contournées, toifées & tirées en ligne pour une toife & demie, c'eft-à-dire, que 4 pieds feront tirés en ligne pour une toife d'appareil, à caufe de l'évuidement ceintré du parement.

S'il eft à deux paremens, l'un concave, l'autre convexe, 2 toifes feront tirées en ligne pour 3 toifes d'appareil.

Les parties ceintrées en élévation, comme arcs de cave, ou autres grandes parties, feront contournées, toifées & tirées en ligne pour une toife un quart ; c'eft-à-dire, que quatre toifes feront tirées en ligne pour 5 toifes d'appareil, à caufe des deux fits & du démaigriffement.

Tous bandeaux ceintrés de portes & croifées pris en dans-œuvre des feuillures des embrafemens, & non des tableaux, feront contournés, toifés & comptés pour toife & demie, à caufe des deux lits, du démaigriffement du parement contourné, & de la fujétion des Arrêtes.

Toute feuillure de porte, croisée & autres d'un pouce ou d'un pouce ½ sera toisée suivant le contour de la croisée, porte ou autre, & comptée chaque pied courant pour 6 pouces, s'il n'y a point d'embrasement; c'est-à-dire, que 12 pieds courans de feuillure feront tirés en ligne pour une Toise d'appareil.

Mais s'il y a embrasement démaigri en grais de toute l'épaisseur du mur, chaque pied courant de feuillure sera compté pour 1 pied; c'est-à-dire, que 6 pieds feront tirés en ligne pour une Toise d'appareil, à cause de l'évuidement de la feuillure & du démaigrissement de l'embrasement.

Chaque trou ordinaire de 3 ou 4 pouces en quarré & de profondeur pour scellement de pattes ou gonds, sera compté pour 1 pied ½; c'est-à-dire, que quatre trous feront comptés pour une Toise d'appareil, à cause de la difficulté de ces trous, qui ne se peuvent faire qu'avec une espece de poinçon qu'ils appellent *burin*.

Mais si ces trous font destinés pour scellemens de gros gonds, passages d'ancres ou autres gros fers, qui font ordinairement de 6 pouces en quarré, & de 8 à 9 pouces de profondeur, alors ils feront comptés chaque trou pour 2 pieds, c'est-à-dire, trois trous pour une Toise d'appareil.

Chaque tranchée en grais pour l'encastrement d'un tiran, ou d'autres fers d'un pouce ou environ de profondeur & de largeur, sera comptée chaque pied courant pour 1 pied d'appareil; s'il est plus large & plus profond, chaque tranchée fera comptée à proportion.

Si dans une tête de mur en Graisserie on fait une tranchée de 6, 7 ou 8 pouces quarrés pour encastrer quelque piece de bois, comme, par exemple, un poteau de vanne à la tête d'un courfier de moulin, chaque pied courant fera compté pour 3 pieds d'appareil.

Chaque appui de croisée qui aura feuillure & jet d'eau, fera pourtourné, toisé & compté pour une toise ½, c'est-à-dire, que 4 pieds superficiels feront tirés en ligne pour une Toise d'appareil, & chaque pied courant de feuillure fera tiré en ligne pour 1 pied d'appareil, s'il y a parpin; & s'il n'y en a pas, pour 6 pouces.

Les entablemens & plinthes feront d'abord toisés d'angle en angle, de l'extrémité de la cimaise sur leur hauteur naturelle, sans égard au profil; ensuite les moulures feront prises du nud du mur de face, d'angle en angle, sur le profil que la quantité de moulures donnera : chaque membre d'Architecture couronné de son filet fera compté sur 1 pied de profil.

Exemple. Soit un mur de face de 6 toifes de long d'angle en angle, couronné d'un entablement faillant d'un pied de chaque côté ; que cet entablement ait un pied de haut & foit profilé de fix membres d'Architecture ; le parement de l'affife d'entablement contenant 6 toifes 2 pieds de long fur 1 pied de haut, vaut.........6 *toif.* 2 *pieds.*

Les moulures d'entablement contenant
6 toifes de long fur 3 pieds de profil, valent 18 *toif.* 0 *pieds.*

Il en fera de même des plinthes & autres corps faillans, parcequ'il eft cenfé qu'il y avoit parement ou qu'il devoit y être , & fur-tout dans cette qualité de matiere, où les moulures ne font pas faciles à travailler , & ne fe font qu'avec beaucoup de tems.

Les tablettes au-deffus des murs de terraffe, feront contournées & comptées à double parement, s'il y a bahut comme en la figure *a.* Si elles ne font que circulaires comme *b*, elles feront comptées & tirées en ligne pour une toife ½, c'eft-à-dire, que quatre pieds feront tirés en ligne pour une Toife d'appareil.

La faillie de ces tablettes hors le nud du mur fera en outre compté, chaque pied courant pour 6 pouces d'appareil , fi la tablette eft évuidée au-deffous de fa faillie , comme le repréfentent les figures *a* & *b*. Mais il ne fera rien compté , s'il n'y a point d'évuidement, comme le repréfente la figure *c*.

Les dalles taillées en caniveau feront comptées à toife ½ à caufe du refouillement ; & fi elles étoient à recouvrement, on ajouteroit à la longueur un pouce par chaque joint.

Les gargouilles recreufées circulairement fe pourtournent fur tous les paremens apparens , fans égard au recreufement, & on ajoute à ce pourtour 2 pieds pour ce recreufement. Si ces gargouilles étoient à recouvrement l'une fur l'autre, on ajouteroit à la longueur totale 1 pied pour chaque joint, c'eft-à-dire , 6 pouces pour la feuillure de l'une & 6 pouces pour l'évidement de l'autre.

Les pierres d'évier, les bornes & auges s'estiment à prix d'argent.

Détail de la Graisserie suivant les opérations que j'en ai faites en différens endroits.

Pour tirage & fente de 3 carreaux chacun de 2 pieds de long & 1 pied sur tout sens à 10 sols le pied cube, la somme de . . . . 3 l. o s.

Pour transport à une lieue de la carriere, à raison de 8 sols le pied cube. 2   8

Pour un parement, lits & joints, à 3 livres. . 3   o

Pour fourniture de couperets, masses, coins, pics, bouchardes, burins, &c. . . . . o   12

Total.. 9 l. o s.

Il est à observer qu'un pied cube de grais pese 183 liv. ou environ.

Ces prix sont plus ou moins forts, suivant les lieux ; mais le détail est toujours le même.

DE LA CONSTRUCTION
des Murs de Rempart & de Terrasse.

DANS la construction des Murs en général, il y a trois choses à observer ; la premiere est la qualité des matériaux, leur arrangement ou leur disposition ; la seconde est la qualité du terrein pour bien asseoir leurs fondemens ; la troisiéme est l'épaisseur & le taluds qu'on doit leur donner.

Pour la construction, on se sert ordinairement des matériaux que l'on trouve sur les lieux. La meilleure maniere de construire, est sans difficulté celle de faire des Murs tout de pierre de taille en leurs paremens. Ces pierres doivent être alternativement posées en carreau & en boutisse ; c'est-à-dire, que les unes sont posées en sorte que leur longueur soit selon la face

Q 4

des Murs, & les autres de façon que leur longueur
ſoit dans l'épaiſſeur ou dans le corps des Murs, &
autant qu'on le peut, à lits & joints quarrés. L'on ſe
ſert de moilon & de libages pour le reſte de leur épaiſſeur. Le tout doit être maçonné de mortier fait d'un
tiers de bonne chaux, & de deux tiers de ſable : cette
regle eſt de Vitruve, & eſt confirmée par l'expérience des plus habiles Architectes. A l'égard du ſable, il
eſt eſſentiel qu'il ſoit bon, parceque c'eſt principalement de la bonté du ſable, que dépend la bonne compoſition du mortier, & c'eſt la bonne qualité du mortier qui fait la bonne liaiſon des Murs : l'on a toujours
remarqué que dans les lieux où le ſable n'eſt pas bon,
la conſtruction des bâtimens n'y eſt pas bonne. Il faut
donc ſavoir que le meilleur ſable eſt celui qui eſt net,
dégagé de terre, comme celui de riviere, & dont
le grain eſt de médiocre groſſeur & ſec, afin que les
pores n'étant pas remplis d'eau, la chaux s'attache
mieux. Quand la chaux eſt éteinte, il faut mettre le
moins d'eau qu'il eſt poſſible pour faire le mortier,
par la raiſon que l'eau lavant le ſable, entre dans les
pores & ôte la chaleur & la graiſſe de la chaux qui eſt
toute ſa bonté.

La moyenne conſtruction eſt celle où l'on met la
pierre de taille au pied des Murs, aux encoignures, aux chaînes, aux cordons, & le reſte eſt de moilon piqué par aſſiſes dans les paremens, & ce qui reſte
de leur épaiſſeur eſt de moilon ſeulement aſſemillé ;
c'eſt-à-dire, que le bouzin en doit être ôté ; le mortier
doit être fait comme ci-devant.

Dans les pays où la brique eſt commune, l'on en
met en parement entre les pierres de taille, au lieu
de moilon piqué : l'ouvrage en eſt fort bon : ces briques doivent être auſſi poſées alternativement en
carreau & en boutiſſe : quand l'on n'a point de pierre de taille, on fait tous les paremens de brique,

ou au moins l'on en met aux endroits où il faudroit
de la pierre de taille. On prétend que les Murs qui
font faits tout de brique, font les meilleurs pour réfi-
ster au canon.

La moindre construction est celle où il n'y a ni
pierre de taille ni brique, & où tout est de moilon.
A ces fortes de Murs il faut que le mortier soit parfaitement bon, pour bien lier toutes les petites pierres
dont on est obligé de se servir. Quand c'est une pierre
de meuliere, les Murs en sont meilleurs, le mortier
s'y attache bien mieux qu'aux cailloux qui sont unis.

La deuxiéme chose à laquelle il faut bien prendre
garde, c'est d'asseoir les Murs sur un fond bon &
folide; ce fond peut être de diverses natures de terres, comme de tuf, de roc, de sable mêlé de terre,
ou de sable un peu mouvant, d'argile, de terre grasse,
noire, &c. Il faut savoir se servir à propos de toutes
ces fortes de terreins pour fonder, quand on trouve
le folide, ou pour y remédier par art, quand le terrein n'est pas folide.

Le meilleur fond pour bâtir est le tuf, quand il est
d'une terre forte bien serrée & liée avec de gros
grains de sable: le terrein où il n'y a point de sable
mêlé, n'est pas si bon, comme la terre rouge que l'on
appelle *Terre à four*, & autre approchante de cette
nature: les plus mauvais terreins pour fonder, sont le
sable doux, sans être mêlés de terre, les palus ou la
vase & l'argile; car ils peuvent se mollifier & s'écarter sous le fardeau.

Pour fonder des Murs d'une grande épaisseur, ou
chargés d'un grand fardeau, il faut prendre bien des
précautions pour connoître la nature du terrein; car il
arrive quelquefois qu'il paroît bon, & que ce n'est qu'un
lit de terre d'un demi-pied d'épaisseur, au-dessous duquel il y a de l'argile ou une terre sabloneuse, ou quelqu'autre terre, qui peut être comprimée sous le fardeau;

c'eſt pourquoi, avant que de commencer à fonder, il faut faire des trous en pluſieurs endroits en forme de puits, afin d'être ſûr des differens lits de terre, parcequ'en fouillant trop bas, on pourroit trouver un mauvais terrein, & qu'il eſt bon de s'arrêter à celui qu'on trouve ſolide, pourvu qu'il ait aſſez d'épaiſſeur.

Il y a une autre maniere de connoître ſi le terrein ſur lequel on veut fonder a aſſez d'épaiſſeur, & s'il n'y a point de mauvaiſe terre au-deſſous; il faut avoir une piece de bois, comme une groſſe ſolive de ſix ou huit pieds, & battre la terre avec le bout: ſi elle réſiſte au coup, & que le ſon paroiſſe ſec & un peu clair, on peut s'aſſurer que le terrein eſt ferme; mais ſi en frappant la terre, elle rend un ſon ſourd & ſans aucune réſiſtance, on peut conclure que le fond n'en vaut rien.

On peut aſſeoir un bon fondement ſur le roc, quand il eſt bien diſpoſé, & qu'on le peut mettre en niveau; il s'en trouve de cette ſorte au-deſſus des carrieres, quoique les pierres ne ſoient pas préciſément jointes; mais il y a une eſpece de terre blanche, qui eſt comme la craie, qui en fait bien la liaiſon: ce fondement eſt bon, parcequ'ayant la carriere au-deſſous, il ne ſe trouve point de fauſſe terre. Quand c'eſt un roc de pierre pleine, il n'eſt pas toujours de niveau à la hauteur dont on a beſoin, il le faut couper de niveau au moins dans chaque face du Mur; car le roc étant de différentes hauteurs dans une même face, il arrive que le Mur venant à prendre ſon faix par la charge qui eſt au-deſſus, cette charge comprime la maçonnerie, & il y a moins d'affaiſſement où le roc eſt plus haut, parcequ'il réſiſte plus que la maçonnerie: cela fait des fractions aux Murs. C'eſt pourquoi, dans les endroits où il ſeroit trop difficile de mettre le roc de niveau, il faut faire la maçonnerie des parties les plus baſſes, la meilleure qu'on pourra, & la laiſſer bien

ʃécher, afin qu'elle prenne une conʃiʃtance ʃolide.
Dans la longueur d'une face de Mur, il faut couper
le roc par partie de niveau & par retraites, & faire
enʃorte qu'il ʃoit un peu en pente ʃur le derriere dans
l'épaiʃʃeur du fondement, afin que le pied du Mur qui
eʃt en taluds, ʃoit poʃé ʃur un plan qui s'oppoʃe à ʃa
pouʃʃée.

Les fondemens les plus difficiles, ʃont ceux qu'il
faut faire dans les lieux marécageux, parceque le fond
de la terre eʃt toujours mauvais, & qu'on eʃt indiʃ-
penʃablement obligé de piloter pour fonder ʃolide-
ment. Dans ce cas, il faut commencer par détourner
les eaux, ou les faire écouler par pluʃieurs ʃaignées ou
rigoles, pour les conduire en des lieux plus bas, s'il
s'en trouve ; ʃinon il les faut vuider avec des pom-
pes, moulins & autres inventions, & même faire des
bâtardeaux, s'il en eʃt beʃoin, en ʃorte qu'on puiʃʃe
entrer aʃʃez bas dans la terre pour enterrer le pied des
Murs.

Comme c'eʃt une choʃe de conʃéquence, il eʃt bon
d'expliquer de quelle maniere les bons pilotis doivent
être faits.

Il faut premierement, que tous les bois qui ʃont
employés en pilotis, ʃoient de bois de chêne, comme
le meilleur & celui qui ʃe conʃerve mieux dans la terre
& dans l'eau, quand il en eʃt toujours environné. Pour
ʃavoir dans chaque endroit combien les pieux doivent avoir de groʃʃeur, il faut en faire battre un qui
ʃoit bien ferré, comme il ʃera dit ci-après, juʃqu'au
refus du mouton ; enʃorte qu'on puiʃʃe connoître juʃqu'à quelle profondeur le fond du terrein fait une
aʃʃez grande réʃiʃtance pour arrêter le bout des pieux ;
on ʃaura de combien le pieu battu eʃt entré dans la
terre, ʃi on l'a meʃuré avant que de le battre. Quand
on eʃt ʃûr de la longueur que doivent avoir les pieux ;
il faut ʃur cette meʃure régler leur groʃʃeur, enʃorte

qu'ils aient le diametre à peu près une douziéme partie de leur longueur. Cette regle est selon les bons Auteurs : ainsi les pieux qui doivent avoir 9 pieds de long, auront 9 pouces de diametre, ceux de 12 pieds auront 12 pouces, &c. Cette proportion me paroît bonne depuis 6 pieds jusqu'à 12 ; mais si les pieux avoient 16 ou 18 pieds de long, il suffiroit qu'ils eussent 13 à 14 pouces de diametre, parcequ'il faudroit un mouton d'un trop grand poids pour les enfoncer ; cela dépend de la prudence de l'Architecte qui doit connoître la qualité du terrein où est fait le pilotis. Il ne faut pas que les pieux soient appointés de trop court ; car ils n'enfoncent pas si aisément. Ce qui est taillé en pointe doit avoir au moins deux fois & demie, & au plus trois fois le diametre du pieu ; si le pieu a 9 pouces de diametre, il faut que la longueur de la pointe ait 27 pouces, & ainsi des autres. Dans les ouvrages qui ne sont pas de conséquence, l'on se contente de bruler la pointe des pieux pour les durcir : il est bon aussi de brûler le haut, afin qu'il résiste mieux aux coups du mouton ; mais dans les ouvrages de conséquence, il faut ferrer le bout des pieux avec un fer au moins à trois branches, & qui pese à proportion de la grosseur du pieu : l'ordinaire est 20 à 25 livres pour les pieux de 12 à 15 pieds de long, & le reste à proportion. Il faut aussi mettre une ceinture de fer par le haut des pieux, pour les tenir serrés contre le coup du mouton. Ces ceintures ou cercles de fer, s'appellent *fretés*, & l'on dit que les pieux sont fretés, quand on a mis de ces cercles par le bout d'enhaut.

Les pieux doivent être disposés & battus, ensorte qu'il y ait autant de vuide entr'eux qu'ils ont de diametre, afin qu'il y ait assez de terre pour les entretenir : il faut qu'ils soient un peu plus longs que la profondeur des terres, pour les battre plus aisément jusqu'au refus du mouton ; c'est-à-dire, quand on s'ap-

perçoit que le pieu réſiſte. L'on eſt ſûr que cètte réſiſtance ne ſe peut faire que par une terre ferme qui eſt
ſous la pointe du pieu : ainſi l'on peut s'y arrêter après
pluſieurs repriſes réitérées.

Il y a bien des manieres de battre les pieux, ſelon
les eſpeces de terres où l'on veut les enfoncer : il eſt
impoſſible de donner des regles certaines ſur cela : il
faut que l'Architeĉte en ſache juger. Quelquefois les
pieux s'arrêtent ſur une terre qui n'a pas aſſez d'é-
paiſſeur, qui peut ſe rompre dans la ſuite, & ſous laquelle il y a une mauvaiſe terre ; ou au contraire, on
perce quelquefois une terre ſur laquelle les pieux
euſſent bien pu être arrêtés : il y a encore d'autres inci-
dens qu'on ne ſauroit connoître qu'en travaillant.

Après que les pieux ſont battus par-tout au refus
du mouton, il faut les receper, c'eſt-à-dire, les recou-
per tous de niveau par le haut, à la hauteur que l'on
aura priſe pour le bas du fondement. Quand tous les
pieux ſont recepés, il faut ôter un peu de terre autour d'eux, pour mettre du moilon dur dans leurs
intervalles : il faut battre ce moilon juſqu'un peu au-
deſſus des pieux. On met enſuite par-deſſus ces pieux
des pieces de bois que l'on appelle *racinaux*, qui
ſont des eſpeces de liernes clouées ſur la tête des
pieux : ces pieces de bois ſont comme de gros madriers
qui peuvent avoir 4, 5 ou 6 pouces d'épaiſſeur ſur la
largeur de 9, 10 ou 12 pouces, ſelon le diametre des
pieux : ces racinaux doivent être cloués avec de bonnes chevilles de fer pouſſées à tête perdue ſur tous les
pieux : car ces pieces de bois doivent avoir des mantonnets de deux pouces par les bouts, pour arrêter
les couchis ou plates-formes que l'on poſe deſſus. Ces
plattes - formes ont au moins deux pouces d'épaiſſeur, & ſont clouées ſur des racinaux avec des chevilles de fer pouſſées à tête perdue. Quand on veut
maçonner ſur ces plates-formes, l'on peut mettre dans

leurs joints de la mousse enfoncée le plus qu'il est possible, cela fait une espece de liaison du bois avec la
pierre ; car on ne met point de mortier sur les plates-
formes, parceque la chaux pourrit le bois.

Ceux qui veulent faire de bons ouvrages, font battre des pieux de garde au-devant du pilotis sur la face
des Murs, un peu plus élevés que le dessus des plates-
formes, afin de mieux arrêter la maçonnerie.

Il y a des endroits où au lieu de piloter, l'on met
des grilles de charpenterie, comme sous les piles
de ponts, parce qu'il est très-mal aisé d'y piloter.
On fait ces grilles de la figure que l'on veut donner
aux piles ou autres maçonneries, avec des bois au
moins d'un pied de grosseur pour les chassis, & de
dix pouces au-dedans, assemblés tant plein que vuide à tenons & à mortoises avec de bonnes équerres
de fer. Après que ces grilles sont faites, l'on rend la
place où elles doivent être posées bien de niveau, &
quand elles sont posées, l'on met des pieux pour les
entretenir.

Il y auroit beaucoup d'autres choses à dire sur les
observations qu'il faut faire pour bien fonder ; mais
comme je n'ai pas entrepris d'expliquer toutes les difficultés qui peuvent y arriver, je me suis contenté d'en
parler en général: l'on peut, avec le bon sens & l'expérience, apprendre le reste.

La troisiéme chose qu'il faut observer pour la construction des murs de rempart & de terrasse, est de
savoir leur donner une épaisseur convenable & proportionnée à la hauteur des terres qu'ils ont à soutenir.

Il est vrai que la bonne construction doit faire partie de la résistance ; mais outre cela il faut avoir un
principe pour en régler l'épaisseur. Cette regle n'a
point encore été donnée par aucun de ceux qui ont
écrit de l'Architecture, tant civile que militaire,

quoique ce soit une chose de très-grande conséquence. On a laissé cela à la prudence de ceux qui ont la
conduite des ouvrages, & qui reglent souvent l'épaisseur des murs qu'ils ont à faire, sur ceux qu'ils ont
vu faire ou qu'ils ont faits, & selon les lieux & la qualité des matériaux qu'ils y emploient. Les plus sages
leur donnent toujours plus d'épaisseur que moins,
afin de prévenir les inconvéniens qui en peuvent arriver ; mais l'on n'a point encore, que je sache, décidé
leur épaisseur : en voici un essai dont je me suis avisé,
qui est fondé sur les principes de Méchanique.

Il est certain que la terre la plus coulante est le sable ;
parcequ'étant composée de petits cailloux ronds tous
désunis, ils tendent à descendre dans les parties basses,
quand il y a la moindre disposition, parceque leur figure qui est ronde, est la plus disposée au mouvement ;
mais comme cette inclinaison peut être mesurée, l'on
peut savoir jusqu'à quel angle la terre sablonneuse
peut tomber.

Si l'on considere les grains de sable comme autant
de petits cailloux ronds, arrangés de façon qu'ils se
touchent par les côtés, & posés les uns sur les autres
dans une disposition naturelle, c'est-à-dire, que le
milieu des boules d'un rang su-
périeur, soit toujours posé sur
le milieu des deux boules du rang
inférieur : dans cette disposition,
l'on trouvera que l'angle que ces
boules formeront par rapport à
leurs bases de niveau, sera les
trois quarts d'un angle droit, c'est-à-dire, de 60 dégrés. Il semble que la terre sablonneuse ne devroit
point passer cet angle ; mais l'expérience fait connoître que le sable prend une pente plus inclinée. Pour
tenir sur cela le chemin le plus sûr, je suppose que cet
angle soit la moitié d'un angle droit, c'est-à-dire,

qu'il foit comme la diagonale d'un quarré, enforte que fi une terre étoit coupée à plomb, comme A B, & qu'elle fût arrêtée par un corps capable de la foutenir, comme un mur ou autre chofe; fi ce corps pouvoit être retiré tout d'un coup, la terre, en tombant, formeroit la diagonale d'un quarré comme BC. Cela fuppofé, pour la plus grande inclinaifon de l'écoulement des terres, il refte à connoître quel foutien il faut pour arrêter la pouffée du triangle CAB, qui a la figure d'un coin. On peut expliquer cette pouffée par le plan incliné en cette maniere.

Il eft démontré dans les principes de la Statique, que pour retenir la boule D fur le plan incliné CB, (qui peut être une table ou un autre corps uni), il faut une force ou puiffance qui foit au poids de la boule D, comme la hauteur perpendiculaire A B, eft au plan incliné CB, ou bien comme le côté d'un quarré eft à la diagonale. Quoique cette proportion foit incommenfurable en nombres, on peut néanmoins en approcher; elle eft à peu près comme 5 eft à 7, parceque le double du quarré de 5 qui eft 50, eft prefque égal au quarré de 7 qui eft 49. Il faut donc que la réfiftance du mur qui fera fait pour arrêter les terres du coin ou du triangle CBA foit au même coin, comme 5 eft à 7.

Pour réfoudre cette queftion, il faut mefurer la fuperficie du triangle ABC, & pour cela je fuppofe que chacun de fes côtés AB & AC ait *fix pieds*, le triangle aura *dix-huit pieds*. Il eft queftion de trouver une furface qui foit à 18, comme 5 eft à 7.

Il faut faire une regle de proportion, en mettant au premier terme 7, au fecond terme 5, &

au

au troifiéme 18, en cette maniere, 7 : 5 :: 18 : *x*; le quatriéme terme *x* eſt celui que l'on cherche. L'opération faite, il viendra 12 $\frac{6}{7}$ pour ce quatriéme terme, à la place duquel on peut mettre 13.

La coupe ou profil du mur qui réſiſtera à la pouſſée des terres, aura donc 13 pieds de ſuperficie. Or *toute ſurface diviſée par une hauteur, donne une largeur*; donc en diviſant 13 pieds par la hauteur 6 pieds, la largeur ſera 2 pieds 2 pouces, ce qui formera le parallélograme AC, DE de 6 pieds de haut, ſur 2

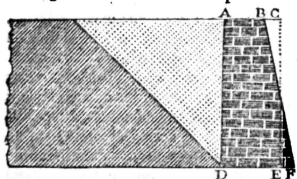

pieds 2 pouces de large; ainſi ce mur oppoſera, par ſon poids, une force égale à la pouſſée des terres; quand même la maçonnerie ne peſeroit, en pareil volume, que la peſanteur des terres.

Cela étant ſuppoſé, dans la figure que l'on doit faire de ce profil, il faut ſavoir combien on veut donner de taluds au mur. Si c'eſt un Mur de Rempart, on lui donne ordinairement un ſixiéme de ſa hauteur; or le Mur étant ſuppoſé avoir 6 pieds, ſon ſixiéme eſt un pied. Il faut donc, pour conſerver la même ſuperficie, prendre la moitié de ce pied qui eſt 6 pouces, l'ajouter à la largeur de la baſe du parallélograme; on aura 2 pieds 8 pouces au lieu de 2 pieds 2 pouces: en ôtant ces 6 pouces du côté oppoſé à la baſe, il reſtera 1 pied 8 pouces; ce qui forme le trapeze ABDF, égal en ſurface au parallélograme trouvé (92).

(92) J'ai été obligé de faire à cette partie des murs de ter-

R

S'il arrive du changement dans cette hypothèse, ce ne peut être que par les différens taluds que l'on peut donner aux Murs de Rempart ou de terrasse. J'ai pris le sixiéme pour les Murs de Rempart; je crois que le cinquieme seroit trop : il faut que ce soit la prudence qui décide de cela.

Aux Murs de terrasse, qui ne sont pas d'une grande hauteur, par exemple, aux Murs de 12 pieds, on peut donner un neuvieme de taluds; quand ils n'ont que 6 pieds de haut, c'est assez d'un douzieme, supposé que la construction soit bonne; mais depuis 12 jusqu'à 16 ou 20 pieds de haut, on leur donne un huitieme, & ainsi du reste à proportion.

Il n'est pas difficile de réduire le profil des autres Murs par la même regle, suivant les différens taluds qu'on voudra leur donner. Par exemple, à un Mur qui n'aura que 20 pieds de haut, & auquel on ne donnera qu'*un huitieme* de taluds, (le huitieme de 20 est 2 pieds $\frac{1}{2}$, c'est-à-dire, que le Mur proposé qui aura 20 pieds de haut, n'aura que 2 pieds $\frac{1}{2}$ de taluds;) le triangle de terre au derriere du Mur qui a 20 pieds de haut, aura 200 pieds de profil : il faut

rasse, quelques changemens pour y donner plus d'éclaircissement. Elle avoit été tellement embrouillée dans les précédentes éditions par les fautes de calculs, &c. qu'il falloit une étude des plus sérieuses pour la développer, & la mettre à la portée de tous les Ouvriers.

Quant au taluds, ce qui suit indiquera les cas où l'on en peut donner plus ou moins. Je ferai observer cependant qu'on doit, avant que de le décider, considérer si le mur sera chargé ou non. Un mur de terrasse n'a pour charge que son parapet, mais un mur de pignon ou de clôture, a toute la charge de son élévation. Alors il faut à ce dernier ménager le taluds, de façon que les eaux de pluie n'en endommagent point la surface. Toutes ces choses dépendent de la prudence de l'Architecte.

faire un profil du Mur sur le taluds, à qui 200 soit comme 18 à 13, & l'on aura 144 $\frac{4}{9}$, qu'il faut diviser par 20, il viendra 7 $\frac{20}{90}$, & par réduction 7 $\frac{2}{9}$, auquel il faut ajouter 1 pied $\frac{1}{2}$, qui est la moitié du taluds; on aura 8 pieds $\frac{17}{9}$, ou à fort peu de chose près, 8 pieds $\frac{1}{2}$ pour l'épaisseur du pied du Mur, & 6 pieds pour l'épaisseur par le haut. On trouvera par ce moyen le profil du Mur suivant la hauteur & le taluds proposé, & ainsi des autres taluds à proportion.

Il y a une chose à observer pour les fondemens des Murs de taluds, c'est qu'on éleve les fondemens presque toujours à plomb, ou peu en taluds dans les terres, & l'on se contente de laisser une retraite au rez-de-chaussée; mais il arrive souvent, quand le fondement est profond, que la ligne du taluds étant prolongée, porte à faux, & c'est à quoi il faut prendre garde, car cela ôte la solidité.

Quand on fait des Murs de taluds pour des quais sur le bord des rivieres où l'on est obligé de piloter, il faut aussi observer de faire battre des pieux assez avant sur le devant, pour qu'il se trouve du solide sous le prolongement de la ligne du taluds; & outre ces pilotis, on met un rang de pieux de garde au-devant du Mur, avec une piece de bois par-dessus les pieux. On appelle cette piece *chapeau*; & elle est entaillée avec mortaises, pour entrer dans les tenons que l'on fait au haut des pieux; outre cela on a soin d'y mettre de bonnes chevilles de fer.

Toise des Pilotis.

L'USAGE est de toiser les Pilotis au cube, comme la maçonnerie, suivant le prix que l'on en fait. C'est pourquoi l'on a soin de mesurer la longueur des pieux ; & s'ils ne peuvent entrer dans la terre que de différentes longueurs, l'on compte toutes les hauteurs des pieux que l'on ajoute ensemble, & l'on divise la somme par le nombre des pieux ; cela donne une hauteur commune pour tout le Pilotis : ou bien l'on prend les profondeurs, parties à parties, que l'on mesure séparément.

Quand on trouve un si mauvais fond de terre pour les fondemens des Murs, que la dépense est excessive, on se contente de faire des piliers de maçonnerie, comme l'enseignent Léon-Baptiste Albert, Philibert de Lorme, & Scamozzi. Ils donnent jusqu'à 7 ou 8 toises de distance à ces piliers, & font des arcades par-dessus. Je trouve que c'est beaucoup, & qu'elles sont bien larges à 6 toises, à moins que les murs ne soient d'une forte épaisseur, & que les pierres que l'on emploie pour ces arcades ne soient très-grandes & de bonne qualité. Je voudrois encore que ces piliers eussent au moins en largeur la moitié du vuide des arcades ; si elles avoient 6 toises, les piliers en auroient 3 ; j'entends quand c'est pour des ouvrages considérables ; car pour les fondemens d'un mur qui n'a pas beaucoup d'épaisseur, & qui n'est pas d'une grande hauteur, l'on peut donner moins de largeur aux piliers, par rapport au vuide des arcades, & l'on s'accommode selon que le terrein le permet.

Quand on est obligé de faire ces sortes d'ouvrages pour éviter ou les difficultés du terrein, ou la trop

grande dépenſe, il faut en faire la conſtruction de ſi
bonne maçonnerie, qu'il n'y ait rien à redire : il faut
auſſi obſerver, pour une plus grande ſolidité, de faire
les arcades ou décharges ſurhauſſées, c'eſt-à-dire, plus
haut que le plein-ceintre ou demi-cercle, & même les
faire de deux portions d'arc, comme l'enſeigne Philibert de Lorme.

Il ſeroit bon que les arcades.fuſſent d'un triangle

équilatéral, c'eſt-
à-dire, que ſup-
poſant la largeur
de l'arcade AB,
l'on fît de cette
largeur & des
points A & B les
deux portions
d'arc AC & BC. Cette élévation donne une grande
force aux arcades pour réſiſter.au fardeau qu'elles ont
à porter. Mais une des choſes qu'il faut le plus obſerver, c'eſt de bien laiſſer ſécher la maçonnerie qui eſt
dans la terre, afin qu'elle ait le tems de prendre conſi-
ſtance avant de la charger ; autrement la charge déſu-
nit toute la maçonnerie, quand le mortier n'a pas eu
le tems de durcir ; mais l'on ne prend preſque jamais
ces précautions, par l'impatience que l'on a de faire
tout en peu de tems.

Comme le terrein dans lequel on fonde pour faire
des piliers, peut être d'inégale réſiſtance ſous les mêmes piliers, Léon-Baptiſte Albert a donné l'invention
de faire des arcades renverſées, & prétend par ce
moyen empêcher qu'un pilier ne s'affaiſſe plus qu'un
autre, quand la terre qui eſt deſſous ne ſeroit pas réſi-
ſtable, ou qu'il ſeroit plus chargé. Voici comme il en-
rend que la choſe ſoit faite :

R ij

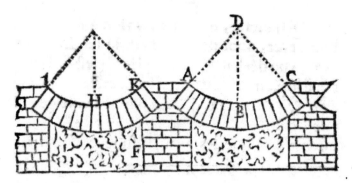

Ayant élevé ſes piliers aſſez au-deſſus du fondement, il fait ſur ces piliers des ceintres renverſés comme
ABC, dont les joints tendent au centre D. Par cette
conſtruction il prétend, par exemple, que ſi le pilier
F eſt fondé ſur un plus mauvais terrein, ou eſt plus
chargé que les autres piliers, cette charge ſera arrêtée
par la réſiſtance des arcades renverſées ABC & IHK,
parceque la terre qui eſt ſous l'extrados de ces ceintres, entretiendra les piliers dans une même hauteur ;
mais il faudroit encore ſuppoſer que cette terre fût
auſſi ferme que celle des fondemens. Quoiqu'on ne
s'aviſe gueres de mettre cette regle en uſage, elle a
néanmoins ſon mérite, & l'on s'en peut ſervir utilement, quand on craint que le fond du terrein ſur lequel on doit fonder, ne ſoit d'inégale réſiſtance *.

---

* On a fait uſage de ces ceintres renverſés pour arrêter &
fixer les gros murs qui forment les caveaux de la nouvelle
Egliſe de Sainte Genevieve. Cette invention a été trouvée
très-utile pour les terreins inégaux ; & l'expérience démontre
chaque jour la néceſſité de les employer.

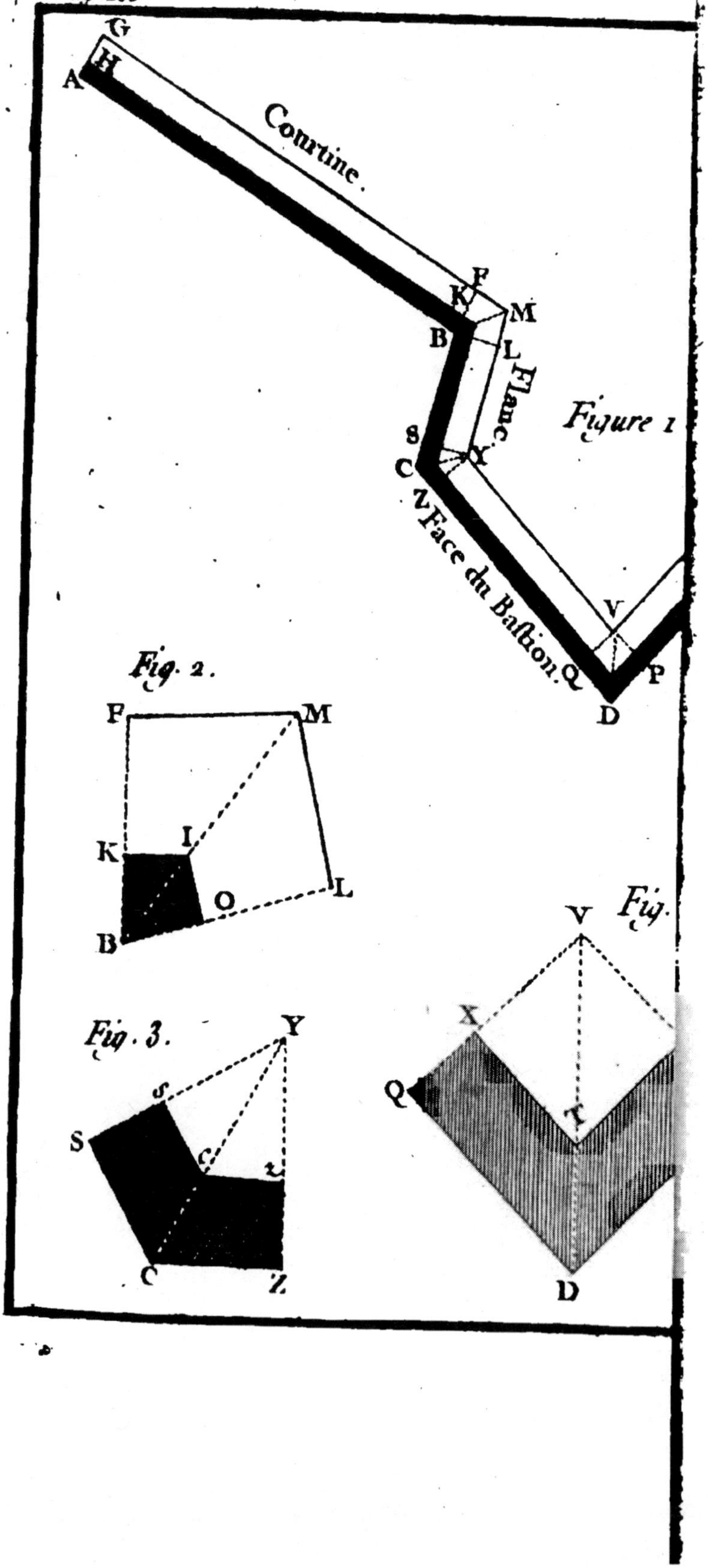
G
H
A
Courtine.
F
K
M
B
L
Flanc.
Figure 1
S
X
C
Z
Face du Bastion.
V
Q
P
D
Fig. 2.
F
M
K
I
O
L
B
Fig. 3.
Y
s
S
c
z
C
Z
Fig.
V
X
Q
T
D

Du Toisé cube des Murs de Rempart & de Terraſſe, appliqué à un Baſtion & à une Courtine ; ce qui peut ſervir à toutes les parties d'une Fortification.

LA maniere de toiſer les ouvrages de Fortification eſt différente de celle de toiſer les bâtimens ci-devant expliqués, en ce que les bâtimens ſont meſurés à la toiſe ſuperficielle, & les ouvrages de Fortification ſont meſurés à la toiſe cube, pour laquelle il faut 216 pieds.

Toute la difficulté de la meſure des Fortifications ne conſiſte preſque que dans les angles ſaillans & rentrans, qui ſont formés par la rencontre des flancs & des faces des Baſtions, & autres ouvrages de cette nature. Par la connoiſſance des angles ſolides, l'on aura celle de tous les autres ouvrages de Fortification.

Soit à meſurer le Mur de Rempart ABCDE, (*Fig.* 1.) qui forme une Courtine, un Flanc & les deux faces d'un Baſtion.

Pour meſurer la Courtine AB, il faut de l'angle B mener ſur AB la perpendiculaire BF, & du point A, pris pour l'autre angle, mener la perpendiculaire AG : la ligne HK ſera le taluds, c'eſt-à-dire, que HG ou KF repréſentera l'épaiſſeur du Mur par le haut. Suppoſons que le Mur par le bas ait 16 pieds d'épaiſſeur entre AG ou BF, & 10 pieds par le haut en HG ou KF, ce ſera 6 pieds pour le taluds AH ou BK. Suppoſons de plus que AB, la longueur du Mur, ſoit de 60 toiſes, & que la hauteur perpendiculaire ſoit de 6 toiſes ; pour avoir la ſolidité de

R 4

cette Courtine, il faut ajouter enfemble l'épaiſſeur
inférieure 16 pieds, & l'épaiſſeur ſupérieure 10
pieds ; la ſomme eſt 26 pieds, dont la moitié 13
pieds ou 2 toiſes 1 pied eſt l'épaiſſeur moyenne arithmétique entre l'épaiſſeur inférieure, & l'épaiſſeur
ſupérieure du mur. Il faut enſuite multiplier cette
épaiſſeur moyenne arithmétique par AB la longueur
du mur qui eſt de 60 toiſes, le produit eſt 130, qui,
multiplié par la hauteur perpendiculaire ſuppoſée de
6 toiſes, donne 780 toiſes cubes pour la ſolidité de
la Courtine.

Il faut meſurer à préſent l'angle ſolide rentrant,
formé par les lignes BF & BL (*Fig.* 1. & 2.)
(cette derniere eſt perpendiculaire ſur BC, comme
BF ſur AB). Pour cela on doit d'abord obſerver
que dans cette partie, comme dans tout ce qui ſera
meſuré ci-après, l'épaiſſeur, le taluds & la hauteur
du Mur, ſont de même que dans la Courtine précédente. Il s'agit en ſecond lieu, de connoître l'angle
rentrant ABC : je ſuppoſe que dans cette occaſion il
eſt de 108 degrés. Il faut ajouter à cet angle les
deux angles droits ABF & CBL, qui ſont enſemble 180 degrés: la ſomme ſera 288 degrés. Or, ſuivant les principes de la Géométrie, tous ces angles,
plus l'angle FBL, qui ſont autour du point B, ſont
égaux à quatre angles droits ; ou bien valent 360
degrés ; donc l'on connoîtra l'angle FBL, en retranchant 288, valeur des autres angles, du cercle
360 : il reſte 72 dégrés pour cet angle FBL. Nous
avons de plus le quadrilatere BLMF qui eſt ici un
trapézoïde. Or, tous les angles d'un quadrilatere
quelconque ſont égaux à quatre angles droits ; donc,
connoiſſant la ſomme des deux angles droits BFM
& BLM, & du troiſiéme angle FBL, que nous
avons trouvé être de 72 dégrés, ou a 108 dégrés

pour l'angle FML. Il faut trouver la superficie &
la solidité de ce trapézoïde. Pour cela, (*suivant ce*
que nous avons dit à la fin de la Proposition IX.
pag. 22.) je mene la diagonale BM qui divise le
trapézoïde en deux triangles rectangles égaux ; donc
si je connois la superficie de l'un de ces triangles,
en la doublant, je connoîtrai la superficie totale du
trapézoïde. Or, je connoîtrai la superficie du triangle BLM en cette maniere. Je connois l'angle M
qui est de 54 degrés, puisqu'il est la moitié de l'angle FML qui est de 108 : je connois BL, côté
opposé à cet angle, puisque c'est l'épaisseur du Mur
que nous avons supposé de 16 pieds : de plus, l'angle LBM est de 36 degrés, puisque c'est la moitié
de l'angle FBL qui est de 72 : donc, si je connois
le côté ML, j'aurai facilement la superficie du triangle. Or, dans tout triangle le sinus des angles sont
proportionnels aux côtés opposés à ces angles ; donc
je connoîtrai le côté ML en faisant cette proportion : le sinus de l'angle M est au côté BL, comme le sinus de l'angle B est au côté ML. Or l'angle
M étant de 54 degrés, son sinus est 80902 ; le côté
BL est de 16 pieds ; l'angle B étant de 36 degrés,
son sinus est 58779 : ainsi l'on peut faire cette regle
de trois :

$$80902 : 16 :: 58779 : x = 11 \tfrac{2}{3} \text{ environ.}$$

l'opération faite, on trouvera que le quatrieme terme x est 11 pieds $\tfrac{2}{3}$ ou environ : ainsi la valeur du
côté ML peut être de 11 pieds $\tfrac{2}{3}$. Je multiplie donc
le côté ML, qui est regardé comme la base du triangle, par 8 pieds, moitié de sa hauteur BL ; & le
produit 93 $\tfrac{1}{3}$ est la superficie du triangle. Je double
ensuite cette superficie, & j'ai 186 $\tfrac{2}{3}$ pour la superficie entiere du trapézoïde. Présentement, pour

en avoir la solidité, il faut multiplier 186 ⅔ par la hauteur du Mur qui est 36 pieds; & le produit donne 6720 pieds cubes pour la solidité du trapézoïde BFML.

Mais comme le Mur est en taluds, son épaisseur est moindre par le haut que par le bas, & conséquemment la solidité du trapézoïde BFML est plus grande que celle de l'angle solide rentrant, formé par les lignes BF & BL d'une pyramide oblique, dont la base est le petit trapézoïde BKIO, (*Fig. 2.*) & la hauteur perpendiculaire 36 pieds, ou celle du Mur; c'est-à-dire, que le sommet de cette pyramide est dans le point de l'épaisseur du Mur où le taluds commence. Donc, pour avoir exactement la solidité de l'angle solide rentrant, il faut souftraire la solidité de la pyramide de celle du trapézoïde BFML, qui est de 6720 pieds cubes. Or, pour avoir la solidité d'une pyramide, nous avons dit (*pag.* 43. *Prop. VI.*) qu'il falloit multiplier la surface de sa base par le tiers de sa hauteur perpendiculaire; donc, pour avoir la solidité de la pyramide proposée, il faut multiplier la superficie du petit trapézoïde BKIO par 12 pieds, tiers de la hauteur perpendiculaire. Or, il s'agit d'abord de connoître la superficie de ce petit trapézoïde. Pour cela j'observe que ce petit trapézoïde BKIO est semblable au grand BFML: car l'angle B est commun à tous les deux; l'angle K est égal à l'angle F, puisque KI est parallele à FM; l'angle O est égal à l'angle L, parce que OI est parallele à LM; & l'angle I est de nécessité égal à l'angle M: donc le triangle rectangle BOI, qui est la moitié du petit trapézoïde, est semblable au triangle rectangle BLM, qui est pareillement la moitié du grand trapézoïde. Or, quand deux triangles sont semblables,

les côtés homologues * font proportionnels ; donc j'ai cette proportion, BL : BO :: LM : OI. Or, BL eft de 16 pieds, puifque c'eft l'épaifleur inférieure du Mur; BO eft de 6 pieds, puifque c'eft l'épaifleur in-férieure du taluds; LM eft de 11 pieds $\frac{2}{3}$; donc, pour çonnoître OI, je fais cette regle de trois :

$$16 : 6 :: 11 \tfrac{2}{3} : x = 4 \tfrac{3}{8}.$$

l'opération me donne 4 pieds $\frac{3}{8}$ pour le côté incon-nu OI. Or, fi l'on regarde OI comme la bafe du triangle, & BO comme fa hauteur, on en aura la fuperficie en multipliant OI ou 4 pieds $\frac{3}{8}$ par 3, moi-tié de la hauteur BO; le produit eft 13 pieds $\frac{1}{8}$; & en doublant cette fuperficie du triangle BOI, j'ai 26 pieds $\frac{1}{4}$ pour la furface entiere du petit trapézoï-de BKIO. Mais ce petit trapézoïde eft la bafe de la pyramide; donc, pour en avoir la folidité, il faut multiplier 26 $\frac{1}{4}$ par 12, tiers de 36, qui eft la hau-teur perpendiculaire; le produit eft 315. Je fouftrais maintenant 315, folidité de la pyramide de 6720, folidité du grand trapézoïde BFML; & il me refte pour l'angle folide rentrant formé par les lignes BF & BL, 6405 pieds cubes, qui, réduits en toifes cubes, me donnent 29 toifes cubes $\frac{1}{3}$ & 33 pieds cubes.

Maintenant nous paffons au flanc du Baftion, qui eft cette partie du Mur comprife entre la ligne BL & la ligne SY, (*Fig.* 1.) qui eft menée de l'angle Y perpendiculairement fur BC, & eft par conféquent égale à BL. Pour connoître la folidité de ce flanc il faut avoir le produit de fa longueur par l'épaifleur moyenne arithmétique, & multiplier ce produit par

---

* On appelle côtés homologues ceux qui font pofés fur la même ligne, comme BO & BL, ou BI & BM. *Fig.* 2.

la hauteur perpendiculaire. Je suppose donc que la longueur du flanc qui est BS ou bien LY son égal, soit de 15 toises, l'épaisseur moyenne arithmétique est, comme nous l'avons dit, 2 toises 1 pied : ainsi le produit de 15 toises par 2 toises 1 pied est 32 toises $\frac{1}{2}$. Je multiplie ensuite 32 toises $\frac{1}{2}$ par 6 toises, hauteur perpendiculaire du Mur ; & j'ai 195 toises cubes pour la solidité du flanc du Bastion.

Après avoir mesuré le flanc du Bastion, il faut mesurer l'angle solide saillant SCZY, appellé l'*angle de l'Epaule*. Pour cela je mene de l'angle Y, (*Fig.* 1 & 3.) la ligne YZ perpendiculaire sur la ligne CD, en sorte que cet angle solide saillant présente une pyramide tronquée : la base inférieure est le grand trapézoïde S C Z Y, la base supérieure est le petit trapézoïde s c z Y, & la hauteur perpendiculaire est 36 pieds ou celle du Mur. Or, pour avoir la solidité d'une pyramide tronquée, nous avons dit, (*pag.* 45. *Prop. VII.*) qu'il falloit multiplier la superficie de la base inférieure par celle de la base supérieure ; extraire la racine quarrée du produit, ce qui donne une superficie moyenne géométrique ; ajouter ensemble les trois surfaces, & enfin multiplier la somme par le tiers de l'axe de la pyramide, c'est-à-dire, par le tiers de la hauteur perpendiculaire : donc nous aurons la solidité de l'angle proposé, en multipliant la surface du grand trapézoïde par celle du petit, en prenant la racine quarrée du produit, pour avoir la surface moyenne géométrique, & en multipliant la somme de ces trois surfaces par le tiers de 36 qui est la hauteur perpendiculaire. Or il s'agit de trouver la surface du grand trapézoïde SCZY, & celle du petit trapézoïde s c z Y. Commençons par le grand trapézoïde.

Je suppose que dans la figure, l'angle C (*Fig.* 1.

& 3.) eſt de 125 dégrés, l'angle S & l'angle Z ſont droits ; donc, pour connoître l'angle Y , il faut retrancher la valeur de ces trois angles enſemble, c'eſt-à-dire, 305 dégrés, de 360 dégrés ; il reſte 55 dégrés pour l'angle Y. Je mene enſuite la diagonale CY, qui diviſe le trapézoïde en deux triangles rectangles égaux : donc, ſi je connois la ſuperficie de l'un de ces triangles, en la doublant je connoîtrai celle du trapézoïde. Or, j'ai la ſuperficie du triangle rectangle CZY en cette maniere : je connois l'angle YCZ ; il eſt de 62 dégrés 30 minutes, puiſqu'il eſt la moitié de l'angle SCZ, qui eſt de 125 dégrés ; je connois le côté ZY oppoſé à cet angle , c'eſt l'épaiſſeur inférieure du Mur ; l'angle CYZ eſt de 27 dégrés 30 minutes ; il eſt la moitié de l'angle SYZ qui eſt de 55 dégrés : donc, ſi je connois le côté CZ, j'aurai facilement la ſuperficie du triangle. Or , les ſinus des angles ſont proportionnels aux côtés oppoſés à ces angles : donc j'ai cette proportion : le ſinus de l'angle C eſt au côté ZY, comme le ſinus de l'angle Y eſt au côté CZ. Or, l'angle C étant de 62 dégrés 30 minutes, ſon ſinus eſt 88701 : le côté ZY eſt de 16 pieds : l'angle Y étant de 27 dégrés 30 minutes, ſon ſinus eſt 46175 : donc l'on peut faire cette regle de trois :

$$88701 : 16 :: 46175 : x = 8\tfrac{1}{3} \; environ.$$

L'opération me donne $8\tfrac{1}{3}$ environ pour le quatriéme terme x ; ainſi le côté CZ eſt environ 8 pieds $\tfrac{1}{3}$. Je multiplie ce côté CZ ou 8 pieds $\tfrac{1}{3}$, que je regarde comme la baſe du triangle, par 8, moitié de la hauteur YZ ; & le produit me donne 66 pieds $\tfrac{2}{3}$ pour la ſurface du triangle rectangle CZY. Je double cette ſuperficie, & j'ai 133 pieds $\tfrac{1}{3}$ pour la ſurface du grand trapézoïde SCZY.

Préſentement, pour avoir la ſurface du petit tra-

pézoïde $sc\chi Y$, (*Fig.* 3.) j'obferve qu'il eft femblable au grand SCZY ; donc, puifque la diagonale CY
divife le grand trapézoïde en deux triangles rectangles égaux, la diagonale χY divife le petit trapézoïde
en deux triangles rectangles égaux. Donc le triangle
rectangle $c\chi Y$ du petit trapézoïde eft femblable au
triangle rectangle CZY du grand trapézoïde. Or,
quand deux triangles font femblables, les côtés homologues font proportionnels : donc j'ai cette proportion :

$$ZY : \chi Y :: CZ : c\chi.$$

Or ZY eft de 16 pieds ; χY eft de 10 pieds ; CZ eft
de 8 pieds $\frac{1}{3}$: donc, pour connoître $c\chi$, je fais cette
regle de trois :

$$16 : 10 :: 8\tfrac{1}{3} x = 5\tfrac{1}{4}.$$

l'opération me donne pour le quatrieme terme x 5
pieds $\frac{1}{4}$; ainfi le côté $c\chi$ eft de 5 pieds $\frac{1}{4}$. Je multiplie enfuite ce côté $c\chi$, ou 5 pieds $\frac{1}{4}$, qui eft regardé
comme la bafe du triangle, par 5 pieds, moitié de la
hauteur χY ; & le produit me donne 26 pieds $\frac{1}{4}$ pour
la fuperficie du triangle rectangle $c\chi Y$. Je double
cette fuperficie, & j'ai 52 $\frac{1}{2}$ pour la furface du petit
trapézoïde $sc\chi Y$.

Il faut à préfent trouver une furface moyenne géométrique entre les deux que nous avons. Pour cela
je multiplie la furface du grand trapézoïde par celle
du petit, c'eft-à-dire, 133 $\frac{1}{3}$ par 52 $\frac{1}{2}$, le produit eft
6944 $\frac{120}{24}$, ou, ce qui eft à-peu-près la même chofe,
6944 $\frac{4}{9}$. J'extrais la racine quarrée de ce nombre, &
il me vient 83 $\frac{1}{3}$, qui eft la furface moyenne géométrique que je cherchois. J'additionne enfuite ces trois
furfaces, c'eft-à-dire, 133 $\frac{1}{3}$, 83 $\frac{1}{3}$, & 52 $\frac{1}{2}$: la fomme eft 268 $\frac{1}{6}$, que je multiplie par 12, tiers de 36,
qui eft la hauteur perpendiculaire ; & j'ai pour la

solidité de l'angle solide saillant SCZY 3225 pieds cubes, qui, réduits en toises cubes, me donnent 14 toises cubes ¼ & 39 pieds cubes.

Je continue de mesurer la face du Bastion, qui est cette partie du Mur comprise entre les lignes YZ & VQ, (*Fig.* 1.) qui sont menées perpendiculairement sur la ligne CD des angles Y & V. Je suppose que la longueur ZQ ou YV son égal, soit de 30 toises : je multiplie ce nombre par 2 toises 1 pied, qui est l'épaisseur moyenne arithmétique, comme nous l'avons vu, entre l'épaisseur inférieure & l'épaisseur supérieure du Mur ; le produit est 65 toises, que je multiplie par la hauteur perpendiculaire du Mur qui est de 6 toises ; & j'ai 390 toises cubes pour la solidité de la face du Bastion.

Pour mesurer l'angle solide saillant, appellé l'*angle de la Pointe* (*Fig.* 1 & 4.) la méthode est la même que celle dont nous nous sommes servi pour l'angle de l'épaule SCZ ; néanmoins, pour la faire mieux entendre, je la répéterai encore ici.

Je mene de l'angle V la ligne VQ perpendiculaire sur la ligne CD, & la ligne VP perpendiculaire sur la ligne DE ; en sorte que cet angle solide saillant peut être regardé comme une pyramide tronquée : la base inférieure est le grand trapézoïde QDPV ; la base supérieure est le petit trapézoïde XTRV ; & la hauteur perpendiculaire est 36 pieds, ou celle du Mur. Or, pour avoir la solidité d'une pyramide tronquée, il faut multiplier la surface de la base inférieure par celle de la base supérieure ; extraire la racine quarrée du produit, ce qui donne une surface moyenne géométrique ; ajouter ensemble ces trois surfaces, & enfin multiplier la somme par le tiers de la hauteur perpendiculaire de la pyramide. Donc, pour avoir la folidité de l'angle propofé, il faut multiplier la furface du grand trapézoïde par celle du petit, extraire la racine quarrée du produit, pour avoir une furface moyenne géométrique ; & multiplier la fomme de ces trois furfaces par 12, tiers de 36, qui eft la hauteur perpendiculaire. Or il s'agit de connoître la furface du grand trapézoïde QDPV & du petit XTRV, Commençons par le grand trapézoïde.

Je fuppofe dans la figure que l'angle D, (*Fig.* 1 & 4.) eft de 86 dégrés, l'angle Q & l'angle P font droits; donc, pour connoître l'angle V, il faut retrancher la fomme de ces trois angles enfemble, c'eft-à-dire, 266 dégrés, de 360 dégrés. Il refte 94 dégrés pour l'angle V. Je mene enfuite la diagonale DV, qui divife le trapézoïde en deux triangles rectangles égaux : donc, fi je connois la fuperficie de l'un de ces triangles, en la doublant j'aurai celle du trapézoïde. Or, j'ai la fuperficie du triangle rectangle DPV en cette maniere : je connois l'angle VDP, il eft de 45 dégrés, puifqu'il eft la moitié de l'angle QDP qui eft de 86 dégrés; je connois auffi PV, côté oppofé à cet angle, c'eft l'épaiffeur inférieure du Mur; l'angle DVP eft de 47 dégrés, puifqu'il eft la moitié de l'angle QVP qui eft de 94 dégrés : donc, fi je connois le côté DP, j'aurai facilement la fuperficie du triangle. Or, dans tout triangle, les finus des angles font proportionnels aux côtés oppofés à ces angles ; donc j'ai cette proportion : le finus de l'angle D eft au côté PV, comme le finus de l'angle V eft au côté DP. Or, l'angle D étant de 43 dégrés, fon finus eft 68200 ; le côté PV eft de 16 pieds; l'angle V étant de 47 dégrés, fon finus eft 73135 ; donc l'on peut faire cette regle de trois :

$$68200 : 16 :: 73135 : x = 17\tfrac{1141}{1364}.$$

l'opération

l'opération me donne pour le quatrieme terme x 17 , & la fraction $\frac{114}{169}$ que l'on peut négliger. Ainsi le côté DP est de 17 pieds. Je multiplie ce côté DP, que je regarde comme la base du triangle, par 8 pieds, moitié de la hauteur PV, & le produit me donne 136 pieds pour la furface du triangle DPV. Je double cette fuperficie, & j'ai 272 pieds pour la furface du grand trapézoïde QDPV.

Préfentement, pour avoir la folidité du petit trapézoïde XTRV (*Fig.* 4.) j'obferve qu'il eft femblable au grand QDPV. Donc puifque la diagonale DV divife le grand trapézoïde en deux triangles rectangles égaux, la diagonale TV divife auffi le petit trapézoïde en deux triangles rectangles égaux : donc le triangle rectangle TRV du petit trapézoïde eft femblable au triangle rectangle DPV du grand trapézoïde. Or, quand deux triangles font femblables, les côtés homologues font proportionnels : donc j'ai cette proportion :

$$PV : RV :: DP : TR.$$

Or PV eft de 16 pieds ; RV eft de 10 pieds ; DP eft de 17 pieds ; donc pour connoître TR, je fais cette regle de trois :

$$16 . 10 :: 17 : x = 10 \tfrac{5}{8}.$$

l'opération me donne pour le quatrieme terme x 10 $\frac{5}{8}$; donc le côté TR eft de 10 pieds $\frac{5}{8}$. Je multiplie enfuite ce côté TR, qui eft regardé comme la bafe du triangle par 5 pieds, moitié de la hauteur RV, & le produit me donne 53 $\frac{1}{8}$ pour la fuperficie du triangle rectangle TRV : je double cette fuperficie, & j'ai 106 $\frac{1}{4}$ pour la furface du petit trapézoïde XTRV.

Il faut à préfent trouver une furface moyenne

géométrique entre les deux que nous avons. Pour
cela je multiplie la surface du grand trapézoïde par
celle du petit, c'est-à-dire, 272 pieds par 106
pieds $\frac{1}{4}$, le produit est 28900 : j'extrais la racine quarrée de ce nombre, & il me vient 170 pieds pour la
surface moyenne géométrique que je cherchois. J'additionne ensuite ces trois surfaces, c'est-à-dire 106 $\frac{1}{4}$,
170, 272; la somme est 548 pieds $\frac{1}{4}$, que je multiplie
par 12 pieds, tiers de la hauteur perpendiculaire; &
j'ai pour la solidité de l'angle de la pointe QDP, 6579
pieds cubes, qui, réduits en toises cubes, font 30 toises cubes $\frac{1}{4}$ & 27 pieds cubes.

Il reste à mesurer la derniere face du Bastion, ex-
primée entre les lignes PV, EN (*Fig.* 1.) Je la suppose de même longueur, épaisseur & hauteur que
l'autre face VQYZ, ci-devant expliquée; donc elle
contiendra de même 390 toises cubes. J'additionne
à présent les mesures de toutes les différentes parties
du Bastion ABCDE, & je vois qu'il contient 1830
toises cubes & 9 pieds cubes.

Comme ces exemples peuvent servir à mesurer
toutes sortes de Murs de Rempart en taluds, il n'est
point nécessaire d'en dire davantage là-dessus : ce ne
seroit qu'une répétition inutile. Je donnerai seulement
la maniere de toiser quelques Murs en taluds des plus
difficiles à mesurer.

Mesurer un Mur en taluds & en rampe.

Soit à mesurer le Mur en taluds ABCDE : (je ne
parle point de la partie qui est droite, je l'ai assez expliqué ci-devant, il n'est question que de la partie
rampante & en taluds). La figure montre comment
cela peut se faire.

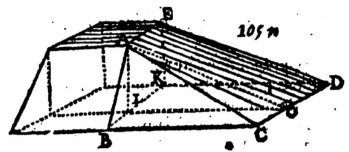

Elle réduit le mur rampant en deux parties :

1°. En un triangle rectangle solide, ou bien en un prisme triangulaire qui a les deux plans EKD & ALO parallèles.

2°. En une pyramide oblique, dont la base est le parallélogramme BCOL, & la hauteur perpendiculaire LA.

Il faut toiser d'abord le triangle rectangle solide. Pour cela je multiplie la surface de sa base LODK par la moitié de sa hauteur perpendiculaire LA. Or pour avoir la surface de sa base, soit LO de 15 toises, & LK de 10 pieds ; je multiplie 15 toises par 10 pieds, & le produit 25 toises, est la superficie de la base. Je multiplie ensuite ce nombre 25 toises par 3 toises, moitié de LA ; & j'ai 75 toises pour la solidité du triangle rectangle.

Il s'agit à présent de connoître la solidité de la pyramide ABCOL. Pour cela je multiplie la surface de la base par le tiers de la hauteur perpendiculaire. Or, pour avoir la surface de la base, je multiplie BC, qui est de 15 toises par BL, que je suppose de 6 pieds, le produit est 15 toises, qui, multipliées par 2 toises, tiers de l'axe LA, donnent 30 toises pour la solidité de la pyramide.

Ainsi, en ajoutant 30 toises, solidité de la pyramide, à 75 toises, solidité du prisme triangulaire, j'ai 105 toises cubes pour la solidité de la partie rampante du Mur en question.

Mesurer un mur circulaire & en taluds.

CETTE propofition fert pour mefurer les orillons des Baftions qui font faits en rond & en taluds, comme la partie de mur ABECDG.

Il faut mefurer d'abord la partie AHLRD, comme féparée du taluds HBECR. Je fuppofe que la portion HLR ait 15 toifes de circonférence, & que la portion intérieure AGD ait 9 toifes. Il faut ajouter enfemble ces deux circonférences. La fomme eft 24 toifes, dont la moitié 12 eft la circonférence moyenne arithmétique ; je multiplie cette circonférence moyenne arithmétique par l'épaiſſeur

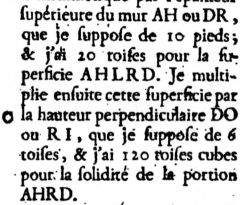

fupérieure du mur AH ou DR, que je fuppofe de 10 pieds ; & j'ai 20 toifes pour la fuperficie AHLRD. Je multiplie enfuite cette fuperficie par la hauteur perpendiculaire DO ou RI, que je fuppofe de 6 toifes, & j'ai 120 toifes cubes pour la folidité de la portion AHRD.

Il faut enfuite prendre la circonférence BEC, dehors du taluds, que je fuppofe de 17 toifes ; je l'ajoute à la circonférence HLR de 15 toifes ; & j'ai 32 toifes, dont la moitié 16 toifes eft la circonférence moyenne arithmétique, qu'il faut multiplier par 6 pieds, qui eft le taluds HB ou RC ; le produit donne 16 toifes en fuperficie pour la bafe du taluds HBCR. Je multiplie enfuite cette fuperficie par 3 toifes, moitié de la hauteur perpendiculaire RI ; & j'ai 48 toifes cubes pour la folidité du taluds ; je les ajoute à 120 ; & la fomme eft 168 toiſes cubes pour la ſolidité totale du mur propoſé.

Les murs de Parapet ſont ordinairement toiſés à toiſes courantes, c'eſt-à-dire, que l'on toiſe la longueur ſeulement, ſans avoir égard à la hauteur ni à l'épaiſſeur ; mais l'on fait un prix particulier pour ces ſortes de murs : néanmoins l'on a pris la méthode depuis quelques années de réduire tous les ouvrages de fortification à la toiſe cube, même juſqu'aux ſaillies & moulures, s'il y en a. Toutes ces réductions peuvent être entendues par ce qui vient d'être expliqué pour les murs de Rempart.

MÉTHODE POUR TOISER
les Terres cubes de hauteurs inégales par rapport à un plan de niveau ou en pente.

LA meſure des Terres cubes eſt ce qu'il y a de plus difficile dans le toiſé, ſur-tout quand le deſſus des Terres eſt fort inégal ; & quelque habile qu'on ſoit dans la Géométrie, il eſt preſque impoſſible d'opérer juſte ; on ne doit s'en rapporter qu'aux perſonnes qui poſſedent la théorie & la pratique en perfection.

Quand on coupe des Terres d'inégale hauteur, on ſuppoſe ordinairement un plan de niveau ou en pente, c'eſt-à-dire, une aire droite d'un angle à l'autre ; ce plan fait connoître l'inégalité de la hauteur des Terres ; & pour voir cette inégalité, on laiſſe des témoins ; qui ſont des endroits qu'on laiſſe de diſtance en diſtance, où la hauteur de la Terre coupée eſt conſervée ; puis, quand on veut faire le toiſé, on meſure toutes ces différentes hauteurs. On les ajoute enſemble, & on les diviſe enſuite par

S 3

la quantité des témoins pour en faire une hauteur commune, que l'on multiplie par la superficie de l'aire contenue dans les terres coupées pour en avoir le cube.

Cette méthode seroit bonne, si l'on observoit de laisser des témoins à égale distance ; & si le dessus de la terre étoit un plan droit ; alors on pourroit s'assurer que l'on a opéré aussi juste qu'il est possible ; mais le dessus des terres n'est pas toujours un plan bien droit, il est souvent courbe & inégal, & il arrive que le toisé que l'on en fait, est plus grand que la quantité des terres coupées, parcequ'on laisse plus de témoins dans les endroits les plus élevés, que dans les endroits bas.

Pour opérer aussi juste qu'il se peut, il faut mesurer les Terres parties à parties, c'est-à-dire, que dans un grand toisé, quand on voit une partie de Terre, dont le dessus est à-peu-près d'égale pente ou de niveau, il faut toiser cette partie à part, & en faire autant pour le reste, à-peu-près en cette maniere.

Je suppose que dans l'espace RCDO, le dessus de la Terre soit selon les courbes diagonales CGHLIKO & RMNLPSD., & que RCDO soit un plan de niveau ou en pente, selon lequel plan la Terre doit être coupée. Il faut, avant que de rien couper, marquer les témoins à égale distance sur la pente des Terres, selon deux diagonales, ou par d'autres lignes, ensorte qu'il s'en trouve autant dans les endroits hauts que dans les endroits bas. Quand les Terres seront coupées, on mesurera la hauteur de tous les témoins par rapport au plan RCDO, & l'on ajoutera ensemble toutes ces différentes hauteurs : on divisera cette somme par le nombre des témoins, & le quotient sera la hauteur commune que l'on multipliera par la superficie RCDO, pour avoir la mesure des Terres cubes.

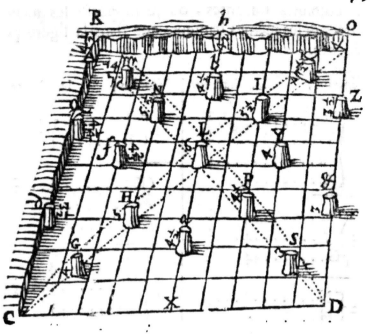

EXEMPLE.

Après avoir difposé les témoins de la maniere dont je viens de l'expliquer, on mesurera la superficie de l'espace R C D O. Je suppofe cet espace quarré, & chaque côté de 10 toifes, ce fera 100 toifes en superficie. Il faut enfuite mesurer la hauteur de tous les témoins, que je suppofe être au nombre de 23, en comptant les extrémités, quoiqu'ils soient à rien; car ils doivent tenir lieu de trois témoins, c'est-à-dire, de trois termes où je suppofe qu'aboutit le deffus des terres : je compte aussi les trois témoins à l'extrémité de la coupe des terres. Il faut mettre la quantité de pieds & parties de pieds ou pouces de chacun des témoins dans un ordre où l'on puisse en faire l'addition, & faire abattre ces témoins à mesure que l'on en prendra la hauteur. Afin de les mieux distinguer, je les ai marqués par lettres alphabétiques, & je les ai tous chiffrés, comme on le voit dans

S 4

les colonnes fuivantes, où je rapporte les mêmes lettres & les mêmes hauteurs que dans la figure précédente.

Témoins,	leur hauteur.	Témoins,	leur hauteur.
4 { R	4 pi. $\frac{1}{5}$	2 { I	5 pi. $\frac{1}{2}$
Q	4 ... $\frac{1}{4}$	P	4 ... $\frac{1}{3}$
d	3 ... $\frac{1}{3}$		
C	0	{ K	4 ... $\frac{1}{2}$
		Y	4
3 { m	5 ... $\frac{1}{2}$	S	3
f	4 ... $\frac{1}{5}$		
G	4	4 { O	4
		Z	3 ... $\frac{1}{2}$
2 { N	5 ... $\frac{1}{3}$	&	3
H	5	D	0
5 { h	4 ... $\frac{1}{2}$		32 pi.
b	4 ... $\frac{1}{4}$	Ci-contre	56 pi. $\frac{1}{4}$
L		Total..	88 pi. $\frac{1}{4}$
a	4 ... $\frac{1}{3}$		
X	0		
	56 pi. $\frac{1}{4}$		

On trouvera que la fomme de tous les témoins eft 88 pieds $\frac{1}{4}$; qu'il faut divifer par 23, qui eft le nombre des témoins, y compris les extrémités, comme je l'ai dit, le quotient donne 3 pieds 10 pouces pour la hauteur commune, qu'il faut multiplier par les 100 toifes de fuperficie de la place propofée, & l'on a 63 toifes $\frac{1}{3}$ 82 pieds cubes pour toutes les terres coupées dans l'efpace RCDO.

Quand les Terres sont coupées sur un plan en pente, il faut mesurer la hauteur des témoins par une ligne menée d'équerre sur ce plan. Si, par exemple, les terres sont coupées suivant le plan en pente représenté

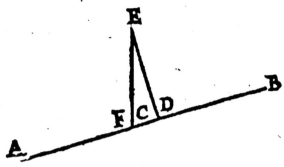

par la ligne AB, il faut mesurer le témoin C, suivant la ligne DE, menée d'équerre sur AB, & non pas suivant la ligne EF, qui est plus longue que ED, & qui est à plomb sur un autre plan.

DE LA PIERRE EN GÉNÉRAL.

COMME la Pierre est la principale matiere qui fait le solide des bâtimens, je crois qu'il est nécessaire d'en dire ici quelque chose.

Il y a deux especes de Pierre ; l'une, que l'on appelle *Pierre dure*, & l'autre, *Pierre tendre*. La Pierre dure est sans difficulté celle qui résiste le plus au fardeau & aux injures du tems : ce n'est pas que l'on n'ait vu des Pierres tendres résister plus à la gelée que des Pierres dures, mais cela n'est pas ordinaire ; il est toujours bien sûr que les parties qui composent la Pierre dure, étant plus condensées & plus serrées que celles de la Pierre tendre, résistent le plus au fardeau.

La raison pour laquelle la Pierre dure & la Pierre tendre se fendent quelquefois à la gelée, c'est que la Pierre n'est pas toujours si serrée, qu'il n'y reste de l'humidité, & qu'il ne s'en insinue par de petites veines imperceptibles qui se trouvent dans l'intérieur de la Pierre. Comme cette humidité occupe précisément tout le vuide, l'eau qui est contenue dans un si petit espace, venant à s'enfler par la gelée, fait un effort qui fend la Pierre, quelque dure qu'elle soit. Ainsi, plus la Pierre est composée de parties argileuses ou grasses, plus elle est sujette à la gelée.

Il y a dans chaque pays une espece de Pierre particuliere, dont on peut connoître la qualité par les anciens bâtimens. Si l'on veut se servir de la Pierre d'une nouvelle carriere de laquelle on n'ait point encore usé, il faut en exposer quelques quartiers à la gelée sur une terre humide ; si elle y résiste dans cette situation, l'on peut s'assurer qu'elle est bonne.

Il y a de la Pierre tendre fort pleine, laquelle ayant été exposée quelque tems à l'air & au soleil pendant l'été, pour faire évaporer entièrement l'humidité qu'elle contenoit, de gelisse qu'elle est en sortant de la carriere, devient parfaitement bonne, & résiste au fardeau & à la gelée. La raison en est assez évidente.

La Pierre poreuse & coquilleuse ne gele pas si ordinairement que la Pierre pleine, parceque l'humidité qui peut y être renfermée, en sort plus aisément par le moyen de la subtilité de l'air, & par la force des rayons du soleil qui seche cette humidité.

Il y a une espece de Pierre que l'on croit que la lune gâte (91); ce qui peut être vrai, parce que cette Pierre n'étant pas par-tout d'une consistance également ferme, quoique l'humide en soit sorti, les rayons de la lune donnant dessus, peuvent dissoudre les parties les moins compactes & les moins serrées. Ces rayons étant froids & humides, entrent

(91) Ecoutons, à ce sujet, un savant Critique du commencement de ce siecle.

Ce que vous voyez dans les Pierres, qui en est, pour ainsi dire, écorché, est un bousin qui, lorsque la Pierre a été mise en œuvre, n'en a pas été abattu. La pluie, les humidités & les brouillards s'étant attachés à ce bousin, en ont dissous petit à petit les sels qui l'avoient en quelque façon assimilé au corps de la pierre. Ces sels étant dissous, la partie de terre à laquelle ils étoient adhérens, n'ayant plus de soutien, est tombée peu à peu, & à mesure que ces sels se sont dissous : c'est pourquoi vous ne voyez pas périr tout-à-coup une Pierre. Sondez cette Pierre jusqu'à son vif, c'est-à-dire, jusqu'où la chaleur du soleil a formé un corps stable, dur & inaltérable à la pluie, vous ne pourrez plus en tirer cette espece de terre que vous tirez de cette partie que la lune gâte.

dans les pores de la Pierre, & par la suite des tems la font tomber par parcelles, comme nous le voyons à des anciens bâtimens. On peut croire que c'est ce qui a donné lieu à quelques Architectes d'imiter cet effet de la nature, en faisant ce qui s'appelle des rusties pour la décoration des bâtimens; ce qui a eu un succès fort heureux: il y en a en France en plusieurs endroits, comme au Louvre, &c. Ces exemples m'ont donné l'idée d'en faire à la Porte S. Martin; & ils ont eu assez d'approbation.

Je ne parle point ici des raisons physiques touchant la nature de la Pierre, & de ce qui est cause qu'il y en a de plus dure l'une que l'autre, & d'un grain plus ou moins fin. Je n'examine pas non plus si la Pierre a été de tout tems formée d'une consistance aussi ferme que nous la voyons à présent, ou si elle acquiert cette fermeté par la suite des tems. Toutes ces questions sont fort curieuses, mais ce n'est pas ici le lieu de les expliquer; il suffit seulement d'avoir dit ce qui peut être utile pour la connoissance de la bonne ou mauvaise qualité de la Pierre, & d'avertir de la poser toujours comme la nature nous le montre, c'est-à-dire, sur les lits, comme elle est dans les carrieres.

DE LA PIERRE DE TAILLE,
& du Moilon que l'on emploie à Paris & aux environs.

ON tire aux environs de Paris différentes especes de Pierre dure. La meilleure & celle qui résiste le plus aux injures du tems, est la Pierre d'Arcueil : la plus ferme & celle qui est de meilleur banc, ne porte que depuis 12 jusqu'à 15 pouces de haut ou d'appareil ; elle eſt preſque auſſi ferme dans ſes lits , que dans le milieu du parement qui eſt le cœur de la Pierre.

La Pierre au-deſſous eſt celle que l'on tire au Fauxbourg S. Jacques , à Bagneux & aux environs , que l'on fait paſſer pour Pierre d'Arcueil ; elle porte depuis 15 pouces juſqu'à 18 ou 20 pouces de haut , mais elle n'eſt pas ſi ferme ni de ſi bonne qualité que la premiere ; elle eſt fort ſujette aux moies & aux fils , & elle a dans ſes lits beaucoup de bouſin , qui eſt une Pierre tendre qu'il faut ôter juſqu'au vif de la Pierre.

On trouve encore proche du Fauxbourg Saint Jacques vers les Chartreux , une eſpece de Pierre dure , que l'on appelle *Pierre de liais* : cette Pierre eſt fort belle ; on l'emploie ordinairement pour les ouvrages conſidérables où il faut de la fermeté , comme pour des baſes de colonnes , des cimaiſes d'entablement , des marches , des ſocles & appuis d'eſcaliers , pour des pavés , & autres ouvrages de cette eſpece , où il faut que la Pierre ſoit dure & fine. Il y a deux ſortes de Pierre de liais ; l'une , que l'on appelle *liais ferrault* , qui eſt dure ; & l'autre , que l'on appelle *liais doux* , parcequ'il eſt plus tendre ; on l'emploie pour des ouvrages d'Architecture.

Dans les mêmes carrieres du Fauxbourg S. Jacques & de Bagneux , on trouve un banc de Pierre fort dure , que l'on appelle *Pierre de cliquart* ; il y en a de deux ſortes ; l'une eſt plus dure que l'autre : cette Pierre eſt bien pleine , & propre pour faire des aſſiſes au rez-de-chauſſée , des ſocles ſous des colonnes , &c.

Il ſe trouve encore de la Pierre dure près de Vaugirard , mais qui n'eſt pas ſi franche que celle du Fauxbourg Saint Jacques. On trouve auſſi dans

ces mêmes carrieres une espece de pierre qu'on appelle *Pierre de bon-banc*, laquelle ne peut pas être
mise au rang de la Pierre duré, parcequ'elle n'est pas
d'une consistance assez ferme pour résister aux injures
du tems ; mais elle est pleine & très-fine, & se peut
employer à des ouvrages considérables, pourvu que
ce soit à couvert : on l'a quelquefois employée à découvert, & elle n'a point gelé, mais cela est douteux ;
elle porte 18, 20 & 22 pouces de haut ou d'appareil.

On tire encore de la Pierre au Fauxbourg Saint
Marceau ; mais elle n'est pas si bonne que celle des
carrieres de Vaugirard.

On tiroit autrefois beaucoup de Pierres dans la
vallée de Fescamp ; mais il faut que le banc de la
meilleure Pierre soit fini, parceque celle que l'on y
tire à présent est fort sujette à la gelée : on la laisse
sécher sur la carriere, & on ne l'emploie que depuis
le mois de Mars jusqu'au mois de Septembre ; autrement elle feuillette à la gelée, parce qu'elle est
formée d'une terre argileuse qui n'est pas assez évaporée.

Il y a encore des carrieres près de S. Maur, où
l'on a tiré autrefois beaucoup de Pierre, & de laquelle le château du même lieu a été bâti : cette Pierre
est dure, & de fort bonne qualité pour résister au fardeau & aux injures du tems ; mais le banc n'est pas
bien régulier, c'est-à-dire, qu'il est inégal, & l'on
n'y trouve pas de grands quartiers comme aux carrieres d'Arcueil.

Il y a encore de la Pierre de Vitry qui est de cette
espece.

On a tiré autrefois de la Pierre dure aux carrieres
de Passy ; mais cette Pierre est fort inégale en qualité
& en hauteur de banc : ces carrieres sont plus propres
à faire des libages & du moilon que de la Pierre de
taille.

Il y a encore à Saint-Cloud & à Meudon des carrieres d'une très-belle pierre dure, que l'on emploie ordinairement pour les grands bâtimens : celle de S. Cloud est d'un banc fort haut & uniforme : l'on en tire de grands quartiers qui servent à faire des colonnes. Cette pierre est d'une assez belle couleur & un peu coquilleuse ; mais elle est sujette à être gâtée par la lune.

La pierre de Meudon n'est pas si franche & est plus coquilleuse, l'on s'en sert néanmoins pour des ouvrages considérables.

La meilleure Pierre tendre que l'on emploie à Paris, est celle de S. Leu-sur-Oise : il y en a de trois especes ; l'une, que l'on appelle simplement S. Leu ; la seconde s'appelle *Pierre de Trossy*, parcequ'on la tire au Village de Trossy près de S. Leu. Cette Pierre est très-fine & très-belle ; on l'emploie ordinairement aux plus beaux ouvrages d'Architecture & de Sculpture. La troisiéme s'appelle *Pierre de vergelée* : cette Pierre est plus ferme que le Saint-Leu & le Trossy ; elle est même d'un plus gros grain : on l'emploie aux ponts, quais, & autres ouvrages de cette espece, exposés à l'eau & aux injures du tems, où elle est fort bonne. On tire le vergelé d'un banc des carrieres de Saint-Leu, mais le meilleur est celui que l'on tire des carrieres du Village de Villiers près de S. Leu.

Quand on ne peut pas avoir aisément de la Pierre de Saint-Leu, on emploie une espece de Pierre tendre, que l'on appelle de la *lambourde*. Cette Pierre vient des carrieres des environs de Paris, comme d'Arcueil, du Fauxbourg Saint Jacques, de Bagneux, &c. Elle retient la même proportion des qualités de la Pierre dure, c'est-à-dire, que celle d'Arcueil est la meilleure ; & ainsi du reste, suivant ce qui a été dit. La Pierre de lambourde a le grain un

peu plus gros, & est de couleur jaune ; il faut la laisser
sécher sur la carriere avant que de l'employer ; car elle
est sujette à la gelée, & n'est pas d'une consistance
bien ferme pour résister au fardeau. Pour la pierre
que l'on appelle *du souchet*, elle ne mérite pas d'être
mise au rang de la pierre de taille ; on ne doit l'employer qu'aux moindres ouvrages, ou en libages &
moilons (92).

Pour le moilon que l'on emploie à Paris, celui que
l'on tire aux carrieres d'Arcueil, est le meilleur ; celui
des carrieres du Fauxbourg S. Jacques, de Vaugirard,
du Fauxbourg S. Marceau, &c. est d'une qualité proportionnée à la pierre de taille qui en est tirée : le
moilon est fait des morceaux de la pierre de taille, &
d'un banc qui n'a pas assez de hauteur, duquel on fait
aussi le libage (93).

_____

(92) M. Bullet ne parle point des Pierres de Montesson,
de Conflans, de Senlis, de Tonnerre, qui arrivent cependant
à Paris. Les Pierres de ces carrieres sont très-belles, & ne
s'emploient qu'aux morceaux délicats d'Architecture.

(93) On appelle *Moilon gisant* ou *bien gisant*, celui qui
est plat sur ses lits, & où il n'y a presque rien à ôter que le
bousin.

Le *Moilon piqué*, est celui qui étant taillé au vif de la Pierre est d'échantillon, à vive arrête, à lits & joints quarrés, piqué en tête avec la pointe du marteau, & démaigri des deux
côtés en queue. On l'emploie dans les caves, & il est très-
propre quand il est posé de niveau & par arrase.

Le *Moilon essémillé* ou *smillé*, est un moilon grossiere-
ment équarri à la hachette, ébousiné & destiné à faire parement dans les lieux de peu de conséquence. On essemilloit
autrefois le moilon avec un marteau à deux pointes, tels
qu'en ont encore les Piqueurs de grais. On nommoit cet outil une *Smille*.

Le *Moilon bouru*, est un moilon mal fait, qu'on emploie
tel qu'il est dans les fondations & dans l'intérieur des murs,
& que l'on n'a nullement équarri ni travaillé.

Le *Moilon appareillé*, est un moilon d'élite qui est pro-

Il y

Il y en a qui emploient de la Pierre de plâtre pour moilon, & prétendent que pourvû qu'elle soit enfermée dans les terres, elle est assez bonne: je ne voudrois pas m'en servir; car il semble que la nature n'ait destiné cette Pierre que pour être employée à l'usage qu'on en fait quand elle est cuite; car pour peu qu'elle soit exposée à l'air, même dans les caves, elle se gâte promptement.

Il y a une autre espece de moilon que l'on emploie aux environs de Paris, comme à Versailles & en d'autres lieux; c'est une Pierre grise, appellée *Pierre de meuliere*, parcequ'elle est à peu près de même espece que celle dont on fait des meules de moulin. Cette Pierre est fort dure & poreuse; c'est pourquoi le mortier s'y attache beaucoup mieux qu'au moilon de pierre pleine. Quand cette Pierre est d'une grandeur raisonnable, & que le mortier est bon, c'est la meilleure maçonnerie que l'on puisse faire pour des murs ordinaires; mais comme il y entre beaucoup plus de mortier que dans la Pierre pleine, il faut aussi bien plus de tems pour sécher la maçonnerie qui en est faite, afin qu'elle puisse prendre une consistance assez ferme pour résister au fardeau.

---

prement taillé comme la Pierre, à lits & joints quarrés & à vive arrête en tête. Avec ce moilon posé en juste liaison, & démaigri en queue & de longueur suffisante pour faire le parpin d'un mur à 3 ou 4 pouces près du parement opposé, on élevera en toute sûreté & avec beaucoup de solidité, des murs de 12 & 15 pouces d'épaisseur.

On appelle *Libages*, de petits quartiers de Pierre de taille dont 4 ou 5 font la voie: *Quartier* de Pierre, lorsqu'il n'y en a qu'un à la voie, & *Carreau* de Pierre, lorsqu'il y en a deux ou trois.

On appelle encore *Moilon de blocage*, les petits moilons qu'on emploie de chan dans les basse-cours & autres lieux,

T

DU PLASTRE.

LA pierre ou moilon de plâtre, n'est commune qu'à Paris & aux environs. Ce fossile est pour l'ordinaire de deux especes, l'une dure & l'autre tendre. L'une & l'autre se calcine au feu ; mais les Chauffourniers aiment mieux la tendre que la dure pour la cuisson. La premiere est blanche & remplie de sels luisans au soleil. La seconde est grisâtre, & sert pour la construction des murs de clôture & bicoques hors de Paris ; car cette pierre est proscrite pour les bâtimens de cette Ville : il y a de séveres punitions pour les Entrepreneurs qui en employeroient : il n'est même pas permis aux Propriétaires de les faire employer.

Le Plâtre étant cuit, se réduit en farine ou poudre lorsqu'on l'écrase avec la batte. La cuisson s'en fait à feu modéré & égal ; le feu violent le rend aride & sans liaison. La bonne qualité du Plâtre se connoît, lorsqu'étant gâché avec l'eau, & en le maniant, on sent dans les doigts une espece d'onctuosité, que les Ouvriers appellent amour : au contraire, quand la cuisson est trop forte, il est rude & ne tient point à la main.

Le Plâtre doit être employé très-promptement, & tout chaud s'il est possible. On ne doit point l'exposer au soleil, & encore moins à la pluie ni au grand air ; le soleil le desseche, l'humidité en amortit la force, & le grand air en dissipe les esprits : ce qu'on appelle l'évent du Plâtre.

Dans les lieux où le Plâtre est cher, il faut l'enfermer dans des tonneaux, dans un lieu sec, & le garder le moins que l'on pourra.

Quand on veut faire des ouvrages de conséquence en Plâtre, il faut aller soi-même à la carriere & prendre de la pierre du milieu du four, parce qu'elle est cuite plus à propos.

Le Plâtre cuit se vend au muid : le muid contient 36 sacs ou 72 boisseaux, mesure de Paris, qui valent 24 pieds cubes. Lorsqu'on le vend crud, il se vend à la toise ou au cent : le cent est un toisé de 16 pieds de long, 8 pouces de large & 4 pieds de haut, qui valent 2 toises 80 pieds cubes.

Il est à remarquer que les Ouvriers qui emploient le Plâtre n'ont jamais la galle aux mains, parce que les sels dont

cette matiere est formée, sont très-âcres & mordicans ;
(c'est cette acidité qui constitue sa vertu spécifique de s'attacher aux pierres). Ces sels different en cela de ceux de la
chaux, qui sont doux & onctueux ; mais aussi le Plâtre se
suffit à lui-même pour se corporifier, & la chaux ne le
peut pas, à moins qu'elle ne soit alliée avec un autre corps
qui l'aide à se joindre à un troisieme.

DE LA LATTE ET DU CLOUD.

Une botte de latte de cœur de chêne est composée de
52 lattes de 4 pieds de long sur 2 pouces de large. Lorsqu'elle est employée, lattée jointive, pour une toise il
en faut 54, & dans une cloison à claire-voie il en faut 18
par toise.

Le cloud à latte est de différente espece. Il y a un cloud
fin & délié, qu'on nomme *Cloud de Liége*, qui est plus
cher que l'autre, mais il produit davantage. On compte
une livre & demie de cloud par botte de latte ; mais cela
passe à cause de la perte dans l'emploi.

Nous ne parlons point ici de la latte blanche ; car elle
devroit être proscrite, étant d'un très-mauvais service.

DE LA CHAUX.

La Chaux se vend à Paris au muid. Le muid contient 48
minots. Le muid se divise encore en 12 septiers, le sep-
tier en 2 mines, la mine en 3 minots, dont chacun com-
pose un pied cube.

On mesure encore la Chaux par futailles : chaque futaille
contient 4 pieds cubes. Pour un muid il faut 12 futailles,
dont six sont mesurées combles & les six autres rases.

Melun, Senlis, Corbeil, la Chaussée près de Marly,
fournissent la Chaux à Paris. Le Port de la Gréve en est
toujours garni.

Un minot de bonne Chaux en pierre doit rendre deux
minots de Chaux éteinte. Celle qui est réduite en poudre
ne fait aucun profit, ni bon ouvrage.

On peut faire des provisions de Chaux éteinte dans des
fosses faites exprès ; mais il faut avoir soin de les couvrir
d'un pied ou deux de sable. T 2

L'ufage à Paris eft d'éteindre la Chaux dans un baffin que l'on fait exprès fur le bord d'un trou. Cela demande un grand foin : car fi on n'y met pas une quantité d'eau fuffifante, elle fe brûle, & fi on y en met trop, elle fe noie.

Il fe trouve dans la pierre de Chaux des pierres dures que l'on nomme *Bifcuits* ou *Recuits*, qui ne font d'aucun ufage. C'eft la faute du Chaufournier qui n'a point entretenu un feu égal dans fon fourneau. Ces bifcuits n'étant point de valeur, font mis à part pour en faire tenir compte par le vendeur.

Chaque pays produit des pierres de Chaux de différentes qualités. Les Ouvriers du pays en connoiffent l'emploi, & en font communément un bon ufage.

En général, pour ce qui regarde les pierres à faire la Chaux, les plus dures font les meilleures. Leurs fels font doux & onctueux, & différens de ceux du plâtre. La Chaux éteinte ne feroit d'aucun ufage fans fable, ciment ou autres adjonctifs que chaque pays produit pour être mêlé avec elle, & faire ce qu'on appelle du *mortier*. Ces adjonctifs ne feroient auffi d'aucun ufage dans la bâtiffe fans la Chaux, qui leur fert de véhicule pour fe lier & s'incorporer dans les pores de la pierre.

On appelle *Chaux fufée*, une Chaux qui n'a point été éteinte, & a été trop long-tems expofée à l'air, qui s'eft évaporée d'elle-même, & eft réduite en une cendre blanche. Cette Chaux n'eft d'aucun ufage, le feu & les efprits en étant diffipés.

On appelle *Lait de Chaux* ou *Laitance*, une Chaux détrempée clairement, & qui reffemble à du lait. On s'en fert pour blanchir les murs & les plafonds.

DU SABLE, DU CIMENT ET DU MORTIER.

IL y a quatre fortes de fables : fable terrein, fable de ravine, fable de rivière & fable de mer. Ce dernier n'eft pas de bon ufage.

Les trois autres efpeces font les meilleures. Il ne s'agit que de choifir le fable de moyenne graine fans mêlange de terre.

Pour connoître fi un fable en eft mêlé, il faut en jetter dans l'eau & le bien remuer. Si l'eau refte claire, ce fable eft bon & non mêlé de terre ; fi au contraire l'eau change de couleur & devient épaisse,ce sable ne vaut rien. Le bon sable crie dans la main en le pressant, sans qu'il y reste rien.

Si ce sable est trop rempli de graviers, on le passe à la claie.

Le sable terrein , de la qualité que nous venons de le dire , doit être préféré à celui de rivie·e & de ravine , parceque les pointes en sont moins émoussées.

Il y a encore dans la terre une espece de sable que l'on nomme *Sablon* , qui ne vaut rien pour la construction,parcequ'il est trop fin & trop mêlé de terre.

Le *Ciment* est une tuile concassée, dont on fait un excellent mortier,surtout dans les rez de-chaussée & dans l'eau. Il ne faut point y mêler de carreau de terre cuite ni de brique, l'un & l'autre n'étant pas d'une cuisson aussi forte que celle de la tuile ; mais on peut y mêler des pots de grais , & même du grais concassé.

Le ciment des Fontainiers , qu'on appelle le *Ciment perpétuel* , se fait avec du mâche-fer broyé , du tuileau, du charbon de terre & un peu de grais tendre réduit en poudre ; le tout incorporé avec la chaux vive éteinte & bien broyée au rabot à force de bras.

Le *Mortier* se fait d'un tiers de chaux & de deux tiers de sable ou ciment. Il ne s'agit , pour le bien faire , que de le bien broyer & corroyer , en y mettant le moins d'eau que l'on peut. Un mortier bien fait dure très-long-tems , & devient par la suite aussi dur que la pierre.

DE LA BRIQUE.

La Brique est une pierre artificielle faite avec de la terre ferme ou de la glaise cuite au four. Elle est toute faite d'échantillon. Les plus communes ont environ 8 pouces de long, 4 pouces de large & 2 pouces de haut. Je dis *environ*, parceque la cuisson les resserrant,elles n'ont pas juste cette mesure. L'essai que j'ai fait sur quatre briques de Garches a été , savoir, leur hauteur 7 pouces & demi, leur largeur 15 pouces un quart , & leur longueur 30 pouces & demi. On appelle cette brique , *demi-brique* ou *brique d'échantillon*.

On fait encore dans quelques Provinces de la brique entiere. Elle a même longueur & largeur que celle ci-dessus, mais sa hauteur est double.

T 2

On vend encore de la brique crue, c'est-à-dire, de la brique séchée au soleil, qui n'a point passé au feu. Elle sert pour faire des fours à chaux, à tuile, &c.

Une brique pese 3 livres & demie ou environ. Il en faut 27 pour un pied cube sans emploi.

FORMULE POUR LES REGLEMENS
de Mémoires de Maçonnerie.

APrès avoir indiqué la maniere de toiser les ouvrages de Maçonnerie, nous ajouterons une Formule abrégée & détaillée, pour faciliter les Réglemens de Mémoires de Maçonnerie.

Détail d'un Mur en pierre dure de 30 pouces d'épaisseur à un & deux paremens.

Pour une toise superficielle de Mur en pierre dure de 30 pouces d'épaisseur, il faut 90 pieds cubes de pierre brute, à quoi il faut ajouter le sixieme pour déchet, qui est de 15 pieds, faisant ensemble 105 pieds cubes, que je suppose rendus à l'attelier tous frais faits & acquittés, à raison de 18 s. le pied cube, *plus ou moins*, (vu la cherté des Ouvriers qui sont devenus fort rares, à cause de la multiplicité des grands Bâtimens, Hôtels, Palais, &c. Cette même quantité de grands travaux & les droits du Roi, ont encore occasionné l'augmentation de tous les matériaux) la somme de .... 94 l. 10 s. 0 d.

Pour le bardage, j'estime qu'une toise de pierre de cette épaisseur pour les 90 pieds mis en œuvre, doit peser aux environs de 12 milliers, à raison de 140 livres pesant le pied cube, au prix de 17 sols le millier, *plus ou moins*, la somme de.................... 10. 4.

Pour la pose, on peut admettre en général le quart de l'épaisseur du mur qui sera de .... 7. 10.

112. 4. 9

liz l. 46

Quant au mortier, il en entre plus ou moins, suivant la quantité & la grandeur des pierres. Cependant on peut le fixer sans grande erreur, à 2 fols le pouce, eu égard au tems considérable que les Ouvriers emploient, & à la peine qui s'en fait au fichage & au coulage des pierres ; le pouce estimé ici 18 deniers, la somme est....... | 3 l.

Total des sommes ci-dessus.... | 115. 4.

A laquelle somme il convient d'ajouter le bénéfice de l'Entrepreneur, qui sera le dixieme de cette somme, ci .... | 11. 10. 6.

Pour la conduire, fourniture d'équipages & faux frais, la moitié de cette somme .... | 5. 15. 3.

Prix de cette pierre sans parement, | 132. 9. 9.

Pour taille du premier parement, y compris lits & joints, & bénéfice de l'Entrepreneur, fix toifes de taille à 2 livres 10 fols, font.............. | 15. 0. 0.

Et pour le second parement estimé. | 10. 0. 0.

Total de la taille... | 25. 0. 0.

Total du prix d'une toise de pierre dure de 30 pouces sans parement.... | 132. 9. 9.

Avec un parement............. | 147. 9. 9.

Et à deux paremens............ | 157. 9. 9.

Il est d'usage à Paris, & ce devroit être par-tout de même, de fixer le prix des murs de toute espece, à *tant* le pouce d'épaisseur posé & mis en place. Il faut donc, pour faire cette fixation, l'envisager sans paremens, ni lits, ni joints: lesquels en étant ôtés, il faudra diviser le restant par l'épaisseur du mur: le quotient donnera la valeur de l'épaisseur du mur.

T 4

Exemple. Nous avons trouvé que le mur ci-deſſus, ſans paremens, revenoit à 132 livres 9 ſols 9 deniers, qu'il faut diviſer par 30, épaiſſeur du mur, le quotient donnera 4 liv. 8 ſols 4 deniers pour la valeur de chaque pouce de l'épaiſſeur du mur.

Ce principe étant général, on peut donc dans les devis dire que *tous murs de pierre dure ſeront payés à raiſon de 4 livres 8 ſols 4 deniers le pouce ſans paremens (plus ou moins) : le premier parement ſera payé 15 livres, & le ſecond 10 livres.*

Obſervations.

Cette formule ne doit pas être priſe à la lettre pour les prix des matériaux qui varient journellement. Nous ne la donnons que pour ſe former une idée juſte & exacte ; afin de rendre juſtice à l'Ouvrier ſuivant le droit & la raiſon.

Il faut encore obſerver que plus les murs de pierre dure ſont épais, plus le premier parement eſt cher, à cauſe de ſes lits & joints. Si le mur a 48 pouces, le premier parement vaudra 18 livres ; s'il n'a que 12 pouces, il ne vaudra que 12 livres, &c. qui eſt le prix le plus bas, même dans les murs de moindre épaiſſeur.

Mur de pierre dure de 27 pouces.

	l.	ſ.	d.
A 4 l. 8 ſ. 4 d. le pouce...............	119	5	0
Premier parement................	14	10	0
Second parement.................	10	0	0
Total..	143	15	0

Pierre dure de 24 pouces.

	l.	ſ.	d.
A 4 l. 8 ſ. 4 d. le pouce...........	106	0	0
Premier parement................	14	0	0
Second parement...............	10	0	0
Total..	130	0	0

Pierre dure de 21 pouces.

À 4 l. 8 f. 4 d. le pouce	92 l.	15 f.	0 d.
Premier parement.................	13	10	0
Second parement	10	0	0
Total..	116 l.	5 f.	0 d.

Pierre dure de 18 pouces.

À 4 l. 8 f. 4 d. le pouce..........	79 l.	10 f.	0 d.
Premier parement	13	0	0
Second parement	10	0	0
Total...	102 l.	10 f.	0 d.

Pierre dure de 15 pouces.

À 4 l. 8 f. 4 d. le pouce..........	66 l.	5 f.	0 d.
Premier parement................	12	10	0
Second parement	10	0	0
Total...	88 l.	15 f.	0 d.

Pierre dure de 12 pouces.

À 4 l. 8 f. 4 d. le pouce............	53 l.	0 f.	0 d.
Premier parement	12	0	0
Second parement	10	0	0
Total..	75 l.	0 f.	0 d.

Pierre dure de 8 pouces.

À 4 l. 8 f. 4 d. le pouce..........	35 l.	6 f.	8 d.
Premier parement................	12	0	0
Second parement	10	0	0
Total..	55 l.	6 f.	8 d.

Dalles de 6 pouces.

À 4 l. 8 f. 4 d. le pouce..........	26 l.	10 f.	0 d.
Un parement seulement..........	12	0	0
Total..	38 l.	10 f.	0 d.

Le développement des marches d'escalier est, à peu de chose près, le même prix.

Dalles de 4 pouces.

A 4 h 8 f. 4 d. le pouce.................. 17 l. 13 f. 4 d.
Un parement seulement............ 12 0 0

Total.. 29 l. 13 f. 4 d.

Développement d'un appui de croisée en pierre dure avec feuillure & jet-d'eau de 4 pieds ½ de long, 12 pouces de large & de 6 pouces d'épaisseur.

Cube de pierre...... 2 pi. 3 po. 0 li.
Déchet........... 0 4 6

2 pi. 7 po. 6 li.

A 18 sols le pied, font.......... 2 l. 7 f. 3 d.

Paremens.

Premier parement.... 4 pi. 6 po. 0 li.
Second parement pour
le jet-d'eau........ ½ 0 0
Face de devant....... 1 8 3
Face de derriere...... 2 7 0
Côtés............. 1 0 0
Feuillure.......... 2 7 0

14 pi. 8 po. 3 li.

2 toises 2 pieds 8 pouces 3 lignes, à 1 l.
10 sols la toise, font la somme de..... 3 15 0
Pose............................. 1 0 0

6 l. 6 f. 6 d.
Bénéfice de l'Entrepreneur ⅙.......... 1 1 1

Total de l'appui 7 l. 7 f. 7 d.

Pierre de S. Leu de 30 pouces à un & deux paremens.

Le S. Leu est augmenté, ainsi que la pierre dure; il revient actuellement à l'Entrepreneur à 15 f. le pied.

Pour une toife fuperficielle de mur en S. Leu de 30 pouces d'épaiffeur, il faut 90 pieds de pierre ; à quoi il faut ajouter 11 pieds pour le déchet, qui n'eft eftimé qu'un huitiéme, n'étant pas fi confidérable qu'en pierre dure. Cela fait 101 pieds : à 15 f. le pied ; où 10 l. 10 f. le tonneau compofé de 14 pieds cubes, font la fomme de . . . . 75 l. 15 f. 0 d.

Pour le bardage, une toife de cette épaiffeur doit pefer pour les 90 pieds ci-deffus, environ 10 milliers, à raifon de 115 liv. le pied cube ; à 16 fols le millier, font la fomme de 8   0   0

La pofe eft la même qu'à la pierre dure eftimée 7   10   0

Mortier *idem* qu'à la pierre dure . . . 3   0   0
                                         ——————————————
                                         84 l.   5 f.   0 d.

Bénéf. de l'Entrepreneur évalué le ⅐   10   10   0

Pour fa conduite, équipage & faux frais, la moitié 5   5   0 d.
                                         ——————————————

Prix de cette pierre fans paremens . . . 100 l.   0 f.   0 d.

Pour taille du premier parement, lits & joints, à 16 fols 4   16   0

Et pour le fecond 3   6   0
                                         ——————————————
Total de cette pierre . . . 108 l.   2 f.   0 d.

Les murs revenans à 100 livres fans paremens, peuvent être eftimés à 5 l. 6 f. 8 d. le pouce de toutes fortes d'épaiffeurs, tout compris, auxquels on ajoutera la quantité de paremens qu'il fe trouvera.

Il y auroit bien des chofes à dire fur la pierre de S. Leu, où il y a beaucoup plus de vuide qu'en pierre dure ; mais en revanche le fervice en eft beaucoup plus long & l'échafaudage plus coûteux. Tout ce que nous dirions à ce fujet ne détruiroit nullement notre fyftême : ainfi nous allons continuer.

Murs en S. Leu de 27 pouces.

À 5 l. 6 f. 8 d. le pouce . . . . 90 l.   0 f.

Premier parement 4   13

Second parement 3   0
                                         ——————————————
                            Total   97 l.   13 f.

Murs en S. Leu de 24 pouces.

A 3 l. 6 f. 8 d. le pouce...................... 80 l. 0 f.
Premier parement........................... 4   10
Second parement........................... 3   0
                                    Total 87 l. 10 f.

Murs en S. Leu de 21 pouces.

A 3 l. 6 f. 8 d. le pouce.................. 70 l. 0 f.
Premier parement........................ 4   7
Second parement........................ 3   0
                                   Total 77 l. 7 f.

Murs en S. Leu de 18 pouces.

A 3 l. 6 f. 8 d. le pouce................. 60 l. 0 f.
Premier parement....................... 4   4
Second parement........................ 3   0
                                  Total 67 l. 4 f.

Murs en S. Leu de 15 pouces.

A 3 l. 6 f. 8 d. le pouce................. 50 l. 0 f.
Premier parement....................... 4   1
Second parement....................... 3   0
                                  Total 57 l. 1 f.

Murs en S. Leu de 12 pouces.

A 3 l. 6 f. 8 d. le pouce................. 40 l. 0 f.
Premier parement....................... 4   0
Second parement....................... 3   0
                                  Total 47 l. 0 f.

Ainsi en suivant ce principe on ne peut errer. Le plus ou le moins qui se trouvera sur la position de ces prix, ne peut faire grande différence.

Détail des murs en moilon blanc.

Dans une toife cube de moilon blanc , il entre une toife
cube de moilon , qui revient actuellement , rendue au bâtiment tous frais faits , même d'entoifage , à . . .   48 l. 0 f.

Il entre neuf minots de chaux vive que je fuppofe rendus au bâtiment, à 1 liv. 4 fols, font. .   10   4

Soixante-douze pieds cubes de fable de ri-
viere, qui valent . . . .   7 l. 16 f.

Main-d'œuvre le $\frac{1}{8}$ de l'épaiffeur . . . .   9 l. 0 f.

                                                     75 l. 0 f.

Bénéf. de l'Entrepreneur le $\frac{1}{10}$ de cette fomme   7 l. 10 f.

Pour la conduite, équipages, &c. $\frac{1}{10}$ 3   15

Total d'une toife cube fans parement. . . .   86 l. 5 f.

Ce qui revient à 1 liv. 4 f. le pouce d'épaiffeur. Ce calcul
peut fervir de regle pour toutes fortes d'épaiffeurs de murs en
moilon blanc , en augmentant ou diminuant quelque petite
chofe , fuivant la difficulté ou facilité de l'ouvrage , & encore
fuivant le prix des matieres : bien entendu que ces murs feront
en élévation , ayant un ou deux paremens.

Chaque parement de moilon fera en outre compté à raifon
de 30 f. par chaque toife fuperficielle , fi le moilon eft effé-
millé , c'eft-à-dire , taillé groffiérement à lits & joints quarrés
avec un parement en tête. Il fe fait encore des paremens en
moilon piqué à lits & joints quarrés & à vive arrête , & tous
taillés d'échantillon : pour la plus valeur duquel moilon piqué on ajoute la valeur d'un troifiéme parement ; mais fi le
piquage eft feint , il ne fera rien compté.

Si au lieu du fable de riviere, on emploie du fable de plaine, il faut déduire 2 l. fur chaque toife cube, ce qui ne fait plus
que 1 liv. 3 f. le pouce.

Ainfi , les murs en moilon fans paremens , reviennent à 1 l.
3 f. le pouce, avec un parement à 1 l. 4 f. 6 d. & avec deux
paremens à 1 l. 6 f. le pouce.

Murs en moilon blanc de 30 pouces.

Sans parement à 1 l. 3 f. 0 d. le pouce. .   34 l. 10 f. 0 d.

A un parement , à 1   4   6   36   15

A deux paremens, à 1   6   39   0   0

Murs en moilon blanc de 27 pouces.

Sans parement, à 1 l. 3 f. o d. le pouce .. 31 l. 1 f. o d.
A un parement, à 1 4 6 .... 33 1 6
A deux paremens, 1 6 .... 35 2 0

Murs en moilon blanc de 24 pouces.

Sans parement, à 1 l. 3 f. o d. le pouce .. 27 l. 12 f. o d.
A un parement, 1 4 6 .... 29 8 0
A deux paremens, 1 6 .... 31 4 0

Murs en moilon blanc de 21 pouces.

Sans parement, à 1 l. 3 f. o d. le pouce . 24 l. 3 f. o d.
A un parement, 1 4 6 .... 25 14 6
A deux paremens, 1 6 .... 27 6 0

Murs en moilon blanc de 18 pouces.

Sans parement, à 1 l. 3 f. o d. le pouce . 20 l. 14 f. o d.
A un parement, 1 4 6 .... 22 1 0
A deux paremens, 1 6 .... 23 8 0

Murs en moilon blanc de 15 & 12 pouces.

On confond ces deux épaisseurs ensemble, parcequ'il entre autant de matiere dans l'une que dans l'autre.
Sans parement, à 1 l. 3 f. o d. le pouce. 17 l. 5 f. o d.
A un parement, 1 4 6 .... 18 7 6
A deux paremens, 1 6 .... 19 10 0
Et à proportion pour les murs de plus forte épaisseur.

Observations.

1.º Si ces murs en moilons sont faits avec peu d'échafauds & d'équipages, comme les murs de clôture & autres de même espece, on diminuera quelque chose par toises, comme 30 sols ou un parement.

2.º Si un mur en moilon est crépi & enduit des deux côtés lors de l'estimation, il faut retrancher un pouce de son épaisseur, & l'estimer sans parement; estimer ensuite les crépis & enduits à moitié de *Légers Ouvrages*, c'est-à-dire, un quart pour chaque côté; & s'il n'est point enduit, pour un tiers.

Exemple. Un mur de 18 pouces crépi & enduit des deux côtés,
17 pouces d'épaisseur sans paremens à 1 l. 3 f.
de pouce, valent . . . . 19 l. 11 f.

  Les *Légers Ouvrages* valant présentement 9 f,
les crépis & enduits des deux côtés, valent   4   10

            Total   24 l.   1 f.

   Et s'il n'est pas enduit . . . .   22 l. 11 f.

  Pour transport d'une toise de moilon, on compte ordinairement cinq voitures à trois chevaux.

Murs en moilon de meulière.

  La meuliere ne se compte qu'à la toise cube, elle revient
à 90 liv. la toise, en égard qu'il s'y emploie beaucoup plus de
chaux & de sable que dans les autres murs.

  Ce qu'on peut estimer 25 à 26 sols le pouce.

  Nota. On ne compte point de parement au moilon de meuliere, parce qu'il n'y en a point.

  Si l'on veut que ces paremens soient propres, on les ravale
en plâtre ou en mortier, que l'on compte séparément chaque
côté pour un *quart* de *légers.* Si ces ravalemens se font en
mortier, il faut, autant qu'il est possible, y employer du sable
de riviere, parce qu'il est moins gras que le sable terrein, &
qu'il gerse moins. On doit faire ces ravalemens en crépi moucheté.

---

*Détail d'une toise superficielle de Brique de 4 pouces
d'épaisseur.*

  La Brique n'étant pas partout de même échantillon, il faut
la supposer mise en place de 8 pouces de long, 2 pouces de
haut & de 4 pouces d'épaisseur. Dans cette supposition, il en
faudroit 324 : mais il faut un quart ou cinquième de mortier ;
alors il n'en faudroit que 260 : mais comme on ne peut déterminer ce nombre au juste, non plus que le mortier, nous ad-
mettrons 280 briques à trente livres le millier, font à peu
près . . . . 8 l. 10 f. 0 d.
  Deux pieds cubes de mortier, ou environ   . 0   10   0
  Main-d'œuvre   1   10   0
  Bénéfice de l'Entrepreneur   2   0   0
  Pour équipages & faux-frais   1   0   0

         Total   15 l.   0 f. 0 d.

Si la brique est enduite des deux côtés, chacun de ces enduits est compté ; savoir, celui du dedans pour un *sixiéme* de *Légers*, & celui du dehors pour un *tiers*, à cause de la charge & des arrêtes, au prix de 8 l. la toise, font la somme de 4 l.

Total de la bri-que suivant les prix ci-dess. sçav.		
Sans ravalement ni enduit	15 l. o s. o d.	
Enduite en dedans.....	16	6 8 d.
Enduite des deux côtés..	19	o o

La brique de Paris est de différent échantillon que celui ci-dessus : elle n'a pas plus d'un pouce & demi de haut, & est plus chere que celle qui vient du dehors. Dans l'emploi il en faut bien davantage ; ce qui fait changer les prix ci-dessus, mais n'en change pas l'ordre.

DES LEGERS OUVRAGES.

Il sembleroit inutile de détailler les *Légers Ouvrages*, après ce que nous en avons dit en différens endroits de cet Ouvrage ; cependant nous en ferons ici une récapitulation, afin qu'on puisse voir d'un seul coup d'œil l'ordre de leurs réductions les plus ordinaires.

Languettes de Cheminées.

Pigeonnées simplement sans enduit de côté ni d'autre, sont comptées à *moitié*.

Enduites en dedans, pour un *sixiéme*.

Enduites des deux côtés, pour un *sixiéme* & un *tiers* qui valent *moitié*.

Planchers.

Aire de plâtre de deux ou trois pouces, pour un *quart* ; & enduite par-dessus, pour un *quart* & un *sixiéme*, ou *cinq douziémes*.

Lattis jointif, pour un *quart*.

Lattis jointif cloué sur les solives, un *quart* & un *sixiéme*, ou *cinq douziémes*.

Ourdé plein, pour un *tiers*.

Scellement des lambourdes en auget, pour *moitié*.

Entrevoux tirés par-dessous, pour un *sixiéme*.

Lambrissés en plafond par-dessous, à *l'entier*.

Murs

Murs.

Gobetage, }
Crépis, } chacun un *douzième*, & enfemble un *quart*.
Enduits, }
Renformis, pour un *douzième*.
Lancis de moilon, un *sixiéme*.
Enduit feul, un *sixiéme*.

Cloifons de Charpenterie.

Ourdées pleines, pour un *tiers*.
Lattées de 4 pouces en 4 pouces, un } un *tiers* pour
douzième, } chaque côté.
Enduites par-deffus, un *quart*, }
Lattées jointives, à *l'entier* pour chaque côté.

Cloifons de Menuiferie à claire voie.

Ourdis, un *sixiéme*; recouvrement, un *tiers* pour chaque côté : ce qui fait en tout *cinq sixiémes*.

Il y a cependant erreur en ne comptant les cloifons
qu'aux *cinq sixiémes*, vû que l'on y emploie beaucoup de
plâtre, & qu'il eft défendu de fe fervir d'aucune latte
blanche. Cette façon de compter peut caufer des procès;
car il y a beaucoup d'Architectes qui toifent les cloifons
toife pour toife fuperficielle, & il y en a d'autres qui les
réduifent aux *cinq sixiémes*.

Réflexions particulieres fur l'appréciation des Ouvrages de Maçonnerie.

Je ne puis quitter la partie de la Maçonnerie, fans faire
quelques réflexions fur l'ufage d'apprécier les Murs de
toute efpece.

Il eft de notoriété, qu'à proportion que le mur eft haut,
la derniere toife eft beaucoup plus chere que la premiere.
A 4 pieds & demi il faut échafauder, & de 4 pieds & demi
en 4 pieds & demi jufqu'en haut. Il faut des machines pour
élever les groffes pierres, démonter ces machines & les
remonter à différentes reprifes, ce qui occafionne la con-
fommation d'une grande quantité de cordages & une augmentation d'hommes. Si c'eft du moilon, outre l'échafau-

V

dage, il faut une quantité plus nombreuse de Manœuvres pour monter les matériaux, & un service en outre beaucoup plus long. Toutes ces choses & autres jointes ensemble, occasionnent des frais auxquels on n'a point d'égards dans les Réglemens des Mémoires. Tel mur peut se faire à 18 liv. la toise, que tel autre de même nature ne pourra être fait à moins de 24 liv. On s'écrie très-souvent sur ces différences. La raison en est, que le mur qui a été payé 18 liv. étoit un mur de petite hauteur, & que celui de 24 liv. étoit d'une hauteur bien supérieure.

Donc, pour apprécier la valeur d'un mur d'une élévation quelconque, il faut examiner quelle est la valeur de la premiere toise avec son échafaud, & de même celle de la derniere toise; joindre ces deux sommes ensemble, leur moitié sera le prix commun, auquel on ajoutera le bénéfice de l'Entrepreneur. Par exemple, que la premiere toise de hauteur revienne à 16 liv. celle du haut à 24 liv. on joindra ces deux sommes ensemble qui feront 40 liv. dont la moitié sera 20 liv. pour la valeur commune de chaque toise du mur; à ces 20 liv. on ajoutera encore les trois vingtiémes de ce prix pour le bénéfice de l'Entrepreneur, & perte de ses équipages, ce qui fera 23 liv. pour chaque toise de ce mur.

On n'est point dans l'usage de faire ces observations; elles sont cependant bien sérieuses. Tel Entrepreneur ne trouve point dans un bâtiment le bénéfice qu'il en espéroit, si, avant de faire son marché, il y eût pensé: s'il n'y a point de marché, le plus souvent celui qui regle n'y pense point, en mettant sans distinction tous les murs de même espece sous un même prix: de-là naissent les malheureux procès qui entraînent ou la ruine des Bourgeois ou celle des Entrepreneurs.

Lorsque ci-devant j'ai évalué dans la pierre & le moilon les trois vingtiemes de la valeur des matériaux mis en place, pour le bénéfice de l'Entrepreneur & sa fourniture d'équipages, je ne l'ai pas donné pour une loi: car il est des ouvrages où je sais à n'en pas douter, que cette évaluation n'est pas suffisante; mais j'en sais d'autres aussi où elle est trop forte. Lors donc qu'on est certain de la difficulté des ouvrages, & qu'ils sortent du commun, on peut en toute sûreté leur donner quelque chose de plus.

DE LA CHARPENTERIE.

Comme la Charpenterie est une des principales parties qui font la composition des bâtimens, il est nécessaire de bien savoir ce qu'il faut observer pour la bonne construction d'une Charpente. On croit même que les bâtimens des premiers siécles n'étoient que de Charpenterie, & que toute l'Architecture n'a été formée que sur l'idée de ces premiers modeles, au rapport de Vitruve; ce qui paroît assez vraisemblable, par les exemples & les comparaisons qu'il en donne dans son premier Livre de l'Architecture.

Les principales parties de la Charpenterie qui entrent dans la composition des bâtimens, sont les Combles, les Planchers, les Pans de bois, les Cloisons, les Escaliers, & principalement ceux que l'on appelle *de dégagement* ou *dérobés*; car dans les grandes maisons les principaux escaliers sont de pierre de taille : on pourroit aussi comprendre dans les parties de Charpenterie, les pilotis pour les fondemens des maisons, que l'on est obligé de construire sur de mauvais terreins; mais cela n'est pas si ordinaire, & d'ailleurs j'en ai parlé dans la construction des murs. Je ne parlerai donc ici que des Ouvrages de Charpenterie qui regardent seulement les bâtimens.

Comme les combles sont les principaux ouvrages de Charpenterie, parce qu'ils servent à couvrir les maisons, & comme l'on est partagé sur les différentes proportions & sur la forme qu'on leur doit donner, ce qui se voit assez par tous ceux que l'on a fait, & que l'on fait encore tous les jours : j'ai cru pouvoir m'étendre un peu sur cette matiere, quand

V 2

même je sortirois de mon sujet, & devoir donner les remarques que j'y ai faites, afin que chacun ait lieu d'en juger.

Il est à présumer que l'origine des Combles est aussi ancienne que le monde, puisque de tout tems les hommes ont eu besoin de se mettre à couvert des injures de l'air, même dans les climats les plus tempérés. Vitruve rapporte dans son deuxiéme Livre d'Architecture, diverses manieres dont les premiers hommes se mettoient à couvert; mais il ne nous a laissé aucune mesure certaine de la hauteur que les Anciens donnoient aux Combles des maisons qu'ils bâtissoient dans les différens climats, par rapport à la largeur de ces maisons. Ce que l'on peut croire en général, c'est qu'ils leur donnoient plus de hauteur dans les pays froids, parceque les vents, les pluies & les neiges y sont plus fréquens que dans les pays chauds, où les mêmes injures du tems sont beaucoup plus rares, comme dans l'Egypte & dans l'Arabie, où il pleut rarement, & même dans la Grece & dans l'Italie, en comparaison des Gaules, où les injures du tems sont insupportables. Tout ce que nous pouvons juger de la hauteur des Combles des Anciens, est la hauteur des Frontons que Vitruve donne dans son quatriéme Livre. Ces Frontons sont vraisemblablement la hauteur des Combles dont on se servoit dans la Grece, où cet Auteur a fait ses études. Ils doivent représenter les pignons ou les bouts des Combles; ce qui peut même être prouvé par les anciens Temples que l'on y voit encore à présent. Il donne ordinairement à la hauteur de ces frontons un *neuviéme* de toute la longueur de la platte-bande. Cette proportion paroît un peu haute: c'est pourquoi Serlio, Architecte Italien, a donné une autre regle que l'on met plus en usage, & qui réussit mieux. Il donne à toute la hau-

teur du fronton, y compris la corniche, l'excès dont
la diagonale surpasse le côté d'un quarré, qui est fait
de la moitié de la longueur de la platte-bande du
même fronton. C'est à peu près dans cette proportion que l'on fait les combles en Italie, & dans d'autres pays qui sont dans un pareil climat. Mais cette
proportion ne doit pas en général être mise en usage
dans les pays froids, à cause, comme j'ai dit, des
vents, des pluies & des neiges qui y sont plus fréquens.
En France, par exemple, il faut nécessairement élever les combles plus haut que dans les pays chauds;
mais on les a élevés si excessivement, qu'ils en sont
ridicules, sur-tout dans les anciens bâtimens, où
l'on a vraisemblablement retenu l'ancienne hauteur
des combles, qui n'étoient couverts que de joncs
ou pailles, comme du tems que Jules-Cesar con-
quit les Gaules, ainsi qu'il l'a remarqué dans ses
Commentaires : & il est certain qu'il faut plus d'é-
goût à ces sortes de couvertures, qu'il n'en faut à la
tuile, ni à l'ardoise dont on s'est servi depuis. Comme les Ouvriers n'ont peut-être pas eu cette consi-
dération, cela a pu passer jusqu'à nous comme par
tradition, & on a suivi l'exemple de ces anciens
combles.

Quoiqu'il y ait eu en France, depuis deux cens
ans, des gens très-habiles dans l'Architecture, ils ne
se sont pas avisés néanmoins de corriger entiérement
cet abus. La premiere correction que nous en pouvons voir, est au comble de la partie du Louvre qu'a
fait bâtir Henri II, où l'on voit que l'Architecte
trouvant peut-être que le comble qu'il avoit fait sur
son dessein, étoit trop haut par rapport à la hauteur de la façade du bâtiment sur lequel il devoit
être posé, s'avisa d'en tronquer le haut, & de le couvrir en façon de terrasse avec du plomb élevé un peu
en dos-d'âne. C'est peut-être à cette imitation que

V 3

feu M. Manſard en a fait de même au Château de Maiſons ; & ce qui peut lui avoir donné lieu de faire les combles briſés, que l'on appelle vulgairement les *combles à la Manſarde*, dont nous parlerons ci-après.

M. Manſard n'a pas été le ſeul qui ait tronqué ces combles, à l'exemple de celui du Louvre : on peut remarquer que le comble du Château de Chilly, dont M. Metézeau a été l'Architecte, eſt auſſi de cette maniere, & qu'il a même été fait avant celui de Maiſons. Il peut y en avoir en d'autres endroits qui n'ont pas été remarqués ; mais ce que l'on peut croire en cela, eſt que les Architectes n'ont tronqué les combles, que parce qu'étant faits par les anciennes regles dont ils ſe ſervoient, ils les trouvoient trop hauts, par rapport à la hauteur des bâtimens ſur leſquels ils étoient poſés.

Nos anciens Architectes François ne nous ont donné d'autres regles certaines & déterminées de la hauteur de leurs combles, par rapport à la largeur de leurs bâtimens ; que ce que nous voyons par tradition de ce qui reſte des anciens bâtimens. Ceux que j'ai remarqués de meilleure Architecture, ont autant de hauteur que tout le bâtiment a de largeur hors d'œuvre ; c'eſt-à-dire, que ſi le bâtiment a ſix toiſes de largeur, le comble doit avoir ſix toiſes de hauteur ; ce qui eſt une élévation exceſſive. Il y en a d'autres qui ſe ſont plus modérés ; ils n'ont donné de hauteur à leurs combles que le triangle équilatéral, dont les côtés ſont toute la largeur du bâtiment ; c'eſt-à-dire, que de cette largeur ils en ont fait la longueur penchante du comble. Voilà à peu près les regles générales dont les meilleurs de nos anciens Architectes ſe ſont ſervis, & même ceux de ce ſiecle. Il peut y avoir des combles avec d'autres proportions ; mais ceux que je viens de marquer, m'ont paru le plus en uſage.

La trop grande hauteur des combles a causé encore un grand abus ; c'est qu'étant beaucoup élevés, on a voulu construire des logemens au-dedans, & par conséquent il a fallu faire des lucarnes pour les éclairer. Ces lucarnes sont devenues si ordinaires, que l'on a cru qu'un bâtiment ne pouvoit être beau sans avoir des lucarnes, & même autant qu'il y a de croisées dans chaque étage, & aussi grandes que ces croisées. On a orné ces lucarnes de pilastres, de frontons de différentes manieres, avec beaucoup de dépense ; on les faisoit ordinairement de pierre de taille dans les grands bâtimens ; mais à présent on les fait plus communément de Charpenterie recouverte d'ardoise ou de plomb, aux combles qui sont couverts d'ardoise ; mais à ceux qui sont couverts de tuile, on recouvre en plâtre la Charpenterie des lucarnes.

Il n'y a pas d'apparence que ceux qui connoissent la bonne Architecture, approuvent les lucarnes ; car c'est une partie qui est comme hors d'œuvre, & qui ne peut entrer dans la composition d'un bâtiment, sans en gâter l'ordonnance, sur-tout quand elles sont grandes & en grand nombre. Outre que cet ouvrage est au-dessus de l'entablement, & par conséquent hors d'œuvre, il est contre la raison qu'il y ait des ouvertures considérables dans la couverture d'un bâtiment ; & puisque cette couverture n'est faite que pour mettre la maison à couvert, il semble qu'il n'est pas raisonnable qu'il y ait des trous dans une couverture, à l'exception de ceux que l'on appelle *œils de bœuf*, qui doivent donner de l'air & du jour dans les greniers, & qui ne gâtent point la figure des toîts. Si l'on objecte qu'il faut des lucarnes pour monter les foins & autres choses de cette nature dans les greniers, on peut répondre que l'on ne met point de foin dans les greniers des bâtimens considérables ;

V 4

on le met dans les greniers des bâtimens de basses-cours.

Les lucarnes ont encore attiré un autre abus qui est contre la bonne Architecture ; c'est que quand on veut faire des logemens considérables dans les combles, on se donne la licence de couper les entablemens au droit des lucarnes, pour avoir la liberté de voir de haut en bas. Cette licence est une chose ridicule, & entiérement contre le bon sens ; car l'entablement doit être le couronnement de tout le bâtiment, & l'on n'y doit faire aucune brèche pour quelque nécessité que ce puisse être. C'est pourquoi il ne peut y avoir que les Ouvriers les plus grossiers qui soient capables de faire cette faute.

On pourra objecter à tout ce que je viens de dire, que le dedans des combles donne de grandes commodités, & que c'est perdre ces commodités, que de n'avoir pas la liberté d'y faire des lucarnes pour les éclairer. Il est vrai que si l'on veut faire des combles aussi hauts que ceux des Anciens, on perdra de la place ; mais si l'on veut modérer cette grande hauteur, & en faire de plus plats, l'on pourra retrouver ces logemens dans un étage en attique, que l'on peut faire au lieu des combles si élevés. Si l'on veut bien examiner la chose, & perdre l'habitude de voir des combles si élevés, l'on y trouvera peut-être plus de beauté & moins de dépense. A l'égard de la beauté, j'ai déja fait voir que les anciens Grecs qui ont perfectionné l'Architecture, n'élevoient leurs toîts qu'à la hauteur des frontons : on pratique encore cette maniere par toute l'Italie, qui renferme les plus beaux bâtimens de l'Europe. Pour la dépense, si l'on veut examiner ce que coûte un grand comble, & ce que coûteroit un comble plat, soit en charpenterie, en couverture, en lucarnes, en lambris, & en exhaussemens sous le pied des chevrons ; je m'assure que l'on trouvera peut-être plus de dépense que l'on en auroit faite à élever un petit étage quarré. Outre cette dépense, l'on aura pour incommodité le rempart des jambes de force & des chevrons, ce qui ôte toute les commodités des logemens en galetas, & par-deffus cela, ces mêmes logemens feront fort brûlans en été, parce que le foleil échauffe beaucoup l'ardoife & la tuile; & très-froids en hiver, comme l'expérience le prouve.

Je ne prétends point par toutes mes raifons, combattre ceux qui croient que les combles font un ornement aux bâtimens; car je n'en difconviens pas abfolument, quoique je pourrois dire que cela peut venir de l'habitude; puifque les bâtimens d'Italie, qui paffent pour beaux, ont des combles qui ne paroiffent point, ou fort peu.

Mais afin de n'être pas en France fi différens de l'Italie fur la hauteur des combles, je crois que l'on peut modérer leur trop grande hauteur. Je voudrois, par exemple, qu'au lieu de donner aux combles, qui ne font pas brifés, la largeur du bâtiment pour leur hauteur, on ne leur donnât que la moitié de cette hauteur; on feroit par ce moyen des combles en équerre, qui feroient à peu près en moyenne proportionnelle arithmétique, entre les combles d'Italie qu'on ne voit point, & nos anciens combles qu'on voit trop. Je crois même que dans des occafions où il y a fubjection, on peut ne leur donner en hauteur que les ⅔ de la moitié de toute la largeur du bâtiment. Si l'on objecte que cette proportion eft trop plate, & que le vent pouffera la neige & la pluie par-deffous les tuiles & les ardoifes, à cela je réponds deux chofes; l'une, qu'il faudroit que le vent vînt de bas en haut, au moins d'un angle égal à celui du comble, ce qui n'arrivera pas; & l'autre, que la partie tronquée des combles à la manfarde dont on fe fert, font beaucoup

plus bas, quoique cette partie couvre plus des trois
quarts du bâtiment : ainsi, il n'y a rien à craindre des
injures du tems pour l'abaissement des combles que
je propose, par les raisons & les exemples que j'en
donne.

Mais afin qu'on puisse mieux connoître toutes
les différences des combles, tant des Anciens que
des Modernes, je crois qu'il est bon d'en faire voir
les profils, pour mieux juger des raisons que je viens

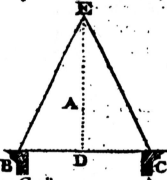

de donner. Le comble A
est de la plus grande hauteur de ceux des Anciens.
On prend toute la largeur
du bâtiment, pour la hau-
teur perpendiculaire de-
puis l'entablement jusqu'au
faîte : si le bâtiment a 6
toises hors d'œuvre de B
en C, l'on met ces mêmes 6 toises de D en E, pour la
hauteur du comble.

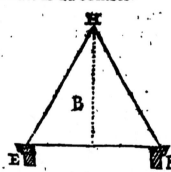

Le comble B est la se-
conde maniere de ceux
des Anciens : il forme un
triangle équilatéral ; c'est-
à-dire, que les deux pans
de couverture font chacun
égaux à la largeur de tout
le bâtiment hors œuvre ;
si le même bâtiment a 6
toises hors œuvre de E en F, on donne les mêmes
6 toises de E en H, ou de F en H. Cette hauteur est
plus modérée & plus supportable que la premiere ;
mais elle est encore trop haute : cette grande hauteur surcharge les murs, & augmente la dépense sans
nécessité.

Quelques-uns ont trouvé que des combles aussi

elevés étoient défagréables. Pour temédier à cet inconvénient, ils ont deffiné leurs combles fur la plus
grande hauteur que pou-
voient avoir ceux des An-
ciens; ils prenoient enfuite la moitié de cette hauteur: cette dernière élévation leur donnoit la hau-
teur d'un brifé, fur lequel
ils faifoient un deffus fort
plat. Suppofé que le com-
ble eût 6 toifes de hau-

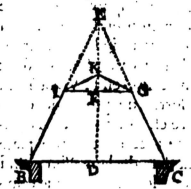

teur, on mettoit 3 toifes de D en F pour la hauteur
du brifé, puis on divifoit FG, moitié de GI, en deux
parties égales, dont on en prenoit une pour la hauteur de F en K. Voilà à peu près la forme de ceux que
j'ai remarqués, que l'on a voulu faire d'abord pour le
mieux.

Comme les combles brifés font venus fort à la
mode en France, chacun en a voulu faire à fon goût
& à fa manière, & l'on n'a pas toûjours fuivi la regle
que je viens de dire; il y en a qui ont donné beaucoup plus de roideur à la première partie de leurs
combles, que l'exemple que je viens de donner: ils
ont à peu près fuivi la même hauteur du brifé, c'eft-
à-dire, qu'ils ont donné à la hauteur du comble jufqu'au brifé la moitié de la largeur de tout le bâtiment, puis ils ont divifé cette même hauteur en trois

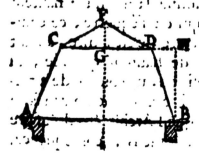

parties égales, dont ils en
ont donné une pour la
pente de la première par-
tie du comble. Par exem-
ple, le bâtiment a 6 toi-
fes de largeur de A en B
hors œuvre, on en prend
la moitié qui eft 3 toifes,

pour la hauteur du brifé CD, & l'on divife cette hauteur en trois parties égales, dont on en prend une
pour la pente de la couverture. Suppofez le comble
ayant 3 toifes de B en H, on en prend une que l'on
met de H en D; & pour la hauteur de la partie tronquée, l'on divife GD en deux parties égales, dont
on en prend une que l'on met de G en F. Voilà à peu
près comme l'on fait ces fortes de profils de comble, dont la partie inférieure eft fort roide, & la partie fupérieure eft fort plate y & cette partie plate
couvre cependant les deux tiers de la maifon ; ainfi
on ne doit pas rejetter les combles plats, puifque ceux-
ci dans leur plus grande partie font plus plats que ceux
d'Italie.

Après avoir fait toutes ces remarques fur les combles, il faut tâcher de trouver des regles par le moyen
defquelles on en puiffe ... la hauteur, autant qu'il
eft poffible. Il faut premiérement faire attention à
deux chofes principales ; la néceffité d'élever un peu
les toîts en France, par les raifons que j'en ai données ; & la proportion qui doit fe trouver entre la
hauteur des combles, & la hauteur quarrée des bâtimens fur lefquels ils font pofés. Je trouve, par
exemple, qu'il feroit ridicule qu'à un corps de logis
qui auroit 6 toifes de largeur hors œuvre, & qui
n'auroit que 3 toifes de hauteur jufqu'à l'entablement,
on mît un comble auffi haut qu'à un bâtiment qui auroit 8 ou 9 toifes de hauteur ; car fi le corps de logis
a 6 toifes, & fi on lui donne la moindre hauteur
que l'on donne à préfent qui eft l'équerre, ce comble aura 3 toifes de couverture ; c'eft-à-dire, autant
de hauteur au comble que de hauteur quarrée ; au
lieu que dans l'autre fuppofition, un comble de 3 toifes de haut fur 8 ou 9 toifes de quarré, ne pourra faire
qu'un bon effet : il femble que l'Architecte doit faire
cette réflexion, furtout aux bâtimens de conféquence,

où les combles doivent faire partie de la beauté de l'édifice.

Mais pour en revenir à une regle modérée, j'ai cru que celle de faire les combles d'équerre étoit la meilleure, par toutes les raisons que j'en ai données.

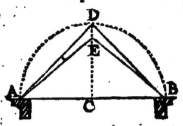

'La pratique en est fort aisée ; ayant la largeur hors œuvre du bâtiment, il faut prendre la moitié de cette largeur, & la mettre sur la ligne à plomb du milieu, & tirer les deux pans du comble. Soit la largeur AB de 6 toises, il faut mettre 3 toises de C en D, & tirer les lignes DA & DB pour les pans du comble qui sera necessairement d'équerre ; car l'angle D est droit, puisqu'il a son sommet D dans la circonférence, & qu'il est appuyé sur un demi-cercle ou 180 dégrés.

Il y a des occasions où l'on pourra faire les combles plus bas que l'équerre, comme je l'ai dit ci-devant, de ½ de la moitié de leur largeur, comme si CB, moitié de AB, est 3 toises qui valent 18 pieds, il faudra mettre 15 pieds de C en E, & tirer EA & EB pour les deux pans du comble.

Si l'on veut faire des combles brifés, & en modérer la grande hauteur, l'on peut les renfermer dans un demi-cercle en cette maniere. Ayant supposé la largeur de tout le bâtiment de 6 toises, comme ci-devant, & mené la ligne à plomb sur la ligne du niveau CD, dessus de l'entablement, il faut décrire le demi-cercle CBD, & diviser les quarts CB & BD, en deux parties égales aux points EF ; la ligne tirée entre les points

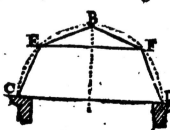

EF, sera la hauteur du brisé ; & pour la partie supérieure, il faudra mener les lignes BE & BF, & l'on
aura le profil d'un comble brisé fait dans un demi-
cercle (1).

Je me suis beaucoup étendu sur la forme des
combles, parce que j'ai cru que la chose étoit d'une
assez grande conséquence pour en parler à fond,
& détromper le public de beaucoup d'erreurs dans
cette partie ; mais il est aussi nécessaire de savoir la
manière de les bien construire. Cette construction a
rapport à deux choses principales ; l'une, à la quantité & à la grosseur ; & l'autre, à l'assemblage des
bois. Je compte donner ici quelques notions sur la
quantité & la grosseur des bois ; car pour l'assemblage, il demanderoit un traité entier de l'Art de
Charpenterie ; & ce seroit sortir de mon principal
sujet, à moins qu'on ne voulût prendre pour l'assemblage la disposition & l'arrangement des bois
marqués par les profils que j'en donnerai. La grosseur
des bois doit être proportionnée à la charge & à la
portée qu'ils auront. On peut dire en général, que
l'on met trop de bois en quantité & en grosseur dans
les combles : de cet excès résultent deux inconvéniens, dont l'un est qu'il coûte davantage, l'autre,
que les murs sont trop chargés. On peut savoir que

(1) Plusieurs désapprouvent cette méthode & celle de M.
Daviler. M. Belidor propose de diviser
ce demi-cercle en cinq parties égales.
La premiere division donnera la hauteur
du brisé, & en tirant de cette division
une ligne droite au point milieu de la
circonférence de ce demi-cercle, elle
formera le comble. Ce comble, dit-il,
aura fort bonne grace, n'étant ni trop
élevé, ni trop écrasé.

les bois employés aux combles, n'ont pas besoin d'être si gros, par rapport à leur longueur, que ceux que l'on emploie aux planchers ; car ceux-ci sont posés de niveau, & souffrent beaucoup plus que ceux des combles qui sont inclinés ; & on ne doit pas douter qu'une piece de bois posée debout, ne porte sans comparaison plus dans une même grosseur & longueur, que si elle étoit posée de niveau : ensorte que supposant qu'une piece de bois puisse porter, par exemple, 1000 étant posée de niveau, & qu'étant posée debout, elle porte 3000, si on l'incline d'un demi-angle droit, elle doit porter 2000, & ainsi des autres angles plus ou moins inclinés à proportion (1).

On fait les combles de différens assemblages, selon leurs grandeurs différentes, & les observations que l'on est obligé d'y faire. Je donnerai pour exemple un comble en équerre, dont la largeur dans œuvre sera supposée de 27 pieds, qui est une largeur proportionnelle entre 3 toises & 6 toises, qui sont les dans-œuvres les plus en usage des maisons ordinaires. Les combles sont faits par travées posées ordinairement de 9 en 9 pieds, ou de 12 12 pieds : à chacune de ces travées l'on y fait des fermes : chaque ferme est établie sur une piece de bois que l'on appelle *Tirant* ; ce tirant peut aussi servir

---

(1) Je ne sais sur quel fondement M. Bullet a avancé qu'une piece de bois inclinée sous un angle de 45 dégrés, portera un poids moyen arithmétique entre celui qu'elle porteroit si elle étoit horisontale, & celui qu'elle soutiendroit si elle étoit debout. On peut connoître ce que peut porter une piece de bois posée horisontalement par les regles de la Géométrie ; mais il n'est pas possible de déterminer ce qu'elle porteroit étant à plomb ou de bout, le poids ne pouvant en être exprimé.

de poutre pour porter un plancher, comme feroit le tirant A portant un plancher, qui eſt repréſenté

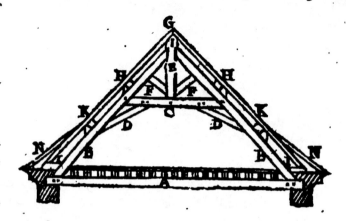

dans la figure; le *tirant* doit avoir à peu près 15 à 19 pouces de gros, poſé de chan. Les *arbalêtriers* BB, doivent être un peu courbés par-deſſus; ils auront à peu près 8 à 9 pouces de gros; l'*entrait* C, 8 à 9 pouces: les *liens* ou *aiſſeliers* DD, 8 pouces; le *poinçon* E, 8 pouces; les *contrefiches* FF, 6 à 7 pouces. Si la travée a 12 pieds, le faîte aura 6 à 8 pouces; les liens du poinçon ſous le faîte 5 à 7; les pannes, 8 pouces; les chevrons ſont ordinairement de 4 pouces en quarré, & ſont poſés de quatre à la latte. On met des *plates-formes* ſur l'entablement, pour poſer le pied des chevrons; ces plates-formes doivent avoir 4 à 8 pouces; on les met par fois doubles avec des *entretoiſes* & des *blochets*, & quand l'entablement a beaucoup de ſaillie, l'on met des *coyaux* NN, pour former l'égoût du comble; ces coyaux ſont des bouts de chevrons coupés par le bout en bizeau.

On peut faire le même comble avec des *jambes de force*, juſques ſous l'entrait, au lieu d'un arbalêtrier tout d'une piece; il ſuffit qu'on faſſe de bons aſſemblages, comme il eſt marqué par cette figure B; il faut que les jambes de force CC ſoient courbées

par-

par-deffus, & aient 9 à 10 pouces de gros posées de
chan; l'entrait E, 8 à 9 pouces; les liens ou aisseliers

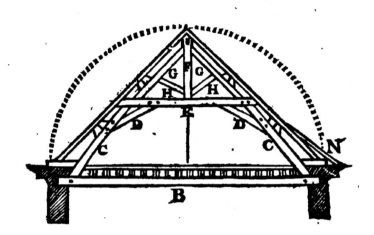

DD, 8 pouces; le poinçon F, 8 pouces en quarré;
les arbalétriers GG, 6 à 8 pouces; les contrefiches HH,
5 à 7 pouces; & tout le reste peut être comme dans
l'exemple ci-devant.

Si les dans-œuvres font plus ou moins grands que
ceux que j'ai supposés, il faut que les bois des combles
soient plus ou moins gros à proportion.

La construction des combles brifés n'est pas beaucoup différente de celle des combles droits. On ne
peut mettre que des jambes de force au premier pan,
comme AA, ainsi qu'il est marqué par le profil de
cette ferme; ces jambes de force doivent avoir 8 à
9 pouces de gros, & doivent être posées & assemblées sur le tirant B, lequel aura 15 à 19 pouces,
parce qu'il porte un plancher: (je suppose toujours
un dans-œuvre de 27 pieds;) l'entrait D doit avoir
8 à 9 pouces, posé de chan; les aisseliers EE, 7
à 8 pouces; le poinçon, 8 pouces; les arbalétriers
GG, 7 à 8 pouces; si la travée a 12 pieds, la pan-
ne du brifé aura 7 à 8 pouces. Les autres pannes &

X

faîtes auront les mêmes groſſeurs qu'aux combles ci-
devant.

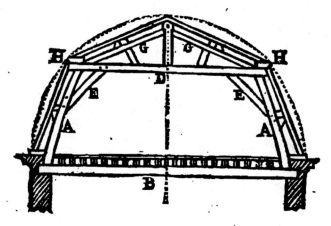

Il y auroit beaucoup de choſes à dire ſur la groſſeur que les bois doivent avoir par rapport à leur
longueur & à leur uſage, quand même on les ſup-
poſeroit généralement tous de même qualité, ce qui
arrive rarement. Cette queſtion ne peut pas être ré-
ſolue par les regles de la Géométrie, parce que la
connoiſſance de la bonne ou mauvaiſe qualité des
bois appartient à la Phyſique; ainſi il faut ſe con-
tenter de l'expérience, avec laquelle on peut donner
quelques regles pour les différentes groſſeurs des
poutres, par rapport à leur longueur, ſuppoſant
néanmoins que la charge n'en ſoit pas exceſſive,
comme quand l'on fait porter pluſieurs cloiſons &
planchers l'un ſur l'autre à une même poutre, ce que
j'ai vu en pluſieurs endroits, & ce qu'il faut abſolument éviter.

Voici une Table pour avoir la groſſeur des poutres, ſuivant leur longueur, donnée de trois pieds en
trois pieds, depuis 12 juſqu'à 42 pieds, laquelle Table a été faite par une regle fondée ſur l'expérience,
dont chacun pourra ſe ſervir, comme il le jugera à
propos, pour ſon utilité.

Longueur des pouces.   Leur largeur.   Leur hauteur.

Une poutre de 12 pieds aura 10 pouc. fur 12 po.

15 pi.	11 po.	13 po.
18 pi.	12 po.	15 po.
21 pi.	13 po.	16 po.
24 pi.	13 po. $\frac{1}{2}$	18 po.
27 pi.	15 po.	19 po.
30 pi.	16 po.	21 po.
33 pi.	17 po.	22 po.
36 pi.	18 po.	23 po.
39 pi.	19 po.	24 po.
42 pi.	20 po.	25 po.

On connoît par cette regle, qu'il faut que les poutres aient toujours plus de hauteur que de largeur, à peu près de 5 à 6, parce qu'il y a plus de parties qui réfiftent au fardeau.

DES PLANCHERS.

DE tous les bois que l'on emploie aux bâtimens, celui des Planchers fouffre le plus, parce qu'il eft pofé de niveau; c'eft pourquoi il faut avoir foin de le choifir de bonne qualité; & même à caufe que les planchers font la plûpart larges & recouverts de plâtre par-deffus & par-deffous, l'on ne prend pas affez garde à y mettre des folives qui foient de bois bien fec. Quand on y met du bois nouvellement coupé, & qu'il y a encore de l'humidité, foit de la féve ou autrement, & qu'on recouvre les bois auffi-tôt qu'ils font pofés, comme il arrive prefque toujours, il eft certain que l'eau qui eft dans le bois, n'ayant pas été exhalée, pourrit le bois en peu de tems; l'expérience ne l'a que trop fait connoître en plusieurs endroits. Il faut donc que le bois que l'on emploie aux Planchers, sur-tout à ceux qui doivent être plafonnés, soit coupé en bonne saison. Le tems de couper les bois, selon les bons Auteurs, est dans le décours de la lune, & quand la séve ne monte pas beaucoup, comme dans les mois de Novembre, Décembre & Janvier. Il est sûr que dans ce tems le bois a beaucoup moins d'humide & plus de consistance, que quand la séve monte en abondance, parce que la végétation est comme assoupie en cette saison. Philibert de Lorme donne un moyen que je trouve fort bon, pour faire sortir l'eau qui est dans le bois : il veut que l'on coupe les arbres tout à l'entour, & qu'on y laisse un pivot assez gros pour que l'arbre puisse demeurer debout quelque tems : étant ainsi coupé, il est constant qu'il tombera quantité d'eau rousse qui est la matiere des vers & de la pourriture du bois. Si l'on examinoit bien l'avantage que l'on tireroit de cette méthode, je suis certain qu'on ne l'ometteroit pas : mais en France l'on ne fait presque rien aussi-bien qu'on le pourroit faire, par trop de précipitation ou par trop peu de précaution. Si l'on ne veut pas se servir de cette méthode, il faut qu'il y ait du tems que le bois soit coupé, & qu'il ait été mis à l'air avant de l'employer ; il faut encore prendre garde que le bois soit de droit fil, & qu'il n'y ait point de nœuds qui séparent ce droit fil ; il faut aussi qu'il ne soit point roulé, qu'il soit sans aubier, parce que les vers se mettent dans l'aubier & entrent dans le corps du bois ; il faut enfin qu'il soit d'une consistance ferme & serrée & qu'il ne soit point gras ; car le bois gras ne vaut rien. Je laisse le reste à l'expérience de ceux qui en emploient ordinairement.

Il ne suffit pas de faire le choix du meilleur bois pour les Planchers ; il faut encore savoir quelle doit être la

groffeur des folives, par rapport à leur portée ou longueur ; la moindre des groffeurs que l'on débite eft
de 5 à 7 pouces ; les autres groffeurs au-deffus font ordinairement de bois de brin.

Aux travées depuis 9 pieds jufqu'à 15 pieds, on met
des folives de 5 à 7 pouces ; il faut feulement obferver
de mettre des folives d'enchevêtrure plus fortes, fur-
tout aux travées de 15 pieds, & que ces folives d'enchevêtrure aient 6 à 8 pouces, le tout pofé de chan.

Il faut que les efpaces qui font entre les folives,
n'aient que 6 pouces de diftance.

Aux travées depuis 15 pieds jufqu'à 25 ou 27 pieds,
les folives doivent être de bois de brin : celles de 18
pieds auront 6 fur 8 pouces de gros, pofées de chan.

Celles de 21 pieds auront 8 fur 9 pouces ; celles de
24 à 25 pieds auront au moins 9 fur 10 pouces ; celles
de 27 pieds auront au moins 10 à 11 pouces. On peut
fur cette proportion donner les groffeurs des folives
entre moyennes. Il faut obferver de mettre toujours
les plus fortes folives pour les enchevêtrures. Quand
les bois font bien conditionnés, ces groffeurs doivent
fuffire. Il faut, autant qu'il eft poffible, que les folives
foient d'égale groffeur par les deux bouts ; car s'il manque quelque chofe par un bout, il faut que l'autre bout
foit plus fort à proportion ; c'eft-à-dire, qu'ils aient au
moins ces groffeurs par le milieu, & que les efpaces ne
foient pas de plus de 8 pouces pour les plus groffes
folives.

Quand les folives ont une grande portée, elles
plient beaucoup dans le milieu, & les unes plus que les
autres ; c'eft pourquoi il faut faire en forte de les lier
les unes aux autres, afin qu'elles ne faffent toutes, s'il
fe peut, qu'un même corps, & ne plient pas plus en
un endroit qu'en un autre. Il y a deux manieres de les
lier enfemble, dont l'une eft avec de liernes, qui font
des piéces de bois de 5 à 7 pouces, pofées en travers

X 3

par-deſſus, & entaillées de la moitié dans leur épaiſſeur au droit de chaque ſolive, & enſuite de mettre de
bonnes chevilles de bois, qui paſſent au travers de la
lierne & des deux tiers de la ſolive, ou bien des boulons de fer paſſant au travers de la ſolive, avec un
bouton par-deſſous & une clavette par-deſſus: la choſe
en eſt plus ſûre, mais la ſolive eſt plus affoiblie.

L'autre maniere eſt de mettre entre les ſolives des
bouts de bois qu'on appelle *étréſillons* ; il faut pour
cela au bout de chaque étréſillon faire une petite entaille dans chacune des ſolives, enſorte qu'elle facilite
la place de l'étréſillon, & l'arrêter de maniere que le
bois venant à diminuer, il ne tombe point ; c'eſt-à-
dire, qu'il faut faire comme une rainure, & pouſſer
l'étréſillon à grands coups avec un maillet de fer. Cette
méthode étant bien exécutée, eſt meilleure que la
premiere, parce qu'elle n'endommage point les ſolives, & que les étréſillons étant bien ſerrés, le Plancher ne fait qu'un corps, outre que cela ne paſſe point
le deſſus des ſolives comme les liernes.

Il faut toujours, autant qu'il eſt poſſible, poſer les
ſolives ſur murs de refend ; car quand elles portent
ſur les murs de face, elles en diminuent la ſolidité,
parce que le bois enfermé pourrit avec le tems, & endommage les murs de face, qui doivent faire toute la
ſolidité d'une maiſon. Il n'y a pas tant d'inconvéniens
à le faire porter dans les murs de refend, parce qu'ils
ſont comme arrêtés entre les murs de face, & ſont plus
propres pour porter les Planchers. Comme l'on fait à
préſent des ceintres & des corniches ſous les Planchers,
j'eſtime qu'il ſeroit mieux de mettre des ſablieres le
long des murs, qui portent ſur des corbeaux de fer,
comme on le fait en beaucoup d'endroits, ſur-tout
quand les ſolives ne ſont pas d'une grande longueur:
on peut au moins, pour ne point gâter les murs, y mettre les principales ſolives, comme celles d'enchevêtrure

& quelques autres, & entre deux y mettre des linçoirs
portés fur des corbeaux de fers comme il a été dit...

DES PANS DE BOIS.

Les Pans de bois font pour les faces des maifons, &
les cloifons font pour les féparations que l'on fait au-
dedans des mêmes maifons, quand on veut ménager
la place, ou que l'on n'a pas befoin de faire des murs.
Les Pans de bois font fort en ufage aux anciens bâtimens des Villes où la pierre de taille eft rare ; mais à
Paris où la pierre eft commune, je trouve que c'eft un
abus confidérable que d'en faire fur les faces des rues ;
dans les cours cela eft plus tolérable. Le prétexte dont
on fe fert pour faire des Pans de bois fur les rues, eft
qu'on veut ménager la place & la dépenfe : pour le
ménage de la place, c'eft une erreur ; car un Pan de
bois couvert des deux côtés, doit avoir au moins 8
pouces d'épaiffeur, & un mur bâti de pierre de taille
peut fuffire à 18 pouces ; c'eft donc 10 pouces de place que l'on ménage, qui ne font pas grand-chofe dans
la profondeur. A l'égard de la dépenfe, fi l'on examinoit bien la comparaifon qu'il y a de l'un à l'autre pour
la folidité & pour la beauté, je m'affure qu'on ne balanceroit pas.

Les poteaux que l'on emploie aux Pans de bois,
doivent être plus forts que ceux que l'on met aux cloifons qui ne fervent que de féparation ; les principaux
que l'on appelle *poteaux corniers*, qui font pofés fur
un angle faillant, comme à l'encoignure d'une rue,
doivent être plus forts que les autres : ces poteaux portent ordinairement depuis le deffus du premier plancher, s'il fe peut, jufqu'à l'entablement, & doivent
avoir au moins 9 à 10 pouces de gros, parce qu'il faut
que les fablieres foient affemblées dedans à chaque

X 4

étage. Les poteaux d'huiſſerie pour les croiſées doivent avoir 6 à 8 pouces. Quand l'on eſt obligé de
mettre des guettes ou des croix de ſaint André ſur des
vuides de boutiques ou autres, il faut que ces guettes
aient au moins 6 à 8 pouces, & que tous les poteaux
des Pans de bois ſoient aſſemblés à tenons & à mortaiſes par le haut & par le bas dans des ſablieres. Ces
ſablieres doivent être poſées à la hauteur de chaque
étage ; il faut qu'elles aient au moins 7 à 9 pouces de
gros poſées ſur le plat ; & ſi elles ſaillent un peu au-
delà des poteaux en dehors, cette ſaillie ſervira à porter les plinthes que l'on fait ordinairement au droit
de chaque plancher.

Quand on poſe un Pan de bois d'une hauteur conſidérable ſur un poitrail pour de grandes ouvertures
de boutiques, il faut premierement, que ce poitrail
ſoit porté ſur de bonnes jambes boutiſſes & étrieres :
c'eſt à quoi l'on doit bien prendre garde ; car preſque
toutes les faces des maiſons à Pans de bois manquent
par-là. Les poitrails doivent être d'un bois de bonne
qualité & de groſſeur convenable ; il ne faut pas leur
donner trop de portée, c'eſt-à-dire, que le vuide de
deſſous ne ſoit point trop grand : il faut outre cela les
bien aſſeoir ſur la tablette de pierre dure qui les doit
porter, & ne point mettre de calles deſſous, comme
font la plûpart des Charpentiers. Quand les deux portées d'un poitrail ſont un peu gauches, par rapport au
deſſus des tablettes, qui doit être de niveau, il faut,
avant que de poſer le poitrail, tailler & en diſpoſer
les portées, enſorte qu'elles joignent préciſément ſur
les tablettes, & que le poitrail ſoit poſé un peu en
taluds par-dehors : cela eſt d'une plus grande conſéquence qu'on ne ſe l'imagine ; car pour peu que le
poitrail qui porte un Pan de bois, ne ſoit pas bien
poſé, comme je viens de le dire, il déverſe en-dehors
où eſt toute la charge ; & quand il déverſe d'un quart

de pouce, cela fait furplomber le Pan de bois quelquefois de plus de 6 pouces.

Pour arrêter les Pans de bois avec le reſte de la maiſon, enforte qu'ils ne pouſſent point, comme on dit, au vuide, l'on met ordinairement des tirants & des ancres de fer à chaque étage de la face de devant à celle de derriere ; l'on fait paſſer ces ancres dans de bonnes clavettes de fer par dehors les Pans de bois ou murs, de maniere que les faces de devant & celles de derriere ſoient liées enſemble, & que l'une ne puiſſe pas ſortir de ſa poſition ſans que l'autre ne la ſuive. Cette précaution eſt bonne pour les maiſons ordinaires, dont les murs n'ont pas de groſſes épaiſſeurs : car aux grands ouvrages l'épaiſſeur & la bonne conſtruction des murs doivent ſuffire ſans y mettre de fer. Mais dans cette précaution il y a une choſe à remarquer, c'eſt qu'il faut que les tirans ſoient préciſément d'équerre ſur les faces de murs ou pans de bois qu'ils doivent arrêter ; car ſans cela ils ſervent très-peu. Les Pans de bois s'écartent même avant que la maiſon ſoit achevée ; ce que j'ai vu ſouvent arriver à la honte & au dommage de l'Entrepreneur, pour n'en ſavoir pas la raiſon, laquelle je crois qu'il eſt bon d'expliquer, afin que l'on y prenne garde.

Suppoſons, pour cet effet, une maiſon dont les murs mitoyens & de refend, ne ſont pas à angles droits ou d'équerre ſur les murs de face, comme le préſente la figure ABCD : l'on poſe ordinairement les tirans le long des murs mitoyens ou de refend, comme AC : ſuppoſons que le mur de face ou pan de bois CD, ſoit pouſſé en dehors par le poids de la

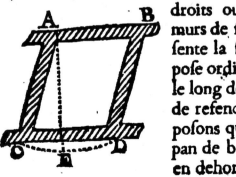

couverture ou des planchers qui font au-dedans d'une maifon, comme il arrive fouvent : le tirant qui fera pofé fur le mur AC, au lieu d'entretenir le mur ou Pan de bois en fa place, le fuivra jufqu'à ce qu'il foit arrivé à l'angle droit fur le mur de face, comme en E ; car la ligne AC eft plus longue que la ligne d'équerre AE : il eft donc vifible que cela fe doit faire. À cette obfervation l'on pourra m'objecter que les tirants font fouvent cloués fur des folives, & que cela peut entretenir cet allongement. Je conviens que par ce moyen il n'arrive pas tout ce que je viens de dire ; mais il fe fait toujours quelque chofe qui tend à un mauvais effet, & l'on y doit prendre des précautions.

Quand les Pans de bois font d'une grande hauteur, il eft néceffaire que les bois en foient bien choifis & bien affemblés, que tout foit lié enfemble avec des équerres & des bandes de fer, enforte que tout ne faffe, s'il fe peut, qu'un même corps.

DES CLOISONS.

LES Cloifons font faites pour différens ufages ; les unes font pour porter des planchers, & les autres ne fervent fimplement que de féparation ; celles qui doivent porter les planchers ou autre chofe, doivent être pofées fur un mur de parpin de pierre de taille, fondé fur un folide fondement. On donne ordinairement à ces murs de parpin 10 pouces d'épaiffeur : il faut que le fondement au-deffous ait affez d'épaiffeur pour faire un empatement de chaque côté. Les poteaux que l'on emploie à ces fortes de Cloifons, font ordinairement de 4 à 6 pouces, quand les étages n'ont que 10 à 12 pieds de hauteur ; mais quand ils ont 14 à 15 pieds, il faut du bois de 5 à 7 pouces : s'ils font plus haut, comme 18 à 20, l'on en met de 6 à 8 ; fur-tout quand les planchers que l'on doit pofer deffus font bien pefans. Il faut que les fablieres aient une largeur proportionnée à l'épaiffeur des poteaux qui doivent toujours être pofés de plat. Aux Cloifons dont les poteaux ont 4 à 6 pouces, il faut que les fablieres aient 5 à 7 pouces : à celles dont les poteaux ont 5 à 7 pouces, les fablieres auront 6 à 8 pouces, ainfi du refte. Il faut que le tout foit bien affemblé à tenons & à mortoifes par le haut & par le bas, & ne point mettre de dents de loup pour arrêter les poteaux aux fablieres ; car c'eft un mauvais ouvrage.

Quand les Cloifons font recouvertes des deux côtés, & que l'on veut que les poteaux d'hifferie foient apparens, comme l'on fait dans les dortoirs des maifons religieufes, il faut que les poteaux foient de meilleur bois, & qu'ils aient au moins 2 pouces de plus que les autres, pour la charge de la latte & du plâtre de chaque côté; il faut de plus faire une feuillure d'un pouce un quart le long defdits poteaux pour y attacher le lattis, afin que l'enduit de la Cloifon affleure le devant defdits poteaux. Il y en a qui, pour donner plus de grace aux portes des Cloifons, y mettent des poteaux d'huifferie, qui ont affez d'épaiffeur pour faire une petite faillie hors l'enduit, & y former un chambranle : quand cela eft proprement fait, l'ouvrage en eft plus agréable.

Quand les Cloifons doivent être maçonnées à bois apparent, il faut que les poteaux foient ruinés & tamponés, & que les tampons foient pofés de pied en pied, & qu'ils foient mis de façon que ceux d'un des poteaux qui forme l'entre-voux, répondent au milieu de la diftance de ceux de l'autre poteau (3).

_____

(3) On ne ruine ni on ne tamponne plus les poteaux :

Les Cloisons qui ne servent simplement que pour
faire des séparations, & qui sont posées le plus souvent
sur des poutres ou des solives, c'est-à-dire, posées à
faux, il faut que les poteaux soient beaucoup moins
forts que ceux dont nous venons de parler, afin que
les Cloisons pesent moins ; on se sert pour cela de
tiers poteaux qui ont 3 à 5 pouces de gros posés de
plat. Quand les planchers sont fort hauts, l'on met
des liernes par le milieu, pour empêcher que les poteaux ne plient ; les poteaux sont assemblés dans ces
liernes comme dans les sablieres ; ces sablieres ne
doivent avoir que 4 à 5 pouces. On fait ces sortes de Cloisons creuses, afin qu'elles soient plus légeres.

. Si les Cloisons ne sont pas posées sur des poutres, & qu'il faille par quelque nécessité les poser
sur les solives d'un plancher, il faut faire en sorte
qu'elles soient mises en travers sur plusieurs solives,
afin que chaque solive en porte sa part ; ou si l'on
est contraint de les mettre dans un autre sens sur
une seule solive, il faut les faire les plus légeres qu'on
peut, & y faire des décharges ; il faut aussi observer que la solive sur laquelle on pose la Cloison, soit
plus forte & meilleure que les autres. On pourroit
même faire poser la Cloison sur trois solives, en mettant des bouts de barre de fer portant sur les deux solives les plus proches de celles qui portent la Cloison,
& faire en sorte que la sabliere porte sur ces barres
de fer.

On se sert encore d'une autre sorte de Cloison plus
légere pour soulager les planchers : on prend des ais

on se contente d'y larder du rappointis à tort & à travers
sans ordre, comme je l'ai observé ci-devant, *page 70 ,
note 18.*

de bateau que l'on met entre des coulisses faites dans des sablieres par le haut & par le bas, de trois pouces d'épaisseur : on fait des languettes dans ces ais pour les passer dans les coulisses, & l'on cloue le tout contre les sablieres ; quand il y a trop de hauteur & que les ais peuvent plier, l'on met des liernes dans le milieu, & l'on fait bien entre - tenir le tour dans les murs : & quand on est obligé de faire des portes dans ces sortes de Cloisons, on les fait de tiers poteaux sur le plat avec un linteau de même ; cela sert à lier la Cloison : on doit laisser un peu de distance entre les ais, afin qu'étant lattés & recouverts, le plâtre s'y engage mieux.

DES ESCALIERS.

LEs principaux bois que l'on emploie aux Escaliers, sont les patins sur lesquels ils sont posés, les limons dans lesquels on assemble les marches, les poteaux pour poser les limons, les pieces de palier, les noyaux, les pieces d'appui, les balustres & les marches. On ne se sert plus guères de noyaux posés de fond, à moins que l'on n'y soit contraint par le peu de place, parce qu'un vuide dans le milieu d'un Escalier a bien plus d'agrément : l'on fait porter le tout en l'air, de pieces de palier en pieces de palier ; il ne s'agit que de savoir bien faire l'assemblage, & faire tenir le tout par de bonnes décharges avec des boulons de fer. Comme la commodité & la beauté d'un Escalier sont d'un grand ornement dans une maison, c'est une partie qu'il faut bien étudier & faire bien exécuter ; le plus difficile dans l'exécution, ce sont les courbes rampantes pour les limons, quand il faut les faire tournantes ; & c'est ce que peu de Charpentiers entendent bien.

Si c'étoit ici le lieu, j'en donnerois la description & la pratique; mais je sortirois de mon sujet, il me suffit seulement d'avertir qu'on prenne pour cela les meilleurs Ouvriers.

Quand on veut faire un Escalier, il faut qu'il soit posé solidement sur un mur d'eschiffre, lequel mur doit être solidement fondé; on met au rez-de-chaussée une assise de pierre de taille, sur laquelle on pose les patins où doivent être assemblés les poteaux qui portent les limons ou les noyaux posés de fond.

Les patins sont de bois de 8 à 9 pouces, les poteaux de 4 à 6 pouces: aux Escaliers un peu grands on fait les limons à proportion de leur longueur de 6 à 8 pouces posés de chan, & on fait une entaille dedans d'un bon pouce pour porter les marches: outre la mortaise qui sert pour l'assemblage de ces marches, l'on fait une moulure aux arrêtes des limons par-dessus & des deux côtés, si l'on y met des balustres de bois avec un appui. Ces balustres ont 3 à 4 pouces, & les pieces d'appui au-dessus de 4 à 6, sur lesquels appuis l'on fait encore une moulure sur chaque arrête. Aux Escaliers un peu propres, l'on ne met point de balustrade de bois, l'on y en met de fer; cela gagne de la place, & donne beaucoup d'agrément. Les marches que l'on emploie aux Escaliers doivent avoir 5 à 7 pouces, posées à plat, c'est-à-dire, 5 pouces sur le devant de la marche, & 7 pouces sur le plat. On ne prend du bois que de 4 à 6 pouces pour les petits Escaliers. On doit faire une moulure au devant de chaque marche d'un demi-rond & d'un filet, cela donne plus de giron aux marches & plus d'agrément aux Escaliers. On fait les pieces de palier de grosseur proportionnée à leur longueur; par exemple, de 5 à 7, de 6 à 8, de 8 à 9 pouces, & même de plus s'il est besoin: comme les pieces de paliers portent prefque toutes les fecondes rampes des Efcaliers, il faut les choifir de bois de bonne qualité.

Il y auroit beaucoup de chofes à dire fur la conftruction des Efcaliers, car la matiere eft bien ample & eft de conféquence; mais ce n'eft pas ici le lieu d'en parler à fond: ce que j'en puis dire en général, eft qu'ils doivent être faits de maniere qu'ils adouciffent, par leur commodité & leur beauté, la peine que l'on a de monter & de defcendre, c'eft-à-dire, qu'ils aient une entrée agréable, un tour commode, & qui ne foit pas pris de trop court, qu'ils foient bien éclairés, que les marches en foient douces; & pour cela il faut qu'elles n'aient que 5 ou 5 pouces $\frac{1}{2}$ de hauteur, car à 6 pouces elles font trop rudes. Aux moyens Efcaliers les marches doivent avoir 1 pied de giron fans moulure; on peut donner quelques pouces de moins aux petits Efcaliers. Quand l'on a une place affez ample pour faire un bel Efcalier, on doit donner 15 pouces de giron fans la moulure, fur 15 pouces de haut. Cette proportion convient fort au pas: il y a de grands Efcaliers où l'on donne jufqu'à 18 pouces de giron aux marches, mais n'en font pas plus commodes, car l'on a de la peine à faire de chaque marche un pas. Enfin c'eft aux Efcaliers que l'on connoît le génie, l'expérience & le bon fens de celui qui conduit le bâtiment.

TOISÉ

DES BOIS DE CHARPENTE.

L'USAGE eft de réduire tous les *Bois de Charpente* à une folive ou piece de bois qui ait 12 pieds de long fur 6 pouces en quarré, dont les cent pieces ou folives font ce qu'on appelle un *Cent de bois*; ou bien à une autre folive qui ait 6 pieds de long fur 8 & 9 pouces de gros, ce qui revient au même ; enforte qu'il faut que la piece de bois qui fert de commune mefure au cent, contienne 5184 pouces cubes, qui valent 3 pieds cubes de bois. Telle eft celle qui a 12 pieds de long fur 6 pouces en quarré : car fi l'on multiplie 6 pouces par 6 pouces, on aura 36 pouces pour la fu-perficie du bout de la piece ; ces 36 pouces étant multipliés par 144 pouces, qui eft la valeur de 2 toi-fes en longueur de la folive, on aura 5284 pouces cubes.

L'autre folive de 6 pieds donnera le même produit : car fi l'on multiplie 8 par 9, l'on aura 72 pouces pour la fuperficie du bout de la folive ; ces 72 pouces étant multipliés par 72, qui eft la quantité de pouces conte-nue dans la longueur d'une toife, on aura 5184 pou-ces cubes comme ci-deffus.

Sur ce principe, tous les bois dont les côtés multi-pliés l'un par l'autre produiront le nombre 36, 2 toi-fes en longueur feront une piece de bois ; & tous ceux dont les côtés multipliés l'un par l'autre, produiront 72, une toife en longueur fera auffi une piece de bois : ce qui peut être connu par les parties aliquotes de cha-cun de ces deux nombres 36 & 72. Par exemple, le nombre 36 a pour parties aliquotes 2, 3, 4, 6, 9, 12, 18 : ces nombres font tous dans une telle difpofi-tion, que fi l'on multiplie l'un par l'autre les extrêmes de 2 en 2 également diftans du 6, ils produiront le nombre de 36 ; comme 2 par 18, 3 par 12, 4 par 9, & 6 par lui-même : enforte qu'ayant des bois de ces groffeurs, & de 2 toifes en longueur, ils vaudront une piece de bois au cent.

Le nombre de 72 a pour parties aliquotes les nom-bres 2, 3, 4, 6, 8, 9, 12, 18, 24, 36 : ces nombres font encore difpofés de maniere que, fi l'on multi-plie les extrêmes de deux en deux, ils produiront

le

le nombre 72, comme 2 par 36, 3 par 24, &c.
enforte qu'ayant à compter une piece de bois de ces
grosseurs, une toise de longueur vaudra une piece
de cent.

On peut encore, par d'autres combinaisons de
ces parties aliquotes, savoir la valeur des parties
d'une piece de bois par rapport à la toise; comme
si une piece de bois à 2 sur 3 pouces de gros, elle
vaudra $\frac{1}{2}$ de pieces au cent.

Une piece de bois de			
2	sur 4 vaut	$\frac{1}{9}$
2	6	$\frac{1}{6}$
2	9	$\frac{1}{4}$
2	12	$\frac{1}{3}$
2	18	$\frac{1}{2}$

Une piece de bois de			
3	sur 4 vaut	$\frac{1}{6}$
3	6	$\frac{1}{4}$
3	8	$\frac{1}{3}$
3	12	$\frac{1}{2}$
3	18	$\frac{3}{4}$
3	24	72 ou l'entier

Une piece de bois de			
4	sur 6 vaut	$\frac{1}{3}$
4	9	$\frac{1}{2}$
4	12	$\frac{2}{3}$
4	18	72 ou l'entier.
4	24	1 piece $\frac{1}{3}$

Une piece de bois de			
6	sur 6 vaut	$\frac{1}{2}$
6	8	$\frac{2}{3}$
6	9	$\frac{3}{4}$
6	12	72 ou l'entier.
6	18	1 piece $\frac{1}{2}$
6	24	2 pieces.

Y

$$
\text{Une piece de bois de}
\begin{cases}
8 \ \text{fur} \ 8 & \frac{8}{9} \\
8 \quad\ \ 9 & 72 \ \text{ou l'entier.} \\
8 \quad\ 12 & 1 \ \text{piece} \ \frac{1}{3} \\
8 \quad\ 18 & 2 \ \text{pieces.} \\
8 \quad\ 24 & 2 \ \text{pieces} \frac{2}{3}. \\
\end{cases}
$$

$$
\text{Une piece de bois de}
\begin{cases}
9 \ \text{fur} \ 9 \ \text{vaut} & 1 \ \text{piece} \ \frac{1}{8}. \\
9 \quad\ 12 & 1 \ \text{piece} \ \frac{1}{2} \\
9 \quad\ 18 & 1 \ \text{piece} \ \frac{1}{4}. \\
9 \quad\ 24 & 3 \ \text{pieces.} \\
\end{cases}
$$

Voilà à peu près les différentes combinaifons que peuvent produire les parties aliquotes de 72 par rapport à la toife. On peut faire des tables de tous les nombres, d'après lefquels les bois peuvent être équarris ; ceux dont les groffeurs multipliées l'une par l'autre feront au-deffous de 72 ou d'une toife de longueur, feront toujours moindres qu'une piece de bois au cent: s'ils tombent dans les parties aliquotes, ils feront toujours le $\frac{1}{2}$ $\frac{1}{3}$ $\frac{1}{4}$ $\frac{1}{6}$ $\frac{1}{8}$ $\frac{1}{9}$ $\frac{1}{12}$, & pour ceux qui tomberont dans d'autres nombres, il faudra compter la plus prochaine partie aliquote de 72, qui fera au-deffous, & mettre le refte en pouces, dont les 72 font la piece: par exemple, fi c'eft une piece de bois qui ait 6 fur 7, la multiplication fera 42, dont la plus prochaine partie aliquote au-deffous eft 36, qui vaut une demi-piece, & il refte 6 pouces ou $\frac{1}{12}$. Deux toifes en longueur de cette même groffeur vaudront une piece & 12 pouces ou $\frac{1}{6}$, 3 toifes vaudront une piece & 54 pouces ou $\frac{1}{4}$; & ainfi du refte.

La regle à mon fens la meilleure pour réduire les bois à la piece, eft de multiplier les côtés l'un par l'autre, & d'en divifer le produit par 72, puis multiplier cette divifion par toifes ou parties de toifes, que chaque piece de bois contient en longueur: une piece de

bois a 12 fur 15, cela produira 180, qui, divifé par
72, donnera 2 pieces ½ pour chaque toife en longueur;
fi la même piece de bois a 6 toifes en longueur, il faut
multiplier 2 ½ par 6, & l'on aura 15 pieces; & ainfi
du refte.

Je ne donnerai point ici le tarif entier pour le toifé
des bois de charpente, parce qu'il y a plufieurs livres,
& même nouvellement imprimés, qui en traitent
affez amplement : mais il eft bon de favoir que quand
on fait marché des bois de Charpenterie mis en œuvre, mefurés aux Us & Coutumes de Paris, l'on
mefure felon les longueurs que l'on coupe les bois
dans les forêts, qui font toujours dans une progreffion arithmétique de 3 en 3 pieds; c'eft-à-dire, que
quand les bois employés ne fe trouvent pas précifément de ces longueurs, comme 6, 9, 12, 18,
21, 24, 27, 30, 33, 36, 39, 42, l'on prend toujours le nombre au-deffus, parce qu'on fuppofe que
l'on a coupé le furplus, à moins que les longueurs
ne foient de l'une de ces longueurs coupées en deux
ou en plufieurs parties égales. Ainfi commençant par
la moindre longueur, une piece de bois d'un pied
fera comptée pour un pied ½, parce qu'il eft le quart
d'une toife.

			pour	
3 pi.			pour	3 pieds.
3 pi. ½	&	4 pieds	pour	4 pi. ½.
4 pi. ½			pour	4 pi. ½.
5 pi.	&	5 pi. ½	pour	6 pi.
6 pi.			pour	6 pi.
6 pi. ½	&	7 pi.	pour	7 pi. ½.
7 pi. ½			pour	7 pi. ½.
8 pi.	&	8 pi. ½	pour	9 pi.
9 pi.			pour	9 pi.
9 pi. ½	&	10 pi.	pour	10 pi. ½.
10 pi. ½			pour	10 pi. ½.
10 pi.	&	11 pi. ½	pour	12 pi.

Y 2

12 pi.		pour 12 pi.	
13 pi.		pour 13 pi. $\frac{1}{2}$.	
14 pi.	& 14 pi. $\frac{1}{2}$	pour 15 pi.	
15 pi.		pour 15 pi.	
15 pi. $\frac{1}{2}$	& 16 pi.	pour 16 pi. $\frac{1}{2}$.	
17 pi.	& 17 pi. $\frac{1}{2}$	pour 18 pi.	
18 pi.		pour 18 pi.	
18 pi. $\frac{1}{2}$	& 19 pi.	pour 19 pi. $\frac{1}{2}$.	
19 pi. $\frac{1}{2}$		pour 19 pi. $\frac{1}{2}$.	
20 pi.	& 20 pi. $\frac{1}{2}$	pour 21 pi.	
22 pi.	& 23 pi.	pour 24 pi.	
24 pi.		pour 24 pi.	
25 pi.	& 26 pi.	pour 27 pi.	
27 pi.		pour 27 pi.	
28 pi.	& 29 pi.	pour 30 pi.	
31 pi.	& 32 pi.	pour 33 pi.	
33 pi.		pour 33 pi.	
34 pi.	& 35 pi.	pour 36 pi.	
36 pi.		pour 36 pi.	
37 pi.	& 38 pi.	pour 39 pi.	
39 pi.		pour 39 pi.	
40 pi.	& 41 pi.	pour 42 pi.	

Ainſi l'on connoîtra comment toutes les longueurs des bois doivent être meſurées : on comprend dans ces longueurs celles des tenons qui ſervent pour les aſſemblages (4).

---

(4) Cette Table des longueurs des bois n'eſt pas aſſez détaillée, je vais y ſuppléer par celle qui ſuit,

Table de la réduction des longueurs des bois employés dans les Bâtimens, selon ce qui se pratique aujourd'hui.

Tout bois, quelque petit qu'il soit, est compté pour .... 1 pi. $\frac{1}{2}$ ou 0 toi. $\frac{1}{4}$

Ensuite jusqu'à 2 pieds pour........ 2 pi. ou 0 toi. $\frac{1}{3}$

2 pieds jusqu'à 3 pieds 1 pouce pour. 3 pi. ou 0 toi. $\frac{1}{2}$

3 pi. 2 po. jusqu'à 4 pi. 8 po. $\frac{1}{4}$ pour.. 4 pi. $\frac{1}{2}$ ou 0 toi. $\frac{3}{4}$

4 pi. 9 po. jusqu'à 6 pi. 2 po. pour.. 6 pi. ou 1 toi. 0

6 pi. 3 po. jusqu'à 7 pi. 8 po. $\frac{1}{4}$ pour 7 pi. $\frac{1}{2}$ ou 1 toi. $\frac{1}{4}$

7 pi. 9 po. jusqu'à 9 pi. 3 po. $\frac{1}{4}$ pour 9 pi. ou 1 toi. $\frac{1}{2}$

9 pi. 4 po. jusqu'à 10 pi. 8 po. $\frac{1}{4}$ pour 10 pi. $\frac{1}{2}$ ou 1 toi. $\frac{3}{4}$

10 pi. 9 po. jusqu'à 12 pi. 4 po. $\frac{1}{4}$ pour 12 pi. ou 2 toi. 0

12 pi. 5 po. jusqu'à 13 pi. 8 po. $\frac{1}{4}$ pour 13 pi. $\frac{1}{2}$ ou 2 toi. $\frac{1}{4}$

13 pi. 9 po. jusqu'à 15 pi. 4 po. $\frac{1}{4}$ pour 15 pi. ou 2 toi. $\frac{1}{2}$

15 pi. 5 po. jusqu'à 16 pi. 8 po. $\frac{1}{4}$ pour 16 pi. $\frac{1}{2}$ ou 2 toi. $\frac{3}{4}$

16 pi. 9 po. jusqu'à 18 pi. 4 po. $\frac{1}{4}$ pour 18 pi. ou 3 toi. 0

18 pi. 5 po. jusqu'à 19 pi 8 po. $\frac{1}{4}$ pour 19 pi. $\frac{1}{2}$ ou 3 toi. $\frac{1}{4}$

19 pi. 9 po. jusqu'à 21 pi. 4 po. $\frac{1}{4}$ pour 21 pi. ou 3 toi. $\frac{1}{2}$

21 pi. 5 po. jusqu'à 22 pi. 8 po. $\frac{1}{4}$ pour 22 pi. $\frac{1}{2}$ ou 3 toi. $\frac{3}{4}$

22 pi. 9 po. jusqu'à 24 pi. 6 po. pour 24 pi. ou 4 toi. 0

Ensuite la progression va de demi-toise en demi-toise pour les bois de qualité, comme poutres, poutrelles, entraits, tirans, sablieres, &c. & non pour les petits bois, comme chevrons, poteaux, solives & autres bois bâtards. Je dis qu'une poutre ou autre bois de 25 pieds de long, est comptée pour 4 toises $\frac{1}{2}$, comme celles de 26 ou 27 pieds ; une autre de 28 pieds, 29 pieds & 30 pieds pour 5 toises, & ainsi des autres longueurs. La raison en est toute simple.

\ Le Charpentier peut couper dans une piece de 25 pieds, 2 pieds de bois, qui dans l'emploi lui seront comptés pour 3 pieds qu'une demi-toise, & les 23 pieds restans lui seront comptés 4 toises : mais comme il est obligé d'employer la piece de 25 pieds dans toute sa longueur, il perdroit une demi-toise de bois à gagner, si la Coutume ne la lui donnoit pas.

Plusieurs commencent cette progression de 3 pieds en 3 pieds à la longueur de 18 pieds, d'autres à 21 pieds. En général, on peut sans injustice comprendre dans cet usage toute piece de bois amenée seule au fardier dans le Bâtiment.

Y 3

Raiſon de cet uſage moderne.

Les bois quarrés ſe vendent ſur les ports de Paris en progreſſion arithmétique de 3 pieds en 3 pieds, & ſe comptent,
étant employés dans la conſtruction, en même progreſſion de
18 pouces en 18 pouces.

Les bois marchands n'ayant pas poſitivement les longueurs
juſtes de 6, 9, 12, 15, 18, 21, 24 pieds, &c. l'uſage a adop-
té le pied marchand, qu'on appelle *pied avant*, *pied arriere*,
par le moyen duquel une longueur de 5 ou 7 pieds eſt payée 6
pieds ou 1 toiſe, 8 & 10 pieds pour 9 pieds ou 1 toiſe $\frac{1}{2}$, 11 &
13 pieds pour 12 pieds ou 2 toiſes, &c. C'eſt ainſi que les
Marchands, en vendant leurs bois aux Charpentiers, les meſurent, de même que les Officiers prépoſés pour la perception
des Droits royaux.

Dans les bâtimens il n'y a point de ces uſages ; tous les bois
ſe meſurent en longueur déterminée de 18 pouces en 18 pouces
ou $\frac{1}{4}$ de toiſe. La plus petite meſure eſt de 18 pouces ou $\frac{1}{4}$ de toiſe, quelque petit que ſoit le morceau de bois : enſuite de quart
de toiſe en quart de toiſe ; ſavoir, 3 pieds, 4 pieds $\frac{1}{2}$; 6 pieds,
7 pieds $\frac{1}{2}$; 9 pieds, 10 pieds $\frac{1}{2}$; 12 pieds, 13 pieds $\frac{1}{2}$, & juſqu'à
21 pieds, où commence la progreſſion de demi-toiſe en de-
mi-toiſe, ou de 3 pieds en 3 pieds.

Il faut encore obſerver, comme on le voit dans notre Table, que les longueurs qui ne ſont point dans la progreſſion du
Marchand, ſont comptées de la meſure la plus voiſine ; par
exemple, 7 pieds $\frac{1}{2}$ eſt compté pour 9 pieds, parce qu'il eſt
ſuppoſé que ce 7 pieds $\frac{1}{2}$ a été coupé dans une des longueurs
de 8 pieds, 11 pieds, 14 pieds, 17 pieds, &c. qui ont été payées
9, 12, 15, 18, &c. Si ce 7 pieds $\frac{1}{2}$ n'étoit compté que 7
pieds $\frac{1}{2}$, le Charpentier ſeroit en perte de $\frac{1}{4}$ de toiſe. Nous ex-
pliquerons ceci plus amplement ci-aprés.

On peut alléguer pluſieurs raiſons qui détruiroient infailli-
blement celles ci. Elles ſont même ſi ſolides, qu'elles ont fait
enviſager le toiſé de la Charpenterie aux Us & Coutumes de
Paris comme *abuſif* & même *tortionnaire*.

Quant au premier chef, je n'entreprendrai point de le dé-
fendre ; mais pour le ſecond, il eſt totalement faux, comme
je vais le démontrer.

C'eſt le *pied-arriere* qui a donné naiſſance à cette maniere
de toiſer, dont le principe eſt établi ſur ce défaut de meſure ;
& l'avantage que trouve le Charpentier dans les meſures com-
plettes, eſt le *pied-avant*, ſon ſeul & unique bénéfice.

Qu'on compare le toifé aux Us & Coutumes, avec le toifé bout-avant, le premier eft plus fort que l'autre d'un dixiéme, d'un neuviéme, d'un huitiéme ou d'un fixiéme, ou approchant, & par conféquent plus cher de cette fraction. Ainfi on peut conclure qu'ils font l'un & l'autre égaux pour le prix; que le premier eft une habitude de celui qui toife, & le fecond un foulagement d'efprit pour un Bourgeois qui le requiert, parce qu'il s'imagine qu'on le trompe.

Hors Paris & les environs, on achete dans les forêts les bois de leurs longueurs. Ils font calculés & payés de même, & dans les bâtimens la même chofe eft obfervée : c'eft ce qu'on appelle le *toifé des longueurs & groffeurs mifes en œuvre*, & improprement le toifé *bout-avant*. Mais à Paris & aux environs, il y a un ufage particulier pour la vente des bois, il y en a auffi un particulier pour les compter lorfqu'ils font employés. Si on vouloit réformer ce dernier, il faudroit commencer par réformer le premier. Un Marchand de bois coupe un 15 pieds en trois, 16 pieds en deux, certain qu'il eft que ce 15 pieds & ce 16 pieds lui feront payés 3 toifes, & qu'il gagnera par ce moyen une demi-toife de bois fur chacun. C'eft donc à tort qu'on crie contre les Charpentiers de Paris, eux-mêmes criant les premiers contre leurs Marchands.

Ce qu'on appelle *abus* dans le toifé de la Charpenterie aux Us & Coutumes, eft prefque imaginaire. Le Bourgeois, dit-on, paie ce qu'il n'a point, en payant un morceau de bois de 11 pieds, comme s'il en avoit 12; mais le Charpentier l'a payé de même; ce n'eft donc pas à lui qu'il faut s'en prendre.

Ce font ces foibles longueurs qui font décider de celles des bois employés dans les bâtimens, & qui ont formé l'ufage de cette méthode de toifer. Pour déterminer donc de quelle longueur doit être comptée une certaine piece de bois employée, il faut chercher la longueur de toife la plus prochaine en *arriere*, & la fuppofer foible, la divifer en autant de quarts qu'elle en contient, comme il eft ci-après expliqué : fi cette longueur contient un quart jufte en fus de ce qu'elle doit contenir, elle fera comptée de même; fi elle ne la contient pas jufte, ce quart en fus ne fera pas compté.

Exemple. Je fuppofe un morceau de bois de 6 pieds 3 pouces de long, je dis qu'il doit être compté pour $\frac{1}{2}$ de toife ou 7 pieds$\frac{1}{2}$, & s'il n'a que 6 pieds 2 pouces, il ne fera compté que pour $\frac{1}{2}$ ou une toife. Voici comme je le démontre.

La toife fe divife en quatre quarts; & 5 pieds qui eft la plus foible mefure de la toife, fe divife de même, & chaque divi-

Y 4

sion est de 1 pied 3 pouces. Or, dans 6 pieds 3 pouces il y a cinq fois 1 pied 3 pouces juste, donc 6 pieds 3 pouces doit être compté pour $\frac{5}{4}$ de toise, ou 7 pieds & demi.

Mais 6 pieds 2 pouces ne contient pas juste cinq fois 1 pied 3 pouces, il doit donc être compté pour $\frac{4}{4}$ ou une toise.

La seconde mesure est 9 pieds ou 1 toise & demie, qui contient 6 quarts de toise, & sa foible longueur est 8 pieds qui, divisé en 6, donne pour chaque quart 1 pied 4 pouces. On veut savoir de quelle longueur on doit compter 9 pieds 4 pouces : suivant le principe ci-dessus, il sera compté pour $\frac{7}{4}$ de toise ou 10 pieds & demi, parce que 9 pieds 4 pouces contient juste sept fois 1 pied 4 pouces ; & 9 pieds 3 pouces 11 lignes ne peut être compté que pour 6 quarts de toise, parce qu'il ne contient pas juste sept fois 1 pied 4 pouces. Ainsi des autres.

Table des divisions en quarts sur les foibles longueurs relatives à la toise.

5 pi. ou	1 t.	contient 4 quarts & sa div. est	1 pi.	3 po.	0 l.
8	1 $\frac{1}{2}$	6	1	4	0
11	2	8	1	4	6
14	2 $\frac{1}{2}$	10	1	4	9 $\frac{3}{5}$
17	3	12	1	5	0
20	3 $\frac{1}{3}$	14	1	5	1 $\frac{5}{7}$
	4	16	1	5	3

Quant aux intervalles qui sont entre 7 pieds $\frac{1}{2}$ & 8 pieds, on en donne la moitié au Bourgeois & l'autre moitié au Charpentier, de façon que 7 pieds 8 pouces 11 lignes seront comptés pour 7 pieds $\frac{1}{2}$ ou $\frac{5}{4}$ de toise, & 7 pieds 9 pouces pour $\frac{6}{4}$ de toise ou 9 pieds. De même 10 pieds 8 pouces 11 lignes seront comptés pour $\frac{7}{4}$ de toise ou 10 pieds $\frac{1}{2}$, & 10 pieds 9 pouces pour $\frac{8}{4}$ de toise ou 12 pieds ; ainsi des autres.

Pour éviter l'embarras de mesurer les bois de Charpenterie suivant cet usage, dans lequel il peut y avoir de l'abus, on a trouvé une autre maniere de les toiser, que l'on appelle *Toiser les grosseurs & les longueurs mises en œuvre*. Par cette maniere, l'on ne compte précisément que les longueurs mises en œuvre, sans avoir égard si les bois coupés dans les forêts sont plus ou moins longs ; c'est à l'Entrepreneur à prendre ses me-

fures là-deſſus ; mais auſſi le cent de bois en doit être
plus cher à peu près d'un neuviéme ou·d'un dixiéme :
il n'y a après cela plus de conteſtation ; car les groſſeurs
des bois ne changent point dans l'une & l'autre méthode, ainſi qu'il a été expliqué ci-deſſus (5).

Au reſte l'on peut connoître par tout ce que je viens
de dire, à peu près la maniere dont les bois de Charpenterie mis en œuvre doivent être meſurés : il n'y a.
que quelques petits uſages à obſerver : comme quand
une piece de bois eſt conſidérablement moins groſſe à
un bout qu'à l'autre, il faut prendre la moitié des deux
groſſeurs priſes enſemble par les deux bouts, ou pren-

---

(5) Le toiſé des *groſſeurs & longueurs miſes en œuvre*,
n'eſt pratiqué à Paris que dans les bâtimens du Roi & dans les
travaux publics. Rien n'empêche un Bourgeois de faire toiſer
ſon bâtiment de même. C'eſt au Charpentier, lorſqu'il ſubit
cette condition, de bien examiner ſes plans & les longueurs
des bois, afin d'être payé de l'excédent que lui produiroit le
toiſé aux Us & Coutumes. Il faut que le devis & marché
en ſoit fait avant de commencer le bâtiment, & reconnu
par-devant Notaire avec cette clauſe, *Que l'on déroge expreſſément aux Us & Coutumes, ſans quoi le preſent marché n'auroit été fait.* Si le devis & marché étoit ſous ſeing privé, il
faut encore y énoncer cette clauſe, *Que le préſent devis &
marché ſera reconnu par-devant Notaire à.frais communs, à
la premiere réquiſition des deux parties.*

J'ai vu des marchés à ce ſujet qui m'ont paru aſſez équi-
tables, entre autres un par lequel il étoit dit, *Que les bois ſeroient toiſés longueurs & groſſeurs miſes en œuvre ſans aucuns
uſages, même de calculs, & ſeroient payés* 500 *liv.* pour chaque cent de bois employé & mis en œuvre, comme dit eſt ci-
deſſus, (c'étoit le prix courant de ce tems-là) après quoi pour
remplacer le défaut des uſages auxquels on dérogeoit par le préſent marché, il ſeroit payé au Charpentier en ſus des 500 l. ci-
deſſus dites, le ſixieme de la ſomme totale que produiroit la
quantité de bois qui ſeroient employés dans ladite conſtruction.

Le mémoire s'eſt monté à 12000 liv. & on a payé au Charpentier 14000 liv.

dre sa grosseur par le milieu (6). On doit aussi avoir mesuré les courbes, tant pour les ceintres que pour les escaliers, de la grosseur qu'elles étoient avant que de les avoir travaillées, afin que l'Entrepreneur ne perde point une partie du bois qu'il a fallu ôter pour former ces courbes. A l'égard des escaliers, quand on y fait des balustres quarrés poussés à

---

(6) « I. Et pour prendre les grosseurs des bois, (dit Caron, page 162) il faut voir si la piece est quarrée, la mesurer de sa grosseur; mais si elle est flacheuse, qu'il y manque quatre arrêtes, il la faut équarrir, c'est-à-dire, rabattre la moitié des flaches pour remplir les autres. Et si par hazard la piece n'avoit qu'une arrête, qu'il y eût trois flaches, il faut rabattre les trois quarts du plus grand, le reste sera la grosseur de la piece; s'il n'y en a que deux, rabattre la moitié du plus grand; & s'il n'y en a qu'un, en ôter le quart.

» Si la piece étoit équarrie, en sorte qu'il y eût peu de flaches, c'est-à-dire, un peu d'un côté, un peu d'un autre, qui ne soient pas dans le milieu de la piece, il est de la conscience de l'Expert de diminuer de la grosseur à proportion de la grandeur desdits flaches; mais s'ils se rencontrent au milieu où se doit mesurer la grosseur de ladite piece, quoiqu'ils ne regnent pas d'un bout à l'autre, il ne faut pas laisser de les diminuer, comme il est dit ci-devant; car *c'est du milieu que dépend la grosseur*, & de nécessité il faut que le bois soit quarré.

» Si lesdits flaches étoient trop grands, & que la piece fût presque ronde sans arrête par le milieu, & que le reste fût quarré, il faudroit prendre les grosseurs des deux extrémités de la piece, les joindre ensemble, puis en prendre la moitié, qui sera la grosseur pour toute la longueur de ladite piece, à la réserve qu'il ne faut point comprendre la longueur des flaches, quand elle auroit jusqu'à 3 pieds de long au-dessus de 4 toises, & au-dessous 1 pied ½, & si lesdits flaches passent ces longueurs, ils seront diminués en toute l'étendue; comme s'ils régnoient d'un bout à l'autre, comme il est dit ci-devant.

» Il est encore à considérer que si les bois ne sont pas bien équarris, comme quelquefois il s'en trouve qui ne le sont

la main, deux baluſtres doivent valoir une piece ; & quand les baluſtres ſont tournés, il en faut quatre pour faire une piece ; pour les moulures que l'on fait aux appuis & aux limons, on les eſtime en particulier.

Quand on fait un devis pour la Charpenterie, il faut marquer toutes les groſſeurs que les bois doivent avoir dans chaque eſpece d'ouvrage, & même dans chaque piece du bâtiment, quand ils doivent être de différentes groſſeurs, afin que l'Entrepreneur n'y en mette point de plus gros qu'il faut ; car c'eſt ſon avantage, & l'ouvrage n'en eſt pas meilleur : au contraire, cela ne ſert qu'à charger les murs, & augmenter la dépenſe. C'eſt pourquoi l'on met dans les marchés, que ſi les bois paſſent les groſſeurs marquées dans le devis, ils ne ſeront point comptés.

» qu'en la ſuperficie, de ſorte qu'il n'y a preſque que la ſeule » écorce d'ôtée de chaque côté, ainſi qu'il ſe remarque quel » quefois aux bois qui viennent de Picardie, & ſouvent d'au » tres endroits ; quand cela ſe trouve, il les faut équarrir com » me le bois en grume abattu ».

II. Les petits uſages à obſerver dont parle ici M. Bullet, con ſiſtent encore en ce qu'une ſolive de 5 & 7 pouces de gros eſt comptée comme ſi elle avoit 6 pouces, & par conſéquent ſon produit eſt 36 & non 35, parce que cette groſſeur de 5 & 7 pouces eſt cenſée remplacer la ſolive de 6 pouces. C'eſt ſous cette condition qu'on a engagé les Marchands de bois à faire débiter des ſolives de cette groſſeur, qui leur produiſant moins de bois, produiſent au public un ſervice ſupérieur.

III. En ſolives ou autres bois poſés horiſontalement, il eſt bon de ne point ſouffrir de bois quarrés, mais qu'il ſoit tout méplat & poſé de chan. J'entends par bois quarré, le 5 pou ces, le 6 pouces, le 7 pouces, &c. On peut les employer de bout ou inclinés. Voyez à ce ſujet le petit Traité particulier, qui eſt à la fin de la Charpenterie, ſur la différence des bois quarrés & méplats, leur force & leur poids.

ADDITION

Au toisé de la Charpenterie.

LE Toisé de la Charpenterie aux Us & Coutumes de Paris, n'a point été imaginé sans quelque fondement. Son avantage au-dessus de celui qu'on appelle *bout-avant*, renferme le bénéfice du Charpentier, ses frais de voiture, la perte & le déchet de ses bois.

Les quinze Articles suivans me paroissent les élémens de cette espece de toisé, qui n'est connu qu'à Paris & aux environs. Quoiqu'en général il paroisse particulier dans son espece, dans le fond il est juste.

Un Marchand peut savoir ce qu'il gagne sur sa marchandise; mais un Charpentier ne peut moralement pas savoir le bénéfice qu'il fait sur un bâtiment, parce que les avantages du toisé sont incertains dans leur fixation. Le premier avantage est la *plus-longueur* des bois d'achat, & le second, l'industrie de les savoir placer à propos pour les faire valoir le plus qu'il est possible : c'est une des plus sérieuses études des Maîtres Charpentiers de Paris. Mal-à-propos les blâme-t-on dans cette partie. Il est indifférent à un particulier qui a besoin de trois morceaux de bois de 5 pieds de long, que le Charpentier les coupe dans une piece de 15 pieds, ou qu'il les lui donne séparés tels qu'il les a achetés sur les Ports. Il est égal pour celui qui fait bâtir, de payer 600 livres pour 120 pieces de bois toisées d'une façon, ou 600 livres pour la même quantité de bois qui, par l'autre méthode, n'en produiroit que 100 pieces.

Articles préliminaires servant au Toisé de la Charpenterie, aux Us & Coutumes de Paris.

I.

LE Charpentier doit trouver le compte de ses bois, toujours plus, jamais moins.

I I.

S'il se trouve quelque difficulté, la balance doit pancher du côté de l'Ouvrier, sans faire tort au Bourgeois.

I I I.

La longueur & grosseur des bois est toujours prise à rigueur.

I V.

Tout bois est, ou doit être censé droit, & équarri sur ses quatre faces, quelque figure qu'il ait dans l'emploi. S'il ne l'est pas, il faut chercher la longueur & grosseur de la piece de bois équarri dont il est sorti.

V.

La grosseur des bois se prend dans leur milieu, & on comprend dans leur longueur les tenons ou portées.

V I.

Tout bois qui n'a point d'assemblage, qui n'est tenu que par des chevilles, chevillettes, ou dents de loup, le tout de fer, est compté de sa longueur & grosseur, & n'a point l'avantage du plein.

V I I.

On ajoute à la longueur des solives d'un plancher prise en dans-œuvre des murs un pied pour les deux portées ou scellemens, s'il n'y a attachement contraire: alors les attachemens ne concernent que les principales & maîtresses pieces, & non les solives ordinaires.

V I I I.

Aux bois assemblés, on compte 4 pouces pour chaque tenon dans principales pieces, & 3 pouces dans les moyennes & les petites.

I X.

Aux marches d'escalier, on ajoute à leur dans-œuvre

6 pouces pour leurs portées ; savoir, 4 pouces en mur ou pan de bois, & 2 pouces dans le limon.

X.

Les solives de remplissage entre deux solives d'enchevêtrure au-devant d'une cheminée, ou d'un tuyau passant seulement, sont comptées de la même longueur que les solives d'enchevêtrure ; mais on ne compte point le chévêtre.

X I.

Au restant d'un plancher, *linçoirs sans portées*, ou *portées sans linçoirs* ; c'est-à-dire, que si on compte les solives assemblées dans les linçoirs de la longueur des solives d'enchevêtrure avec leurs portées, on ne compte point les linçoirs : si au contraire on veut compter les linçoirs, la longueur de ces solives de remplissage se prend d'après le nud extérieur du linçoir : & s'il se trouve deux linçoirs aux deux bouts, on comptera le plus fort.

X I I.

Toute longueur de bois qui recevra assemblage d'un ou des deux bouts, & qu'on réduira à une longueur commune, sera comptée & tirée en ligne dans la partie de toise la plus proche de sa longueur de $\frac{1}{4}$ de toise en $\frac{1}{4}$ de toise, à l'exception des tournisses.

X I I I.

Deux tournisses étoient comptées pour un poteau de la longueur qu'il auroit entre les deux sablieres, à laquelle longueu · on ajoutoit 6 pouces pour les deux tenons. Mais aujourd'hui elles sont comptées séparément de leur longueur, à laquelle on ajoute un tenon seulement.

X I V.

Tout petit bois d'assemblage assemblé & chevillé, quel qu'il soit, est compté de même ; savoir, deux pour un poteau entre les deux sablieres, la grosseur prise à part.

X V.

Tout bois fur lequel on aura fait une levée confidérable au-deffus de fa valeur, fera toifé à l'ordinaire ; mais la
levée fera déduite, eftimation faite de la valeur du trait
de fcie : fi cette levée n'excede pas le fixieme de la valeur
de la piece de bois, on ne déduira rien.

Je vais traiter féparément le Toifé de chaque partie
du bâtiment, en commençant par les combles. Les détails
que je vais donner, feront connoître que ce Toifé d'ufage n'eft point fi trompeur qu'on fe l'imagine, puifque le
particulier ne paie pas plus d'une façon que de l'autre : ils
pourront faire revenir plufieurs perfonnes de leur pré-
vention contre cette maniere de toifer.

I. TOISÉ DES COMBLES EN GÉNÉRAL.

Les combles font compofés de faîtages, (fous-faîtages
en quelques endroits) liens, aiffeliers, poinçons, pannes
de brefy (ou brifé), pannes de devers, contrefiches, taffeaux, chantignoles, jambes de force, jambettes, chevrons, coyaux, empanons, arbalêtriers, arrêtiers, blochets, plate-formes, entraits, fous-entraits, entraits re-
trouffés, &c. Tous ces différens bois, qui tirent leur nom
de leurs places & de leur affemblage, fe toifent fur leur
longueur & groffeur, y compris leurs portées, tenons,
joints & recouvremens, & chaque morceau eft calcul
pour ce qu'il eft ou doit être.

Les bois ceintrés ou courbes, doivent être comptés
comme ils étoient avant d'être employés ; mais la meilleure méthode, & c'eft l'ufage, eft de bander un cordeau d'une extrémité à l'autre de la piece de bois courbe ou ceintrée, & d'en prendre la groffeur au milieu.
Par exemple, une jambe de force courbe par le bas, foit
que cette courbe foit naturelle ou non, eft réduite dans
un cube de bois droit, comme fi véritablement cette
courbe fût fortie d'une maffe de bois plus forte, & eût
été élégie en-dedans : ainfi de même de tous bois courbes
ou ceintrés.

Les bois élégis font de même efpece : leur groffeur doit être prife dans le plus fort du bois apparent.

Les bois abattus en chamfrin, comme les pannes, les empanons, &c. font toifés de toute leur longueur, chacun en particulier, y compris le chamfrin.

Les plate-formes qui reçoivent le pas des chevrons, font toifées de leur longueur, en y ajoutant les queues d'hirondes, & leur groffeur s'en prend comme aux autres bois. Il y a cependant une obfervation à faire ; c'eft que fi ces plate-formes ont, par exemple, 4 pouces ½ & 12 pouces, elles doivent être comptées pour 5 pouces, fuivant les premier, fecond & troifiéme principe.

Les taffeaux avec les chantignolles attachées fur les arbalêtriers, fur lefquelles repofent les pannes de devers, font évalués pour ¼ de piece ou 1 pied 6 pouces.

II. DES PLANCHERS EN GÉNÉRAL.

LEs Planchers font compofés de folives difpofées de trois façons. Elles font paralleles aux murs de face, aux murs de refend, ou affemblées dans des coyers. On appelle *coyer*, une maîtreffe folive pofée en diagonale, qui reçoit l'affemblage des folivaux en empanons.

On diftingue les folives par différens noms, que leur pofition leur donne. Les principales & maîtreffes folives font celles d'*enchevêtrure*, qui font fcellées des deux bouts dans les murs, qui reçoivent l'affemblage des chevêtres, linçoirs, liernes, &c. On nomme folive *boiteufe*, une folive d'enchevêtrure fcellée d'un bout dans le mur, & affemblée de l'autre dans une principale piece de bois.

Les folives qui font fcellées des deux bouts dans les murs, ou portées fur des lambourdes, fe nomment fimplement *folives*; & celles qui font affemblées dans des chevêtres ou linçoirs, fe nomment *folives de remplage* ou *rempliffage*. Les folivaux font de petites folives qui rempliffent & garniffent les trop grands vuides.

Il y a encore une efpece de folives affemblées dans des coyers, qu'on nomme *empanons*. Voici ce que dit Caron à leur fujet, *pag.* 193 & 194.

II

« Il faut obferver, autant que faire fe pourra, de me-
» furer tous les bois de longueurs qui fe trouveront
» employés dans les bâtimens, & les écrire fur un mé-
» moire.... fans pouvoir faire de compenfation du fort
» au foible, fi ce n'eft qu'ils foient au-deffous de 5 pieds.

« Et en cas que l'on veuille compenfer quelques piè-
» ces du fort au foible, ou en joindre un nombre enfem-
» ble, pour n'en faire qu'un article, il les faut mefurer
» féparément, & les réduire fuivant l'ufage; comme,
» par exemple, s'il fe rencontroit le faîte d'un comble
» en plate-forme fur des murs, qui fût de plufieurs mor-
» ceaux, il les faut mefurer féparément, & les réduire
» fuivant l'ufage. C'eft-à-dire, fi une piece eft de 11
» pieds, il la faut mettre à 12 pieds, une de 8 pieds à 9
» pieds, une de 5 pieds à 6 pieds, une autre de 13 pieds
» à 13 pieds ½, & joindre toutes les longueurs enfemble,
» puis mettre en l'article *un faîte* (ou plate-forme au
» pourtour des murs de face) *contenant 6 toifes 4 pieds ½ de*
» *longueur* (ou pourtour.) Si ce font des empanons ou
» autres bois qui aillent en diminuant de longueur, il
» les faut mefurer de même, & les réduire fuivant ledit
» ufage; & quand ils font joints enfemble, on voit com-
» bien il y a de morceaux: s'ils font huit, il faut prendre
» la huitieme partie, qui fera la longueur de chaque em-
» panon (ou autre bois) du fort au foible, & mettre en
» l'article *huit empanons de chacun* tant *de pieds de long ré-*
» *duits du fort au foible.* De forte que voilà la méthode
» pour bien faire un toifé felon les Us & Coutumes.»

Dans une enchevêtrure de cheminée, l'ufage eft de
compter les folives de rempliffage de la même longueur
que les folives d'enchevêtrure, mais on ne compte point
les chevêtres, fuivant le dixieme principe; ce chevêtre &
l'affemblage compenfant la longueur qui manque. Cet
ufage eft de tems immémorial. Il n'y a que cette efpece
d'enchevêtrure. Les affemblages dans les linçoirs ne l'ont
point, comme nous le dirons ci-après, parce qu'autrefois
on ne faifoit point dans les planchers d'autres affemblages
que ceux-là.

Si dans une enchevêtrure il fe trouve aux deux extrémités deux âtres de cheminée, ou deux paffages, un âtre
d'un bout & un paffage de l'autre, il y aura de néceffité
deux chevêtres: après avoir compté les folives comme fi

Z

deſſus, on comptera enſuite celui des deux chevêtres
qu'on jugera à propos.

Autrefois les autres ſolives qui formoient un plancher,
étoient ou ſcellées dans les murs, comme les ſolives d'enchevêtrure, ou portoient nuement d'un bout ſur des
lambourdes qui étoient au long des murs portées ſur des
corbeaux de bois, de pierre ou de fer, & de l'autre bout
ſur des poutres ou ſur des lambourdes attachées ſur les
côtés de ladite poutre, ſans aucun aſſemblage ; mais depuis qu'on a imaginé les plafonds, on a ſupprimé les poutres, ou on les a miſes dans l'épaiſſeur des planchers, &
on a rentré de même ces lambourdes dans leſquelles on
a aſſemblé les ſolives à tenons & mortaiſes. Les lambourdes en cet état ont changé de nom, & ont été appellées *linçoirs*. Ceux-ci ne diffèrent des chevêtres, qu'en
ce que le chevêtre eſt accompagné d'une cheminée, &
que les linçoirs doivent être écartés des murs de cinq à
ſix pouces.

La conformité du linçoir avec le chevêtre a occaſionné
bien des querelles pour former un uſage dans le toiſé,
dont l'antiquité ne nous a laiſſé aucune trace : & ſous le
prétexte de cette conformité, on a voulu compter les
ſolives de rempliſſage dans ces linçoirs de la même longueur que les ſolives d'enchevêtrure qui recevoient ces
linçoirs, & on comptoit en outre ce linçoir. D'autres plus
modérés, comptoient le linçoir, & prenoient la longueur des ſolives de rempliſſage d'après le nud du mur,
en ſuppoſant que ſi ce linçoir eût été lambourde, il ſeroit
compté, & les ſolives qui porteroient deſſus ſeroient
comptées de leur longueur ſans portées, puiſqu'il n'y en
avoit pas. Cet uſage a exiſté quelque tems, & on a remarqué que les Charpentiers en abuſant, écartoient trop
des murs leurs linçoirs, pour faire ſervir certaines longueurs de bois qui leur étoient favorables.

Pour obvier à tous ces inconvéniens, & en même tems
former un principe d'uſage qui conciliât toutes choſes, les
Toiſeurs les plus expérimentés ont pris le milieu, en
donnant l'option de compter le linçoir, ou de ne le pas
compter, en diſant *linçoir ſans portée* ou *portée ſans linçoir* : c'eſt-à-dire, que ſi l'on compte les ſolives de rempliſſage de la longueur des ſolives d'enchevêtrure, on ne
comptera point de linçoir ; & ſi l'on trouve à propos de

compter le linçoir, ces folives feront comptées de la même longueur qu'elles auroient fi elles portoient fur une
lambourde; & pour remédier à l'abus que le Charpentier pourroit faire de cet ufage, en prenant ceci trop à la
lettre, la longueur de cette folive finira au nud extérieur
du linçoir, & non d'après le nud du mur, fuivant l'on-
zieme principe.

Cette méthode d'affembler les folives dans des linçoirs,
& les linçoirs dans les folives d'enchevêtrure, ne peut être
d'ufage que pour les appartemens qui ne font point fujets
à porter de grands fardeaux; car des folives bien fcellées
en mur porteront un tiers plus pefant que celles qui n'y
font point. Pour conferver donc ees fortes d'affemblages,
il faut les retenir avec des étriers de fer fur les folives
d'enchevêtrure, fans quoi leur propre poids les fait périr
en peu de tems.

Lorfqu'on a des vieux bois propres à être encore employés, on peut les faire fervir aux planchers de peu de
conféquence, & qu'on prévoit ne devoir pas porter grande charge. Mais il faut avoir la précaution d'affembler des
liernes dans les folives d'enchevêtrure, pour affembler
dans ces liernes les vieux bois.

Il eft bon de ne point mettre ces liernes dans le milieu
de la folive, parce que c'eft l'endroit le plus foible; on
peut les mettre dans fon tiers. Deux liernes feront moins
de tort à une principale folive, pourvu qu'elles foient retenues avec des étriers de fer, qu'une feule pofée dans fon
milieu, quand même elle auroit des étriers. On compte
les folives comme fi elles étoient d'une feule piece, & on
compte enfuite la lierne.

Les portées des folives quelconques ne fe comptent,
fuivant l'ufage, qu'à 6 pouces chacune, lorfque toutes les
folives d'un plancher font comptées y compris la portée ;
mais lorfque la diftinction fe fait des unes & des autres,
les principales doivent au moins avoir la moitié de l'é-
paiffeur du mur, fuivant l'article 208 de la Coutume de
Paris. Il ne faut cependant prendre cet article à la rigueur,
qu'autant que les principales pieces du voifin rencontrent
directement celles-ci; ce qu'il faut éviter autant que faire
fe peut. Il vaut mieux que ces principales pieces portent
fur les trois quarts du mur, & même jufqu'à trois pouces
près du parement extérieur. Dans ce cas, avant d'en arrê-

Z 3

ter le fcellement, on en doit prendre attachement con-tradictoire. Le Charpentier y eft intéreffé ; s'il le néglige, on s'en tiendra à l'ufage.

Lorfque des folives de rempliffage font affemblées d'un bout dans un chevêtre & de l'autre dans un linçoir, on compte le linçoir ; mais on rabat une des portées, & l'in-tervalle qui eft entre le mur & le linçoir ; finon l'on comp-te les folives de la longueur des folives d'enchevêtrure, y compris les portées, fans compter le linçoir.

Si dans une enchevêtrure il fe trouvoit deux chevêtres proche l'un de l'autre, ce qui eft contre la bonne con-ftruction, il faut compter chaque folive & le chevêtre de leur longueur & groffeur, telles qu'elles font mifes en œu-vre, & fupprimer le faux chevêtre. Cet affemblage étant profcrit par les loix, ne doit point jouir du privilege de la bonne conftruction, fauf cependant les corrections ou changemens, & le cas où il n'y a point de la faute du Charpentier.

Si des folives portent nuement fur un chevêtre de fer fans affemblage, elles feront comptées de leur longueur, à moins que ce ne fût par changement.

Si dans un vieux bâtiment on fait reffervir les vieux bois du particulier non donnés en compte, les principales pie-ces, comme folives d'enchevêtrure, chevêtres, linçoirs, liernes, coyers, &c. doivent être de bois neuf ; & comme nous avons précédemment dit, que les folives de rem-pliffage d'une enchevêtrure étoient comptées de la mê-me longueur que lefdites folives, ne pouvant toucher à cet ufage, les folives de rempliffage, en vieux bois du particulier non donnés en compte, feront comptées de même longueur ; mais la plus-valeur du chevêtre fera en outre comptée dans fa longueur & groffeur, de la valeur duquel fera rabattu le prix qui fera accordé pour la façon des bois ; de forte que fi les bois neufs font payés 500 liv. le cent, & la façon des vieux bois 100 liv. le cent, cette plus-valeur du chevêtre fera payée 400 liv. le cent, par-ce que la main-d'œuvre des bois neufs étant égale à celle des vieux bois, fe trouve compenfée dans la plus-lon-gueur des bois, qui, n'exiftant que dans le privilege des ufages, eft cependant comptée. J'ai dit que la main-d'œu-vre des bois neufs eft égale à celle des vieux bois ; je m'explique. Celle des vieux bois eft plus chere de quelque.

chofe ; mais ils ne devroient pas avoir l'avantage des ufa-ges , parce que cet avantage doit naturellement être pour celui qui fouffre la perte & le déchet des bois ; c'eft pour cette raifon que je les fuppofe égales.

Si dans une partie de plancher entre deux murs , où il n'y a ni cheminée ni tuyau paffant , il y a linçoirs des deux bouts, les folives de rempliffage feront comptées du hors-d'œuvre des deux linçoirs ; enfuite on comptera les deux linçoirs : mais s'il eft plus avantageux à l'Ouvrier de ne point compter ces linçoirs , ces folives feront comptées de la longueur des folives d'enchevêtrure , y compris les portées , & les linçoirs ne feront point comptés.

Les planches d'entrevoux que l'on mettoit autrefois fur les folives , fe comptoient fix toifes courantes pour une piece de bois.

III. DES PANS DE BOIS ET CLOISONS.

Les pans de bois font compofés de fablieres , poteaux, linteaux , appuis, potelets , guettes , guetterons , po-teaux-corniers , &c.

Les Cloifons font compofées de fablieres fimples & délardées, décharges, tourniffes, poteaux à plomb & d'huifferie , linteaux, potelets , &c.

Toutes les fablieres quelconques, foit fimples ou délar-dées , fe toifent de leur longueur & groffeur ; la groffeur de celles qui font délardées fe prend au plus fort , & tou-jours dans le milieu. On ajoute à la longueur les joints , recouvremens & portées, s'il y en a.

Tous les poteaux & guettes fe toifent de même, y com-pris leurs tenons haut & bas, qui font de chacun 3 pouces.

Les linteaux, appuis, potelets, guetterons, & tous les petits bois qui garniffent les pans de bois & cloifons, fe toifent tous en particulier, favoir leur groffeur feule-ment prife dans leur milieu ; mais leur longueur eft celle de la moitié d'un poteau pris entre deux fablieres , de façon que deux de ces petits bois font un poteau à plomb, quand même ils n'auroient qu'un pied de long , fuivant le quatorzieme principe ; mais il faut que les petits bois foient tous affemblés à tenons & mortaifes & échevillées.

Z 3

finon leur longueur n'eft comptée que de celle qu'ils préfentent fuivant le fixieme principe.

Les décharges font des pieces de bois inclinées de 50 ou 60 dégrés plus ou moins, pour foutenir une cloifon, & foulager le poids des fablieres & de ce qu'elles portent. Ces décharges font plus larges qu'épaiffes, & leurs tenons font en bout. Leur longueur fe prend diagonalement ; fuivant leur inclinaifon entre les deux fablieres, d'après les angles obtus ; on ajoute à cette longueur 6 pouces pour les deux tenons. Cette longueur prife de cette maniere, donne celle qu'avoit cette décharge avant que d'être employée.

Les tourniffes fe toifent de leur longueur & groffeur. Il eft cependant à confidérer que deux tourniffes prifes enfemble, ne doivent pas excéder la longueur d'un poteau, de quelque façon qu'elles foient pofées ; car c'eft un abus que de les faire excéder cette moitié. Il faut bien remarquer cette obfervation. Pour avoir donc leur longueur moyenne déterminée, il faut compter la quantité de tourniffes, dont la moitié fera le nombre de poteaux qu'il faudra compter entre les deux fablieres, & y ajouter les tenons haut & bas dans les fablieres, & non ceux dans les décharges, fuivant le treizieme principe.

Dans les murs où les baies de portes ne font point bandées en pierre, on met des linteaux de bois. Ces linteaux font ordinairement comptés ; favoir, aux grandes baies de leur longueur & groffeur, à celle de 2 pieds jufqu'à 4 pieds ½ d'ouverture pour une piece de bois, & à celles au-deffous, de 2 pieds pour demi-piece.

Dans les étages en galetas, les Charpentiers font encore des cloifons à claire-voie en bois de chêne. Il faut toifer les principaux bois, comme fablieres, poteaux, traverfes, &c. fur leur longueur & groffeur, fuivant les ufages ; mais leur intérieur garni de planches refendues en deux fur leur largeur, eft toifé à toife fuperficielle, chacune defquelles eft tirée en ligne pour une piece de bois. J'ai vu cependant des Experts très-verfés dans le toifé d'ufage, comprendre le tout dans la toife fuperficielle, fans faire diftinction des principaux bois.

IV. DES ESCALIERS.

Les Escaliers de Charpenterie sont composés de Patins, Limons, Noyaux recreusés ou pleins, Sabots, Entretoises, Marches, Droites, Dansantes & Palieres, &c. Tous ces bois sont ornés de quelques moulures.

Outre cela, il y a encore des Paliers, soit d'arrivée, soit de repos, qui sont garnis de solives, soliveaux, quelquefois de croisillons ou de plates-formes, &c.

Tous ces bois se toisent différemment. Les Patins se toisent sur leur longueur, & leur grosseur se prend dans le milieu, après avoir bandé un cordeau du gros bout au petit, suivant le cinquième principe.

Au-dessus des Patins s'il y a des tournies, on les compte séparément avec leurs tenons, parce qu'ils doivent en avoir aux deux bouts. S'il y a des paneaux entre deux, on les toise de même ; mais on double leur produit, à cause des rainures & languettes. Plusieurs cependant comptent les grands pour une piece, les petits pour demi-piece, & les moyens pour trois quarts de piece.

Les Limons en général sont un peu courbés par une de leurs extrémités ; alors il faut bander un cordeau, & prendre la grosseur dans le milieu, suivant le cinquième principe.

Les Noyaux recreusés & les Sabots se toisent dans leur cube, sans égard à leur évuidement ni à leur travail. Leur longueur se prend d'un débillardement à l'autre, & leur grosseur se prend des extrémités de leurs faces extérieures : ils sont par ce moyen réduits dans la masse qu'ils avoient avant l'emploi, suivant le quatrieme principe.

Les Entretoises, Solives, Soliveaux & Croisillons se toisent à l'ordinaire sur leur longueur & grosseur, avec leurs tenons ou portées.

Les Marches Palieres ou de palier se toisent de même : mais leur grosseur se prend dans le plus fort du bois. Si cependant on avoit fait une levée considérable, il faudroit diminuer quelque chose par estimation raisonnable.

Z 4

Les Marches ordinaires se toisent différemment, à cause de leurs différentes situations; les unes sont droites, les autres dansantes, les autres d'angle, ou, ce qui est la même chose, dans des quartiers tournans.

Les Marches Droites, c'est-à-dire, à angles droits sur les murs ou limons, sont toisées sur leur longueur & grosseur quarrément. La longueur doit être prise en dans-œuvre; à cette longueur on ajoute 6 pouces pour les portées des deux côtés, & leur grosseur est comptée dans le plus fort de la marche sur le dessus & sur sa hauteur, sans égard au délardement qui est par-derriere. Les premieres marches d'un escalier sont ordinairement un peu girondées autour de la volute. Dans ce cas, ces marches, si elles sont d'une seule piece, seront toisées dans leur plus fort. Si elles sont de deux pieces, chacune sera toisée à part.

Les Marches Dansantes sont celles qui ne sont point d'équerre sur les murs, & sont presque toutes de longueurs inégales. Il faut prendre la longueur de toutes en dans-œuvre, les diviser par leur nombre ou quantité, pour avoir, suivant le douzieme principe, une longueur moyenne, à laquelle on ajoute 6 pouces pour les portées, & leur grosseur se prend comme aux marches droites.

Les Marches dans les quartiers tournans se toisent de même & de la même façon. Plusieurs prennent la marche de demi-angle pour la longueur commune de tout un étage d'escalier. Cette méthode est sujette à erreur.

Quand j'ai dit de prendre la longueur de toutes en dans œuvre, on doit entendre que ces longueurs seront comptées chacune comme elles le seroient si on les comptoit en particulier; c'est-à-dire, que si une marche a 3 pieds ½ y compris ses portées, elle sera tirée en ligne pour 4 pieds ½; de même 4 pieds ½ pour 6 pieds, &c. suivant le douzieme principe.

Dans toutes Marches pleines où il y a des Alaises, la marche est toisée à part, & l'alaise aussi à part pour ce qu'elle est, sa longueur sur sa grosseur.

On mettoit autrefois des Balustres & des Appuis de bois aux escaliers. Les appuis étoient toisés à l'ordinaire, & chaque balustre étoit évalué, savoir, ceux qui étoient quarrés & avec des moulures poussées à la main pour demi-piece; & ceux qui étoient tournés au tour pour un quart de piece.

DES BOIS ÉLÉGIS ET CIRCULAIRES.
Des Poteaux de barriere & d'écurie. Des Rateliers.
Des Rouets de puits. Des Pilotis.

I. Tous les Bois élégis, en général, prennent différentes figures, suivant leur destination & leur place.

Les Courbes, de quelque nature & en quelque place qu'elles soient élégies, refaites ou non, doivent être rendues droites avec des cordeaux ou lignes que l'on tend d'une extrémité à l'autre, tant sur la longueur que sur la grosseur, soit que ces courbes soient ceintrées sur le plan ou sur l'élévation, ou sur l'un & l'autre, sans égard aux levées qu'on y auroit pu faire, suivant le quatrieme principe. C'est au Charpentier à chercher & à façonner les bois qu'on lui demande ; & les bois ainsi toisés sont confondus dans le prix général auquel les ouvrages sont appréciés : bien entendu que ces courbes sont d'une seule piece ; car si elles sont de plusieurs morceaux, chacun sera toisé séparément.

« Il est de la prudence, dit Caron, pag. 193, de ceux » qui font les toisés des bâtimens, de remarquer de quelle » façon les bois sont mis en œuvre : car il y en a beau- » coup qui ne paroissent pas gros à nos yeux, & néan- » moins sont grosses pieces qui ont été affoiblies exprès, » qu'il faut compter de la grosseur des bossages, & pa- » reillement les courbes qu'il faut compter de leur plein » ceintre, c'est-à-dire, comprendre le plus grand vuide » avec la largeur de la courbe qui se trouvera, en ten- » dant une ficelle ou ligne d'un bout à l'autre ».

Tous les bois droits élégis nécessairement, sur lesquels on fait des levées considérables, seront toisés comme on a dit ci-dessus : mais il faut que cet élégissement soit né- cessaire ; sinon la levée sera réduite, estimation faite du trait de scie ; & ceux sur lesquels on n'a fait que de lége- res levées, sont censés avoir été élégis ou refaits à la coi- gnée, suivant le quinzieme principe.

II. Les Poteaux de barriere, dans les grandes cours & façades des principaux Hôtels, sont ordinairement refaits proprement en ce qui est apparent, & le gros bout qui est

en terre reste brut. Lorsqu'on n'en a point pris d'attachement, il faut ajouter un pouce de chaque côté sur la face
apparente. Par exemple, si cette face a 7 pouces de gros,
il faut la compter sur neuf, parce qu'il est à présumer que
ce bois a été atteint au vif sur ses quatre faces. Il est cependant plus à propos de les toiser avant qu'ils soient scellés, pour en avoir la juste longueur & grosseur dans le
plus fort.

Les lices & potelets se toisent à l'ordinaire, selon leur
longueur & grosseur, y compris leurs tenons.

III. Les poteaux d'écuries qui sont tournés au tour avec
une pomme en tête, sont évalués chacun à une piece de
bois : si ces poteaux sont renfermés dans des souillards,
ils sont comptés pour deux pieces. On appelle *souillard*
un petit chassis d'assemblage scellé en terre qui reçoit
& entretient solidement le poteau. Il y a aussi des boëtes
de grosse fonte pour le même usage.

IV. Les Rateliers d'écuries sont de deux sortes : les uns
sont simples, & les autres sont ornés de deux façons. Les
simples sont garnis d'écaillons ou roulons de bois de frêne, arrondis à la plane, & assemblés haut & bas à tourillons dans des chevrons de 4 pouces de gros. Cette sorte
de ratelier est toisée à toise courante, & chaque toise est
comptée pour une piece de bois tout compris.

L'autre sorte de ratelier est composée de roulons de bois
de chêne ou frêne, tournés, assemblés de même à tour-
rillons dans des chevrons proprement rabotés, sur lesquels on a poussé quelques moulures; cette espece de ratelier est de même toisée à toise courante, chacune desquelles est comptée pour 2 pieces.

La troisieme est de même assemblée à tourillons, & les
roulons tournés sont ornés de moulures avec collier haut
& bas, embase, filet & congé. Chaque roulon est compté
pour un ½ de piece, y compris les chevrons haut & bas &
leurs ornemens. Ils different de ceux des escaliers, en ce
que les appuis se comptoient à part, & ici les chevrons
du haut & du bas ne se comptent point.

V. Les Mangeoirs des chevaux sont comptées leur longueur sur leur grosseur, comme les autres bois, en y comprenant les portées & recouvremens, s'il y en a.

Les Racineaux des mangeoirs se toisent sur leur longueur & grosseur prises au plus fort. Il s'en trouve quel-

quefois de plus travaillés ; alors il faut les réduire dans la masse de bois où ils étoient avant d'être travaillés.

VI. Les Pilotis font de deux fortes, ronds ou quarrés. Ceux qui font ronds & de bois en grume, feront rendus quarrés par la Propofition X de la Géométrie-Pratique. Il eft abfolument néceffaire de les toifer avant de les battre en terre ; enfuite on rend au Charpentier ce recépage de ceux qui font trop longs, fuivant le prix & les conditions, dont il faut néceffairement convenir auparavant.

J'ai fuivi dans mes infpections une autre route. Je mefurois la longueur du pieu & la groffeur du petit bout qui entre en terre, que j'écrivois & numérotois ; enfuite, quand les pieux étoient à demeure au refus du mouton, & qu'ils étoient recépés, je prenois la groffeur au droit du recépage, que je joignois à la groffeur du bas ; la moitié de ces deux fommes étoit la groffeur moyenne-géométrique du pieu.

Exemple. Le petit bout ayant 10 pouces de gros, produifoit 100 ; l'autre bout au droit du récépage ayant 12 pouces produifoit 144 ; la fomme eft 244, dont la moitié eft 122 pour la groffeur réduite du pieu. Ce qui donnoit au Charpentier un échalat de plus par toife ; & c'eft la méthode la plus prompte & la plus fimple, fur-tout lorfque l'on toife bout-avant des pieces de conféquence.

DES VIEUX BOIS ET ÉTAYEMENS.

I. Il eft d'ufage à Paris, lorfqu'on démolit les anciens bâtimens, de faire mettre à part les vieux Bois capables d'être employés dans la nouvelle conftruction, & de les remettre au Charpentier en les lui donnant en compte.

Ces vieux Bois ne peuvent être employés que dans les parties de peu de conféquence, comme potelets, tourniffes, foliveaux, folives de remplage, une neuve entre deux vieilles ; guetterons, liens, aiffeliers, coyaux, chevrons, un neuf entre deux vieux, &c. Car les principales & maîtreffes pieces doivent être abfolument de bois neuf, favoir, faîtages, arêtiers, arbalêtriers, jambes de force, poinçons, pannes, fablieres, décharges, folives d'enchevêtrure, chevêtres, linçoirs, poteaux d'huifferie, linteaux, appuis, poutres, poutrelles, &c. Lefquels bois doivent être sains & entiers, sans nœuds vicieux, aubier, malandres, redans, &c. qu'ils ne soient ni échauffés, ni roulés, & le plus à vive arrête qu'il sera possible.

Les vieux Bois donnés en compte au Charpentier, doivent être toisés suivant leur longueur entre deux portées, & leur grosseur telle qu'elle est. Les calculs s'en font tels qu'ils sont écrits sans usages; c'est-à-dire, que 10 pieds sont calculés pour 10 pieds & non 10 pieds ½.

S'il se trouve des Bois qu'il faille débiter, on rabat un pouce sur l'équarrissage; par exemple, une poutrelle de 12 pouces de gros, sera donnée en compte pour 11 pouces.

On ne doit donner en compte que les bois utiles. Leur longueur s'en prend dans le plus sain du bois, & on en rabat les portées, les mortaises & les tenons.

Les chevêtres, linçoirs, ou autres bois remplis de mortaises sont mis au rebut, & laissés au Bourgeois pour en faire tel usage qu'il voudra. Il se trouve cependant une infinité de bouts de bois propres à faire des potelets, petites tournisses & autres: il faut les évaluer, & les donner en compte au Charpentier pour un certain prix.

La démolition de la Charpenterie & le transport des bois se font aux frais du Charpentier, moyennant quoi ces bois remployés sont toisés dans le bâtiment comme bois neufs, & on rabat sur la totalité des bois celle qui lui a été donnée en compte, dont on lui paie seulement la façon.

Si l'on soupçonne que le Charpentier ait employé plus de vieux bois qu'il n'en a reçu en compte, il faut toiser tous les vieux bois séparément sur leur longueur telle qu'elle est dans l'emploi, & les calculer de même sans aucun usage; le total en doit être inférieur à celui des bois donnés en compte. S'il lui est supérieur, le Charpentier est digne de répréhension & même d'interdiction.

Si l'on ne donne point les vieux bois en compte, & que le Particulier les fasse remployer & travailler chez lui, ces bois alors devroient être toisés de leur longueur & grosseur sans Us & Coutumes, parce que le Particulier en supporte le déchet, les Us & Coutumes étant pour celui qui souffre la perte & déchet des bois; mais on les toise à l'ordinaire, & on rabat sur la façon un sixieme ou un huittieme environ, du prix courant & ordinaire des bois de façon & main-d'œuvre.

Mais si un Particulier fourniffoit généralement tous les bois de fon bâtiment, ils feroient tous toifés aux Us & Coutumes, & le prix en feroit, comme il eft dit ci-deffus, inférieur au prix courant & ordinaire dés bois de façon.

II. Les Etayemens fe toifent aux Us & Coutumes, leurs groffeurs fur leurs longueurs. Il y a des chevalemens, des femelles, des chantiers, des couches haut & bas, des contre-fiches ou contrevents, des chandelles ou pointails, des calles, des fourures, des étréfillons, &c. Ces noms font donnés aux différentes pieces de bois qui fervent pour les réparations des maifons & pour les reprifes en fous-œuvre.

Dans les bâtimens neufs il y a encore des bois qui font payés en nature d'etayemens : ce font les ceintres pour les voûtes de cave, les portes & croifées ceintrées. Tous ces différens bois font toifés chacun en leur particulier, leurs longueurs & groffeurs, & calculés aux Us & Coutumes.

Ces étayemens & ceintres, lorfqu'ils fervent tels qu'ils font taillés en d'autres parties du bâtiment, & qu'il ne s'agit que de les démonter & remonter, ne doivent être payés que moitié du prix, parce qu'il n'y a ni voiture ni perte de bois.

Il y a encore des étayemens d'affemblage & de fujétion, dont le toifé fe fait de la même maniere; mais les prix font fupérieurs.

Autrefois les Maçons fe chargeoient de faire les ceintres des caves, des portes & des croifées ordinaires, comme il fe pratique encore dans toutes les villes de Province; mais à Paris on a aboli peu à peu cet ufage. Les Charpentiers abufant de cette néceffité, multiplient les bois & leurs groffeurs d'une façon quelquefois infupportable, qu'un Particulier qui fait bâtir à neuf, ne devroit naturellement pas payer, n'étant point obligé de fournir ces ceintres, fans lefquels le Maçon ne pourroit faire fon ouvrage, non plus que fans outils & échafauds, chofes par conféquent dont il doit fe précautionner, & non le Particulier.

DU TOISÉ BOUT-AVANT
en Charpenterie.

LE Toisé Bout-avant en Charpenterie est le plus naturel, parcequ'il se fait en prenant la longueur des bois tels
qu'ils sont employés, y compris leurs tenons ou portées,
& leur grosseur est prise par le milieu. Les calculs s'en
font de même sans aucun usage particulier, & on fait son
prix en conséquence. C'est ainsi que ce toisé se pratique
dans les bâtimens & travaux du Roi, & dans presque toutes les Provinces de France.

A Paris, le prix des bois toisés de cette maniere est d'environ un sixieme plus fort que l'autre. Si des bois toisés
aux Us & Coutumes sont estimés 600 liv. ceux qui auront
été toisés bout-avant seront estimés 700 liv.

Les bois ceintrés & refaits sont toisés de la même façon qu'étoit le morceau de bois dans son cube droit; les
marches pleines sont toisées de même qu'aux Us & Coutumes.

M. Desgodets dit que « cette maniere de toiser est
» simple, véritable & judicieuse, & qu'elle devroit être
» la seule & unique maniere de toiser les bois de Char-
» penterie.....On toise, *continue-t-il*, tous les bois des
» grosseurs & longueurs justes mises en œuvre, y com-
» pris leurs tenons & portées d'une extrémité à l'autre,
» sans y rien augmenter ni diminuer, & ils se réduisent
» à la piece ».

DU RÉGLEMENT DES MÉMOIRES
de Charpenterie.

IL est à propos de faire observer plusieurs abus qui se
glissent dans les Mémoires.

Les Architectes ne sauroient apporter trop d'attention à faire faire des marchés par les Charpentiers, à
convenir des différens prix pour chaque espece d'Ouvrage, & à fixer la grosseur des bois que l'on doit employer; il arrive souvent que malgré la précaution des

Architectes, les Charpentiers mettent les bois à leur volonté, & plus forts qu'il n'eſt expliqué ſur les devis ; ils ſe flattent qu'on les toiſera en conſéquence ; mais les Architectes & les Propriétaires devroient être fermes ſur cet article, les Charpentiers ne pouvant exiger que ce qui eſt expliqué ſur le devis qui eſt ſigné.

Autre abus ſur les étayemens. Les Charpentiers ſe plaignent qu'on ne les leur regle pas aſſez cher à 20 ſols la piece. Ils ſont bien réglés & aſſez payés à ce prix-là : car les étayemens ne ſe font qu'avec du vieux bois, & il eſt très-rare qu'on y emploie du bois neuf, ſi ce n'eſt pour les poutres qu'on eſt obligé de mettre pour couches par bas pour ſoutenir un vieux bâtiment tout entier, & alors ces pieces de bois ſont payées en conſéquence. Mais quant aux vieux bois, le prix eſt fort raiſonnable : car un étai de 12 pieds ſur 7 & 7 pouces qui ſervira peut-être trente fois, quand même on en couperoit 3 ou 4 pouces dans les différentes fois, ſe trouve être payé trois fois plus que ce qu'il a coûté étant neuf.

Il eſt facile, & même pluſieurs Particuliers ſont dans le cas, de ſavoir le prix des bois quarrés : on ſait auſſi ce que l'on donne par cent aux Charpentiers pour la façon, & à combien ſe montent les frais de voiture.

Troiſieme abus ſur les Compagnons. Ce ſeroit aux Maîtres à y tenir la main. Si un Maître envoie deux ou trois Compagnons pour faire quelque changement ou rétabliſſement de planchers, combles, lucarnes, pans de bois, eſcaliers & autres ouvrages, ou pour démolir un vieux bâtiment, il arrive, & c'eſt très-ordinaire, que ces Compagnons coupent, fendent & hâchent du vieux bois qui ne leur appartient pas, & qui pourroit même ſervir à d'autres objets : ils le vendent & en ſont quittes pour dire, c'eſt notre fouée. Ces bouts de bois ſi ſouvent répétés, font une perte conſidérable ; & de-là vient quelquefois que les étais ſe raccourciſſent.

L'eſprit du Toiſé aux Us & Coutumes de Paris, eſt de mettre dans une même claſſe tous les bois qui entrent dans la compoſition d'un bâtiment, tant ceux qui ſont travaillés, que ceux qui ne le ſont pas. Ainſi, pour être en état d'évaluer la charpente d'un bâtiment, il faut ſavoir poſitivement le prix juſte des bois ſur le port ; auquel on ajoute 20 ou 25 livres, plus ou moins, pour la voiture au chantier, & de plus 100 liv. ou environ, pour la main-d'œuvre & voiture des bois au bâtiment. Cette somme sera le prix d'un *cent* de bois employé & mis en place, & toisé aux Us & Coutumes.

Exemple. Que les bois sur le port coûtent, y compris les quatre pour cent.............. 400 liv.

Voiture au chantier.................... 25 liv.

Façon, emploi, main - d'œuvre & voiture au bâtiment .... 100 liv.

Le *cent* de bois sera estimé 525 liv. ci...... 525 liv.

Les bois toisés *bout-avant* sont plus difficiles à estimer; car outre ce qui est dit ci-dessus, il faut encore envisager quelles sortes de longueur de bois sont employées, pour en connoître le déchet, & examiner encore les faux frais du Charpentier, pour lui donner un bénéfice juste & raisonnable.

L'estimation ci-dessus des bois toisés aux Us & Coutumes, renferme tout, ses débourfés en marchandises, voitures & façon, & le bénéfice des usages contient son bénéfice & ses faux frais. Ainsi, plus il a d'avantage dans l'achat de ses bois & dans son toisé, plus il gagne. Ceci doit être entendu d'un bâtiment neuf.

Mais pour les corvées ou réparations de maisons, ces bois changent de prix, sur-tout lorsqu'il y a des poutres au-dessus de trois toises, & de 18 à 20 pouces de gros ou environ. Les bois d'escalier travaillés & façonnés, comme patins, limons, noyaux, sabots, les bois de lucarne ornés, &c. sont ordinairement estimés un tiers en sus du prix courant, quelquefois plus ou moins, suivant le travail & ses difficultés.

L'emploi des vieux bois & des étayemens toisés aux Us & Coutumes, est compris dans les prix accordés pour la façon; savoir, 100 liv. pour chaque *cent*, ou environ, lorsqu'il y a démolition & transport au chantier. S'ils sont toisés *bout-avant*, 120 liv. à cause du déchet des bois dans les étayemens.

Les ceintres pour caves, portes & croisées, sont estimés comme les étayemens; s'ils sont remis en place en un autre endroit, sans rien augmenter ni diminuer, & dans le même bâtiment, ils ne doivent être estimés que moitié, parce qu'il n'y a ni déchet ni voiture.

Les

' Les étayemens & ceintres d'affemblage & de fujétion non ordinaire, font d'une autre nature, & eftimés fuivant la main-d'œuvre & les difficultés. Leur prix eft depuis 120 liv. jufqu'à 300 liv.

DU TOISÉ DES BOIS EN CHARPENTE
aux Us & Coutumes de Rouen.

CHAQUE Province, chaque Ville a fes ufages particuliers ; & comme leur détail nous meneroit trop loin, nous nous bornerons à parler de ceux de la ville de Rouen.

Les bois s'y toifent & fe comptent à la *Marque*, qui eft une longueur de 10 pieds fur 5 à 6 pouces de gros, laquelle vaut 3600 pouces cubes ou 2 pieds $\frac{1}{12}$ cubes, & eft moindre que la piece de Paris de $\frac{1}{12}$ de pied cube.

Cette Marque fe foudivife en *Quarts*, & les quarts en *Chevilles*.

Le Quart eft la quatrieme partie d'une Marque, & contient 75 Chevilles. La Marque en contient 300.

La Cheville eft un morceau de bois d'un pied de long & d'un pouce de gros. Six chevilles font l'échalat de Paris. Suppofons une *Boife* (c'eft le terme du pays) de 15 pieds de long & de 7 & 8 pouces de gros: 7 multiplié par 8 produit 59, qu'il faut enfuite multiplier par la longueur 15, le produit fera 840, qu'il faut divifer par 300, valeur de la Marque, le quotient donnera deux Marques & 240 Chevilles, ou 2 Marques 3 Quarts 15 chevilles, ce qu'on figure de cette façon.

Marques.	Quarts.	Chevilles.
2............	3............	15.

Les Charpentiers & Toifeurs du Pays ont des méthodes abrégées pour faire ces calculs, en retranchant les deux derniers chiffres, & prenant le tiers des autres. Le reftant ils le divifent par 75, pour avoir la quantité des quarts. Comme dans cet exemple, les 240 Chevilles reftantes, divifées par 75, ont donné 3 quarts & 15 chevilles.

Aa

La marque de Rouen est à la piece de Paris, comme 36 est à 25 ; c'est-à-dire, que 36 marques de Rouen sont égales à 25 pieces de Paris.

Les bois s'achetent sur le Port de pied en pied. Il faut que le pied soit complet pour être compté : si la Boise n'avoit que 12 pieds ½, elle ne seroit payée que 12 pieds ; tel est l'usage marchand.

Les bâtimens s'y toisent *bout-avant* ; c'est-à-dire, longueur & grosseur mises en œuvre, & se réduisent à la marque. Aussi n'y voit-on pas de procès, tous les avis sont uniformes, & tout homme qui sait calculer peut toiser son bâtiment.

Nous avons dit sur la Charpenterie tout ce que nous avons cru nécessaire pour l'intelligence & l'interprétation de ce que dit M. Bullet. Cette matiere seroit inépuisable s'il falloit l'approfondir.

Nous finirons par cette Table inventée pour connoître d'un coup d'œil le produit de tel morceau de bois de 6 pieds de long sur plusieurs grosseurs. Par exemple, un morceau de bois de 10 & 16 pouces de gros, produira 2 pieces 1 pied 4 pouces. On cherche le 10 dans la ligne de niveau du bas, & le 16 dans la ligne à plomb sur le côté : la petite case qui se trouve à la rencontre de ces deux chiffres, renferme 2 pieces 4 pied 4 pouces, qui est ce qu'on cherche.

Si cette piece avoit 7 pieds ½, on ajouteroit le quart ; de même pour 9 pieds, la moitié ; & pour 10 pieds ½ les trois quarts, &c.

ieces

0	40	720	740	800
1	33	702	721	
2	36	644		24
3	39		23	
4	3	22		
5	3			
6	3			
7	2			
8	2			
9	2			
0	2			
1	2			
0	2			
1				
	12			
	12	22	23	24

MÉTHODE GÉNÉRALE

Pour connoître le poids que peut porter dans son milieu une solive méplate, posée de chan horisontalement, & engagée entre deux murs, l'instant avant que de se rompre.

LA Méthode suivante m'a paru très-utile; & je croirois manquer à ceux qui doivent se servir de cet Ouvrage, si je ne leur en donnois pas une connoissance suffisante, & qui pût en même temps être à la portée de tout le monde. Je renvoie les Curieux aux détails des Expériences sur lesquelles cette Méthode est établie, & dont on est redevable à M. Bélidor; ils y verront d'une maniere plus étendue des raisons & des principes, dont je ne dois ici qu'énoncer le résultat.

Ainsi, sans m'arrêter aux calculs algébriques, il me suffira de dire que, pour connoître le fardeau ou la charge qu'une piece de bois engagée entre deux murs, posée horisontalement & de chan, pourra supporter dans son milieu, l'instant avant que de se rompre, il faut,

1.º Multiplier le quarré d'une de ses extrémités par la hauteur verticale de cette même extrémité; ou, si l'on veut, multiplier le quarré de la superficie d'une de ses deux coupes par le plus grand côté de cette même superficie.

2.º Diviser ce produit par la quantité de pieds que la piece aura dans toute sa longueur.

3.º Faire la Regle de trois suivante:
Comme l'unité,
Est à neuf cent:
Ainsi le quotient de la division qu'on aura faite,
Est à un quatrieme terme, qui sera la quantité du poids que la piece peut porter dans son milieu.

EXEMPLE.

Soit une piece de bois de 12 pieds de long sur 5 & 7

pouces de gros, posée horisontalement & de chan, & engagée par les deux bouts dans deux murs. On veut savoir quel poids elle peut porter dans son milieu, l'instant avant que de se rompre.

$a =$ 12 pieds.
$b =$ 7 pouc.
$c =$ 5 pouc.

1.º Je multiplie 5 par 7, pour avoir le quarré d'une de ses extrémités, ou le quarré de la superficie d'une de ses deux coupes. Le produit est 35, qu'il faut multiplier par la hauteur verticale de la même extrémité, ou par le plus grand côté de la superficie de la coupe, c'est-à-dire, 7. Le produit sera 245.

2.º Je divise ce dernier produit 245 par 12, qui est le nombre de pieds que la piece a dans sa longueur ; le quotient est 20 $\frac{5}{12}$.

3.º Je fais la Regle de trois suivante :

$$1 : 900 :: 20 \tfrac{5}{12} : x = 18375 \text{ livres.}$$

Dix-huit mille trois cents soixante quinze livres, sera le fardeau que la piece pourra supporter dans son milieu, l'instant avant que de se rompre.

Il est nécessaire d'observer, d'après les Expériences de M. Bélidor, que si cette solive n'étoit point engagée dans l'épaisseur du mur, & qu'elle fût libre des deux bouts, elle ne porteroit que les $\frac{2}{3}$ de ce poids ; ainsi la solive ci-dessus non engagée, au lieu de 18375, ne porteroit que 12250.

Il ne faut pas cependant prendre ceci trop à la lettre ; cette Méthode n'indique tout au plus que le poids à peu près que chaque morceau de bois, quel qu'il soit, peut porter ; car pour le service, il ne faut point le charger au point qu'il puisse se rompre ; la moitié de ce poids lui sera suffisant. On est sûr, par exemple, de ne rien risquer en chargeant de neuf à dix milliers dans son milieu la solive de 12 pieds de long sur 5 & 7 pouces de gros. Il doit être entendu qu'elle sera de chêne, ferme & de la meilleure qualité.

Fondé sur ce principe, on peut encore connoître que tout bois destiné à être posé horisontalement, doit être méplat & posé de chan, pour deux raisons; la premiere, parcequ'il y a moins de matiere; la seconde, parcequ'il porte un plus grand poids.

Pour le prouver, supposons & comparons une solive de 6 pouces de gros en tout sens, & de 12 pieds de long, avec une autre de même longueur & de 5 & 7 pouces. Le cube de la premiere sera 5184 pouces qui valent 3 pieds cubes, qui, à raison de 60 liv. le pied cube, pésera 180 liv. Le cube de la seconde sera de 5040 pouces, qui pésera 175 liv. La premiere pésera donc 5 liv. plus que la seconde.

Quant au poids que la premiere portera dans son milieu l'instant avant que de se rompre, on trouve qu'il sera de 16200 liv. Et quant au poids de la seconde, nous venons de voir qu'il sera de 18375 liv. Ce qui fait dans la matiere $\frac{1}{16}$ de moins, & dans la résistance 2175 liv. de plus. On peut donc dire en général, quant au poids, que le premier est au second comme 36 est à 35; & quant à la résistance, comme 216 à 245.

Ceci peut servir à connoître à quelle solive peut être attaché le fléau de la balance d'un Marchand, par le poids qu'on sait qu'elle peut porter l'instant avant que de se rompre; mais nous allons voir qu'il vaut mieux placer le fléau à quelque distance du milieu pour supporter un plus lourd fardeau.

En supposant toujours la même solive de 12 pieds de long & de 5 & 7 pouces de gros, posée de chan, & engagée des deux bouts dans l'épaisseur des murs, si l'on attache le fléau aux $\frac{1}{3}$ de sa longueur, cette solive portera un fardeau de 1531 liv. $\frac{1}{4}$ plus que dans son milieu, c'est-à-dire, qu'au lieu de 18375 liv. elle portera 19906 $\frac{1}{4}$. Ce que je démontre ainsi:

Si l'on considere que l'action du poids est divisée en trois parties, dont deux agissent aux deux extrémités, & l'autre au milieu, on verra qu'afin que la poutre soit chargée aux $\frac{1}{3}$, comme elle le seroit dans le milieu avec le poids de 18375 liv. il faut que chaque bout soit tiré de la même façon. C'est pourquoi,

Je diviserai, 1.º 18375 par 3. Le quotient sera 6125,

que je tirerai en ligne, ci.............. 6125 l.

2.° Je multiplierai 6125 par 6, moitié de
la longueur de la solive ; le produit sera
36750, qu'on divisera alternativement par 8
(deux tiers de la longueur) & par 4 (tiers
de ladite longueur)

Le premier quotient sera........... 4593 ½

Et le second.................... 9187 ½

Lesquels additionnés avec 6125, donneront la somme de.................. 19906 l. ½

qui sera le poids que portera cette solive aux ⅓ de sa longueur, ce qui fait une augmentation de 1531 pouces ¼.

On trouvera encore plus de résistance, si l'on attache le
fléau aux ¼ de la longueur de la solive. Car l'action du
poids étant divisée en quatre quarts, dont deux quarts agiffent aux deux extrémités, & les deux autres quarts au
milieu, il faudra multiplier les deux premiers quarts, ou
la moitié de 18375 qui eft 9187½, par 6 moitié de la
longueur de la solive : son produit sera 55125 divisé alternativement par 9 & par 3, qui sont les ¼ & le ⅓ de la longueur de la solive, les quotiens seront 6125 & 18375.
Ces deux sommes étant ajoutées à 9187½, font enfemble 33687½ pour le poids que cette solive portera aux ¼ de
sa longueur.

On voit par ces sortes de combinaisons, que plus le fléau
sera placé près d'une des extrémités de la solive, plus auffi
la solive aura de résistance. Si, par exemple, il n'étoit di-
ftant que d'un pied de l'extrémité de la solive, l'action du
poids étant divisée en 12/12, dont 2/12 agiffent aux deux extrémités de la solive, & les dix autres douziemes au milieu,
il faut multiplier les 10/12 de 18375 ; favoir,
15312½ par 6 pieds, moitié de la solive ; le   15312 ½
produit sera 91875, qu'on divisera alternati-   8352 10/11
vement par 11 & par 1, leurs trois sommes   91875
jointes ensemble, feront celle de 115539 10/11, _____
qni eft le poids que cette solive portera à un   115539 l. ½
pied de diftance de son extrémité.

De toutes ces connoiffances que doivent avoir ceux
qui travaillent les gros bois, tant dans les édifices publics
& particuliers, que dans la marine, auffi-bien que les per-

Tonnes occupées aux travaux des grandes machines, nous en concluons que les bois destinés à être posés horisonta: lement pour porter fardeau, doivent être méplats & posés sur leur chan & non sur leur plat; que les bois débités quarrément doivent être employés de bout & non inclinés : car dans cette position ils portent un fardeau qu'il n'est pas possible d'exprimer, en proportionnant cependant leur grosseur à l'immensité du poids qu'on leur destine à supporter; car il y auroit de l'extravagance à vouloir étayer une façade de maison avec des chevrons de 4 pouces.

La Table que nous donnons ici, fait voir d'un seul coup d'œil la pesanteur des bois de différentes grosseurs sur des longueurs en progression de 3 pieds en 3 pieds; les quarrés des pieces & leurs méplats; enfin les poids qu'elles peuvent supporter dans leur milieu, l'instant avant que de se rompre. Les pesanteurs ont été calculées à raison de 60 liv. le pied cube de bois.

Grosseur des Pièces de Bois.	Sur 3 pieds de longueur.		Sur 6 pieds de longueur.		Sur 9 pieds de longueur.		Sur 12 pieds de longueur.	
	Poids.	Force.	Poids.	Force.	Poids.	Force.	Poids.	Force
3 pouc.	$11\frac{1}{4}$	8100	$22\frac{1}{2}$	4050	$33\frac{3}{4}$	2700	45	2025
3 & 4	15	14400	30	7200	45	4800	60	3600
4	20	19200	40	9600	60	6400	80	4800
4 & 6	30	43200	60	21600	90	14400	120	10800
5	$31\frac{1}{4}$	37200	$62\frac{1}{2}$	18750	$93\frac{3}{4}$	12500	125	9375
5 & 7	$43\frac{1}{2}$	73500	$87\frac{1}{2}$	36750	$131\frac{1}{4}$	24500	175	18375
6	45	64800	90	32400	135	21600	180	16200
6 & 8	60	115200	120	57600	180	38400	240	28800
7	$61\frac{1}{4}$	102900	$122\frac{1}{2}$	51450	$183\frac{3}{4}$	34300	245	25725
7 & 9	$78\frac{1}{4}$	170100	$157\frac{1}{2}$	85050	$236\frac{1}{4}$	56700	315	42525
8	80	153600	160	76800	240	51200	320	38400
& 10	100	240000	200	120000	300	80000	400	60000
9	$101\frac{1}{4}$	218700	$202\frac{1}{2}$	109350	$303\frac{3}{4}$	72900	405	54670
& 12	90	259200	180	129600	270	86400	360	64800
& 9	90	194400	180	97200	270	64800	360	48600

Grosseur des Pièces de Bois.	Sur 15 pieds de longueur.		Sur 18 pieds de longueur.		Sur 21 pieds de longueur.		Sur 24 pieds de longueur.	
	Poids.	Force.	Poids.	Force.	Poids.	Force.	Poids.	Force.
3 pouc.	$56\frac{1}{4}$	1620	$67\frac{1}{2}$	1350	$78\frac{1}{4}$	$1157\frac{1}{7}$	90	$1011\frac{1}{4}$
3 & 4	75	2880	90	2400	105	$2057\frac{1}{7}$	120	1800
4	100	3840	120	3200	140	$2742\frac{6}{7}$	160	2400
4 & 6	150	8620	180	7200	210	$6171\frac{4}{7}$	240	5400
5	$156\frac{1}{4}$	7500	$187\frac{1}{2}$	6250	$218\frac{1}{4}$	$5357\frac{1}{7}$	250	$4687\frac{1}{2}$
5 & 7	$218\frac{1}{4}$	14700	$259\frac{1}{2}$	12250	$306\frac{1}{4}$	10500	350	$9187\frac{1}{2}$
6	225	10960	270	10800	315	$9257\frac{1}{7}$	360	8100
6 & 8	300	23040	360	19200	420	$16457\frac{1}{7}$	480	14400
7	$306\frac{1}{4}$	20580	$367\frac{1}{2}$	17150	$428\frac{1}{4}$	14700	490	$12862\frac{1}{2}$
7 & 9	$393\frac{1}{4}$	34020	$472\frac{1}{2}$	28350	$551\frac{1}{4}$	24300	630	$21262\frac{1}{2}$
8	400	30720	480	25600	560	$21942\frac{6}{7}$	640	19200
8 & 10	500	48000	600	40000	700	$34285\frac{1}{7}$	800	30000
9	$506\frac{1}{4}$	43740	$607\frac{1}{2}$	36450	$708\frac{4}{7}$	$31240\frac{6}{7}$	810	27335
6 & 12	450	51840	540	43200	630	$37028\frac{4}{7}$	720	32400
8 & 9	450	38880	540	32400	630	$27771\frac{3}{7}$	720	24300

Il ne nous reste qu'à expliquer ce que c'est que les bois méplats, & quel peut être raisonnablement leur grand côté par rapport au petit.

On sait dans un cercle quel est le plus grand quarré qui lui est inscrit (*Fig.* 1.) Les Débitans dans les forêts équar-

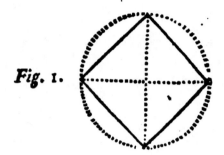

Fig. 1.

rissent les bois le plus qu'ils peuvent, parceque cet équarrissement leur produit davantage que les méplats.

Mais il est bon d'instruire ceux qui font débiter les bois pour leur usage, & de leur indiquer une méthode certaine & avantageuse pour faire des bois méplats. Elle est même œconomique.

Il faut que le quarré du plus grand côté soit double, ou à peu près, du quarré du petit côté, pour en tirer un bon service, s'il est posé horisontalement & de chan : par exemple, dans un arbre dont on pourroit tirer un quarré de 12 pouces, on en tirera un méplat de 10 & 14 pouces, qui fera un service bien supérieur à celui de 12 pouces.

1.° Le quarré de 12 est 144, & le rectangle de 10 & 14 est 140. Voilà déja 4 échalats de moins, par conséquent moins de matiere & moins de poids.

2.° Un quarré de 12 pouces ne portera l'instant avant de se rompre, qu'un poids relatif à 216, & le 10 & 14 pouces en portera un relatif à 245. La différence en est sensible.

3.° Il y a œconomie dans le débit, en ce que ces bois quarrés se débitent à la coignée ou épaule de mouton, & par conséquent ne donnent que des copeaux de peu de valeur, & en ne débitant à la coignée que les petits côtés du méplat 10 & 14 qui est 10, on leve à la scie deux dosses, dont on peut encore tirer deux membrures de chacune 6 pouces sur 3 pouces, & 4 chevrons de 2 & 3 pouces ; ce qui fait 60 échalats de plus, qui excedent de beaucoup le paiement des Scieurs de long.

Il fera bon de prendre pour un des grands côtés le côté de l'arbre expofé au nord ; ce qu'on connoît aifément fur la coupe horifontale, où les contextures des cercles font les plus ferrées.

Quand je dis que le quarré décrit fur le grand côté foit double de celui décrit fur le petit côté, je le démontre ainfi (*Fig. 2.*)

Décrivez un cercle avec fon diametre : divifez ce diametre en trois parties égales : élevez & abaiffez fur les

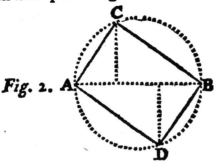

Fig. 2.

points de divifion deux perpendiculaires jufqu'à la rencontre de la circonférence : de leurs points de rencontre tirez des lignes droites aux deux extrémités du diametre, comme A C, C B, B D, D A, vous ferez fûr d'avoir le méplat demandé : car le quarré de CB eft double du quarré de AC ; ce qu'on connoîtra aifément, pour peu qu'on ait quelque teinture des principes de Géométrie.

Nous avons dit ci-devant, que les bois dont il eft ici queftion, font de chêne & de la meilleure qualité, c'eft-à-dire, qui ont cru fur un terrein aride, fablonneux & pierreux. Les bois de cette qualité font les plus propres en Charpenterie ; car les bois qui viennent dans un terrein gras & marécageux, ne font propres qu'en Menuiferie.

Le bois de fapin eft profcrit à Paris dans les bâtimens, parcequ'il eft moins de durée, foit à caufe qu'il s'échauffe plus aifément, ou qu'il eft plutôt piqué des vers que tout autre bois, & encore parce qu'il réfifte moins au feu. Cependant le fapin n'eft point à méprifer dans les lieux où il eft commun, & où le chêne eft rare. Comme il a les fibres fort longues, il portera dans fon milieu, l'inftant avant de fe rompre, un poids d'un cinquieme plus fort que le chêne ; c'eft-à-dire, que fi une folive

de chêne peut porter un poids de 500 liv. une même
solive de sapin portera 600 liv. Le sapin rouge eft le meilleur de tous pour être employé en Charpenterie, étant
pofé horifontalement ou incliné, plutôt que verticale-
ment ou à plomb ; car fon affemblage n'eft jamais auffi
folide que celui du chêne.

Ufage de la Table fuivante.

Si l'arbre eft d'une certaine groffeur, il a toujours un
pouce & demi d'écorce. Il faut en mefurer la groffeur vers
le m lieu de fa hauteur, avec une petite chaîne pliante,
ou avec un ruban fur lequel on aura marqué & chiffré
les pouces, & en connoître la circonférence ou le pourtour par-deffus l'écorce : je fuppofe que l'arbre ait 98
pouces, alors on verra par la Table, qu'on en peut tirer
un quarré de 20 pouces, ou un méplat de 17 & 23 pouces.

Si on croit qu'il ne peut y avoir qu'une pouce d'écorce, & qu'il ait 94 pouces de pourtour, on en tirera la
même pièce de bois.

Mais fi, à un pouce d'écorce, l'arbre avoit 98 pouces
de circonférence, on prendra le nombre au-deffus, qui
eft ici 94 pouces.

Je n'ai employé dans cette Table la colonne des *Méplats réguliers dans la raifon de 5 à 7 pouces*, que pour
affurer & prouver les calculs des *Méplats modifiés*.

J'ai fait ici abftraction de l'aubier, qui eft la partie du
bois fur laquelle l'écorce eft pofée ; cet aubier ne doit
point être confervé dans le débit de l'équarriffage de bois ;
c'eft cette partie qui commence à s'échauffer & à pourrir,
& prévient la pourriture du refte du bois, qui fans cet aubier auroit rendu un plus long fervice. D'ailleurs, on ne
fouffre point en Charpenterie & en Menuiferie aucun bois
qui ne foit de droit fil, fans aubier, roulures, nœuds vicieux, malandre, tampons, futée ni maftics.

TABLE Œconomique pour le débit des Bois de Charpente dans les Forêts.

POURTOUR sur 1 Pouce d'écorce.	POURTOUR sur 1 Pouc. $\frac{1}{2}$ d'écorce.	Quarrés.	Méplats réguliers dans la raison de 5 à 7 Pouces.	Méplats modifiés & réduits, ayant même pourtour que leurs quarrés.
24	28	4	$3\frac{1}{3}$ —— $4\frac{2}{3}$	3 & 5 p.
29	32	5	$4\frac{1}{6}$ —— $5\frac{5}{6}$	4 & 6
33	36	6	5 —— 7	5 & 7
37	41	7	$5\frac{5}{6}$ —— $8\frac{1}{6}$	6 & 8
42	44	8	$6\frac{2}{3}$ —— $9\frac{1}{3}$	7 & 9
46	49	9	$7\frac{1}{2}$ —— $10\frac{1}{2}$	8 & 10
50	54	10	$8\frac{1}{3}$ —— $11\frac{2}{3}$	8 & 12
55	58	11	$9\frac{1}{6}$ —— $12\frac{5}{6}$	9 & 13
60	63	12	10 —— 14	10 & 14
64	67	13	$10\frac{5}{6}$ —— $15\frac{1}{6}$	11 & 15
68	72	14	$11\frac{2}{3}$ —— $16\frac{1}{3}$	12 & 16
72	75	15	$12\frac{1}{2}$ —— $17\frac{1}{2}$	13 & 17
77	80	16	$13\frac{1}{3}$ —— $18\frac{2}{3}$	13 & 19
82	85	17	$14\frac{1}{6}$ —— $19\frac{5}{6}$	14 & 20
87	89	18	15 —— 21	15 & 21
91	93	19	$15\frac{5}{6}$ —— $22\frac{1}{6}$	16 & 22
94	98	20	$16\frac{2}{3}$ —— $23\frac{1}{3}$	17 & 23
100	102	21	$17\frac{1}{2}$ —— $24\frac{1}{2}$	18 & 24
104	107	22	$18\frac{1}{3}$ —— $25\frac{2}{3}$	18 & 26
108	111	23	$19\frac{1}{6}$ —— $26\frac{5}{6}$	19 & 27
113	116	24	20 —— 28	20 & 28
117	119	25	$20\frac{5}{6}$ —— $29\frac{1}{6}$	21 & 29
122	124	26	$21\frac{2}{3}$ —— $30\frac{1}{3}$	22 & 30
126	129	27	$22\frac{1}{2}$ —— $31\frac{1}{2}$	23 & 31
130	133	28	$23\frac{1}{3}$ —— $32\frac{2}{3}$	23 & 33
135	138	29	$24\frac{1}{6}$ —— $33\frac{5}{6}$	24 & 34
140	143	30	25 —— 35	25 & 35
144	146	31	$25\frac{5}{6}$ —— $36\frac{1}{4}$	26 & 36
149	151	32	$26\frac{2}{3}$ —— $37\frac{1}{3}$	27 & 37
153	155	33	$27\frac{1}{2}$ —— $38\frac{1}{2}$	28 & 38

DES COUVERTURES.

ON fait plusieurs sortes de Couvertures. La plus commune est celle de tuile, & la plus belle est celle d'ardoise. Il y a trois sortes de tuiles; dont l'une s'appelle *grand Moule*, l'autre *Moule bâtard*, & l'autre *petit Moule*; l'on n'emploie ordinairement à Paris que celle du grand moule, peu celle du petit moule, & rarement celle du moule bâtard.

La tuile du grand moule vient de Passy & de Bourgogne : celle de Bourgogne passe pour la meilleure ; la tuile du grand moule a 13 pouces de long sur 8 pouces ½ de large, le millier fait environ 7 toises en superficie.

La tuile du petit moule vient des environs de Paris : on la fait de différentes grandeurs ; la plus forte a environ 10 pouces de long sur 6 pouces de large ; on lui donne 3 pouces de pureau. Il en faut environ 288 pour la toise : c'est à peu près 3 toises ½ par millier.

La meilleure tuile est celle qui est faite d'une argile bien grasse, qui n'est ni trop rouge ni trop blanche, qui est si bien séchée & si bien cuite, qu'elle rend un son clair ; car celle qui n'est pas assez cuite, feuillette & tombe par morceaux : l'expérience en doit décider, c'est pourquoi la vieille tuile est ordinairement la meilleure.

La latte dont on se sert pour la Couverture de tuile, s'appelle *Latte quarrée*. Elle doit toujours être de bois de chêne de la meilleure qualité, de bois de droit fil, sans nœuds ni aubier ; chaque latte doit être clouée sur quatre chevrons qui font trois espaces, dans chacun desquels on met une contre-latte, clouée de deux en deux contre les lattes ; la diftance du deffus d'une latte au-deffus de l'autre, qui eft ce qu'on appelle *pureau*, doit être du tiers de la hauteur de la tuile à prendre au-deffous du crochet. On emploie au fur-plus des faîtieres pour les faîtes des combles, fcel-lées en plâtre en forme de crêtes, dans chaque joint ; & tous les égoûts, filets, folins, arrêtiers font auffi faits avec plâtre.

Il y a deux fortes d'ardoife ; l'une vient d'Angers, & l'autre de Mézieres & de Charleville : la meilleure eft fans difficulté celle d'Angers, & à Paris l'on n'em-ploie guères de l'autre.

L'ardoife d'Angers eft de quatre échantillons.

La premiere s'appelle la *grande quarrée forte* : le millier fait environ 5 toifes.

La feconde s'appelle la *grande quarrée fine* : le millier fait environ 5 toifes ½.

La troifieme s'appelle *petite fine* : le millier fait environ 3 toifes.

La quatrieme s'appelle la *quartelette* ; elle eft faite pour les dômes : le millier fait environ 2 toifes ½.

En général, la meilleure ardoife eft celle qui eft la plus noire, la plus luifante & la plus ferme.

La latte dont on fe fert pour la Couverture d'ar-doife, s'appelle *latte-volice* ; elle doit être de chêne de bonne qualité, comme il a été dit de la latte quar-rée ; chaque latte doit être clouée fur quatre che-vrons : la contre-latte doit être de bois de fciage & affez longue.

Le pureau de l'ardoife doit être comme celui de la tuile, le tiers de la hauteur de l'ardoife ; ainfi les lat-tes qui font plus larges que la quarrée, fe touchent prefque l'une l'autre : il faut au moins 3 clous pour attacher chaque ardoife.

On fe fert ordinairement de tuile, pour faire les

égoûts de la Couverture d'ardoise, parce qu'elle est plus forte que l'ardoise: on met ces tuiles en couleur d'ardoise à huile, afin qu'elles tiennent mieux à la pluie.

Les enfaîtemens des Couvertures d'ardoise doivent être de plomb. Les œils-de-bœuf, les noquets, les noües, le devant des lucarnes damoiselles, les goutieres & chêneaux, les bavettes, membrons, amortissemens & autres ornemens, que l'on fait aux Couvertures d'ardoise, sont aussi de plomb. On lui donne telle largeur & épaisseur que l'ouvrage le demande.

TOISÉ DES COUVERTURES.

POUR toiser les Couvertures de tuile, l'on prend le pourtour depuis l'un des bords de l'égoût jusqu'à l'autre égoût, en passant par-dessus le faîte; à ce pourtour on doit ajouter 1 pied pour le faîte, & 1 pied pour chaque égoût, s'ils sont simples, c'est-à-dire, s'ils sont de deux tuiles; mais s'ils sont doubles, c'est-à-dire, composés chacun de 5 tuiles, on ajoutera deux pieds pour chaque égoût. Ce pourtour sera multiplié par toute la longueur de la Couverture; on ajoutera à cette longueur 2 pieds pour les ruellées des deux bouts, & le produit donnera la quantité de toises de la Couverture. On ne rabat rien pour la place des lucarnes & œils-de-bœuf, que l'on compte à part, comme il sera dit ci-après.

Quand on veut mesurer la Couverture d'un Pavillon quarré à un seul épi ou poinçon, il faut prendre le pourtour au droit du bord de l'égoût; ajouter à ce pourtour 4 pieds pour les quatre arrêtiers, quand ils sont entierement faits; puis multiplier ce pourtour par

par la hauteur prife quarrément fur l'égoût, felon la pente de la Couverture, depuis l'extrémité du faîte jufqu'au bord de l'égoût, à laquelle hauteur il faut ajouter l'égoût felon qu'il eft fait : cette multiplication donnera un nombre, dont la moitié fera la fuperficie de la Couverture.

On peut encore avoir la même chofe, en prenant le contour par le milieu de toute la hauteur de la Couverture, y ajoutant les quatre arrêtiers, & multipliant ce contour par le pourtour de toute la Couverture, pris du bord d'un égoût, paffant par-deffus le faîte, jufqu'au bord de l'autre égoût. On y ajoutera les égoûts ; & l'on aura une fuperficie, dont il faut prendre la moitié pour celle de la Couverture.

On aura auffi, par la même méthode, la fuperficie des Pavillons qui ont deux épis ou poinçons, & qui font dégagés.

Quand on veut mefurer la Couverture d'un comble brifé à la Manfarde, fi c'eft entre deux pignons, on prend toute la longueur de la Couverture, & on y ajoute les deux ruellées ; on multiplie le tout par le contour de toute la Couverture pris d'un bord de l'égoût à l'autre ; à ce contour il faut ajouter le faîtage, les deux égoûts, & un demi-pied pour l'égoût au droit du brifé ; & le produit donne la fuperficie requife.

La Couverture d'ardoife fe toife de même que celle de tuile, excepté que l'on ne compte point les enfaîtemens qui font faits de plomb, & que les égoûts qui font d'ardoife, ne font comptés que pour un demi-pied : on compte au furplus les arrêtiers pour 1 pied, & les folins & filets auffi pour 1 pied.

Quand on veut toifer un Dôme d'une figure ronde couvert d'ardoife, il faut en prendre le contour au

Bb

bord de l'égoût, & multiplier ce contour par la hauteur perpendiculaire, prise au point milieu du dôme, depuis le dessus de l'entablement, jusqu'au plus haut du dôme : le produit donnera les toises que le dôme contiendra en superficie.

S'il y a un égoût, il le faut ajouter. S'il est d'ardoise, c'est un demi-pied sur tout le contour ; & s'il est de tuile, il faut l'augmenter à proportion de ce qu'il doit être compté : si au haut du dôme il y a une Lanterne, il en faut rabattre la place, qui n'est ordinairement guères plus que la superficie d'un cercle.

Pour mesurer les Couvertures des dômes quarrés, l'on doit prendre la longueur de l'un des côtés d'un bord de l'égoût à l'autre, & multiplier cette longueur par le contour pris d'un bord de l'égoût, passant par-dessus la Couverture, jusqu'à l'autre bord de l'égoût, & multiplier l'un par l'autre, pour en avoir les toises requises : on y doit ajouter les quatre arrêtiers, & la saillie des égoûts que l'on doit mesurer, comme il a été dit.

Cette méthode de mesurer les dômes quarrés, n'est pas fort précise, comme je l'ai démontré dans la mesure des voûtes en arc de cloître ; mais c'est l'usage.

Si le dôme est fait sur un quarré long, il faut multiplier le côté le plus long par le pourtour de la Couverture, & compter le reste comme ci-dessus.

Quand on veut toiser la Couverture d'une Tour couverte en cône, ou d'un Colombier, il faut prendre le pourtour de la tour ou du colombier par dehors au bord extérieur de l'égoût, & multiplier ce contour par la hauteur penchante de la Couverture, depuis le bord de l'égoût jusqu'au poinçon, qui est le faîte de la Couverture, la moitié du produit donnera les toises de la Couverture : il faut y ajouter la saillie de l'égoût, selon qu'il est fait.

S'il y a une lanterne fur le haut de la tour ou du colombier, il faut en rabattre la place, & pour cela prendre le pourtour du bord de l'égoût où commence la Lanterne, c'est-à-dire, où la couverture est tronquée, & le contour au bord extérieur de l'égoût; de ces deux contours en prendre la moitié, qu'on multiplie par la longueur penchante de la couverture, depuis le bord de l'égoût, jufqu'où commence la lanterne; & le produit fera le requis.

Dans toutes ces fortes de couvertures, on ne rabat rien pour la place des lucarnes, de quelque maniere qu'elles foient, ni des œils-de-bœuf (1), ni de la place des cheminées.

Aux couvertures droites qui font entre deux murs, où il faut faire des folins au lieu de ruellées, ces folins fe comptent chacun pour un pied courant.

Les battelemens faits pour les gouttieres ou chêneaux, vont pour un pied courant.

Un égoût fimple de trois tuiles, va pour 1 pied courant (2).

---

(1) Les œils-de-bœuf dont il eft ici parlé, ne font plus d'ufage, à peine même en voit-on aujourd'hui : on y a fubftitué les vûes de faîtiere. Mais fur les combles en ardoife, on en fait de plomb que le Plombier pofe. On en compte aux Couvreurs le raccordement ou tranchis pour 6 pieds d'ardoife, fans rien rabattre du vuide. Pour éviter toute difpute, on pourtournera cet œil-de-bœuf le long du tranchis; ce pourtour, compté fur 6 pouces, fera la vraie mefure.

(2) Il n'y a que deux tuiles de comptées, parceque celle de deffus eft comptée dans la fuperficie du comble : de même des autres égoûts, où chaque tuilé, à l'exception de celle de deffus, eft comptée pour 6 pouces de faillie fur la longueur. C'eft pour cela que les égoûts de 3 tuiles font comptés pour 1 pied; ceux de 4 tuiles, pour 1 pied $\frac{1}{2}$; & ceux de 5 tuiles pour 2 pieds, &c.

Bb 2

Un égoût composé de cinq tuiles, va pour 2 pieds courans.

Quand une couverture aboutit par le haut contre un mur; par exemple, quand c'est un appentis, cela s'appelle *filet*; & ce filet est compté pour 1 pied courant.

Le posement d'une gouttiere va pour 1 pied courant; & si l'on y fait une pente par-dessous, cette pente est encore comptée pour 1 pied courant.

On compte un œil-de-bœuf commun, pour une demi-toise:

Une vûe de faîtiere, pour 6 pieds de toise.

Une lucarne damoiselle, pour une demi-toise.

Une lucarne flamande sans fronton, pour une toise; & s'il y a un fronton, pour une toise ½.

Aux couvertures d'ardoise, les enfaîtemens qui doivent être faits de plomb, ne se comptent point: quand les égoûts sont d'ardoise, ils ne sont comptés que pour un demi-pied courant (3).

On compte les arrêtieres pour 1 pied.

Les solins pour 1 pied.

Les filets pour 1 pied.

Les pentes des chêneaux de plomb pour 1 pied courant.

Les couvertures se réparent de deux manieres; l'une s'appelle *remanier à bout*, & l'autre s'appelle *recherche*.

Remanier à bout, c'est prendre toute la tuile d'un côté, & la remettre de l'autre, refaire le lattis où il est rompu, fournir toute la tuile qui manque, après que l'on a posé la vieille d'un côté, refaire entiérement tous les plâtres des enfaîtemens, des ruel-

---

(3) C'est ce qu'on appelle un *Redoublis* d'ardoise, qui vaut un demi-pied, que l'on ajoute au pourtour.

lées, des folins & autres. Quand l'égoût n'eſt pas bon, on le refait auſſi à neuf, en forte que toute la couverture doit être preſque auſſi bonne que ſi elle étoit toute neuve : cette réparation ſe toiſe comme la couverture faite à neuf, mais le prix en eſt différent.

Recherche. C'eſt une réparation légere; par exemple, quand il ne manque des tuiles que dans quelques endroits, quand il faut refaire les plâtres où ils ſont rompus, nettoyer la couverture, en ſorte qu'elle ſoit en bon état. On toiſe encore cette réparation comme ci-devant, & l'on ne compte point les plâtres (4).

Ce qui eſt dit de la tuile doit s'entendre de l'ardoiſe.

_____

(4) Si les plâtres ne ſont faits que par endroits, on ne les compte point ; mais s'ils ſont totalement refaits, ou plutôt rechargés, ils ſe comptent à l'ordinaire. Dans ce toiſé on ne compte point la plus-valeur des lucarnes, ni les égoûts, ni la plus-valeur du faîte. On pourtourne le comble du bord d'un égoût à l'autre, & la longueur ſe prend entre deux ſolins ou ruellées. On doit fournir & poſer par toiſes 9 tuiles neuves poſées en échiquier.

Il eſt bien rare de ne pas trouver dans ces ſortes d'ouvrages des parties neuves & remaniées. Ces ſortes de dépenſes ont déterminé pluſieurs Propriétaires à donner leur couverture à l'entretien par baux de neuf ans. Tout le monde n'eſt pas de même avis à ce ſujet.

ADDITION

AU TOISÉ DES COUVERTURES.

IL est bon d'observer une erreur qui est très-grande.

Les Couvreurs ne font jamais de rétablissement aux couvertures par réfection de cheminée, lucarne ou égoût, qu'ils ne mettent toute leur tuile neuve aux ruellées, solins, faîtes & égoûts, parce que leur ouvrage est réglé maintenant à 9 liv. la toise, & ils profitent du plâtre qu'ils emploient aux solins, ruellées & arrêtiers, qui leur est passé pour 1 pied; 1 pied de tuile neuve, fait 2 pieds, ensorte qu'un solin de 18 pieds sur 2 pieds, vaut une toise de 9 liv. un pareil solin en *remanié*, vaut une toise qu'on ne paie que 2 liv. 4 s. & le même solin fait en recherche, est compté 10 s. Voilà donc une grande différence qui est très-abusive.

I. Aux lucarnes en plein comble entourées de toutes parts, on ne rabat rien pour le vuide de la baie, pourvu qu'elles ne soient pas d'une grandeur extraordinaire.

A celles posées sur le bord des combles où l'égoût passe devant, on ne rabat rien pour leur vuide; mais si l'égoût est interrompu, on rabat l'emplacement qu'auroit occupé cette couverture depuis le devant de la lucarne jusqu'au-devant du premier pureau d'égoût, & on compte les ruellées aux côtés ou joues.

Dans les mansardes garnies de lucarnes, au-devant & au-dessus desquelles les égoûts & la tuile passent, on ne rabat rien pour leurs vuides. Si l'égoût est interrompu, on réduit seulement la saillie de l'égoût. Si rien ne passe dessus, ni au-devant, le vuide est totalement déduit; mais on compte les solins aux côtés.

Si au-devant de ces lucarnes où il n'y aura point de devanture, il y a un chêneau avec pente, cette pente sera comprise dans le toisé; mais le vuide des lucarnes sera réduit après le développement des plâtres.

Si les jouées de ces lucarnes sont armées d'ardoise, on

en toifera la fuperficie, en y comprenant les tranchis & devirures de chacun 6 pouces.

Lorfqu'il y a un fronton au-deffus de ces lucarnes, grand ou petit, il eft compté en outre pour une demi-toife. S'il y a un chevalet, il fera auffi compté pour demi-toife, grand ou petit.

Si au lieu d'un chevalet il y a un chapeau de plomb, le lattis & plâtre eft compté pour un quart de toife ou 9 pieds.

II. Aux combles en ardoife on fait les égoûts en tuile qu'on noircit avec du noir & de l'huile. On compte les redoublis d'ardoife avec l'ardoife; mais les égoûts de tuile font comptés en tuile, & le noir eftimé à part.

III. Aux mêmes combles, lorfque les noues font en plomb, l'on ne rabat rien pour le ceintre au-deffous, & on ajoute à la longueur 6 pouces pour chaque tranchis; mais fi ces noues font en petite ardoife fans plomb, après avoir toifé plein, on ajoute trois pieds de large fur la hauteur de la noue feulement, parcequ'il doit y avoir quatre tranchis & deux paremens.

IV. Lorfque le Couvreur pofe & fournit les gouttieres, elles font comptées à toife courante, y compris leur fcellement & la pofe; mais on compte les battelemens comme les égoûts, c'eft-à-dire, chaque tuile, en outre celle de deffus pour 6 pouces, & le parement au-deffous auffi pour 6 pouces; & l'on comprend ces battelemens & paremens dans la mefure du comble.

Lorfque les égoûts & battelemens font de vieilles tuiles, on en fait diftinction pour les compter en *remanié-à-bout*.

Si la gouttiere n'eft pas fournie par le Couvreur, mais feulement pofée, on lui compte un pied courant pour fa pofe en *remanié-à-bout*.

Les gouttieres au derriere des lucarnes damoifelles font comptées à toife ou pied courant, fi elles font neuves, & l'on ne compte ni pofe, ni battelement, ni parement; ces chofes étant renfermées dans l'évaluation qui en eft faite de demi-toife, tant grande que petite: les dofferets au-devant des cheminées font de même genre. La gouttiere fe paie au pied courant, fi elle eft neuve, & rien ne fe compte fi elle eft vieille.

V. Aux couvertures d'ardoife dont l'enfaîtement eft

fait avec faîtieres noircies, on doit en faire distinction pour les compter à part comme tuile, & on compte le barbouillage en sus.

Si le faîtage est de plomb, on passe par-dessus sans rien déduire pour le plomb ni rien ajouter; mais si au lieu de plomb, on fait un embardellement de plâtre de la hauteur d'un pureau de chaque côté, il sera ajouté 1 pied en sus du pourtour.

Les épis ou poinçons armés d'ardoises sont comptés pour 9 pieds ou ½ de toise.

VI. Voici une réflexion de M. Desgodets, sur la maniere de compter les plâtres dans les différentes especes & natures de couverture. « L'usage de compter les plâtres suivant la qualité des couvertures où ils sont faits, » n'est pas juste, puisqu'ils sont les mêmes sur la tuile que » sur l'ardoise neuve & les *remaniés-à-bout*: cependant il » y a une grande différence de prix des unes aux autres; » ce qui donne occasion aux Ouvriers de tromper, & » de mettre souvent quelques parties de tuile ou d'ardoise neuve au long des plâtres où il n'est pas nécessaire, afin de compter ces saillies de plâtre comme ouvrages neufs, lorsqu'elles devroient l'être en *remaniéà-bout*. Il seroit beaucoup mieux que les plâtres fussent » d'une nature particuliere d'ouvrage, que l'on toisât séparément pour être comptés partout sur un même prix » égal aux couvertures *remaniées-à-bout*, comme aux » couvertures neuves ».

Cette réflexion de M. Desgodets me donne lieu d'en faire une autre. La méthode qu'il condamne est une habitude usuelle; mais la suivante est une habitude abusive.

On ne fait aucun cas de rabattre les vuides occasionnés par l'excédent des mesures que donnent les longueurs & pourtours, on a tort. Un Particulier n'est point tenu de payer ce qu'il n'a pas, & où rien ne peut le remplacer.

Par exemple. Un comble entre deux pignons de 24 pieds *de clair* (c'est le terme qui signifie *sans aucun usage*; d'autres disent *dans-œuvre*) & de 36 pieds de pourtour aussi de clair, sa superficie sera de 24 toises.

Si l'on ajoute à la longueur 24 pieds, 2 pieds pour les deux solins, elle sera de 26 pieds, & au pourtour 5 pieds pour les deux égoûts & la plus-valeur du faîte, il sera de 41 pieds, & sa superficie 29 toises 22 pieds. Il faut démontrer qu'il y a 10 pieds de trop.

La superficie de clair est.......... 24 toi.		o pi.
Les deux égouts de chacun 24 pieds de long sur ensemble 4 pieds....... 2 toi. $\frac{1}{2}$		6 pi.
Le faîte 24 pieds sur 1 pied vaut... o toi. $\frac{1}{2}$		6 pi.
Les deux solins 36 pieds de pourtour sur ensemble 2 pieds, valent....... 2 toi. o		o pi.
	29 toi. o	12 pi.

Toutes ces choses jointes ensemble, font 29 toises 12 pieds qui est le vrai toisé, & dont la différence avec celui ci-dessus est de 10 pieds.

C'est une chose à laquelle on doit prendre garde, parce que c'est un abus, & une infraction à l'usage & aux regles.

Revenons à la réflexion de M. Desgodets : elle est juste & naturelle. Car il n'y a rien de si ridicule, que des plâtres, employés sur une couverture d'ardoise neuve, soient payés le même prix que cette couverture ; & que ces mêmes plâtres en tout égaux, posés sur une couverture de tuile *remaniée*, soient payés 5 *sixiemes* de moins. Quelque recherche que j'aie faite, je n'ai trouvé aucun vestige qui pût indiquer l'origine de cet usage.

Le Toisé de la Couverture est de même genre que celui de la Charpenterie. Son avantage dans les usages renferme le bénéfice & les frais de l'Entrepreneur ; & comme cet avantage dépend du plus ou du moins d'usage, ce bénéfice lui est relatif.

Etat par lequel on peut se former une idée de la dépense en Couverture.

Ardoise Quarrée.

LA toise superficielle d'ardoise, que l'on nomme *quarrée*, contient 175 ardoises, que l'on suppose avoir 7 pouces $\frac{1}{2}$ de large sur 4 pouces de pureau. Le millier fait en plein comble environ 5 toises $\frac{1}{2}$, y compris le déchet.

Ardoise Quartelette.

Le millier de quartelette ayant 5 pouces $\frac{1}{2}$ de largeur & 5 pouces de pureau, peut faire 3 toises $\frac{1}{2}$: il en faut 3 18 pour la toise.

Cloud-ardoise.

Un millier de cloud pese 3 livres. Si l'on attache chaque ardoise avec trois clouds, les 175 en consommeront 525, qu'on peut cependant réduire à 1 livre 12 onces, à cause de la perte dans l'emploi & du déchet. La quartelette en consommera environ 3 livres tout compris.

Ce cloud se vend à la somme qui pese 30 livres.

Latte-ardoise.

Il faut 18 lattes-ardoise pour faire une toise superficielle & quelque chose de plus pour la quartelette. La botte étant composée de 36 lattes, fait une toise & un tiers d'ouvrage, moyennant qu'elle ait 4 pouces $\frac{1}{2}$ de largeur comme à l'ordinaire.

Contre-latte-ardoise.

Il faut 4 toises $\frac{1}{2}$ courantes de contre-lattes pour faire une toise d'ouvrage. Elle se vend au cent de toise ou au grand cent contenant 21 bottes, ayant chacune 10 contre-lattes de 6 pieds, de façon qu'au lieu de 200 toises on en a 210 toises.

Ces bottes, toujours composées de 10 contre-lattes, ont 6 pieds, 9 pieds & 12 pieds. C'est à l'Acheteur à s'arranger sur ces mesures.

Cloud pour lattis & contre-lattis d'ardoise.

Il faut pour une toise d'ouvrage une livre de cloud. Le millier de cloud de cette espece pese ordinairement 3 livres $\frac{1}{2}$: il se vend comme l'autre à la somme; mais cette somme doit peser 36 livres, au lieu que le cloud-ardoise ne pese que 30 livres; de sorte que si la somme de cloud vaut 15 livres, on aura pour cette somme 30 livres de cloud-ardoise, & pour la même somme d'argent 36 livres de cloud à lattes.

Tuile grand moule en plein.

Il faut 153 tuiles pour une toise quarrée. Le millier peut faire 6 toises $\frac{1}{2}$, pourvu que cette tuile ait 8 pouces $\frac{1}{2}$ de large & 4 pouces de pureau.

Idem à claire voie.

Chaque tuile doit faire 1 pied de long, tant plein que vuide, sur 4 pouces de pureau. Il en faut 108 pour la toise, & le millier fait 9 toises un quart.

Tuile petit moule.

Si cette tuile a 6 pouces de large & 3 pouces de pureau, le millier fera 3 toises $\frac{1}{2}$, chacune de 288 tuiles.

Latte à tuile.

La botte de latte doit être de 52. Il en faut 27 pour faire une toise d'ouvrage : la botte peut faire 1 toise $\frac{1}{2}$ tant en plein qu'à claire voie.

Pour le petit moule il en faut 36. La botte fait 1 toise $\frac{1}{2}$.

Chaque latte a 4 pieds de long & environ 2 pouces de large.

Cloud pour latte à tuile.

Chaque latte attachée avec quatre clouds, y compris le déchet, emploie pour chaque toise près d'une demi-livre de cloud, & la botte un peu moins d'une livre.

Eſtimation des Ouvrages de Couverture.

Ardoiſe.

APRÈ's le détail que je viens de donner, il eſt aiſé de mettre le prix à chaque nature d'ouvrage. Il ne s'agit que de ſavoir quel eſt le prix courant des matériaux, & de détailler chaque toiſe d'ouvrage comme ſi elle étoit en plein comble, les uſages reſtent au Couvreur pour ſon bénéfice. Ainſi plus il y en a, plus il gagne.

Exemple. En ſuppoſant que le millier d'ardoiſe vaut 40 livres, les 175, valeur d'une toiſe, couteront. . . . . 7 l. 0 ſ. 0 d.

Une livre $\frac{1}{2}$ de cloud à 10 ſols. 0 15 0

Dix-huit lattes-ardoiſe à 20 ſ. la botte, vaudront 0 14 0

Quatre toiſes $\frac{1}{2}$ de contre-lattes, à 5 ſols la toiſe, valent. 1 2 6

Une livre de cloud pour lattis & contre-lattis à 8 ſols 6 d. la livre, vaut. . . 0 8 6

Façon & main-d'œuvre, à 40 ſols la toiſe, font 2 0 0

Total d'une toiſe d'ard. en plein comble 12 l. 0 ſ. 0 d.

Ardoife remaniée.

Pour eftimer le *remanié-à-bout* d'ardoife, il ne faut que retrancher la valeur de l'ardoife, le refte en fera la valeur, ci . . . . 5 l. 0 f. 0 d.

Quartelette.

On fera le même détail pour la Quartelette.

Eftimation d'une toife de tuile grand moule en plein comble.

Suppofant que le millier de tuile vaut 45 liv. les 153 tuiles couteront	6 l.	17 f.	8 d.
Vingt-fept lattes à 20 f. la botte valent	0	10	4
Une demi-livre de cloud à 8 f. 6 d . .	0	4	3
Façon à 20 fols la toife	1	0	0
Total d'une toife de tuile . . .	8 l.	12 f.	3 d.

Tuile remaniée.

Pour le *remanié-à-bout* de tuile, il ne s'agit que de fupprimer la valeur de la tuile, le reftant fera la valeur du remanié-à-bout . . . . 1 l. 14 f. 7 d.

On ne fait point article des plâtres, parcequ'ils font compris dans les Toifés.

Des Recherches.

Les *Recherches* en tuile & en ardoife fuivent le même prix. On rétablit les plâtres, & on fournit neuf tuiles ou ardoifes neuves par chaque toife. Cela fe paie indiftinctement depuis 18 fols jufqu'à 22 fols la toife. Il fe fait cependant des *Recherches* en ardoifes affez férieufes pour être eftimées 30 & 35 fols la toife.

AUTRES ESPECES DE COUVERTURES.

ON fait encore des Couvertures de *bardeau*. Ce font de petits ais ou douves de tonneau, que l'on nomme ailleurs *aiffis* ou *aiffantes*. Cette Couverture de bardeau s'emplôie ordinairement fur des angards, & fur les maifons dans les lieux où la tuile & l'ardoife font rares & le

bois commun. Il ne faut pas épargner le cloud à ces couvertures. Il faut encore les peindre en grosse couleur à
l'huile, en rouge ou noir, pour les garantir de la chaleur
& des pluies. C'est une économie de les faire peindre
tous les deux ans. Cette Couverture se fait & se toise
comme la tuile & l'ardoise, & se paie à proportion du
prix des matériaux.

Dans les campagnes, & même dans les fauxbourgs de
Paris, on couvre les chaumieres de paille de seigle ou de
gluis, & en quelques autres lieux de roseaux. Après que
les faîtages & pannes sont posés, on y attache avec des
osiers des perches en place de chevrons, & des perchet-
tes en travers, sur lesquelles le Couvreur applique le
chaume avec des liens de paille. Plus ces liens sont serrés, plus la couverture est de durée. Elle se toise aussi
aux Us & Coutumes à Paris, & ailleurs à la travée.

DU CARREAU

DE TERRE-CUITE.

Les chambres ordinaires sont carrelées de petit Carreau de terre-cuite, à six pans, que l'on fabrique à Paris
& dans les Tuileries aux environs.

Les salles par bas sont carrelées de grand Carreau de
même terre, & de même à six pans.

Les cheminées sont carrelées de grand Carreau quarré de six pouces sur tout sens.

Le petit Carreau se pose le plus communément avec
du plâtre mêlé de poussiere.

Le grand Carreau se pose de même, mais il seroit
bien mieux de le poser à plâtre pur.

Détail du Carreau.

Le grand Carreau de six pouces à six pans, contient en
surface 31 pouces, & pese 1 liv. 13 onces ½. Il en faut 167
pour faire une toise quarrée; le millier fait six toises, &
pese aux environs de 1828 liv. Il coute 30 à 32 liv. rendu

au bâtiment. Une voiture ordinaire en charge environ deux milliers.

Ce Carreau en place coute aujourd'hui 7 & 7 liv. 10 f. la toise quarrée.

Le Carreau d'âtre est quarré. Il y en a de six pouces sur tout sens, & d'autres de 7 pouces $\frac{1}{2}$; le premier coute 5 l. le cent, & l'autre 7 & 7 liv. 10 f. non compris la pose. On ne fait usage de ce Carreau que pour carreler les âtres de cheminées.

Le petit Carreau de quatre pouces & à six pans, contient en surface 16 pouces $\frac{1}{4}$, & pese 12 onces. Il en faut 318 pour faire une toise quarrée, & le millier fait un peu plus de trois toises. Le millier pese environ 750 liv. & une voiture en charge trois milliers. Ce Carreau employé & mis en place, coute environ 4 liv. 10 fols la toise.

On fabrique dans les environs de Paris de ce petit Carreau, mais d'un échantillon plus grand que celui de Paris, dont le millier fait trois toises $\frac{1}{2}$, & coute 10 liv. rendu au bâtiment.

Les Potiers de terre de Paris fournissent encore des boisseaux de terre cuite, vernissés en-dedans, pour les chausses d'aisance, & des demi-boisseaux pour les ventouses. J'en ai parlé, pag. 105 & 106. Il en faut neuf pour la toise courante.

Ils fabriquent encore de la Brique. J'en ai parlé, pag. 293.

Voyez, pag. 18 & 19, la méthode de trouver la superficie d'un Carreau à six pans.

Ils fabriquent encore du grand Carreau de 6 pouces à six pans pour carreler les fours.

DES POELES

DE TERRE-CUITE FAYENCÉE.

Depuis quelques années les Poëles de terre cuite, façon d'Allemagne, sont devenus si fort à la mode pour leur commodité, que cette partie s'est trouvée d'elle-même dévolue aux Architectes, à qui l'on remet les Mémoires des Poëliers. Autrefois on se servoit de Poëles de grosse-fonte de différentes figures, qui se vendoient au poids à *tant* le cent. Plusieurs personnes s'en sont trouvées incommodées, & n'en pouvoient souffrir ni la chaleur, ni l'odeur bitumineuse & ferrugineuse que le feu fait sortir de cette matiere premiere du fer. On y a substitué ceux de terre cuite qui n'ont point le même défaut: on s'est appliqué à chercher les moyens de rendre les Poëles commodes & utiles à toutes personnes de tous états. D'abord c'étoit des Poëles de terre grise, tels qu'on en voit encore dans la rue Mazarine. Les Allemands ont trouvé du côté de Gentilly une terre à pot, qui leur a paru propre à faire des Poëles, en y mêlant une certaine quantité de sable & autres choses, qui étant préparées, reçoivent un émail assez semblable à celui de la fayence ordinaire; cet émail est encore susceptible de diverses couleurs qu'on lui applique. La cuisson rend le tout très-dur & à l'épreuve du plus grand feu; de sorte que les Poëles conservent long-tems une chaleur douce & amie de l'homme. Pour ne point exposer cette matiere, on a imaginé des chassis de fer qui sont au-dedans du Poële, afin de le garantir des secousses du bois qu'on y met.

Plusieurs Ouvriers se sont appliqués à orner ces Poëles, & à en fabriquer même d'une structure fort élégante. On peut voir ceux de Kropper, Poëlier des Bâtimens du Roi, à la Porte S. Antoine, qui est un de ceux qui excelle en ce genre. Son envie d'être utile au Public, lui a fait inventer dans les Poëles ordinaires des petits fours, qui sont d'un grand secours dans un petit ménage, & consument peu de bois. On peut dans ces fours faire réchauffer les alimens, & même en faire cuire. J'avertis cependant qu'il faut entretenir un lit de cendre d'un pouce d'épaisseur sur la plaque qui sert d'aire à ce petit four, avant de poser le plat ou l'assiette qui contient les alimens. Les assiettes de fayence qui ne souffrent point le feu, avec cette précaution ne casseront point, & les alimens n'auront aucun mauvais goût.

DÉTAIL ET PRIX ACTUEL
des Poëles de Terre cuite fayencée.

Poëles à braise de fayence, montés sur une plaque de tôle garnie de quatre roulette de buis, & d'un fourneau à jour aussi de tôle avec son anse, coutent, suivant leur grandeur, savoir:

De 12 pouces, depuis 6 liv. jusqu'à 8 liv.
De 18 pouces, depuis 10 liv. jusqu'à 12 liv.
De 22 pouces, depuis 14 liv. jusqu'à 15 liv.
De 24 pouces, depuis 16 liv. jusqu'à 18 liv.

Poëles de fayence, montés sur un chassis de fer plat, avec quatre pieds de fer quarrés, garnis d'une plaque de forte tôle, & d'une grille proportionnée en force à la grandeur & au prix, avec leurs grandes & petites portes, pentures, pitons, charnieres & loqueteau, une buse, un coude & un bout de tuyau seulement, les agrafes & les liens à vis & écrou; le tout transporté, posé & mis en place, se paie; savoir,

Petit Poëles de 15 liv. sont composés de quatre carreaux & d'un dôme. Le poids de la grille est de 6 à 7 liv. pesant, sans comprendre dans ce poids les agrafes & le lien portant vis & écrou.

Poëles de 20 liv. de 2 pieds de haut sur 15 & 16 pouces, sont composés de 7 carreaux & d'un dôme. Le poids de la grille est de 10 à 12 liv. sans comprendre le lien & les agrafes.

Poëles de 24 liv. de 25 pouces sur 18 pouces, sont composés de 7 carreaux & d'un dôme. Le poids de la grille est de 14 à 15 liv.

Poëles

DES POÊLES. 467

Poëles de 30 liv. de 27 pouces fur 21 Pouces, font compofés de 11 carreaux & d'un dôme. Le poids de la grille eft de 18 liv. Ces Poëles & les fuivans ont trois liens avec vis & écrous.

Poëles de 36 liv. font compofés de 11 carreaux & d'un dôme. Le poids de la grille eft de 20 liv.

Poëles de 50 liv. de 30 pouces fur 24 pouces, font compofés de 17 carreaux & d'un dôme. Le poids de la grille eft de 40 liv.

Poëles de 60 liv. de 31 pouces fur 30 pouces. Le poids de la grille eft de 48 à 50 liv.

Il y a des Poëles de 50 liv. avec four, compofés de 17 carreaux; mais le poids de la grille, des agrafes & des liens à vis, eft moins fort.

Les Poëles nommés *moyens Tiroirs*, font de 60 liv. & font compofés de 17 carreaux & d'un dôme. Le poids de la grille avec agrafes & liens, eft de 65 à 70 liv.

Les Poëles nommés *grands Tiroirs*, du prix de 80 liv. font compofés de 17 carreaux & d'un dôme. Le poids de la grille avec agrafes & liens à vis, eft de 80 liv.

Le prix de ces Poëles eft pour ceux qui font fans fours. Mais fi l'on en veut un avec fa porte, loqueteau & mentonnet, on paiera en outre des prix ci-deffus; 4 liv. 10 f. pour les petits & moyens, & 6 liv. pour les grands.

Les Poëles en piédeftaux font compofés de grandes pièces garnies de grilles, dômes, &c. Les prix font depuis 30 liv. jufqu'à 72 liv. fuivant leurs grandeurs & leurs ornemens plus ou moins compofés.

Idem, pour les Poëles d'encoignure.

Les Poëles en pyramide font compofés de grandes pièces moulées, ornées d'architecture & de fculpture, garnis de grilles proportionnées à leur force & à leurs grandeurs, & font payés depuis 100 liv. jufqu'à 900 liv. à proportion de leur grandeur & de leurs ornemens.

On peut voir celui de la Bibliotheque de M. le Maréchal de Richelieu, rue d'Antin, exécuté fur les deffeins de M. Chevanté, Architecte du Roi & de fon Académie. On peut encore en voir deux autres chez M. le Duc de Choifeul, Miniftre & Sécretaire d'Etat, rue de Riche-

Cc

aux battans 1 pouce ½ d'épaisseur , dans lesquels on fait des deux côtés une moulure en forme de cadre , & une autre moulure au bord extérieur du côté qu'elles ouvrent : les panneaux doivent avoir 1. pouce d'épaisseur , & font aussi ravallés. On fait à ces fortes de Portes des chambranles de 5 à 6 pouces de large, fur 2 pouces d'épaisseur , & ornés de moulure ; on fait des embrasemens avec des bâtis, avec bouement & panneaux dans l'épaisseur du mur. On met aussi au-dessus de ces portes , des gorges, des corniches & des cadres, quand il se trouve de la hauteur.

On peut dans cette grandeur , comprendre les Portes d'office, de cuisine , & celles de cave que l'on fait toutes unies, mais bien fortes, comme de 2 ou 2 pouces ½ d'épaisseur, collées & emboîtées comme ci-devant.

Les grandes Portes , font celles dont on se sert pour les principaux appartemens, comme des salles, anti-chambres , chambres & cabinets : on les fait ordinairement à deux venteaux, & d'une même grandeur, quand elles font dans une enfilade , ou qu'elles se répondent l'une à l'autre dans une même pièce. On fait ces fortes de Portes de différentes grandeurs, depuis 3 pieds 8 ou 9 pouces, jusqu'à 6 pieds de large pour les grands Palais, c'est-à-dire, qu'il faut savoir proportionner la grandeur des Portes aux appartemens où elles doivent être mises. On leur doit donner en hauteur, au moins le double de leur largeur ; & pour avoir meilleure grace , on peut leur donner environ 1/12 de plus ; il y a de ces Portes que l'on fait simples, quoiqu'à deux venteaux, quand c'est pour des appartemens médiocres.

Aux appartemens qui font entre les Palais & les maisons ordinaires, on donne quatre pieds, & 4 pieds ½ aux principales Portes à deux venteaux ; à celles qui

ont 4 pieds de large, on donne 8 pieds ½ de haut ;
9 pieds ½ ou 9 pieds 9 pouces de haut à celles de 4
pieds ½. On donne au moins 2 pouces d'épaisseur aux
battans & aux traverses ; on y fait des deux côtés
des compartimens de cadres, & l'on donne aux panneaux 1 pouce ½ d'épaisseur : les chambranles doivent avoir 8 à 9 pouces de largeur, & 3 pouces d'é-
paisseur.

Quand les Portes ont 5 à 6 pieds, on ne donne
guères plus d'épaisseur aux battans & aux autres
bois : mais on leur donne plus de largeur à proportion.

Les Portes cocheres de grandeur ordinaire, ont
8 pieds ½ ou 9 pieds de largeur entre deux tableaux.
Quand il n'y a point de sujétion, on leur donne en
hauteur le double de leur largeur, & quelquefois
plus, selon l'Ordre d'Architecture dont elles font
ornées ; mais comme il y a presque toujours des sujétions à Paris ou ailleurs, à cause de la hauteur des
planchers ou de la vue des cours, on se contente de
leur donner en hauteur une fois leur largeur avec
les ¼, & quelquefois moins ; en sorte que si elles
ont 8 pieds de large, on ne leur donne que 14 pieds
de haut ; mais pour empêcher qu'elles ne paroissent
trop écrasées, on les fait en platte-bandes bombées :
cela les fait paroître moins basses, par rapport à leur
largeur.

On donne aux battans des Portes cocheres 4 pouces d'épaisseur sur 8 à 9 pouces de largeur, & aux
bâtis qui font au-dedans 3 pouces d'épaisseur, aux
cadres 4 pouces, aux panneaux 1 pouce ½ : ces bois
ont plus ou moins d'épaisseur selon la grandeur des
Portes.

On ne mesure point les Portes à la toise ; mais
quand elles font de conséquence, l'on en fait un dessein & un devis, sur lesquels on fait marché à la

Cc 3

pièce. Pour les Portes communes, c'est un prix ordinaire dont on convient aisément.

DES CROISÉES.

ON fait des Croisées de différentes grandeurs, selon que les maisons où elles doivent servir sont plus ou moins grandes. Les plus communes ont 4 pieds de large, les autres 4 pieds $\frac{1}{2}$: on les fait depuis 5 pieds jusqu'à 6 pieds pour les Palais, mais elles ne passent guères cette largeur.

La hauteur des Croisées doit être au moins le double de leur largeur ; on leur donne même jusqu'à deux fois & demie leur largeur ; cette proportion leur convient assez, parcequ'on les baisse à présent jusqu'à un socle de 4 ou 6 pouces près du plancher : cela donne beaucoup de grace aux appartemens.

Il y a des Croisées de deux sortes : les unes sont à panneaux, les autres sont à carreaux de verre. On ne fait plus guères de celles à panneaux, qu'aux maisons très-communes ou aux bâtimens des basses-cours.

Aux Croisées ordinaires de 4 pieds de large, on donnera 1. pouce $\frac{1}{2}$ sur 2 pouces $\frac{1}{2}$ au chassis dormant. Quand on y fait entrer les chassis à verre, on leur donne 3 pouces, aux meneaux 3 pouces en quarré, 1 pouce $\frac{1}{2}$ sur 2 pouces $\frac{1}{2}$ aux battans des chassis à verre ; aux petits bois, quand ce sont des carreaux à verre, on leur donne 14 lignes, ou au moins 1 pouce, & l'on y fait un rond entre deux carrés avec des plinthes ; aux volets 1 pouce, & on y fait un bouement, & les panneaux sont de merrein. Si l'on veut que les volets soient attachés sur les chassis dormans, il faut que le chassis à verre entre dans les dormans, & l'ouvrage en est meilleur.

Aux grandes Croifées de 5 pieds, les chaffis dormans doivent avoir 3 pouces fur 4 ou 5 pouces, les
meneaux autant, les battans de chaffis à verre 2 pouces d'épaiffeur fur 3 & 4 pouces de large, les petits
bois de carreaux 2 pouces $\frac{1}{2}$ au moins, ou 2 pouces;
on les affemble avec des plinthes ou à pointes de
diamans, & on les orne de demi-ronds, de ba-
guettes des deux côtés, felon qu'on le defire. Les
volets doivent avoir un pouce $\frac{1}{2}$, avec de petits cadres des deux côtés élégis dans les battans, & les
panneaux font épais d'un pouce. Quand les Croifées
vont jufqu'à 6 pieds, l'on fortifie le bois à proportion ;
mais c'eft peu de chofe de plus que ce que je viens
de dire.

Pour empêcher que l'eau ne paffe au droit de l'appui & du meneau de la Croifée, on fait la traverfe
d'enbas du chaffis à verre affez épaiffe, pour y faire
des reverfeaux. Cette piece eft faite par-deffus en
Quart-de-rond, & a par-deffous une *Mouchette* pendante pour rejetter l'eau affez loin fur l'appui, afin
qu'elle n'entre point dans les appartemens.

Comme on veut préfentement avoir la vûe libre, quand une Croifée eft ouverte, on fait porter
le meneau au chaffis-à-verre, depuis le bas jufqu'à
la traverfe : cela fe fait par un angle recouvert en
biais.

On met ordinairement la traverfe du meneau plus
haute que la moitié de la hauteur de la Croifée, d'environ un fixieme & même plus, afin de n'être point
barré par cette traverfe, & pour que la Croifée ait
plus de grace. Quand les Croifées vont jufqu'en bas,
on fait la partie d'en-bas encore plus longue à proportion du haut, parceque l'appui y eft compris : il faut
que les carreaux à verre aient en hauteur au moins un
fixieme de plus que leur largeur, pour être bien proportionnés.

Pour les volets, les uns les font depuis le bas juſqu'en haut, cela à ſa commodité ; mais ils ſe déjettent plus facilement : ſi on les fait en deux parties, on les ſépare au droit de la traverſe du meneau. Ils ſont toujours mieux quand ils ſont attachés ſur le chaſſis dormant, ainſi qu'il a été dit ; & comme on les fait ordinairement briſés en deux, il faut bien prendre garde qu'il y ait aſſez de place pour les coucher dans l'embraſement des Croiſées.

Les Croiſées ſont meſurées au pied, ſelon leur hauteur, ſans avoir égard à la largeur : c'eſt le prix du pied qui en fait la différence, ſelon qu'elles ſont plus ou moins fortes, plus ou moins grandes, & plus ou moins ornées. Si, par exemple, une Croiſée a 12 pieds de hauteur, on la compte pour 12 pieds à tant le pied ; ſans avoir égard ſi elle a 5 ou 6 pieds de large : c'eſt l'uſage.

DES LAMBRIS.

IL y a deux ſortes de Lambris, l'un qu'on appelle *Lambris d'appui*, & l'autre *Lambris en hauteur*.

Les Lambris d'appui ſont pour les lieux que l'on veut tapiſſer ; on les fait ordinairement de 2 pieds ½, ou 2 pieds 8 pouces de haut : c'eſt à peu près la hauteur des appuis de Croiſées.

On donne un pouce d'épaiſſeur aux bâtis des Lambris d'appui les plus ſimples, dans leſquels on élégit un bouément ou petite moulure ; les panneaux ſont de merrein, & l'on met un ſocle pas bas & une plinthe par haut, orné d'une petite moulure.

Le plus beau Lambris d'appui eſt fait à cadres & à pilaſtres en façon de compartiment, ſuivant le deſſein que l'on en fait. On donne un pouce ½ aux bâtis. Il faut faire les cadres & les pilaſtres fort doux, afin qué la trop grande faillie n'incommode point dans les appartemens.

Aux Lambris en hauteur les plus fimples, que l'on fait pour la place des miroirs & autres endroits où l'on ne met point de tapifferie, on donne 1 pouce $\frac{1}{2}$ d'épaiffeur aux bâtis, dans lefquels on fait un bouement: & les panneaux font de merrein.

Aux Lambris ornés de cadres en compartimens, on donne 1 pouce $\frac{1}{2}$ d'épaiffeur aux bâtis, fur-tout quand la hauteur & la largeur font confidérables, & l'on fait les bois des cadres & des panneaux forts à proportion.

Dans les grands bâtimens, on fait fouvent de menuiferie les cabinets, & quelquefois même d'autres pieces: on doit faire des deffeins pour ces fortes d'ouvrages. Je ne décide point ici l'épaiffeur que les bois doivent avoir, parceque cela dépend du deffein & du lieu.

L'ufage eft de mefurer les Lambris d'appui à la toife courante, en les contournant par-tout, fans avoir égard à la hauteur; & l'on mefure les Lambris en hauteur à la toife quarrée de 36 pieds pour toife, en multipliant le contour par la hauteur.

DU PARQUET.

IL y a ordinairement trois différentes épaiffeurs de Parquet; le plus fimple eft d'un pouce ou de 14 lignes, le moyen d'un pouce $\frac{1}{2}$, & le plus épais de 2 pouces.

On n'emploie le plus fimple qu'aux appartemens hauts, ou dans les maifons qui ne font pas de grande conféquence. Car quand on veut que le Parquet foit bon, il faut lui donner 1 pouce $\frac{1}{2}$, & on fait les panneaux de merrein & les frifes d'un pouce.

Le Parquet d'un pouce ½ eſt fort bon, mais il ne faut pas qu'il y ait d'humidité par-deſſous; auſſi dans les grandes maiſons on l'emploie aux étages ſupérieurs; les friſes ont 15 lignes, & les panneaux ſont épais d'un pouce.

Le Parquet de deux pouces doit être employé aux appartemens bas, où il faut de la force pour réſiſter à l'humidité. Il faut que les panneaux ſoient à peu près de même épaiſſeur que les bâtis, ou qu'ils aient au moins 1 pouce ½; car quand le bois de panneau n'a pas aſſez d'épaiſſeur, l'humidité entrant par-deſſous dans les pores du bois, le fait enfler & creuſer par-deſſus. Quand le Parquet a 2 pouces, on donne 1 pouce ½ aux friſes. Le tout doit être aſſemblé à languettes, cloué avec clouds à tête perdue, & les trous remplis avec de petits quarrés de bois proprement joints & rabotés.

Les lambourdes que l'on emploie pour poſer le Parquet ſur les planchers, ne doivent pas avoir autant d'épaiſſeur que ſur les aires des étages bas, car cela donne trop d'épaiſſeur au-deſſus des planchers; on regarde les plus hautes ſolives, & l'on donne quelques pouces d'épaiſſeur, afin qu'aux ſolives baſſes les lambourdes n'aient pas plus de 2 pouces ½: & c'eſt ordinairement du bois de 4 à 6 pouces refendu en deux.

Pour le Parquet poſé ſur les aires des étages bas, il faut que les lambourdes aient au moins 3 pouces d'épaiſſeur: elles ſont ordinairement de bois de 3 à 4 pouces de gros.

Il y a deux ſortes de Parquet, à l'égard de ſon aſſemblage, l'un a les panneaux d'équerre ſur les bâtis, & s'appelle *Parquet quarré*; l'autre a les panneaux en diagonale ſur les bâtis, c'eſt-à-dire, qu'ils ſont mis en lozange. De ce Parquet, il y en a à 16 panneaux & à 20 panneaux: celui de 20 panneaux eſt toujours le plus beau & le meilleur.

On pose aussi le Parquet de différentes manieres.
L'une est parallele aux murs, c'est-à-dire, posée en
quarré; l'autre est posée en lozange, c'est-à-dire, en
diagonale à l'égard des murs : on trouve cette derniere maniere plus agréable, & l'on s'en sert à présent
plus que de l'autre.

Quand on met du Parquet dans les appartemens
qui sont en enfilades, il faut observer s'il est posé en
lozange, que le milieu ou la pointe d'un rang de Parquet réponde précisément au milieu des portes de
l'enfilade. Si l'on en peut faire autant au droit des manteaux de cheminées & au droit des croisées, cela donne beaucoup d'agrément aux appartemens; mais il est
difficile que cela se puisse toujours faire, parcequ'il se
trouve dans un bâtiment des sujétions préférables au
Parquet. Pour les enfilades, cela doit être absolument
comme je viens de le dire, & l'on doit même y penser
en faisant les plans.

Il faut aussi faire répondre au milieu des enfilades le
Parquet posé en quarré. Il y a plus de facilité en celui-
ci pour les sujétions des Cheminées & des Croisées,
qu'en celui qui est posé en lozange; mais l'ouvrage
n'en est pas si beau.

On fait ordinairement au-devant des Cheminées,
un chassis de frise de 15 à 16 pieds de distance du devant des jambages, sur toute la longueur de la Cheminée, y compris les jambages, pour contenir le foyer
qui doit être de marbre ou de carreau.

Au reste, le Parquet est un ouvrage pour lequel les
Menuisiers doivent prendre beaucoup de soin; car
l'on est fort délicat là-dessus.

On mesure le Parquet à la toise quarrée de 36 pieds
par toises à l'ordinaire. On rabat les places des Cheminées & autres avances contre les murs; mais l'on
compte les enfoncemens au droit des Croisées & des
Portes. Dans le toisé du Parquet, l'on comprend les

lambourdes qui font fournies par le Menuifier ; le tout ne doit faire qu'un même prix.

Dans les endroits où l'on ne veut pas faire la dépenfe du Parquet, on fait des planchers d'ais, furtout aux étages bas ; mais afin que ces planchers foient bons, il faut que les ais aient au moins 1 pouce ½ d'épaiffeur, & qu'ils n'aient pas plus de 8 ou 9 pouces de largeur, à caufe qu'ils fe courberoient, par la raifon qui a été dite. Le tout doit être affemblé à languettes, & cloué fur des lambourdes comme le Parquet. Si l'on fait de ces fortes de planchers aux étages hauts, on peut y mettre du bois d'un bon pouce ou de 15 lignes ; mais les ais ne doivent pas avoir plus de 8 pouces de large. A ces fortes de planchers, l'on pofe les ais de différentes façons, ou quarrément ou à épi, ainfi qu'on le juge à propos.

Il n'eft pas néceffaire que je parle ici des planchers que l'on fait pour des entrefols, cela eft affez connu.

On toife les planchers d'ais comme le Parquet, c'eft-à-dire, à la toife fuperficielle.

DES CLOISONS
DE MENUISERIE.

ON ne fait guères de Cloifons de Menuiferie que pour des féparations légeres, quand on veut faire des corridors, ou qu'on veut divifer une grande piece en deux ou trois parties. Les Cloifons font ordinairement de planches de fapin, d'un pouce ou d'un pouce ½, affemblées à languettes l'une contre l'autre & par les deux bouts dans les couliffes faites de bois de chêne, dans lefquelles on fait une rainure pour paffer le bout des ais.

On mefure ces fortes de Cloifons à la toife quarrée.

ADDITION

A LA MENUISERIE.

LE Toisé de la Menuiserie est le plus simple de tous, sans aucun usage, & tout vuide est rabattu. La toise superficielle & courante est la regle de ce Toisé. Il suffit dans les Mémoires de bien détailler chaque article, en y expliquant quel bois, sa qualité, son assemblage, ses ornemens & sa mesure.

Le meilleur Livre que nous ayons sur la Menuiserie, est intitulé: *Détail des Ouvrages de Menuiserie pour les Bâtimens, par M. Potain, ancien Entrepreneur des Bâtimens du Roi.* A Paris, chez *Jombert*, 1749. Quoique cet Ouvrage soit susceptible de plus grands détails, il peut être d'un grand usage à ceux que leur état met dans l'occasion de régler des Mémoires de Menuiserie.

« Les Us & Coutumes, dit M. Potain dans sa Préface, » qui sont d'usage par rapport à plusieurs autres professions du Bâtiment, n'ont été établis que dans la vue de » rendre la justice qui est dûe aux Entrepreneurs, en les » dédommageant des pertes qu'ils pourroient souffrir, s'il » ne leur étoit pas accordé de plus-valeur pour certaines » parties de leurs Ouvrages qui leur coutent constamment plus que d'autres.... au moyen de quoi ces Entrepreneurs ne courent aucun risque, quelques sujétions, fausses mesures, ornemens ou difficultés qui puissent se rencontrer dans leurs ouvrages ».

Il fait ensuite connoître que la Menuiserie n'est pas moins sujette que la Charpente, à rencontrer dans la fabrique de ses ouvrages de fausses mesures, eu égard à la longueur de ses bois qui sont bornés à 6, 9 & 12 pieds, & toutes les dépenses, sujétions & délicatesses indispensables dans les ouvrages de Menuiserie, qui n'ont aucun usage établi pour en dédommager les Ouvriers.

« Cependant, continue-t-il, la chose seroit également » possible en se servant des mêmes usages que l'on suit » pour la Maçonnerie, en posant pour base que le sapin » blanchi par les deux paremens vaut 12 livres la toise su-

» perficielle, & payant toutes les moulures simples cou-
» ronnées d'un filet, comme demi-pied la toife courante,
» & les platte bandes de panneaux avec filet de même, &
» fans filet moitié moins : c'eft-à-dire, que la toife cou-
» rante de platte-bande avec filet vaut 3 f. 4 d. & fans filet
» 1 f. 8 d. les corps & chans dreffés & apparens en tout
» & en partie de même ». C'eft-à-dire, que chaque toife
courante de moulure couronnée d'un filet feroit payée $\frac{1}{15}$
de la valeur de l'ouvrage.

« Les bois de chêne d'un pouce étant fixés à 19 livres la
» toife fuperficielle, les moulures en iceux feront à 5 f.
» 3 d. la toife courante, & le refte à proportion, comme
» il eft dit ci-deffus.

» Ceux de 15 lignes de chêne étant fixés à 21 l. la toife
» courante de moulure fera de 5 f. 10 d. & le refte à pro-
» portion, comme ci-deffus.

» Ceux d'un pouce $\frac{1}{2}$ étant fixés à 24 livres, la toife
» courante de moulure fera de 6 fols 8 d. le refte à pro-
» portion.

» Les bois de 2 pouces étant fixés à 36 liv. la toife
» courante de moulure fera de 10 f. ainfi du refte à pro-
» portion.

» Chaque pied quarré de boffage fur 1 pouce d'épais,
» comme demi-pied de la chofe à laquelle ce boffage fera
» joint. Mais quoiqu'il foit très-poffible de régler la Me-
» nuiferie en fuivant exactement cette méthode, elle mul-
» tiplieroit les calculs, &c ».

Pour moi je penfe qu'il vaudroit mieux tout uniment
détailler la Menuiferie de la même maniere qu'on détaille
la Maçonnerie, diftinguer la qualité du bois & fon épaiffeur en tout ou en partie, compter enfuite toutes les moulures à toife fuperficielle, chaque membre couronné de
fon filet pour un pied ; & dans la récapitulation générale,
toutes ces moulures étant réunies dans une certaine
quantité de toifes, on y poferoit un prix proportionnel ;
comme, par exemple, 2 liv. la toife fuperficielle de moulures. Car il n'en coute pas davantage de pouffer des moulures fur un bois de 2 pouces d'épaiffeur, que fur un bois
d'un pouce ; de même qu'en Maçonnerie il importe fort
peu que des moulures foient pouffées fur un mur de 18
pouces d'épaiffeur ou fur un de 24 pouces, le Maçon n'en
eft ni plus ni moins payé.

Cette méthode de toiser la Menuiserie comme on fait la Maçonnerie, n'est point à rejetter ; ce seroit le vrai moyen de bien régler les Mémoires de Menuiserie. On s'attacheroit à connoître le prix des bois, leur espece dans les achats, leur déchet dans l'emploi & leur main-d'œuvre. Par-là on seroit sûr de ses opérations : au lieu que de la maniere dont se font aujourd'hui les Mémoires de Menuiserie, chaque article demande son explication & son détail particulier, & toutes ces explications sont la plûpart du temps si embrouillées, qu'on est obligé de mettre le prix aux ouvrages, suivant l'habitude qu'on s'en étoit formée.

DE LA FERRURE.

LES principaux ouvrages de Ferrure que l'on emploie dans les bâtimens, sont le Gros Fer, la Ferrure des Portes & des Croisées, les Rampes & autres ouvrages de Fer travaillé, qui ne sont point compris dans le Gros Fer.

OUVRAGES DE GROS FER.

LES ouvrages de Gros Fer, sont les Ancres, les Tirans, les Equerres, les Harpons, les Boulons, les Bandes de Trémies, les Etriers, les Barreaux, les Chevilles & Chevillettes, les Dents de Loup, les Fantons pour les Cheminées, &c.

On ne détermine point ici la longueur ni la grosseur que doivent avoir toutes ces pieces de Fer ; car cela dépend des occasions, & du besoin que l'on a qu'il soit plus ou moins fort : toutes ces sortes d'ouvrages sont ordinairement comptés au poids, à *tant* la livre ou le cent de livres.

Il y a d'autres ouvrages de Gros Fer, que l'on compte encore à la livre ; comme les Grilles & les Portes de Fer : mais quand ils font ouvragés, l'on en fait un prix à part.

Les Rampes d'escalier & les Balcons, font comptés à la toise courante fur la hauteur de l'appui : les prix en font différens, felon les différens deffeins que l'on choifit. Mais il faut prendre garde que les plus chargés d'ouvrages ne font pas toujours les plus beaux, à caufe de la confufion. Un deffein dont l'ordonnance eft fans confufion, c'eft-à-dire, une belle fimplicité eft plus agréable, & l'ouvrage en coute moins ; il faut pour faire ces deffeins, une perfonne plus habile qu'un ouvrier ordinaire : pour le mieux, ils doivent être faits par un Architecte. On emploie ordinairement pour les Rampes, le Fer applati ; pour les appuis & les focles, les barres montantes font de Fer de Carillon. Pour les Grilles de Fer, on emploie du Fer quarré d'un pouce, & les traverfes doivent avoir 13 à 14 lignes.

FERRURE

DES CROISÉES ET DES PORTES.

POUR les Croifées fimples, on fe fert de Ferrures étamées en blanc : on emploie des Fiches de brifure, quand les Volets font brifés.

Pour les Chaffis-à-verre, on met des fiches à bouton & à doubles nœuds pour démonter ces Chaffis. Les Volets font auffi attachés avec des fiches à bouton, pour avoir auffi la facilité de les démonter. On fait des Targettes dont les plaques font ovales ; les unes font en faillie, & les autres font entaillées dans l'épaif-

Teur du bois, afin que les Volets recouvrent par-deſſus :
il y a deux Targettes à chaque Volet. On met à préſent des Loquetaux au lieu de Targettes aux Volets
d'enhaut, & les Croiſées doivent être attachées aux
murs avec ſix pattes.

Aux Croiſées moyennes, où l'on met des Ferrures polies, on fait des Fiches à vaſe & à gonds de 5
à 6 pouces de haut pour les Volets & les Chaſſis-à-
verre, & les crochets ſe démontent pour nettoyer les
Croiſées. On fait les Targettes à panache de 6 à 7
pouces de haut, & les Loquetaux d'enhaut à proportion avec un reſſort à boudin, pour ouvrir les Chaſſis-
à-verre. Ces Targettes ſeront entaillées dans les battans, pour être recouvertes par les Volets : les Fiches
de briſure de ces Volets ſont toujours les mêmes que
ci-devant.

Aux grandes Croiſées, les Fiches des Chaſſis-à-
verre & des Volets ſont de 10 à 12 pouces de haut;
elles doivent être à doubles nœuds & à vaſes, pour
les démonter quand on voudra : on y fait des Targettes à panaches de 8 à 9 pouces de haut, & fortes
à proportion. On met des Loquetaux aux Chaſſis-à-
verre & aux Volets d'enhaut, avec un reſſort à boudin par bas, & une lame de fer pour faire ouvrir les
Chaſſis-à-verre & les Volets : on y fait auſſi des baſcu-
les par bas pour la même fin. Les Loquetaux doivent
être proportionnés aux Targettes, & entaillés dans l'é-
paiſſeur des bois s'il eſt beſoin (1).

_____

(1) Aujourd'hui dans les Bâtimens conſidérables, les Croiſées ſont ouvrantes en deux parties de toute leur hauteur avec
leurs Guichets briſés. On les ferre comme il ſuit:

Six ou huit Fiches de 6 pouces entre vaſes attachées ſur
les Guichets & ſur les Dormans, ſix ou huit Fiches de bri-
ſures de 3 pouces pour faire briſer les Guichets; ſix ou huit
Fiches à broche ou à bouton de 4 pouces, attachées ſur

Les Portes les plus simples sont ferrées de Pentures & de Gonds attachés dans les murs. On y met deux Verrouils simples avec deux crampons, une gâche à chaque verrouil, une Serrure simple à tour & demi, ou à peine dormant; le tout noirci au feu avec la corne. Aux portes des caves, on met des Serrures à bosse ou des Serrures à pênes dormans & à deux tours, garnies de vis, gâches & entrées, avec une boucle pour tirer la porte.

Les autres Portes où il y a des chassis de bois, seront ferrées avec des Fiches à gonds & à vase de 10 pouces de haut, avec une Serrure commune d'un tour & demi, limée en blanc, garnie de vis, gâches & entrées: on y met aussi deux Targettes avec leur crampon.

_____

tes Dormans & Chassis-à-verre; huit Equerres posées & entaillées aux huit angles des deux Chassis-à-verre; une Espagnolette polie de la hauteur du Dormant, de 8 à 9 lignes de diamettre, ornée de moulures, & attachée sur un des battans des Chassis-à-verre avec quatre lacets & une poignée tournante & évuidée; deux Supports, l'un à patte attaché sur le Guichet, l'autre à charniere attaché sur le battant de l'autre Chassis-à-verre; deux Gâches haut & bas, attachées & entaillées dans les traverses du Dormant, qui reçoivent les crochets haut & bas de l'Espagnolette; quatre Pannetons sur l'Espagnolette; quatre Contre-pannetons évuidés attachés sur le Guichet d'autre côté, & quatre Agraffes sur le Guichet du côté de l'Espagnolette, dans lesquelles passent les Pannetons. Les Dormans doivent être attachés & retenus avec six fortes pattes entaillées dans l'épaisseur des bois.

Toutes ces Ferrures doivent être propres & polies, & attachées avec clouds à vis à tête fraisée; car elles sont susceptibles de dorure, de bronze ou de couleurs.

Il y a toute apparence que ces Ferrures n'étoient point connues du temps de M. Bullet, non plus que les Ferrures des Portes, dont nous donnerons ci-après le détail.

Aux Portes à placard simples, qui sont ferrées de Ferrure polie, on met à chacune trois Fiches à gonds & à vase de 9 pouces de haut ; deux Targettes à panaches, montées sur platine de 7 pouces de haut, une Serrure à reffort d'un tour & demi, garnie de ses vis & entrées, avec une gâche encloisonnée, un bouton & une rosette pour tirer la porte.

Les grandes Portes à placards à deux venteaux, seront ferrées de trois Fiches à chaque venteau, & ces Fiches seront à vases & à gonds, d'un pied ou de 14 pouces de haut, selon la grandeur des Portes, & grosses à proportion ; elles doivent être ferrées avec des pointes à tête ronde, deux grands verrouils à reffort, dont l'un aura 3 pieds ½ & l'autre 18 pouces, attachés sur des platines à panaches ; deux verrouils montés aussi sur platines à panaches de 9 pouces de haut, & larges à proportion, avec leurs gâches, une serrure à tour & demi garnie de ses vis à tête perdue, & de ses entrées avec une gâche encloisonnée, un bouton & des rosettes des deux côtés (2).

<hr>

(2) On ferre aujourd'hui les Portes à placard à deux Venteaux dans les appartemens de conséquence ; comme il suit.
Huit Fiches polies de 9 pouces entre vase ; quatre de chaque côté. Sur un des venteaux est une Serrure à l'Angloise, faite exprès à quatre fermetures, ayant en-dedans trois pênes, savoir, un fourchu ou double, fermant à deux tours, un autre à demi-tour ouvrant avec un double bouton à rosette, & un petit verrouil renfermé dans la Serrure avec un bouton par-dessous. Cette Serrure est renfermée dans un palatre de cuivre orné avec goût, cifelé & appliqué contre le bois avec des étoquiaux cachés & des vis perdues. Elle fait agir deux verrouils, l'un par haut & l'autre par bas, en forme de bascule, montée sur une platine évuidée, les branches étampées à pans de toute la hauteur de la Porte, garnies de leurs conduits. A l'autre Venteau est une bascule de même hau-

Les Portes-cocheres seront ferrées avec six grosses
Fiches à gonds & à repos, de 5 à 6 pouces de haut,
& de deux pouces de gros; six gros Gonds de fer bâtard, d'un pouce ½ de gros; douze Equerres, dont il
y en a huit grandes pour les grandes Portes, & chacune a 18 à 20 pouces de branche; & quatre pour le
Guichet de 15 à 16 pouces de branche; une grosse
Serrure pour le Guichet, d'un pied ou 15 pouces de
long, à deux tours, avec sa gâche encloisonnée, attachée avec des vis à tête quarrée, garnies de ses entrées; une petite Serrure au-dessous de la grande, de
6 à 7 pouces de long, à ressort & à un tour & demi,
garnie de ses vis, gâches & entrées comme ci-devant;
un Fléau pour tenir les deux côtés de la Porte, garni
de son boulon & de deux demi-crampons qui seront
rivés au travers de la Porte; un Moraillon avec une
Serrure ovale pour attacher le fléau; une grosse Boucle ou marteau, avec une grande rosette par-dehors,

teur, à noix, & renfermée dans un palatre de cuivre égal
à l'autre, ayant deux Verrouils haut & bas; cette bascule
est étampée à pans, & en tout semblable à celle de l'autre côté. Au haut de la Porte est une double Gâche encloisonnée pour recevoir les Verrouils, & par bas dans le parquet
une autre double Gâche à double soupape à ressort, pour
empêcher la poussiere d'entrer dedans lorsque les Portes sont
ouvertes.

Les Serrures de ces Portes doivent avoir chacune leurs clefs
différentes, mais toutes doivent ouvrir sur un même passe-
par-tout. Il n'en faut que deux, un pour le Maître & l'autre
pour le Concierge.

On en ferre encore différemment. Au lieu de Fiches on
les ferre par bas avec quatre forts pivots d'un pied de branche & leurs crapaudins, & par haut avec deux bourdonnie-
res, dans le milieu deux charnieres à bouton à double branche de 6 pouces, entaillées dans l'épaisseur des bois, & attachées à vis à tête fraisée; le reste de la Ferrure comme ci-
dessus.

& une petite par-dedans. On peut mettre un gros Verrouil derriere la Porte, quand on ne veut pas se servir d'un Fléau (3).

Je ne parlerai point ici d'autres menus ouvrages de Ferrure que l'on emploie dans les bâtimens, comme de pattes, de crampons, de réchauds pour les fourneaux & potagers, & autres, parcequ'ils sont de trèspeu de conséquence & assez connus.

---

(3) Lorsqu'on veut faire une certaine dépense à une Portecochere, on la ferre différemment. On rafine tous les jours sur les ouvrages de Serrurerie; & on peut dire que cet Art est porté aujourd'hui à un haut dégré, dans l'utile comme dans l'agréable. On peut voir la ferrure de la Porte - cochere de l'Hôtel de la Trémoille, rue Sainte Avoye; une autre, rue de l'Homme-armée, vis-à-vis la rue du Plâtre au Marais: celle de l'Hôtel de Matignon: celle du Palais-Bourbon, Fauxbourg S. Germain, &c.

Le détail suivant est le relevé que j'ai fait de celle de la Porte-cochere de la maison de M. Daugny, Fermier Général, rue neuve Grange-Batelière, faite en 1750.

Cette Porte est ferrée de deux fortes Fiches à doubles gonds, quatre Fiches à gonds, & de deux Pivots en équerre avec leurs crapaudines.

Dix Equerres entaillées dans l'épaisseur des bois, savoir, deux par haut sur les deux Venteaux, à doubles branches chantournées à la demande de la porte, de chacune 7 pieds: deux autres plus bas, entées à quatre branches à la demande de la traverse, de chacune 8 pieds: deux autres au haut des guichets aussi ceintrées, de chacune 7 pieds: deux autres au bas des guichets, de chacune 6 pieds 4 pouces: deux autres au bas des deux venteaux, de chacune 8 pieds. Au bout de ces équerres est étampé un bout de moulure de 3 pouces ½ de large, & deux membres, & au-dessus un ornement en fleuron évuidé; le tout posé avec vis à tête fraisées de 6 pouces en 6 pouces.

Une Espagnolette à douille & verrouil par bas, de 16 pieds ½ de haut & de 16 lignes de diamettre, à quatre lacets, sur des platines évuidées de 18 pouces de haut sur 6

Pour les prix des ouvrages de Ferrure, on les fait à la piece, comme d'une Serrure, d'une Fiche, d'une

---

pouces de large, attachées avec des vis de 3 pouces à tête ronde : chaque lacet pris dans des embases de 9 pouces de haut profilées, tournées & ornées de 6 membres. Au bas de cette Espagnolette est un fort verrouil à ressort avec son bouton profilé ; ce verrouil remonte dans la moulure au-dessous du premier lacet, dans l'intérieur de laquelle est la douille : il est attaché sur une grande platine portant une boëte quarrée avec deux crampons formant ses moulures, & attachée avec clous à vis à tête ronde, comme les autres platines.

Sur l'autre venteau est un autre verrouil semblable en tout à celui ci-dessus, ayant un lacet par haut creusé en douille pour le remonter. Ces deux verrouils ont chacun un mentonnet à ressort pour les retenir levés, & tombent dans une double gâche de fer battu, d'un pied de long sur 8 pouces de large, scellée en plomb.

A l'Espagnolette est une poignée tournante évuidée, ayant différens profils, avec un moraillon à charniere tombant sur une petite serrure de 5 pouces, quarrée, & échancrée sur ses angles, sa clef est forée en S, & sur le palatre est un cadre profilé, ayant différens ornemens évuidés au-dessus & au-dessous. Cette poignée tombe sur un support évuidé, qui a une petite console d'ornement.

Le Guichet est ferré d'une fiche à chapelet de 8 pieds de long & de 20 lignes de diamettre, avec deux vases aux deux bouts profilés & tournés.

Une Serrure de sûreté de 14 pouces de long sur 6 pouces de haut, avec sa clef évuidée en forme de jeu de cartes, & sa gâche : l'une & l'autre posées sur une cloison haut & bas, entaillées à la demande des moulures de la Porte sur le palatre ; plus un faux-fond profilé, dans lequel est un cache-entrée. Cette Serrure est posée avec des étoquiaux à pattes sur la cloison avec des vis à tête perdue, de sorte qu'il ne paroît ni clous ni vis.

Plus, une petite Serrure avec entrée, clef forée, deux faux-fonds avec étoquiaux à pattes, ainsi que la gâche, ayant un cadre au pourtour.

Deux forts Verrouils sur platine d'un modele choisi avec

targette, &c. ou bien d'une Croifée entiere ou d'une
Porte entiere ; & ainfi de chaque nature d'ouvrage
en particulier.

---

fes crampons profilés, attachés fur une même platine avec un
coffre.

Deux fortes Poignées à main portant leurs moulures &
deux fortes platines moulées.

Une Boucle cifelée & une rofette auffi cifelée en bas-relief
avec vis, écrou & clou en pointe de diamant.

Le devant de la Porte eft garni de forte tôle de 10 pieds de
long & de 13 pouces de large, avec moulures étampées haut
& bas, & retenues avec vingt vis à écrou par-derriere.

Sur le derriere de la Porte & fur les deux battans font attachées deux mantonnets portant embafes, qui fervent à les tenir ouverts, pour cet effet ils vont s'accrocher dans deux boêtes attachées fur les murs aux côtés : ces boêtes renferment
chacune un loqueteau à reffort.

Toute la Ferrure de cette Porte eft très-bien conditionnée,
& a été eftimée 2000 livres.

ADDITION
À LA FERRURE.

I. M. Bullet n'a point parlé des qualités du Fer. Quoique cette matiere paroisse étrangere au sujet que je traite, elle est cependant du ressort de l'Architecture-Pratique & des gens de mon état, pour en faire mention lors des vérifications, & dans la conduite des travaux.

Le meilleur Fer que l'on puisse employer est sans contredit le Fer de Berry. Il y en a de deux sortes : le Fer battu, & le Fer étiré.

Le Fer de Bourgogne est doux & aisé à employer, ainsi que celui des Forges de Senonge & de Vibray dans le Pays du Maine. Celui de Vibray est plus ferme.

Les Fers de Normandie, de Champagne & de S. Dizier sont cassans & de gros grain.

Les Fers de Roche & de Nevers sont de bonne qualité, & approchent de l'Acier ; ils sont supérieurs à ceux de Bourgogne & du Maine.

Les Fers de Suede, d'Allemagne & d'Espagne vers Saint Sébastien, sont bons pour les ouvrages polis & délicats ; mais ils ne valent rien en grosse construction.

De la qualité du Fer.

Quand on voit des gersures de travers à une barre de Fer, & que le Fer n'est pas pliant sous le marteau, ce Fer est *Rouverain*, c'est-à-dire, cassant à chaud, difficile à forger & pailleux.

Après avoir cassé une barre de Fer, si le dedans est noir & cendreux, le Fer est bon, malléable à froid & à la lime, & peu sujet à se rouiller.

Un Fer qui, à la casse, paroît noir & gris tirant sur le blanc, est excellent pour les gros ouvrages de bâtiment, ainsi que celui qui a le grain fin comme l'acier.

Le Fer qui, à la casse, paroît de gros grain & clair comme de l'étain, est de mauvaise qualité, cassant à froid, tendre au feu, aisé à se rouiller & à se manger.

Les Forgerons connoissent encore la qualité du Fer en

le forgeant ; car s'il eſt doux ſous le marteau, il ſera caſſant à froid , & s'il eſt ferme il ſera pliant à froid.

Echantillons du Fer & du Cloud.

Le Fer *Plat* a 2 pouces de large & un demi-pouce d'épaiſſeur : ſa longueur eſt de 9, 12 & 15 pieds.

Le Fer *Quarré* eſt de différentes longueurs & groſſeurs : il y en a d'un pouce quarré & de deux pouces.

Le Fer *Quarillon* a 8 & 9 lignes de groſſeur.

Le Fer *Quarré-bâtard* eſt de 16 à 18 lignes de groſſeur.

Le Fer *Rond* pour les tringles, a 6 & 9 lignes de diametre.

Le Fer *Cornette* a depuis 3 pouces juſqu'à 6 pouces , & même 8 pouces de hauteur, & un demi-pouce d'épaiſſeur.

Le Fer *Courçon* eſt une maſſe de fer de 3 & 4 pieds de long , & de telle groſſeur qu'on le demande dans les Forges.

Le Fer en *Tôle* eſt de différentes eſpèces : il y en a de fort & de foible , & de différentes grandeurs & épaiſſeurs.

Les Menuiſiers & les Serruriers emploient beaucoup de Clous & de différentes ſortes. Les Menuiſiers aiment mieux le Clou de Liége qui a la tête déliée & le corps mince ; mais il eſt d'un fer aigre. Les Serruriers ne font uſage que du Cloud Normand , parce qu'il eſt doux & a une forte & groſſe tête. Les uns & les autres diſtinguent le Clou comme il ſuit.

Clou de 4 a 1 pouce ½ de long.
Clou de 6 a 2
Clou de 8 a 2......½
Clou de 10 a 3
Clou de 12 a 3......½

II. Il eſt quelquefois dangereux d'employer le Fer dans les Bâtimens, ſur-tout dans ceux qui ſont conſtruits en pierre de taille : car le Fer, venant à ſe rouiller , s'enfle & fait caſſer les pierres. Les Anciens n'en faiſoient aucun uſage dans leurs grands édifices. Ils ſe ſervoient de crampons de cuivre. On peut cependant obvier à cet inconvénient, en poſant ces Fers à ſec, les frottant de graiſſe , & ne les entaillant pas trop juſte dans la pierre. Au bâtiment de l'Obſervatoire de Paris, il n'y a ni Fer ni Bois.

Un pied de Fer d'un pouce quarré pese aux environs de 3 livres 14 onces, qu'on réduit l'un portant l'autre à 3 livres ½, tout employé. Le pied cube de Fer doit peser 558 livres ou 560 à la rigueur, & il faut plus de 150 morceaux de Fer d'un pouce quarré & d'un pied de long pour faire ce poids.

III. Il est d'usage dans les Bâtimens de donner au Serrurier les vieux Fers provenans des démolitions, tels qu'ils sont sans choix & au poids, sur laquelle quantité on lui diminue les quatre pour cent; & cette quantité donnée en compte lui est diminuée sur la totalité des Fers fournis; mais on lui en paie la façon depuis 4 livres jusqu'à 5 liv. le cent, & même plus, suivant la chereté du Charbon de terre.

IV. Le prix des gros Fers d'un Bâtiment se règle suivant le prix du Fer Marchand & celui du Charbon de terre. Si le Fer Marchand vaut 13 liv. & le Charbon de terre 60 livres le muid, les Fers se paient 18 liv. le cent pesant.

En général, la façon des Fers est le $\frac{1}{13}$ du prix du Charbon de terre.

Du Charbon de Terre

Le Charbon de terre se vend à Paris sur le Port, au muid contenant 90 boisseaux ou 15 minots, le minot contient 6 boisseaux. On divise encore le muid en 30 mesures, chaque mesure contient 36 boisseaux.

Le muid pese 3000 livres ou environ. Les Ouvriers de Paris appellent le muid une *voie*.

Le meilleur Charbon de terre est celui d'Angleterre, qu'on appelle *Charbon de Neufchâtel*. Les Marchands le mêlent avec celui d'Ecosse qui n'est pas si bon, mais qui est plus léger. La France en fournit aussi beaucoup, surtout les Provinces de Forez & d'Auvergne, & il ne cede en rien à celui d'Angleterre. La Bretagne & la Normandie en ont aussi, mais il est inférieur.

DE LA GROSSE FONTE,
OU FER FONDU.

Dans les Bâtimens de conséquence on fait usage de grosse-Fonte pour les Contre-cœurs de cheminées & leurs Garnitures ; les Réchauts de Fonte pour les Fourneaux potagers ; les Poissonnieres ; les Têtes de dauphin, ou Dégueulards, pour mettre au bas des tuyaux de descente des eaux ; les Tuyaux de descente ; les Tuyaux pour les chausses d'aisance ; les Boëtes ou Souillards pour les poteaux d'écurie.

Tous ces ouvrages de grosse-Fonte sont fournis par les Marchands Quincailliers, & se vendent au cent pesant.

Les Plaques de Fonte à fleurs de lys pesent depuis 60 jusqu'à 100 livres.

Une Garniture de cheminée, depuis 400 jusqu'à 600 livres.

Les Réchauts de Fonte garnis de leurs grilles, depuis 15 jusqu'à 20 livres, & les Poissonnieres le double.

Les Dégueulards n'ont que 18 pouces de haut, & pesent depuis 40 jusqu'à 50 livres.

Les Tuyaux pour la descente des eaux, de 3 pieds 3 pouces de long & de 4 pouces de diametre, depuis 75 jusqu'à 80 livres.

Les Tuyaux pour les chausses d'aisance, de 3 pieds 3 pouces de long & de 8 pouces de diametre, pesent 150 à 160 livres.

Il y a encore de gros Tuyaux de Fonte pour la conduite des eaux, dont le poids n'est point fixé.

Quand on fait son prix à *tant* le cent, il faut avoir soin d'expliquer si le Marchand se charge du transport au bâtiment, ou non : il vaut mieux lui donner quelque chose de plus par cent ou par millier, afin qu'il se charge de la marchandise, & qu'il la rende au bâtiment saine & sauve.

Quant aux prix de cette marchandise, ils varient comme les autres. Les suivans sont ceux de 1746.

Réchauts avec leurs grilles, 15 livres le cent.

Plaques & Garnitures de cheminée, 8 livres le cent.

Les Tuyaux de descentes, d'aisance & les Dégueulards 10 livres le cent.

DE LA PLOMBERIE.

LES Ouvrages de Plomberie que l'on emploie pour les bâtimens, sont principalement pour les combles couverts d'ardoise : on en fait les enfaîtemens, les noues & noquets, les lucarnes damoiselles & œils-de-bœuf, les chênaux & gouttieres, les descentes & cuvettes, les amortissemens, ou vases, &c. On donne différentes épaisseurs au Plomb, suivant l'ouvrage où l'on veut l'employer.

Le Plomb des enfaîtemens des combles doit avoir une ligne, ou au plus une ligne $\frac{1}{4}$ d'épaisseur sur 18 à 20 pouces de largeur : pour tenir le Plomb des enfaîtemens, il faut mettre des crochets de pied $\frac{1}{2}$ en pied $\frac{1}{2}$, c'est-à-dire, quatre à la toise.

Le Plomb des enfaîtemens des lucarnes doit avoir 15 pouces de largeur sur une ligne d'épaisseur ; les noquets pour les noues de ces lucarnes doivent avoir une ligne d'épaisseur.

Le Plomb que l'on emploie pour le revêtement des lucarnes damoiselles doit être fort mince, pour être plus flexible à former les contours de quelques moulures que l'on y fait ; mais il ne peut avoir guères moins d'une ligne d'épaisseur (1).

Le Plomb des œils-de-bœuf doit avoir une ligne $\frac{1}{2}$ d'épaisseur, pour se soutenir dans la figure que l'on donne à cet ouvrage.

Le Plomb des noues doit avoir 15 pouces de largeur & une ligne $\frac{1}{2}$ d'épaisseur.

(1) Les Lucarnes damoiselles dont il est parlé, ne sont plus d'usage. Elles étoient d'une figure bien différente de celles que nous connoissons aujourd'hui sous ce nom.

Le Plomb pour les chêneaux que l'on met fur les entablemens, doit avoir 18 pouces de largeur & une ligne ½ d'épaiffeur.

Le Plomb des bavettes par-deffus les chêneaux & les entablemens, doit avoir ¼ de ligne d'épaiffeur. Les chêneaux doivent avoir au moins un pouce de pente par toife : on y met des crochets de 18 pouces en 18 pouces.

Le Plomb des defcentes doit avoir 2 lignes d'épaiffeur & 3 pouces de diametre ; les entonnoirs ou hottes doivent pefer au moins 50 livres ; on met auffi des crochets pour tenir ces defcentes & entonnoirs ; on blanchit ordinairement le Plomb des chêneaux & defcentes avec l'étain.

Les canons ou gouttieres que l'on met pour jetter l'eau hors le pied des murs, quand on ne fait point de defcentes, ont à peu près 5 pieds hors de l'égoût ; on les fait de différentes figures, felon qu'on les veut orner. Il faut toujours mettre une bande de fer pour les foutenir.

Le Plomb des arrêtiers doit avoir une ligne d'épaiffeur.

Le Plomb que l'on emploie pour les membrons & autres ornemens de plomb que l'on fait aux couvertures d'ardoife, doit avoir ¼ de ligne d'épaiffeur.

Pour les amortiffemens ou vafes, ou autres ornemens que l'on met fur les épics au haut des couvertures, on les fait de différentes figures ; mais pour être bien, il faut que ce foit un Sculpteur qui en faffe les modeles ; on les comprend dans le prix de la livre de Plomb.

Quand on fait des terraffes de Plomb, il faut qu'il ait au moins une ligne ½ d'épaiffeur, celui de 2 lignes eft encore meilleur ; mais il faut bien prendre garde que l'aire ou le plancher qui doit porter le Plomb, foit folide, & que la pente foit uniforme.

Comme l'on vend tout le Plomb à la livre, il est bon de savoir ce que peut peser celui qu'on emploie dans chaque espece d'ouvrage, par rapport à son épaisseur sur un pied en quarré.

Un pied de Plomb en quarré d'une ligne d'épaisseur, doit peser à peu près 5 livres 10 onces. On peut sur ce principe, connoître qu'une toise de Plomb en longueur, sur 18 pouces de largeur & d'une ligne d'épaisseur, doit peser 50 livres 10 onces. Une toise de 2 lignes d'épaisseur sur même longueur, doit peser 101 livres 4 onces.

Ainsi l'on peut par ce moyen savoir la pesanteur du Plomb, en sachant son épaisseur, pourvu qu'elle soit partout égale.

Quand on donne du vieux Plomb au Plombier, il n'en rend que 2 livres mis en œuvre pour 3 de celui qu'on lui donne, c'est-à-dire, qu'il a une livre pour la façon (2).

---

(2) Il falloit que le Plomb fût à bon marché dans le temps que M. Bullet écrivoit ceci. Un Auteur qui lui étoit contemporain s'exprime ainsi.

« Le Plomb est fort renchéri depuis la déclaration de guer-
» re avec l'Angleterre: le plus commun vaut à présent 4 sols
» la livre mis en œuvre, compris la soudure..... Les vieux
» Plombs se donnoient ci-devant au Plombier trois livres
» pour deux d'employées; mais à présent cette évaluation se-
» roit trop forte: mais pour plus de justesse, on peut faire re-
» mettre la même quantité en œuvre que l'on a donnée au
» Plombier, & lui payer 36 à 40 livres du millier, compris
» la soudure, le tout en œuvre ».

Depuis ce tems jusqu'aujourd'hui, le Plomb a été payé 5 livres le cent pesant ou 50 livres le millier, non-compris la matiere de la soudure, mais y compris la façon de cette soudure.

L'usage actuel est, lorsqu'un Particulier a donné en compte son vieux Plomb au Plombier, on le diminue de quatre pour cent, c'est-à-dire, que 104 livres pesant données en compte

La foudure que l'on emploie pour fouder le Plomb, doit être d'étain fin : on le compte à part ; le prix en eft bien différent de celui du Plomb.

___

font réduites à 100 livres ; ces 100 livres font diminuées fur la totalité du Plomb fourni & pofé, & on paie au Plomblier un fol pour livre pefant de Plomb donné en compte pour fa refonte, main-d'œuvre, façon, pofe & bénéfice, y compris la façon des foudures, & on lui paie à part la valeur de la foudure à *tant* la livre.

___

ADDITION

A LA PLOMBERIE.

1. LE Plomb eft un métal pefant, luifant, noirâtre, fans reffort, & qu'on peut étendre facilement par le moyen du marteau. Il entre très-aifément en fufion.

L'Angleterre abonde en Plomb & en Etain. La France en a auffi des mines, fur-tout en Bretagne, mais il eft aigre & caffant.

Depuis environ 50 ou 60 ans, on lamine le Plomb en France, comme il fe pratique en Angleterre. Il s'eft formé une Compagnie, qui, avec l'agrément du Roi, a établi fa Manufacture à Paris, & a fait toutes les dépenfes que demande un pareil établiffement. « Il feroit à fouhaiter, » dit le Continuateur de la Maifon Ruftique, qu'il y eût » de ces Laminoirs dans toutes les principales Villes du » Royaume comme il y en a en Angleterre. Le Public » y gagneroit ; car tous ceux qui fe fervent de Plomb la-» miné, épargnent un tiers de matiere, & quelquefois » moitié, dans de certains ouvrages».

Le Plomb laminé eft un Plomb qui ayant paffé plu-fieurs fois fous des cylindres qu'on nomme *Laminoirs*, eft rendu égal & de même épaiffeur dans toute fa longueur & largeur.

Si la fupériorité de ce Plomb fur celui en fufion a eu des contradicteurs, elle n'en a point eu pour l'économie. Je

n'entreprendrai point d'exalter ni l'un ni l'autre ; j'en dirai
seulement le bien & le mal, afin de mettre les Lecteurs en
état d'en porter un jugement équitable.

« Il s'en faut bien, *dit M. Boffrand*, que l'on puisse voir
» clair sur la dépense en Plomb coulé sur sable. Quelque
» attention que l'on y apporte, la dépense de l'exécution
» d'un ouvrage excede toujours de beaucoup le devis ; &
» cet ouvrage qui devient bien cher par la surcharge d'une
» matiere que l'on paie inutilement, est encore assujetti
» à de continuelles réparations, parceque ce plomb est
» fort inégal d'épaisseur, & qu'il est toujours roide &
» cassant ; au lieu que le Plomb laminé, par sa parfaite
» égalité & sa douceur, est susceptible de toutes sortes
» de formes & contours ».

Poids du Plomb laminé, au pied quarré, suivant ses différentes épaisseurs.

Le pied quarré	d'une lig.	d'épaisseur, pese	5 liv. 8 onces.
	d'une lig. $\frac{1}{4}$		6 — 14
	d'une lig. $\frac{1}{2}$		8 — 4
	d'une lig. $\frac{3}{4}$		9 — 10
	de 2 lig.		11 — 0

Le pied quarré	de 2 lig. $\frac{1}{4}$	d'épaisseur, pese	12 liv. 6 onces.
	de 2 lig. $\frac{1}{2}$		13 — 13
	de 2 lig. $\frac{3}{4}$		15 — 2
	de 3 lig.		16 — 8

Et les autres épaisseurs au-dessus, à proportion.

Au moyen de la connoissance de ce poids, les devis de
Plomberie sont certains, parcequ'on est en état, 1.° par un
calcul assuré, de connoître au juste la dépense d'un ouvrage
qu'on se propose ; 2.° par le toisé, de savoir ce qu'il entre
de matiere. Ce qu'il n'est pas possible de faire avec le plomb
en fusion, à cause de l'inégalité de son épaisseur.

Les tables les plus larges en Plomb laminé ont 4 pieds 8
pouces, & 30 pieds de longueur : cette grande longueur
& largeur fait une épargne considérable de soudure dans
les grands ouvrages, comme nappes, cascades, réservoirs,
bassins, terrasses, couvertures d'Eglises, de dômes &
autres,

autres. Les tables en fusion n'ont que 3 pieds de large & 15 à 18 pieds de long.

La Manufacture délivre des tables de telle largeur & épaisseur qu'on les demande. Il y en a même au-dessous d'une ligne, propres aux ouvrages légers, aux ornemens, & à garnir des caisses, boëtes & autres choses.

On y trouve encore des tuyaux de même Plomb laminé soudés de long, de telle longueur, épaisseur & diametre qu'on le demande. Ceux de 2 lignes & de 3 pouces de dia-metre se vendent 4 livres le pied courant, y compris la soudure, & ceux de 4 pouces, 5 livres 6 sols 8 deniers.

Le vieux Plomb provenant des démolitions, non dé-graissé de ses soudures, est reçu en compte par la Manufa-cture, en échange du plomb laminé, poids pour poids, le déchet ordinaire déduit, c'est-à-dire, les 4 pour cent, en payant en argent un sol pour chaque livre d'échange.

Les retailles ou rognures de Plomb laminé y sont reçues à 5 sols 6 deniers la livre sans déchet.

Toutes les livraisons de Plomb laminé, qui se font au Magasin général, sont toujours accompagnées d'une fa-cture imprimée, contenant les mesures & le poids de la livraison. On doit se les faire représenter par ceux qui vont enlever le plomb.

Ce Plomb se vend 6 sols 6 deniers la livre, pris dans la Manufacture: outre ce prix, il faut payer le transport, & de plus la pose qui est de 6 den. pour chaque livre pesant.

II. La différence entre le Plomb laminé & le Plomb en fusion ne doit consister que dans la qualité. Je ne suis point assez Physicien pour en développer les ressorts & en dé-montrer les causes; mais j'ai assez d'expérience pour con-noître que le Plomb laminé est de plus de dépense que le Plomb en fusion. Pour le faire connoître, je suppose un Particulier qui veut dépenser 1054 livres pour couvrir en Plomb une terrasse de 273 pieds en superficie.

En Plomb laminé ces 273 pieds qui, à 11 livres le pied quarré, peseront 3003 liv. à 7 s. la livre, (savoir 6 sols 6 den pour le plomb, & 6 den. pour la pose) font la som-me de 1051 liv. 1 s. à laquelle on ajoutera la voiture sup-posée de 2 liv. 19 sols, le tout fera la somme de 1054 liv. suivant l'intention de ce Particulier.

En Plomb en fusion, ces 273 pieds, à raison de 12 liv. le pied, peseront 3276 liv. & à 6 sols la livre, y compris le

Ee

plomb , la pose & la voiture , feront la fomme de 982 liv. 16 f. Il reftera donc à ce Particulier 71 liv. 4 f.

Que ce Particulier faffe détruire cette terraffe. 1.°. Si le plomb n'eft point échangé , il fera vendu fur le pied marchand , que j'évalue à 4 f. 6 den. la livre. Si c'eft du Plomb *laminé* , fa réduction fera de 2883 liv. qui, à ce prix, vaudront 648 liv. 13 f. 6 d. Donc il perdra 405 liv. 6 f. 6 d. Si c'eft du Plomb *en fufion* , fa réduction fera de 3145 liv. qui , à ce prix, vaudront 707 liv. 12 f. 6 d. Cette fomme jointe aux 71 liv. 4 f. ci-deffus , fera celle de 778 liv. 16 f. 6 d. & par conféquent il ne perdra que 275 liv. 3 f. 6 d. La différence d'un Plomb à l'autre eft 130 liv. 3 f.

2°. S'il y a échange , je diftingue encore. S'il fe fait pour du nouveau Plomb *laminé* , on perdra *un fol* par livre, il en coutera *fix deniers* pour la nouvelle pofe , & en outre il faudra payer la démolition & les deux tranfports ; la perte eft donc de plus de *dix-huit deniers* par livre. Si l'échange fe fait pour du Plomb *en fufion* , on ne perdra pour tout qu'*un fol* pour livre , y compris l'échange , la démolition , la double voiture & la nouvelle pofe. Cette différence eft affez confidérable pour y penfer à deux fois, puifqu'il s'agit de près de *fept deniers* par livre.

Il eft à remarquer en général , que le Plomb *laminé* pefe *un douzieme* de moins , ou environ , que le Plomb *en fufion* ; mais il faut encore obferver qu'il coûte *un fol* par livre de plus , étant employé : cet excédent de prix aide beaucoup à l'objection de la plus grande quantité de foudure qu'il faut pour les Plombs *en fufion*.

Toutes ces chofes mûrement examinées & fans partialité , font voir clairement que le Plomb laminé n'eft pas toujours une économie bien conduite ni bien certaine.

J'ai dit que le Plomb en fufion pefoit 12 livres le pied quarré de 2 lignes d'épaiffeur. MM. Savot, Bullet & autres ne lui donnent qu'onze livres 4 onces. Si j'ai avancé 12 livres, c'eft que je le fais par différentes expériences que j'ai faites dans mes infpections chez plufieurs Plombiers , en toifant les Tables avant les pefées : ce poids eft le plus fort que j'aie trouvé.

Le Public fera toujours redevable à l'établiffement de la Manufacture du Plomb laminé, en ce qu'elle lui fournit des Plombs plus certains que les Plombiers, & lui épargne bien des foudures , & en même-temps en ce qu'elle les a corrigés des épaiffeurs outrées qu'ils donnoient à leurs Plombs.

III. De tous les ouvrages ordinaires de Plomberie, celui en terrasse est le plus critique & le plus exposé aux entretiens. Sa grande superficie exposée aux rayons du Soleil & aux injures des saisons y donne lieu.

Il y a cependant un moyen fort simple de parer à tous ces inconvéniens, & d'éviter de fréquentes réparations. Je l'ai mis moi-même en usage en 1743, & il m'a fort bien réussi. Il s'agissoit d'une terrasse de 26 pieds de long sur 4 pieds de large. Après avoir fait faire l'aire à l'ordinaire, en plâtre, dans lequel j'avois fait mettre un peu de recoupes de S. Leu passées au sas, & après avoir donné les pentes convenables, je fis poser une table de Plomb laminé de 2 lignes d'épaisseur sans aucune soudure, arrêtée seulement avec des clouds sur ses côtés. Ensuite je fis faire un tapis de ces nattes plattes, dans lesquelles on nous envoie des raisins, des figues, &c. que je fis coudre avec de la ficelle, de même longueur & largeur que la terrasse. Lorsque cette natte se pourrit on en met une autre, & ce qu'il en coûte pour la remplacer, n'égale pas la valeur de 2 livres de soudure. Sous cette natte le Plomb est libre. Il ne reçoit point les rayons brulans du Soleil : il s'étend doucement & à l'aise dans la chaleur ; la fraîcheur des nuits ni la rigueur du froid ne le saisissent point tout-à-coup. Cette natte le met à couvert de tous ces inconvéniens, & encore des insultes des souliers trop grossiers.

Les tuyaux de Plomb laminé pour la conduite des eaux jaillissantes, sont meilleurs que ceux en fusion, & les tuyaux moulés, par la raison de leur parfaite égalité d'épaisseur qui en fait la solidité & la durée, en y donnant des épaisseurs proportionnées à leur usage.

Les tuyaux de Plomb en fusion, ou coulés sur le sable & de long, sont graveleux, d'une épaisseur fort inégale, & d'un plus mauvais service que les moulés.

Les tuyaux moulés ont des soufflures & des ventosités dans leurs épaisseurs ; c'est toujours par-là qu'ils crevent. Les reprises qui y sont, forment souvent des langues ou couches de matieres qui ne font point corps avec le tuyau, & le font périr ; enfin le poids qui y entre ordinairement, est très-considérable & fort couteux.

Un tuyau de 4 pouces de diametre qui conduira des eaux qui ne font point forcées, & qui est enterré, aura 3 lignes d'épaisseur, parcequ'il a une charge de terre à supporter à raison de son volume.

Aux tuyaux qui reçoivent des eaux forcées & jaillissantes, il faut en proportionner l'épaisseur au diametre. Par exemple, si l'effort de l'eau exigeoit 3 lignes d'épaisseur pour un tuyau de 2 pouces, il faudroit mettre 4 lignes pour un tuyau de 4 pouces.

DE LA VITRERIE.

IL y a deux sortes de Verres; l'un que l'on appelle *Verre blanc*, & l'autre, *Verre commun*.

Le Verre blanc se fait dans les Forêts de Léonce, près de Cherbourg en Normandie.

Le Verre commun est celui qu'on appelle *Verre de France*; il y en a de fin, de moyen & de rebut. Le Verre fin est d'une matiere différente du Verre moyen; cependant dans le Verre fin il se trouve du moyen, parcequ'il n'est pas si blanc ni si clair que celui qu'on appelle *fin*. Celui de rebut est celui qui est au centre des écuelles, qu'on appelle *boudine* : on l'emploie dans des offices & autres lieux de peu de conséquence.

Il y a deux sortes de Vitrerie pour les croisées; l'une est à panneaux, & l'autre à carreaux.

On ne se servoit autrefois que de celle à panneaux, que l'on faisoit à compartimens de différentes figures, auxquelles on prenoit beaucoup de soin; le tout étoit en plomb arrêté avec des targettes de fer; mais on ne s'en sert plus guères à présent que pour des maisons médiocres ou pour des basses-cours, parcequ'il en coûte moins pour la façon & l'entretien.

On fait à présent les croisées à carreaux de verre de différentes grandeurs, que l'on met les uns en plomb, les autres en papier, le tout attaché avec des pointes de fer : ceux que l'on met en plomb durent plus long-tems, mais ils ne sont pas si clos que ceux qui sont en papier.

On mesure le Vitrage au pied de Roi, à *tant* le pied en superficie, soit à panneaux ou à carreaux; ou bien à l'égard des carreaux, comme ils sont plus ou moins grands, ce qui fait une différence pour le prix, on en fait marché à la pièce selon leur grandeur.

ADDITION.

A LA VITRERIE.

LE beau Verre blanc qui vient à Paris, se fabrique en Basse-Normandie dans la Forêt de Léonce, près Cherbourg, comme le dit M. Bullet. Il coûte au Bureau 38 liv. le panier. Le panier est composé de 21 plats nets & sans casse, au lieu de 24 plats dont il étoit composé auparavant. Chaque panier se fait présentement au Bureau de la Vitrerie par le Commis chargé de la distribution, qui doit le livrer net & sans cassure à 21 plats. Chaque plat contient depuis 38 jusqu'à 44 pouces de diametre. Il y en a plus en foible mesure qu'en forte. On peut tirer dans chaque plat 4 pieds de verre, non compris la boudine, qu'on appelle. *Verre de rebut.*

Un Vitrier, en achetant un panier de Verre, est tenu de le prendre tel qu'il est; & comme ce sont les Marchands Vitriers qui se chargent des voitures, ils indemnisent les Vitriers de la casse. Lorsque dans un panier il se trouve plus de sept plats cassés, alors on leur remet 20 sols pour chaque plat rompu.

Il y a du choix dans le Verre. Il y en a qui est plein de bouillons, d'autre qui est verdâtre. Les Vitriers appellent *cassilleur* un Verre qui se casse par morceaux en y appliquant le diamant. Ce qui provient de ce qu'il n'est point assez recuit.

Le toisé du Verre se fait au pied superficiel de 144 pouces: je dis le pied superficiel, mesure de Roi; car il y a des endroits où le pied de Vitrier n'a que 10 pouces de long. S'il se trouve des Verres circulaires, ils sont mesurés comme s'ils étoient quarrés, sans égard au circulaire; & lorsqu'il y en a plusieurs dans une partie, comme, par

Ee 3

exemple, dans un éventail de croisée, on ne les mesure point séparément, on prend le dans-œuvre de tout l'éventail, savoir, son diametre & son demi-diametre, qu'on multiplie l'un par l'autre: le produit est le nombre de pouces quarrés que doit être compté l'éventail, que l'on réduit ensuite en pieds, sans rien rabattre pour les petits bois, & cela à cause de la perte, déchet, casse & sujétion du verre.

On attache chaque carreau avec quatre pointes, & on le colle ensuite avec des bandes de papier ou avec du mastic. Le mastic se fait avec du gros blanc écrasé, dans lequel on mêle un peu de blanc de céruse broyé & de la litarge qu'on pétrit avec de l'huile de noix ou de lin. Ce mastic devient très-dure à l'air. Lorsqu'il est fait pour des endroits sujets à la casse, il ne faut pas qu'il soit si dur, à cause de la difficulté de le lever. On le pétrit alors avec de l'huile de navette.

Plus le carreau de Verre est grand, plus il est cher. Il y a six sortes de prix pour les carreaux de même grandeur. 1.º Ceux qui sont entourés de plomb. 2.º Entourés de plomb & collés avec bandes de papier. 3.º Sans plomb, mais collés en papier par-dehors. 4.º Collés par-dehors & contre-collés en-dedans. 5.º Les carreaux mastiqués. 6.º Les panneaux en plomb.

Les réparations de Vitrerie reviennent souvent à Paris. On les paie à raison de 6 sols la douzaine de carreaux, pour les nettoyer & les coller à neuf en papier; & si on les fait mastiquer, on paie 18 ou 20 sols de la douzaine, & même 24 sols.

Les Hôtels, les Eglises & les grands édifices sont donnés aux Vitriers à l'entretien. Ils les nettoient une fois ou deux par an, & remettent des carreaux à mesure qu'ils manquent, suivant les conventions qui sont faites.

Le Vitrage est du nombre des entretiens locatifs. En entrant dans une maison, les vitres doivent être propres nettoyées, sans fêlures, cassures, plomb ni boudines. S'il y en a, il faut en faire mention par écrit, comme nous le dirons dans les états de maisons.

Le secret de peindre sur verre, est à ce qu'on dit, perdu. Je crois plutôt que le goût de cete peinture est passé. Chacun va à l'économie, & par cette raison on s'est accoutumé à s'en passer. Aujourd'hui même c'est un défaut, en ce que cette peinture obscurcit les lieux que ce vitrage doit éclairer.

On ceintre le Verre à volonté par le moyen du feu, fans en altérer la qualité ; ni en ternir le transparent. On fait une maffe de terre-cuite qu'on ceintre à la demande du circulaire dont on a besoin, & fur laquelle on applique le carreau, & par-deffus on met une autre maffe auffi circulaire, mais creufe, qui pefe fur le verre à mefure qu'il s'échauffe. On fait un feu de reverbere dans un fourneau ; on avance peu à peu cette maffe de terre fur laquelle eft le carreau, & après que la chaleur l'a rendu tel qu'on le demande, on l'ôte peu à peu, & on diminue de même le feu. Lorfque le verre eft froid, on le retire du fourneau. J'en ai vu ceintrer d'affez grands pour faire des demi-lanternes.

DU VERRE DE BOHEME.

ON fait vitrer des croifées avec du Verre blanc de Bohême : ce Verre fert encore au lieu de glaces pour les voitures de campagne : on en fait aujourd'hui beaucoup d'ufage pour encadrer les eftampes.

Ce Verre eft de grandeurs inégales, non foufflé, mais coulé. Il fe vend au paquet. Chaque paquet contient plus ou moins de carreaux fuivant leurs grandeurs. Par exemple, la *deux* contient trois différentes mefures : il faut deux carreaux d'une de ces grandeurs pour faire le paquet. De même la *fept* ne contient que deux différentes mefures, de chacune defquelles il faut fept carreaux pour faire le paquet, qui eft toujours de même prix. Deux carreaux de la *deux* coûtent autant que fept carreaux de la *fept*. Ainfi du refte. Le paquet coûte d'achat 14, 15 & 16 liv. & quelquefois plus, fuivant la beauté du Verre. Les prix fuivans font combinés fur 28 livres, tout compris.

pouces. pouces.

La 2 porte $\begin{cases} 36 \text{ fur } 19 \\ 32 \quad\quad 22 \\ 31 \quad\quad 21 \end{cases}$ valent chacune 14 l. 0 f. 0 d.

La 3 porte $\begin{cases} 30 \text{ fur } 22 \\ 30 \quad\quad 21 \end{cases}$ valent chacune 9 l. 6 f. 8 d.

Ee 4

La 4 porte $\begin{cases} 26 \text{ fur } 20 \\ 25 \qquad 20 \\ 25 \qquad 21 \end{cases}$ valent chacune 7 l. 0 f. 0 d.

La 5 porte $\begin{cases} 25 \text{ fur } 19 \\ 26 \qquad 18 \end{cases}$ valent chacune 5 l. 12 f. 0 d.

La 6 porte $\begin{cases} 26 \text{ fur } 15 \\ 24 \qquad 16 \\ 24 \qquad 18 \end{cases}$ valent chacune 4 l. 13 f. 4 d.

La 7 porte $\begin{cases} 22 \text{ fur } 16 \\ 22 \qquad 17 \end{cases}$ valent chacune 4 l. 0 f. 0 d.

La 8 porte $\begin{cases} 21 \text{ fur } 15 \\ 21 \qquad 16 \\ 24 \qquad 12 \end{cases}$ valent chacune 3 l. 10 f. 0 d.

La 10 porte 18 po. fur 14 po. valent chacune 2 l. 16 f. 0 d.
La 12 porte 17 po. fur 13 po. valent chacune 2 l. 6 f. 8 d.
La 14 porte 15 po. fur 13 po. valent chacune 2 l. 0 f. 0 d.
La 16 porte 15 po. fur 10 po. valent chacune 1 l. 15 f. 0 d.

Il y a en Bohême d'autres Manufactures qui ont des mesures particulieres & différentes de celles que je viens de donner. J'ai vu deux Estampes au-devant desquelles étoient des Verres de Bohême, l'un de 33 pouces fur 28, & l'autre de 27 fur 23.

Il y a du choix pour ces Verres; les uns ont une eau bien plus belle que les autres. Il s'en trouve qui font trop ondés, d'autres tirent trop fur le verd d'eau, &c. Chacun peut en prendre fuivant fon goût, mais le beau blanc est toujours préféré.

AUTRE TARIF.

'Des *Verres* en *Table*, de la *Verrerie Royale de S. Quirin* en *Vosges*, proche Sarrebourg, à raison de 18 liv. le paquet, suivant les Numéros ci-après détaillés.

3 Fenilles de 30 po. de haut fur 25½ de larg. font deux paquets.

1 Feuille de 36 .... 30 ...... fait deux paquets.

1 Feuille de 33 .... 29 ...... fait un paquet ½.

1 Feuille de 32 .... 27½ ...... fait un paquet.

-2 Fenilles de 29 23

2 Feuilles de 28 21

4 Feuilles de 26 19

5 Feuilles de 24 18

6 Feuilles de 23 17

7 Feuilles de 22 16

8 Feuilles de 19 15

10 Feuilles de 18 12

12 Feuilles de 16 12

14 Feuilles de 14 11

16 Feuilles de 14 10

20 Feuilles de 13 9

24 Feuilles de 12 8

32 Feuilles de 10 .... 7½

40 Feuilles de 9 .... 6½

50 Feuilles de 7½ 5½

56 Feuilles de 7 5

font un paquet.

DE LA MIROITERIE.

LES Glaces & Miroirs sont aujourd'hui fort en usage dans les appartemens. Cette partie est encore du ressort de l'Architecte, qui doit savoir les grandeurs des Glaces qui doivent occuper les dessus de cheminées & les trumeaux, afin d'arranger ses desseins de Menuiserie, & de les orner à proportion de la grandeur des Glaces.

Il y a des Tarifs imprimés de la largeur & hauteur des Glaces, & de leurs différens prix. On peut, au moyen de ce Tarif, en prévoir la dépense, & en arranger l'ordonnance.

Dans les Hôtels considérables, les croisées des principaux appartemens sont vitrées avec des glaces sans fers ni petits bois. Les glaces artistement jointes sont retenues avec de petites vis dans les angles; ce qui n'arrête point la vue. On peut en voir disposées de cette façon à l'Hôtel de Gêvres, rue neuve S. Augustin. D'autres sont retenues dans les petits bois; d'autres dans des tringles de fer.

L'usage est de payer au Miroitier 10 pour cent de la valeur de la Glace, suivant le Tarif. Par exemple, une Glace de 49 pouces sur 58, qui, suivant le Tarif, coute 500 liv. sera payée pour pose, fourniture, risque & tain, 550 livres.

S'il n'y a point de tain, on ne lui paie que 5 pour cent, c'est-à-dire, 525 livres.

Il y a une chose à observer dans l'estimation des Glaces, c'est que le Marchand qui l'achete, soit à la Manufacture, soit au Particulier, ne l'estime que comme ayant un pouce de moins sur la largeur & un pouce de moins sur la hauteur; de sorte qu'une Glace de 49 pouces sur 58, ne sera estimée que 48 pouces sur 57, qu'il paiera 470 liv. sans égard au tain, & le Particulier perdra sur cette Glace 80 liv. Il est bon de marchander.

Toutes Glaces à demeure doivent être portées telles qu'elles sont sur l'état de la maison : elles sont sous la garantie du Locataire, qui est tenu d'en faire mettre d'autres si elles sont cassées ou endommagées.

DE LA PEINTURE
D'IMPRESSION.

LES principales couleurs que l'on emploie pour les Impreſſions, ſont le blanc de céruſe, le Blanc de Rouen ou Blanc de craie, l'Ocre rouge, l'Ocre jaune, le Noir de fumée ou d'Angleterre, le Verd de montagne, le Verd-de-gris pour les treillages des jardins.

Pour faire une bonne Peinture d'impreſſion, il faut mettre deux couches; & ſi l'on veut faire, par exemple, une couleur de gris-de-perle, on fait la premiere couche de blanc de céruſe, dans la ſeconde couche on mêle de l'émail plus ou moins, juſqu'à ce que la couleur agrée; le tout doit être à l'huile de noix.

Le blanc de Rouen s'emploie ordinairement pour les Impreſſions en détrempe : cette compoſition eſt faite avec de la colle de peaux de rognures de gants ; on en met auſſi deux couches; & ſi l'on veut que la couleur ſoit de gris-de-perle, il faut y mêler de l'inde dans la ſeconde couche.

La couleur de bois eſt faite avec du blanc de céruſe, mêlé d'ocre jaune ou d'ocre rouge & un peu de terre-d'ombre, ſelon les différentes couleurs que l'on veut faire; on en fait à l'huile & en détrempe de pluſieurs ſortes de couleurs, & même de bois veiné.

Aux Impreſſions que l'on fait pour les treillages des jardins, on met trois couches, dont les deux premieres doivent être de blanc de céruſe ; & pour l'autre on fait un compoſé de moitié verd-de-gris & moitié verd de montagne : & pour faire un beau verd, on mêle une livre de cette compoſition avec une livre de blanc de céruſe; c'eſt la proportion qu'il faut obſerver : le tout doit être à l'huile.

Pour la Peinture d'impreſſion que l'on fait pour les ouvrages de fer, on ſe ſert d'huile graſſe, ou bien on fait une compoſition de blanc de céruſe broyé avec de l'huile de noix, dans laquelle on mêle du noir de fu-mée ou d'Angleterre : on ſe ſert de cette couleur pour les portes, les rampes, les balcons, & autres ouvrages de fer, pour empêcher la rouille, & pour avoir une belle & une bonne couleur de fer.

Je ne parlerai point de la dorure que l'on emploie pour ces mêmes ouvrages de fer : cela ne convient point ici.

On compte tous les ouvrages d'impreſſion à la tra-vée, dont chacune doit contenir 216 pieds ou 6 toiſes en ſuperficie : quand il y a des moulures & des orne-mens de Sculpture, on les évalue à la ſuperficie, pour être comptés au pied ou à la toiſe.

ADDITION

A LA PEINTURE D'IMPRESSION.

I. JAMAIS la Peinture d'impreſſion n'a été auſſi en vogue qu'elle l'eſt aujourd'hui. Les peintures couleur d'eau, petit verd, jonquille, liſlas, gris-de-perle, bleu de Pruſſe, les marbres feints, les menuiſeries feintes avec cadres & panneaux, les peintures rechampies, &c. font la gaieté de l'intérieur des appartemens. La facilité qu'on a de leur fai-re ſuccéder d'autres couleurs, les renouvelle & les fait changer de face, & en même-tems ſatisfait par ſon peu de dépenſe, le goût naturellement changeant de notre Nation, dont la vivacité ne peut ſouvent tenir ſur des décorations toujours ſemblables.

On appelle *Peinture d'impreſſion* ou *Barbouillage*, celle que l'on couche à plat avec des broſſes ſur les menuiſeries, les murs, les plafonds, &c. Il y en a de deux ſortes, *Pein-ture en détrempe*, *Peinture en huile*.

La Peinture en détrempe ſe fait avec de la colle-forte.

& plus communément avec de la colle faite de rognures de gant ou de parchemin bouillies & réduites en une colle claire & transparente. On y mêle du gros blanc écrasé pour faire le blanc, & une certaine quantité de jaune pour faire la couleur de bois, de la terre-d'ombre, terre amerita, ou tels autres ingrédiens propres à faire les teintes convenables. Cette Peinture en détrempe ne satisfait que l'œil, & ne contribue en rien à la conservation des matieres sur lesquelles on l'applique.

Les personnes qui ne peuvent supporter qu'avec peine les premieres odeurs des huiles, font peindre leurs appartemens en détrempe avec 4, 5 ou 6 couches de ce gros blanc rapé, c'est-à-dire, qu'au lieu de traîner la brosse du haut en bas, on tape ce blanc du bout de la brosse, ensuite on le ponce avec la pierre de ponce, ou on l'adoucit avec un linge mouillé. On applique sur cet enduit deux couches de couleurs fines broyées à l'eau, & ensuite deux couches de vernis blanc. Lorsque les moulures de Menuiserie sont bien retirées au fer & évuidées, & qu'elles sont rechampies de couleurs différentes du fonds, le coup-d'œil en est agréable. Il faut que les couches en détrempe soient chaudes chaque fois qu'on les applique.

Les Peintures d'impression à l'huile sont d'un bon usage, en ce que de quelque couleur qu'elles soient, elles contribuent beaucoup à la conservation des bois. Les premieres couches doivent être nourries en huile & les secondes en couleurs. Il ne faut pas mettre une couche que l'autre ne soit séche. On se sert d'huile de noix ou de lin, & les couleurs sont broyées sous la molette avec l'huile d'œillet. Plus elles sont broyées, plus elles sont belles & luisantes: elles font aussi plus d'honneur & de bénéfice au Maître. Quand on les emploie, on y met de l'huile ou essence de térébenthine, & un peu de litarge pour les faire sécher plus promptement, & les empêcher de jaunir.

Le blanc en détrempe se fait, comme nous l'avons dit, avec du gros blanc écrasé, que l'on emploie avec de la colle de gant ou de parchemin, ou au défaut avec de la colle-forte. On y mêle du noir de fumée ou du charbon pilé & broyé à l'eau, sans quoi le blanc jauniroit. Il faut savoir ménager la colle suivant les endroits où ce blanc est employé. Par exemple, il en faut peu pour les plafonds & autres parties qui ne sont exposées qu'à la vue; mais il en faut davantage à celles qui sont exposées aux frottemens.

Si on en met trop, le blanc s'écaillera; si l'on n'en met pas assez, il blanchira les habits.

Il faut de nécessité deux couches de blanc aux plafonds neufs; mais les vieux plafonds doivent être préparés à recevoir ce blanc par plusieurs couches de chaux éteinte & claire, ce qu'on appelle *échauder*.

Le noir à l'huile pour les balcons de fer, rampes d'escaliers, barreaux de fer, &c. se fait avec de l'huile de noix & du noir de fumée. Plusieurs, au lieu d'huile, l'emploient avec le vernis gras à l'esprit-de-vin, pour faire plus promptement sécher. Une seule couche suffit, lorsqu'elle est bien nourrie; mais il vaut mieux en donner deux également nourries, & foiblement.

L'Impression en verd sur les treillages & dans les jardins se fait avec le verd-de-gris broyé. La premiere couche se met en blanc de céruse; la seconde, en même blanc mêlé d'un peu de verd, & la troisieme aussi avec du blanc, dans lequel on a mis la quantité de verd suffisante pour le former. Le verd employé pur ne seroit pas beau. Plusieurs mettent pour premiere couche du jaune, d'autre de la terre-d'ombre, d'autres de la couleur olive, &c. disant que ces couleurs fortes soutiennent mieux le verd. Je croirois plutôt qu'elles garantissent & conservent mieux les bois; car les verds n'ont leur bel éclat que la premiere année.

Le vernis est fait avec de l'esprit-de-vin, de la gomme-copale, du sandarac & autres ingrédiens connus. Il y en a de gras & de blanc. Le vernis sec est le meilleur pour les bâtimens. Le vernis est une liqueur sans couleur ni épaisseur. Il ranime les couleurs en leur donnant un luisant de glace. Une couche de vernis suffit sur les couleurs en huile; il en faut deux sur les couleurs en détrempe.

Les lambris neufs destinés à être vernis sans couleurs, doivent être replanis & dégraissés légérement. Ensuite on y passe une couche ou deux de colle de gant transparente, puis on applique deux couches de vernis blanc.

Le blanc de céruse & le blanc d'Espagne ou gros blanc, sont les bases fondamentales de la Peinture d'impression. Il n'y a point de couleur, quelle qu'elle soit, où il n'entre du blanc; le blanc de céruse pour les huiles, & le gros blanc pour les détrempes.

On appelle *molleton* du gros blanc broyé à l'huile, dont l'usage devroit être interdit. Les personnes versées en bâtiment en savent bien faire la différence; on passe un doigt fur fa langue, enfuite on l'applique fur cette peinture, en preffant un peu & traînant par le bas, la couleur fait comme un rouleau de ruban.

II. Toutes les Peintures d'impreffion,de quelque nature & efpece qu'elles foient, fe toifent à la toife fuperficielle de 36 pieds, tout vuide rabattu, en faifant diftinction de leurs qualités par rapport à leurs différens prix.

Le toifé des plafonds fe fait en dans-œuvre des corniches, & l'on compte les corniches à part, leur pourtour fur leur développement, qu'on évalue à un pied ou fix pouces, fuivant leur grandeur.

Les planchers hauts dont les folives font apparentes, font toifés longueur fur largeur en dans-œuvre des murs. On toife enfuite les jouées des folives, poutres & fablieres, le tout réduit à la toife fuperficielle. Il eft mieux & moins embarraffant de mefurer une jouée de folive, compter le nombre de ces jouées, & en ajouter la fomme à la largeur, ou bien combiner combien de fois cette fomme eft contenue dans la largeur, & compter ce plancher pour le nombre ou partie de faces qu'il contient. Par exemple, je fuppofe un plancher de 24 pieds de large garni de 20 folives, dont chaque jouée aura 6 pouces, on ajoutera à la largeur 20 pieds pour les jouées des folives, ou bien on comptera pour toife $\frac{20}{24}$ ou $\frac{5}{6}$.

Les lambris de hauteur ou d'appui font toifés en fuperficie, de quelque couleur qu'ils foient peints, tout vuide rabattu, fans rien augmenter pour les moulures de menuiferie, foit qu'elles foient rechampies, ou non. On explique feulement la couleur, le vernis, le nombre de couches & le rechampiffage.

Si, fur une impreffion faite fur un lambris ou mur uni, on fait des panneaux feints de menuiferie, on les compte à part à *tant* la piece, tant grands que petits. Les cimaifes ou corniches auffi feintes, fe toifent au pied courant: on mefure enfuite le pourtour d'un grand & d'un petit panneau dont on prend la moitié; & cette moitié fert de regle pour connoître combien de panneaux font renfermés dans le courant de ces cimaifes ou corniches. Par exemple, je fuppofe que la moitié réduite d'un grand & d'un petit panneau foit 12 pieds, 12 pieds courant de cimaife feront un panneau, & la corniche de même, fi elle n'a pas plus de membres d'Architecture qu'il n'y en a aux panneaux. Car

s'il y en a plus, ils feront évalués à proportion: par exemple, s'il y a quatre membres aux panneaux, & qu'il y en
ait cinq à la corniche ou cimaifes, 48 pieds courans feront
comptés pour cinq panneaux, &c.

Les marbres feints fur les cloifons, murs, niches & autres endroits, font toifés à la toife fuperficielle, tout vuide
rabattu, & font diftingués fuivant leur efpece. Ces marbres font plus ou moins chers, à proportion de ce qu'ils
font approchans du marbre naturel. Il eft ordinaire à Paris & dans les maifons de plaifance, de faire peindre en
marbre les chambranles de pierre, qu'on eftime à *tant* la
piece fans toifé. Dans les grands appartemens, on peint
les frifes au bas des lambris en même marbre que les chambranles de cheminées: ces frifes fe toifent & s'eftiment
au pied courant.

Les croifées à carreaux de verre peintes fur les deux
faces, font toifées leur hauteur fur leur largeur. Ces deux
faces ne font comptées que pour une, lorfque les carreaux
font collés au papier; favoir, $\frac{1}{4}$ de face pour la face intérieure, & $\frac{1}{4}$ de face pour l'extérieure, parceque les petits
bois ne font pas peints.

Si les carreaux de verre font maftiqués & rechampis fur
le maftic, cette croifée eft comptée pour une face $\frac{1}{4}$. Si les
feuillures & les côtés des dormans font peints en premiere couche, elle eft comptée pour deux faces. S'il y a des
volets qui ouvrent de toute la hauteur, peints fur les deux
faces de même couleur que la croifée, ils ne font point
toifés à part, mais on les compte pour deux faces. Si les
couleurs font différentes, ils font toifés féparément fuivant leur fuperficie.

Les croifées à panneaux de verre font toifées de leur
fuperficie, de laquelle on rabat le vuide des panneaux,
& ce qui refte eft doublé.

Si au-devant d'une croifée il y a des barreaux ou un
grillage de fer peint en noir, qui foient efpacés de 6 pouces en 6 pouces, & peints fur toutes les faces, ils font
comptés en noir à une face de la même fuperficie que le
dehors de la croifée.

Les verds de treillage de maille de 6 & 7 pouces peint
de deux faces, font toifés à la toife fuperficielle, & font
comptés à la moitié. Quand ils ne font peints que fur la
face & fur les épaiffeurs, ils ne font comptés qu'à 3 toifes
pour une: les autres mailles à proportion.

Les

Les décorations de treillage, comme vafes, paniers de fleurs & autres, font eftimés à *tant* la piece.

Prix actuel des Peintures.

Blanc en détrempe fur plafonds neufs à deux couches, 5 & 6 f. la toife; à une couche fur un vieux plafond, 3 & 4 f. & échaudé de plufieurs couches, 7 & 8 f.

Blanc de cérufe à l'huile à deux couches, 40 & 42 f.

Couleur de bois en détrempe, 12 & 15 f.

A l'huile, 35 & 38 f.

Verd-de-gris pour treillage avec réduction, & verd plein, 2 l. 15 f. & 3 l.

Vernis, 50 & 55 f.

Marbres vernis, 16, 18 & 20 L.

Noir à l'huile, 30 & 35 f.

Noir au vernis, 45 & 50 f.

Les autres couleurs de fantaifie, tant en détrempe qu'à l'huile, comme petit verd couleur d'eau, jonquille, lilas, &c. font ordinairement rechampies d'une autre couleur. Celles en détrempe font un peu plus cheres que celles à l'huile : le rechampiffage eft évalué pour une couche.

DE LA DORURE.

I. LA Dorure eft une partie qui concerne encore la Peinture d'impreffion, en ce que ce font les Maîtres Peintres qui en font les entreprifes, ainfi que de la Bronze.

Il y a deux fortes de dorures : l'Or mat ou or couleur ; l'Or bruni, taillé & réparé.

L'or mat eft appliqué tel qu'il eft fur les endroits unis, fur la détrempe pour les ouvrages intérieurs, ou fur l'huile pour les ouvrages extérieurs expofés à l'injure du tems.

L'or bruni, taillé & réparé eft appliqué fur un apprêt de fix ou fept couches de blanc à la colle adouci avec la pierre-ponce ou le linge mouillé ; ce qu'on appelle du *blanc à la dorure.* On répare avec des outils les endroits où ce blanc eft trop épais dans les fonds, & furtout aux fculptures. Enfuite on y paffe une couche ou deux d'*affiette* qui eft compofée de colle & de fanguine, fur laquelle on applique l'or avec de l'eau claire. Après quoi, lorfque le

F f

tout est bien sec, on polit l'or dans les endroits convenables, (ce qu'on appelle *brunir*) avec des outils d'acier, des pierre-à-fusil, ou d'agathes taillés exprès.

L'or mat en huile s'applique sur deux couches de blanc de céruse à l'huile de noix aux endroits à couvert, ou sur deux couches d'ocre jaune à l'huile aux endroits à découvert. L'une ou l'autre étant bien séchée, on met une autre couche de sanguine ou d'ocre, ou d'autres vieilles couleurs engraissées. Lorsque cette derniere couche est bien imbue, on applique les feuilles d'or, que l'on appuie légerement avec du coton, ou de petites brosses faites avec du duvet de cigne, pour les faire attacher sur la couleur.

II. L'or se toise au pied carré de 144 pouces, & se mesure sur sa longueur, largeur ou pourtour. Ces mesures se prennent avec une bande de parchemin étroite & mince, sur laquelle les pouces & les lignes sont marquées. On prend le pourtour des moulures, le mieux qu'il est possible, que l'on multiplie par la longueur, pour les réduire au pied quarré ; & on les compte par pieds, pouces & lignes, comme à la Vitrerie.

La dorure des bordures de glaces, de tableaux, trophées, ornemens de sculpture, comme consoles, agrafes, volutes, bosses, creux, figures, bas-reliefs, festons, &c. se toise de même, en contournant avec une bande de parchemin le pourtour de ces saillies, autant juste qu'il le peut faire, que l'on réduit aussi au pied quarré.

Le livret d'or battu contient 25 feuilles, ce qu'on appelle un quarteron d'or. Il y en a de différens échantillons ; mais le plus ordinaire est de 4 pouces sur tous sens. Ce livret en ouvrage uni peut faire, entre les mains d'un bon Ouvrier, 2 pieds d'or, y compris le déchet, & en ouvrage d'ornement un pied & un pied ½. C'est une matiere bien délicate.

Le prix actuel du pied d'or taillé, réparé & bruni, est de 4 l. & 4 l. 10 s. & celui du pied d'or mat, 3 l. & 3 l. 5 s.

L'or jaune est le plus estimé & le plus aisé à employer. L'or pâle ou verdâtre est le moindre, & ne plaît point à la vue.

DE LA BRONZE.

LA Bronze est de diverses sortes : Bronze antique, Bronze dorée, Bronze pâle, Bronze couleur d'eau. Toutes ces Bronzes sont du cuivre calciné réduit en poudre. Le dégré de chaleur y donne la couleur que l'on veut. La plus belle vient d'Allemagne. Celle de Paris est fort inférieure : elle se vend en petits paquets du poids d'une once.

Ces bronzes s'appliquent sur les serrures des portes & croisées, sur une couche de vernis ou de mordant. On bronze encore au feu les espagnolettes, les tringles de rideaux, les palatres de serrures. Tout le secret ne consiste qu'à donner un certain dégré de chaleur à ces fers avant d'y appliquer le vernis & la bronze. C'est la meilleure méthode, & celle qui fait durer la couleur plus long-tems.

Les Bronzes s'estiment à tant chaque piece ou le pied courant de hauteur. Chaque petite piece vaut 2 sols, 3 les moyennes & 4 sols les grandes. La ferrure d'une croisée, telle que nous l'avons détaillée dans la Serrure, sera estimée 5 & 6 livres : celle d'une porte, 3 livres & 3 liv. 10 sols.

La Bronze antique ne sert que pour les figures, statues ou médailles. Elle se soutient long-tems. On l'estime à la piece.

La Bronze couleur d'eau est la moindre pour le service : elle ne brille point, coute plus cher que l'autre, & ne fait point d'honneur.

DE LA SCULPTURE.

I. L**ES** ouvrages de Sculpture font un des ornemens des Bâtimens, tant à l'extérieur que dans l'intérieur, quand ils font placés fagement & fans confufion. La richeffe des Sculptures dans les Ordres Corinthien & Compofite, en eft une preuve, parceque ces Sculptures y étant faites à propos, n'ôtent rien de l'élégance & de la beauté de ces Ordres : tous les autres Ordres en font auffi fufceptibles. Cependant la beauté de l'Architecture n'eft point altérée par le défaut de Sculpture ; au contraire, une noble fimplicité a quelque chofe de grand & de majeftueux, que l'on ne trouve point dans une Architecture chargée de Sculpture, & que par dérifion l'on appelle *dentelle*. Qu'on compare le Portail de S. Gervais avec celui des Jéfuites de la rue S. Antoine. Quelle différence ! On s'arrête à celui de S. Gervais pour l'admirer, & à l'autre pour y voir des retraites à pigeons qui cachent totalement les Ordres d'Architecture.

Nos Architectes François ont reconnu l'abus de la Sculpture dans l'Architecture. C'eft pour cela qu'ils en font peu d'ufage ; & ne s'attachant qu'à bien diftribuer les appartemens, & à leur procurer des commodités, ils emploient la Sculpture & la Peinture à le rendre brillans & de bon goût. C'eft en quoi ils réuffiffent très-bien : ils furpaffent en cela ceux des autres Nations, même les Italiens qui ne s'attachent qu'à l'extérieur.

C'eft donc dans les appartemens qu'on fait briller la Sculpture, en ornant les corniches, les menuiferies, les cadres ou bordures de glaces, de deffus-de-portes, de tapifferies, &c. Mais ces Sculptures, quelque bien finies qu'elles foient, perdent leur délicateffe par la peinture ou la dorure que ces ouvrages exigent.

Les Sculptures peintes & rechampies, quelque bien travaillées qu'elles foient, deviennent fades & dégoûtantes. La dorure leur convient mieux, à caufe du brillant : mais le grand nombre de couches qu'on eft obligé de leur donner, les met dans le cas de les *réparer*, & cette reparure n'eft pas, à beaucoup près, comparable à la fineffe & à la délicateffe de la Sculpture, lorfqu'elle eft bien finie.

Quoi qu'il en foit, les Sculptures fur bois ne plaifent qu'autant qu'elles font dorées. Le goût François veut du brillant & un enfemble diverfifié, mais afforti, qui lui plaife & qui flatte fa délicateffe, fans s'embarraffer fi les bordures, les agraffes, les confoles ou les cartels font bien ou mal finis en Sculpture, pourvu que le coup-d'œil lui plaife, foit par fa forme réguliere ou bifarre. Il y a autant d'habileté à un Sculpteur de favoir ébaucher & finir groffiérement certain ouvrage, que de le favoir finir délicatement, fuivant les places où on le deftine.

Le goût bifarre des Cartels & des Chinois eft encore fort à la mode, & depuis long-tems. Il fuffit que le premier coup-d'œil ne déplaife pas, on s'y accoutume. Ce goût fe décidant, engage les Artiftes à de nouvelles études qui les perfectionnent de plus en plus.

Les menuiferies fculptées demandent de la dorure pour plaire. Telle menuiferie, quelque bien choifie qu'elle foit, ne plaira qu'autant qu'elle fera diverfifiée par différentes couleurs. Mais la Scupture ne veut point être confondue dans ces couleurs, elle veut abfolument de la dorure. Les ferrures même dans les appartemens, veulent être totalement bronzées: ou fi elles font brunies ou en couleur d'eau, les moulures en doivent être dorées & bronzées. Les fauteuils, les canapés & bergeres veulent un tout-uni profilé ; mais s'ils font fculptés, ils demandent la dorure, & non les peintures rechampies, comme celles des lambris.

II. Toutes les Sculptures, comme figures, bas-reliefs, trophées, chapiteaux, palmettes, confoles, coins, rofettes, &c. s'eftiment à la piece, fuivant la matiere & la délicateffe du travail.

Mais il y a d'autres ouvrages de fculpture ordinaire qui s'eftiment au pied courant: tels font ceux qui fe font en plâtre pour les gorges des corniches, ceux qui font taillés pour les moulures ou membres d'Architecture, ceux pour les frifes, architraves, cadres, bordures, chambranles, &c. tant en marbre & en pierre, qu'en bois & en plâtre, dont le toifé eft uniforme, & le prix différent, fuivant le travail & la matiere.

Il faut remarquer que quoiqu'un membre d'Architecture de corniche, ou autre, en plâtre ou en pierre, foit orné de fculpture, il n'en eft pas moins compté au Maçon, & la fculpture au Sculpteur.

A Paris furtout, on fait beaucoup d'ornemens en plâtre

Ff 3

qu'on jette en moule, comme gorges de corniches, go-
drons, consoles, bas-reliefs, coins, rosettes, & tous autres
ouvrages qui se marient avec le plâtre. C'est une facilité
pour orner à peu de frais des plafonds. Les moules de ces
ornemens se trouvent tous faits chez les Sculpteurs. Lorsqu'on a choisi ce qui plaît le mieux, il faut faire prix à *tant*
la pièce, ou à *tant* le pied courant de telle & telle sorte,
& ne pas attendre que l'ouvrage soit mis en place.

Les bordures de glaces, de dessus-de-portes, de tapisse-
ries, & autres, s'estiment au pied courant ; telle vaudra six
livres le pied, qu'une autre ne vaudra pas trois livres.

C'est le Menuisier qui fournit le bois au Sculpteur, &
ce bois est compris dans ses mémoires.

DE LA MARBRERIE.

LE toifé des Marbres en général fe fait de trois façons. On le toife d'abord au pied cube, enfuite fes moulures au pied fuperficiel, chaque membre couronné de fon filet pour un pied, & enfuite le poliffage auffi au pied fuperficiel.

Si la maffe qu'il faut réduire au cube, eft plus forte à un bout qu'à l'autre, la mefure s'en prendra dans le milieu, ou bien par la moitié de la fuperficie des deux extrémités; mais fi le plus fort étoit dans le milieu, ce feroit-là que cette mefure fe prendroit.

" Tous les marbres employés dans les bâtimens, favoir, les chambranles de cheminées, les deffus de tables, les buffets, les revêtiffemens, les cuvettes, &c. font toifés au cube.

Je vais détailler un chambranle de marbre d'Antin contourné fur fon plan & de 4 pieds 7 pouces de long, fur 2 pieds 10 pouces de haut; le tout en dans-œuvre.

Cube du Marbre.

	pieds	pouc.	lig.	points.
La Tablette contenant 6 pieds 2 pouces de long, 14 pouces de large, & 1 pouce ½ d'épaiffeur, vaut au cube............	0	10	9	6
La Traverfe de face au-deffous, de 6 pieds 1 pouce de long, 7 pouces d'épaiffeur & 14 pouces ½ de haut, vaut.......	4	5	5	5½
Les deux jambages contenant chacun 2 pieds 3 pouces de haut, 8 pouces ½ de large & 5 pouces ½ d'épaiffeur, valent enfemble.......................	1	5	6	4½
Les deux Revêtiffemens des jambages de chacun 3 pieds 5 pouces ½ de haut fur 7 pouces ½ de large, & d'un pouce d'épaiffeur, valent enfemble...........	0	4	3	10
Le Foyer dans un cadre de blanc veiné, contenant 6 pieds de long, 20 pouces de large & un pouce d'épaiffeur, vaut.....	0	10	0	0
Total..	7	10	1	2½

Le Total eſt de 7 pieds 10 pouces 1 ligne 2 points ½ ; auquel il convient d'ajouter ⅛ pour le déchet, (pluſieurs ne comptent que le ⅙) ce qui fait 9 pieds cubes de marbre qui, à raiſon de 50 l. le pied, font la ſomme de 450 l. 0 ſ. 0 d.

Moulures polies.

	pieds.	pouces.
Les Moulures de la tablette ſur le devant, contenant 12 pieds ½ de pourtour y compris 6 pouces pour chaque angle rentrant & ſaillant ſur 2 pieds de profil, valent	25	0
Celles de la traverſe de face, ſavoir, les quatre petites tables ſaillantes, enſemble 8 pieds 8 pouces de pourtour ſur un pied de profil, valent	8	8
L'aſtragale au-deſſus, de 7 pieds 4 pouces de pourtour, y compris le retour, ſur 1 pied ½ de profil, vaut.	11	0
Le cadre du ceintre & des jambages, contenant 9 pieds de pourtour ſur 2 pieds de profil, vaut	18	0
Les ſix tables renfoncées & les deux ovales dans le chantourné des jambages & ceintre de la traverſe, contenant enſemble 13 pieds 8 pouces de pourtour ſur un pied, valent.	13	8
Les quatre arrêtes des deux conſoles 3 pieds ¼ de pourtour, ſur enſemble 6 pieds, y compris un cavet dans le chan des pilaſtres, valent. . .	22	6
Les quatre tables des revêtiſſemens des jambages, enſemble 15 pieds ſun 1 pied ½ de profil, valent	22	6
Les arrêtes des deux ſocles enſemble 10 pieds 9 pouces ſur 6 pouces, valent.	5	4
L'aſtragale au-deſſus deſdits ſocles 7 pouces de pourtour, ſur enſemble 2 pieds de profil, vaut	1	2
Total. . .	127	10 ½

Toutes ces moulures ſe montent enſemble à la quantité de 227 pi. 10 po. ½, qui, au prix de 3 l. 15 ſ. le pied ſuperficiel, y compris le poliſſage, font la ſomme de. . 479 l. 10 ſ. 7 d.

Poliſſage de l'uni.

	pieds.	pouces.	lign.
Le deſſus de la tablette contient 6 pieds 2 pouces de long ſur 1 pied 2 pouces de large, & vaut au pied ſuperficiel..............	7	2	4
Le foyer, 6 pieds ſur 20 pouces, vaut..,	10	0	0
La vouſſure & la traverſe de face, 10 pieds ſur 6 pouces, valent..................	5	0	0
Total..	22	2	4

	l.	ſ.	d.
Tout ce poliſſage ſe monte à la quantité de 22 pieds 2 pouces 4 lignes, & à 35 ſols le pied, à cauſe de la difficulté de polir ces marbres, fait la ſomme de....	38 l.	16 ſ.	6 d.
La ſculpture dudit chambranle eſt compoſée d'une agraffe au milieu, accompagnée de feuilles de vigne, godrons, enroulemens, coquilles & autres, le tout ſe repliant ſur l'aſtragale ; eſtimé pour ce la ſomme de.....................	196	0	0
Les conſoles ſculptées avec feſtons tombans & remontans dans les volutes, & au-deſſus une agraffe couronnée d'un enroulement en volute, avec quatre écoinſons en feuilles de refente & de pampre, eſtimées	166	0	0
Au centre & dans l'arriere-vouſſure, deux grandes feuilles d'eau ſortant d'un enroulement dégagé, & tigettes au-deſſous, eſtimées....................	76	0	0
L'incruſtement d'une barre de fer dans la traverſe de face, eſtimé..........	5	0	0
La pierre au-deſſous du foyer, de liais de Maiſons, de 2 pouces d'épaiſſeur, eſtimée	8	0	0
	489 l.	16 ſ.	6 d.
Cube de Marbre....	450	0	0
Moulures polies....	479	10	7
Total du chambranle eſtimé par deux des plus habiles Marbriers de Paris....	1419 l.	7 ſ.	1 d.

On voit par ce détail, comment se toisent & s'estiment les différentes sortes d'ouvrages en marbre. Les ouvrages unis sont d'un prix bien différent de ceux qui sont ornés de moulures d'Architecture. Il n'est cependant pas d'usage de toiser les chambranles de marbre : on ne toise que ceux qui sont d'un marbre cher, & dont le travail passe l'ordinaire ; car pour les autres, on les estime à la pièce. Les plus ordinaires ne contiennent pas plus de 5 pieds cubes de marbre.

Les Marbriers font encore des compartimens de marqueterie en marbres diversifiés ; on les toise de même au pied superficiel, on les estime suivant l'ouvrage.

Ils entreprennent aussi le carreau de *Liais* noir & blanc. Présentement, c'est le goût de faire carreler les palliers des grands escaliers & les anti-chambres en carreaux de liais à huit pans, qu'on remplit de petit carreau noir de Senlis ou de Flandre. Il en faut 36 pour une toise, & 36 petits carreaux. Ces palliers & anti chambres sont entourés au pourtour de bandes de pierres de liais. Il y a aussi du petit carreau de 9 & 10 pouces pour poser dans de petites pièces. Ils ne sont pas plus chers que les autres.

Prix de différens Marbres.

Bréche violette Afriquain, coute 70 livres le pied : il est de bonne durée, & résiste bien au feu.

Séracolin. Le beau coute 90 livres le pied, & le commun 60 & 70 livres. Il n'est pas de grande durée, à moins qu'il n'y ait des barres de fer incrustées en-dedans.

Cervelas & *Verd campan*, sont de bonne durée, & résistent bien au feu. Ces marbres bien choisis de verd & rouge agréablement mêlés, valent 80 livres le pied. Lorsqu'il est tout verd, il ne vaut que moitié pour le prix & la durée. S'il est tout rouge, il vaut encore moins. Il y en a de coquillé qui ne mérite pas qu'on en parle.

Bréche de Florieres ; qui est comme un habit d'Arlequin, est de bonne durée, & vaut 30 livres le pied.

Bréche d'Alet est rouge, & *Bréche de Florence* est noir.

Bréche grise des Monts-Pyrénées, vaut 40 livres le pied ; la plupart n'est qu'un emplâtre de mastic. Lorsqu'elle est saine, elle se soutient au feu, & ne se casse pas.

Bréche de Florence, près Dinant en Flandre, est filardeuse,

& vaut 18 à 20 livres suivant la longueur des blocs; il faut la soutenir en y incrustant des barres de fer.

Brèche violette est magnifique quand elle est entretenue. Si on la néglige, elle passe comme une fleur. Le feu la perd, & elle est très-sujette à se tacher par la cire, la peinture, l'huile, le suif de chandelle ou autre. Rien n'est si beau pour les appartemens d'été. Celle qui est bien violette & blanche vaut 80 livres le pied. Celle qui est blanche & noire, n'est bonne que pour les sculptures, & ne vaut que 20 livres le pied.

Le *Blanc veiné* & le *Bleu Turquin* n'ont que leur passée; car ils jauniffent, & sont sujets aux tâches comme la brèche violette, & valent 40 livres le pied. Le *Marbre blanc*, qu'on appelle aussi *Marbre vierge*, est aussi facile à tacher.

Le *Languedoc* est de deux sortes; l'un, qui est comme du sang de bœuf, n'est bon qu'en grosse construction; mais il y en a de mêlé de bleu, qui est estimé & recherché autant que le Séracolin pour son éclat. Il résiste bien au feu, & vaut 30, 36 & même 40 livres.

Les Marbres de Flandre, comme *Griotte, Gauchenet, Cerfontaine, Rance, S. Remy* ou *Malplaquet, Montbard, Royal, Merlemont, Givet*, &c. sont des marbres communs à Paris, & sont de bonne durée, lorsqu'ils n'ont pas de fils, & qu'ils ne sont pas débités à contre-passe, c'est-à-dire, de travers; car dans ce cas ils s'en vont par délit, & demandent à être soutenus avec des barres de fer encastrées dedans, parcequ'ils sont ordinairement exposés aux grandes fatigues. Ces marbres sont tous de 18 à 20 livres, & quelquefois meilleur marché, suivant la disette ou l'abondance.

Le Marbre d'*Antin* est de deux sortes. Il y en a de tout pâle, qui est moins estimé; on le nomme autrement *Marbre vérette*; il y en a encore qui est un peu moucheté, & qui est le dernier de tous. Celui qui imite le Séracolin ne se peut mettre en œuvre, à moins qu'il n'y ait des barres de fer encastrées dedans. Il est plus propre pour les appartemens d'été que pour ceux d'hyver. Le bon & beau d'Antin vaut depuis 60 jusqu'à 80 livres le pied, & même n'a pas de prix suivant son choix.

Le *Portore* est de deux sortes, le moindre est noir & d'un jaune morné; il est bon pour les sculptures. Au beau Portore le noir est comme de l'encre, & le jaune comme de l'or. Il pete au feu, & n'est que de parade pour les tables & tablettes. Il vaut 80 livres le pied, & dans sa défaillance 18 & 20 livres.

La *Brocatelle* est rare & a la qualité du *Portore* : elle a valu jusqu'à 100 livres le pied : elle est jaune & rouge, & par nuages.

La *Sainte Baume* & le marbre de *Tray* en Provence imitent la Brocatelle d'Italie. Ces marbres ont valu 60 livres le pied, & sont rares.

Le Marbre *noir de Dinant* est plus parfait que celui de Namur. Il est bon pour les épitaphes & les sculptures. Il se vend à la lame, & revient à 15 livres le pied.

Le Marbre de *Sicile* n'est propre qu'en tables. Il est sans prix dans sa beauté quand il est rouge ; mais quand il est pâle, il n'est point estimé.

Le marbre de *Laval* est ce qu'il y a de plus commun à Paris. Quand il est bien travaillé, il trouve sa place dans le commun & dans la fatigue : il vaut à peu près 12 livres le pied : il est assez ressemblant au Séracolin.

Le *Cipolin* ne s'emploie qu'en colomnes & pilastres. Il est par grandes nuances de blanc & verd pâle, comme l'eau de mer, ou la ciboule.

Il y a encore le *Lapis*, le *Serpentin*, le *Porphyre* & le *Granit*. Ces marbres ne s'emploient qu'en corvées.

Autres Prix.

Tous membres couronnés d'un filet en Marbrerie sont comptés à l'Ouvrier pour un pied d'ornement comme dans la Maçonnerie, & il lui est payé 30 & 35 sols, plus ou moins, suivant la qualité du marbre, & ainsi de tous les autres ouvrages de Marbrerie, à l'exception de la sculpture & du polissage ; & le Maître fournit les outils.

Le polissage est payé au Polisseur 30 sols le pied superficiel.

Le sciage est payé 10 & 12 sols le pied, deux paremens pour un ; & le Maître fournit les scies & le grais.

Le Carreau blanc se vend à Maisons proche de Charenton, sur le pied de 11 & 12 livres la toise ; savoir, 36 carreaux de 12 pouces, & des autres mesures ce qu'il en faut pour faire la toise ; le tout rendu au chantier.

Le Carreau noir de Senlis ou de Flandre revient à 4 L

la piéce. Pour pofe & façon, on paie ordinairement 3 liv. ou 3 livres 5 fols la toife.

Les Chambranles de pierre font faits avec du liais de Maifons, de Nanterre, de Senlis , &c. & fe vendent, étant pofés & mis en place, 18 & 20 livres chacun. Ces pierres de liais coutent 18 & 20 fols le pied , rendues à l'attelier. Il y a du liais près les Chartreux de Paris, qui revient à 3 livres le pied. Il y en a encore dans la Plaine de Mont-Rouge, qui coute 50, 40, 30 & même 20 fols le pied.

Défauts du Marbre.

Marbre *fier*, celui qui eft trop dur, difficile à travailler & fujet à s'éclater, comme le Marbre de Namur.

Marbre *filardeux* ou plein de fils, comme celui de fainte Baume & le Séracolin.

Marbre *pouf*, qui ne retient pas fes arrêtes, & eft de la nature du grais.

Marbre *terraffeux*, celui qui a des tendres appellés *terraffes*, qu'il faut remplir avec du maftic, comme le Languedoc.

Marbre *camelotté*, celui qui étant de même couleur, paroît tabifé après avoir reçu le poli, comme le Marbre de Namur.

Ceux qui voudront connoître plus particuliérement les Marbres, auront recours au Dictionnaire de Daviler, où on en détaille près de 80 efpeces.

DES LIEUX A L'ANGLOISE.

Les Lieux à l'Angloise sont aujourd'hui fort en usage. Ils sont très-commodes, & ne donnent point de mauvaise odeur.

Il ne faut point leur donner de communication avec les fosses d'aisance communes & publiques. On doit construire une fosse exprès, ou plutôt un puits, & lui donner 3 ou 4 pieds d'eau vive. On sait par expérience que la matiere fécale tombant dans l'eau, perd son odeur. Le petit cabinet destiné à cet usage, est ordinairement enjolivé de peintures, de marbreries, de marqueteries, &c. On y pratique une niche pour faire le siége.

Au-dessus du puits, au rez-de-chaussée, qu'on a ramené en voussure par le haut, on pose une pierre dure d'un pied ou 15 pouces d'épaisseur, dans laquelle on perce un trou d'environ 4 pouces de diametre, en entonnoir renversé. Cette pierre reçoit une cuvette de marbre.

La cuvette doit être de marbre poli. Sa mesure ordinaire est de 3 pieds de long, 16 pouces de large & 15 pouces de haut, creusée en pente dans la longueur de 2 pieds 8 pouces sur un pied de large, & les angles extérieurs sont arrondis. Dans le profond de la pente est un trou d'environ 3 pouces de diametre, & aux côtés opposés deux entailles pour la place des jets-d'eau.

Le dessus de cette cuvette est de menuiserie double, avec un siége & un couvercle à charniere. A droite sont deux poignées, l'une desquelles fait tourner un robinet qui lâche une petite nappe d'eau qui entre dans la cuvette; l'autre est un jet-d'eau dont on fait usage pour la propreté. A gauche est une autre poignée qui leve à plomb une soupape de cuivre qui tombe juste dans le trou de la cuvette: lorsque cette soupape est levée, l'eau & les matieres passent par le trou; après quoi on laisse tomber cette soupape ou tampon qui bouche ce trou, & il ne reste ni matiere ni eau dans la cuvette. On pratique quelque part un réservoir d'eau pour donner, par le moyen de tuyaux de plomb, de l'eau à ces robinets & à cette cuvette.

Dans les maisons bourgeoises, on se sert de cuvettes de faïence pour cet usage ; & on pratique à une certaine hauteur du cabinet une petite cuvette de plomb, que l'on emplit d'eau, suivant le besoin, pour en former une nappe dans la cuvette. Mais comme ces cuvettes tendent vers la fosse commune, il faut un peu plus de précaution lorsqu'on leve le tampon, pour se garantir de la vapeur de cette fosse qui monte toujours ; ce qu'on évite en ne levant le tampon que lorsque la cuvette est bien garnie d'eau, & la refermant au moment qu'il n'y en a plus.

Le marbre & la faïence sont les seules matieres propres pour ces cuvettes, n'y ayant qu'elles qui refusent les odeurs. La pierre ni le plomb n'y sont point propres.

DU PAVÉ DE GRAIS.

ON emploie ordinairement deux fortes de Pavé; l'un s'appelle *gros Pavé*, & l'autre, *Pavé d'échantillon*.

Le gros Pavé s'emploie pour les rues & les chemins publics: il a environ 7 à 8 pouces en quarré: on le pofe toujours à fec avec du fable, & il eft battu & dreffé avec la *demoifelle*. A l'égard des grands chemins, on y met une bordure des deux côtés pour l'arrêter. Cette bordure eft de pierre dure, pofée de chan, & affez avant dans la terre pour tenir la chauffée en bon état.

Le Pavé d'échantillon eft de différentes grandeurs: le plus grand eft celui qui eft de gros Pavés fendus en deux: on s'en fert pour paver les cours des maifons: on l'emploie ave chaux & fable; mais il vaut mieux avec chaux & ciment: on donne au moins un pouce de pente par toife au Pavé des cours pour l'écoulement des eaux.

Le Pavé d'échantillon plus petit, fert pour les Offices, cuifines, & autres lieux où il y a ordinairement de l'eau; on l'emploie auffi à chaux & ciment.

On mefure le Pavé à la toife quarrée fuperficielle, fans aucun retour, c'eft l'ufage; & le prix à *tant* la toife eft différent felon l'ouvrage.

ADDITION

ADDITION
Au Pavé de Grais.

Dans nos Commentaires sur la Maçonnerie & notre Addition sur les Ouvrages en Grais, nous avons assez expliqué la nature, la qualité & la différence du grais. Il s'agit ici de parler du Grais dont on fait le pavé pour les grands chemins, les rues, les cours, les écuries, les cuisines, les boulangeries, les fosses d'aisance, &c.

Le mortier de chaux & ciment est la liaison qui convient le mieux au pavé de grais, sur-tout au-dessus des caves & autres lieux souterreins qui sont de service; la seconde liaison est le mortier de chaux & sable, & la moindre est le salpêtre & le sable pur. Ce dernier ne sert que pour les rues & les grands chemins.

On pave encore les grands chemins avec du blocage, qui est une pierre de meulliere plate d'un pied ou environ, qu'on pose de chan & en liaison l'une contre l'autre, les joints remplis de sable, sur une forme de terre franche. Le pavé en blocage, lorsqu'il est bien fait, résiste au fardeau & au rouage; mais il fatigue les chevaux & encore plus les hommes. Ce pavé veut être entretenu surtout au droit du rouage. Il est plus ou moins cher, suivant la distance de la carriere & le déblai des terres. Il y en a depuis 4 liv. jusqu'à 6 liv. la toise, & en quelques endroits il est plus cher.

M. Bullet n'a point parlé du pavé de Rabot. On en fait peu d'usage à Paris, à cause de l'abondance du grais de toute espece que l'on y trouve. Ce rabot est fait d'éclat de pierres de liais taillés quarrément & d'échantillon. On en fait aussi avec les plaquieres, qui sont des bancs qu'on trouve dans les carrieres de pierre dure, qui ont 3 à 4 pouces d'épaisseur & sont aussi durs que le liais. On les débite encore aujourd'hui pour les campagnes en pavé de 5 à 6 pouces d'échantillon. Ce pavé de rabot se pose avec l'un & l'autre mortier; mais il est sujet à s'éclater & se calciner au feu. Il est proscrit dans la Ville de Paris. Au surplus, chaque Pays ou Province a ses carrieres particulieres dont on se sert.

Gg

Détail du Pavé fendu en deux , le millier faisant trente toises ou environ.

Achat sur la carriere d'un millier de gros pavés de 7 à 8 pouces cubes, pesant chacun environ 50 liv. à raison de 1100 pour 1000, ci..	60 l.	o ſ.
Transport par eau......................	50	0
Chargeage & déchargeage.............	26	0
Droits d'entrée	14	0
Au Sergent Garde - Port..............	1	4
Voiture au chantier..................	36	0
Faux frais	3	16
Ces 1100 pavés débités en deux , doivent rendre 2200 pavés , à 15 livres le millier...	33	0
On en tire bien souvent trois que je laisse pour les rebuts.		
Total de 1100 pavés réduits à 2200	224 l.	0 ſ.
Ces 2200 pavés feront environ 30 toises d'ouvrage , & reviennent pour chaque toise à...	7 l.	10 ſ.
Façon & main - d'œuvre..............	1	4
Un demi-minot de chaux.............	0	12
Trois sacs de ciment.................	1	7
Voiture au bâtiment & bénéfice........	2	0
Total d'une toise de pavé fendu en deux	12 l.	13 ſ.

D'après ces détails, on pourra estimer le Pavé fendu en quatre, qu'on appelle *petit Pavé*, qui sert pour les cuisines & les offices.

Il y a encore du Pavé qu'on appelle *Pavé d'écart*. Ce sont des éclats qui proviennent de la taille des gros pavés qu'on taille quarrément. On emploie ce pavé dans les endroits qui ne fatiguent point, comme sous les rateliers, les fourneaux, &c.

Le Pavé neuf que l'on fournit dans les *Remaniés-à-bout*, est compté au cent. Si c'est du grand Pavé fendu en deux, on le paie ordinairement 9 & 10 livres le cent, y compris la voiture ; & si c'est du petit, 7 & 8 livres.

Le sac de ciment contient trois boisseaux, & vaut chaque sac, y compris la voiture, 8 & 9 sols.

Dans les campagnes, le ciment vaut jusqu'à 12 & 13 ſ. le sac.

DE LA VUIDANGE

DES FOSSES D'AISANCE.

CE n'est qu'à Paris que les Fosses d'aisance sont placées dans des caves & des souterreins profonds, souvent jusqu'à l'eau. On en fait la vuidange à la toise-cube ou au muid; mais le plus communément à la toise, qui se paie 48 & 50 livres. Les Vuidangeurs nomment *Muids*, un de leurs tonneaux qui contient 8 pieds-cubes. Il en faut 17 pour faire la toise.

La vuidange des fosses est susceptible de tromperie, par la répugnance qu'on a d'en respirer l'odeur. Avant de faire vuider une fosse, il faut la repairer, c'est-à-dire, mesurer l'intervalle qui est entre le dessus de la matiere & l'intérieure de la voute au droit de la fermeture, toiser ensuite au cube l'intérieur de la fosse lorsqu'elle est vuide, & en déduire le vuide du repaire. Les Propriétaires des maisons doivent toujours avoir le plan juste de leurs fosses, pour n'être point dans le cas de faire descendre dedans chaque fois qu'on les vuide.

Il faut, en faisant la visite d'une fosse, remarquer si le pavé au droit de l'ouverture est en bon état, car très-souvent il est abîmé; ce qui occasionne la filtration des matieres & l'infection des puits voisins.

Il ne faut descendre dans une fosse d'aisance que quelques jours après qu'elle a été vuidée; ne point allumer de souffre ni d'amadoue dedans, & ôter l'argent monnoyé ou en bijou, qu'on peut avoir sur soi, car il devient rouge comme du cuivre. Il est encore bon de se frotter les mains & le visage avec de l'eau-de-vie pure.

OBSERVATION.

La vuidange des Fosses ne devroit jamais être faite qu'à la toise; mais il faudroit aussi la payer à proportion de la difficulté & de la sujétion. On éviteroit par-là un abus qui se glisse fort communément; c'est que quand nne fosse est un peu difficile, les Maîtres la comptent au muid sur leurs Mémoires. Cette façon de compter devient plus chere, parce qu'on est souvent dans le cas d'être trompé. Les Ouvriers, au lieu de travailler, se remplissent de vin ou d'eau-de-vie, & passent la plus grande partie de la nuit à dormir; & pour faire croire à leur Maître qu'ils ont bien employé leur tems, ils n'emplissent pas les muids, ou bien ils en comptent plus qu'ils n'en ont fait.

POIDS DU PIED CUBE
des différentes Matières employées dans les Bâtimens.

MAÇONNERIE.	CHARPENTERIE ET MENUISERIE.
Pierre dure........140 l.	Bois de chêne verd... 60 l.
——tendre ou S. Leu.115	——de chêne sec.... 52
——de liais........165	——d'aubier........ 38
——de grais........183	——de noyer........ 42
Brique de Garches...112	
Autre brique.......132	COUVERTURE.
Plâtre en pierre..... 86	Ardoise 156
-- gâché & employé. 104	Tuile 127
Mortier...........120	FER, CUIVRE, &c.
Chaux vive........ 59	
Sable de rivière.....132	Fer................558
——fort...........124	Cuivre jaune........548
——terrein........120	——rouge.........648
Terre ordinaire..... 95	Plomb 792
——grasse 115	Etain 516
——argilleuse 135	Mercure ou vif-argent. 946
Eau de Seine....... 69	
——de puits........ 72	MARBRES.
——de fontaine vive. 70	Marbre blanc.......289
——de mer....... 73½	Autres marbres.....252

RAPPORT DES MONNOIES ANCIENNES
avec celles d'aujourd'hui.

Comme il peut arriver que quelqu'un ait entre les mains quelque antiquité fur les Bâtimens ou autres ouvrages , & qu'il veuille combiner le rapport des prix de ce tems-là avec ceux d'aujourd'hui, la Table fuivante lui fera de quelque fecours. Par exemple, on veut favoir le rapport qu'il peut y avoir entre 20 f. du tems de S. Louis en 1222, & 20 f. d'aujourd'hui. On trouvera que 20 f. du tems de S. Louis font égaux à 18 l. 4 f. 11 d. de notre monnoie actuelle , qui n'a point changé depuis 1726: de façon qu'un homme qui dans ces tems-là avoit 20 f. étoit aussi riche que celui qui aujourd'hui a 18 l. 4 f. 11 d. & qu'un ouvrier qui gagne aujourd'hui 30 f. gagnoit dans ces tems-là , à peu de chofe près, 20 deniers.

Ann.	ROIS.	Monnoies d'aujourd'hui.		
768	Charlemagne..	66 l.	8 f.	0 d.
822	Louis le Débonnaire......	49	16	8
1113	Louis VII.............	18	13	6
1158	Philippe Augufte.......	19	10	10 $\frac{4}{5}$
1222	S. Louis	18	4	11
1226	Philippe-le-Bel	17	19	0
1285	Louis Hutin.........	18	8	10
1313	Charles-le-Bel	17	13	7
1321	Philippe de Valois.......	14	11	10
1344	Jean..............	9	5	5
1364	Charles V............	9	9	8
1380	Charles VI	7	2	3
1422	Charles VII............	5	13	9
1461	Louis XI............	4	19	7
1483	Charles VIII........	4	10	7
1497	Louis XII...........	3	19	8
1514	François I...........	3	11	2
1546	Henri II...........	3	6	5
1559	Charles IX.........	2	18	7
1574	Henri III.........	2	12	1
1589	Henri IV........	2	8	0
1611	Louis XIII........	1	15	3
1642	Louis XIV........	1	4	11
1715 1726	Louis XV...........	0 1	8 0	4 0

Vingt f. de ces temps-là valent monnoie d'aujourd'hui.

DE LA GARANTIE

DES ÉDIFICES

PUBLICS ET PARTICULIERS.

LA Loi qui s'obſerve en France & dans tous les Pays du Monde, pour la garantie des Edifices publics & particuliers, eſt ſi générale & ſi ancienne, qu'elle eſt regardée comme une Loi naturelle écrite dans le cœur de tous les hommes, qui les oblige de garder entr'eux les traités, & de ne point tromper le public.

Le tems eſt la vraie pierre-de-touche des Bâtimens. C'eſt pourquoi les Légiſlateurs Romains ont fixé un certain eſpace de tems pour en vérifier la ſolidité, & en manifeſter les défauts.

Ils ont décidé que les Entrepreneurs méritoient d'être exclus de la ſociété civile, lorſqu'ils employoient leur art & leurs connoiſſances à tromper le Public ou les Particuliers. Encore cette peine n'étoit-elle que la ſuite d'un autre châtiment, qui étoit de leur faire reconſtruire les ouvrages à leurs frais & dépens. Par ce moyen, on aſſure la dépenſe de ceux qui faiſoient bâtir, par l'eſpérance d'un rétabliſſement qui ne leur coûtoit rien ; & on réprimoit l'avarice & l'avidité des mauvais Ouvriers (1).

La réception qui ſe fait des ouvrages dans l'an après leur parachévement, n'eſt point une approbation, ni une reconnoiſſance que la conſtruction ſoit exacte & ſans reproche, & que tous les matériaux ſoient parfaits ; mais une vérification ſimple, qui affirme que tout ce qui eſt contenu dans les mémoires a été exécuté, & que les meſures en ſont exactes, & conformes aux regles & aux uſages. Car enfin, quelque ſavant que ſoit celui qui fait cette réception, il ne peut pénétrer dans la conſtruction

---

(1) Conſt. Zen. Cod. lib. 8. tit. 10.

intérieure. Il peut, à la vérité, décider & approuver l'ordre & l'arrangement extérieur, mais il ne sauroit prévoir ce qui peut arriver dans quelques années; c'est le tems seul qui fait connoître la bonne ou la mauvaise construction des Bâtimens.

En général, les Ouvriers peuvent tromper de quatre façons; 1.° par ignorance, 2.° par malice, 3.° sans ignorance ni malice, 4.° par inadvertence.

Ces tromperies produisent toutes le même effet, en ce qu'elles constituent un Particulier dans une dépense plus grande que celle qu'il s'étoit proposée.

Les tromperies d'*ignorance* proviennent d'un Architecte borné ou incertain sur la justesse de ses idées, qui fait un dessein dont il faut dans l'exécution changer l'économie.

Celles de *malice* sont de deux sortes; la premiere, en ce qu'un Architecte, abusant de la confiance d'un Particulier, lui dissimule beaucoup d'ouvrages à faire, de peur de l'effrayer par la dépense; la seconde, en ce que l'Ouvrier fait de propos délibéré un ouvrage défectueux dont il sait malignement cacher le vice.

Celles *sans ignorance ni malice* se font, lorsque l'on est obligé de refaire des ouvrages, parceque les matieres que l'on croyoit bonnes lors de la main-d'œuvre, dans l'emploi sont devenues mauvaises.

Enfin celles d'*inadvertence* arrivent, lorsqu'un Ouvrier étourdi fait dans un endroit ce qu'il falloit faire dans un autre.

Il y a encore une tromperie d'une autre espece qui est, qu'un Entrepreneur s'obligeant de rendre un Bâtiment fait & parfait dans un tems limité, le fait rarement, trouvant toujours des prétextes spécieux pour prolonger ses engagemens.

Toutes ces choses réunies ensemble, ont donné lieu au proverbe qui dit que, *Qui bâtit, ment;* c'est-à-dire, qu'en bâtissant on est trompé du côté du tems, de la dépense & de la bonté de l'ouvrage, qui n'est jamais si bon qu'il devroit être.

Pour remédier à tous ces inconvéniens, les anciens Romains obligeoient les Entrepreneurs & les Ouvriers à garantir leurs ouvrages pour les Particuliers pendant 10 ans, & les ouvrages publics pendant 15, du jour qu'ils étoient achevés, pendant lequel tems, s'il y survenoit quelque fâcheux accident, qui ne fût point caufé par une force majeure, ou autre cas fortuit étranger à l'ouvrage, mais par une mauvaife façon, l'Entrepreneur & les Ouvriers conjointement, ou leurs héritiers, étoient tenus de le réparer. Si l'ouvrage étoit de terre ou d'une matiere médiocre, la garantie n'étoit que de fix ans.

Ces Loix regardoient tous les Entrepreneurs en général, fans diftinction même des Artiftes qui travailloient aux ornemens, à qui il n'étoit pas permis d'entreprendre trop d'ouvrage, pour ne pas laiffer imparfaits ceux qui étoient commencés.

Ces garanties & ces ménagemens auxquels la Loi les engageoit envers les Citoyens, n'étoient onéreux, comme ils ne le font encore aujourd'hui, qu'à ceux dont la conduite n'étoit pas droite, & les contrevenans étoient fouettés, rafés & bannis.

Telle étoit la Loi des Romains; elle eft encore en vigueur dans tous les Etats de l'Europe, & en France, à l'exception de la punition corporelle, à laquelle on a fubftitué celle de l'interdiction, qui n'eft pas moins honteufe, puifqu'elle eft perfonnelle.

En France, les Entrepreneurs, foit Architectes & Maîtres Maçons, entreprennent généralement tout un bâtiment, ordonnent & en conduifent les ouvrages; mais à Paris la chofe eft différente. Les entreprifes en bloc font défendues par différens Arrêts & Réglemens (1). Chaque Corps de Métier travaillant en bâtiment, eft indépendant l'un de l'autre, & a privilege particulier fur le bâtiment dont il s'agit: & comme dans toutes chofes il faut une fubordination, c'eft celui qui a fait les deffeins qui ordonne & conduit les travaux, chacun lui obéit, & fait fes ouvrages fuivant les Statuts & Réglemens de fa Communauté.

Les Maçons & les Charpentiers, comme principaux ouvriers du bâtiment, font affujétis à la Loi de la Garantie. Je ne vois point que le Couvreur, le Plombier, le Carreleur, le Paveur, le Serrurier, le Menuifier & le Peintre, aient une autre garantie que celle d'un an.

_____

(1) Arrêt du Confeil, du 16 Mars 1697.
Arrêt du Parlement, du 9 Août 1707.

Cependant le dépériffement des maifons peut venir de leur faute, fur-tout de la part des Couvreurs, des Plombiers & des Serruriers. Le Carreleur, employant du carreau mal cuit qui fe feuillette, occafionne le dépériffement des planchers: le Paveur, en employant du pavé trop tendre & du mauvais ciment, eft caufe du dépériffement des voûtes: le Menuifier, en employant des bois verds, pourris ou mal affemblés, & le Peintre en ne mettant pas le nombre de couches néceffaires aux croifées expofées à l'injure du tems, occafionnent le dépériffement des bois, &c.

Le Maçon & le Charpentier peuvent enfemble faire une maifon, la couvrir, la clorre fans l'aide d'aucun autre Ouvrier. C'eft pour cela qu'ils font tenus de la garantie générale. Les autres Ouvriers ne font qu'accidentels à la conftruction. Leurs ouvrages, qui font continuellement expofés ou à l'injure du tems, ou à un ufage journalier & momentané, font à tout inftant fufceptibles de réparation & d'entretien, finon ils feroient confommés en peu de tems; c'eft pour cela que leur garantie n'eft que d'un an; & pendant ce tems on peut facilement connoître la défectuofité de leurs ouvrages.

DE LA DEMANDE DU PAIEMENT
des Travaux en Bâtiment.

SI la Loi générale inflige des peines aux Ouvriers infidèles, la Loi particuliere du Royaume indique à celui dont la conduite est droite, ce qu'il doit faire pour recueillir le fruit de ses travaux, & un moyen certain pour y parvenir.

Tous les ouvriers, sans distinction, travaillant aux Bâtimens, doivent demander leur paiement dans l'an après le parachévement de leurs travaux, suivant l'Art. VII. de l'Ordonnance de 1673. Tit. I.

A r t. VII.

« Les Marchands en gros & en détail, & les Maçons,
» Charpentiers, Couvreurs, Serruriers, Vitriers, Plom-
» biers, Paveurs, & autres de pareille qualité, sont tenus
» de demander paiement dans l'an après la délivrance.

A r t. I X.

» Voulons le contenu ès articles ci-dessus avoir lieu;
» encore qu'il y eût continuation de fourniture ou d'ou-
» vrage, si ce n'est qu'avant l'année......il y eût un
» compte arrêté, sommation ou interpellation judiciai-
» re, cédule, obligation ou contrat.

A r t. X.

« Pourront néanmoins les Marchands & Ouvriers dé-
» férer le serment à ceux auxquels la fourniture aura été
» faite, les assigner & les faire interroger: & à l'égard
» des veuves, tuteurs de leurs enfans, héritiers ou ayans-
» cause, leur faire déclarer s'ils savent que la chose est
» dûe, encore que l'année soit expirée.

Les Entrepreneurs de tous états concernant les Bâtimens, sont obligés de donner leur mémoire dans l'an
après la perfection de leurs ouvrages, non-seulement
pour en être payés ou en assurer les paiemens, mais encore pour en faire les vérifications, avant que la maison
soit pleinement habitée. La mémoire étant encore rem-

plie de l'objet, se remet aisément des travaux qui ont été faits, & un tems plus long peut la rendre infidele.

Il faut que l'Entrepreneur donne son mémoire, comme il est dit, au Propriétaire lui-même, afin de n'être point exposé à une fin de non-recevoir dans le cas de mort ou de faillite. D'ailleurs il est bon d'expliquer en tête du mémoire le tems auquel les ouvrages ont été faits, & à la fin le tems ou le jour auquel il a été présenté.

Il n'est souvent pas possible de vérifier, régler & arrêter les mémoires d'un bâtiment d'une certaine conséquence dans le courant d'une année, à cause de leurs difficultés, ou des occupations plus pressantes de celui qui régle : aussi la rigueur de la Loi ne doit se prendre que contre ceux qui refusent réellement le paiement. Alors le mémoire doit être transcrit & signifié sur papier timbré dans l'an, pour éviter la fin de non-recevoir : auquel cas il n'y a point de serment à déférer ; mais si l'an est expiré, & que le Défendeur se serve de la fin de non-recevoir & du serment, il devient Juge dans sa propre cause par son affirmation.

Les procès en matieres de Bâtimens, sont un des fléaux les plus affligeans pour les Particuliers & les Entrepreneurs, tant en demandant qu'en défendant ; l'un & l'autre sont toujours lésés par la grande dépense que les vacations juridiques d'Experts occasionnent.

En cas de difficulté, il vaut mieux convenir à l'amiable & sans rapport d'un ou de deux Experts par un compromis en suite du mémoire, ainsi qu'il suit :

Nous soussignés. ... Propriétaire de la maison où les ouvrages ci-dessus ont été faits, d'une part :

Et. ... Entrepreneur desdits ouvrages, suivant le Mémoire ci-dessus, avons nommé M. N. Juré-Expert des Bâtimens, à l'effet de toiser, priser & estimer les ouvrages ci-dessus, constater même les mal-façons, s'il y en a, dont & du tout il donnera son avis & son arrêté en conséquence du présent pouvoir ; lequel avis & arrêté nous promettons respectivement exécuter comme Arrêt de Cour Souveraine. Fait double entre nous, ce. ...

Lorsque chacune des Parties veut nommer un Expert, par le pouvoir qu'on leur donne, on les autorise, en cas d'avis séparé, à choisir un Tiers Expert à l'effet de les partager.

DES ÉTATS DES MAISONS.

UN Propriétaire de Maison sujette ou destinée à Location, doit avoir par-devers lui un état détaillé & circonstancié de sa maison. Tout doit être spécifié & détaillé dans cet état, jusqu'aux plus petites choses. Chaque piéce y doit être désignée par sa situation, par sa longueur, largeur & hauteur.

Chaque piéce d'appartement est close & éclairée. On commence par expliquer & détailler le nombre des croisées, leur espéce, leur ferrure, le nombre des carreaux de verre, de quel verre, s'ils sont collés en papier ou mastiqués ; les tringles, les poulies, les croissans, leur nombre ; les barreaux de fer, ou les balcons, leur nombre.

Ensuite la clôture ; savoir, le nombre des portes, leur espéce & leurs ferrures ; si elles sont de sapin ou de chêne ; leur figure ; si elles sont à placard, à un ou à deux venteaux ; leurs tringles de portieres, leurs croissans, &c.

On explique ensuite ce que cette piéce renferme ; savoir, les lambris, de quelle espece, de quel bois ; les dessus-de-portes, les tableaux & les sujets qu'ils représentent ; leurs bordures, si elles sont dorées ou non ; quelle dorure, si elle est brunie ou matte ; les trumeaux & dessus-de-cheminées de glaces, la mesure de chacune en particulier, leurs qualités ; les buffets, les tables & les tablettes de marbre, de quel marbre ; les chambranles de cheminée, les tablettes, les retours & les revêtissemens, leurs foyers, de quelle matiere ; si c'est du marbre, quel marbre ; les plaques ou garnitures de cheminées, leurs mesures ; le parquet, comment il est posé, combien de panneaux à chaque feuille, s'il est posé quarrément ou en échiquier ; s'il y a des frises ou non ; le carreau, s'il est de liais ou de terre-cuite. Ainsi de même de piéce en piéce. En un mot, il ne faut rien oublier de ce qui appartient au Propriétaire.

Dans les cuisines, les offices, les lavoirs, le garde-manger, expliquer toutes leurs dépendances, les pierres-à-laver, les auges, leur mesure, les fourneaux & paillasses, leur construction, leur armature ; le nombre des réchauds & des poissonnieres, leurs mesures, les plaques de cheminées, les barres de garde, les portes-cremailleres ; les portes-écumoires, les portes-broches; les fours, leur diametre, leur construction, leur fermetures, &c.

Dans les écuries, les rateliers, les mangeoires, les sur-pentes, les chevilles, les portes-brides, les portes-selles, &c. & comment toutes ces choses se comportent.

Un état régulier se commence par les caves, ensuite le rez-de-chaussée, le premier étage, le second, le troisieme & les greniers. On explique en général tant de fermes couvertes en tuile ou en ardoise, & éclairées par tant de lucarnes ou vues de faîtieres qu'on détaille: ensuite les escaliers, puis les basse-cours & leurs dépendances.

En parlant des combles, on explique s'il y a chêneau & combien de descentes, si les tuyaux en sont de plomb ou de fonte.

Dans les jardins on compte les pieds d'arbres, tant en bouquet qu'en espalier, les treillages, les berceaux, les niches, & leur état actuel, les bancs, leur nombre & leur matiere, si les allées sont sablées ou non, &c.

C'est ainsi qu'un Propriétaire en régle doit avoir un état de sa maison, pour la retrouver en même valeur lorsque son Locataire en sortira, sauf les entretiens & les répara-tions dont il est tenu. De toutes ces choses un Locataire est garant & responsable, & il doit en prendre connoissan-ce avant d'entrer, afin de les rendre de même en sortant, & rétablir le dégât qu'il auroit causé pendant sa location.

Il est encore de l'intérêt du Locataire de demander à son Propriétaire un état de la maison, afin de l'examiner, & de voir si ce qui y est porté est en régle. Cet état doit être fait aux frais du Propriétaire & non à ceux du Locataire. Si ce Locataire peu versé dans ce genre, emploie quel-qu'un pour faire cet examen, il le paiera & non le Pro-priétaire. Si le Propriétaire refuse de donner un état, le Locataire le fera faire aux dépens du Propriétaire. Plu-sieurs cependant on prétendu que le Locataire devoit au moins payer une des expéditions.

Pour faire un état de maison en bon ordre, il faut choi-sir un homme bien au fait de cette partie, qui sache dis-tinguer ce qui est du Locataire & du Propriétaire, afin qu'un Locataire, en sortant, fasse faire les rétablissemens dont il est tenu, & rende à son Propriétaire les lieux tels qu'il les doit rendre. Ces rétablissemens se font très-sou-vent par estimation, lorsqu'un Propriétaire a dessein de faire des changemens dans sa maison.

Quand il se trouve quelques parties qu'on prévoit ne pouvoir se conserver en entier pendant le cours du bail, on s'explique ainsi : *Lesquelles parties seront reçues en fin de bail en l'état qu'elles se trouveront, attendu leur vétusté.*

Un Locataire doit être clos, couvert & éclairé tant que la clarté peut être donnée, & telle qu'il la trouve en entrant. C'est à quoi le Propriétaire est tenu envers son Locataire ; & le Locataire de son côté est obligé de souffrir les grosses & menues réparations, qui se font pendant le tems de six semaines seulement ; & si elles durent plus long-tems, le Propriétaire est tenu de dédommager son Locataire à dire d'Experts, & suivant l'incommodité plus ou moins grande qu'il a soufferte ; ainsi jugé par plusieurs Sentences & Arrêts.

Comme le détail de ce qui est à la garantie du Locataire ou non, nous méneroit trop loin, nous renvoyons au Livre des *Loix des Bâtimens suivant la Coutume de Paris,* par M. Desgodets, & commenté par M. Goupy, article 171 de la Coutume, page 3 & suivantes de la seconde Partie.

DES ACQUISITIONS
DE MAISONS
ET AUTRES BIENS.

EN France on ne connoît que deux sortes de Biens immeubles ; savoir, les *Biens Propres* & les *Biens d'Acquêts.*

Un *Bien Propre* est celui qui nous vient par droit de sang, comme sont les héritages de ligne directe ou de ligne collatérale. Or ces sortes de Biens sont sujets à retrait ; c'est-à-dire, que si celui qui en est le vrai possesseur, le vend à un étranger, tous les parens de la ligne dont l'héritage vient, ont droit de retirer ce Bien des mains du nouvel Acquéreur dans l'an & jour, en remboursant tous les frais qui ont été faits pour cette acquisition ; c'est ce qu'on appelle *bourse déliée.* Alors le nouvel Acquéreur ne peut bâtir, ni augmenter, ni détruire sur ledit héritage qu'après l'an & jour : mais il peut faire les réparations les plus urgentes, en se faisant toutefois autoriser

par le Juge des lieux, qui les ordonnera fuivant le rapport qui lui en fera fait par un Expert, & cela pour conferver, autant qu'il eft poffible, la maifon pendant cet an
& jour. Ce nouvel Acquéreur y eft même forcé : car fi
quelque chofe de cette maifon tomboit en ruine pendant
cette année par fa négligence, le Retrayant eft en droit de
demander des dommages & intérêts pour la partie ruinée.

Les *Biens d'Acquêts* ne font point fujets à Retrait. J'ai
acheté un Bien ou une Maifon; j'en ai joui pendant l'an &
jour. Ce Bien n'a point été retrait; j'en fuis paifible poffeffeur. Il me plaît de le revendre à un autre. Je le fais;
or ce Bien n'eft pas fujet à retrait, & l'Acquéreur, du moment de la fignature du contrat, eft poffeffeur en plein de
ce Bien. Il y peut bâtir, démolir, chauger, &c. enfin en
faire tout ce que bon lui femble ; nul ne peut y trouver à
redire, & il eft hors d'attaque de la part de la famille de
fon Vendeur, & ne craint point le Retrait.

Ces connoiffances font abfolument néceffaires aux Gens
de Bâtimens, afin qu'un Maître Maçon ou un Charpentier
ne s'expofe point à travailler fur des Biens fujets à Retrait,
avant l'an & jour, fans un commandement en forme du
Juge des lieux, qui même ne peut ordonner d'y bâtir que
dans le cas de péril éminent & prochain, & qu'au préalable
il n'ait fait conftater la néceffité de ces ouvrages par Experts & Gens à ce connoiffans, qui lui en feront leur rapport en bonne & dûe forme. Il eft même des cas où la def-
cente des Juges fur les lieux eft abfolument néceffaire.

EXPLICATION

EXPLICATION

DES ARTICLES

DE LA COUTUME

QUI REGARDENT

LES BATIMENS.

ARTICLE 184.

Quant & comment se font visitations.

EN toutes matieres sujettes à visitations, les Parties doivent convenir en jugement de (1) Jurés-Experts & (2) gens à ce connoissans, qui feront leur serment par-devant le Juge; & doit être le rapport apporté en Justice, pour, en jugeant le procès, y avoir tel égard que de raison, sans qu'on puisse demander amendement. Peut néanmoins le Juge ordonner autre & plus ample visitation être faite, s'il y échet; & où les Parties ne conviennent de personne, le Juge en nomme d'office.

. (1) *Jurés-Experts & Gens à ce connoissans.* Les Jurés-Experts ont été créés par le Roi Henri III. en l'année 1574. Le nombre n'en fut point alors déterminé; mais il fut levé aux Parties-Casuelles quinze Offices de Jurés de Maçonnerie, neuf de Charpenterie, quatre Greffiers de l'Ecritoire, pour la Ville & Fauxbourgs de Paris: & comme ladite Ville est depuis fort aggrandie, & que lesdits Jurés ne pouvoient pas fournir à faire tous les rapports, il fut donné un Arrêt du

H h

Parlement, le 13 Août 1622, par lequel Arrêt il fut permis à tous les Maîtres Maçons & Maîtres Charpentiers de ladite Ville de Paris, de faire les mêmes fonctions que les Jurés en titre d'Office : & comme lesdits Jurés se plaignirent de cet Arrêt, il fut encore créé en deux fois dix-sept Jurés Maçons, onze Charpentiers, & cinq Greffiers de l'Ecritoire ; en sorte qu'il y eut trente-deux Charges de Jurés pour la Maçonnerie, vingt pour la Charpenterie, & neuf Greffiers : ce nombre fut limité par un Arrêt du Conseil d'Etat du Roi en 1639 ; & par un Edit du mois de Mai dernier, le Roi a révoqué toutes lesdites Charges, a créé cinquante Jurés, dont il y en a vingt-cinq Bourgeois & vingt-cinq Entrepreneurs, & seize Greffiers de l'Ecritoire : lesdites Charges sont à présent remplies.

(2) *Gens à ce connoiſſans.* Le nombre de ceux qui prétendent être gens à ce connoiſſans est grand ; car il y en a qui pour avoir fait ou vu bâtir quelque maison, avoir lu des livres d'Architecture, se croient fort habiles, & se donnent pour tels au public, jugent & décident hardiment de la bonne ou mauvaise construction d'un ouvrage, prononcent en maîtres sur ce qu'ils veulent applaudir ou blâmer, & sont très-souvent écoutés & suivis préférablement à ceux qu'une longue expérience, fondée sur de bons principes, a rendus savans dans l'Art dont ils font profession. Mais la plûpart font bien plus ; car ils se mêlent de donner des desseins qu'ils font souvent faire par de jeunes gens qui commencent à copier ; ils présentent ces desseins comme les leurs, & les font valoir auprès de ceux qui font bâtir, qui n'y connoiſſent ordinairement rien ; cependant on fait des devis & des marchés sur ces desseins, & dans l'exécution l'on connoît, mais trop tard, que l'on est trompé ; car de-là vient la confusion dans l'ouvrage & dans les marchés ; & la dépense monte beaucoup plus haut qu'on ne se l'étoit proposé. Cela cause des procès & des chagrins qu'on éviteroit en s'adressant à un Architecte connu par ses ouvrages & par sa probité, lequel doit faire non-seulement les desseins, les devis & les marchés, mais aussi prendre soin de l'ouvrage & s'en faire honneur.

ARTICLE 185.

Comment doit être fait, signé & délivré le rapport.

ET sont tenus lesdits Jurés ou Experts & gens connoissans, faire & rédiger par écrit (1), & signer
la minute du rapport sur le lieu, & paravant qu'en
partir (2), & mettre à l'instant ladite minute ès mains
du Clerc qui les assiste ; lequel est tenu dans vingt-
quatre heures après, de livrer ledit rapport aux Parties qui l'en requierent.

(1) *Et signer la minute sur le lieu & paravant qu'en partir.*
Il y a bien des cas où l'on ne peut pas finir un rapport sur les
lieux. On peut bien signer les moyens de le faire ; mais il faut
quelquefois faire des observations qui demandent du tems,
suivant les difficultés qui se trouvent ; de sorte qu'on est obligé
de revenir sur les lieux plusieurs fois, afin d'examiner toutes
les circonstances avant que de signer le rapport.

(2) *Et mettre ladite minute ès mains du Clerc qui les assiste, lequel est tenu dans vingt-quatre heures après de livrer
ledit rapport, &c.* Il semble que l'on ait voulu empêcher
que les Experts ne fussent sollicités des parties en leur donnant du tems, ou que les Greffiers ne donnassent avis de ce
qui s'est fait ; mais il est impossible, comme il a été dit, de
finir en bien des cas un rapport par une seule vacation ; ainsi
l'on ne peut pas observer ledit article à la lettre.

ARTICLE 186.

Comment servitude & liberté s'acquierent.

DROIT de servitude ne s'acquiert par longue
jouissance, quelle qu'elle soit, sans titre, encore que
l'on ait joui par cent ans : mais la liberté se peut réac-

quérir contre le titre de servitude par trente ans entre âgés & non privilégiés.

Nota. Cet article n'est point du fait des Experts.

ARTICLE 187.

Qui a le sol a le dessus & le dessous, s'il n'y a titre
au contraire.

QUICONQUE (1) a le sol apdellé l'*étage du rez-*
de-chaussée d'aucun héritage, il peut & doit avoir le
dessus & le dessous de son sol, & peut édifier par-dessus & par-dessous, & y faire puits, aisement, & autres choses licites, s'il n'y a titre au contraire.

(1) *Quiconque a le sol appellé* l'étage du rez-de-chaussée,
&c. On voit par cet article, que le sol & le rez-de-chaussée
ne sont qu'une même chose ; ce qui doit être entendu en général pour la surface de la terre. Cependant, dans la pratique des bâtimens, cela est différent : car le mot de *sol* peut
être pris pour le fond de la terre sur lequel on assied le
fondement d'un mur ; il peut aussi être pris pour l'aire des
caves, d'une salle, ou d'un plancher, &c. C'est pourquoi
l'on dit *entre-sol,* quand on parle d'un étage entre deux
planchers ; mais le rez-de-chaussée, dans son véritable sens,
est la hauteur où les terres rasent une maison, ou la séparation de ce qui est dans terre d'avec ce qui est hors de terre.
Ordinairement la hauteur des rues décide le rez-de-chaussée.
Ce n'est pas qu'il n'y ait des maisons où les cours sont plus
hautes ou plus basses que les rues ; mais pour bien expliquer
cet article, comme c'est à la hauteur du rez-de-chaussée
qu'on donne les alignemens, il faut toujours prendre le rez-
de-chaussée où le mur sort des terres ; que ce soit plus haut
ou plus bas que la rue, il n'importe : car on suppose que la
maçonnerie qui est enfermée dans terre, n'a pu être déversée
ni corrompue ; & c'est en cet endroit qu'on cherche des marques certaines des anciens murs.

ARTICLE 188.

Quel contre-mur est requis en Etable.

QUI fait étable contre un mur mitoyen (1), il doit faire un contre-mur de huit pouces d'épaisseur, de hauteur (2) jusqu'au rez de la mangeoire.

(1) *Contre-mur de huit pouces d'épaisseur, &c.* Un contre-mur ne doit point être lié avec le vrai mur, parcequ'il n'est fait que pour empêcher que le vrai mur ne soit endommagé, comme étant mitoyen. Le contre-mur ne doit donc être que joint au vrai mur ; car autrement il y auroit liaison, & cette liaison feroit continuité ; ce qui est contre l'intention de cet article.

(2) *Jusqu'au rez de la mangeoire, &c.* Je crois qu'il faut entendre jusqu'au-dessus de la mangeoire, afin que ladite mangeoire soit toute prise sur celui qui la fait faire, sans que le mur mitoyen puisse en être endommagé.

CONFÉRENCE.

Melun, art. 204, dit, Contre le mur mitoyen de l'épaisseur de demi-pied sur deux pieds & demi de hauteur.
    Et art. 205. Contre une cloison mitoyenne de l'épaisseur d'un pied, & de hauteur, comme dessus.

Clermont, art. 220, dit, De deux pieds d'épaisseur qui se doit bailler au rez de la mangeoire, pour garder que les fientes ne pourrissent ou dommagent ledit mur mitoyen.

ARTICLE 189.

Idem *des Cheminées & des Âtres.*

QUI veut faire cheminées & âtres contre le mur mitoyen, doit faire (1) contre-mur (2) de tuilots ou autre chose suffisante de demi-pied d'épaisseur.

(1) *Contre-mur de tuilots ou autre chose suffisante de demi-pied d'épaisseur, &c.* La Coutume marque bien l'épaisseur des contre-murs de cheminées, mais elle n'en marque pas la hauteur. Je crois qu'il faut entendre que cette hauteur soit au moins de cinq pieds; car c'est jusqu'où le feu peut endommager un mur, principalement aux grandes cheminées de cuisine, au dessus duquel contre-mur on fait un talud ou glacis pour gagner le vrai mur.

(2) *De tuilots ou autre chose suffisante, &c.* On n'emploie ordinairement, outre les tuilots, que de la brique ou du grais aux cheminées de cuisine, pour résister davantage au feu; on met par-dessus le tout de bonnes bandes de fer à-plomb, pour conserver le contre-mur. On met aussi des contre-cœurs de fonte, & bien souvent on s'en contente, sans faire de contre-mur, sur-tout aux cheminées de chambre & de cabinets.

CONFÉRENCE.

De même *Clermont*, art. 219, & ajoute, Afin que par la chaleur du feu le mur ne soit empiré.
  Calais, art. 176.
  Blois, art. 23.

ARTICLE 190.

Pour forge , four ou fourneau , ce qu'on doit
observer.

QUI veut faire forge , four ou fourneau contre le
mur mitoyen(1) , doit laisser demi pied de vuide , &
intervalle entre deux du mur du four ou forge ; &
doit être ledit mur d'un pied d'épaisseur.

(1) *Doit laisser demi-pied de vuide entre-deux du mur du*
four, &c. Vuide ou entre-deux, s'appelle *isolement ;* c'est aussi
ce qu'on appelle , à l'égard des fours, *le tour du chat ,* afin
que par cette distance , on empêche la continuité de la
chaleur du four d'endommager le mur mitoyen. Il faut que
le mur du four ait un pied d'épaisseur au plus foible , c'est-à-
dire , aux reins de la voûte du four, & que ce mur soit enduit
de plâtre ou mortier du côté du vuide ou isolement.

CONFÉRENCE.

De même *Meaux* , art. 73.

    Melun , art. 206.

    Sens , art. 106 , & dit ; d'un pied & demi d'é-
       paisseur.

    Auxerre , art. 109 , & dit , de deux pieds de mu-
       raille d'épaisseur.

    Nantes , art. 105 , & dit , d'un pied d'épais.

    Clermont , art. 225 , & dit , pour échever la cha-
       leur & le péril du feu d'icelui four.

    Cambray , tit. 18 , art. 2 & 3.

    Calais , art. 177.

    Normandie , art. 601.

    Troyes , art. 64 , dit , pied & demi d'épaisseur.

    Châlons , art. 141 , dit , deux pieds d'épaisseur.

    Rheims , art. 368 , dit , un pied & demi d'épais-
       seur pour le moins.

    Nivernois , chap. 10 , art. 11 , dit , demi-pied

d'espace vuide, pour éviter le danger du feu ou chaleur.

ARTICLE 191.

Contre-mur ou épaisseur de Maçonnerie pour privés ou puits.

Qui veut faire aisances de privés ou puits contre un mur mitoyen (1), il doit faire un contre-mur d'un pied d'épaisseur ; & où il y a de chacun côté puits, ou bien (2) puits d'un côté & aisances de l'autre, suffit qu'il y ait quatre pieds de maçonnerie d'épaisseur entre deux, comprenant les épaisseurs des murs d'une part & d'autre ; mais entre deux puits suffisent trois pieds pour le moins.

(1) *Il doit faire contre-mur d'un pied d'épaisseur, &c.* A l'égard des aisances, il faut entendre que l'on doit faire un contre-mur d'un pied d'épaisseur au droit des fosses d'icelles, jusqu'au-dessus de la voûte seulement : car pour la conduite des chausses desdites aisances, depuis le dessus de ladite voûte en amont, on laisse une distance ou isolement au moins de quatre pouces, entre le mur mitoyen de ladite chausse, pour empêcher la continuité de la vapeur dans le mur voisin.

(2) *Puits d'un côté & aisances de l'autre, suffit qu'il y ait quatre pieds de maçonnerie entre-deux, comprenant les épaisseurs des murs d'une part & d'autre, &c.* La Coutume a voulu, par cette épaisseur, empêcher que les matières des aisances ne gâtassent les puits ; mais cette précaution est

bien inutile ; car les matieres pénetrent non-feulement un
mur de quatre pieds, mais un de fix : ce que l'expérience
fait affez connoître, & cela fe fait par la continuité de la
maçonnerie defdits murs. C'eft pourquoi il feroit mieux de
laiffer un pied de diftance entre les deux murs du puits &
de l'aifance, afin d'interrompre le cours des matieres du côté des puits. Cette diftance ou ifolement peut être pris dans
cinq pieds, en donnant moins d'épaiffeur aux murs de chaque côté : mais afin d'empêcher cette communication de
matiere, il faut conftruire les foffes d'aifance avec un cor-
roi de glaife d'un pied d'épaiffeur entre deux murs ; faire un
maffif dans le fond de la foffe d'aifances ; mettre de la glaife
par-deffus, qui foit continue avec celle des murs, & paver
dans le fond defdites foffes de pavé de grais, avec mortier de
chaux & ciment : on peut par ce moyen ôter la communication des matieres des aifances avec les puits.

CONFÉRENCE.

De même *Etampes*, art. 88.
   Clermont, art. 221.
   Laon, art. 266.
   Nivernois, chap. 10, art. 1.
   Perche, art. 220.
   Bourbonnois, art. 516.
   Melun, art. 207,
   Sens, art. 107,
   Auxerre, art. 110,   } difent, un pied
   Troyes, art. 61,   & demi.
   Montargis, chap. 10, art. 6,
   Châlons, art. 142, dit, deux pieds.
   Amiens, art. 166,
   Tours, art. 213,   } difent, deux pieds
   Anjou, art. 452,   & demi.
   Lodunois, chap 21, art. 2,

Et où il y a de chacun côté puits :

  Melun, art. 208, dit, qu'il faut contre-mur de
   trois pieds d'épaiffeur entre deux.
  Orléans, art. 246, dit, qu'il faut entre deux neuf
   pieds de diftance.

Etampes, art. 88 , }
Châlons, art. 142 , } disent, dix pieds.
Perche, art. 220. }

Laon, art. 290. }
Normandie, art. 609, }
Anjou, art. 432 , } disent, sept pieds.
Grand-Perche, art. 220 , }
Berry, tit. 2 , art. 10 , }

ARTICLE 192.

Pour terres labourées ou fumées , & pour terres jettisses.

CELUI qui a place, jardin ou autre lieu vuide, qui joint immédiatement au mur d'autrui ou mur mitoyen, & y veut faire labourer & fumer (1), il est tenu de faire contre-mur de demi-pied d'épaisseur ; & s'il y a terres jettisses, il est tenu de faire contre-mur d'un pied d'épaisseur.

(1) *Il est tenu de faire contre-mur de demi-pied d'épaisseur ; & s'il y a terres jettisses , il est tenu de faire contre-mur d'un pied d'épaisseur, &c.* Pour expliquer les deux cas de cet article, il faut entendre que le contre-mur de demi-pied d'épaisseur, est pour empêcher qu'en labourant les terres au pied d'un mur, qui peut être un mur mitoyen, dont un côté est un jardin, & l'autre un bâtiment, ce labour n'endommage le pied dudit mur : c'est pourquoi la Coutume y a pourvu ; mais pour les terres jettisses, où la Coutume ordonne un pied d'épaisseur, il faut entendre qu'un mur étant réputé mitoyen, & que l'un des voisins voulant hausser de son côté les terres plus hautes que celles de son voisin, ces terres sont appellées *jettisses* : mais il y a bien des cas où un pied d'épaisseur ne peut pas suffire, même deux ou trois pieds, selon la hauteur des terres jettisses. A cela il faut entendre que celui qui a besoin de plus grande épaisseur, qu'un mur mitoyen n'a d'ordinaire, pour porter les terres de son côté, il doit prendre non-seulement sur son héritage la plus-épaisseur du mur , mais il doit aussi payer la plus-valeur

dudit mur ; en sorte que le voisin qui n'a besoin que d'un mur de clôture ou mur ordinaire pour porter un bâtiment, ne doit payer que sa part & portion en cette qualité de ce qu'il occupe.

CONFÉRENCE.

De même *Clermont*, art. 220, & ajoute ; afin que le fondement dudit mur ne s'évase, ou empire par faute de fermeté & terre joignant.

Calais, art. 178.

Nivernois, chap. 10, art. 12, dit : Si un des personniers du mur commun a de son côté la terre plus haute que l'autre, il est tenu de faire contre-mur commun de son côté, de la hauteur desdites terres.

Bourbonnois, art. 520, & ajoute ; pour éviter qu'elle ne pourrisse ledit mur commun.

Meaux, art. 74.

Clermont, art. 222.

Cambray, tit. 18, art. 5.

Sedan, art. 288.

ARTICLE 193.

En la Ville & Fauxbourgs de Paris, faut avoir privés.

Tous Propriétaires de maisons en la Ville & Fauxbourgs de Paris, sont tenus avoir latrines & privés suffisans en leurs maisons.

Nota. Cet article regarde la Police, & n'est point du fait des Experts.

CONFÉRENCE

De même *Mantes*, art. 107.

Orléans, art. 244.

Melun, art. 209, & ajoute : Et à ce seront contraincts par prinſe & exploitation de leurs biens, & arrêts de louages deſdites maiſons, ſur peine de 20 livres *pariſis* d'amende, pourvu que leſdites latrines ſe puiſſent faire ſans incommoder leſdites maiſons.

Etampes, art. 87.
Nivernois, chap. 10, art. 15.
Bourbonnois, art. 515.
Calais, art. 179.
Tournay, tit. 17, art. 5.

ARTICLE 194.

Bâtiſſant contre un mur non mitoyen, ce qui ſe doit payer, & quand.

SI aucun veut bâtir contre un mur non mitoyen, faire le peut, en payant la moitié tant dudit mur que fondation d'icelui, juſqu'à ſon héberge, ce qu'il eſt tenu de payer paravant que rien démolir ni bâtir : en l'eſtimation duquel mur eſt compris en valeur de la terre ſur laquelle ledit mur eſt fondé & aſſis, au cas que celui qui a fait le mur l'ait tout pris pour ſon héritage.

Nota. Par cet article, la Coutume donne la faculté à un Particulier de ſe ſervir d'un mur que ſon voiſin aura fait bâtir à ſes frais & dépens, & de la place dudit mur priſe ſur ſon héritage, en le rembourſant ſuivant l'eſtimation qui en ſera faite par Experts, de la moitié qu'il occupera ; ce qu'on appelle *héberge*.

CONFÉRENCE.

De même *Melun*, art. 202.
　　　Etampes, art. 85.
　　　Châlons, art. 138, ajoute : Pourvu que ladite muraille ſoit ſuffiſante pour porter & ſoutenir ledit bâtiment.

ARTICLE 195.

Si l'on peut hausser un mur mitoyen, & comment.

IL est loisible à un voisin hausser à ses dépens le mur mitoyen d'entre lui & son voisin si haut (1) que bon lui semble, sans le consentement de sondit voisin, s'il n'y a titres au contraire, en payant les charges; pourvu toutefois que le mur soit suffisant pour porter le surhaussement; s'il n'est suffisant, faut que celui qui veut rehausser, le fasse fortifier, & se doit prendre l'épaisseur de son côté.

(2) *Si haut que bon lui semble, sans le consentement de sondit voisin, &c.* Dans l'article précédent, il est permis de bâtir contre le mur de son voisin, en remboursant, comme il a été dit; & en celui-ci il est permis de hausser sur ledit mur, en payant les charges; & il est ajouté: *Si haut que bon lui semble* : cette hauteur devroit être modérée; car on pourroit élever un mur si haut, qu'il offusqueroit entiérement la maison du voisin; mais celui qui veut élever un mur à une hauteur qui lui est nécessaire, si le mur n'est pas bon ni d'épaisseur suffisante, & qu'il soit bon pour son voisin, il est obligé de le refaire à ses dépens, & de prendre la plus-épaisseur de son côté. Il y a des Arrêts sur ce sujet, auxquels on peut avoir recours.

CONFÉRENCE.

ARTICLE 196.

Pour bâtir sur un mur de clôture.

SI le mur est bon pour clôture, & de durée, celui qui veut bâtir dessus & démolir ledit mur ancien, pour n'être suffisant pour porter son bâtiment, est tenu de payer entièrement les frais ; en ce faisant, ne paiera aucunes charges ; mais s'il s'aide du mur ancien, il paiera les charges.

Nota. Cet article explique assez bien que personne n'a droit d'obliger son voisin de faire un mur mitoyen ni plus épais, ni de meilleure qualité qu'il n'a besoin ; j'en expliquerai plusieurs cas dans la maniere de donner les alignemens.

CONFÉRENCE.

De même *Calais*, 182.

ARTICLE 197.

Les charges qui se paient au voisin.

LES charges sont de payer & rembourser par celui qui se loge & héberge sur & contre le mur mitoyen,

de fix toifes l'une (1) de ce qui fera bâti au-deſſus de
dix pieds.

(1) *De ce qui ſera bâti au-deſſus de dix pieds.* Cette hauteur eſt marquée pour celle des murs de clôture, y compris
le chaperon. Il eſt ſuppoſé par cet article, que le mur de clôture élevé à la hauteur de dix pieds, peut être bon pour porter un bâtiment.; ce qui n'arrive que rarement, à moins
qu'on ne l'eût fait exprès; mais on ne s'aviſe guères de faire
la dépenſe d'un mur pour porter un bâtiment, quand il ne
doit ſervir que de clôture. Ainſi, cela ſuppoſé, il faut que
celui qui n'a beſoin que d'un mur de clôture, contribue pour
ſa part & portion pour la plus-épaiſſeur & meilleure qualité du mur, depuis la fondation juſqu'à dix pieds au-deſſus
du rez-de-chauſſée, s'il veut avoir les charges de ce que ſon
voiſin élevera au-deſſus de lui, ou il faut qu'il abandonne
ſon mur à ſon voiſin, ſans eſpérer avoir de charges, afin que
celui qui veut élever, prenne ſur lui la plus-épaiſſeur, &
faſſe la dépenſe de la plus-valeur qu'un mur doit avoir pour
porter un bâtiment plus que pour un mur de clôture, conformément à l'article 196. Mais ſi à la ſuite, celui qui a
abandonné ſon mur, veut bâtir contre lui & ſur icelui, il
doit rembourſer celui qui a bâti pour la plus-valeur de la
terre priſe ſur lui, & pour la plus-épaiſſeur & la meilleure
qualité dudit mur, en déduiſant néanmoins ce que peut valoir ſa part & portion de l'ancien mur, en l'état qu'il étoit
avant que d'être abattu. La Coutume n'ordonne de payer les
charges, que parceque celui qui élève à une plus grande hauteur que ſon voiſin ſur un mur mitoyen, ſurcharge ledit mur
& l'endommage, ce qui cauſe des frais pour le rétabliſſement
dudit mur, leſquels frais ſont communs moyennant les
charges, juſqu'à la hauteur d'héberge de celui qui a le moins
élevé.

CONFÉRENCE.

De même *Calais*, art. 183.

ARTICLE 198.

Pour se loger & édifier un mur mitoyen.

IL est loisible à un voisin se loger ou édifier au mur commun & mitoyen d'entre lui & son voisin, si haut que bon lui semblera, en payant la moitié dudit mur mitoyen, s'il n'y a titre au contraire.

Nota. Cet article est comme une répétition des articles précédens : il suppose qu'un mur soit fait aux frais de l'un des voisins, & il donne la faculté à l'autre voisin de s'en servir, en remboursant celui qui l'a fait de la moitié de la valeur d'icelui dans toute l'étendue de ce qu'il occupera ; auquel cas celui qui a bâti le premier, s'il est plus élevé que celui qui bâtit contre lui, doit payer les charges de six toises l'une, ce qui est une déduction à faire sur la valeur dudit mur.

CONFÉRENCE.

De même *Montfort*, art. 77.
    Mantes, art. 99.
    Reims, art. 363.
    Calais, art. 84.
    Châlons, art. 138.
    Bayonne, tit. 17, art. 4, 5, 6.

ARTICLE 199.

Nulles fenêtres ou trous pour vues au mur mitoyen.

EN mur mitoyen ne peut l'un des voisins sans l'accord & le consentement de l'autre, faire faire fenêtres ou trous pour vues, en quelque maniere que ce soit, à verre dormant ni autrement.

Nota.

Nota. Cet article donne une exclusion de faire des fenêtres ou vues dans un mur mitoyen; mais par les articles suivans, il est permis d'en faire aux conditions qui y sont contenues.

CONFÉRENCE.

De même *Orléans*, art. 231.

  Clermont, art. 224.

  Valois, art. 117.

  Nivernois, chap. 10, art. 8.

  Montargis, chap. 10, art. 2.

  Blois, art. 232.

  Bourbonnois, art. 53.

  Berry, tit. 11, art. 4.

  Calais, art. 185.

  Normandie, art. 599 & 602.

Au contraire :

Mantes, art. 95, dit : Il est permis à un voisin de de percer le mur mitoyen d'entre lui & son voisin, au-dessus de 9 pieds du rez-de-chaussée du premier étage, & 7 pieds au-dessus du second étage, & y faire vues, pourvu qu'elles soient fermées, le tout à fer maillé & verre dormant ; mais où sondit voisin voudra de nouvel bâtir, lui est lors permis de clorre & étouper lesdites vues jusqu'à la hauteur de sondit nouvel bâtiment.

De même *Laon*, art. 268.

  Châlons, art. 136.

  Anjou, art. 455.

  Le Maine, art. 463.

  Grand-Perche, art. 217.

ARTICLE 200.

Fenêtres ou vues en mur particulier, & comment.

TOUTEFOIS, si aucun a mur à lui seul appartenant, joignant sans moyen à l'héritage d'autrui, il peut en

icelui mur avoir fenêtres, lumieres ou vues aux Us
& Coutumes de Paris; c'est à savoir de neuf pieds de
haut au-dessus du rez-de-chaussée & terre, quant au
premier étage, & quant aux autres étages, de sept
pieds au-dessus du rez-de-chaussée : le tout à fer maillé
& verre dormant.

Nota. Il est supposé par cet article, que le mur en question appartient à un seul Particulier, & qu'il joint sans
moyen à l'héritage d'autrui, c'est-à-dire, qu'il est entiérement pris sur son héritage, & que la face du côté du voisin
en fait la séparation; auquel cas il est permis par cet article,
de faire des vues à neuf pieds de haut au-dessus du rez-de-
chaussée du premier étage, & de sept pieds des autres étages. Le mot de *rez-de-chaussée* est pris ici pour le dessus des
aires & planchers de chaque étage: ce qui est appellé *premier
étage*; on l'appelle à présent l'*étage du rez-de-chaussée*: ainsi
la véritable signification du mot de *rez-de-chaussée* ne doit
s'entendre que du dessus de la terre, comme il a été dit ci-
devant.

Le droit permis par cet article, peut être détruit par l'article 198, qui permet à un voisin de se loger ou édifier au
mur d'entre lui & son voisin, si haut que bon lui semblera,
en remboursant la moitié d'icelui mur: ainsi celui qui aura
fait des vues dans un mur qui lui appartient, & qui peut de-
venir mitoyen, peut les perdre quand son voisin voudra; c'est
pourquoi il faut se précautionner quand on bâtit, & tirer
ces vues d'ailleurs.

CONFÉRENCE.

De même *Clermont*, art. 218.
　　　Valois, art. 125.
　　　Calais, art. 166.
　　　Normandie, art. 604.

　　　C'est à savoir de neuf pieds de haut.

　　　Meaux, art. 76, dit, sept pieds de hauteur, &
　　　ès chambres de six pieds.
De même *Anjou*, art. 455.
　　　Maine, art. 463.
　　　Perche, art. 217.

Châteauneuf, art. 95.

Berry, tit. 11, art. 13.

Chartres, art. 80.

Dreux, art. 68.

Melun, art. 189, dit, à huit pieds de haut quant
au premier étage, & quant aux autres étages
de sept pieds de haut.

De même Sens, art. 101.

Auxerre, art. 105.

Le tout à Fer maillé & Verre dormant.

Melun, art. 189, dit, avec barres & barreaux de
fer, en maniere qu'on ne puisse passer ni endommager son voisin.

De même Sens, art. 101.

Auxerre, art. 105.

ARTICLE 201.

Fer maillé & Verre dormant, ce que c'est.

FER (1) maillé est treillis, dont les trous ne peuvent être que de quatre pouces en tout sens: & (2)
verre dormant est verre attaché & scellé en plâtre,
qu'on ne peut ouvrir.

(1) Fer maillé est treillis dont les trous ne peuvent être
que de quatre pouces en tous sens, &c. c'est-à-dire, un treillis
de fer, dont les barreaux posés sur le bout, ou à-plomb & en
travers, ne doivent avoir que quatre pouces en tous sens, en
sorte que ces barreaux doivent former par leur disposition des
quarrés de quatre pouces.

(2) Verre dormant, attaché & scellé en plâtre, &c. c'est-à-
dire, qu'il faut, outre les barreaux ci-devant décrits, mettre
en-dedans d'icelui qui prend les jours, un panneau de verre
contre lesdits barreaux, lequel verre doit être scellé en plâtre contre le mur tout autour, afin qu'on ne puisse l'ouvrir, & qu'on ne puisse jetter ni voir aucune chose sur le
voisin.

Ii 2

Il eſt bien dit dans l'article 200, à quelle hauteur les vues de coutume doivent être faites ſuivant les étages où on veut les faire ; mais il n'eſt pas fait mention de quelle grandeur elles doivent être ; cela pourroit faire de la difficulté, ſi un voiſin en vouloit mal uſer : mais je crois que cela pourroit être réglé par la grandeur des panneaux de vitres, dont on n'en met ordinairement que deux joints l'un contre l'autre, ce qui ne peut aller à plus de trois pieds & demi ou quatre pieds de large.

CONFÉRENCE.

De même *Orléans.*

ARTICLE 202.

Diſtances pour vues droites & baies de côté.

Aucun ne peut faire vues droites ſur ſon voiſin, ne ſur places à lui appartenantes (1), s'il n'y a ſix pieds de diſtance entre ladite vue & l'héritage du voiſin, & ne peut avoir baies de côté, s'il n'y a deux pieds de diſtance.

(1) *S'il n'y a ſix pieds de diſtance entre ladite vue & l'héritage du voiſin, &c.* Les termes de cette diſtance ne ſont pas bien expliqués ; on en peut prendre un du devant du mur de celui qui veut faire une vue droite ; mais l'autre mur étant mitoyen, il y a équivoque ; l'uſage a décidé là-deſſus. L'explication eſt que cette diſtance doit être priſe du devant du mur de celui qui fait la vue, juſqu'au point milieu ou centre du mur mitoyen. Ainſi le point-milieu du mur décide la queſtion, & je crois que c'eſt le meilleur ſens que l'on puiſſe donner à cet article. Pour les vues de côté, il faut auſſi que la diſtance de deux pieds ſoit priſe de l'arrête du jambage de la croiſée la plus proche du voiſin, juſqu'au milieu du mur mitoyen.

ARTICLE 203.

Signifier avant que démolir ou percer mur mitoyen ,
à peine , &c.

LES Maçons ne peuvent toucher ni faire toucher
à un mur mitoyen pour le démolir, percer & rétablir,
sans y appeller les voisins qui y ont intérêt, par une
simple signification seulement, & ce à peine de tous
dépens, dommages & intérêts, & rétablissement dudit mur.

Nota. Cet article regarde les Entrepreneurs & Maçons, &
les avertit de ne rien faire de considérable dans un mur mitoyen sans en appeller les voisins ; & il s'en faut prendre à eux
quand ils contreviennent à cet article.

ARTICLE 204.

On le peut percer , démolir , & rétablir ,
& comment.

IL est loisible à un voisin percer ou faire percer
& démolir le mur commun & mitoyen d'entre lui &
son voisin, pour se loger & édifier, en le rétablissant
duement à ses dépens, s'y n'y a titre au contraire,
en le dénonçant toutefois au préalable à son voisin ;
& est tenu de faire incontinent & sans discontinuation
ledit rétablissement.

Nota. Cet article est une suite de l'article précédent : il
explique plus au long ce qu'il faut observer pour le rétablissement d'un mur mitoyen.

CONFÉRENCE.

De même *Melun*, art. 194.
    Montfort, art. 78.
    Etampes, art. 77.
    Mantes, art. 100.
    Reims, art. 363.
    Blois, art. 233.
    Bourbonnois, art. 505, & ajoute : Sauf à l'en-
    droit des cheminées, où l'on ne peut mettre
    aucuns bois.

ARTICLE 205.

Contribution à refaire le mur commun pendant
& corrompu.

IL est loisible à un voisin contraindre ou faire contraindre par Justice son autre voisin à faire ou faire
refaire le mur ou édifice commun pendant & corrompu entre lui & sondit voisin, & d'en payer sa part chacun selon son héberge, & pour telle part & portion
que lesdites parties ont & peuvent avoir audit mur &
édifice mitoyen.

Nota. Voici un article auquel on peut donner bien des explications selon les différentes occasions ; car il peut arriver
qu'un mur mitoyen soit bon pour l'un des voisins, quoiqu'un
peu corrompu, & que l'autre voisin le voudra faire rétablir,
parcequ'il aura besoin d'une plus grande hauteur ; il est vrai
qu'on nomme des Experts pour en juger : mais comme il s'a-
git de solidité, pour peu qu'il paroisse qu'il n'y en a pas
assez, on condamne le mur à être abattu, & à en relever un
autre plus solide, à cause qu'il faut porter une plus grande
charge : de plus, le mur peut être bon dans les fondemens
pour celui des voisins qui n'est pas si élevé ; cependant il est
obligé de payer sa moitié. En cette occasion, les Experts
doivent avoir quelque égard pour celui qui souffre, & qui

auroit pu se passer du mur tel qu'il est ; cela est juste : car la
Coutume ne donne point de régle pour savoir jusqu'où, ou
combien un mur pendant & corrompu doit être condamné
à être abattu ; mais par l'usage, quand il penche du quart
de son épaisseur, il doit être abattu ; c'est-à-dire, qu'un mur
qui a, par exemple, seize pouces d'épaisseur, & qui surplombe de quatre pouces, doit être abattu ; cette régle n'est
pas juste : car il faut marquer sur quelle hauteur ce quart
doit être pris ; cela ne peut se régler que par un angle, par
rapport à une ligne de niveau : car si un mur surplombe du
quart de son épaisseur sur la hauteur de douze pieds, il sur-
plombera de la moitié de la même épaisseur sur vingt-quatre pieds, & en quarante-huit pieds, il seroit entiérement
hors de son assiette. Il faut donner cette régle par la hauteur ;
& comme les murs mitoyens ordinaires ne sont guères plus
élevés que de huit toises, si l'on prend sur cette hauteur le
quart de son épaisseur, ce sera un demi-pouce par toise à
seize pouces d'épaisseur. Comme un mur mitoyen est arrêté
de deux côtés, cela peut être tolérable ; mais quand il n'est
arrêté que d'un côté, on ne peut pas le laisser en cet état.
Il peut y avoir encore d'autres causes, comme de mauvaise construction, qui peut obliger à le condamner à être
abattu.

Les murs mitoyens causent beaucoup d'affaires & de procès entre les voisins, & c'est la matiere de la plus grande
partie des rapports : car on construit si mal ces murs, & on
leur donne si peu d'épaisseur, à proportion de la charge
qu'on leur fait porter, qu'ils ne peuvent pas subsister long-
tems. Il vaudroit bien mieux leur donner une épaisseur convenable, & les faire construire de moilon piqué, maçonné
de mortier de chaux & sable, avec des chaînes & jambes
boutisses de pierre-de-taille, que d'avoir la peine de les rebâtir plusieurs fois, comme il arrive fort souvent quand ils
sont mal construits.

CONFÉRENCE.

De même *Normandie*, art. 604.

    Meaux, art. 76, & dit, qu'il doit contribuer aux
    frais qui se feront à la réédification dudit mur,
    tant ès fondemens que jusqu'à huit pieds de haut
    hors terre, & rez-de-chaussée.

Montfort, art. 79, ajoute : Et où ledit voisin som-
mé de contribuer aux frais, sera refusant de ce
faire six mois après lesdites sommations à lui
faites, demeurera ledit mur propre à celui qui
l'aura fait construire de nouvel, ou fait refaire
si bon lui semble.

De même *Mantes*, art. 101.

    Vermandois, art. 272.

    Châlons, art. 134.

    Reims, art. 361.

    Nivernois, ch. 10, art. 4 & 5, dit : après un an.

    Troyes, art. 63, dit : Si d'aventure il y a mur, cloi-
son ou clôture mitoyenne entre deux voisins,
& elle déchet & va en ruine, l'un peut contraindre l'autre à contribuer à la réparation ou sou-
tenement d'icelle, ou à renoncer à la communauté d'icelle clôture.

De même *Sens*, art. 99.

    Auxerre, art. 102.

    Nivernois, chap. 10, art. 4, dit : Sinon que la-
dite chûte ou danger de ruine, procédât de la
faute ou coulpe de l'un : auquel cas celui qui
a fait la faute ou qui est en coulpe, le doit refaire à ses dépens.

    Bourbonnois, art. 512.

ARTICLE 206.

Poutres & solives ne se mettent dans les murs non-mitoyens.

N'EST loisible à un voisin de mettre ou faire mettre & loger les poutres & solives de sa maison, dans
le mur d'entre son voisin & lui, si ledit mur n'est mitoyen.

Nota. Il est assez expliqué par cet article, qu'il faut qu'un
mur soit mitoyen pour s'en servir à édifier contre. Cette matiere n'a pas besoin d'une plus ample explication.

CONFÉRENCE.

De même *Melun*, art. 199.

      Etampes, art. 81 & 82.

      Dourdan, art. 69.

      Rennes, art. 365.

      Sedan, art. 285.

      Montfort, art. 80.

      Mantes, art. 102.

      Bourbonnois, art. 506.

      Nivernois, chap. 10, art. 10.

      Calais, art. 192.

Au contraire.

      Auxerre, art. 112.

      Orléans, art. 232.

      Bar, art. 173.

      Blois, art. 233.

ARTICLE 207.

Ponr asseoir poutres au mur mitoyen, ce qu'il faut faire, même aux champs.

IL n'est loisible à un voisin mettre ou faire mettre & asseoir les poutres de sa maison dans le mur mitoyen d'entre lui & son voisin (1), sans y faire faire & mettre jambes parpaignes, ou chaînes & corbeaux suffisans de pierre-de-taille, pour porter lesdites poutres (2), en rétablissant ledit mur (3) : toutefois pour les murs des champs, il suffit y mettre matiere suffisante.

(1) *Sans y faire faire & mettre jambes parpaignes, ou chaînes & corbeaux suffisant de pierre de taille, &c.* Jambes & chaînes ne sont qu'une même chose, mais par parpaignes ou parpins, on doit entendre l'épaisseur d'icelles

jambes ou chaînes, qui doit être toute l'épaisseur du mur. Pour les corbeaux, ce sont les pierres sur lesquelles les poutres sont posées ; on leur donne un peu de saillie en forme de console, afin d'avoir plus de portée pour la poutre.

(2) *En rétablissant le mur, &c.* Il semble que par la Coutume, on ne doit entendre que les chaînes & jambes sous poutre dans un mur mitoyen déja fait ; mais il-faut observer la même chose pour tous les murs mitoyens faits à neuf, c'est-à-dire, que bâtissant un mur mitoyen, on doit déterminer où doivent être posées les poutres, & y faire des chaines ou jambes de pierre-de-taille.

(3) *Toutefois pour les murs des champs, suffit d'y mettre matiere suffisante.* Ce précepte est bien indéfini ; car il peut y avoir des lieux où il n'y ait point de pierre-de-taille. Ainsi il faut par nécessité y employer du moilon ou libage qu'on trouve sur les lieux ; mais il faut que ce soit la meilleure maçonnerie qu'il est possible dans cette espece.

CONFÉRENCE.

De même *Melun*, art. 199.
   Etampes, art. 82.
   Montfort, art. 81.
   Mantes, art. 103.
   Reims, art. 363.
   Bourbonnois, art. 507.
   Calais, art. 193.

ARTICLE 208.

Poutre sur la moitié d'un mur commun, & à quelle charge.

AUCUN ne peut percer le mur d'entre lui & son voisin pour y mettre & loger les poutres de sa maison (1), que jusqu'à l'épaisseur de la moitié dudit mur, & au point du milieu, en rétablissant ledit mur, en mettant ou faisant mettre jambes, chaînes & corbeaux comme dessus.

(1) *Que jusqu'à l'épaisseur de la moitié dudit mur, &c.*

Il eſt impoſſible qu'une poutre puiſſe avoir aſſez de portée
de la moitié de l'épaiſſeur d'un mur mitoyen, quand même
il auroit 18 pouces d'épaiſſeur, ce que l'on ne donne guères
aux murs mitoyens, même en y mettant des corbeaux, cela
ne ſuffiroit pas pour la portée d'une poutre; ainſi cet article
n'eſt pas pratiquable. Il faut donc qu'il ſoit permis de faire
porter les poutres plus avant ſur les murs mitoyens : l'uſage
permet de les faire paſſer juſqu'à un pouce près de la face
du mur voiſin pour la charge de l'enduit : cette faculté eſt ré-
ciproque entre voiſins. Les poutres en ſont mieux portées, &
les murs n'en ſouffrent pas tant. On peut, par ce moyen, éviter de mettre des corbeaux ſaillans qui font un très-mauvais
effet en-dedans, à moins que les poutres des voiſins ne ſe
rencontraſſent bout-à-bout, ce qu'il faut faire en ſorte d'éviter. Il eſt encore réitéré dans cet article, de mettre des jambes ſous poutre dans les murs mitoyens vieux ou neufs : ainſi
il n'y faut pas contrevenir.

CONFÉRENCE.

De même *Melun*, art. 209.

    Mantes, art. 104.

    Montfort, art. 82.

    Reims, art. 365.

    Bourbonnois, art. 508.

    Etampes, art. 83, dit, qu'il ne doit paſſer outre
      les deux tiers.

    Auxerre, art. 112, dit, qu'il peut percer tout ou-
      tre ledit mur, ſauf à l'endroit des cheminées où
      on ne peut mettre aucuns bois.

De même *Montargis*, chap. 10, art. 4.

    Orléans, art. 232.

    Melun, art. 101, dit : Le voiſin ne peut percer le
      mur mitoyen & commun à l'endroit des che-
      minées de ſon voiſin, pour aſſeoir poutres ou
      ſolives, ou prendre autre commodité, comme
      d'une armoire ou enclave.

De même *Etampes*, art. 84.

    Calais, art. 184.

ARTICLE 209.

*Ez Villes & Fauxbourgs on contribue à mur de clô-
ture jufqu'à dix pieds.*

CHACUN peut contraindre fon voifin ez Ville &
Fauxbourgs, Prevôté & Vicomté de Paris, à contribuer pour faire faire clôture, faifant féparation de
leurs maifons, cours & jardins efdites Ville & Fauxbourgs, jufqu'à la hauteur de dix pieds de haut du rez-
de-chauffée, compris le chaperon.

Nota. Cet article s'explique affez par lui-même ; il faut
feulement remarquer qu'il prend le deffus de la terre pour le
rez-de-chauffée, comme je l'ai expliqué ci-devant.

CONFÉRENCE.

De même *Melun*, art. 196.
    Sens, art. 104.
    Dourdan, art. 59.
    Laon, art. 270.
    Châlons, art. 134.
    Amiens, art. 25.
    Cambray, tit. 18, art. 6.
    Châteauneuf, tit. 13, art. 94.
    Chartres, art. 79.
    Dreux, art. 67.
    Calais, art. 195.

Jufqu'à la hauteur de dix pieds.

Vermandois, art. 270. ⎫ difent, jufqu'à neuf
Châlons, art. 134. ⎬ pieds de hauteur.
Melun, art. 109, dit, que les murailles doivent
    être hautes de neuf pieds pour les cours, &
    de huit pieds pour les jardins, outre les fon-
    demens.

Etampes, art. 79, dit, pour les cours de douze
pieds, & pour les jardins, de neuf pieds.

Au contraire.

Sens, art. 99, dit : Aucun n'est contraint de clorre
& fermer son héritage, s'il ne veut.
De même *Auxerre*, art. 120.
Lille, art. 236.
La Salle de Lille, tit. 17, art. 7.

ARTICLE 210.

Comment hors lesdites Ville & Fauxbourgs.

HORS lesdites Ville & Fauxbourgs, on peut contraindre voisins à faire mur nouvel, séparant les cours
& jardins ; mais bien les peut-on contraindre à l'entretennement & réfection nécessaires des murs anciens, selon l'ancienne hauteur desdits murs, si mieux
le voisin n'aime quitter le droit de mur & la terre sur
laquelle il est assis.

Nota. Cet article est assez entendu par lui-même.

ARTICLE 211.

*Si murs de séparation font mitoyens, & des bâtimens
& réfection d'iceux.*

TOUS murs séparant cours & jardins, sont répu-
tés mitoyens, s'il n'y a titre au contraire ; & celui
qui veut bâtir nouvel mur, ou refaire l'ancien corrompu, peut faire appeller son voisin pour contribuer
au bâtiment ou réfection dudit mur, ou bien lui ac-
corder lettre que ledit mur soit tout sien.

Nota. Cet article eft contenu dans les articles 194, 195, &c. Ce qu'il a de particulier, eft qu'il établit le droit de rebâtir un mur mitoyen, au cas qu'il foit corrompu, quand même le voifin ne feroit pas confentant d'en payer fa part & portion, faute de quoi il le rend propre à celui qui l'a fait bâtir.

CONFÉRENCE.

Melun, art. 192, dit : Tout mur fera réputé mitoyen & commun, s'il n'y a titre au contraire.

De même *Etampes*, art. 76.

Laon, art. 271, & ajoute : Sinon qu'ils portaffent entiérement le corps de l'hôtel, & édifice de l'un defdits voifins ; auquel cas appartient à celui auquel eft ledit édifice, ou qu'il eût été au contraire, marque ou fignification qui dénotaffent par l'art de maçonnerie, que tel mur n'eft mitoyen.

De même *Châlons*, art. 135.

Reims, art. 355.

Nivernois, chap. 10, art. 14.

Orléans, art. 234.

Tournay, tit. 17, art. 2.

Bar, art. 175.

Tronçon, fur cet article, dit que la Cour, par Arrêt de l'Audience du 19 Mars 1612, Pijault l'aîné, Procureur en la Cour, partie fur un appel du Prevôt de Paris, a jugé que cet article n'avoir lieu que pour les maifons des champs; parce, dit-il, qu'il y a des chofes auxquelles nous ne pouvons renoncer, tout ainfi que fi un puits eft commun, pour s'exempter de la réparation d'icelui, s'il ne renonce & quitte fa maifon qui eft proche le puits.

Tous murs féparent

ARTICLE 212.

Comment on peut rentrer au droit du mur.

ET néanmoins ez cas des deux précédens Articles, est ledit voisin reçu, quand bon lui semble, à demander moitié dudit mur bâti & fonds d'icelui ou à rentrer dans son premier droit, en remboursant moitié dudit mur & fonds d'icelui.

Nota. Cet article est contenu dans l'article 198.

ARTICLE 213.

Des anciens fossés communs, idem que des murs de séparations.

LE semblable est gardé pour la réfection, vuidange & entretennement des anciens fossés communs & mitoyens.

Nota. Si les séparations des héritages sont avec fossés revêtus ou non revêtus, le nettoyement & redressement d'iceux doit être fait à frais communs, & aux conditions de l'article 211.

ARTICLE 214.

Marques du mur mitoyen en particulier.

FILETS (1) doivent être faits (2) accompagnés de pierre, pour connoître que le mur est mitoyen ou à un seul.

(1) *Filets doivent être faits accompagnés de pierre, &c.*

Par le mot de filet, il faut entendre de petites poutres; car c'est le nom que les Charpentiers leur donnent, à cause qu'elles sont faites de filets de bois, c'est-à-dire, de jeunes arbres.

(2) *Accompagnés de pierre*, &c. Il faut entendre des corbeaux sur lesquels les filets sont posés, pour savoir si le mur appartient à un seul : cette marque n'est pas certaine : il y a apparence que cet article est fort ancien, & fait dans un tems où l'on s'expliquoit mal sur le fait des bâtimens.

CONFÉRENCE.

Par la Coutume de Normandie, tout mur ou paroi auquel sont construites armoires, fenêtres ou corbeaux, est attribué à celui du côté duquel sont lesdites armoires ou fenêtres; pourvu qu'elles soient faites de pierre-de-taille de part en autre, c'est-à-dire, qui traversent le mur : sinon ès cas qu'il s'en trouvât des deux côtés, auquel cas ledit mur est censé mitoyen.

ARTICLE 215.

Des servitudes retenues & constituées par pere de famille.

QUAND un pere de famille met hors ses mains partie de sa maison, il doit spécialement déclarer quelles servitudes il retient sur l'héritage qu'il met hors ses mains, ou quelles il constitue sur le sien : les faut nommément & spécialement déclarer, tant pour l'endroit, grandeur, mesure, qu'espece de servitude, autrement toutes constitutions générales de servitude, sans les déclarer comme dessus, ne valent.

Nota. Par cet article, le pere de famille, ou celui à qui

une

une maison appartient, fait une loi dans la diftribution des parties de fa maison qu'il divife à plufieurs ; c'eft ce qu'on appelle *fervitude*. Quand cette diftribution n'eft pas bien expliquée dans toutes fes çirconftances, & dans tous les cas qui peuvent arriver aux cohéritiers, c'eft une fource de procès : c'eft pourquoi dans ces fortes de divifions & de fervitudes, il faut prendre d'habiles Experts & des Avocats, pour bien fpécifier & prévenir toutes les difficultés qui peuvent arriver.

ARTICLE 216.

Deftination de pere de famille par écrit.

DESTINATION de pere de famille vaut titre, quand elle eft ou a été par écrit, & non autrement.

Nota. Cet article eft une addition à l'article précédent, & n'eft que pour ordonner de marquer par écrit les divifions des parties de la maison que le pere de famille deftine à fes enfans ; & je crois qu'il feroit bon de faire un plan fur lequel on marquât les parts & portions de chacun des héritiers, & attacher ledit plan à la minute du partage, pour y avoir recours en cas de befoin.

ARTICLE 217.

Pour foffés à eau ou cloaques, diftance du mur d'autrui, ou mitoyen.

NUL ne peut faire foffés à eau, ou cloaques (1), s'il n'y a fix pieds de diftance en tous fens des murs appartenant au voifin, ou mitoyens.

(1) *S'il n'y a fix pieds de diftances, &c.* Six pieds de diftance de terre-plein ne font pas fuffifans pour tenir les fonde-

Kk

mens d'un mur en un fossé qui peut être plus profond que les fondemens dudit mur; l'eau minera, s'il y en a, peu à peu la terre, & fera tomber les murs. Dans cette occasion, il faudroit qu'il y eût au moins douze pieds de distance pour faire lesdits fossés & cloaques, ou revêtir d'un mur de maçonnerie le fossé du côté dudit mur de la maison.

CONFÉRENCE.

De même *Calais*, art. 203.
      Orléans, art. 248.

ARTICLE 218.

Porter hors la Ville vuidanges de privés.

Nul ne peut mettre vuidange de privés dans la Ville.

Nota. Cet article regarde la Police.

ARTICLE 219.

Enduits & crépis en vieux murs, & comment.

Les (1) enduits & crépis de maçonnerie faits à vieux murs, se toisent à raison de six toises pour une toise de gros mur.

(1) *Enduits & crépis faits à vieux murs,* &c. Il faudroit que ces vieux murs fussent si bien construits, qu'il n'y eût que le simple crépi & enduit à y faire ; mais cela est fort rare. Pour peu qu'il y ait quelques trous ou renformis à faire, on compte cet ouvrage à quatre toises l'une ; & même quand il y a plusieurs trous à boucher, on compte trois toises pour une ; cela a passé en usage. Au surplus, voyez ce qui est dit à ce sujet, pag. 118, 119 & suiv.

AUTRES

CONNOISSANCES
UTILES.

Par l'Ordonnance de Charles IX, faite à Orléans l'an 1560, art. 96, tous Propriétaires de maisons & bâtimens ès Villes, doivent être tenus & contraints par Juges des lieux, à abattre & retrancher à leurs dépens les saillies desdites maisons aboutissant sur rue, & ce dans deux ans pour tout délai, sans espérance de prolongation: & ne pourront être refaites, ni rebâties, ni pareillement les murs des maisons qui sont sur rues publiques, d'autre matiere que de pierre de taille, briques, ou maçonnerie de moilon ou pierre. Et en cas de négligence de la part desdits Propriétaires, leurs maisons seront saisies pour les deniers qui proviendront des louages ou ventes d'icelles, être réédifiées ou bâties.

Et par l'article 99 de la même Ordonnance, il est enjoint très-expressément à tous Juges, & aux Maires & Echevins & Conseillers de Villes, de tenir la main à cette décoration & bien public des Villes, à peine de s'en prendre à eux en cas de dissimulation ou négligence.

Par le Droit civil : Si une maison est tombée, & que telle chose a apporté déformité à la Ville, celui auquel elle appartient, peut être contraint, s'il a des biens pour le pouvoir faire, de la réparer ou la remettre en état : que s'il n'a assez de moyens pour le pouvoir faire, telle chose se doit faire aux dépens du public, qui reprendra ce qui lui aura coûté avec ses intérêts sur les louages.

Par le même Droit: Si quelqu'un plante des oliviers

Kk 2

ou figuiers, il les doit planter neuf pieds loin de son voisin, & pour les autres arbres deux pieds.

Dans la Somme Rurale, au titre, *De rebus privatis :* Il est défendu que nul n'édifie à quinze pieds près de l'Eglise ; & que nul ne fasse solier ne montée (chambre ni escalier) près du jardin, ne près des esbatemens du Prince, que du moins il n'y ait espace desdits quinze pieds.

MANIERE DE DONNER
les alignemens des Murs mitoyens entre Particuliers propriétaires des Maisons suivant l'usage ; & comment chacun y doit contribuer pour sa part & portion.

LEs Murs mitoyens sont ceux qui partagent les héritages des particuliers : ces murs sont la matiere de la plus grande partie des rapports des Experts, & souvent la source des procès entre les voisins : c'est pourquoi il est à propos d'expliquer, autant qu'il est possible, les moyens d'éviter les contestations qui en naissent. Il faut premiérement donner une idée juste de la position de ces murs ; & pour cela il faut imaginer une ligne droite sur un plan, passée dans le milieu desdits murs, que l'on peut appeller leur centre : cette ligne doit répondre en toutes ses parties à celle qui sépare immédiatement lesdits héritages, c'est-à-dire, qu'il faut que l'épaisseur desdits murs soit prise également de chaque côté sur chacun desdits héritages, à moins qu'il n'y ait nécessité de leur donner plus d'épaisseur d'un côté que de l'autre, comme quand les terres sont plus hautes d'un côté que de l'autre, ou quand il y a plus de charge à porter d'un côté par la plus grande charge ou élévation d'un bâtiment. Dans tous ces cas, il faut que celui qui a besoin de plus d'épaisseur que l'ordinaire, prenne cette épaisseur sur son héritage. L'épaisseur ordinaire des murs mitoyens devroit être de 18 pouces au rez-de-chaussée ; ou au moins de 15 pouces ; mais on se contente à Paris de le faire de 12 à 13 pouces ; & c'est trop peu, comme je l'ai déja dit : il faut

Kk 3

que la ligne du milieu de ces murs soit exactement à-plomb, afin qu'ils ne soient pas plus inclinés d'un *côté* que de l'autre; & que si l'on veut faire quelque diminution de leur épaisseur aux étages supérieurs, cette diminution soit prise également de chaque côté.

Quand on veut construire un mur mitoyen à neuf, ou en rétablir un ancien, il faut que chacun des voisins à qui appartient le mur, nomme chacun un Expert d'office, selon l'usage, pour en donner l'alignement, afin d'éviter les contestations qui en pourroient arriver par la suite, s'il n'étoit pas fait dans les formes. Il faut pour cela que chaque voisin donne un pouvoir à son Expert par-devant le Greffier de l'Ecritoire, qui aura été choisi par le plus ancien ou le plus qualifié desdits Experts : ensuite on procede audit alignement par une déclaration & un état des héritages sur lesquels lesdits murs sont assis & posés. Comme, par exemple, si c'est un mur à construire à neuf sur des héritages qui n'ont point eu d'autre séparation qu'une haie ou un fossé, &c. il faut demeurer d'accord de la ligne qui doit faire la séparation desdits héritages, & puis en faire une figure sur une feuille particuliere, pour joindre à la minute, ou la faire sur la minute du Greffier, & marquer sur cette figure toutes les choses qui sont proches & attenantes ledit alignement, afin de faire connoître par l'acte que l'on a observé tout ce qui étoit nécessaire. Il faut ensuite faire tendre une ligne d'un bout à l'autre du rez-de-chaussée où doit être donné l'alignement, pour connoître si la ligne de séparation desdits héritages est une ligne droite; ce qu'il faut faire autant qu'il est possible : mais s'il y a des plis & des coudes considérables, il les faut observer & les marquer sur la figure, pour en faire mention dans le rapport. Ces plis & ces coudes font souvent des contestations entre les voisins, sur-tout à Paris; ils sont quelquefois formés par l'ignorance ou

la malice de ceux qui rétabliffent les anciens murs :
c'eft pourquoi cela mérite d'être bien examiné. Après
avoir bien reconnu la ligne de féparation des héritages, foit d'une ou de plufieurs lignes droites formant
des angles qu'on appelle *plis & coudes*, il faut donner
l'alignement en queftion de l'un des particuliers ou
voifins. Suppofant que la ligne de féparation foit droite d'un bout à l'autre, & que l'on foit convenu de l'é-
paiffeur que doit avoir le mur mitoyen, après avoir
fait le procès-verbal & la defcription des lieux, il faut
s'expliquer en ces termes : *Et après avoir fait tendre*
une ligne d'un bout à l'autre du côté d'un tel voifin,
nous avons reconnu que lefdits héritages étoient fépa-
rés d'un droit alignement fans plis ni coudes, & pour
donner icelui alignement à tel bout, nous avons fait
une marque en forme de croix fur telle pierre ou moilon,
ou autre chofe prochaine qui ne puiffe pas être remuée:
lequel mur fera pofé à tant de pieds & pouces d'inter-
valle & de diftance d'icelle croix, & pourchaffera,
(c'eft le mot ancien) *fon épaiffeur du côté de l'autre*
voifin.

Il faut remarquer ladite épaiffeur, puis il en faut
faire autant à l'autre bout dudit mur à-peu-près à même diftance : car il eft mieux que les repaires foient
paralleles au mur, ou le mur parallele aux repaires ;
cela n'eft pourtant pas abfolument néceffaire. On prend
ces diftances pour vérifier fi le mur a été bien pofé fuivant le rapport : ce que les Experts doivent revenir
vérifier fur les lieux quand le mur eft fait, pour voir fi
l'on n'a rien changé aux repaires.

Aux anciens murs que l'on veut abattre en tout ou
en partie, il y a beaucoup de précautions à prendre
pour les reconftruire, & pour voir les termes fur lefquels on doit donner l'alignement : car fouvent ces
murs font corrompus partout, mais il faut toujours s'attacher aux marques que l'on peut avoir au rez-de-

chauffée, ou un peu au-deffous ; car c'eft l'endroit qui
doit tout régler, étant fuppofé ne pouvoir pas changer ; & fi l'on ne trouvoit pas encore fon compte, il
faudroit prendre le deffus des retraites du pied du
mur. Ces termes fe peuvent connoître par quelques
pierres ou moilons, dont les paremens ne feront pas
deverfés, & en cas qu'il n'y eût pas une de ces marques qui ne fût douteufe, il faut avoir recours aux fondemens pour en tirer les conféquences les plus juftes
qu'on pourra ; ce qui fe peut faire en découvrant plufieurs endroits qui n'auront pas été remués, y faire
tendre des lignes, & y faire tomber des à-plombs pour
trouver la vérité. Ces indices font fort fouvent équivoques ; & dans ces rencontres l'Expert qui a le plus
d'adreffe, en fait quelquefois accroire à l'autre ; car
chacun prend l'intérêt de fa partie, & le porte le plus
loin qu'il peut ; cela ne fe devroit pourtant pas, puifqu'il ne s'agit que de rendre juftice.

Quand on n'abat pas entiérement les murs mitoyens,
à caufe qu'ils ne font endommagés qu'en certains endroits, comme par bas jufqu'à une certaine hauteur ;
on les fait par reprifes, ou ce qu'on appelle, *par épau-
letées* ; ce qui fe fait par le moyen des chevallemens &
étaiemens fur chaque plancher. On abat enfuite tout
ce qui fe trouve de deverfé & corrompu, jufqu'auffi
bas qu'il eft befoin ; on en donne l'alignement, comme il a été dit, en marquant l'ancienne épaiffeur du
mur qu'il faut prendre au rez-de-chauffée, pour en
faire mention dans le rapport, afin de rétablir le mur
fur la même épaiffeur.

Et pour parvenir à la connoiffance de ce qui peut
être bon ou mauvais dans ces murs, pour en conferver,
ou en abattre ce qui eft néceffaire, il faut faire percer
les planchers de fond en comble en plufieurs endroits,
pour y faire paffer le plomb le long defdits murs, &
voir fi en les relevant fur l'alignement que l'on aura

donné, le haut pourra se conserver, ce qu'on appelle *recueillir*, c'est-à-dire, que ce haut soit dans sa premiere situation ; ce qui est bien rare : car il y a toujours quelque chose à dire ; mais on ne laisse pas de conserver ce qui peut être conservé. C'est pourquoi les Experts disent en pareil cas dans leurs rapports : *Que ledit mur sera élevé jusqu'où l'ancien poura être recueilli , si recueillir se peut* : cela n'est exprimé qu'en termes indéfinis, afin de ne répondre pas d'une hauteur fixe, si l'on est obligé de monter plus haut.

Il faut bien expliquer dans le rapport, combien chacun des particuliers voisins sera tenu de payer pour sa part & portion du mur mitoyen, suivant la Coutume : car il y a bien des choses à observer ; & voici à-peuprès les cas qui peuvent arriver, & qui ne sont que tacitement expliqués dans la Coutume.

Premiérement, à l'égard des fondemens des murs ; personne ne peut se dispenser, pour quelque prétexte que ce soit, de les fonder sur une terre ferme & solide qui n'ait point encore été remuée, qu'on appelle *terre neuve*, reconnue pour solide ; car il y en a qui n'ayant affaire que d'un mur de clôture, & d'autres en ayant affaire pour porter un bâtiment, l'un ne voudra pas fonder si bas que l'autre, parcequ'il n'a pas une si grande charge à élever ; mais il faut absolument fonder sur terre ferme quelque mur que ce soit : il est vrai que si celui qui veut faire un bâtiment, ne se contente pas du solide qu'il faut pour faire un mur ordinaire, & qu'il veuille fouiller plus bas pour des caves ou autres choses, il doit faire ce surplus à ses frais : tout cela doit être réglé par la prudence & la justice des Experts.

A l'égard de la plus-épaisseur & de la qualité desdits murs, celui qui n'a besoin que d'un mur de clôture, n'y est point obligé, quand il ne veut pas se faire payer des *charges* ; mais s'il s'en veut faire payer, il est obligé de contribuer pour sa moitié à toute la dépense, depuis la bonne terre jusqu'à hauteur de clôture, ou de celle qu'il hébergera.

Si celui qui n'a eu d'abord besoin que d'un mur de clôture simplement, & n'a point entré dans la dépense de la plus-valeur & de la plus-épaisseur du mur, veut ensuite bâtir & s'héberger contre ce mur; il faut qu'il rembourse celui qui l'a fait bâtir pour porter un bâtiment, non-seulement pour la plus-valeur de la meilleure qualité & de la plus-épaisseur, mais même pour la terre qu'il aura prise de son côté, suivant l'estimation des Experts.

Si le même qui n'a eu besoin d'abord que d'un mur de clôture, a contribué pour sa part & portion de la plus-valeur & de la plus-épaisseur, & a donné sa part de la terre pour la plus épaisseur, il doit avoir les charges de six toises l'une, de ce qui sera bâti au-dessus de lui; mais s'il veut à la suite bâtir & s'héberger contre ledit mur, il doit rendre la somme qu'il a reçue des charges de ce qu'il occupera seulement; & s'il veut élever plus haut que son voisin, non-seulement il doit rendre toute la somme des charges qu'il aura reçues, mais il doit payer celles de la hauteur qu'il aura élevée plus que son voisin: & si le premier a bâti des caves au dessous des fondations d'un mur ordinaire, celui qui bâtit à la suite, & qui veut se servir dudit mur desdites caves, doit payer sa part & portion de ce mur, en ce qu'il occupera au-dessous de ladite fondation.

On peut, sur ces principes, connoître dans tous les cas la justice qu'il faut rendre aux Particuliers sur le fait des murs mitoyens; car il est presque impossible de rapporter toutes les circonstances qui peuvent arriver; c'est pourquoi il faut laisser le reste à la prudence des Experts.

DE LA MANIERE

Dont on doit faire les Devis des Bâtimens.

LES Devis font en particulier pour chaque espece d'ouvrage qui doit faire partie de la conftruction d'un bâtiment, comme de la Maçonnerie, de la Charpenterie, de la Couverture, &c. Ou ils font généraux, c'eft-à-dire, qu'ils comprennent toutes les fortes d'ouvrages qui font la perfection d'un bâtiment, comme quand l'Entrepreneur fait marché de rendre tout le bâtiment fait, la clef à la main: ainfi un Devis général doit être compofé de tous les Devis particuliers de chaque efpece d'ouvrage. Dans l'un & l'autre cas, il faut bien expliquer toutes les circonftances qui doivent faire la bonne qualité & la façon de chaque ouvrage; car fi l'on omet quelque chofe d'effentiel, ou que l'on ne s'explique pas affez nettement, cela fait des équivoques qui font naître des difficultés qui attirent fouvent des procès.

Quand on veut faire un Devis dans la meilleure forme, on y doit expliquer toutes les conditions requifes; mais il faut auparavant que tous les deffeins du Bâtiment que l'on defire faire foient arrêtés, afin de n'y rien changer; & pour cela, il faut avoir les plans de tous les étages, & même ceux des caves, les élévations des faces de tous les côtés des bâtimens, les profils ou coupes de tous les corps-de-logis, où les hauteurs des planchers & des combles foient marquées: il faut que les principales mefures & dimenfions de tous les deffeins foient cottées, afin que le Devis y ayant rapport, on ne faffe point de faute;

c'est pourquoi ce ne peut être que l'Architecte qui a
fait le deffein, qui peut bien faire le devis; car il doit
lui-même donner la solidité & la perfection à son ouvrage : c'est le fentiment des meilleurs Auteurs qui
ont écrit fur l'Architecture, & la regle du bon fens ;
car qui peut mieux s'expliquer fur une chofe que celui
qui en eft l'Auteur ? Cela fait connoître que pour être
Architecte, il faut non-feulement avoir tout le génie
& l'étendue de la fcience, pour en favoir parfaitement la théorie ; mais qu'il faut encore poffeder la pratique jufqu'aux moindres chofes, afin de ne rien omettre qui puiffe donner lieu aux Ouvriers de faire des
fautes, foit par ignorance ou par malice, comme il arrive fouvent : ainfi ceux qui font faire des bâtimens
confidérables, doivent prendre garde à faire choix
d'un habile homme.

Comme dans le modele de devis que je donne ici,
je n'ai point d'objet pour un deffein particulier, je
donnerai feulement une idée générale de la maniere
dont les devis doivent être faits pour rendre un bâtiment parfait la clef à la main, afin que tous les
devis des ouvrages qui le compofent y foient compris. Je fuppoferai même qu'on y emploie différens matériaux, afin que l'on connoiffe les différentes
manieres de les mettre en œuvre ; ceux qui auront
bien entendu ce qui a été dit ci-devant fur la conftruction de chaque efpece d'ouvrage, fauront plus aifément comment on doit faire les devis.

Quand on fait un devis pour la Maçonnerie, il
faut y marquer l'ordre dans lequel l'ouvrage doit
être conftruit. Ainfi, il faut commencer par les
fondemens, tant des murs de face, que de refend, &c. enfuite par les voûtes de caves, & chauffes d'aifance, defcentes de caves, & autres ouvrages
qui doivent être faits jufqu'au nez-de-chauffée, &
continuer dans ce même ordre jufqu'au plus haut

de l'édifice; on peut néanmoins expliquer de fuite, par exemple, tout un mur de face ou de refend, en toute fa longueur fur fa hauteur, depuis le rez-de-chauffée jufqu'à l'entablement ou pignon, en expliquant bien les différentes efpeces de pierres qu'on doit y employer, les épaiffeurs & les retraites qu'on doit faire à chaque étage; on explique enfuite les ouvrages de plâtre, comme les planchers, les cloifons, les cheminées, les efcaliers, &c. il faut enfin que le Devis conduife, pour ainfi dire, l'Entrepreneur par la main dans chaque ouvrage qu'il doit faire.

FORME DU DEVIS.

DEVIS des Ouvrages de Maçonnerie, Charpenterie, Couverture, Menuiferie, Ferrure & gros Fer, Vitrerie, Pavé de grais, & peinture d'impreffion, qu'il convient de faire pour la conftruction d'un Bâtiment que M *** defire faire conftruire fur une place à lui appartenante, fife à Paris, rue.... fuivant les plans, profils & élévations qui en ont été faits & agréés dudit Sieur ***; lefquels plans, profils & élévations feront fignés & exécutés comme il s'enfuit:

Si le devis étoit particulier pour une efpece d'ouvrage, comme la Maçonnerie, on ne doit intituler que la Maçonnerie, & ainfi des autres.

On peut, après l'intitulé du devis, marquer les dimenfions générales du Bâtiment, fans entrer dans le détail de la diftribution des plans, comme plufieurs font; ce qui n'eft pas néceffaire, parceque les plans, profils & élévations étant cottés & fignés des parties, ils défignent mieux les diftributions que tout ce qu'on en pourroit dire par les devis; il fuffit donc *de marquer les dimenſions générales à-peu-près en ces termes :*

Le corps-de-logis entre cour & jardin, aura *tant* de longueur ſur *tant* de largeur hors œuvre, & ſera élevé de deux étages & une attique au-deſſus, le tout faiſant *tant* de hauteur, depuis le rez-de-chauſ-ſée juſqu'au-deſſus de l'entablement; au-deſſous duquel corps-de-logis ſeront les caves en toute leur étendue, leſquelles caves auront *tant* de hauteur ſous voûtes; & ſeront auſſi faites les foſſes d'aiſances au-deſſous deſdites caves. Les deux corps-de-logis en aîle auront chacun *tant* de longueur ſur *tant* de lar-geur, le tout hors œuvre, & ſeront élevés de deux étages, avec une attique au-deſſus de pareille hau-teur que ledit corps-de-logis : ſeront auſſi faites les caves ſous leſdits corps-de-logis en aîle. Le petit corps-de-logis ſur la rue aura *tant* de longueur ſur *tant* de largeur hors œuvre, & ſera élevé de *tant* de hauteur : au milieu duquel corps-de-logis ſera la porte-cochere pour entrer dans la cour dudit bâti-ment, laquelle cour aura *tant* de longueur ſur *tant* de largeur. Les corps-de-logis de la baſſe-cour pour les écuries, remiſes, offices, &c. auront *tant* de lon-gueur ſur *tant* de largeur, & ſeront élevés de *tant* de hauteur depuis le rez-de-chauſſée juſqu'au-deſſus de l'entablement, & ſeront faites les caves au-deſſous, & les foſſes d'aiſances *en tel & tel* endroit, de *tant* de longueur ſur *tant* de largeur, à *tant* de hauteur ſous voûte; ſeront faites au ſurplus les diſtributions de tous les étages & hauteurs des planchers, ainſi qu'elles ſont marquées & cottées ſur leſdits plans, profils & élévations. Le tout ſera fait ſous la conduite & direc-tion du Sieur ***, Architecte, qui a fait les deſſeins dudit bâtiment, & qui donnera à l'Entrepreneur les profils particuliers pour toutes les parties d'architectu-re qu'il conviendra.

Si la place où l'on doit bâtir, n'est pas vaine &
vague, & qu'il y ait d'anciens bâtimens, il en faut
spécifier d'abord la démolition, & si l'on y réserve
quelque chose, comme des murs de fondation, il faut
les remarquer par dimensions & distances. L'Entre-
preneur fait ordinairement les démolitions pour les
vieux matériaux : on stipule dans le marché la manie-
re dont on est convenu, & l'on s'explique à-peu-près en
ces termes :

Sera premiérement faite la démolition de fond en
comble des anciens bâtimens qui sont sur ladite place,
à la réserve de *telle* & *telle* chose qu'on veut faire res-
servir. Les meilleurs matériaux desdites démolitions
seront mis à part, pour être remployés audit bâtiment, en cas qu'ils soient trouvés de bonne qualité ;
les gravois & immondices seront envoyés aux champs
pour rendre la place nette. Lesdites démolitions &
nettoiemens de la place seront faits aux dépens de l'Entrepreneur, moyennant quoi il aura les anciens matériaux qui en proviendront.

Sera ensuite faite la fouille & vuidange des terres
massives, tant pour les rigoles des fondations de tous
les murs de face, de refend, mitoyens, & autres,
que pour le vuide des caves & fosses d'aisances qui
seront au-dessous d'icelles caves, le tout des profondeurs nécessaires pour avoir les hauteurs marquées sus les voûtes desdites caves & fosses d'aisances, & des largeurs convenables pour avoir les épaisseurs & empatemens nécessaires desdits murs, qui seront ci-après marqués : lesquels murs seront fondés
d'un pied plus bas que l'aire desdites caves & fosses
d'aisances : & en cas que la terre ferme ne se trouve pas
à cette profondeur, lesdits murs seront fondés aussi
bas qu'il sera besoin pour trouver le solide : tout le sol
ou fond desdites rigoles sera mis de niveau en la longueur & épaisseur desdits murs. Sera pareillement faite

la fouille & vuidange des terres maſſives pour les puits
marqués ſur les plans. des diametres ci - après expliqués, laquelle fouille ſera faite auſſi bas que beſoin
ſera pour avoir de l'eau vive. Les terres provenantes
deſdites fouilles ſeront envoyées aux champs, & s'il ſe
trouve du ſable de bonne qualité dans leſdites fouilles,
il ſera permis audit Entrepreneur d'en employer auxdits ouvrages, après qu'il aura été jugé bon.

Qualités des matériaux qui ſeront employés audit
bâtiment, *ſuppoſé qu'il ſoit fait à Paris & aux environs.*

Toute la pierre de taille dure ſera des carrieres
d'Arcueil de la meilleure qualité, ſaine & entiere, ſans
fils ni moies, ni bouzin, atteinte & taillée juſqu'au vif
ou dur dans ſes lits.

Toute la pierre de taille tendre ſera des carrieres
de S. Leu, ou de Troſſy, de la meilleure qualité &
ſans fils, *ou bien de la lambourde d'Arcueil.*

Tout le moilon & libage ſera des carrieres d'Arcueil de la meilleure qualité, & dont le bouzin ſera
entiérement ôté.

Tout le mortier ſera fait & compoſé d'un tiers de
bonne chaux de Melun, & les deux autres tiers de
ſable de riviere, ou ſable équivalent, pris aux environs de Paris, & même ſur les lieux en cas qu'il ſoit
trouvé bon.

Tout le petit & le grand carreau de terre cuite ſera
de Paris de la meilleure qualité.

Tous les boiſſeaux des chauſſes d'aiſances ſeront
bien ſains & entiers, & verniſſés par-dedans.

Tout le plâtre ſera des plâtrieres de Montmartre
pour le meilleur.

Toute la latte ſera de bois de chêne de droit fil &
ſans aubier.

MAÇONNERIE.

MAÇONNERIE

DES MURS DE FONDATION ET DE VOUTE
jusqu'au rez-de-chaussée.

SERONT faits les murs de fondation des murs de face depuis le sol jusqu'à trois pouces près du rez-de-chaussée, dont la premiere assise sera de bons libages de pierre dure, équaris, posés sur terre sans mortier, & au-dessus sera mis du moilon jusqu'à trois pouces près du rez de l'aire des caves, à laquelle hauteur il sera mis une assise de pierre de taille dure, faisant toute l'épaisseur desdits murs, piquée du côté des terres, & en parement du côté desdites caves, le tout à lits & à joints quarrés. Au-dessus desdites assises, il sera encore mis de la pierre de taille dure chaînes & retombées qui porteront les arcs des voûtes desdites caves, aux piédroits & appuis des bajours, aux dosserets & jambages des portes qui joindront lesdits murs, &c. & tout le reste sera de moilon, dont la partie qui fera face du côté desdites caves, jusques sous la retombée desdites voûtes, sera de moilon piqué par assises : le tout sera maçonné de mortier fait comme il a été dit ci-devant : lesdits murs auront *tant* d'épaisseur par bas dans la fondation, & viendront à *tant* d'épaisseur par haut, pour avoir *tant* d'empatement pour poser les premieres assises du rez-de-chaussée.

Seront aussi faits tous les murs de fondation des murs de refend, mitoyens, &c. depuis le sol de la fondation jusqu'à trois pouces près du rez-de-chaussée, dont la premiere assise sera des plus gros libages, posée à sec sur le sol, & sera mis au-dessus du

Ll

moilon jufqu'à trois pouces près de l'aire des caves: à laquelle hauteur il fera mis un cours d'affifes de pierre de taille dure , faifant toutes parpin à lits & à joints quarrés, & au-deffus de ladite affife, il fera encore mis de la pierre de taille dure aux chaînes qui porteront les arcs defdites voûtes, *s'il y en a*, aux piédroits & plattes-bandes de toutes les portes qui feront dans lefdits murs, lefquels piédroits & plattes-bandes feront toute l'épaiffeur defdits murs, & feront pofés alternativement en carreaux & boutiffes au moins de fix pouces les unes des autres, dont les moindres auront quinze à dix-huit pouces de tête quarrément; & tout le refte defdits murs fera de moilon, dont les parties qui feront vues du côté defdites caves feront de moilon piqué par affifes; le tout fera maçonné de mortier fait comme ci-devant : lefdits murs auront *tant* d'épaiffeur par le bas, & *tant* d'épaiffeur par le haut.

Seront faites toutes les voûtes defdites caves *en berceau, à lunettes, ou autrement :* auxquelles voûtes il fera mis des arcs de pierre de taille *de telle qualité*, portant fur les chaînes ci-devant dites : lefdites pierres feront pofées alternativement en carreaux & en boutiffes; celles qui feront pofées en carreaux, auront *tant* de largeur ou de face fur *tant* de lit, & celles qui feront pofées en boutiffes, auront *tant* de face fur *tant* de lit, le tout quarrément; fera auffi mis de la pierre de taille aux lunettes des abajours, &c. & tout le refte defdites voûtes fera de moilon piqué & pofé par affifes, en forme de pendant ou petits vouffoirs : le tout fera maçonné de mortier fait comme ci-devant. Lefdites voûtes auront *tant* d'épaiffeur à leurs reins, venant à *tant* d'épaiffeur à leur fommet : les reins defdites voûtes feront remplis jufqu'au plus haut d'icelles avec moilon bloqué & maçonné de mortier comme ci-devant.

Aux endroits où il sera fait des fosses d'aisances, si elles joignent les murs de face ou de refend, lesdits murs seront fondés un pied plus bas que le fond desdites fosses, des qualités & épaisseur ci-devant déclarées, & les murs qui ne seront que pour lesdites fosses seront de moilon piqué aux paremens, maçonnés de mortier fait comme ci-devant, & auront *tant* d'épaisseur; seront aussi faites les voûtes desdites fosses de moilon piqué, maçonné de mortier comme ci-devant; dans lesquelles voûtes il sera laissé un trou de dix-huit pouces en quarré, sur lequel il sera mis un chassis & un couvercle de pierre de taille dure pour faire les vuidanges desdites fosses : le fond desquelles fosses sera pavé de pavé de grais, à chaux & ciment posé sur un massif d'un rang de moilon maçonné de mortier de chaux & sable.

Seront faites les descentes de caves, tant sous les grands escaliers, que les vis potoyers sous les petits escaliers. Pour faire lesdites descentes, il sera fait des murs d'échiffre, dont les têtes seront de pierre dure, & le reste de moilon piqué, le tout maçonné de mortier fait comme ci-devant, & auront *tant* d'épaisseur jusques sous lesdites marches, & *tant* au-dessus d'icelles. Toutes lesquelles marches seront de pierre de taille dure d'une seule pièce, chamfrinées par-devant pour gagner du giron; & seront faites au surplus les voûtes nécessaires pour porter lesdites marches, lesquelles voûtes seront comme celles des caves ci-devant expliquées.

Sera faite la fouille & vuidange des terres pour les puits aussi bas qu'il sera besoin pour avoir de l'eau vive, au fond duquel puits il sera mis un rouet de charpenterie, pour asseoir la maçonnerie du mur dudit puits, lequel mur sera construit avec moilon ou *libage*, piqué aux paremens, & le reste de moilon ordinaire, le tout maçonné de mortier fait comme

ci-devant ; ledit mur aura *tant* d'épaiſſeur par bas, &
tant d'épaiſſeur par haut au rez-de-chauſſée, à laquelle hauteur il ſera fait un mur d'appui de pierre de
taille dure de *tant* d'épaiſſeur, au-deſſus duquel il ſera
mis une mardelle de pierre dure d'une ſeule piéce :
ledit puits ſera circulaire *ou ovale*, & aura *tant* de
diametre dans œuvre.

AU REZ-DE-CHAUSSÉE.

SERONT faits les murs de face, depuis le rez-de-
chauſſée juſqu'à l'entablement, dont les trois pre-
miéres aſſiſes ſeront de pierre dure à lits & à joints
quarrés, au-deſſus deſquelles il ſera laiſſé une retraite de *tant* de pouces, & tout le reſte deſdits murs
ſera fait de pierre de taille tendre, & excepté les appuis de croiſées, &c. qui ſeront de pierre dure ; on
obſervera dans leſdits murs, les portes, les croiſées,
les entablemens, plinthes & autres ornemens d'architecture, ainſi qu'ils ſont marqués ſur les plans &
élévations : toutes les pierres qui ſeront employées
auxdits murs, ſeront toutes parpin à lits & à joints
quarrés, poſées par aſſiſes en bonne liaiſon, les unes
ſur les autres. Le tout ſera maçonné de mortier comme ci-devant : les joints de la pierre dure ſeront faits
avec chaux & grais, & ceux de la pierre tendre ſeront faits avec badijon à l'ordinaire ; le tout ſera
taillé, poſé & ragréé le plus proprement que faire
ſe pourra ; leſdits murs auront *tant* d'épaiſſeur au
droit des trois premieres aſſiſes, & depuis le deſſus
deſdites aſſiſes juſqu'au-deſſus du premier plancher,
leſdits murs auront *tant* d'épaiſſeur, & depuis le
deſſus dudit premier plancher où il ſera laiſſé une
retraite de *tant* de pouces, leſdits murs auront *tant*

d'épaiffeur, le tout élevé par-dehors à leur fruit ordinaire , &c.

Si lefdits murs de face font faits partie de pierre
de taille & partie de moilon , il faut en fpécifier
leurs longueurs , parpins & liaifons , tant des piédroits , plattes-bandes , plinthes , entablemens , &c.
foit qu'elles foient pofées en carreaux ou en boutiffes. Si on crépit lefdits murs par - dehors entre les
pierres de taille , ce doit être avec du mortier de
chaux & fable de riviere , & les faces du dedans feront enduites avec plâtre fin ; tout le refte , foit pour
la conftruction ou épaiffeur , doit être marqué comme
ci-deffus.

Seront faits tous les murs de refend & mitoyens
au-dedans defdits bâtimens, où il fera mis par bas
un cours d'affifes de pierre dure , faifant toutes parpin à lits & à joints quarrés. Il fera mis de la même
pierre de taille dure aux chaînes fous poutres & jambes boutiffes , faifant toutes parpin alternativement
& pofées en liaifon les unes fur les autres , & dont
les plus courtes auront tant de long & tant de large ,
afin d'avoir tant de liaifon de chaque côté. A toutes
les portes , & autres ouvertures qui feront faites dans
lefdits murs , il fera mis des piédroits & plattes-bandes de pierre de taille tendre ou autre , faifant toutes
l'épaiffeur defdits murs, pofée en bonne & fuffifante
liaifon , & auront au moins tant de largeur. Lefdits
murs auront tant d'épaiffeur depuis le rez-de-chauffée
jufqu'au premier étage, tant du fecond au troifiéme ,
&c. & les pignons feront élevés fuivant le profil des
combles , & feront faits les dolliers & aîles néceffaires
pour entretenir les cheminées.

Seront faits les murs de parpin fous les cloifons ,
fondés de fond comme les autres murs, ou pofés fur
les voûtes des caves. Lefdits murs feront maçonnés
de moilon avec mortier de chaux & fable , jufqu'à

trois pouces près du rez-de-chaussée, au-dessus de laquelle hauteur il sera mis une assise de pierre de taille dure. Lesdits murs auront *tant* d'épaisseur dans la fondation, & *tant* d'épaisseur ou parpin à ladite assise.

Sera faite la maçonnerie des planchers *de tel étage, il faut expliquer l'espece de plancher que l'on veut faire ; si c'est un plancher creux, carrelé par-dessus, on dira :* Sur lequel il sera fait un couchis de lattes jointives, clouées sur les solives, & sur ce même couchis il sera fait une fausse aire de gros plâtre & platras, *ou menues pierres,* d'un pouce d'épaisseur sur la plus haute solive, sur laquelle aire il sera carrelé de petit *ou grand* carreau de terre cuite. *Si au lieu de carreau, l'on veut du parquet sur lesdits planchers, il faut mettre des lambourdes sur les lattes & solives au lieu d'une fausse aire, & sceller lesdites lambourdes à augets avec plâtre & platras ; il faut ajouter qu'entre les enchevêtrures qui sont pour la place des cheminées, il sera mis des bandes de trémies recourbées, sur lesquelles il sera fait une maçonnerie de pierre & plâtre en maniere de platte-bande. Si l'on plafonne lesdits planchers, on dira :* Lesdits planchers seront plafonnés, dont les lattes seront posées en liaison les unes contre les autres, le tout recouvert & enduit de plâtre fin à l'ordinaire.

Si l'on fait des planchers d'autre espece, il les faut expliquer. Par exemple, si ce sont des planchers dont les solives soient à bois apparent en trois sens par-dessous, que l'on appelle entrevoux, *on dira :* Sera mis un couchis de lattes clouées sur les solives, en bonne liaison, & sur ledit couchis il sera fait une fausse aire de gros plâtre & platras, & carrelé par-dessus de petit *ou grand* carreau de terre cuite, *ou il sera fait un aire de plâtre, les entrevoux desdits planchers seront tirés avec plâtre fin à l'ordinaire.*

Il y a encore des planchers fort simples, comme

ceux qu'on appelle enfoncés, c'est-à-dire, maçonnés entre les folives & de leur épaiffeur à bois apparent des deux côtés, avec des tampons entre lefdites folives.

On faifoit autrefois des planchers pleins, c'est-à-dire, lattés de trois en trois pouces par-deffous, maçonnés de plâtre & platras, ou pierre entre les folives, carrelés par-deffus, & plafonnés par-deffous ; mais on a trouvé que ces planchers étoient trop pefans, & faifoient plier les folives. Si l'on veut en faire d'autre maniere, on les verra expliqués ci-devant, page 76 & fuivantes, où je parle des Planchers.

Si l'on fait des corniches d'architecture fous les planchers, il faut marquer les endroits où l'on veut qu'il y en ait.

Seront faites toutes les corniches d'architecture de plâtre au pourtour des murs fous lefdits planchers, de telle & telle piéce, dont les profils feront donnés par l'Architecte.

A l'étage du rez-de-chauffée feront faites les fauffes aires fur les voûtes des caves, avec petites pierres & plâtre, au-deffous defquelles il fera mis du petit ou grand carreau de terre cuite ; ou fi l'on y met du parquet, on y fcellera des lambourdes à augets. Il peut y avoir des aires d'autres manieres ; il les faut expliquer comme elles doivent être.

Sera faite la maçonnerie de toutes les cloifons. Il faut expliquer de quelle maniere ; fi ce font des cloifons creufes, on dira : Dont les poteaux feront lattés à lattes jointives des deux côtés, clouées en liaifon les unes contre les autres ; crépies par-deffus de plâtre au panier, & enduites de plâtre fin.

Si ce font des cloifons pleines, on dira : Seront maçonnées entre les poteaux de pierre ou platras & plâtre, lattées par-deffus des deux côtés, tant plein que vuide, crépies & enduites de plâtre fin par-deffus.

LI 4

Si ce sont des cloisons simples, on dira: Seront maçonnées entre les poteaux de pierre ou platras avec plâtre, enduites à bois apparent des deux côtés.

Seront faits les tuyaux de toutes les souches de cheminées; *si c'est avec briques, on dira:* Avec de bonnes briques de terre cuite posées les unes sur les autres, arrêtées avec crampons & équerres de fer; le tout maçonné de mortier de chaux & sable fin, enduit par-dedans de même mortier le plus uniment que faire se pourra. *Il y a des endroits où l'on se contente de tirer les joints par-dehors avec le même mortier, & d'autres où l'on enduit les tuyaux de plâtre par-dehors, sur tout quand ils passent dans les chambres, ou quand on craint le feu, c'est pourquoi il le faut expliquer dans le devis; & si l'on monte les cheminées sans pierre de taille hors la couverture, on dira:* Lesdites cheminées seront élevées au-dessus du faîtage de la couverture aussi haut qu'il sera besoin, dans laquelle hauteur seront faites les plinthes & larmiers à l'ordinaire; *& si l'on veut que la partie desdits tuyaux de cheminées, qui est hors la couverture, soit mise d'une belle couleur de brique, comme on le fait ordinairement, on dira:* A la partie desdites cheminées qui sera au-dessus des combles, il sera mis deux couches d'ocre rouge à l'huile, & les joints, tant de niveau que montans, seront tirés avec du lait de chaux à l'ordinaire.

Et si l'on veut faire le haut desdites cheminées de pierre de taille, au lieu de brique, on dira: Lesdites cheminées seront élevées jusqu'à la couverture, au-dessus de laquelle hauteur lesdits tuyaux seront de pierre de taille de S. Leu, élevés au-dessus du faîte de ladite couverture aussi haut qu'il sera besoin, maçonnés avec mortier, comme ci-devant, le tout entretenu de bonnes équerres & crampons de fer: à laquelle hauteur seront faites les fermetures, plinthes,

corniches, suivant les profils qui en seront donnés par
l'Architecte. *Il faut remarquer que quand les tuyaux
sont de pierre de taille, on ne les enduit point par-dedans, mais il faut faire les joints bien proprement.*

*Et si lesdits tuyaux de cheminées sont faits de plâ-
tre, comme on fait pour les maisons communes, on
dira :* Seront fais les tuyaux de toutes les souches
de cheminées avec plâtre pur pigeonné à la main, &
non plaqué, le tout lié dans les murs avec des fantons
& équerres de fer, enduit par-dedans lesdits tuyaux
de plâtre fin le plus uniment que faire se pourra : les
languettes desdits tuyaux auront trois pouces d'épaisseur, & seront élevées au-dessus du faîte de ladite couverture aussi haut qu'il sera besoin, avec leurs fermetures, plinthes & larmiers à l'ordinaire, le tout proprement ravallé par-dehors.

Sera faite la quantité de *tant* de manteaux de cheminées au-dedans desdits bâtimens, dont les jambages seront hourdés de pierre & plâtre : les gorges
seront aussi hourdées avec plâtre & platras, & tous
les corps quarrés ou dévoyés desdits manteaux seront
de plâtre pur pigeonné à la main, le tout enduit de
plâtre au panier par-dedans, & par-dehors de plâtre
au las. Seront faites au surplus toutes les moulures de
plâtre, les corniches, cadres, &c. pour orner lesdits manteaux de cheminées, suivant les profils qui
en seront donnés par l'Architecte ; seront faits les
âtres & contre cœurs desdits manteaux de cheminées,
savoir, les âtres avec du grand carreau de terre cuite, & les contre-cœurs avec tuileaux ou brique, au dé-
sir de la Coutume.

Sera faite la maçonnerie des escaliers de charpente
de tels & tels endroits, dont les marches & paliers
seront lattés par-dessous à lattes jointives, & en liaison, & sera maçonné entre lesdits lattis & lesdites
marches avec plâtre & platras, jusqu'à un pouce près

& auront *tant* de largeur fur *tant* de hauteur dans œuvre. Les jambages d'icelles auront *tant* de largeur fur *tant* d'épaiſſeur avec un fronton par-deſſus : le tout ſera maçonné de mortier de chaux & ſable ; & ſeront faites les joues deſdites lucarnes en maniere de cloiſons pleines lattées & recouvertes de plâtre des deux côtés.

Si ce ſont des lucarnes d'une autre conſtruction, *comme de moilon & plâtre, ou de charpenterie recou-*
verte de plâtre, il les faut expliquer avec leurs dimen-
ſions & ornemens d'Architecture, le tout par rapport
à un deſſein arrêté.

Seront faits les lambris rampans & autres, *de telle*
& telle chambre en galetas ou autre lieu, lattés à lattes jointives en bonne liaiſon les unes avec les autres, crépis de plâtre au panier, enduites de plâtre fin à l'ordinaire.

Seront auſſi recouverts les bois de charpenterie où il ſera beſoin ; ſur leſquels bois il ſera latté, tant plein que vuide, crépi & enduit par-deſſus comme ci-devant.

Seront faits les exhauſſemens ſous le pied des chevrons, juſques & joignant le lambris *dans telle & telle*
chambre ou galetas. Leſdits exhauſſemens ſeront faits de moilon & mortier ou plâtre, le tout crépi & enduit de plâtre comme les murs.

Si dans le bâtiment qu'on doit faire, *il y a d'au-*
tres ouvrages de maçonnerie que ceux que je viens de
marquer, il les faut expliquer dans toutes leurs cir-
conſtances ; & ſi le devis n'étoit ſimplement que pour la
maçonnerie, on en fera la concluſion à peu près en ces
termes :

Tous leſquels ouvrages de maçonnerie ſeront bien & duement faits & parfaits, conformément au préſent devis, & au dire de gens experts à ce connoiſſans ; & pour cela l'Entrepreneur fournira de tous les

matériaux généralement quelconques, des conditions
& qualités requises par ledit devis ; fournira de toutes
les peines & façons d'Ouvriers , pour mettre lesdits
ouvrages en leur perfection, suivant l'Art de maçonnerie : fournira aussi de tous les échafauds, équipages
& étayemens nécessaires pour la construction d'iceux ;
enverra toutes les terres & autres immondices aux
champs, pour rendre la place nette , & les lieux prêts
à habiter dans le tems de . . . . à peine de tous dépens,
dommages & intérêts, &c. *Si le marché est fait en
bloc , on dira :* Le tout fait & parfait moyennant le
prix & la somme de . . . .

*Ou si le marché est fait à la toise , on spécifie les
prix de chaque espece d'ouvrage , comme :*

Les murs de fondation des murs de face, à *tant* la
toise.

Les murs de fondation des murs de refend ou mitoyens, à *tant* la toise.

Les murs de fondation des murs d'échiffre de *tel &
tel* escalier, à *tant* la toise.

Les voûtes des caves *ou autres*, à *tant* la toise.

Les marches des descentes de caves, à *tant* la toise.

Les murs de puits, à *tant* la toise.

Les murs de face, à *tant* la toise. *Si l'on y comprend
les saillies & moulures , il le faut expliquer. On dira :*
Y compris toutes les saillies & moulures dudit mur de
face ; *ou si lesdites saillies & moulures sont toisées, on
en distingue de deux sortes, l'une de pierre dure , &
l'autre de pierre tendre.*

Les saillies & moulures de pierre dure, à *tant* la
toise.

Les saillies & moulures de pierre tendre, à *tant* la
toise.

Les murs de refend & mitoyens, à *tant* la toise.

Les murs sous les cloisons, à *tant* la toise.

Les massifs sous les perrons, à *tant* la toise cube ou
réduite.

Les marches desdits perrons, à *tant* la toise superficielle.

Les voûtes des escaliers, à *tant* la toise superficielle.

Les marches des escaliers de pierre de taille, à *tant* la toise superficielle.

Les paliers desdits escaliers, à *tant* la toise.

Tous les Légers Ouvrages, à *tant* la toise.

Après avoir mis tous les prix des différens ouvrages, il faut faire reconnoître le devis & marché par-devant Notaire.

DEVIS DE LA CHARPENTERIE.

QUAND *on fait un Devis pour la Charpenterie, on doit y marquer d'abord l'espece & la qualité des bois que l'on doit employer, puis commencer par la charpente des combles, & tout ce qui doit y avoir rapport, ensuite les planchers, les cloisons, les escaliers, &c. à peu près dans le même ordre que l'on fait la charpenterie d'un bâtiment, & faire tout rapporter aux plans & profils du même bâtiment. Il faut aussi marquer dans chaque espece d'ouvrage la grosseur des bois qu'on y doit employer, & ceux qui doivent être de brin ou de sciage: on n'emploie guères de bois de brin que pour les combles & les planchers; à l'égard des combles, on en fait ordinairement les tirans, les entraits, les arbalêtriers, les jambes de force & leurs aisseliers, les arrêtiers, les pannes quand elles passent neuf pieds de portée, & tout le reste est de bois de sciage. Pour les planchers, quand les solives passent quinze pieds de portée, on les met de bois de brin; il faut même depuis douze pieds de portée mettre les solives d'enchevêtrure de bois de brin. Pour* les cloifons & les efcaliers, à moins que ce ne foit pour des ouvrages extraordinaires, on n'y emploie que du bois de fciage. Il faut dire enfuite que tous lefdits bois feront folidement & proprement affemblés, fuivant l'Art de Charpenterie, fans chevilles ni chevillettes de fer. Après avoir donc marqué les pieces & la qualité des bois, il faut commencer le devis par la charpente des combles, à peu près en cette maniere:

Sera faite la charpente de *tel* comble fuivant le profil qui en eft fait, dont les tirans auront *tant* de groffeur & *tant* de longueur, pour avoir *tant* de portée fur les murs; les jambes de force ou les arbalêtriers auront *tant* fur *tant* de groffeur; les entraits, *tant* fur *tant*, & ainfi du refte, à peu près fur la proportion de ce qui eft marqué ci-devant, pag. 318 & fuivantes, où j'ai parlé de la conftruction des Combles. Il faut marquer que tous les chevrons feront pofés de quatre à la latte. *Il faut faire autant d'articles qu'il y a de différens combles dans le bâtiment, chacun dans fon ordre.*

POUR LES PLANCHERS.

COMME *les pieces d'un bâtiment peuvent être de différentes grandeurs, ou les travées d'icelles, il faut marquer dans chaque piece la groffeur des folives & des poutres qui doivent y être mifes: il faut auffi marquer la diftance des folives, afin que l'Entrepreneur s'y conforme.*

Sera fait le plancher de *telle piece* dont les folives auront *tant* de longueur & *tant* de groffeur, efpacées de *telle* diftance. Les folives d'enchevêtrure auront *tant* de largeur fur *tant* de hauteur les chevêtres auront *tant* de large fur *tant* de haut: les folives doivent être posées de chan; & si l'on y met des poutres, il faut aussi marquer la grosseur & la longueur pour la portée, & toutes les autres choses qu'on y doit observer. On peu voir la grosseur des solives & des poutres par rapport à leur longueur, ci-devant p. 323 & suivantes.

Pour les Cloisons et Pans de Bois.

COMME les bois des Cloisons doivent être de différentes grosseurs, suivant la hauteur ou la charge qu'ils ont à porter, il les faut spécifier dans le devis, suivant le lieu où elles doivent être mises, & marquer la grosseur des poteaux; la plus ordinaire est celle de 4 à 6 pouces; le tiers poteau de 3 à 5; & les plus forts, excepté les poteaux corniers, de 5 à 7. Il faut aussi marquer leur distance ou intervalle; on les met ordinairement de quatre à la latte.

On dira donc: Sera faite la Cloison de *tel* endroit, dont les poteaux auront *tant* sur *tant*, les poteaux d'huisserie *tant* sur *tant*, les poteaux corniers *tant* sur *tant* de grosseur. Lesdits poteaux seront posés à *tant* de distance les uns des autres. Les sablieres auront *tant* sur *tant*. Tous lesdits poteaux seront assemblés & chevillés à tenons & mortaises par le haut & par le bas, sans aucunes dents de loup.

Pour les Escaliers.

POUR les Escaliers, il faut aussi marquer les différentes grosseurs de tous les bois qui doivent y être employés, comme les patins, limons, potelets, noyaux, piéces de paliers, courbes rampantes, marches; marquer si elles doivent être poussées. Si la balustrade

luſtrade pour les appuis des rampes & paliers eſt de bois, en marquer les groſſeurs, ce qui doit être pouſſé de moulures, la diſtance des baluſtres, &c. Il faut enfin expliquer tout ce qui regarde la charpenterie du bâtiment, le plus diſtinctement qu'il eſt poſſible. Les marchés de la Charpenterie ſe font ordinairement au cent, ſoit aux Us & Coutumes de Paris, ou bien des groſſeurs & longueurs miſes en œuvre, ainſi que je l'ai déja dit. Si le devis eſt particulier, on en peut faire la concluſion en cette maniere :

Pour faire la conſtruction de tous leſdits ouvrages de Charpenterie, l'Entrepreneur fournira de tous les bois néceſſaires, des qualités & conditions marquées par le préſent devis, fournira auſſi de toutes les peines & façons d'Ouvriers, & de toutes les choſes généralement quelconques, pour rendre leſdits ouvrages dans leur perfection, ſuivant l'Art de Charpenterie ; & à condition que l'Entrepreneur ne pourra employer auxdits ouvrages des bois d'autres groſſeurs que celles qui ſont marquées dans ledit devis, pour chaque eſpece d'ouvrage, ſans le conſentement par écrit dudit Sieur***. Le tout ſera fait & parfait dans le temps de....moyennant le prix & ſomme de...pour chacun cent deſdits bois toiſés & meſurés aux Us & Coutumes de Paris ; ou ſi c'eſt l'autre maniere, on dira : Toiſés & meſurés ſur les longueurs & groſſeurs miſes en œuvre, dérogeant expreſs en cela aux Us & Coutumes de Paris. Fait & arrêté le tel jour & tel an.

On fait, pour la plus grande ſûreté, reconnoître le marché par-devant les Notaires.

DEVIS DE LA COUVERTURE.

POUR faire le devis de la Couverture des combles, soit d'ardoise ou de tuile, il n'y a qu'à bien entendre ce qui a été dit ci-devant des Couvertures. Les principales choses qu'il y faut observer, c'est de bien expliquer & spécifier les qualités & les grandeurs de l'ardoise, ou de la tuile & de la latte, bien marquer la maniere dont on doit faire les lucarnes, les égouts, les battellemens, &c. Le devis doit être fait à peu près en cette maniere. Si la Couverture est d'ardoise, on dira : Toute l'ardoise qui sera employée auxdites Couvertures, sera d'Angers de *telle* qualité.

Toute la latte volisse & la contre-latte seront de bois de chêne de droit fil, sans aubier ni aucune pourriture. Lesdites lattes seront clouées sur chaque chevron & sur la contre-latte.

L'ardoise sera clouée avec trois clouds, & le pureau sera tiercé à l'ordinaire.

Les égouts posés sur les entablemens & sur les gouttieres ou chêneaux, seront de tuile de la meilleure qualité : lesquelles tuiles seront mises en couleur d'ardoise avec du noir de fumée.

Si la couverture est de tuile, on dira : Toute la tuile qui sera employée auxdites Couvertures, sera de *tel endroit, de telle* grandeur ou moulure.

Toute la latte sera de bois de chêne de droit fil, sans aubier ni aucune pourriture. Lesdites lattes seront clouées sur chaque chevron, & sur les contre-lattes qui seront entre deux chevrons. On observera de mettre lesdites lattes d'une distance, en sorte que la tuile ait pour pureau le tiers de sa hauteur, à prendre du dessous du crochet.

Pour la couverture d'ardoise, on dira : Sera faite la couverture de *tel* corps-de-logis, ou pavillon, laquelle couverture sera d'ardoise, lattée & clouée comme il est marqué ci-devant : on y observera les arrêtiers, noues, égoûts de *tant* de saillie, &c. *Il faut aussi marquer la quantité des lucarnes qui doivent y être, & la maniere dont on veut qu'elles soient faites.*

On expliquera ainsi toutes les couvertures d'un bâtiment, soit d'ardoise ou de tuile.

DEVIS DE LA PLOMBERIE.

*P*OUR *la Plomberie des couvertures, il ne s'agit que de marquer les endroits où l'on doit mettre du plomb, sa largeur & son épaisseur, ainsi que je l'ai dit au Chapitre de la Plomberie. Il faut s'expliquer à peu près en cette maniere :*

Sera faite la Plomberie de *tel* comble, dont le plomb de l'enfaîtement aura *tant* de largeur sur *tant* d'épaisseur, arrêté avec des crochets de quatre à la toise. Les amortissemens péseront *tant* de livres. Le plomb des noues aura *tant* de largeur, sur *tant* d'épaisseur ; les arrêtiers, *tant* de largeur sur *tant* d'épaisseur ; l'enfaîtement des lucarnes, *tant* de largeur sur *tant* d'épaisseur ; les œils-de-bœuf péseront *tant* ; les chêneaux auront *tant* de largeur & *tant* d'épaisseur, lesquels chêneaux seront arrêtés avec des crochets de *tant* à la toise ; les gouttieres péseront *tant* ; les descentes auront *tant* de diametre ; les entonnoirs ou hottes péseront *tant*, &c. & ainsi du reste. Le tout sera bien soudé avec étain à l'ordinaire.

DEVIS DE LA MENUISERIE.

IL faut bien spécifier dans le devis de la Menuiserie toutes les choses que l'on y doit observer. Les principales sont, la qualité des bois, leur épaisseur dans chaque espece d'ouvrage, les grandeurs des portes & des croisées, la façon dont elles doivent être faites ; ce qui doit être réglé par un dessein, aussi-bien que pour les cheminées, les lambris d'appui & en hauteur, & même pour le parquet, quand c'est pour des appartemens considérables : car on est plus délicat présentement qu'on ne l'a été sur lesdits ouvrages de Menuiserie. Le devis doit être compris à peu près en cette maniere :

Tous les bois en général seront de bois de chêne, vif, sain, sans aubier ni pourriture, sans nœuds, sec au moins de cinq ans, sans futée, tampons ni mastic, bien proprement dressés, corroyés & rabottés jusqu'au vif, en sorte qu'il n'y reste aucun vestige des traits de sciage, le tout proprement assemblé à tenons & à mortaises, languettes, rainures élégies dans les bois, selon que l'Art le requiert dans l'espece de chacun desdits ouvrages.

Sera faite la quantité de *tant* de croisées de *telle* grandeur, suivant le dessein, dont les chassis dormans auront *tant* de largeur sur *tant* d'épaisseur ; les meneaux, *tant* de grosseur ; les réverseaux faits de *telle* maniere. Les battans des chassis-à-verre auront *tant* d'épaisseur sur *tant* de largeur ; *si ce sont des chassis à carreaux*, les petits bois auront *tant* sur *tant*, & seront élégis d'une astragale & d'un demi-rond entre deux quarrés. Les bâtis des volets auront *tant* d'épaisseur sur *tant* de largeur ; les panneaux, *tant* d'épaisseur ; le tout bien assemblé, &c.

Seront faites *tant* de portes à placards à deux venteaux & à doubles paremens, fuivant le deſſein, dont
les battans & les traverſes auront *tant* d'épaiſſeur ſur
tant de largeur, les cadres *tant* ſur *tant*; *s'ils ſont élé-*
gis dans les battans, il faut l'expliquer, les panneaux
auront *tant* d'épaiſſeur.

Les chambranles deſdites portes auront *tant* d'é-
paiſſeur ſur *tant* de largeur, avec les gorges, cadres
& corniches au-deſſus aux embraſures ou revêtemens
des murs deſdites portes; les bâtis auront *tant* de largeur ſur *tant* d'épaiſſeur, dans leſquels bâtis ſeront
élégies les moulures pour les cadres en compartimens;
les panneaux auront *tant* d'épaiſſeur.

Si l'on fait des portes à placards ſimples, il faut
les expliquer par leurs dimenſions comme ci-devant;
& ſi l'on fait des portes à carreaux de verre, il faut
auſſi les marquer.

Sera faite la quantité de *tant* de portes ſimples
unies, qui auront *tant* de largeur ſur *tant* de hauteur
& *tant* d'épaiſſeur, dont les ais ſeront aſſemblés avec
goujons, & proprement collés les uns aux autres, em-
boités par haut & par bas à languettes, avec des traverſes qui auront ſix pouces de largeur.

S'il y a d'autres portes, comme celles des offices,
des caves & autres lieux, il faut les expliquer comme
ci-deſſus par leur quantité, leur grandeur, leur épaiſ-
ſeur, &c.

Sera fait le lambris d'appui de *tel* chambranle ou
autre lieu, ſuivant le deſſein, dont les bâtis ſeront *tant*
d'épaiſſeur ſur *tant* de largeur. *Si ces lambris ſont*
ſimples, on élégit les cadres & les compartimens dans
ledit bâtis; mais s'ils ſont compoſés, on dira : Les
cadres auront *tant* de largeur & *tant* d'épaiſſeur, le
ſocle avec ſa moulure aura *tant* d'épaiſſeur, & la ci-
maiſe ſera faite ſuivant le deſſein.

Plus, ſeront faits les lambris en hauteur en *tel* endroit, fuivant le deffein, dont les bâtis auront *tant* d'épaiffeur & *tant* de largeur, les cadres *tant* d'épaiffeur & *tant* de largeur, &c.

Sera fait le parquet de *telle* chambre *ou autre lieu*, dont les lambourdes auront *tant* fur *tant* de largeur. Ledit parquet fera à vingt panneaux faits & pofés en lozange. *On en fait de plus fimples à feize panneaux.* Les bâtis auront *tant* de largeur fur *tant* d'épaiffeur, les panneaux *tant* d'épaiffeur, les frifes *tant* de largeur & *tant* d'épaiffeur. Le tout fera bien affemblé, cloué & rabotté le plus proprement que faire fe pourra.

Plus, feront faites les cheminées de *telle* chambre, ou autre lieu, fuivant les deffeins.

Seront faites les cloifons d'ais de fapin ou autre bois, de *tant* d'épaiffeur, avec rainure & couliffe par haut & par bas, dans des frifes de *tant* d'épaiffeur.

Sera faite la porte cochere fuivant le deffein, dont les battans auront *tant* de largeur fur *tant* d'épaiffeur, les cadres, &c. *On peut voir dans ce qui eft écrit de la Menuiferie, tout ce qu'on doit obferver, ainfi il n'eft pas néceffaire d'en dire ici davantage.*

DEVIS DE LA FERRURE.

D A N S *le devis de la Ferrure d'un bâtiment, il faut y marquer la quantité des croifées, des portes, &c. fpécifier les grandeurs & façons de chaque piéce en particulier, & convenir d'un modele ; il faut auffi marquer fi la ferrure fera polie ou étamée : j'ai expliqué tout ce qu'on doit obferver dans la Ferrure à l'endroit où j'en ai parlé ; ainfi il eft inutile que je le répete ici.*

DU GROS FER.

IL faut marquer la quantité de chaque espece d'ou-vrage de Gros Fer qu'on veut employer, & déterminer la grosseur ou la pesanteur sur chaque pied de long, à peu près en ces termes :

Sera faite la quantité de *tant* de tirans, & ancres de fer : lesdits tirans auront *tant* de grosseur, ou péseront *tant*, sur chaque pied de long ; les ancres auront *tant* de long & *tant* de gros, ou péseront *tant* ; & ainsi du reste, comme les bandes de trémies, les barreaux, les étriers, les échapes, les boulons, &c. Pour les ram-pes de fer des escaliers, on en fait un marché à la toise sur un dessein arrêté.

DEVIS DE LA VITRERIE.

POUR la Vitrerie il faut marquer la qualité du verre, la quantité de croisées, celles qui doivent être à panneaux ou à carreaux, si les carreaux seront mis en plomb ou en papier. Le reste se trouvera expliqué dans l'article où j'ai parlé *de la Vitrerie*.

DEVIS

DE LA PEINTURE D'IMPRESSION.

IL faut marquer la quantité des croisées, des por-tes, des lambris, &c. convenir de la couleur, soit à l'huile, ou en détrempe.

Mm 4

DEVIS DU PAVÉ DE GRAIS.

LE Pavé que l'on emploie pour les cours, les écuries, les offices, les cuisines, &c. s'appelle Pavé d'échantillon, ou Pavé fendu. J'ai expliqué la maniere dont on le doit mettre en œuvre, dans ce que j'en ai dit ci-deffus à l'article du Pavé de grais.

APRÈS avoir bien fpécifié tous les différens ouvrages du bâtiment que l'on s'eft propofé, fi le marché eft général, ce qu'on appelle Rendre un bâtiment la clef à la main, il faut faire la conclufion du devis à peu près de cette maniere :

Pour faire & parfaire tous lefdits ouvrages de Maçonnerie, de Charpenterie, Couverture, &c. conformément au préfent devis, l'Entrepreneur fournira de tous les matériaux néceffaires, généralement quelconques, pour chaque efpece d'ouvrage des qualités & conditions marquées audit devis; fournira de toutes les peines & façons d'Ouvriers généralement quelconques, pour l'entiere perfection defdits ouvrages, au dire d'Experts & Gens à ce connoiffans, rendra les lieux nets & prêts à habiter dans le tems de. . .
à peine de tous dépens, dommages & intérêts : le tout fait & parfait, ainfi qu'il eft dit ci-deffus, moyennant le prix & fomme de. . .

TARIF

ET

COMPTES FAITS

DE TOUTE ESPECE

D'OUVRAGES EN BATIMENT.

Qui se mesurent à la toise quarrée, à com-
mencer à un quart de pied jusqu'à 18 pieds;
qui est la demi-toise; depuis un sol la toise
jusqu'à 200 livres.

Nombre des Pieds.	à 1 f. la Toise.			à 2 f. la Toise.			à 3 f. la Toise.		
	℔	s	d	℔	s	d	℔	s	d
1/4									
1/2									
3/4									
1							0	0	1
2				0	0	1	0	0	2
3	0	0	1	0	0	2	0	0	3
4	0	0	1	0	0	2	0	0	4
5	0	0	1	0	0	3	0	0	5
6	0	0	2	0	0	4	0	0	6
7	0	0	2	0	0	4	0	0	7
8	0	0	2	0	0	5	0	0	8
9	0	0	3	0	0	6	0	0	9
10	0	0	3	0	0	6	0	0	10
11	0	0	3	0	0	7	0	0	11
12	0	0	4	0	0	8	0	1	0
13	0	0	4	0	0	8	0	1	1
14	0	0	4	0	0	9	0	1	2
15	0	0	5	0	0	10	0	1	3
16	0	0	5	0	0	10	0	1	4
17	0	0	5	0	0	11	0	1	5
18	0	0	6	0	1	0	0	1	6

Nombre des Pieds.	à 4 ſ. la Toiſe.			à 5 ſ. la Toiſe.			à 6 ſ. la Toiſe.		
	₶	ſ	d	₶	ſ	$\frac{d}{12}$	₶	ſ	$\frac{d}{2}$
$\frac{1}{4}$									
$\frac{1}{2}$						$\frac{5}{6}$			1
$\frac{3}{4}$						$1\frac{1}{4}$			$1\frac{1}{2}$
1	0	0	1	0	0	$1\frac{2}{3}$	0	0	2
2	0	0	2	0	0	3	0	0	4
3	0	0	4	0	0	5	0	0	6
4	0	0	5	0	0	6	0	0	8
5	0	0	6	0	0	8	0	0	10
6	0	0	8	0	0	10	0	1	0
7	0	0	9	0	0	11	0	1	2
8	0	0	10	0	1	1	0	1	4
9	0	1	0	0	1	3	0	1	6
10	0	1	1	0	1	4	0	1	8
11	0	1	2	0	1	6	0	1	10
12	0	1	4	0	1	8	0	2	0
13	0	1	5	0	1	9	0	2	2
14	0	1	6	0	1	11	0	2	4
15	0	1	8	0	2	1	0	2	6
16	0	1	9	0	2	2	0	2	8
17	0	1	10	0	2	4	0	2	10
18	0	2	0	0	2	6	0	3	0

Nombre des Pieds.	à 7 f. la Toife.			à 8 f. la Toife.			à 9 f. la Toife.		
$\frac{1}{4}$	o^{tt}	o^{s}	o^{d}	o^{tt}	o^{s}	o^{d}	o^{tt}	o^{s}	o^{d}
$\frac{1}{2}$	0	0	1	0	0	1	0	0	1
$\frac{3}{4}$	0	0	2	0	0	2	0	0	2
1	0	0	2	0	0	2	0	0	3
2	0	0	4	0	0	5	0	0	6
3	0	0	7	0	0	8	0	0	9
4	0	0	9	0	0	10	0	1	0
5	0	0	11	0	1	1	0	1	3
6	0	1	2	0	1	4	0	1	6
7	0	1	4	0	1	6	0	1	9
8	0	1	6	0	1	9	0	2	0
9	0	1	9	0	2	0	0	2	3
10	0	1	11	0	2	2	0	2	6
11	0	2	1	0	2	5	0	2	9
12	0	2	4	0	2	8	0	3	0
13	0	2	6	0	2	10	0	3	3
14	0	2	8	0	3	1	0	3	6
15	0	2	11	0	3	4	0	3	9
16	0	3	1	0	3	6	0	4	0
17	0	3	3	0	3	9	0	4	3
18	0	3	6	0	4	0	0	4	·

Nombre des Pieds.	à 10 ſ. la Toiſe.			à 11 ſ. la Toiſe.			à 12 ſ. la Toiſe.		
	₶	s	d	₶	s	d	₶	s	d
¼			¾				0	0	1
½			1½	0	0	1½	0	0	2
¾			2¼	0	0	2½	0	0	3
1	0	0	3	0	0	3	0	0	4
2	0	0	6	0	0	7	0	0	8
3	0	0	10	0	0	11	0	1	0
4	0	1	1	0	1	2	0	1	4
5	0	1	4	0	1	6	0	1	8
6	0	1	8	0	1	10	0	2	0
7	0	1	11	0	2	1	0	2	4
8	0	2	2	0	2	5	0	2	8
9	0	2	6	0	2	9	0	3	0
10	0	2	9	0	3	0	0	3	4
11	0	3	0	0	3	4	0	3	8
12	0	3	4	0	3	8	0	4	0
13	0	3	7	0	3	11	0	4	4
14	0	3	10	0	4	3	0	4	8
15	0	4	2	0	4	7	0	5	0
16	0	4	5	0	4	10	0	5	4
17	0	4	8	0	5	2	0	5	8
18	0	5	0	0	5	6	0	6	0

Nombre des Pieds.	à 13 ſ. la Toiſe.			à 14 ſ. la Toiſe.			à 15 ſ. la Toiſe.		
	0^{ttt}	0^f	$1\&$	0^{ttt}	0^f	$1\&$	0^{ttt}	0^f	$1\&$
$\frac{1}{4}$									
$\frac{1}{2}$	0	0	2	0	0	2	0	0	2
$\frac{3}{4}$	0	0	3	0	0	3	0	0	3
1	0	0	4	0	0	4	0	0	5
2	0	0	8	0	0	9	0	0	10
3	0	1	1	0	1	2	0	1	3
4	0	1	5	0	1	6	0	1	8
5	0	1	9	0	1	11	0	2	1
6	0	2	2	0	2	4	0	2	6
7	0	2	6	0	2	8	0	2	11
8	0	2	10	0	3	1	0	3	4
9	0	3	3	0	3	6	0	3	9
10	0	3	7	0	3	10	0	4	2
11	0	3	11	0	4	3	0	4	7
12	0	4	4	0	4	8	0	5	0
13	0	4	8	0	5	0	0	5	5
14	0	5	0	0	5	5	0	5	10
15	0	5	5	0	5	10	0	6	3
16	0	5	9	0	6	2	0	6	8
17	0	6	1	0	6	7	0	7	1
18	0	6	6	0	7	0	0	7	6

Nombre des Pieds.	à 16 l. la Toise.			à 17 l. la Toise.			à 18 l. la Toise.		
	$0^{\#}$	0^{s}	1^{d}	$0^{\#}$	0^{s}	1^{d}	$0^{\#}$	0^{s}	1^{d}
1/2	0	0	2	0	0	2	0	0	3
3/4	0	0	3	0	0	3	0	0	4
1	0	0	5	0	0	5	0	0	6
2	0	0	10	0	0	11	0	1	0
3	0	1	4	0	1	5	0	1	6
4	0	1	9	0	1	10	0	2	0
5	0	2	2	0	2	4	0	2	6
6	0	2	8	0	2	10	0	3	0
7	0	3	1	0	3	3	0	3	6
8	0	3	6	0	3	9	0	4	0
9	0	4	0	0	4	3	0	4	6
10	0	4	5	0	4	8	0	5	0
11	0	4	10	0	5	2	0	5	6
12	0	5	4	0	5	8	0	6	0
13	0	5	9	0	6	1	0	6	6
14	0	6	2	0	6	7	0	7	0
15	0	6	8	0	7	1	0	7	6
16	0	7	1	0	7	6	0	8	0
17	0	7	6	0	8	0	0	8	6
18	0	8	0	0	8	6	0	9	0

Nombre des Pieds.	à 19 f. la Toise.			à 1 l. la Toise.			à 2 l. la Toise.		
	0^{tt}	0^{s}	$1^{à}$	0^{tt}	0^{s}	$1^{à}$	0^{tt}	0^{s}	$3^{à}$
1/4	0	0	1	0	0	1	0	0	3
1/2	0	0	3	0	0	3	0	0	6
3/4	0	0	4	0	0	5	0	0	9
1	0	0	6	0	0	6	0	1	1
2	0	1	0	0	1	1	0	2	2
3	0	1	7	0	1	8	0	3	4
4	0	2	1	0	2	2	0	4	5
5	0	2	7	0	2	9	0	5	6
6	0	3	2	0	3	4	0	6	8
7	0	3	8	0	3	10	0	7	9
8	0	4	2	0	4	5	0	8	10
9	0	4	9	0	5	0	0	10	0
10	0	5	3	0	5	6	0	11	1
11	0	5	9	0	6	1	0	12	2
12	0	6	4	0	6	8	0	13	4
13	0	6	10	0	7	2	0	14	5
14	0	7	4	0	7	9	0	15	6
15	0	7	11	0	8	4	0	16	8
16	0	8	5	0	8	10	0	17	9
17	0	8	11	0	9	5	0	18	10
18	0	9	6	0	10	0	1	0	0

Nombre des Pieds.	à 3 l. la Toise.			à 4 l. la Toise.			à 5 l. la Toise.		
	0^{tt}	0^s	5^d	0^{tt}	0^s	6^d	0^{tt}	0^s	8^d
$\frac{1}{4}$									
$\frac{1}{2}$	0	0	10	0	1	1	0	1	4
$\frac{3}{4}$	0	1	3	0	1	7	0	2	0
1	0	1	8	0	2	2	0	2	9
2	0	3	4	0	4	5	0	5	6
3	0	5	0	0	6	8	0	8	4
4	0	6	8	0	8	10	0	11	1
5	0	8	4	0	11	1	0	13	10
6	0	10	0	0	13	4	0	16	8
7	0	11	8	0	15	6	0	19	5
8	0	13	4	0	17	9	1	2	2
9	0	15	0	1	0	0	1	5	0
10	0	16	8	1	2	2	1	7	9
11	0	18	4	1	4	5	1	10	6
12	1	0	0	1	6	8	1	13	4
13	1	1	8	1	8	10	1	16	1
14	1	3	4	1	11	1	1	18	10
15	1	5	0	1	13	4	2	1	8
16	1	6	8	1	15	6	2	4	5
17	1	8	3	1	17	9	2	7	2
18	1	10	0	2	0	0	2	10	0

Nombre des Pieds.	à 6 l. la Toise.			à 7 l. la Toise.			à 8 l. la Toise.		
	0^{tt}	0^s	10^d	0^{tt}	0^s	11^d	0^{tt}	1^s	1^d
$\frac{1}{4}$	0	0	8	0	1	11	0	2	2
$\frac{1}{2}$	0	2	6	0	2	10	0	2	2
$\frac{3}{4}$									
1	0	3	4	0	3	10	0	4	5
2	0	6	8	0	7	9	0	8	10
3	0	10	0	0	11	8	0	13	4
4	0	13	4	0	15	6	0	17	9
5	0	16	8	0	19	5	1	2	2
6	1	0	0	1	3	4	1	6	8
7	1	3	4	1	7	2	1	11	1
8	1	6	8	1	11	1	1	15	6
9	1	10	0	1	15	0	2	0	0
10	1	13	4	1	18	10	2	4	5
11	1	16	8	2	2	9	2	8	10
12	2	0	0	2	6	8	2	13	4
13	2	3	4	2	10	6	2	17	9
14	2	6	8	2	14	5	3	2	2
15	2	10	0	2	18	4	3	6	8
16	2	13	4	3	2	2	3	11	1
17	2	16	8	3	6	1	3	15	6
18	3	0	0	3	10	0	4	0	0

Nombre des Pieds.	à 9 l. la Toise.			à 10 l. la Toise.			à 20 l. la Toise.		
1/4	0^{tt}	1^s	3^d	0^{tt}	1^s	4^d	0^{tt}	2^s	9^d
1/2	0	2	6	0	2	9	0	5	6
3/4	0	3	9	0	4	2	0	8	3
1	0	5	0	0	5	5	0	11	1
2	0	10	0	0	11	1	1	2	2
3	0	15	0	0	16	8	1	13	4
4	1	0	0	1	2	2	2	4	5
5	1	5	0	1	7	9	2	15	6
6	1	10	0	1	13	4	3	6	8
7	1	15	0	1	18	10	3	17	9
8	2	0	0	2	4	5	4	8	10
9	2	5	0	2	10	0	5	0	0
10	2	10	0	2	15	6	5	11	1
11	2	15	0	3	1	1	6	2	2
12	3	0	0	3	6	8	6	13	4
13	3	5	0	3	12	2	7	4	5
14	3	10	0	3	17	9	7	15	6
15	3	15	0	4	3	4	8	6	8
16	4	0	0	4	8	10	8	17	9
17	4	5	0	4	14	5	9	8	10
18	4	10	0	5	0	0	10	0	0

Nombre des Pieds.	à 30 l. la Toise.	à 40 l. la Toise.	à 50 l. la Toise.
$\frac{1}{4}$.	0^{tt} 4^s 2^d	0^{tt} 5^s 6^d	0^{tt} 6^s 11^d
$\frac{1}{2}$	0 8 4	0 11 1	0 13 10
1	0 12 6	0 16 7	1 0 9
1	0 16 8	1 2 2	1 7 9
2	1 13 4	2 4 5	2 15 6
3	2 10 0	3 6 8	4 3 4
4	3 6 8	4 8 10	5 11 1
5	4 3 4	5 11 1	6 18 10
6	5 0 0	6 13 4	8 6 8
7	5 16 8	7 15 6	9 14 5
8	6 13 4	8 17 9	11 2 2
9	7 10 0	10 0 0	12 10 0
10	8 6 8	11 2 2	13 17 9
11	9 3 4	12 4 5	15 5 6
12	10 0 0	13 6 8	16 13 9
13	10 16 8	14 8 10	18 1 1
14	11 13 4	15 11 1	19 8 10
15	12 10 0	16 13 4	20 16 8
16	13 6 8	17 15 6	22 4 5
17	14 3 4	18 17 10	23 12 3
18	15 0 0	20 0 0	25 0 0

Nombre des Pieds.	à 60 l. la Toise.			à 70 l. la Toise.			à 80 l. la Toise.		
	0^{tt}	8^s	4^d	0^{tt}	9^s	8^d	0^{tt}	11^s	1^d
1/4	0	8	4	0	9	8	0	11	1
1/2	0	16	8	0	19	5	1	2	2
3/4	1	5	0	1	8	7	1	13	3
1	1	13	4	1	18	10	2	4	5
2	3	6	8	3	17	9	4	8	10
3	5	0	0	5	16	8	6	13	4
4	6	13	4	7	15	6	8	17	4
5	8	6	8	9	14	5	11	2	2
6	10	0	0	11	13	4	13	6	8
7	11	13	4	13	12	2	15	11	1
8	13	6	8	15	11	1	17	15	6
9	15	0	0	17	10	0	20	0	0
10	16	13	4	19	8	10	22	4	5
11	18	6	8	21	7	9	24	8	10
12	20	0	0	23	6	8	26	13	4
13	21	13	4	25	5	6	28	17	9
14	23	6	8	27	4	5	31	2	2
15	25	0	0	29	3	4	33	6	8
16	26	13	4	31	2	2	35	11	1
17	28	6	8	33	1	1	37	15	6
18	30	0	0	35	0	0	40	0	0

Nombre des Pieds.	à 90 l. la Toise.			à 100 l. la Toise.			à 200 l. la Toise.		
$\frac{1}{4}$	0^{lt}	12^{s}	6^{d}	0^{lt}	13^{s}	10^{d}	1^{lt}	7^{s}	9^{d}
$\frac{1}{2}$	1	5	0	1	7	9	2	15	6
$\frac{3}{4}$	1	17	6	2	1	8	4	3	4
1	2	10	0	2	15	6	5	11	1
2	5	0	0	5	11	1	11	2	2
3	7	10	0	8	6	8	16	13	4
4	10	0	0	11	2	2	22	4	5
5	12	10	0	13	17	9	27	15	6
6	15	0	0	16	13	4	33	6	8
7	17	10	0	19	8	10	38	17	9
8	20	0	0	22	4	5	44	8	10
9	22	10	0	25	0	0	50	0	0
10	25	0	0	27	15	6	55	11	1
11	27	10	0	30	11	6	61	2	2
12	30	0	0	33	6	8	66	13	4
13	32	10	0	36	2	2	72	4	5
14	35	0	0	38	17	9	77	15	6
15	37	10	0	41	13	4	83	6	8
16	40	0	0	44	8	10	88	17	9
17	42	10	0	47	4	5	94	8	10
18	45	0	0	50	0	0	100	0	0

Nombre des Pieds.	à 10 f. la Toise.			à 11 f. la Toise.			à 12 f. la Toise.		
	₶	f	a	₶	f	a	₶	f	a
¾							0	0	1
½			1½	0	0	1½	0	0	2
¼			2¼	0	0	2¼	0	0	3
1	0	0	3	0	0	3	0	0	4
2	0	0	6	0	0	7	0	0	8
3	0	0	10	0	0	11	0	1	0
4	0	1	1	0	1	2	0	1	4
5	0	1	4	0	1	6	0	1	8
6	0	1	8	0	1	10	0	2	0
7	0	1	11	0	2	1	0	2	4
8	0	2	2	0	2	5	0	2	8
9	0	2	6	0	2	9	0	3	0
10	0	2	9	0	3	0	0	3	4
11	0	3	0	0	3	4	0	3	8
12	0	3	4	0	3	8	0	4	0
13	0	3	7	0	3	11	0	4	4
14	0	3	10	0	4	3	0	4	8
15	0	4	2	0	4	7	0	5	0
16	0	4	5	0	4	10	0	5	4
17	0	4	8	0	5	2	0	5	8
18	0	5	0	0	5	6	0	6	0

Nombre des Pieds.	à 13 f. la Toife.			à 14 f. la Toife.			à 15 f. la Toife.		
	0^{tt}	0^f	$1à$	0^{tt}	0^f	$1à$	0^{tt}	0^f	$1à$
$\frac{1}{4}$									
$\frac{1}{2}$	0	0	2	0	0	2	0	0	2
$\frac{3}{4}$	0	0	3	0	0	3	0	0	3
1	0	0	4	0	0	4	0	0	5
2	0	0	8	0	0	9	0	0	10
3	0	1	1	0	1	2	0	1	3
4	0	1	5	0	1	6	0	1	8
5	0	1	9	0	1	11	0	2	1
6	0	2	2	0	2	4	0	2	6
7	0	2	6	0	2	8	0	2	11
8	0	2	10	0	3	1	0	3	4
9	0	3	3	0	3	6	0	3	9
10	0	3	7	0	3	10	0	4	2
11	0	3	11	0	4	3	0	4	7
12	0	4	4	0	4	8	0	5	0
13	0	4	8	0	5	0	0	5	5
14	0	5	0	0	5	5	0	5	10
15	0	5	5	0	5	10	0	6	3
16	0	5	9	0	6	2	0	6	8
17	0	6	1	0	6	7	0	7	1
18	0	6	6	0	7	0	0	7	6

Nombre des Pieds.	à 16 f. la Toife.			à 17 f. la Toife.			à 18 f. la Toife.		
	o^{tt}	o^{s}	$1^{λ}$	o^{tt}	o^{s}	$1^{λ}$	o^{tt}	o^{s}	$1^{λ}$
¼									
½	0	0	2	0	0	2	0	0	3
¼	0	0	3	0	0	3	0	0	4
1	0	0	5	0	0	5	0	0	6
2	0	0	10	0	0	11	0	1	0
3	0	1	4	0	1	5	0	1	6
4	0	1	9	0	1	10	0	2	0
5	0	2	2	0	2	4	0	2	6
6	0	2	8	0	2	10	0	3	0
7	0	3	1	0	3	3	0	3	6
8	0	3	6	0	3	9	0	4	0
9	0	4	0	0	4	3	0	4	6
10	0	4	5	0	4	8	0	5	0
11	0	4	10	0	5	2	0	5	6
12	0	5	4	0	5	8	0	6	0
13	0	5	9	0	6	1	0	6	6
14	0	6	2	0	6	7	0	7	0
15	0	6	8	0	7	1	0	7	6
16	0	7	1	0	7	6	0	8	0
17	0	7	6	0	8	0	0	8	6
18	0	8	0	0	8	6	0	9	0

Nombre des Pieds.	à 19 f. la Toife.			à 1 l. la Toife.			à 2 l. la Toife.		
	o^tt	o^s	1^a	o^tt	o^s	1^a	o^tt	o^s	3^a
1/4									
1/2	o	o	3	o	o	3	o	o	6
3/4	o	o	4	o	o	5	o	o	9
1	o	o	6	o	o	6	o	1	1
2	o	1	o	o	1	1	o	2	2
3	o	1	7	o	1	8	o	3	4
4	o	2	1	o	2	2	o	4	5
5	o	2	7	o	2	9	o	5	6
6	o	3	2	o	3	4	o	6	8
7	o	3	8	o	3	10	o	7	9
8	o	4	2	o	4	5	o	8	10
9	o	4	9	o	5	o	o	10	o
10	o	5	3	o	5	6	o	11	1
11	o	5	9	o	6	1	o	12	2
12	o	6	4	o	6	8	o	13	4
13	o	6	10	o	7	2	o	14	5
14	o	7	4	o	7	9	o	15	6
15	o	7	11	o	8	4	o	16	8
16	o	8	5	o	8	10	o	17	9
17	o	8	11	o	9	5	o	18	10
18	o	9	6	o	10	o	1	o	o

Nombre des Pieds.	à 3 l. la Toise.			à 4 l. la Toise.			à 5 l. la Toise.		
	0℔	0ˢ	5ᵈ	0℔	0ˢ	6ᵈ	0℔	0ˢ	8ᵈ
1/4									
1/2	0	0	10	0	1	1	0	1	4
3/4	0	1	3	0	1	7	0	2	0
1	0	1	8	0	2	2	0	2	9
2	0	3	4	0	4	5	0	5	6
3	0	5	0	0	6	8	0	8	4
4	0	6	8	0	8	10	0	11	1
5	0	8	4	0	11	1	0	13	10
6	0	10	0	0	13	4	0	16	8
7	0	11	8	0	15	6	0	19	5
8	0	13	4	0	17	9	1	2	2
9	0	15	0	1	0	0	1	5	0
10	0	16	8	1	2	2	1	7	9
11	0	18	4	1	4	5	1	10	6
12	1	0	0	1	6	8	1	13	4
13	1	1	8	1	8	10	1	16	1
14	1	3	4	1	11	1	1	18	10
15	1	5	0	1	13	4	2	1	8
16	1	6	8	1	15	6	2	4	5
17	1	8	3	1	17	9	2	7	2
18	1	10	0	2	0	0	2	10	0

Nombre des Pieds.	à 6 l. la Toise.			à 7 l. la Toise.			à 8 l. la Toise.		
	0^{tt}	0^s	10^d	0^{tt}	0^s	11^d	0^{tt}	1^s	1^d
$\frac{1}{4}$									
$\frac{1}{2}$	0	0	8	0	1	11	0	2	2
$\frac{3}{4}$	0	2	6	0	2	10	0	2	2
1	0	3	4	0	3	10	0	4	5
2	0	6	8	0	7	9	0	8	10
3	0	10	0	0	11	8	0	13	4
4	0	13	4	0	15	6	0	17	9
5	0	16	8	0	19	5	1	2	2
6	1	0	0	1	3	4	1	6	8
7	1	3	4	1	7	2	1	11	1
8	1	6	8	1	11	1	1	15	6
9	1	10	0	1	15	0	2	0	0
10	1	13	4	1	18	10	2	4	5
11	1	16	8	2	2	9	2	8	10
12	2	0	0	2	6	8	2	13	4
13	2	3	4	2	10	6	2	17	9
14	2	6	8	2	14	5	3	2	2
15	2	10	0	2	18	4	3	6	8
16	2	13	4	3	2	2	3	11	1
17	2	16	8	3	6	1	3	15	6
18	3	0	0	3	10	0	4	0	0

Nombre des Pieds	à 9 l. la Toise			à 10 l. la Toise			à 20 l. la Toise		
$\frac{1}{4}$	0^{tt}	1^{s}	3^{d}	0^{tt}	1^{s}	4^{d}	0^{tt}	2^{s}	9^{d}
$\frac{1}{2}$	0	2	6	0	2	9	0	5	6
$\frac{3}{4}$	0	3	9	0	4	2	0	8	3
1	0	5	0	0	5	5	0	11	1
2	0	10	0	0	11	1	1	2	2
3	0	15	0	0	16	8	1	13	4
4	1	0	0	1	2	2	2	4	5
5	1	5	0	1	7	9	2	15	6
6	1	10	0	1	13	4	3	6	8
7	1	15	0	1	18	10	3	17	9
8	2	0	0	2	4	5	4	8	10
9	2	5	0	2	10	0	5	0	0
10	2	10	0	2	15	6	5	11	1
11	2	15	0	3	1	1	6	2	2
12	3	0	0	3	6	8	6	13	4
13	3	5	0	3	12	2	7	4	5
14	3	10	0	3	17	9	7	15	6
15	3	15	0	4	3	4	8	6	8
16	4	0	0	4	8	10	8	17	9
17	4	5	0	4	14	5	9	8	10
18	4	10	0	5	0	0	10	0	0

Nombre des Pieds.	à 30 l. la Toise.			à 40 l. la Toise.			à 50 l. la Toise.		
$\frac{1}{4}$.	0^{tt}	4^s	2^d	0^{tt}	5^s	6^d	0^{tt}	6^s	11^d
$\frac{1}{2}$.	0	8	4	0	11	1	0	13	10
$\frac{3}{4}$.	0	12	6	0	16	7	1	0	9
1.	0	16	8	1	2	2	1	7	9
2.	1	13	4	2	4	5	2	15	6
3.	2	10	0	3	6	8	4	3	4
4.	3	6	8	4	8	10	5	11	1
5.	4	3	4	5	11	1	6	18	10
6.	5	0	0	6	13	4	8	6	8
7.	5	16	8	7	15	6	9	14	5
8.	6	13	4	8	17	9	11	2	2
9.	7	10	0	10	0	0	12	10	0
10.	8	6	8	11	2	2	13	17	9
11.	9	3	4	12	4	5	15	5	6
12.	10	0	0	13	6	8	16	13	9
13.	10	16	8	14	8	10	18	1	1
14.	11	13	4	15	11	1	19	8	10
15.	12	10	0	16	13	4	20	16	8
16.	13	6	8	17	15	6	22	4	5
17.	14	3	4	18	17	10	23	12	3
18.	15	0	0	20	0	0	25	0	0

Nombre des Pieds.	à 60 l. la Toise.			à 70 l. la Toise.			à 80 l. la Toise.		
$\frac{1}{4}$	0	8	4	0	9	8	0	11	1
$\frac{1}{2}$	0	16	8	0	19	5	1	2	2
$\frac{3}{4}$	1	5	0	1	8	7	1	13	4
1	1	13	4	1	18	10	2	4	5
2	3	6	8	3	17	9	4	8	10
3	5	0	0	5	16	8	6	13	4
4	6	13	4	7	15	6	8	17	4
5	8	6	8	9	14	5	11	2	1
6	10	0	0	11	13	4	13	6	8
7	11	13	4	13	12	2	15	11	1
8	13	6	8	15	11	1	17	15	6
9	15	0	0	17	10	0	20	0	0
10	16	13	4	19	8	10	22	4	5
11	18	6	8	21	7	9	24	8	10
12	20	0	0	23	6	8	26	13	4
13	21	13	4	25	5	6	28	17	9
14	23	6	8	27	4	5	31	2	2
15	25	0	0	29	3	4	33	6	8
16	26	13	4	31	2	2	35	11	1
17	28	6	8	33	1	1	37	15	6
18	30	0	0	35	0	0	40	0	0

Nombre des Pieds.	à 90 l. la Toise.			à 100 l. la Toise.			à 200 l. la Toise.		
¼	0^{tt}	12^{s}	6^{d}	0^{tt}	13^{s}	10^{d}	1^{tt}	7^{s}	9^{d}
½	1	5	0	1	7	9	2	15	6
¾	1	17	6	2	1	8	4	3	4
1	2	10	0	2	15	6	5	11	1
2	5	0	0	5	11	1	11	2	2
3	7	10	0	8	6	8	16	13	4
4	10	0	0	11	2	2	22	4	5
5	12	10	0	13	17	9	27	15	6
6	15	0	0	16	13	4	33	6	8
7	17	10	0	19	8	10	38	17	9
8	20	0	0	22	4	5	44	8	10
9	22	10	0	25	0	0	50	0	0
10	25	0	0	27	15	6	55	11	1
11	27	10	0	30	11	6	61	2	2
12	30	0	0	33	6	8	66	13	4
13	32	10	0	36	2	2	72	4	5
14	35	0	0	38	17	9	77	15	6
15	37	10	0	41	13	4	83	6	8
16	40	0	0	44	8	10	88	17	9
17	42	10	0	47	4	5	94	8	10
18	45	0	0	50	0	0	100	0	0

TARIF

Par lequel on voit ce que peut peſer le pied de Fer, ſuivant ſes différentes épaiſſeurs & largeurs.

Un pied de Fer d'une ligne d'épaiſſeur.

Epaiſſeur.	Largeur.	POIDS.			
lignes.	lignes.	livres.	onces.	gros.	grains.
I	I	0	0	3	24
I	2	0	0	6	48
I	3	0	I	2	00
I	4	0	I	5	24
I	5	0	2	0	48
I	6	0	2	4	00
I	7	0	2	7	24
I	8	0	3	2	48
I	9	0	3	6	00
I	10	0	4	I	24
I	11	0	4	4	48
I	12	0	5	0	00
I	13	0	5	9	24
I	14	0	5	6	48
I	15	0	6	2	00
I	16	0	6	5	24
I	17	0	7	0	48
I	18	0	7	4	00

Un pied de fer de deux lignes d'épaisseur.

Epaisseur.	Largeur.	POIDS.			
lignes.	lignes.	livres.	onces.	gros.	grains.
2	2	0	1	5	24
2	3	0	2	4	00
2	4	0	3	2	48
2	5	0	4	1	24
2	6	0	5	0	00
2	7	0	5	6	48
2	8	0	6	5	24
2	9	0	7	4	00
2	10	0	8	2	48
2	11	0	9	1	24
2	12	0	10	0	00
2	13	0	10	6	48
2	14	0	11	5	24
2	15	0	12	4	00
2	16	0	13	2	48
2	17	0	14	1	24
2	18	0	15	0	00
2	19	0	15	6	48
2	20	1	0	5	24
2	21	1	1	4	00
2	22	1	2	2	48
2	23	1	3	1	24
2	24	1	4	0	00
2	25	1	4	6	48

Un pied de Fer de trois lignes d'épaisseur.

Epaisseur.	Largeur.	POIDS			
lignes.	lignes.	livres.	onces.	gros.	grains.
3	3	0	3	6	00
3	4	0	5	0	00
3	5	0	6	2	00
3	6	0	7	4	00
3	7	0	8	6	00
3	8	0	10	0	00
3	9	0	11	2	00
3	10	0	12	4	00
3	11	0	13	6	00
3	12	0	15	0	00
3	13	0	0	2	00
3	14	1	1	4	00
3	15	1	2	6	00
3	16	1	4	0	00
3	17	1	5	2	00
3	18	1	6	4	00
3	19	1	7	6	00
3	20	1	9	0	00
3	21	1	10	2	00
3	22	1	11	4	00
3	23	1	12	6	00
3	24	1	14	0	00
3	25	1	15	2	00
3	26	2	0	4	00

Un pied de Fer de quatre lignes d'épaisseur.

Épaisseur	Largeur	POIDS			
lignes.	lignes.	livres.	onces.	gros.	grains.
4	4	0	6	5	24
4	5	0	8	2	48
4	6	0	10	0	00
4	7	0	11	5	24
4	8	0	13	2	48
4	9	0	15	0	00
4	10	0	0	5	24
4	11	0	2	2	48
4	12	1	4	0	00
4	13	1	5	5	24
4	14	1	7	2	48
4	15	1	9	0	00
4	16	1	10	5	24
4	17	1	12	2	48
4	18	1	14	0	00
4	19	1	15	5	24
4	20	2	1	2	48
4	21	2	3	0	00
4	22	2	4	5	24
4	23	2	6	2	48
4	24	2	8	0	00
4	25	2	9	5	24
4	26	2	11	2	48
4	27	2	13	0	00

Un pied de Fer de cinq lignes d'épaisseur.

Epaisseur.	Largeur.	Poids			
lignes.	lignes.	livres	onces	gros.	grains.
5	5	0	10	3	24
5	6	0	12	4	00
5	7	0	14	4	48
5	8	1	14	5	24
5	9	1	2	6	00
5	10	1	4	6	48
5	11	1	6	7	24
5	12	1	9	0	00
5	13	1	11	0	48
5	14	1	13	1	24
5	15	1	15	2	00
5	16	2	1	2	48
5	17	2	3	3	24
5	18	2	5	4	00
5	19	2	7	4	48
5	20	2	9	5	24
5	21	2	11	6	00
5	22	2	13	6	48
5	23	2	15	7	24
5	24	3	2	0	00
5	25	3	4	0	48
5	26	3	6	1	24
5	27	3	8	2	00
5	28	3	10	2	48

Un pied de Fer de six lignes d'épaisseur.

lignes.	lignes.	livres.	onces.	gros.	grains.
6	6	0	15	0	00
6	7	1	1	4	00
6	8	1	4	0	00
6	9	1	6	4	00
6	10	1	9	0	00
6	11	1	11	4	00
6	12	1	14	0	00
6	13	2	0	4	00
6	14	2	3	0	00
6	15	2	5	4	00
6	16	2	8	0	00
6	17	2	10	4	00
6	18	2	13	0	00
6	19	2	15	4	00
6	20	3	2	0	00
6	21	3	4	4	00
6	22	3	6	0	00
6	23	3	9	4	00
6	24	3	12	0	00
6	25	3	14	4	00
6	26	4	1	0	00
6	27	4	3	4	00
6	28	4	6	0	00
6	29	4	8	4	00

Un pied de Fer de sept lignes d'épaisseur.

Epaisseur.	Largeur.	POIDS.			
lignes.	lignes.	livres.	onces.	gros.	grains.
7	7	1	4	3	24
7	8	1	7	2	48
7	9	1	10	2	00
7	10	1	13	1	24
7	11	2	0	0	48
7	12	2	3	0	00
7	13	2	5	7	24
7	14	2	8	6	48
7	15	2	11	6	00
7	16	2	14	5	24
7	17	3	1	4	48
7	18	3	4	4	00
7	19	3	7	3	24
7	20	3	10	2	48
7	21	3	13	2	00
7	22	4	0	1	24
7	23	4	3	0	48
7	24	4	6	0	00
7	25	4	8	7	24
7	26	4	11	6	48
7	27	4	14	6	00
7	28	5	1	5	24
7	29	5	4	4	48
7	30	5	7	4	00

Un pied de Fer de huit lignes d'épaisseur.

Epaisseur.	Largeur.	POIDS.			
lignes.	lignes.	livres.	onces.	gros.	grains.
8	8	1	10	5	24
8	9	1	14	0	00
8	10	2	1	2	48
8	11	2	4	5	24
8	12	2	8	0	00
8	13	2	11	2	48
8	14	2	14	5	24
8	15	3	2	0	00
8	16	3	5	2	48
8	17	3	8	5	24
8	18	3	12	0	00
8	19	3	15	2	48
8	20	4	2	5	24
8	21	4	6	0	00
8	22	4	9	2	48
8	23	4	12	5	24
8	24	5	0	0	00
8	25	5	3	2	48
8	26	5	6	5	24
8	27	5	10	0	00
8	28	5	13	2	48
8	29	6	0	5	24
8	30	6	4	0	00
8	31	6	7	2	48

Un pied de Fer de neuf lignes d'épaisseur.

Epaisseur.	Largeur.	Poids.			
lignes.	lignes.	livres.	onces.	gros.	grains.
9	9	2	1	6	00
9	10	2	5	4	00
9	11	2	9	2	00
9	12	2	13	0	00
9	13	3	0	6	00
9	14	3	4	4	00
9	15	3	8	2	00
9	16	3	12	0	00
9	17	3	15	6	00
9	18	4	3	4	00
9	19	4	7	2	00
9	20	4	11	0	00
9	21	4	14	6	00
9	22	5	2	4	00
9	23	5	6	2	00
9	24	5	10	0	00
9	25	5	13	6	00
9	26	6	1	4	00
9	27	6	5	2	00
9	28	6	9	0	00
9	29	6	12	6	00
9	30	7	0	4	00
9	31	7	11	2	00
9	32	7	15	0	00

Un pied de Fer de dix lignes d'épaisseur.

Épaisseur.	Largeur.	Poids.			
lignes.	lignes.	livres.	onces.	gros.	grains.
10	10	2	9	5	24
10	11	2	13	6	48
10	12	3	2	0	00
10	13	3	6	1	24
10	14	3	10	2	48
10	15	3	14	4	00
10	16	4	2	5	24
10	17	4	6	6	48
10	18	4	11	0	00
10	19	4	15	1	24
10	20	5	3	2	48
10	21	5	7	4	00
10	22	5	11	5	24
10	23	5	15	6	48
10	24	6	4	0	00
10	25	6	8	1	24
10	26	6	12	2	48
10	27	7	0	4	00
10	28	7	4	5	24
10	29	7	8	6	48
10	30	7	13	0	00
10	31	8	1	1	24
10	32	8	5	2	48
10	33	8	9	4	00

P p

Un pied de Fer de onze lignes d'épaisseur.

Epaisseur.	Largeur.	P o i d s.			
lignes.	lignes.	livres.	onces.	gros.	grains.
11	11	3	2	3	24
11	12	3	7	0	00
11	13	3	11	4	48
11	14	4	0	1	24
11	15	4	4	6	00
11	16	4	9	2	48
11	17	4	13	7	24
11	18	5	2	4	00
11	19	5	7	0	48
11	20	5	11	5	24
11	21	6	4	2	00
11	22	6	0	6	48
11	23	6	9	3	24
11	24	6	14	0	00
11	25	7	2	4	48
11	26	7	7	1	24
11	27	7	11	6	00
11	28	8	0	2	48
11	29	8	4	7	24
11	30	8	9	4	00
11	31	8	14	0	48
11	32	9	2	5	24
11	33	9	7	2	00
11	34	9	11	6	48

Un pied de Fer de douze lignes d'épaisseur.

Epaisseur.	Largeur.	POIDS.			
lignes.	lignes.	livres.	onces.	gros.	grains.
12	12	3	12	0	00
12	13	4	1	0	00
12	14	4	6	0	00
12	15	4	11	0	00
12	16	5	0	0	00
12	17	5	5	0	00
12	18	5	10	0	00
12	19	5	15	0	00
12	20	6	4	0	00
12	21	6	9	0	00
12	22	6	14	0	00
12	23	7	3	0	00
12	24	7	8	0	00
12	25	7	13	0	00
12	26	8	2	0	00
12	27	8	7	0	00
12	28	8	12	0	00
12	29	9	1	0	00
12	30	9	6	0	00
12	31	9	11	0	00
12	32	10	0	0	00
12	33	10	5	0	00
12	34	10	10	0	00
12	35	10	15	0	00
12	36	11	4	0	00

Un pied de Fer de treize lignes d'épaisseur.

Epaisseur.	Largeur.	P O I D S.			
lignes.	lignes.	livres.	onces.	gros.	grains.
13	13	4	1	3	24
13	14	4	6	6	48
13	15	4	12	2	00
13	16	5	1	5	24
13	17	5	7	0	48
13	18	5	12	4	00
13	19	6	1	7	24
13	20	6	7	2	48
13	21	6	12	6	00
13	32	7	2	1	24
13	23	7	7	4	48
13	24	7	13	0	00
13	25	8	2	3	24
13	26	8	7	6	48
13	27	8	13	2	00
13	28	9	2	5	24
13	29	9	8	0	48
13	30	9	13	4	00
13	31	10	2	7	24
13	32	10	8	2	48
13	33	10	13	6	00
13	34	11	3	1	24
13	35	11	8	4	48
13	36	11	14	0	00

Un pied de Fer de quatorze lignes d'épaisseur.

Epaisseur.	Largeur.	POIDS.			
lignes.	lignes.	livres.	onces	gros.	grains.
14	14	5	1	5	24
14	15	5	7	4	00
14	16	5	13	2	48
14	17	6	3	1	24
14	18	6	9	0	00
14	19	6	14	6	48
14	20	7	4	5	24
14	21	7	10	4	00
14	22	8	0	2	48
14	23	8	6	1	24
14	24	8	12	0	00
14	25	9	1	6	48
14	26	9	7	5	24
14	27	9	13	4	00
14	28	10	3	2	48
14	29	10	9	1	24
14	30	10	15	0	00
14	31	11	4	6	48
14	32	11	6	5	24
14	33	12	0	4	00
14	34	12	6	2	48
14	35	12	12	0	24
14	36	13	1	7	00
14	37	13	7	5	48

Un pied de Fer de quinze lignes d'épaisseur.

Epaisseur.	Largeur.	POIDS.			
lignes.	lignes,	livres.	onces.	gros.	grains.
15	15	5	13	6	00
15	16	6	4	0	00
15	17	6	10	2	00
15	18	7	0	4	00
15	19	7	6	6	00
15	20	7	13	0	00
15	21	8	3	2	00
15	22	8	9	4	00
15	23	8	15	6	00
15	24	9	6	0	00
15	25	9	12	2	00
15	26	10	2	4	00
15	27	10	8	6	00
15	28	10	15	0	00
15	29	11	5	2	00
15	30	11	11	4	00
15	31	12	1	6	00
15	32	12	8	0	00
15	33	12	14	2	00
15	34	13	4	4	00
15	35	13	10	6	00
15	36	14	1	0	00
15	37	14	7	2	00
15	38	14	13	4	00

Un pied de Fer de seize lignes d'épaisseur.

Epaisseur.	Largeur.	POIDS.			
lignes.	lignes.	livres.	onces.	gros.	grains.
16	16	6	10	5	24
17	17	7	8	3	24
18	18	8	7	0	00
19	19	9	6	3	24
20	20	10	6	5	24
21	21	11	7	6	00
22	22	12	9	5	24
23	23	13	12	3	24
24	24	15	0	0	00
25	25	15	5	3	24
26	26	16	15	5	24
27	27	18	10	6	00
28	28	20	6	5	24
29	29	21	14	3	24
30	30	23	7	0	00
31	31	25	0	3	24
32	32	26	10	5	24
33	33	28	5	6	00
34	34	30	1	5	24
35	35	31	14	3	24
36	36	33	12	0	00
3 po. $\frac{1}{2}$	3 po. $\frac{1}{2}$	45	15	0	00
4 po.	4 po.	60	00	0	00

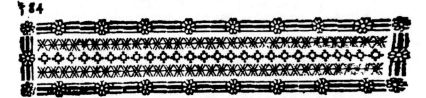

TABLE
DES MATIERES
Contenues dans ce Volume.

A.

Qq

S.

Fin de la Table des Matieres.

Le Privilege eft à l'Hiftoire de France du Pere Daniel.

9 Juin 1833.